Werner Feldes/Bettina Fraunhoffer/
Rainer Rehwald/Bernd Westermann/Harald Witt

Schwerbehindertenrecht

Basiskommentar
zum SGB IX mit Wahlordnung

12., überarbeitete und aktualisierte Auflage

W0192500

BUND
VERLAG

Bibliografische Information Der Deutschen Nationalbibliothek
Die Deutsche Nationalbibliothek verzeichnet diese Publikation in der
Deutschen Nationalbibliografie; detaillierte bibliografische Daten
sind im Internet über http://dnb.d-nb.de abrufbar.

12., überarbeitete und aktualisierte Auflage 2015
© 1988 by Bund-Verlag GmbH, Frankfurt am Main
Umschlag: Ute Weber, Geretsried
Herstellung: Kerstin Wilke
Satz: Dörlemann Satz, Lemförde
Druck: Druckerei C.H. Beck, Nördlingen
Printed in Germany 2015
ISBN 978-3-7663-6426-5

www.bund-verlag.de

Vorwort

Das Schwerbehindertenrecht ist eine wichtige Grundlage für die Teilhabe von Menschen mit Behinderung. Ein solches Recht gibt es in Deutschland seit 1919. Das Schwerbehindertengesetz ist am 1. Mai 1974 in Kraft getreten, als Folgegesetz des Schwerbeschädigtengesetzes aus der Nachkriegszeit. Seitdem sind schwerbehinderte Menschen durch gesetzliche Regelungen am Arbeitsmarkt besonders geschützt. Insbesondere Maßnahmen wie die Beschäftigungspflicht der Arbeitgeber, die damit verbundene Ausgleichsabgabe, der besondere Kündigungsschutz sowie die Schwerbehindertenvertretung sorgen für Zugang und Verbleib schwerbehinderter Menschen am Arbeitsmarkt. Seit 2001 ist das Schwerbehindertenrecht ein Teil des SGB IX. Instrumente wie die Integrationsvereinbarung und das Betriebliche Eingliederungsmanagement, das für alle Beschäftigten anzuwenden ist, sind dazugekommen. Das Schwerbehindertenrecht ist wichtig und hilfreich, muss aber entsprechend den gesellschaftlichen, aktuellen Entwicklungen fortlaufend angepasst werden. Reformbedarf ergibt sich aus meiner Sicht insbesondere daraus:

- dass schwerbehinderte Menschen am allgemeinen Arbeitsmarkt dauerhaft stark benachteiligt sind, was sich insbesondere an der anhaltend hohen Arbeitslosenquote zeigt.
- dass die Gestaltungs- und Mitwirkungsrechte der betrieblichen Interessenvertretungen nicht ausreichen, um die Integration von Menschen mit Behinderungen zu fördern.
- dass zu viele Menschen mit Behinderung nur in einer Werkstatt für behinderte Menschen Beschäftigung finden.

Vor allem zeigt die Praxis, dass sich die Rolle der Schwerbehindertenvertretung als Interessenvertretung der schwerbehinderten Menschen in der Arbeitswelt gewandelt hat. Die Themen altersgerechte Arbeitsplätze, Krankheits- und Kündigungsprävention, Beratung von erkrankten und/oder behinderten Beschäftigten nehmen mit dem demografischen Wandel an Bedeutung zu. Hier leistet die Schwerbehindertenvertretung zusammen mit dem Betriebs- und Personalrat einen erheblichen Anteil der äußerst anspruchsvollen Arbeit. In der täglichen Praxis zeigt sich deutlich gesetzlicher Reformbedarf, damit die Interessenvertretungen notwendige Aufgaben wie z. B. Beratung von Beschäftigten und Arbeitgebern, Überwachung der Schutzrechte der Arbeitnehmerinnen und Arbeitnehmer, Krankheits- und Kündigungsprävention tatsächlich wahrnehmen können.

Die Gewerkschaften haben es sich zur Aufgabe gemacht, gesunde Arbeitsbedingungen, einen inklusiven Arbeitsmarkt und bessere Mitbestimmungsrechte im Unternehmen voranzutreiben. Das Schwerbehindertenrecht ist dabei ein wichtiges Hilfsmittel. Der DGB hat im Sommer 2014 konkrete Anforderungen an eine Reform des Schwerbehindertenrechts beschlossen und setzt sich mit ganzer Kraft dafür ein, dass diese von der Politik aufgegriffen und umgesetzt werden.

Annelie Buntenbach
Bundesvorstand des Deutschen Gewerkschaftsbundes

Inhaltsverzeichnis

Schwerbehindertenrecht im SGB IX – Kommentierung

Teil 1
Regelungen für behinderte und von Behinderung bedrohte Menschen (Auszug)

Kapitel 1
Allgemeine Regelungen

Kapitel 8
Sicherung und Koordinierung der Teilhabe

Teil 2
Besondere Regelungen zur Teilhabe schwerbehinderter Menschen (Schwerbehindertenrecht)

Kapitel 1
Geschützter Personenkreis

Kapitel 2
Beschäftigungspflicht der Arbeitgeber

Kapitel 3
Sonstige Pflichten der Arbeitgeber;
Rechte der schwerbehinderten Menschen

Kapitel 4
Kündigungsschutz

Kapitel 5
Betriebs-, Personal-, Richter-, Staatsanwalts- und Präsidialrat, Schwerbehindertenvertretung, Beauftragter des Arbeitgebers

Kapitel 6
Durchführung der besonderen Regelungen zur Teilhabe schwerbehinderter Menschen

Kapitel 7
Integrationsfachdienste

Kapitel 8
Beendigung der Anwendung der besonderen Regelungen
zur Teilhabe schwerbehinderter und gleichgestellter
behinderter Menschen

Kapitel 9
Widerspruchsverfahren

Kapitel 10
Sonstige Vorschriften

Kapitel 11
Integrationsprojekte

Literaturverzeichnis

Altvater/Baden/Berg/Kröll/Noll/Seulen, Bundespersonalvertretungsgesetz, Kommentar für die Praxis, 8. Aufl. 2013

Altvater/Baden/Berg/Kröll/Noll/Seulen, Bundespersonalvertretungsgesetz, Basiskommentar, 7. Aufl. 2015

Bolwig, Wahlhilfepaket zur Wahl der Schwerbehindertenvertretung mit CD-ROM, 6. Aufl. 2014

Busch, Allgemeines Gleichbehandlungsgesetz – Die Umsetzung in der Betriebsratspraxis, 2007

Cramer/Fuchs/Hirsch/Ritz (Hrsg.), SGB IX – Kommentar zum Recht schwerbehinderter Menschen, 2011

Däubler/Kittner/Klebe/Wedde (Hrsg.), Betriebsverfassungsgesetz, Kommentar für die Praxis, 14. Aufl. 2014

Dau/Düwell/Haines, SGB IX, Lehr- und Praxiskommentar, 2. Aufl. 2009

Deinert (Hrsg.), Rehabilitation und Teilhabe behinderter Menschen, Handbuch, 2009

Deinert/Welti (Hrsg.), StichwortKommentar Behindertenrecht, 2014

Etzel/Bader/Fischermeier u. a., Gemeinschaftskommentar zum Kündigungsschutzgesetz und zu sonstigen kündigungsschutzrechtlichen Vorschriften, 10. Aufl. 2013

Feldes/Schmidt/Ritz, Praxis der Schwerbehindertenvertretung von A bis Z, Das Lexikon für behinderte Menschen und ihre Interessenvertretung, 6. Aufl. 2015

Feldes/Kohte/Stevens-Bartol, SGB IX, Kommentar für die Praxis, 3. Aufl. 2015

Fitting/Engels/Schmidt/Trebinger/Linsenmaier, Betriebsverfassungsgesetz mit Wahlordnung, Handkommentar, 27. Aufl. 2014

Großmann/Schimanski/Spiolek, Gemeinschaftskommentar zum Sozialgesetzbuch IX (GK-SGB IX), Loseblatt

Hauck/Noftz, SGB IX-Rehabilitation und Teilhabe behinderter Menschen, Hrsg. Peter Masuch, Loseblatt

Kittner/Däubler/Zwanziger (Hrsg.), Kündigungsschutzrecht, Kommentar für die Praxis, 9. Aufl. 2014

Kittner/Zwanziger/Deinert (Hrsg.), Arbeitsrecht – Handbuch für die Praxis, 7. Aufl. 2013

Klebe/Ratayczak/Heilmann/Spoo, Betriebsverfassungsgesetz, Basiskommentar, 18. Aufl. 2014

Minninger/Hinterholz/Westermann, Rechte behinderter Menschen, 3. Aufl. 2013

Müller-Wenner/Schorn, SGB IX Teil 2 Schwerbehindertenrecht, 2. Aufl. 2011

Neumann/Pahlen/Majerski-Pahlen, Sozialgesetzbuch IX, Kommentar, 12. Aufl. 2010

Nollert-Borasio/Perreng, Allgemeines Gleichbehandlungsgesetz (AGG), Basiskommentar zu den arbeitsrechtlichen Regelungen, 3. Aufl. 2011

Richardi/Dörner/Weber (Hrsg.), Personalvertretungsrecht, Bundespersonalvertretungsgesetz mit Erläuterungen zu den Personalvertretungsgesetzen der Länder, Kommentar, 4. Aufl. 2012

Richardi, Betriebsverfassungsgesetz, Kommentar, 14. Aufl. 2014

Schoof, Betriebsratspraxis von A bis Z – Das Lexikon für die betriebliche Interessenvertretung, 11. Aufl. 2014

Fachzeitschriften

Arbeit und Recht (AuR), Bund-Verlag GmbH, Frankfurt/Main

Arbeitsrecht im Betrieb (AiB), Bund-Verlag GmbH, Frankfurt/Main

Behindertenrecht (br), Boorberg Verlag, München

Betriebs-Berater (BB), Verlag Recht und Wirtschaft, Heidelberg

Der Betrieb (DB), Handelsblatt GmbH, Düsseldorf

Der Personalrat, Bund-Verlag GmbH, Frankfurt/Main

Die schwerbehinderten Beschäftigten im öffentlichen Dienst, Mitteilungen der Arbeitsgemeinschaft der Schwerbehindertenvertretungen des Bundes und der Länder, Bonn

Gute Arbeit, Bund-Verlag GmbH, Frankfurt/Main

Neue Zeitschrift für Arbeitsrecht (NZA), Verlag C.H. Beck, München

ZB – Behinderung & Beruf, BIH Bundesarbeitsgemeinschaft der Integrationsämter und Hauptfürsorgestellen, Münster

Abkürzungsverzeichnis

a. A.	anderer Ansicht
abl.	ablehnend
ABM	Arbeitsbeschaffungsmaßnahme
Abs.	Absatz
a. F.	alte Fassung
AGB	Arbeitsgesetzbuch (der ehemaligen) DDR
AGG	Allgemeines Gleichbehandlungsgesetz
AiB	Arbeitsrecht im Betrieb (Zeitschrift)
Alt.	Alternative
ANBA	Amtliche Nachrichten der Bundesagentur für Arbeit
ÄndG	Änderungsgesetz
Anhaltspunkte	Anhaltspunkte für die ärztliche Gutachtertätigkeit im sozialen Entschädigungsrecht und nachdem Schwerbehindertenrecht, herausgegeben vom BMG
Anm.	Anmerkung(en)
AP	Arbeitsrechtliche Praxis (Nachschlagewerk des BAG)
ArbG	Arbeitsgericht
ArbGG	Arbeitsgerichtsgesetz
Art.	Artikel
ASiG	Arbeitssicherungsgesetz
ATG	Altersteilzeitgesetz
AuR	Arbeit und Recht (Zeitschrift)
AuslG	Ausländergesetz
AZG	Arbeitszeitgesetz
BA	Bundesagentur für Arbeit
BABl.	Bundesarbeitsblatt (Zeitschrift)
BAG	Bundesarbeitsgericht

BAnz.	Bundesanzeiger
BAT	Bundes-Angestelltentarifvertrag
BB	Betriebs-Berater (Zeitschrift)
BBG	Bundesbeamtengesetz
BBW	Berufsbildungswerk
BDSG	Bundesdatenschutzgesetz
BeamtVG	Beamtenversorgungsgesetz
BEM	Betriebliches Eingliederungsmanagement
BeschFG	Beschäftigungsförderungsgesetz
BetrR	Der Betriebsrat (Zeitschrift)
BetrVG	Betriebsverfassungsgesetz
BFW	Berufsförderungswerk
BGB	Bürgerliches Gesetzbuch
BGG	Behindertengleichstellungsgesetz
BIH	Bundesarbeitsgemeinschaft der Integrationsämter und Hauptfürsorgestellen
BMAS	Bundesministerium für Arbeit und Soziales
BMG	Bundesministerium für Gesundheit
BPersVG	Bundespersonalvertretungsgesetz
br	Behindertenrecht (Zeitschrift)
BR-Drucks.	Bundesrats-Drucksache
Breith.	Sammlung von Entscheidungen aus dem Sozialrecht, begründet von Hermann Breithaupt
BRK	Behindertenrechtskonvention
BSG	Bundessozialgericht
BSGE	Entscheidungen des Bundessozialgerichts
BSHG	Bundessozialhilfegesetz
BT-Drucks.	Bundestags-Drucksache
BUrlG	Bundesurlaubsgesetz
BVerfG	Bundesverfassungsgericht
BVerwG	Bundesverwaltungsgericht
BVerwGE	Entscheidungen des Bundesverwaltungsgerichts
BVG	Bundesversorgungsgesetz
DB	Der Betrieb (Zeitschrift)
DKKW	Däubler/Kittner/Klebe/Wedde (Hrsg.), BetrVG-Kommentar für die Praxis
DRiG	Deutsches Richtergesetz
DRV	Deutsche Rentenversicherung

E-LSG	Entscheidungen der Landessozialgerichte, Loseblatt
Erl.	Erläuterungen
EStG	Einkommensteuergesetz
EU	Europäische Union
EuGH	Europäischer Gerichtshof
f./ff.	folgende
FKS-SGB IX	Feldes/Kohte/Stevens-Bartol (Hrsg.), SGB IX-Kommentar für die Praxis
GBl.	Gesetzblatt
GdB	Grad der Behinderung
gem.	gemäß
GG	Grundgesetz
ggf.	gegebenenfalls
GK-SGB IX	Gemeinschaftskommentar zum Sozialgesetzbuch IX (verfasst von Großmann/Schimanski/Spiolek)
HAG	Heimarbeitsgesetz
ICD-10-GM	international code of diagnostics der WHO (*www.dimdi.de*)
ICF	international code of functioning, disability and health der WHO (*www.dimdi.de*)
i. d. F.	in der Fassung
i. d. R.	in der Regel
i. S.	im Sinne
i. S. v.	im Sinne von
i. V. m.	in Verbindung mit
KfzHV	Kraftfahrzeug-Hilfeverordnung
KR	Gemeinschaftskommentar zum Kündigungsschutzgesetz und zu sonstigen kündigungsschutzrechtlichen Vorschriften (verfasst von Etzel/Bader/Fischermeier u. a.)
KSchG	Kündigungsschutzgesetz
LAG	Landesarbeitsgericht
LSG	Landessozialgericht

MdE	Minderung der Erwerbsfähigkeit
MedSach	Der medizinische Sachverständige (Zeitschrift)
MittAB	Mitteilungen aus der Arbeitsmarkt- und Berufs-forschung (Zeitschrift)
Mio.	Million(en)
MTV	Manteltarifvertrag
NDV	Nachrichtendienst des Deutschen Vereins für öffentliche und private Fürsorge (Zeitschrift)
NRW	Nordrhein-Westfalen
NJW	Neue Juristische Wochenschrift
NZA	Neue Zeitschrift für Arbeitsrecht (früher: Neue Zeitschrift für Arbeits- und Sozialrecht)
o. Ä.	oder Ähnliche(s)
OVG	Oberverwaltungsgericht
OWiG	Gesetz über Ordnungswidrigkeiten
PersR	Der Personalrat (Zeitschrift)
Rdschr.	Rundschreiben
Reha-AnglG	Rehabilitations-Angleichungsgesetz vom 7. 8. 1974
RKV	Rahmen-Kollektivvertrag
Rn.	Randnummer(n)
S.	Seite; Satz
s.	siehe
SchwbAV	Schwerbehinderten-Ausgleichsabgabeverord-nung
SchwbAwV	Schwerbehindertenausweisverordnung
SchwbBAG	Gesetz zur Bekämpfung der Arbeitslosigkeit Schwerbehinderter
SchwbG	Schwerbehindertengesetz
SchwbVWO	Wahlordnung Schwerbehindertenvertretungen
SGb	Die Sozialgerichtsbarkeit (Zeitschrift)
SGB	Sozialgesetzbuch
SGB I	Sozialgesetzbuch – Erstes Buch – Allgemeiner Teil
SGB II	Sozialgesetzbuch – Zweites Buch – Grundsiche-rung für Arbeitsuchende
SGB III	Sozialgesetzbuch – Drittes Buch – Arbeits-förderung

SGB V	Sozialgesetzbuch – Fünftes Buch – Gesetzliche Krankenversicherung
SGB VI	Sozialgesetzbuch – Sechstes Buch – Gesetzliche Rentenversicherung
SGB VII	Sozialgesetzbuch – Siebtes Buch – Gesetzliche Unfallversicherung
SGB IX	Sozialgesetzbuch – Neuntes Buch – Rehabilitation und Teilhabe behinderter Menschen
SGB X	Sozialgesetzbuch – Zehntes Buch – Verwaltungsverfahren
SGB XII	Sozialgesetzbuch – Zwölftes Buch – Sozialhilfe
SGG	Sozialgerichtsgesetz
SozR	Sozialrecht, Rechtsprechung und Schrifttum, bearbeitet von den Richtern des Bundessozialgerichts
StVG	Straßenverkehrsgesetz
StVO	Straßenverkehrsordnung
TVöD	Tarifvertrag für den öffentlichen Dienst (Bund und Gemeinden)
TV-L	Tarifvertrag für den öffentlichen Dienst der Länder
u. Ä.	und Ähnliche(s)
u. a.	unter anderem
UNBRK	UN-Behindertenrechtskonvention
u. U.	unter Umständen
v. a.	vor allem
VersMedV	Versorgungsmedizinverordnung
VG	Verwaltungsgericht
VGH	Verwaltungsgerichtshof
vgl.	vergleiche
v. H.	vom Hundert
VO	Verordnung
VOB	Verdingungsordnung für Bauleistungen
VOL	Verordnung über die Aufstellung von Durchschnittssätzen für die Ermittlung des Gewinns aus Land- und Forstwirtschaft
VwGO	Verwaltungsgerichtsordnung
VwV	Verwaltungsvorschrift(en)

VwVfG	Verwaltungsverfahrensgesetz
WfbM	Werkstatt für behinderte Menschen
WVO	Werkstättenverordnung
z. B.	zum Beispiel
ZPO	Zivilprozessordnung
ZTR	Zeitschrift für Tarifrecht

Teil 1
Regelungen für behinderte und von Behinderung bedrohte Menschen (Auszug)

Kapitel 1
Allgemeine Regelungen

§ 1 Selbstbestimmung und Teilhabe am Leben in der Gesellschaft

Behinderte oder von Behinderung bedrohte Menschen erhalten Leistungen nach diesem Buch und den für die Rehabilitationsträger geltenden Leistungsgesetzen, um ihre Selbstbestimmung und gleichberechtigte Teilhabe am Leben in der Gesellschaft zu fördern, Benachteiligungen zu vermeiden oder ihnen entgegenzuwirken. Dabei wird den besonderen Bedürfnissen behinderter und von Behinderung bedrohter Frauen und Kinder Rechnung getragen.

1. Zielsetzung

Die Bestimmung legt die wesentlichen Ziele des Gesetzes fest. Diese **1** sind unmittelbar
- eine Förderung
  - selbstbestimmter und
  - gleichberechtigter Teilhabe am Leben in der Gesellschaft,
- die Vermeidung von Benachteiligungen,

und mittelbar
- das übergreifende Ziel der Prävention (§ 3),
- die Abkehr von der Bevormundung behinderter Menschen,

sowie die trägerübergreifenden Vorgaben für die inhaltlichen Ziele, für die Leistungen zur Rehabilitation gewährt werden sollen.

Die Vorschrift bestimmt nicht die Voraussetzungen und Inhalte von Leistungen. Dies geschieht in den Regelungen ab § 17 (2. Kapitel). Sie nennt die Ziele und Motive, die mit den Leistungen verfolgt werden und enthält einen den anderen allgemeinen Regeln des Kapitels 1 noch vorgeschalteten Programmsatz. Allein auf die Bestimmung lassen sich keine Rechtsansprüche stützen. Das ist nur auf der Grundlage von Bestimmungen möglich, die Leistungsgegenstände benennen. Trotzdem hat § 1 eine große Bedeutung für die Auslegung aller Bestimmungen über Einzelleistungen. Dies ergibt sich schon aus der Vorgeschichte des Gesetzes. Mit dem SGB IX wurde nämlich nicht nur eine rechtstechnische Verbesserung und vorsichtige Weiterentwicklung gegenüber dem bisherigen Rechtsbestand bezweckt. Das neue Gesetz sollte ausdrücklich einen Bruch mit inzwischen äußerst kritisch bewerteten Praktiken nach dem alten Recht bewirken und einen Rückfall ausschließen. Der frühere nunmehr unerwünschte Grundzug des Umgangs mit Menschen, die wegen Behinderungen auf ausgleichende Leistungen angewiesen sind, wurde mit den häufig verwendeten Worten »Fürsorge« und »Versorgung« umschrieben.[1] Gemeint war, dass die Praxis der Sozialverwaltungen dazu neigte, den Betroffenen eine Objektstellung zuzuweisen und Art, Ort, Zügigkeit und Qualität von Leistungen nach Opportunitätsgesichtspunkten bestimmte. Mit dem neuen Recht sollte das anders werden. Im Zentrum sollte fortan »die selbstbestimmte Teilhabe am gesellschaftlichen Leben und die Beseitigung der Hindernisse, die der Chancengleichheit entgegenstehen«, stehen (s. die in Fn. 1 zitierte Entschließung des Deutschen Bundestags). Die Ansprüche von Menschen mit Behinderungen, so heißt es in der Entschließung des Bundestags weiter, seien »als Teil selbstverständlicher und universeller Bürgerrechte« zu erfüllen. Das Ziel, Gleichberechtigung ermöglichende Rechte als Teil der Realisierung der Bürgerrechte zu gewährleisten, wird in § 1 mit der Benennung der Ziele »Selbstbestimmung und gleichberechtigte Teilhabe am Leben der Gesellschaft« klar artikuliert.

Selbstbestimmung und gleichberechtigte Teilhabe, nach der Bestimmung die Zielrichtung des Gesetzes, haben im Grundgesetz eine starke Verankerung. Würde des Menschen, Handlungsfreiheit, Gleichheitssatz und Berufsfreiheit werden mit diesen Zielsetzungen angesprochen. Aus einer damals neuen Verfassungsvorschrift, dem Verbot Menschen wegen einer Behinderung zu benachteiligen

---

1 Interfraktionelle Entschließung des Deutschen Bundestags vom 19. 5. 2000, abgedruckt in Gärtner/Hauck-Noftz, SGB IX, Berlin 2001

(Art. 3 Abs. 3 Satz 2 GG) kam ein entscheidender Anlass für die Erarbeitung des Gesetzes. In einem vorbereitenden interfraktionellen Eckpunktepapier der Fraktionen des Bundestags vom Juli 1999 wurde als erstes Ziel genannt: Das SGB IX setzt das Benachteiligungsverbot des Art. 3 Abs. 3 Satz 2 GG im Bereich der Sozialpolitik um. Damit ist diese Verfassungsbestimmung der wichtigste Maßstab für die Auslegung des Gesetzes.

2. Auslegung der Einzelregelungen

Die Notwendigkeit, § 1 bei der Auslegung der einzelnen Leistungsvorschriften heranzuziehen, wird in der Literatur überall betont.[2] Diese Hinweise dürfen keine leeren Worte bleiben. Es ist stets im Auge zu behalten, dass die alte bevormundende Praxis keineswegs durch einen Gesetzesbefehl bestimmt war. Schon immer war anerkannt, dass die Autonomierechte des Grundgesetzes bei der Inhaltsbestimmung sozialrechtlicher Ansprüche heranzuziehen seien. Es kann auch nicht von einer gegen die Selbständigkeit von Menschen mit Behinderungen gerichteten Ideologie die Rede sein, von der die Beamten der Sozialversicherungsträger sich hätten leiten lassen. Die alte Praxis beruhte weder auf Gesetz, noch auf Nachlässigkeit oder Zufall. Sie entsprach einfach den zum bürokratischen Alltagsverstand gehörigen Prinzipien von Effizienz, Sparsamkeit und Verweigerung eines partizipativen Dialogs mit den Berechtigten über ihre Leistungsansprüche. Es handelte sich um die typischen Regeln einer modernen Gesellschaft und ihrer Verwaltung, die von der Aufgabe, die rechtlichen Instrumente technisch korrekt zu handhaben, schon so strapaziert ist, dass sie Ziele und Zwecke nicht mehr reflektiert. Hier setzt aber gerade der Bruch an, den das SGB IX bewirken soll. § 1 beschreibt auch den im Recht des SGB IX vollzogenen Paradigmenwechsel weg von bloßer »Fürsorge« und hin zur Befähigung zu selbstbestimmter und gleichberechtigter Teilhabe im Sinne einer Verwirklichung der »Inklusion« von behinderten Menschen im Leben in der Gesellschaft. Das frühere, hinter dieser Zielsetzung weit zurückbleibende Recht des SchwbG enthielt keine damit vergleichbare Beschreibung seiner Zielsetzung.

Der Zweck, Freiheit und Selbstbestimmung von Menschen mit Behinderungen zu gewährleisten, soll ausschlaggebend sein, nicht die

2

---

2 *Götze*, in: Hauck/Noftz, SGB IX, § 1 Rn. 9; *Haines*, in: Dau/Düwell/Heines, LPK-SGB IX, § 1 Rn. 17

Pflege und Schonung der Mittel, die dazu eingesetzt werden. Ein Indiz für ein Wirksamwerden des relativ neuen Rechts wäre es, wenn seit seinem Inkrafttreten die Kosten der nach dem Gesetz zu erbringenden Leistungen zunächst erheblich gestiegen wären. Das hätte dem Vorrang der Selbstbestimmung vor ängstlicher Mittelverwaltung entsprochen.

3   Die Bedeutung einer Interpretation der Leistungsbestimmungen am Leitfaden von Selbstbestimmung und Gleichberechtigung ergibt sich aus der enormen Variationsbreite, die für die Erfüllung der einzelnen Ansprüche besteht: stationär-ambulant; teure – preiswerte Therapie; kostengünstige Umschulung zu einem technisch anspruchslosen Beruf – hochpreisige High-tech-Ausbildung; das alles sind Alternativen, für deren Auswahl die einzelnen Leistungsvorschriften nicht immer etwas hergeben. Dafür führen einige der weiteren Bestimmungen des 1. Kapitels die Konsequenzen aus den in § 1 gesetzten Zielmarken näher aus:

3. Umsetzung im Einzelfall

4   § 3 statuiert den Vorrang der Prävention. Er verlegt den Fälligkeitszeitpunkt von Leistungsansprüchen auf den Augenblick des ersten Erkennens der Gefahr, dass eine Behinderung eintreten könnte.

§ 4 versucht vor allem, die Qualität und Situationsgemäßheit von Leistungen sicher zu stellen: Bei Leistungen zur Teilhabe am Arbeitsleben sind Neigungen und Fähigkeiten zu berücksichtigen. Die persönliche Entwicklung ist ganzheitlich zu fördern. Leistungen sind vollständig, umfassend und nach gleichen Qualitätsstandards für alle zu erbringen. Auf familiäre Bedürfnisse ist Rücksicht zu nehmen.

Besonders wichtig ist das Wunsch- und Wahlrecht des Leistungsberechtigten (§ 9). Zu entsprechen ist den »berechtigten« Wünschen. Diese Qualifizierung der beachtlichen Wünsche darf nicht wieder die vorrangige Berücksichtigung finanzieller Erwägungen legitimieren. Die Berechtigung eines Wunsches ist eben am Maßstab des Freiheitsrechts (Selbstbestimmung), das dem gesamten Gesetz das Ziel gibt, zu beurteilen.

Eine Grundform der Vereitelung von Selbstbestimmungs- und Gleichstellungschancen liegt in schlichtem Übersehen, Verzögern, Hinhalten. Dem wirkt Kapitel 1 des SGB IX mit einigen Bestimmungen entgegen, die der Beschleunigung von Verfahren und Entscheidung dienen. Jeder angegangene Leistungsträger hat zu prüfen, ob

Leistungen zur Teilhabe nach dem Gesetz in Betracht kommen (§ 8). Dazu besteht immer Anlass, wenn Hinweise für eine Behinderung vorliegen. Insbesondere während einer medizinischen Rehabilitation und bereits im einschlägigen Entscheidungsverfahren soll stets geprüft werden, ob Leistungen zur Teilhabe am Arbeitsleben angezeigt sind (§ 11). Die Klärung der Zuständigkeit zwischen mehreren in Frage kommenden Trägern wird beschleunigt und klaren Kriterien unterworfen (§ 14).

4. Konsequenzen für Leistungsträger

Das alles nützt nichts, wenn es »objektives« Recht bleibt, vor dem 5
sich die Träger vielleicht im Prinzip verbeugen, das sie aber nur nach eigenem Gutdünken umsetzen. Die Realisierung des Konzepts der Selbstbestimmung hängt in hohem Maße davon ab, dass prozessuale Rechte bestehen, die – entsprechend dem Grundsatz der Prävention – schnell wirken. Inhalt und Auftrag des Gesetzes bewirken deshalb, dass eine Sachentscheidung im Eilverfahren vor den Sozialgerichten in allen Fällen getroffen werden muss, in denen Verzögerungen zur Vereitelung von Selbstbestimmungschancen zu führen drohen (§ 86b Abs. 2 Satz 2 SGG).

Selbstbestimmung und Gleichberechtigung gehören nicht zu dem, 6
was einfach da ist. Es sind Rechtsprinzipien, deren Voraussetzungen gezielt geschaffen werden müssen. Entsprechend müssen die Rehabilitationsträger ihre Vorgehensweisen ausrichten. Das bloße Abwarten von Anträgen mit anschließender schematischer Prüfung reicht nicht mehr. Die Zentrierung auf das Selbstbestimmungsinteresse verlangt neue Verhaltensweisen.

Das Verhalten der Leistungsverpflichteten muss so ausfallen, dass die Motivation autonom zu handeln, die eigenen Wünsche zu realisieren genau wie der Wille, Gleichberechtigung einzufordern, gestärkt werden. Dazu gehören neue Verhaltensweisen bei den Trägern der Sozialversicherung: Die gesamte infrage kommende Leistungspalette muss vorgestellt werden (umfassende Information). Der Berechtigte ist darauf hinzuweisen, dass die Auswahlentscheidung zwischen mehreren geeigneten Leistungen in erster Linie bei ihm liegt (Aufforderung zur Inanspruchnahme des Wahlrechts). Schließlich sind alle Fragen der richtigen Einschätzung des Angebots, des Für und Wider und der Situationsangemessenheit mit ihm am Leitfaden der Stärkung seiner Selbstständigkeit zu erörtern. Im Gegensatz dazu und nunmehr eindeutig rechtswidrig ist jeder Ansatz zur Gängelung unter dem Schein der Beratung, die nur zum von der Verwaltung bevorzugten Ergebnis hinführen soll. Dies ist nur durch gründliche Umschulung der Mitarbeiter bei den Reha-Trägern zu erreichen. Sie wird gefördert, wenn Rückfälle in die frühere Routine rasch zu Beschwerden und Klageverfahren führen.

Darüber hinaus muss die Leistung selbst so angelegt sein, dass ein Optimum an Autonomie und Gleichberechtigung erreicht wird.

So ist beispielsweise dem LSG Niedersachsen zuzustimmen, wenn es den Träger der gesetzlichen Rentenversicherung verpflichtet, einer schwerbehinderten Buchhalterin eine höherwertige Hörgeräteversorgung zu gewähren, die der in § 33 Abs. 1 SGB IX normierten Zielsetzung Rechnung trägt und dadurch über den rentenrechtlich vorgesehenen »Normalfall« hinausgeht.[3]

Inwieweit die Maßstäbe der »Versorgungsmedizinverordnung« (VersMedV),[4] die auf der Grundlage von § 30 Abs. 17 Bundesversorgungsgesetz (BVG) erlassen worden ist und die früheren Anhaltspunkte ersetzt und nun zumindest eine rechtsstaatliche Grundlage für die Bewertung des Grades der Behinderung auch nach dem SGB IX geschaffen hat, auch dem Paradigmenwechsel des § 1 Rechnung trägt, wird bei § 69 erörtert. Die Bewertungsmaßstäbe der VersMedV sind für die Behörden und Gerichte grundsätzlich bindend.

5. Frauen und Kinder

7   Satz 2 der Vorschrift verlangt die Berücksichtigung der besonderen Bedürfnisse von Frauen und Kindern. Dabei geht es einerseits darum, die konkrete Lebenssituation, familiäre Bindungen und das Lebensalter zu beachten. Darüber hinaus gilt es, besondere Selbstbestimmungshemmnisse, die sich aus der traditionellen Zurückstellung der Freiheitswünsche von Frauen ergeben, auch durch entsprechend gezielte Ausgestaltung der Teilhabeleistungen zu überwinden. Für Kinder spielen Früherkennung und Frühförderung eine besondere Rolle. Die Verpflichtung, Leistungen nach den besonderen Bedürfnissen von Kindern und Frauen zu spezifizieren, wird in vielen Einzelbestimmungen des Gesetzes konkreter gefasst.[5]

---

3 Vgl. *LSG Nds.-Bremen* v. 4. 11. 2013 – L 2 R 438/13

4 Vgl. *www.bmas.de/DE/Service/Gesetze/versmedv.html*

5 S. *Haines*, in: LPK-SGB IX, § 1 Rn. 18f.

6. Behinderungsbegriff der WHO

Mit der Bestimmung sollte auch der Anschluss des deutschen Teil-   8
haberechts an völkerrechtliche Rechts- und Erkenntnisquellen vollzogen werden. Das deutsche Recht sollte mit ihren Prinzipien in Einklang gebracht werden. In dem für die Fassung des Gesetzestexts
orientierenden Papier einer Arbeitsgruppe der damaligen Regie-
rungskoalition unter dem Titel »Eckpunkte für ein SGB IX« heißt
es dazu: »Das SGB IX stützt sich auf die aktuelle Begrifflichkeit der
WHO sowohl hinsichtlich des Behinderungs- als auch des Rehabi-
litationsbegriffs.«[6] Gemeint ist der von der Vollversammlung der
Weltgesundheitsorganisation (WHO) beschlossene ICF[7] (in der
deutschen Übersetzung: Internationale Klassifikation der Funk-
tionsfähigkeit, Behinderung und Gesundheit). Zielvorgabe der Klassifikation ist Partizipation (Teilhabe in der Sprache des SGB IX) als
»Einbeziehung in eine Lebenssituation und die Überwindung ihres Gegenstücks: Beeinträchtigung der Partizipation«. Diese Begrifflichkeit stellt insbesondere klar, dass Ansatzpunkt von Maßnahmen
in gleicher Weise der beeinträchtigte Mensch, dessen Selbstbestimmungschancen erhöht werden sollen, ist und die Lebenssituationen
selbst, die so umgestaltet werden sollen, dass Selbstverwirklichung
unabhängig von einer Behinderung stattfinden kann. Da sie entscheidend die Gesetzesformulierungen motiviert haben, sind auch
die ICF als Material für die Auslegung heranzuziehen.

7. Benachteiligungsverbot

Zuerst wurde dieses Verbot in § 81 Abs. 2 SGB IX neben Art. 3 Abs. 3   9
Satz 2 GG normiert. Auf der Grundlage des Art. 13 EG-Vertrag
in der Fassung von Amsterdam hat dann der Europäische Rat die
Richtlinie vom 27. 11. 2000 zur Verwirklichung der Gleichbehandlung in Beschäftigung und Beruf erlassen, in welcher u. a. angemessene Maßnahmen zugunsten von Behinderten gefordert werden
(Art. 5). In Deutschland wurde diese RL 2000/78 – sehr verspätet –
durch das **Allgemeine Gleichbehandlungsgesetz (AGG)** im August
2006 umgesetzt.[8] In der Charta der Grundrechte der Europäischen
Union ist darüber hinaus in Art. 21 Abs. 1 ein Verbot der Diskrimi-

---

6 *Haines*, in: LPK-SGB IX, Einl. Rn. 6
7 Siehe *www.dimdi.de/static/de/klassi/icf/*
8 Vgl. *www.gesetze-im-internet.de/bundesrecht/agg/gesamt.pdf*

nierung wegen Behinderung enthalten; in Art. 26 a. a. O. ist sodann festgelegt: »Die Union anerkennt und achtet den Anspruch von Menschen mit Behinderung auf Maßnahmen zur Gewährleistung ihrer Eigenständigkeit, ihrer sozialen und beruflichen Eingliederung und ihrer Teilnahme am Leben in der Gemeinschaft.«

Bemerkenswert ist daran insbesondere, dass hier nicht von »schwerbehinderten Menschen« die Rede ist, sondern viel allgemeiner von »Behinderten«. Der EuGH hat in einer neuen Entscheidung[9] zwar die Prüfung, ob eine Diskriminierung vorliege, den nationalen Gerichten überlassen. Er hat aber am Beispiel einer Adipositas durchaus zu erkennen gegeben, dass der Behinderungsbegriff weitergehend als der in Deutschland übliche Begriff »schwerbehindert« sein kann.

§ 2 Behinderung

(1) Menschen sind behindert, wenn ihre körperliche Funktion, geistige Fähigkeit oder seelische Gesundheit mit hoher Wahrscheinlichkeit länger als sechs Monate von dem für das Lebensalter typischen Zustand abweichen und daher ihre Teilhabe am Leben in der Gesellschaft beeinträchtigt ist. Sie sind von Behinderung bedroht, wenn die Beeinträchtigung zu erwarten ist.

(2) Menschen sind im Sinne des Teils 2 schwerbehindert, wenn bei ihnen ein Grad der Behinderung von wenigstens 50 vorliegt und sie ihren Wohnsitz, ihren gewöhnlichen Aufenthalt oder ihre Beschäftigung auf einem Arbeitsplatz im Sinne des § 73 rechtmäßig im Geltungsbereich dieses Gesetzbuches haben.

(3) Schwerbehinderten Menschen gleichgestellt werden sollen behinderte Menschen mit einem Grad der Behinderung von weniger als 50, aber wenigstens 30, bei denen die übrigen Voraussetzungen des Absatzes 2 vorliegen, wenn sie infolge ihrer Behinderung ohne die Gleichstellung einen geeigneten Arbeitsplatz im Sinne des § 73 nicht erlangen oder nicht behalten können (gleichgestellte behinderte Menschen).

---

9 Vgl. *EuGH* v. 18. 12. 2014 – C-354/13

1. Normzweck und Entstehungsgeschichte

§ 2 enthält allgemeine für das gesamte SGB IX geltende Begriffsbe- **1**
stimmungen. In § 2 Abs. 1 Satz 1 wird der Begriff der Behinderung
gegenüber der Vorgängervorschrift § 3 Abs. 1 SchwbG neu definiert.
§ 2 Abs. 2 entspricht im Wesentlichen dem früheren § 1 SchwbG,
wobei der Begriff »Schwerbehinderte« durch »schwerbehinderte
Menschen« ersetzt wird. § 2 Abs. 3 regelt übereinstimmend mit § 2
Abs. 1 Satz 1 SchwbG die Voraussetzungen der Gleichstellung.

Bei der Auslegung des Begriffs der Behinderung ist das Überein- **2**
kommen der Vereinten Nationen vom 13. Dezember 2006 über die
Rechte von Menschen mit Behinderungen (UN-BRK)[1] zu beachten.
Die UN-BRK stellt unmittelbar geltendes Bundesrecht dar. Danach
zählen zu den Menschen mit Behinderungen alle Menschen, die
langfristige körperliche, seelische, geistige oder Sinnesbeeinträch-
tigungen haben, welche sie in Wechselwirkung mit verschiedenen
Barrieren an der vollen, wirksamen und gleichberechtigten Teilhabe
an der Gesellschaft hindern können (Art. 1 Satz 2 UN-BRK). Auf die
Ursachen der Beeinträchtigungen kommt es nicht an. Vielmehr ist
die Behinderung von der ausdrücklichen Zielstellung der UN-BRK
her zu bestimmen: der vollen, wirksamen und gleichberechtigten
Teilhabe an der Gesellschaft aller Menschen unter Gewährleistung
eines würdevollen Lebens.[2] Zu den grundsätzlichen Rechten behinderter Menschen nach der UN-BRK gehören insbesondere:

· **Diskriminierungsschutz**
· **Soziale Inklusion**
· **Barrierefreiheit**
· **Partizipation**

---

1 BGBl. II 2008 Nr. 35
2 *LSG Berlin-Brandenburg* v. 03. 12. 2009 – L 13 SB 235/07

2. Begriff des behinderten Menschen

3   (Abs. 1) **Der Gesetzgeber des SGB IX hat bei der Begriffsbestim-
mung der Behinderung** die im Rahmen der Weltgesundheitsorganisation (WHO) stattfindende internationale Diskussion um eine
Weiterentwicklung der Internationalen Klassifikation der Funk-
tionsfähigkeit und Behinderung berücksichtigt. Er orientiert sich
nicht mehr an wirklichen oder vermeintlichen Defiziten, sondern
am Ziel der **Teilhabe** an den verschiedenen Lebensbereichen i. S.
eines **Partizipationsmodells und der Beseitigung der entgegen-
stehenden Barrieren.** Der Gesetzgeber hat deshalb gegenüber der
Regelung im SchwbG auf die Begriffe »regelwidrig« und »Funktionsbeeinträchtigung« verzichtet. Die Änderung des Gesetzeswort-
lauts hat sich bisher auf die Anerkennungspraxis der Versorgungsämter nicht im Sinne eines Paradigmenwechsels ausgewirkt. In dem
für das Verwaltungshandeln der Versorgungsämter maßgebenden
§ 69 Abs. 1 ist inhaltsgleich die Regelung des § 4 SchwbG übernommen worden.[3]

4   Auch die für die Feststellung des GdB maßgebenden **Anhaltspunkte**
und die sie ersetzenden **Versorgungsmedizinischen Grundsätze**
sind trotz der gesetzlichen Neuregelung fast unverändert geblieben.
Sie spiegeln vielfach noch eine rein an der Minderung der Erwerbsfähigkeit orientierte Sichtweise wider, die dem Ziel der selbstbestimmten Teilhabe oft nicht gerecht wird. Eine Überarbeitung der
Versorgungsmedizinischen Grundsätze ist deshalb dringend angesagt.[4] Das *BSG* hat keinen Anlass zur Änderung seiner Spruchpraxis
gesehen, weil die Teilhabe am Leben in der Gesellschaft schon vorher von der Rechtsprechung zum SchwbG berücksichtigt worden
sei.[5]

---

3 *BSG* v. 7. 11. 2001 – B 9 SB 1/01 R
4 Grundlegend zur Kritik der Anhaltspunkte im einzelnen FKS-SGB IX-*Stevens-
Bartol*, 2. Aufl. 2011, § 2 Rn. 22 f.
5 *BSG* v. 18. 9. 2003 – B 9 SB 3/02 R, *Breith.* 2004, 297 ff. unter Hinweis auf BSGE
62, 209; *BSG* v. 24. 4. 2008 – B 9/9a SB 10/06 R, *Breithaupt* 2009, 240 ff; so auch
Masuch, Die Beeinträchtigung der Teilhabe in der Gesellschaft – Die Rechtsprechung des Bundessozialgerichts auf dem Weg zum neuen Behinderungsbegriff, in Festschrift 50 Jahre BSG, 2004, S. 199, 201; *Knickrehm*, Die Feststellungen nach § 69 SGB IX im Lichte des »modernen« Behinderungsbegriffs,
Sgb 2008, 220 ff.

a) Finalitätsprinzip

Für die Annahme einer Behinderung kommt es auf ihre Ursachen 5
nicht an. Nach dem das Schwerbehindertenrecht beherrschenden
Finalitätsprinzip sind alle dauerhaften Gesundheitsstörungen unabhängig von ihrem Entstehungsgrund zu erfassen und ihre Auswirkungen auf die Teilhabe am Leben in der Gesellschaft zu berücksichtigen.[6] Eine unterschiedliche Behandlung allein nach der Ursache
einer Teilhabebeeinträchtigung wird auch durch das Diskriminierungsverbot aus Art. 5 Abs.1 und 2 der UN-BRK ausgeschlossen.[7]
Dies gilt auch dann, wenn der behinderte Mensch z. B. durch sein
Therapieverhalten Einfluss auf den Gang der Krankheit nehmen
kann.[8]

b) Beeinträchtigung der Teilhabe

Ein Mensch ist nur dann **behindert**, wenn seine Teilhabe am Leben 6
in der Gesellschaft beeinträchtigt ist. Dabei sind nach dem in der
Zielsetzung umfassenden Ansatz des Gesetzes alle Lebensumstände
einzubeziehen, insbesondere auch die Einbettung behinderter Men-
schen in ihre Familien.[9] Zentrale Bereiche der Teilhabe sind – ohne
Anspruch auf Vollständigkeit:
- Arbeit, Beschäftigung und Teilnahme am wirtschaftlichen Leben
- Bildung und Ausbildung
- Soziale und familiäre Beziehungen
- Mobilität
- Konsum, Freizeit und Sport
- Information und Kommunikation
- Haushaltsführung und häusliches Leben
- Einbindung in das soziale, politische, religiöse und kulturelle
  Leben

Regelwidrige Gesundheitszustände, die insoweit ohne Auswirkungen bleiben, stellen keine Behinderung dar. Andererseits reicht für
die Annahme einer Behinderung auch eine an sich geringfügige körperliche, geistige oder seelische Regelwidrigkeit aus, wenn sie die

---

6 *BSG* v. 11.12.2008 – B 9/9a SB 4/07 R
7 *LSG Berlin-Brandenburg* v. 3.12.2009 – L 13 SB 235/07 zur Berücksichtigung
   einer Adipositas; dazu auch *EuGH* v. 18.12.2014 – C-354/13
8 So bei Diabetes *BSG* v.17.4.2013 – B 9 SB 3/12 R, Rn. 51
9 BT-Drucks. 14/5074, S. 98

Mobilität auf dem Arbeitsmarkt oder die Bewegungsfreiheit in der Gesellschaft einschränkt.[10]

7   Eine Beeinträchtigung der Teilhabe am Leben in der Gesellschaft kann vielerlei Gründe haben. Behinderung ist sie nur dann, wenn sie **Folge oder Ausdruck einer medizinisch bedingten Fähigkeitsstörung** ist, die beruhen kann auf einer Einschränkung der

- körperlichen Funktion,
- geistigen Fähigkeit oder
- seelischen Gesundheit.

c) Abweichung vom Alterstypischen

8   Die Annahme einer Behinderung begründet nur der Zustand, der von dem für das Lebensalter typischen abweicht. Diese gesetzliche Definition ist in Rechtsprechung[11] und Literatur[12] auf berechtigte Kritik gestoßen. Das Bayerische LSG sieht in dieser Begrenzung eine sachlich nicht zu rechtfertigende Beschränkung des Behinderungsbegriffs, die in ihrer Allgemeinheit mit dem Recht älterer Menschen auf eine eigenständige Lebensführung nicht vereinbar ist. Nach *BSG* ist unter einem Zustand, der von dem für das Lebensalter typischen abweicht, der Verlust oder die Beeinträchtigung von normalerweise vorhandenen körperlichen Funktionen, geistigen Fähigkeiten oder seelischer Gesundheit zu verstehen.[13] Erkrankungen, die nicht nur bei alten, sondern auch bei jungen Menschen auftreten können, und Gesundheitsstörungen, die nicht allein auf den Alterungsprozess, sondern auch auf Verschleiß durch langjährige schwere oder einseitig belastende Arbeit zurückzuführen sind, erfüllen selbstverständlich den Begriff der Behinderung, und zwar auch dann, wenn sie erstmalig im höheren Alter auftreten oder als »Alterskrankheiten« (z.B. »Altersdiabetes«, »Altersstar«) bezeichnet werden (VersMedV A2 c). Ausgenommen sind lediglich Funktionsbeeinträchtigungen, die sich im Alter regelmäßig physiologisch entwickeln und nach Art und Umfang **alterstypisch** sind.

---

10 *BSG* v. 9.10.1987 – 9a RVs 5/86, SozR 3870 § 3 Nr. 26
11 *Bayerisches LSG* v. 12.12.2002 – L 18 SB 22/01, *Breith* 2003, 289 ff.
12 *Reichenbach*, SGb 2002, 485 ff.; FKS-SGB IX-*Stevens-Bartol/Soost*, § 69 Rn. 11 ff.
13 *BSG* v. 7.11.2001 – B 9 SB 1/01 R

d) … nicht nur vorübergehend …

Nur solche Erkrankungen, die über einen Zeitraum von mehr als 9
sechs Monaten zu einer Funktionsbeeinträchtigung führen, stellen
Behinderungen dar. Eine vorübergehende Gesundheitsstörung liegt
aber nur dann vor, wenn nach ärztlicher Beurteilung mit hoher
Wahrscheinlichkeit zu erwarten ist, dass die Behinderung innerhalb
von sechs Monaten vollständig überwunden sein wird. Ist eine Besserung erst nach Ablauf dieses Zeitraumes in Aussicht oder wird innerhalb von sechs Monaten der Zustand zwar gebessert sein, aber
nach wie vor noch eine Funktionsbeeinträchtigung vorliegen, so ist
die Behinderung vom Versorgungsamt festzustellen. Tritt die erwar-
tete Besserung dann ein, so ist eine Neufeststellung der Behinderung
nach § 48 SGB X vorzunehmen (s. dazu § 116 Rn. 7 f.).

3. Von Behinderung bedrohte Menschen

§ 2 Abs. 1 Satz 2 enthält die Definition, welche Menschen von Behin- 10
derung **bedroht** sind. Es ist eine **Prognose** zu treffen, für die zumindest die Wahrscheinlichkeit einer zu erwartenden Beeinträchtigung
gegeben sein muss. Eine vollständige Gleichstellung behinderter
und von Behinderung bedrohter Menschen nimmt das SGB IX nicht
vor. Für den Eintritt des gesetzlichen Schutzes schwerbehinderter
Menschen und gleichgestellter Menschen reicht eine drohende Behinderung nicht aus.

4. Schwerbehinderung

(Abs. 2) Die **Schwerbehinderteneigenschaft tritt unmittelbar kraft** 11
Gesetzes ein, wenn die Voraussetzungen des § 2 Abs. 2 erfüllt sind.
Sie wird nicht erst durch die Feststellung der Behinderungen und
des GdB durch das Versorgungsamt begründet.[14] Der Bescheid des
Versorgungsamts nach § 69 Abs. 1 und der Ausweis nach § 69 Abs. 5
dienen lediglich dem Nachweis der Schwerbehinderteneigenschaft.
Dieser Grundsatz gilt nach Einführung des § 90 Abs. 2a ab April
2004 für den Bereich des Kündigungsschutzes praktisch nicht mehr
(s. § 90 Rn. 15 ff.).

---

14 *BAG* v. 17.7.1977 – 2 AZR 687/75, BB 1977, 397

a) Geschützter Personenkreis

12 Die Zugehörigkeit zum **geschützten Personenkreis** der schwerbehinderten Menschen setzt voraus:

- einen GdB von wenigstens 50 (siehe dazu Rn. 20 ff.) und
- Wohnsitz, gewöhnlichen Aufenthalt oder Beschäftigung auf einem
  Arbeitsplatz i. S. d. § 73 Abs. 1 rechtmäßig im Geltungsbereich des
  SGB IX (siehe dazu Rn. 30 ff).

Weitere Voraussetzungen enthält das Gesetz nicht. Auf die Staatsangehörigkeit des behinderten Menschen kommt es also nicht an. Die
Schwerbehinderteneigenschaft hängt auch weder vom Lebensalter
noch von der Fähigkeit der behinderten Person zur Teilnahme am
Erwerbsleben ab.[15]

b) Anhaltspunkte/Versorgungsmedizinische Grundsätze

13 Für die Feststellung der Behinderung und des GdB spielten in der
Verwaltungspraxis der Versorgungsämter die 1977 erstmals vom
BMAS herausgegebenen »**Anhaltspunkte für die ärztliche Gut-
achtertätigkeit** im sozialen Entschädigungsrecht und nach dem
SchwbG« eine zentrale Rolle. Seit dem 1. 1. 2009 sind an ihre Stelle
als Anlage zur Versorgungsmedizin-Verordnung die inhaltlich weitgehend übereinstimmenden **Versorgungsmedizinischen Grundsätze**[16] getreten, die regelmäßig überarbeitet werden. Die noch in
der 9. Auflage geäußerte Kritik, dass es für die Anhaltspunkte keine
gesetzliche Grundlage gibt, kann für die Versorgungsmedizinischen
Grundsätze nicht aufrechterhalten werden. Auch ist deren Rechts-
qualität zweifelsfrei: Es handelt sich um **untergesetzliche Normen**
im Rang einer Rechtsverordnung.

14 Die bisherige Rechtsprechung des BSG zu den Anhaltspunkten gilt
im Wesentlichen auch für die Versorgungsmedizinischen Grundsätze. Das BSG hat in ständiger Rechtsprechung die Anhaltspunkte
als »**geeigneten Maßstab für die Bewertung konkreter Sachverhalte**«[17] herangezogen. Es handele sich um ein geschlossenes Beur-
teilungsgefüge zum GdB, auf das die Gerichte angewiesen seien,[18]

---

15 *BVerwG* v. 13. 12. 1990 – 5 C 74/86, br 1991, 96 f.
16 Zu beziehen als Broschüre beim BMAS bzw. aus dem Internet unter *www.ge-
    setze-im-internet.de/versmedv/anlage_8.html*
17 So *BSG* v. 29. 8. 1990 – 9a/9 RVs 7/89, br 1991, 45 ff.
18 *BSG* v. 23. 6. 1993 – 9/9a RVs 1/91, SozR 3–3870

nämlich um antizipierte Sachverständigengutachten, die im konkreten Verwaltungs- und Gerichtsverfahren zu beachten seien.[19] Maßgeblich ist aber immer die Beurteilung aller Aspekte des jeweils zu entscheidenden Einzelfalls.

Beispiele für einen GdB von 50:
- Abstoßend wirkende Entstellung des Gesichts (z. b. völliger Verlust der Nase)
- Schizophrene und affektive Psychosen, Neurosen und Persönlichkeitsstörungen mit mittelgradigen sozialen Anpassungsschwierigkeiten (mindestens 50)
- Völlige Stimmlosigkeit
- Beidseitige hochgradige Schwerhörigkeit (Prozentualer Hörverlust 60–80)
- Herabsetzung der Sehschärfe mit Korrektur beidseitig auf ein Fünftel
- Verlust einer Hand
- Verlust eines Beines im Unterschenkel

Ein begünstigender Bescheid, der in Übereinstimmung mit den versorgungsmedizinischen Grundsätzen ergangen ist, kann regelmäßig nicht nachträglich als inhaltlich falsch oder rechtswidrig angesehen werden.[20] Eine **Änderung der Versorgungsmedizinischen Grundsätze** stellt nach ständiger Rechtsprechung des *BSG* zu den Anhaltspunkten eine Änderung der rechtlichen Verhältnisse i. S. v. § 48 SGB X dar.[21] Wirksam wird diese Änderung zu dem Zeitpunkt, den das BMA bestimmt.[22] Die noch in der 9. Auflage geäußerte Kritik an dieser Rechtssprechung kann für die Beurteilung der Versorgungsmedizinischen Grundsätze nicht aufrechterhalten bleiben, weil diese – anders als die Anhaltspunkte – auf einer tragfähigen rechtlichen Grundlage beruhen.   **15**

Im **gerichtlichen Verfahren** sind seit Januar 2009 immer die Versorgungsmedizinischen Grundsätze und nicht mehr die Anhaltspunkte zugrunde zu legen, weil bei Verpflichtungsklagen die Sach- und Rechtslage zum Zeitpunkt der mündlichen Verhandlung entscheidend ist.[23] Die Sozialgerichte können die Versorgungsmedizinischen   **16**

---

19 *BSG* v. 24. 4. 2008 – B 9/9a SB 10/06 R, *Breithaupt* 2009, 240ff.; *BSG* v. 17. 4. 2013 – B 9 SB 3/12 R zu den Versorgungsmedizinischen Grundsätzen
20 BSG v. 29. 8. 1990 – 9/9a RVs 7/89, br 1991, 45, 47
21 *BSG* v. 11. 10. 1994 – 9 RVs 1/93, SozR 3–3870 § 3 Nr. 5; *BSG* v. 18. 9. 2003 – B 9 SB 11/03 B, *Breith* 2004, 297ff.; *BVerfG* v. 6. 3. 1995 – 1 BvR 60/95, SozR 3–3870 § 3 Nr. 6
22 *BSG* v. 21. 10. 1998 – B 9 SB 46/98 B, SozR 3–3870 § 3 Nr. 8
23 *BSG* v. 9. 4. 1997 – 9 RVs 4/95, SozR 3–3870 § 4 Nr. 19

Grundsätze als untergesetzliche Normen nur in beschränktem Umfang überprüfen auf:

- Vereinbarkeit mit höherrangigem Recht (Grundgesetz, SGB IX, UN-BRK)
- Berücksichtigung des gegenwärtig herrschenden Kenntnisstandes der Wissenschaft
- Lücken in Sonderfällen[24]

17 Die Sozialgerichte dürfen die Versorgungsmedizinischen Grundsätze nicht anwenden, soweit sie gegen **höherrangiges Recht verstoßen**.[25] Zu beachten ist hier insbesondere die in § 1 SGB IX geregelte **Zielsetzung der Selbstbestimmung und gleichberechtigten Teilhabe**. Es muss erheblichen Zweifeln unterliegen, ob Teile der Versorgungsmedizinischen Grundsätze mit diesem Gesetzesziel zu vereinbaren sind. Bedenken bestehen, da die für die Ermittlung der MdE in der gesetzlichen Unfallversicherung entwickelte Tabellen (z. B. zur Bewertung der Schwerhörigkeit einschließlich der systemfremden Fünfer-Schritte, s. § 69 Rn. 6) völlig unverändert übernommen worden sind. Des Weiteren besteht eine Verwerfungskompetenz der Sozialgerichte bei Verstößen gegen das Grundgesetz und die UN-BRK, hier insbesondere gegen die Grundsätze der Teilnahmeförderung.

18 Die Versorgungsmedizinischen Grundsätze sind nur insoweit verbindlich, als sie dem **aktuellen Stand der medizinischen Wissenschaft** entsprechen.[26] Als aktueller Erkenntnisstand sind solche durch Forschung und praktische Erfahrung gewonnenen Erkenntnisse anzusehen, die von der großen Mehrheit der auf dem betreffenden Gebiet tätigen Fachwissenschaftler anerkannt werden, über die also, von vereinzelten, nicht ins Gewicht fallenden Gegenstimmen abgesehen, Konsens besteht.[27]

19 Enthalten die Versorgungsmedizinischen Grundsätze Lücken, so sind diese von der Rechtsprechung auszufüllen. Insbesondere können auch solche Gesundheitsstörungen als Behinderungen anerkannt werden, die in den Anhaltspunkten überhaupt nicht aufgeführt sind.[28]

---

24 *BSG* v. 24. 4. 2008 – B 9/9a SB 10/06 R, *Breithaupt* 2009, 240 ff.

25 BSG v. 23. 4. 2009 – B 9 SB 3/08 R

26 Vgl. *BSG* v. 24. 4. 2008 – B 9/9a SB 10/06 R, *Breithaupt* 2009, 240 ff.; *BSG* v. 11. 12. 2008 – B 9/9a SB 4/07 R

27 *BSG* v. 27. 6. 2006 – B 2 U 5/05 R, SozR 4–5671 § 6 Nr. 2

28 So zum psychosomatischen Schmerzsyndrom *LSG Rheinland-Pfalz* v. 5. 3. 1991 – L 4 Vs 57/89

c) Grad der Behinderung

Das SGB IX stellt ebenso wie die am 1. 8. 1986 in Kraft getretene No- **20**
vellierung des SchwbG statt auf die Minderung der Erwerbsfähigkeit (MdE) nunmehr auf den **Grad der Behinderung (GdB)** ab. Der
MdE-Begriff wird aber weiterhin in der gesetzlichen Unfallversicherung verwendet. Die alte Bezeichnung wurde aufgegeben, weil sie
sich nach Auffassung der Bundesregierung»einstellungshemmend«
ausgewirkt haben soll.[29]

Der **Grad der Behinderung** drückt die Auswirkung der gesundheit- **21**
lichen Funktionseinschränkungen im Berufs- und Alltagsleben aus.
Die in § 30 Abs. 1 BVG für die Bemessung des Grades der Schädigungsfolgen in der Kriegsopferversorgung festgelegten Maßstäbe
gelten entsprechend auch für die Ermittlung des GdB. Nach dieser
Vorschrift (Wortlaut s. § 69 Rn. 11) ist der GdB nach der körperlichen und geistigen **Beeinträchtigung in allen Lebensbereichen** zu
beurteilen. Seelische Begleiterscheinungen und Schmerzen sind zu
berücksichtigen. So rechtfertigen z. B. ausgedehnte entstellende Pig-
mentstörungen der Haut an den Händen und im Gesicht einen GdB
von 20, auch wenn sie die körperliche Leistungsfähigkeit nicht ein-
schränken.[30] Auch nach der Ersetzung des MdE-Begriffs durch den
des GdB kommt dem Kriterium, um wie viel die Befähigung zur
üblichen, auf Erwerb gerichteten Arbeit und deren Ausnutzung im
wirtschaftlichen Leben durch die Folgen der Behinderung beeinträchtigt ist, besondere Bedeutung zu. Nach wie vor ist zu berücksichtigen, welche Arbeitsmöglichkeiten für den behinderten Menschen auf dem Arbeitsmarkt bestehen.[31] Dabei ist ein **genereller,
abstrakter Maßstab** anzulegen. Es kommt darauf an, welche Er-
werbsmöglichkeiten dem behinderten Menschen auf dem gesamten
allgemeinen Arbeitsmarkt verschlossen sind, und nicht auf die besondere Betroffenheit im erlernten, ausgeübten oder angestrebten
Beruf oder auf eine konkrete behinderungsbedingte Einkommens-
einbuße. Daneben sind die **Auswirkungen der Behinderung im gesamten gesellschaftlichen Leben** zu würdigen.[32]

Bei der **Feststellung des GdB** ist das Maß der aus der Behinderung **22**
resultierenden Teilhabebeeinträchtigung **grundsätzlich nach alters-**

---

29 Begründung des Regierungsentwurfs, BR-Drucks. 431/84, S. 16
30 *LSG Nordrhein-Westfalen* v. 26. 1. 1993 – L 6 Vs 91/90
31 *SG Frankfurt* v. 5. 9. 1986 – S 2 Vsb 55/85, *Breith* 1987, 664 ff.
32 *BSG* v. 9. 3. 1988 – 9/9a RVs 14/86, SozSich 1988, 381

unabhängigen Funktions-Mittelwerten zu bestimmen. Eine Differenzierung nach dem Alter darf nicht erfolgen.[33]

23   Der GdB ist ein **Rechtsbegriff**. Seine Feststellung ist Aufgabe der Verwaltung, im Streitfalle der Sozialgerichte und nicht vordringliche Aufgabe ärztlicher Sachverständiger. Deren Gutachten sind zwar unentbehrliche Hilfsmittel bei der Erhebung und wertenden Beurteilung medizinischer Befunde. Dabei ist aber zu berücksichtigen, dass die GdB-Bewertung nicht allein auf der Anwendung medizinischen Wissens beruht, sondern unter der Heranziehung des Sachverstandes auch anderer Wissenszweige zu ermitteln ist.[34] Die hierauf gestützte Ermittlung des GdB hat dann die Behörde bzw. das Gericht selbst vorzunehmen, ohne dabei an die Wertung des ärztlichen Sachverständigen zwingend gebunden zu sein.[35]

24   Bei der GdB-Bemessung handelt es sich um eine **Schätzung,**[36] die zwangsläufig einer gewissen Schwankungsbreite unterliegt, die gerichtlich nur in begrenztem Maße überprüfbar ist. Es bestehen aber erhebliche Bedenken, diese Schwankungsbreite mit einer GdB-Differenz von 10 oder gar mehr zu beziffern.[37] Vielmehr sollte auf die ständige Rechtsprechung in der gesetzlichen Unfallversicherung zurückgegriffen werden, die die einer gerichtlichen Überprüfung nur noch in begrenztem Umfang zugängliche Schwankungsbreite bei der MdE mit 5 % beziffert.[38]

25   Grundsätzlich ist bei der Einschätzung des GdB die voraussichtliche Entwicklung der Erkrankung in der Zukunft nicht **maßgebend**, sondern **allein der Zustand bei Bescheiderteilung bzw. bei einer Verschlimmerung im Laufe eines gerichtlichen Verfahrens der Zeitpunkt der mündlichen Verhandlung.** Künftig möglicherweise eintretende Schäden müssen ebenso unberücksichtigt bleiben[39] wie die Aussicht auf Besserung. Solche Entwicklungen können allerdings dann, wenn sie eingetreten sind, nach § 48 SGB X zu einer Neufeststellung des GdB führen (s. dazu § 69 Rn. 17). Es kommt auch nicht darauf an, ob eine Erkrankung durch eine Therapie geheilt werden kann, sondern welche Auswirkungen auf die Teilhabe

---

33 *LSG Baden-Württemberg* v. 26.9.2014 – L 8 SB 5215/13

34 *BSG* v. 24.4.2008 – B 9/9a SB 10/06 R, *Breithaupt* 2009, 240 ff.

35 *LSG Rheinland-Pfalz* v. 22.5.1996 – L 4 Vs 129/95, br 1996, 167 ff.

36 *LSG Rheinland-Pfalz* v. 22.5.1996 – L 4 Vs 129/95, br 1996, 167 ff.

37 So aber *LSG Schleswig-Holstein* v. 26.6.1994 – L 4 Vsb 5/94, br 1996, 26

38 *BSG* v. 17.12.1975 – 2 RU 35/75, SozR 2200 § 581 Nr. 5

39 *BSG* v. 17.9.1980 – 9 RVs 3/80, *Breith* 1981, 517; *BSG* v. 17.4.2013 – B 9 SB 3/12 R, Rn. 50

am gesellschaftlichen Leben bei Anwendung dieser Therapie noch verbleiben.[40]

Die durch **den Therapieaufwand** bedingte Teilhabeeinschränkung ist zwingend mit zu berücksichtigen, soweit sich der Therapieaufwand auf die Teilhabe am Leben in der Gesellschaft nachteilig auswirkt.[41] Wenn die Versorgungsmedizinischen Grundsätze einen solchen Therapieaufwand nicht erfassen, so verstoßen sie gegen höherrangiges Recht und sind deshalb nichtig.[42] Allerdings ist die medizinisch notwendige sportliche Betätigung bei der Bemessung des GdB grundsätzlich nicht als berücksichtigungsfähiger Therapieaufwand anzusehen.[43]

Bei bestimmten Erkrankungen ist für die Zeit der sog. **Heilungsbewährung** ein höherer GdB anzusetzen. Es handelt sich dabei um solche Krankheiten, bei denen nach dem akuten Stadium zwar bereits eine wesentliche Besserung eingetreten ist, aber noch abgewartet werden muss, ob ein Rückfall eintritt (so vor allem bei zu Rezidiven neigenden Krebserkrankungen). Während nach den Anhaltspunkten 1983 **bei Entfernung bösartiger Tumore** durchgehend eine Heilungsbewährung von fünf Jahren vorgesehen war, enthalten die Versorgungsmedizinischen Grundsätze eine differenziertere Beurteilung, die bei Tumoren mit kürzerer Zeit der Hauptrezidivgefahr kürzere Zeiten der Heilungsbewährung vorsieht. Die Heilungsbewährung beginnt mit dem Zeitpunkt, an dem die Geschwulst durch Operation oder andere Primärtherapie als beseitigt angesehen werden kann, nicht hingegen erst mit dem Abschluss einer zusätzlichen Therapie (Hormon- oder Chemotherapie).[44]

26

Bei **Herzinfarkten** ist überhaupt keine Heilungsbewährung (anders Anhaltspunkte 1983: GdB von mindestens 50 für ein Jahr) mehr vorgesehen. Der GdB bemisst sich vielmehr allein nach der verbleibenden Leistungsfähigkeit des Herzens sechs Monate nach dem Infarkt. Begründet wird dies mit der Verbesserung der diagnostischen und therapeutischen Möglichkeiten zur Leistungsbeurteilung nach

27

---

40 *BSG* v. 15. 7. 2004 – B 9 SB 46/03 B, Versorgungsverwaltung 2005, 37 f.
41 *BSG* v. 23. 4. 2008 – B 9/9a SB 10/06 R, *Breithaupt* 2009, 240 ff.
42 So zum GdB beim Diabetes mellitus (Teil B Nr. 15.1 der Versorgungsmedizinischen Grundsätze in der bis zum 21.7.2010 geltenden Fassung) *BSG* v. 23. 4. 2009 – B 9 SB 3/08 R; die ab 22. 7. 2010 geltende Fassung enthält dagegen eine ausreichend differenzierte Berücksichtigung des Therapieaufwandes, *BSG* v. 2. 12. 2010 – B 9 SB 3/09 R, SozR 4–3250 § 69 Nr. 12
43 *BSG* v. 2. 12. 2010 – B 9 SB 3/09, SozR 4–3250 § 69 Nr. 12
44 *LSG Baden-Württemberg* v. 29. 4. 2014 – L 6 SB 3891/13

dem Infarkt.[45] Gleichwohl erscheint es problematisch, Infarktpatienten auch bei gutem Rehabilitationserfolg ohne den Kündigungsschutz des SGB IX zu lassen. Besonders der erste Infarkt stellt im Leben des Menschen ein ganz einschneidendes Ereignis dar, das zum Bedenken des ganzen bisherigen Lebenswandels, der Ernährungs-, Arbeits- und Verhaltensweisen Anlass geben sollte.[46]

28 Die **erfolgreiche Heilungsbewährung** stellt eine wesentliche Besserung dar, die nach § 48 SGB X die **Herabsetzung des GdB** rechtfertigt.[47] Das ist nach Auffassung des *BSG* auch dann der Fall, wenn im Ursprungsbescheid nicht ausdrücklich darauf hingewiesen worden ist, dass der GdB wegen Heilungsbewährung höher festgesetzt worden ist.[48] Diese Rechtsprechung berücksichtigt den Vertrauensschutz der Betroffenen nur unzureichend.

29 Liegen **mehrere Behinderungen** vor, so ist zur Feststellung des GdB eine Würdigung der durch alle Störungen bedingten Funktionsausfälle in ihrer Gesamtheit vorzunehmen. Bei dieser **Gesamtschau** sind die wechselseitigen Beziehungen der Behinderungen zueinander zu beachten (vgl. dazu im Einzelnen § 69 Rn. 23 ff.).

d) Inlandsbezug

30 Weitere Voraussetzung der Anerkennung der Schwerbehinderteneigenschaft ist ein gewisser Inlandsbezug. Dabei ist zu unterscheiden, ob es um die Feststellung der Eigenschaft als schwerbehinderter Mensch geht oder nur um die Feststellung der Behinderung oder des GdB. In letzterem Fall reicht es aus, dass dem im Ausland lebenden behinderten Menschen aus der Feststellung des GdB in Deutschland konkrete Vergünstigungen erwachsen können, die keinen Inlandswohnsitz voraussetzen,[49] beispielsweise die Inanspruchnahme der gesetzlichen Altersrente für schwerbehinderte Menschen.[50]

Nach der gesetzlichen Definition in § 30 Abs. 3 SGB I hat eine Person dort ihren **Wohnsitz**, wo sie eine Wohnung unter Umständen innehat, die darauf schließen lassen, dass sie die Wohnung beibehalten

---

45 *BSG* v. 13. 8. 1997 – 9 RVs 10/96, SozR 3–3870 § 4 Nr. 21

46 So kritisch aus ärztlicher Sicht *Herter*, Veränderungen in den neuen »Anhaltspunkten«, br 1997, 91

47 *BSG* v. 22. 5. 1962 – 9 RV 590/59, BSGE 17, 63

48 *BSG* v. 9. 8. 1995 – 9 RVs 14/94, SozSich 1997, 78

49 *BSG* v. 29. 4. 2010 – B 9 SB 1/10 R, SGb 2010, 531; *BSG* v. 5. 7. 2007 – B 9/9a SB 2/06 R, SozR 4–3250 § 69 Nr. 5

50 BSG v. 7. 4. 2011 – B 9 SB 3/10 R, SozR 4–3250 § 69 Nr. 13, Rn. 24

oder benutzen wird; den **gewöhnlichen Aufenthalt** hat sie dort, wo sie sich unter Umständen aufhält, die erkennen lassen, dass sie an diesem Ort oder in diesem Gebiet nicht nur vorübergehend verweilt.

Dem Wohnsitz oder Aufenthalt ist die **Beschäftigung** auf einem **31** Arbeitsplatz in der Bundesrepublik gleichgestellt. Der Begriff des Arbeitsplatzes ist nicht gegenständlich-räumlich im Sinne von Beschäftigungsort, Beschäftigungsplatz oder Beschäftigungsstelle definiert, sondern rechtlich-funktional: Arbeitsplatz ist diejenige Stelle (Anstellung), in deren Rahmen eine bestimmte Tätigkeit auf der Grundlage eines Arbeits-, Dienst- oder Ausbildungsverhältnisses mit allen sich daraus ergebenen Rechten und Pflichten vollzogen wird.[51] Arbeitnehmer, die im Ausland wohnen, aber als Grenzgänger in der Bundesrepublik beschäftigt sind, genießen also auch den Schutz des SGB IX.

Geltungsbereich des Gesetzes ist das Gebiet der Bundesrepublik **32** Deutschland. Seit dem 3. 10. 1990 gilt das SchwbG (heute: SGB IX – 2. Teil) auch in den neu beigetretenen Bundesländern.

Wohnsitz, Aufenthalt oder Beschäftigung in der BRD müssen **recht- 33 mäßig** sein. Deutsche Staatsangehörige halten sich stets rechtmäßig in der Bundesrepublik auf. Ausländer aus Mitgliedstaaten der EU genießen aufgrund der FreizügigkeitsVO/EG vom 17. 7. 1997 Freizügigkeit innerhalb der EU und haben damit ein Aufenthaltsrecht in der BRD. Ausländer aus Drittländern bedürfen nach § 3 AuslG einer Aufenthaltsgenehmigung. Das SGB IX – 2. Teil schützt behinderte Ausländer aber auch dann, wenn sie sich nur geduldet nach § 55 AuslG in der Bundesrepublik aufhalten und dieser Aufenthalt voraussichtlich länger als sechs Monate andauern wird.[52] Eine Beschäftigung von Ausländern in der BRD ist nur dann rechtmäßig, wenn eine nach § 284 SGB III erforderliche Arbeitserlaubnis erteilt ist.

Die Schwerbehinderteneigenschaft hat über das eigentliche Anwen- **34** dungsgebiet dieses Gesetzbuches hinaus Bedeutung für das gesamte System der sozialen Sicherung. Beispielhaft seien hier nur genannt:

• Beitrittsrecht zur Krankenversicherung (§ 9 Abs. 1 Nr. 4 SGB V),
• Altersrente bei Vollendung des 60. bzw. 63. Lebensjahres (§§ 37, 236a SGB VI).

Eine umfangreiche Übersicht über die sonstigen Auswirkungen der Schwerbehinderteneigenschaft im Bereich des gesamten Sozial-, Arbeits- und Steuerrechts, bei Versicherungen, im Straßen- und Per-

---

51 *SG Kassel* v. 10. 9. 2012 – S 3 AL 131/11
52 *BSG* v. 29. 4. 2010 – B 9 SB 2/09 R, BSGE 106, 101–110, SozR 4–3250 § 2 Nr. 2

sonenverkehr geben *Minninger/Hinterholz/Westermann*, Rechte behinderter Menschen, 3. Aufl., 2013.

5. Gleichstellung

35 (Abs. 3) Die **Gleichstellung** von behinderten Menschen mit einem GdB unter 50 mit schwerbehinderten Menschen stellt eine Rehabilitationsmaßnahme im weiteren Sinne und damit eine Leistung zur Teilhabe im Sinne des § 4 SGB IX dar.[53] Zweck der Gleichstellung ist es, die ungünstige Konkurrenzsituation der behinderten Menschen am Arbeitsplatz und auf dem Arbeitsmarkt zu verbessern und somit den Arbeitsplatz sicherer zu machen oder die Vermittlungschancen zu erhöhen.[54] Die Erlangungsalternative will zudem auch die Freiheit der Berufswahl des behinderten Menschen schützen.[55]

Der Anspruch auf Gleichstellung setzt voraus:
- Feststellung eines GdB von 30 oder 40 (s. Rn. 19 ff.);
- Erfüllung der übrigen Voraussetzungen des § 2 Abs. 2, d.h. Wohnsitz, gewöhnlicher Aufenthalt oder Beschäftigung in der Bundesrepublik Deutschland (s. Rn. 30 ff.);
- der gleichzustellende behinderte Mensch muss ohne die Gleichstellung einen geeigneten Arbeitsplatz nicht erlangen oder behalten können (s. Rn. 38 ff.).

36 Der **maßgebliche Zeitpunkt** für die Beurteilung der Voraussetzungen der Gleichstellung ist in erster Linie der Tag der Antragstellung. Allerdings sind auch wesentliche Änderungen der Sach- und Rechtslage bis zur Bescheiderteilung und, wenn sich ein sozialgerichtliches Verfahren anschließt, bis zur letzten mündlichen Verhandlung zu berücksichtigen.[56] Entsprechend muss die BA und ggf. das Sozialgericht für alle Arbeitsplätze und Zeiten der Arbeitslosigkeit des behinderten Menschen zwischen der Antragstellung und dem Schluss der letzten mündlichen Verhandlung in einer Tatsacheninstanz jeweils überprüfen, ob ohne die Gleichstellung der (geeignete) Arbeitsplatz nicht erhalten oder ein neuer Arbeitsplatz nicht erlangt werden konnte.[57]

---

53 *BSG* v. 2.3.2000 – B 7 AL 46/99R, SozR 3–3870 § 2 Nr. 1; *LSG Berlin-Brandenburg* v. 29.11.2006 – L 16 AL 213/06
54 *BSG* v. 6.8.2014 – B 11 AL 16/13 R, SozR 4–3250 § 2 Nr. 6, Rn. 22; *BSG* v. 1.3.2011 – B 7 AL 6/10, BSGE 108, 4
55 *BSG* v. 6.8.2014 – B 11 AL 5/14 R, SozR 4–3250 § 2 Nr. 5, Rn. 21
56 BSG v. 6.8.2014 – B 11 AL 16/13 R, SozR 4–3250 § 2 Nr. 6, Rn. 12
57 *LSG Baden-Württemberg* v. 9.11.2011 – L 3 AL 1949/11

Der **Grad der Behinderung** von mindestens 30 ist nach § 69 von   **37**
der zuständigen Behörde festzustellen. Die für die Gleichstellung
zuständige BA ist insoweit an deren Entscheidung gebunden, sie ist
unabdingbare Voraussetzung der Gleichstellung.[58] Liegt noch kein
Feststellungsbescheid vor, darf die BA die Gleichstellung nicht wegen fehlender Feststellung des GdB ablehnen, sondern hat die
Entscheidung der zuständigen Behörde abzuwarten.[59] Das Verwaltungsverfahren ist so lange auszusetzen. Wird dies nicht beachtet,
sollte Klage vor dem Sozialgericht erhoben werden. Dieses kann
nach seinem Ermessen anordnen, dass die Verhandlung bis zur
Entscheidung über den GdB ausgesetzt wird (§ 114 Abs. 2 SGG).
Entscheidet das Sozialgericht ohne **Aussetzung des Verfahrens**,[60]
ist dies im Regelfall als Verfahrensfehler anzusehen.[61] Liegt noch
kein Antrag beim Versorgungsamt vor, wird aber bei der BA Gleichstellung beantragt, so ist dies auch als Antrag auf Feststellung des
GdB zu werten und an die zuständige Versorgungsbehörde weiterzuleiten.

Die Gleichstellung setzt eine besondere **Schutzbedürftigkeit** voraus,   **38**
die mit der Behinderung in einem ursächlichen Zusammenhang stehen muss. Dabei ist es nicht erforderlich, dass die Behinderung die
alleinige Ursache der Gefährdung des Arbeitsplatzes bzw. der unter-
bliebenen Teilhabe des behinderten Menschen am Arbeitsleben ist.
Nach der im Sozialrecht im Allgemeinen und auch im Schwerbehindertenrecht im Besonderen geltenden Kausallehre der rechtlich wesentlichen Teilursache reicht es vielmehr aus, dass die Behinderung
neben anderen Ursachen bei wertender Betrachtung wesentlich zur
Arbeitsplatzgefährdung beigetragen hat.[62] Der Kausalzusammen-
hang muss nicht im Vollbeweis im Sinne einer absoluten Sicherheit
feststehen. Es reicht aus, dass er hinreichend wahrscheinlich ist.[63]
Nur dann, wenn die Behinderung als Kausalfaktor gegenüber behin-

58 *BSG* v. 24.6.1998 – B 9 SB 17/97 R, SozR 3–3870 § 4 Nr. 24 und BSG
v. 2.3.2000 – B 7 AL 46/99 R, SozR 3–3870 § 2 Nr. 1
59 So zutreffend *LSG Berlin-Brandenburg* v. 29.11.2006 – L 16 AL 213/06; in der
Literatur ist die Frage streitig, zum Streitstand s. *LSG Baden-Württemberg*
v. 19.11.2013 – L 13 AL 2601/13 Rn. 37
60 So *LSG Nordrhein-Westfalen* v. 6.7.2009 – L 19 AL 17/09
61 Vgl. *BSG* v. 15.7.2010 – B 11 AL 150/09 B
62 *BSG* v. 2.3.2000 – B 7 AL 46/99 R, SozR 3–3870 § 2 Nr. 1; *BSG* v. 6.8.2014 –
B 11 AL 16/13 R, SozR 4–3250 § 2 Nr. 6, Rn. 22
63 *BSG* v. 6.8.2014 – B 11 AL 16/13 R, SozR 4–3250 § 2 Nr. 6, Rn. 23

derungsunabhängigen Bedingungen (z. B. Produktionsänderungen, Betriebsstilllegungen, konjunkturelle Schwankungen), völlig in den Hintergrund getreten ist, darf eine Gleichstellung versagt werden.

39 Das Gesetz unterscheidet zwei Alternativen: Der behinderte Mensch kann ohne die Gleichstellung einen **geeigneten Arbeitsplatz** nicht erlangen oder nicht behalten. Der Begriff des Arbeitsplatzes ist nicht gegenständlich-räumlich im Sinne von Beschäftigungsort, Beschäftigungsplatz oder Beschäftigungsstelle definiert, sondern rechtlich-funktional: Arbeitsplatz ist diejenige Stelle (Anstellung), in deren Rahmen eine bestimmte Tätigkeit auf der Grundlage eines Arbeits-, Dienst- oder Ausbildungsverhältnisses mit allen sich daraus ergebenen Rechten und Pflichten vollzogen wird.[64] Geeignet i. S. v. § 2 Abs. 3 ist ein Arbeitsplatz, der dem gesundheitlichen Leistungsvermögen, der beruflichen Qualifikation und der Eignung des Behinderten entspricht oder durch entsprechende Umgestaltung und Arbeitshilfen behinderungsgerecht ausgestaltet werden kann.[65] Ungeeignetheit liegt nur dann vor, wenn behinderungsbedingt unverzichtbare Tätigkeiten am Arbeitsplatz nicht ausgeübt werden oder solche Tätigkeiten nur unter Inkaufnahme sofort oder sicher deswegen künftig auftretender gesundheitlicher Folgen noch verrichtet werden können.[66] Für die Bejahung der Geeignetheit des Arbeitsplatzes im Sinne des § 2 Abs. 3 genügt es, dass der behinderte Mensch durch Leistungen zur Rehabilitation oder durch eine vom Arbeitgeber zur Verfügung zu stellende behindertengerechte Ausstattung des Arbeitsplatzes in die Lage versetzt werden kann, diesen vollwertig auszufüllen.[67]

Selbst dann, wenn der bisherige Arbeitsplatz trotz Ausschöpfens aller Möglichkeiten nicht behinderungsgerecht ausgestattet werden kann, kommt eine Gleichstellung in Betracht, damit der behinderte Mensch einen anderen geeigneten Arbeitsplatz bei seinem Arbeitgeber erlangen kann.[68] Als Arbeitsplätze gelten keine Stellen, auf denen Teilzeitbeschäftigte weniger als 18 Stunden wöchentlich beschäftigt werden (§ 73 Abs. 3).[69]

---

64 *SG Kassel* v. 10. 9. 2012 – S 3 AL 131/11
65 *BSG* v. 2. 3. 2000 – B 7 AL 46/99 R
66 *LSG Baden-Württemberg* v. 28. 2. 2014 – L 8 AL 501/13
67 BSG v. 6. 8. 2014 – BB 11 AL 5/14 R, SozR 4–3250 § 2 Nr. 5
68 *SG Dortmund* v. 6. 10. 1989 – S 33 Ar 152/87
69 *LSG Nordrhein-Westfalen* v. 2. 9. 2008 – L 1 AL 35/07, das insoweit keine verfassungsrechtliche Bedenken hegt

Die erste Alternative – **Erlangen eines Arbeitsplatzes** – setzt zunächst voraus, dass der behinderte Mensch einen konkreten Arbeitsplatz anstrebt. Arbeitsplätze in diesem Sinne sind auch Beamtenstellen.[70] Weitere Voraussetzung ist, dass die Wettbewerbsfähigkeit auf dem Arbeitsmarkt infolge der Behinderung gegenüber einem nicht behinderten Menschen in besonderer Weise beeinträchtigt ist.[71] Zu vergleichen ist dabei die Wettbewerbsfähigkeit des behinderten Menschen mit der eines annähernd gleichaltrigen und gleich qualifizierten Nichtbehinderten. Dies wird in der Rechtsprechung mitunter verkannt[72] mit der Folge einer nicht zu begründenden Benachteiligung gerade besonders schutzwürdiger älterer und minderqualifizierter behinderter Menschen. Einer Prognose, dass die Gleichstellung auch zur Erlangung des Arbeitsplatzes führt, bedarf es nicht. Es reicht die Behebung einer ungünstigen Konkurrenzsituation auf dem Arbeitsmarkt.[73] **40**

Der Gleichstellung nach dieser Alternative steht nicht entgegen, dass der behinderte Mensch bereits einen geeigneten Arbeitsplatz innehat. Es reicht aus, dass der behinderte Mensch sich beruflich verändern will und dabei der Hilfe durch Gleichstellung bedarf.[74] **41**

Die zweite Alternative – **Behalten eines Arbeitsplatzes** – setzt voraus, dass der Arbeitsplatz wegen der Behinderung gefährdet ist. Dabei ist es aber nicht erforderlich, dass eine krankheitsbedingte Kündigung konkret droht oder gar schon ausgesprochen ist.[75] Eine solch enge Auslegung des Gesetzes steht mit der Schutzfunktion der Gleichstellung nicht im Einklang, weil es sonst in der Praxis der BA darauf hinausliefe, behinderte Menschen nur noch gleichzustellen, wenn der Arbeitgeber die Kündigungsabsicht bestätigt. Andererseits reicht eine rein abstrakte Gefährdung allein nicht aus.[76] Es ist viel- **42**

---

70 *BSG* v. 6. 8. 2014 – B 11 AL 5/14 R, SozR 4–3250 § 2 Nr. 5
71 *BSG* v. 2. 3. 2000 – B 7 AL 46/99R; anders in der Vorinstanz *LSG Nordrhein-Westfalen* v. 24. 8. 1998 – L 12 AL 162/97, br 1999, 57 ff.
72 So insbesondere vom *SG Duisburg* v. 15. 1. 2002 – S 12 AL 201/01, br 2003, 38 ff.
73 *BSG* v. 2. 3. 2000 – B 7 AL 46/99 R
74 BSG v. 6. 8. 2014 – B 11 AL 5/14 R, SozR 4–3250 § 2 Nr. 5
75 *BSG* v. 6. 8. 2014 – B 11 AL 16/13 R, SozR 4–3250 § 2 Nr. 6, Rn. 37; *LSG Niedersachsen* v. 21. 11. 1995 – L 8 Ar 216/95, *Breith* 1996, 579
76 *BSG* v. 6. 8. 2014 – B 11 AL 16/13 R, SozR 4–3250 § 2 Nr. 6, Rn. 26; *LSG Nordrhein-Westfalen* v. 4. 6. 2008 – L 12 AL 64/07; zu eng aber *LSG Baden-Württemberg* v. 18. 1. 2011 – L 13 AL 3853/10, das mit fragwürdiger, im Wesentlichen auf die Aussagen des Arbeitgebers gestützter Beweiswürdigung die »bloß abstrakte Gefährdung des Arbeitsplatzes« nicht ausreichen lässt

mehr eine Prognose zu treffen, ob durch die Gleichstellung der Arbeitsplatz mit hinreichender Wahrscheinlichkeit sicherer gemacht werden kann.[77] Es müssen aber konkrete Anhaltspunkte für die **Gefährdung des Arbeitsplatzes** vorliegen, z. B. bei behinderungsbedingt(en)

- erhöhten Fehlzeiten
- verminderter Arbeitsleistung
- Abmahnungen oder Abfindungsangeboten
- notwendigen Hilfeleistungen anderer Mitarbeiter
- Einschränkungen der beruflichen Mobilität.[78]

43 Die Gleichstellung muss geeignet sein, dem behinderten Menschen den Arbeitsplatz zu erhalten. Das ist dann nicht der Fall, wenn zum Zeitpunkt der Entscheidung über die Gleichstellung das Arbeitsverhältnis bereits aufgrund einer mit der Kündigungsschutzklage nicht mehr angreifbaren Kündigung beendet ist.[79] Der Gleichstellung zum Behalten des Arbeitsplatzes steht aber nicht entgegen, dass der Antrag auf Gleichstellung später als drei Wochen vor Ausspruch der Kündigung gestellt wurde,[80] wenn Kündigungsschutzklage erhoben wird. Dann kann die Gleichstellung gleichwohl noch verhindern, dass es im Kündigungsschutzprozess zu Nachkündigungen kommt.

44 Die Gleichstellung von Beamten auf Lebenszeit (oder anderer aufgrund eines Tarifvertrags[81] oder kraft Gesetzes [Mutterschutz, Betriebs- und Personalräte] unkündbarer Arbeitnehmer) scheidet zwar nicht generell, wohl aber im Regelfall wegen deren Unkündbarkeit aus.[82] Anderes gilt nur, wenn ausnahmsweise besondere Gründe für die Gleichstellung vorliegen.[83] Dies ist bei Beamten beispielsweise der Fall, wenn behinderungsbedingt die Versetzung in den Ruhe-

---

77 *BSG* v. 15. 9. 2011 – B 2 U 22/10 R, NZS 2012, 151; *BSG* v. 15. 9. 2011 – B 2 U 25/10 R, SozR 4–5671 Anl. 1 Nr. 4111, Nr. 3; *LSG Nordrhein-Westfalen* v. 11. 1. 2006 – L 12 AL 31/05

78 Beispiele nach BSG v. 6. 8. 2014 – B 11 AL 16/13 R, SozR 4–3250 § 2 Nr. 6, Rn. 24

79 *LSG Baden-Württemberg* v. 09. 11. 2011 – 3 AL 1949/11

80 Anders *LSG Baden-Württemberg* a. a. O. unter Hinweis auf *BAG* v. 1. 3. 2007 – 2 AZR 217/06

81 Siehe dazu *LSG Rheinland-Pfalz* v. 26. 9. 2008 – L 1 AL 122/07 unter Verneinung der Gefahr einer Rückgruppierung; *LSG Schleswig-Holstein* v. 14. 12. 2012 – L 3 AL 36/11

82 *BSG* v. 6. 8. 2014 – B 11 AL 16/13 R, SozR 4–3250 § 2 Nr. 6, Rn. 27

83 *BSG* v. 1. 3. 2011 – B 7 AL 6/10 R, SozR 4–3250 § 2 Nr. 4

stand[84] oder die behinderungsbedingte Versetzung oder Umsetzung auf einen anderen nicht gleichwertigen Arbeitsplatz droht oder bei Beamten auf Probe der Zugang zum Beamtenverhältnis auf Lebenszeit aus gesundheitlichen Gründen verwehrt ist.[85]

Kapitel 8
Sicherung und Koordinierung der Teilhabe

(…)

Titel 2
Klagerecht der Verbände

§ 63 Klagerecht der Verbände

Werden behinderte Menschen in ihren Rechten nach diesem Buch verletzt, können an ihrer Stelle und mit ihrem Einverständnis Verbände klagen, die nach ihrer Satzung behinderte Menschen auf Bundes- oder Landesebene vertreten und nicht selbst am Prozess beteiligt sind. In diesem Fall müssen alle Verfahrensvoraussetzungen wie bei einem Rechtsschutzersuchen durch den behinderten Menschen selbst vorliegen.

1. Entstehungsgeschichte und Normzweck

Für diese Vorschrift gab es vorher im Recht der Schwerbehinderten   1
kein Vorbild, ansatzweise Ähnliches findet sich in der »Richtlinie des Rates der Europäischen Union zur Festlegung eines allgemeinen Rahmens für die Verwirklichung der Gleichbehandlung in Beschäf-

---

84 *LSG Nordrhein-Westfalen* v. 23. 5. 2002 – L 9 AL 241/01; *LSG Rheinland-Pfalz*
   v. 10. 11. 1995 – L 6 AR 159/94, ZfS 1996, 375 ff.
85 *SG Kassel* v. 10. 9. 2012 – S 3 AL 131/11

tigung und Beruf« (Art. 9 Abs. 2). Dort ist allerdings nur die Beteiligung von Verbänden vorgesehen, nicht aber ein eigenes Klagerecht. Inzwischen ist im Behindertengleichstellungsgesetz (BGG) eine noch differenziertere Regelung getroffen worden im Sinne von Vertretungsbefugnissen im verwaltungs- und sozialgerichtlichen Verfahren (§ 12 BGG), die ähnlich dem Klagerecht nach § 63 SGB IX und im Sinne eines Verbandsklagerechts (§ 13 BGG) ausgestaltet sind – beides allerdings ausdrücklich nur für vom Bundesministerium für Gesundheit und Soziale Sicherung anerkannte Verbände.

2   § 63 wirkt als **Sonderregelung** zu den drei Prozessgesetzen, die die gerichtlichen Verfahren nach dem SGB IX regeln. Dies sind für die Arbeitsgerichte das ArbGG, für die Sozialgerichte das SGG und für die Verwaltungsgerichte die VwGO (Letztere z. B. in Verfahren gegen die Integrationsämter und die örtlichen Fürsorgestellen), wobei jeweils ergänzend die ZPO herangezogen wird. Bei den Arbeitsgerichten und den Sozialgerichten ist zuvor die Möglichkeit einer derartigen Vertretungsbefugnis oder einer so genannten Verbandsklage überhaupt nicht vorgesehen gewesen, bei den Verwaltungsgerichten nur ganz eingeschränkt i. S. einer Klage auf Beteiligung bei Anhörungen.

2. Kollektive Rechtsdurchsetzung

3   § 63 begründet damit die Möglichkeit einer so genannten **Prozessstandschaft** (so auch die Gesetzesmaterialien). Prozessstandschaft bedeutet die Befugnis, ein fremdes Recht in eigenem Namen geltend zu machen. Die Prozessgesetze der drei Gerichtsbarkeiten enthalten dazu keine eigene Regelung, es muss vielmehr auf das Zivilprozessrecht zurückgegriffen werden. Dort kennt man zwei Formen: die gesetzliche und die gewillkürte Prozessstandschaft. Die Erstere wird schon durch das Gesetz begründet, bei der Letzteren wird die Prozessführungsbefugnis vom Rechtsträger durch Rechtsgeschäft (Vertrag, einseitige Willenserklärung) auf die Partei des Rechtsstreits übertragen. Um eine solche gewillkürte Prozessstandschaft handelt es sich auch hier; dafür spricht die Formulierung, dass Verbände an der Stelle und mit dem Einverständnis des behinderten Menschen klagen können. Das ebenfalls erforderliche eigene rechtsschutzwürdige Interesse des so genannten Prozessstandschafters, das fremde Recht geltend zu machen, ergibt sich hier aus dem in § 63 zur Voraussetzung gemachten Verbandszweck. Die schließlich notwendige Abtretbarkeit des Rechts selbst oder seiner Ausübung wird i. S. eines

Ausübungsrechts ebenfalls durch § 63 begründet; die sich aus dem SGB IX ergebenden Rechte sind aber, soweit sie höchstpersönlicher Art sind, nicht abtretbar.

Ein behinderter Mensch und ein Verband können nicht jeweils unabhängig voneinander in derselben Sache zulässig Klage erheben. Ist einmal Klage erhoben worden, steht der Zulässigkeit einer weiteren Klage in derselben Angelegenheit die so genannte anderweitige Rechtshängigkeit entgegen, die nur die erste der erhobenen Klagen zulässig sein lässt (§ 261 ZPO). Dies gilt für Fälle der Prozessstandschaft trotz der formal verschiedenen Kläger, denn durch die Prozessstandschaft sind das streitige Recht und dessen Inhaber – der behinderte Mensch – nicht verändert worden. **4**

Reine **Behindertenverbände** waren in der Vergangenheit weder im arbeitsgerichtlichen noch im sozialgerichtlichen oder im verwaltungsgerichtlichen Verfahren unterstützend oder vertretend präsent. Im arbeitsgerichtlichen Verfahren dürfen Gewerkschaften (und auf der Gegenseite Arbeitgeberverbände), nicht aber andere Verbände, ihre Mitglieder gerichtlich vertreten (§ 11 ArbGG). Im sozialgerichtlichen Verfahren waren außer Verbänden von Arbeitnehmern mit berufs- oder sozialpolitischer Zielsetzung bis zur Änderung durch das 6. SGG-Änderungsgesetz von 2001 Vereinigungen von Kriegsopfern vertretungsberechtigt (§ 73 Abs. 6 SGG), reine Behindertenvereinigungen waren gar nicht erwähnt. Die heute auch als Behindertenverbände tätigen großen Sozialverbände sind und waren stets auch – früher in erster Linie – Kriegsopferverbände und als solche vertretungsberechtigt. Diese Verbände durften ihre Mitglieder in sozialgerichtlichen Verfahren auch in anderen als nur Angelegenheiten der Kriegsopferversorgung vertreten, etwa in Schwerbehinderten- oder Sozialversicherungsangelegenheiten. Es fällt deshalb besonders auf, dass jetzt in § 63 die Gewerkschaften nicht ausdrücklich als klageberechtigt aufgeführt sind, während die nach §§ 12, 13 BGG tätigen Verbände dort ausdrücklich gesetzlich definiert werden. Gründe hierfür lassen sich den Gesetzesmaterialien nicht entnehmen. Es ist allerdings auch nicht erkennbar, dass der Gesetzgeber Gewerkschaften von der Klageberechtigung ausschließen wollte. **5**

Da der Begriff **Verband** nur weit verstanden werden kann als jede Art von Vereinigung, die eine Satzung hat und satzungsgemäße Ziele verfolgt, die aber nicht zwingend eine juristische Person des Privatrechts (z. B. ein eingetragener Verein) sein muss, kann er auch die traditionell nicht als eingetragener Verein organisierten Gewerk- **6** schaften mit umfassen. Auch wenn klageberechtigte Verbände nach dem Wortlaut der Vorschrift die Interessen behinderter Menschen »nach ihrer Satzung« vertreten sollen, bedeutet dies noch nicht zwingend, dass es sich um ein ausdrücklich genanntes Satzungsziel handeln muss, z. B. wenn die Satzung allgemeiner die Wahrnehmung sozialer, sozialpolitischer oder sozialrechtlicher Interessen vorsieht. (Beispiel aus § 5 Abs. 3 der ver. di-Satzung: »Zur Erreichung dieser Ziele dienen insbesondere … Weiterentwicklung und Verteidigung der sozialen Sicherheit im Falle von Erwerbslosigkeit, Krankheit, Invalidität, Behinderung, Pflegebedürftigkeit und Alter.«) Ausreichend und maßgeblich ist es vielmehr, dass eine Vereinigung die Interessen Behinderter zumindest auf Landesebene vertritt und dass dies einer verbandsinternen demokratischen Willensbildung entspricht und nicht in Widerspruch zur Satzung geschieht. Dies kann man sich z. B. auch so vorstellen, dass eine Vereinigung zur Verfolgung von sonst allgemeiner definierten sozialen Satzungszielen eigene Untergliederungen, Arbeitsbereiche oder Abteilungen für Behindertenangelegenheiten einrichtet und diese mit Arbeitsmöglichkeiten, finanziellen Mitteln oder sogar mit hauptamtlichen Mitarbeitern ausstattet.[1] Im Übrigen verlangt die Vorschrift nicht, dass ein solcher Verband alle Behinderten oder alle nur denkbaren Interessen von Behinderten vertreten will. Es ist also unschädlich, wenn Gewerkschaften in erster Linie die Interessen von Behinderten in ihrem eigenen Organisationsbereich aufgreifen oder wenn Vereinigungen (z. B. Selbsthilfevereinigungen) sich nur Problemen Behinderter mit bestimmten Krankheiten (z. B. Diabetes, Rheuma, Mukoviszidose) oder bestimmten Behinderungen (z. B. bei Blinden oder Taubstummen) widmen wollen. Es kann allerdings nicht ausreichend sein, wenn ein Verband ausschließlich die Vertretung seiner Mitglieder vor Gerichten oder Behörden oder gar nur die Prozessführung nach dieser Vorschrift als Verbandszweck definiert.

7   **Klageberechtigt** sind nur solche Verbände oder Vereinigungen, die sich überörtlich wenigstens auf der Ebene eines Bundeslandes (an-

---

1 Anders Dau/Haines, § 63 Rn. 10, und *Stevens-Bartol* in FKS-SGB IX, § 63 Rn. 5: Verankerung in der Satzung, und *Masuch* in Hauck/Noftz, SGB IX K § 63 Rn. 12, der Gewerkschaften generell nicht als Verbände i. S. des § 63 sieht, weil sie nicht überwiegend die Interessen von behinderten Menschen vertreten; allerdings findet eine Beschränkung auf Behindertenverbände in einem engeren Sinne keine Stütze in Gesetzeswortlaut und -materialien.

ders § 13 Abs. 3 Satz 2 Nr. 2 BGG: auf Bundesebene) gebildet haben. Lokale Organisationen sind nicht zugelassen. Eine flächendeckende Präsenz wird man zwar nicht verlangen können, wohl aber eine organisatorische Verfestigung i. S. der Herausbildung einer tragfähigen, d. h. verlässlich arbeitsfähigen und selbstverständlich demokratischen Struktur.

Für Verbände, die ihre Mitglieder in Prozessen vor den Sozialgerichten bzw. in der Revisionsinstanz vertreten wollen, hat das BSG[2] verlangt, dass diese mindestens 1000 Mitglieder haben müssen, um aufgrund ihrer Mitgliederzahl und ihrer Finanzmittel die Gewähr dafür zu bieten, dass sie geeignete Prozessbevollmächtigte bereit stellen können. Diese strenge Zugangsvoraussetzung wird man nicht genauso auf die nach dem SGB IX klageberechtigten Verbände übertragen können, weil es anders als bei der Vertretungsbefugnis nach dem ArbGG und dem SGG nicht darum geht, dass Rechtssekretäre oder Verbandsvertreter in der Führung von Arbeits- und Sozialgerichtsprozessen weitgehend dieselbe Stellung eingeräumt bekommen wie zugelassene Rechtsanwälte oder Rentenberater und deshalb eine bestimmte inhaltliche Qualifikation haben sollen. Die neue Klageberechtigung steht vielmehr neben dem unverändert gegebenen individuellen Rechtsschutz, ohne diesen aufzuheben – soweit das individuelle Recht nicht auf den Prozessstandschafter übertragen worden ist. Sieht man die Anforderungen an die Verbände zu streng, würde dies kleinere Vereinigungen mit speziellem Interessenprofil von der Klageberechtigung ausschließen, weil im Bereich einer seltenen Behinderung möglicherweise gar keine 1000 Betroffenen existieren, obwohl ein starkes Anliegen sonst schon für den Aufbau einer verlässlich einsatzfähigen Organisation sprechen würde. Andererseits dürften Vereinigungen mit nur wenigen hundert Mitgliedern nur mit Mühe in der Lage sein, sich landesweit zu organisieren und eine verlässlich arbeitsfähige, gleichsam professionelle Prozessvertretung aufzubauen (ähnlich § 13 Abs. 3 Satz 2 Nr. 4 BGG, wo verlangt wird, dass der Verband die Gewähr für eine sachgerechte Aufgabenerfüllung bietet).

Im Zweifelsfall ist das klageweise angerufene Gericht gehalten, die landesweite Organisation und tragfähige Struktur des Verbandes nachzuprüfen; auch zur Feststellung der Vertretungsbefugnis nach

---

2 *BSG* v. 20. 3. 1970 – 11 RA 139/69, SozR Nr. 39 zu § 166 SGG

§§ 73 Abs. 6, 166 SGG sind entsprechende Ermittlungen früher schon angestellt worden.

8 Das Vorbringen, behinderte Menschen würden in ihren Rechten nach dem SGB IX verletzt, wird sich in den meisten Fällen nicht begründen lassen, ohne mit den **persönlichen Daten von Behinderten** zu arbeiten, wie sie in den Personalabteilungen der Betriebe ebenso wie bei Sozialleistungsträgern, Ärzten, Krankenhäusern, Rehabilitationseinrichtungen usw. gespeichert sind. Es ist heute selbstverständlich, dass solche Daten nicht ohne vorherige Zustimmung der Betroffenen herangezogen werden dürfen (informationelle Selbstbestimmung).

9 Das im Gesetz verlangte **Einverständnis** hat aber keineswegs nur datenschutzrechtliche Bedeutung. Wie oben (Rn. 3) schon angesprochen, verlangt auch die Rechtsfigur der Prozessstandschaft eine Zustimmung oder Ermächtigung durch den Rechtsinhaber. Im Zivilprozessrecht wird davon ausgegangen, dass die Zustimmung oder Ermächtigung noch bis zum Ende der letzten mündlichen Verhandlung erklärt werden kann. Dies lässt sich schon aus Gründen des Datenschutzes auf eine Prozessstandschaft im Bereich des Sozialgesetzbuches nicht übertragen: Hier kann nur mit einem vorher erklärten Einverständnis gearbeitet werden. Auch ein anderer Grund spricht für die vorherige Beteiligung der Betroffenen: Andernfalls könnte ein Verband über ihren Kopf hinweg und gleichsam entmündigend die Verletzung von Rechten eines behinderten Menschen klageweise geltend machen. Der Schutz der behinderten Menschen erfordert es im Übrigen, dass eine einmal erteilte Zustimmung oder Ermächtigung bis zum Schluss der letzten mündlichen Verhandlung widerrufen werden kann, wie dies auch für die zivilprozessuale Prozessstandschaft vorgesehen ist.

10 Da geltend gemacht werden muss, dass konkrete, benennbare **Rechte nach dem SGB IX** verletzt sind, sind die Bereiche, in denen die neue Prozessstandschaft als rechtliches Instrument wirksam eingesetzt werden kann, letztlich begrenzt. Nicht dazu gehört z. B. das Rentenrecht, wohl aber die Rehabilitation, die Gleichstellung, die Schwerbehinderteneigenschaft, auch betriebliche Diskriminierung, die Zustimmung der Integrationsämter, nicht aber der eigentliche Kündigungsschutz. Da die geltend zu machenden Rechte konkreten benennbaren Personen zustehen müssen, ist es nicht zulässig, dass ein sonst grundsätzlich klageberechtigter Verband eine bloß abstrakte Rechtsverletzung geltend macht. Eine echte Einschränkung ergibt sich hieraus aber kaum, weil bei ernsthaftem begründeten Interesse wohl auch ein Musterfall zu finden sein dürfte, in dem ein konkret Betroffener durch seine Erklärung eine Prozessstandschaft begründet.

Die Voraussetzung, dass ein Verband nicht selbst am Prozess beteiligt sein darf, soll eine Interessenkollision verhindern. Beteiligung im Rechtssinn bedeutet eine Prozessstellung als Kläger, Beklagter, Beigeladener oder Streitverkündeter; man kann also nicht bereits ein Mitwirken am Verfahren durch Rechtsschutzgewährung für das Mitglied einer Gewerkschaft oder einer anderen Vereinigung darunter verstehen. Es bleibt abzuwarten, welche Bedeutung diese Regelung erhält, da bereits die Unzulässigkeit mehrfacher Rechtshängigkeit (siehe Rn. 4) und das erforderliche vorherige Einverständnis des behinderten Menschen (siehe Rn. 8) Interessenkonflikte weitgehend ausschließen. **11**

Satz 2 der Vorschrift stellt klar, dass Verfahrensvoraussetzungen, insbesondere wohl Rechtsmittelfristen, genauso eingehalten sein müssen wie bei der Klage von Behinderten selbst. Die Eröffnung einer zusätzlichen Rechtsschutzmöglichkeit auch außerhalb einer eingeräumten Klagefrist ist nach den Gesetzesmaterialien ausdrücklich nicht vorgesehen. Dies ist nahe liegend, weil es sich letztlich um dasselbe, nunmehr lediglich von einer anderen Institutionen geltend gemachte Recht handelt. **12**

Zu den Verfahrensvoraussetzungen einer sozialgerichtlichen Klage gehört in den meisten Fällen die Durchführung eines Widerspruchsverfahrens nach § 78 SGG, dort ausdrücklich als Vorverfahren bezeichnet und von der Rechtsprechung des *BSG* als Prozessvoraussetzung verstanden.[3] Ist ein vorgeschriebenes Widerspruchsverfahren nicht durchlaufen worden, ist die Klage unzulässig. § 63 erwähnt das Widerspruchsverfahren nicht, gleichwohl ist ein Rückschluss aus Satz 2 möglich: wenn der klageberechtigte Verband alle Verfahrensvoraussetzungen erfüllen muss, muss vor der Klageerhebung auch das Widerspruchsverfahren mit Erteilung eines Widerspruchsbescheides abgeschlossen sein. Da das den Verbänden eingeräumte Klagerecht nur auf die Erhebung einer zulässigen Klage zielen kann, müssen sie auch berechtigt sein, genau wie die Klage das vorgeschaltete Widerspruchsverfahren zu betreiben. Man wird dazu die Rechtsfigur der Prozessstandschaft analog auch auf das Vorverfah- **13**

---

3 *BSG* v. 23.1.1957 – 6 RKa 11/55, BSGE 4, 246; *BSG* v. 2.8.1977 – 9 RV 102/76, SozR 1500 § 78 Nr. 8

ren übertragen können, auch wenn dies eigentlich noch ein Verwaltungsverfahren darstellt.

14 In der betrieblichen Praxis ist es auch denkbar, dass betroffene behinderte Menschen, vielleicht zusammen mit Schwerbehindertenvertretung und Betriebsrat oder Personalrat, vor dem Hintergrund einer anstehenden Klage eine innerbetriebliche Regelung erreichen, die in ihren Augen die Klage eines Verbandes überflüssig macht, so dass sie ihr Einverständnis nicht erteilen oder ein erteiltes Einverständnis widerrufen.

3. Andere Formen kollektiver Rechtsdurchsetzung im Behindertenrecht

15 § 17 Abs. 2 AGG enthält ein weitergehendes kollektives Beteiligungsrecht, das wiederum als Verbandsklage ausgestaltet ist. Dieses Recht kann von Gewerkschaften und von Betriebsräten, nicht jedoch von Behindertenverbänden, wahrgenommen werden. § 17 Abs. 2 AGG lehnt sich eng an das Vorbild des § 23 Abs. 3 BetrVG an und verlangt vor allem einen groben Verstoß gegen eine Pflicht des Arbeitgebers – insbesondere das Benachteiligungsverbot – aus dem AGG.

Teil 2
Besondere Regelungen zur Teilhabe schwerbehinderter Menschen (Schwerbehindertenrecht)

Kapitel 1
Geschützter Personenkreis

§ 68 Geltungsbereich

(1) Die Regelungen dieses Teils gelten für schwerbehinderte und diesen gleichgestellte behinderte Menschen.

(2) Die Gleichstellung behinderter Menschen mit schwerbehinderten Menschen (§ 2 Abs. 3) erfolgt auf Grund einer Feststellung nach § 69 auf Antrag des behinderten Menschen durch die Bundesagentur für Arbeit. Die Gleichstellung wird mit dem Tag des Eingangs des Antrags wirksam. Sie kann befristet werden.

(3) Auf gleichgestellte behinderte Menschen werden die besonderen Regelungen für schwerbehinderte Menschen mit Ausnahme des § 125 und des Kapitels 13 angewendet.

(4) Schwerbehinderten Menschen gleichgestellt sind auch behinderte Jugendliche und junge Erwachsene (§ 2 Abs. 1) während der Zeit einer Berufsausbildung in Betrieben und Dienststellen, auch wenn der Grad der Behinderung weniger als 30 beträgt oder ein Grad der Behinderung nicht festgestellt ist. Der Nachweis der Behinderung wird durch eine Stellungnahme der Agentur für Arbeit oder durch einen Bescheid über Leistungen zur Teilhabe am Arbeitsleben erbracht. Die besonderen Regelungen für schwerbehinderte Menschen, mit Ausnahme des § 102 Abs. 3 Nr. 2 Buchstabe c, werden nicht angewendet.

1. Persönlicher Geltungsbereich

1 (Abs. 1) Die besonderen Regelungen des 2. Teils, der das Schwerbehindertenrecht enthält, gelten für schwerbehinderte und diesen gleichgestellte Menschen. Von Behinderung bedrohte Menschen gehören nicht dazu. Die nach dem SchwbG erteilten Feststellungsbescheide behalten auch nach Inkrafttreten des SGB IX ihre Gültigkeit (§ 159 Abs. 3).

2. Räumlicher Geltungsbereich

2 Der **räumliche Geltungsbereich** ist das Gebiet der Bundesrepublik Deutschland.

3. Gleichstellung

3 (Abs. 2) Die Gleichstellung erfolgt nur **auf Antrag** des behinderten Menschen. Arbeitgeber, Betriebs- oder Personalrat und die Vertretung der schwerbehinderten Menschen haben kein eigenes Antragsrecht. Sie können allenfalls im Namen und mit Vollmacht des behinderten Menschen das Antragsrecht ausüben. **Zuständig** für die Gleichstellung ist die **BA**. Für das Gleichstellungsverfahren gelten die Vorschriften des SGB X. Insbesondere ist die Behörde verpflichtet, den Sachverhalt von Amts wegen aufzuklären und alle für den Einzelfall bedeutsamen, auch die für den behinderten Menschen günstigen Umstände des Einzelfalls zu berücksichtigen (§ 20 SGB X). Daraus folgt, dass die BA ihre Entscheidung nicht nur auf die Stellungnahme des Arbeitgebers stützen darf, sondern auch Betriebs- oder Personalrat und die Schwerbehindertenvertretung hören muss. Dies setzt allerdings voraus, dass der Antragsteller damit einverstanden ist, dass seine unter das Sozialgeheimnis fallenden Daten offenbart werden. Wird dieses Einvernehmen verweigert, so kann die Gleichstellung unter analoger Anwendung der §§ 60 ff. SGB I wegen mangelnder Mitwirkung des behinderten Menschen abgelehnt werden.[1] Es handelt sich insoweit um eine Ermessensentscheidung. Vor der Versagung der Gleichstellung nach § 66 SGB I ist zu prüfen, ob nicht eine Befragung des Betriebsrats (vgl. § 93 SGB IX) und / oder der Schwerbehindertenvertretung (vgl. § 95 SGB IX) ausrei-

---

1 *LSG Hessen* v. 21. 1. 2009 – L 4 SB 36/08

chend sein könnte, die Voraussetzungen der Gleichstellung festzustellen.[2]

§ 2 Abs. 1 Satz 1 ist als »Soll-Vorschrift« ausgestattet. Daraus folgt, **4**
dass der BA ein gewisses, allerdings eingeschränktes Ermessen eingeräumt ist. Wie bei Soll-Vorschriften im Allgemeinen[3] kommt eine
Ablehnung der Gleichstellung, die auf Ermessen gestützt ist, nur in
atypischen Ausnahmefällen in Betracht. Es müssen dann schon
außergewöhnliche Umstände vorliegen, z. B. dass der behinderte
Mensch bereits eine Altersrente bezieht oder überhaupt nicht mehr
an der Erlangung eines geeigneten Arbeitsplatzes interessiert ist.[4]
Fehlen solche besonderen Umstände, ist die BA zur Gleichstellung
verpflichtet.[5]

Der **Schutz Gleichgestellter** tritt anders als der schwerbehinderter **5**
Menschen (vgl. § 2 Rn. 3) nicht bereits bei Vorliegen der Voraussetzungen kraft Gesetzes ein, sondern erst dann, wenn die Gleichstellung durch Bescheid der BA ausgesprochen worden ist. Die Gleichstellung **wirkt** aber **auf den Tag der Antragsstellung zurück**.
Dadurch wird verhindert, dass der Arbeitgeber den Kündigungsschutz unterlaufen kann, indem er noch vor der Entscheidung der
BA kündigt, sobald er von dem Gleichstellungsantrag Kenntnis erhält.

Die Gleichstellung kann **befristet** werden. Die Befristung steht im **6**
Ermessen der BA, setzt aber voraus, dass ein sachlicher Grund dafür besteht. Das ist dann der Fall, wenn bereits bei Ausspruch der
Gleichstellung mit Wahrscheinlichkeit zu erwarten ist, dass innerhalb der Frist die Voraussetzungen für die Gleichstellung wieder
wegfallen werden.

Gegen die Entscheidungen der BA, sei es, dass die Gleichstellung ab- **7**
gelehnt wird, sei es, dass sie nur befristet ausgesprochen wird, können nach erfolglosen Widerspruchsverfahren die **Sozialgerichte** angerufen werden. Die Klagebefugnis des Arbeitgebers gegen den die
Gleichstellung aussprechenden Verwaltungsakt wird von der neueren Rechtsprechung verneint.[6]

---

2 LSG Rheinland-Pfalz v. 24. 9. 2009 – L 1 AL 59/08
3 Vgl. dazu etwa *BSG* v. 6. 11. 1985 – 10 RKg 3/84, SozR 1300 § 48 Nr. 19
4 *BSG* v. 2. 3. 2000 – B 7 AL 46/99 R, SozR 3–3870 § 2 Nr. 1
5 *BSG* v. 1. 3. 2011 – B 7 AL 6/10 R, BSGE 108, 4–8; *BSG* v. 6. 8. 2014 – B 11 AL
5/14, Rn. 34
6 *LSG Sachsen* v. 27. 9. 1995 – L 3 AL 136/94; *LSG Rheinland-Pfalz* v. 19. 9. 2000 –
L 7 Ar 150/98, *Breith* 2001, 155

8 (Abs. 3) Gleichgestellten stehen die **Rechte des SGB IX (2. Teil)** ebenso zu wie schwerbehinderten Menschen mit Ausnahme des Zusatzurlaubs (§ 125) und der unentgeltlichen Beförderung im öffentlichen Nahverkehr. Allerdings können Gleichgestellte kein vorgezogenes Altersruhegeld gem. §§ 37, 236 a SGB VI beanspruchen und auch nicht nach § 9 Abs. 1 Nr. 4 SGB V der Krankenversicherung freiwillig beitreten, weil diese Vorschriften jeweils nur schwerbehinderte Menschen i. S. v. § 2 Abs. 2 betreffen. Ob tarifvertragliche oder gesetzliche Regelungen außerhalb des SGB IX, die an die Schwerbehinderteneigenschaft anknüpfen, auch für Gleichgestellte gelten, ist durch Auslegung zu ermitteln. So gelten beispielsweise Höchstaltersgrenzen für die Einstellung schwerbehinderter Beamte auch für gleichgestellte behinderte Beamte[7], nicht aber die Möglichkeit der Verkürzung der wöchentlichen Arbeitszeit für schwerbehinderte Beamte.[8]

4. Schutz jugendlicher Behinderter

9 (Abs. 4) Durch das Gesetz zur Förderung der Ausbildung und Beschäftigung schwerbehinderter Menschen vom 23. 4. 2004[9] sind seit dem 1. 5. 2004 auch behinderte Jugendliche und junge Erwachsene während der Zeit einer Berufsausbildung in Betrieben und Dienststellen schwerbehinderten Menschen gleichgestellt, auch wenn der Grad der Behinderung weniger als 30 beträgt oder nicht festgestellt ist. Der Nachweis der Behinderung wird durch eine Stellungnahme der Arbeitsagentur oder durch einen Bescheid über Leistungen zur Teilhabe am Arbeitsleben durch einen Träger der beruflichen Rehabilitation erbracht. Die Bedeutung dieser Gleichstellung erschöpft sich darin, dass das Integrationsamt auch für diesen Personenkreis nach § 102 Abs. 3 Satz 1 Nr. 2c an den Arbeitgeber Prämien und Zuschüsse zu den Kosten der Berufsausbildung zahlen kann. Weitergehende Rechte resultieren aus dieser Gleichstellung nicht.

§ 69 Feststellung der Behinderung, Ausweise

(1) Auf Antrag des behinderten Menschen stellen die für die Durchführung des Bundesversorgungsgesetzes zuständigen Behörden das Vorliegen einer Behinderung und den Grad der Behin-

---

7 *BVerwG* v. 19. 2. 2009 – 2 C 55/07
8 *BVerwG* v. 29. 7. 2010 – 2 C 17/09, br 2011, 266 ff.
9 BGBl. I S. 606

derung fest. Beantragt eine erwerbstätige Person die Feststellung der Eigenschaft als schwerbehinderter Mensch (§ 2 Abs. 2), gelten die in § 14 Abs. 2 Satz 2 und 4 sowie Abs. 5 Satz 2 und 5 genannten Fristen sowie § 60 Abs. 1 des Ersten Buches entsprechend. Das Gesetz über das Verwaltungsverfahren der Kriegsopferversorgung ist entsprechend anzuwenden, soweit nicht das Zehnte Buch Anwendung findet. Die Auswirkungen auf die Teilhabe am Leben in der Gesellschaft werden als Grad der Behinderung nach Zehnergraden abgestuft festgestellt. Eine Feststellung ist nur zu treffen, wenn ein Grad der Behinderung von wenigstens 20 vorliegt. Durch Landesrecht kann die Zuständigkeit abweichend von Satz 1 geregelt werden.

(2) Feststellungen nach Absatz 1 sind nicht zu treffen, wenn eine Feststellung über das Vorliegen einer Behinderung und den Grad einer auf ihr beruhenden Erwerbsminderung schon in einem Rentenbescheid, einer entsprechenden Verwaltungs- oder Gerichtsentscheidung oder einer vorläufigen Bescheinigung der für diese Entscheidungen zuständigen Dienststellen getroffen worden ist, es sei denn, dass der behinderte Mensch ein Interesse an anderweitiger Feststellung nach Absatz 1 glaubhaft macht. Eine Feststellung nach Satz 1 gilt zugleich als Feststellung des Grades der Behinderung.

(3) Liegen mehrere Beeinträchtigungen der Teilhabe am Leben in der Gesellschaft vor, so wird der Grad der Behinderung nach den Auswirkungen der Beeinträchtigungen in ihrer Gesamtheit unter Berücksichtigung ihrer wechselseitigen Beziehungen festgestellt. Für diese Entscheidung gilt Absatz 1, es sei denn, dass in einer Entscheidung nach Absatz 2 eine Gesamtbeurteilung bereits getroffen worden ist.

(4) Sind neben dem Vorliegen der Behinderung weitere gesundheitliche Merkmale Voraussetzung für die Inanspruchnahme von Nachteilsausgleichen, so treffen die zuständigen Behörden die erforderlichen Feststellungen im Verfahren nach Absatz 1.

(5) Auf Antrag des behinderten Menschen stellen die zuständigen Behörden auf Grund einer Feststellung der Behinderung einen Ausweis über die Eigenschaft als schwerbehinderter Mensch, den Grad der Behinderung sowie im Falle des Absatzes 4 über weitere gesundheitliche Merkmale aus. Der Ausweis dient dem Nachweis für die Inanspruchnahme von Leistungen und sonstigen Hilfen, die schwerbehinderten Menschen nach Teil 2 oder nach anderen Vorschriften zustehen. Die Gültigkeitsdauer des Ausweises soll

befristet werden. Er wird eingezogen, sobald der gesetzliche Schutz schwerbehinderter Menschen erloschen ist. Der Ausweis wird berichtigt, sobald eine Neufeststellung unanfechtbar geworden ist.

1. Entstehungsgeschichte

1 Die das Feststellungsverfahren und die Ausstellung der Ausweise regelnden Vorschriften des § 69 stimmen im Wesentlichen mit der Vorgängervorschrift § 4 Abs. 1 bis 5 SchwbG überein. § 69 Abs. 1 Satz 3 bis 5 entspricht § 3 Abs. 2 und 3 SchwbG. Die Rechtswegzuweisung zu den Sozialgerichten in dem früheren § 4 Abs. 6 SchwbG ist jetzt im Prozessrecht geregelt (§ 51 Abs. 4 SGG). § 69 Abs. 1 Satz 2 wurde durch das Gesetz zur Förderung der Ausbildung und Beschäftigung schwerbehinderter Menschen vom 23. 4. 2004 eingefügt. Durch das Gesetz zur Änderung des Bundesversorgungsgesetzes v. 13. 12. 2007 wurde in § 69 Abs. 1 S. 5 die Rechtsgrundlage für die »Versorgungsmedizinischen Grundsätze« geschaffen.

2. Zuständigkeit

2 **Zuständig** für die Feststellung von Behinderungen und dem dadurch bedingten GdB sind nach Abs. 1 die auch für die Durchführung des die Kriegsopferversorgung regelnden BVG zuständigen **Versorgungsämter**, sofern nicht durch Landesrecht etwas anderes bestimmt ist. Zum Beispiel sind in Baden-Württemberg seit dem

1.1.2005 die Landratsämter und in Nordrhein-Westfalen seit dem 1.1.2008 die Kreise und kreisfreien Städte zuständig.[1] Wenn im Folgenden weiterhin der eingeführte Begriff Versorgungsamt verwendet wird, gilt dies jeweils für die nach Landesrecht zuständige Behörde.

3. Feststellungsverfahren

Die Versorgungsämter haben auf Antrag **drei Feststellungen** zu treffen, nämlich über

3

- das Vorliegen der Behinderung,
- den durch alle Behinderungen in ihrer Gesamtheit bedingten GdB und
- die Voraussetzungen für die Inanspruchnahme von Nachteilsausgleichen.

a) Feststellung der Behinderung

Unter der **Behinderung**, die nach § 69 Abs. 1 festzustellen ist, ist nicht eine Krankheit im Sinne einer Diagnose oder eines körperlichen Defizits zu verstehen, sondern die nachteiligen Folgen dieses Zustandes, die darin bestehen, dass der von Krankheit betroffene Mensch nicht mehr die Gesamtheit der ihm sozial zugeschriebenen Funktionen unbeeinträchtigt und ungefährdet wahrnehmen kann.[2] Das Versorgungsamt hat also im Bescheid keine Krankheitsdiagnosen festzustellen, sondern **Funktionsbeeinträchtigungen**. Z.B. ist nicht eine Kniegelenksarthrose in diesem Sinne als Behinderung zu verstehen, sondern die durch sie bedingte schmerzhafte Bewegungseinschränkung des Kniegelenks. Das Gesetz verwendet den Begriff Behinderung nur in der Einzahl i. S. eines Gesamtzustands, der auf den Auswirkungen mehrerer einzelner Funktionsbeeinträchtigungen beruhen kann. Der allgemeine Sprachgebrauch in Rechtsprechung und Verwaltungspraxis, dem auch diese Kommentierung folgt, bezeichnet mit diesem Begriff auch die einzelnen Funktionsbeeinträchtigungen.[3]

4

---

1 Zur Zuständigkeit in den einzelnen Bundesländer s. im Internet *www.versorgungsaemter.de*
2 *BSG* v. 02.12.2010 – B 9 SB 3/09 R, SGb 2011, 94
3 Siehe dazu *BSG* v. 10.9.1997 – 9 RVs 15/96, SozR 3–3870 § 3 Nr. 7

Bei der Bezeichnung der Behinderung sind Formulierungen, die seelisch belasten oder bloßstellen können, zu vermeiden. Bei Gesundheitsstörungen, bei denen eine Heilungsbewährung abzuwarten ist (s. dazu § 2 Rn. 26 f.), soll dies durch einen Zusatz deutlich gemacht werden.

5 Die Versorgungsämter haben bei der Feststellung der Behinderung zwar alle Gesundheitsstörungen zu berücksichtigen und in der Begründung des Bescheides aufzuführen, sie sind aber lediglich verpflichtet, das Vorliegen einer unbenannten Behinderung festzustellen. Ein Anspruch des behinderten Menschen auf isolierte Feststellung einzelner Gesundheitsstörungen als Behinderung, ohne dass dies zu einem wirtschaftlichen oder rechtlichen Vorteil führt, besteht nicht.[4] Wenn Gesundheitsstörungen vorliegen, die in ihrer Gesamtheit keinen GdB von wenigstens 20 bedingen, ist vom Versorgungsamt keine Feststellung zu treffen. Der behinderte Mensch kann durch eine Beschränkung des Feststellungsantrags verhindern, dass bestimmte Behinderungen festgestellt werden. Diese Behinderungen bleiben dann allerdings auch bei der Festsetzung des Gesamt-GdB außer Betracht.[5]

b) Feststellung des GdB

6 Die Bemessung des GdB ist nach ständiger Rechtsprechung **in drei Schritten** vorzunehmen: In einem ersten Schritt werden die einzelnen nicht nur vorübergehenden Gesundheitsstörungen i. S. v. regelwidrigen (von der Norm abweichenden) Zuständen und die sich daraus ableitenden Teilhabebeeinträchtigungen festgestellt. In einem zweiten Schritt sind diese mit einem **Einzel-GdB** zu bewerten. In einem dritten Schritt ist dann der **Gesamt-GdB** zu bilden.[6] Liegen mehrere Behinderungen vor, so ist der Einzel-GdB der verschiedenen Behinderungen keiner eigenen Feststellung zugänglich. Er erscheint weder im Verfügungssatz des Bescheides noch ist er isoliert anfechtbar. Er wird auch nicht bindend.[7] Es handelt sich lediglich um einen Bewertungsfaktor des Gesamt-GdB.[8]

---

4 *BSG* v. 24. 6. 1998 – B 9 SB 17/97 R, SozR 3–3870 § 4 Nr. 24
5 *BSG* v. 26. 2. 1986 – 9a RVs 4/83, SozR 3870 § 3 Nr. 21
6 *BSG* v. 30. 9. 2009 – B 9 SB 4/08 R, SozR 4–3250 E 69 Nr. 10
7 *BSG* v. 5. 5. 1993 – 9/9a RVs 2/92, br 1993, 78
8 *BSG* v. 10. 9. 1997 – 9 RVs 15/96, SozR 3–3870 § 3 Nr. 7; BSG (Beschluss) v. 17. 4. 2013 – B 9 SB 69/12 B

Die Feststellung des GdB erfolgt nach **Zehnergraden**, abgestuft von 7
20 bis 100. Die Versorgungsmedizinischen Grundsätze enthalten aus
nicht nachvollziehbaren Gründen in einzelnen wenigen Fällen auch
noch Fünfergrade (z. B. 25 bei Nierenverlust, Verlust des Daumens;
15 bei beidseitiger gering gradiger Schwerhörigkeit, völligem Verlust
des Riechvermögens sowie bei einer Anzahl Sehstörungen). Hier
besteht aus Gründen der Gleichbehandlung und Rechtssicherheit
Überarbeitungsbedarf. Nach den Anhaltspunkten 2004 sollte in diesen Fällen der Zehnergrad unter dem Fünfergrad angesetzt werden, wenn die Gesundheitsstörung für den Betroffenen auch nur
wenig günstiger ist als in der GdB-Tabelle beschrieben, ansonsten
soll der über dem Fünfergrad gelegene Zehnergrad angenommen
werden. In den Versorgungsmedizinischen Grundsätzen fehlt eine
solche Empfehlung. Da kein Grund ersichtlich ist, die behinderten
Menschen in den o. g. Fällen schlechter zu behandeln, sollte entsprechend den Anhaltspunkten 2004 zunächst weiter verfahren werden.
Vom Versorgungsamt ist dann keine Feststellung zu treffen, wenn
lediglich geringfügige Gesundheitsstörungen vorliegen, die in ihrer
Gesamtheit keinen GdB von 20, sondern nur von 10 bedingen. Ansonsten besteht aber ein Anspruch auf Festsetzung eines um zehn
erhöhter GdB unabhängig davon, ob sich die rechtliche und/oder
wirtschaftliche Situation des behinderten Menschen dadurch unmittelbar verbessert.[9]

Die Feststellung der Behinderung und des GdB erfolgt im Regel- 8
fall für die Zeit ab Antragstellung. Liegen die Voraussetzungen
schon zu einem **früheren Zeitpunkt** vor, so ist dieses Datum einzutragen, wenn ein besonderes Interesse daran glaubhaft gemacht
werden kann. An das Vorliegen eines solchen besonderen Interes-
ses sind nach der neueren Rechtsprechung des BSG keine hohen
Anforderungen mehr zu stellen. Es dürfte ausreichen, dass die
rechtliche oder wirtschaftliche Stellung des behinderten Menschen
verbessert werden kann,[10] etwa durch die rückwirkende Geltendmachung von Steuervorteilen[11] oder durch den rückwirkenden
Anspruch auf Kindergeld.[12] Ein besonderes Interesse ist vor allem
dann zu bejahen, wenn es um den Nachweis der Schwerbehin-

---

9 *BSG* v. 24. 4. 2008 – B 9/9a SB 8/06 R, SozR 4–3250 § 69 Nr. 8
10 Vgl. *BSG* v. 07. 4. 2011 – B 9 SB 3/10, SozR 4–3250 § 69 Nr. 13
11 *BSG* v. 16. 2. 2012 – B 9 SB 1/11 R, SozR 4–3250 § 69 Nr. 15
12 Anders *SG Dresden* v. 9. 12. 2004 – S 7 SB 340/02

derteneigenschaft vor dem Stichtag rentenrechtlicher Vertrauens-
schutzregelungen geht.[13]

c) Beschleunigung

9   Der Verweis auf die Fristen des § 14 soll das Feststellungsverfahren
beschleunigen. Dies ist im Zusammenhang zu sehen mit der Versagung des Kündigungsschutzes in den Fällen des § 90 Abs. 2a (s. § 90
Rn. 15 ff.). Das Beschleunigungsgebot gilt nicht für alle behinderten Menschen, sondern nur für die, die erwerbstätig sind, also insbesondere für behinderte Menschen in Arbeits- und Berufsausbil-
dungsverhältnissen. Das Versorgungsamt hat also innerhalb von
drei Wochen nach Antragstellung über die Schwerbehinderteneigenschaft zu entscheiden, wenn kein Gutachten einzuholen ist
(§ 14 Abs. 2 Satz 2). Dabei ist nach Sinn und Zweck der Regelung von einem engen Gutachtenbegriff auszugehen. Inhaltliche
Voraussetzung ist die »eigenständige Bewertung der verfahrensent-
scheidenden Tatsachenfragen«[14] und eine von § 14 Abs. 5 Satz 4 geforderte umfassende sozialmedizinische, bei Bedarf auch psychologische Begutachtung. Die im Regelfall ohne Untersuchung nach
Aktenlage erstellten »Gutachtlichen Stellungnahmen« beamteter
oder bei der Versorgungsverwaltung angestellter Ärzte stellen keine
Gutachten in diesem Sinne dar. Muss ein Gutachten eingeholt werden, so ist unverzüglich ein Sachverständiger einzuschalten, der das
Gutachten innerhalb von zwei Wochen nach Auftragserteilung erstellt (§ 14 Abs. 5 Satz 2 und 5). Innerhalb von zwei Wochen
nach Vorliegen des Gutachtens ist dann zu entscheiden (§ 14 Abs. 2
Satz 4). Der Antragsteller ist nach § 60 Abs. 1 SGB I verpflichtet, bereits bei Antragstellung alle für die Leistung erheblichen Tatsachen
anzugeben.

10   Diese Fristen sind in der Praxis allenfalls dann einzuhalten, wenn
der behinderte Mensch bereits bei Antragstellung Berichte aller behandelnden Ärzte vorlegt. Die gerichtliche Durchsetzung des Be-
schleunigungsgebots ist praktisch nur im einstweiligen Rechtsschutz
möglich. Der Gesetzgeber hat es unterlassen, die Fristen für eine Untätigkeitsklage der geänderten materiellen Rechtslage anzupassen.

---

13 Vgl. zu § 236a Satz 5 SGB VI: *BSG* v. 29. 11. 2007 – B 13 R 44/07 R, SozR
    4–2600 § 236a Nr. 2
14 So zum Gutachtenbegriff in § 200 SGB VII: *BSG* v. 5. 2. 2008 – B 2 U 10/07

Eine Untätigkeitsklage nach § 88 SGG ist frühestens sechs Monate nach Antragsstellung zulässig.

d) Verfahrensrecht der Kriegsopferversorgung

Die Verweisung auf das **Gesetz über das Verwaltungsverfahren der Kriegsopferversorgung** hat nur noch praktische Bedeutung für die sachliche und örtliche Zuständigkeit der Versorgungsämter. Ansonsten richtet sich das Verwaltungsverfahren nach dem Zehnten Buch des Sozialgesetzbuchs (**SGB X**). **11**

Bis zum 15. 1. 2015 galten die **Maßstäbe**, die für die Feststellung des Grades der Schädigungsfolgen in **der Kriegsopferversorgung** in § 30 Abs. 1 **BVG** festgelegt sind, entsprechend. **12**

e) Versorgungsmedizin-Verordnung

§ 30 Abs. 16 BVG ermächtigte bis zum 15. 1. 2015 das Bundesministerium für Arbeit und Soziales durch **Rechtsverordnung** die Grundsätze aufzustellen, die für die medizinische Bewertung von Schädigungsfolgen und die Feststellung des Grades der Schädigungsfolgen im Sinne des § 30 Abs. 1 BVG maßgebend sind. Das ist mit der am 1. 1. 2009 in Kraft getretenen Verordnung vom 18. 12. 2008/Versorgungsmedizin-Verordnung geschehen. Seit dem 15. 1. 2015 ist § 70 Ab. 2 SGB IX Rechtsgrundlage dieser Verordnung. Sie lautet: **13**

Eingangsformel
Auf Grund des § 30 Abs. 17 des Bundesversorgungsgesetzes, der durch Artikel 1 Nr. 32 Buchstabe i des Gesetzes vom 13. Dezember 2007 (BGBl. I S. 2904) eingefügt worden ist, verordnet das Bundesministerium für Arbeit und Soziales im Einvernehmen mit dem Bundesministerium der Verteidigung:

§ 1 Zweck der Verordnung
Diese Verordnung regelt die Grundsätze für die medizinische Bewertung von Schädigungsfolgen und die Feststellung des Grades der Schädigungsfolgen im Sinne des § 30 Abs. 1 des Bundesversorgungsgesetzes, für die Anerkennung einer Gesundheitsstörung nach § 1 Abs. 3 des Bundesversorgungsgesetzes, die Kriterien für die Bewertung der Hilflosigkeit und der Stufen der Pflegezulage nach § 35 Abs. 1 des Bundesversorgungsgesetzes und das Verfahren für deren Ermittlung und Fortentwicklung.

§ 2 Anlage »Versorgungsmedizinische Grundsätze«

Die in § 1 genannten Grundsätze und Kriterien sind in der Anlage zu dieser Verordnung als deren Bestandteil festgelegt. Die Anlage wird auf der Grundlage des aktuellen Stands der medizinischen Wissenschaft unter Anwendung der Grundsätze der evidenzbasierten Medizin erstellt und fortentwickelt.

§ 3 Beirat

(1) Beim Bundesministerium für Arbeit und Soziales wird ein unabhängiger »Ärztlicher Sachverständigenbeirat Versorgungsmedizin« (Beirat) gebildet, der das Bundesministerium für Arbeit und Soziales zu allen versorgungsärztlichen Angelegenheiten berät und die Fortentwicklung der Anlage entsprechend dem aktuellen Stand der medizinischen Wissenschaft und versorgungsmedizinischer Erfordernisse vorbereitet.

(2) Der Beirat hat 17 Mitglieder, und zwar

1. acht versorgungsmedizinisch besonders qualifizierte Ärztinnen oder Ärzte,

2. eine Ärztin oder einen Arzt aus dem versorgungsärztlich-gutachtlichen Bereich der Bundeswehr,

3. acht wissenschaftlich besonders qualifizierte Ärztinnen oder Ärzte versorgungsmedizinisch relevanter Fachgebiete.

(3) Zu den Beratungen des Beirats können externe ärztliche Sachverständige sowie sachkundige ärztliche Vertreter von Behindertenverbänden hinzugezogen werden. Es können Arbeitsgruppen gebildet werden.

(4) Die Mitglieder des Beirats werden vom Bundesministerium für Arbeit und Soziales für die Dauer von vier Jahren berufen. Wiederwahl ist möglich. Das Bundesministerium für Arbeit und Soziales ist berechtigt, Beiratsmitglieder jederzeit ohne Angabe von Gründen abzuberufen. Ein Beiratsmitglied kann jederzeit seine Abberufung beantragen. Dem Antrag ist stattzugeben. Nach Ausscheiden eines Mitglieds erfolgt eine Neuberufung für den restlichen Zeitraum der Berufungsperiode. Der Beirat gibt sich eine Geschäftsordnung und bestimmt durch Wahl aus seiner Mitte den Vorsitz und die Stellvertretung. Die Geschäftsführung des Beirats liegt beim Bundesministerium für Arbeit und Soziales, welches zu den Sitzungen einlädt und im Einvernehmen mit dem vorsitzenden Mitglied die Tagesordnung festlegt.

(5) Die Beratungen des Beirats sind nicht öffentlich. Die Mitgliedschaft im Beirat ist ein persönliches Ehrenamt, das keine Vertretung zulässt. Die Mitglieder des Beirats unterliegen keinerlei Weisungen,

üben ihre Tätigkeit unabhängig und unparteilich aus und sind nur ihrem Gewissen verantwortlich. Sie sind zur Verschwiegenheit verpflichtet; dies gilt auch für die in Absatz 3 genannten Personen.

§ 4 Beschlüsse
Die Beschlüsse des Beirats werden mit einfacher Mehrheit der anwesenden Beiratsmitglieder gefasst. Zur Beschlussfassung ist die Anwesenheit von mindestens zwölf Mitgliedern erforderlich.

Die Versorgungsmedizinischen Grundsätze, die als Anlage der Verordnung ergangen sind, ersetzen die bis zum 31. 12. 2008 geltenden Anhaltspunkte. Sie stellen ausdrücklich einen Bestandteil der Verordnung dar und sind damit als untergesetzliche Normen anzusehen, an die die Verwaltung, aber auch die Sozialgerichte gebunden sind. Dies hat das BSG in ständiger Rechtsprechung[15] bereits für die Anhaltspunkte angenommen. Diese Rechtsprechung ist also auf die Versorgungsmedizinischen Grundsätze zu übertragen (s. dazu § 2 Rn. 13ff.). Die Versorgungsmedizinischen Grundsätze sind fortgeschrieben und mehrfach geändert worden, zuletzt durch die »Fünfte Verordnung zur Änderung der Versorgungsmedizin-Verordnung vom 11. 10. 2012«. **14**

Die personelle Zusammensetzung des **Beirats,** in dem ausschließlich Mediziner vertreten sind, ist auf berechtigte Kritik gestoßen. Die Forderung des DGB, den Beirat um Mitglieder mit entsprechender sozialwissenschaftlicher Qualifikation (Soziologen, Psychotherapeuten und Vertreter der Verbände behinderter Menschen und Reha-Träger) zu erweitern ist unberücksichtigt geblieben. Dies lässt eine einseitig medizinisch ausgerichtete Sichtweise befürchten, die dem modernen an der selbstbestimmten Teilhabe orientierten Behindertenbegriff nicht gerecht wird und mit der höchstrichterlichen Rechtsprechung nicht zu vereinbaren ist. Das BSG hat darauf hingewiesen, dass eine GdB-Bewertung nicht allein auf der Anwendung medizinischen Wissens beruht, sondern unter Heranziehung des Sachverstandes anderer Wissenszweige zu entwickeln ist.[16] **15**

---

15 *BSG* v. 11. 10. 1994 – 9 RVs 1/93, SozR 3–3870 § 3 Nr. 5; *BSG* v. 18. 9. 2003 – B 9 3/02 R, *Breith* 2004, 297 ff.; *BSG* v. 24. 4. 2008 – B 9/9a SB 10/06 R
16 *BSG* v. 24. 4. 2008 – B 9/9a SB 10/06 B, SozR 4–3250 § 69 Nr. 9

f) Antrag

16 Das Versorgungsamt trifft die Feststellungen nur **auf Antrag** des behinderten Menschen. Arbeitgeber, Betriebs- oder Personalrat und Schwerbehindertenvertretung haben kein eigenes Antragsrecht, sie können lediglich im Namen und mit Vollmacht des behinderten Menschen tätig werden. Der für die Entscheidung erhebliche **Sachverhalt** ist vom Versorgungsamt **von Amts wegen zu ermitteln**. Alle für den Einzelfall bedeutsamen, insbesondere auch die für die behinderten Menschen günstigen Umstände sind zu berücksichtigen (§ 20 SGB X). Zu diesem Zweck holen die Versorgungsämter Befundberichte der behandelnden Ärzte und gutachterliche Stellungnahmen ein, die in der Verwaltungspraxis zumeist nach Aktenlage unter Auswertung der Arztberichte erstattet werden.

g) Bescheid

17 Die vom Versorgungsamt zu treffenden Feststellungen erfolgen durch **schriftlichen Bescheid**. Es handelt sich dabei um einen Verwaltungsakt mit Dauerwirkung, der nach § 77 SGG für die Beteiligten bindend wird, wenn nicht innerhalb eines Monats Widerspruch eingelegt wird. Ist diese **Bindungswirkung** eingetreten, so kann der Bescheid zugunsten des behinderten Menschen abgeändert werden, wenn sich ergibt, dass bei Erlass des Bescheides das Recht unrichtig angewandt oder von einem unrichtigen Sachverhalt ausgegangen worden ist (§ 44 SGB X). Das ist z. B. dann der Fall, wenn eine Behinderung vom Versorgungsamt übersehen oder der GdB zu niedrig eingeschätzt wurde. Der behinderte Mensch kann aber lediglich die **Rücknahme eines rechtswidrigen Feststellungsbescheids für die Zukunft**, nicht auch rückwirkend für die Vergangenheit verlangen, weil es sich um die Feststellung des Schwerbehindertenstatus und nicht um die Gewährung von Sozialleistungen handelt.[17]

h) Neufeststellung

18 Hat sich nach Erlass des Bescheides der Gesundheitszustand des behinderten Menschen **verschlimmert**, so ist nach § 48 SGB X eine **Neufeststellung** zu treffen, wenn die Verschlimmerung wesentlich

---

17 *BSG* v. 29.5.1991 – 9a/9 RVs 11/89, SozR 3–1300 § 44 Nr. 3

ist, d. h., wenn sich der GdB um mindestens 10 ändert. Stellt sich allerdings im Verschlimmerungsverfahren heraus, dass der GdB ursprünglich zu hoch angesetzt war, so kann es auch unter den Voraussetzungen des § 45 SGB X zu einer Neufeststellung zuungunsten des behinderten Menschen kommen. Wenn also nicht eine besonders gravierende Verschlechterung des Gesundheitszustandes eingetreten ist, empfiehlt es sich, mit Neufeststellungsanträgen zumindest so lange zu warten, bis die Zweijahresfrist des § 45 Abs. 3 SGB X verstrichen ist (siehe dazu im Einzelnen § 116 Rn. 1 ff.).

i) Anderweitige Feststellung des GdB

(Abs. 2) Eine eigenständige Feststellung des GdB durch das Versorgungsamt ist dann nicht zu treffen, wenn bereits in einer Verwaltungs- oder Gerichtsentscheidung eine **anderweitige Feststellung über das Vorliegen einer Behinderung und den Grad der Erwerbsminderung** getroffen worden ist. Diese ist für das Versorgungsamt dann bindend. Die Bindungswirkung tritt aber nur ein, wenn eine anderweitige Feststellung des Gesamt-GdB getroffen worden ist und nicht lediglich anderweitig über einen Einzel-GdB neben anderen.[18] Hier kommen insbesondere Bescheide über Renten, Kapitalabfindungen und sonstige Versorgungs- oder Entschädigungsleistungen in Betracht, in denen der jeweilige Leistungsträger (z. B. Berufsgenossenschaft, Versorgungsamt, öffentlicher Dienstherr) einen bestimmten in Zahlen ausgedrückten Grad der Schädigung oder der MdE zugrunde gelegt hat. **19**

> **Beispiele:**
> * Renten aus der gesetzlichen Unfallversicherung,
> * Entschädigung nach den Beamtengesetzen wegen Dienstunfällen,
> * Renten aus der Kriegopfer- und Soldatenversorgung oder
> * nach dem Opferentschädigungsgesetz oder dem Häftlingshilfegesetz

Keine bindende Feststellung der MdE enthalten die Bescheide der Rentenversicherung, mit denen Renten wegen Erwerbsminderung, Berufs- oder Erwerbsunfähigkeit zuerkannt werden.

Die Versorgungsämter haben aber eine eigenständige Feststellung des GdB dann zu treffen, wenn dies **im Interesse des behinderten Menschen** liegt. Dies ist bei einer Feststellung der MdE nach den in der gesetzlichen Unfallversicherung geltenden Grundsätzen dann **20**

---

18 *BSG* v. 5. 7. 2007 – B 9/9a SB 12/06 R, SozR 4–3250 § 69 Nr. 4

der Fall, wenn die in der Unfallversicherung gängigen MdE-Sätze niedriger sind als der GdB nach den Versorgungsmedizinischen Grundsätzen. So wird z. B. bei Verlust des Unterschenkels mit langem Stumpf der GdB nach den Versorgungsmedizinischen Grundsätzen mit 50, die MdE in der Unfallversicherung mit 40 % bewertet.[19] Dabei ist zu beachten dass der Begriff der MdE in der gesetzlichen Unfallversicherung und der Begriff des GdB nicht deckungsgleich sind. In der Unfallversicherung kommt es ausschließlich auf den Umfang der sich aus der Beeinträchtigung des körperlichen und geistigen Leistungsvermögens ergebenden verminderten Arbeitsmöglichkeiten auf dem gesamten Gebiet des Erwerbslebens (§ 56 Abs. 2 S. 1 SGB VII) an und nicht – wie beim GdB – auf die Teilhabe am gesamten gesellschaftlichen Leben.

21   Das Interesse an einer eigenständigen Feststellung des GdB durch die Versorgungsverwaltung muss glaubhaft gemacht werden. Ist das der Fall, so besteht keine Bindung des Versorgungsamts an die anderweitige Feststellung mehr, es kann davon auch zuungunsten des behinderten Menschen abweichen. Dies folgt aus Sinn und Zweck der Regelung, einen doppelten Verwaltungsaufwand zu vermeiden.[20] Der Grundsatz des rechtlichen Gehörs gebietet aber in einem solchen Fall, dass der behinderte Mensch davon in Kenntnis gesetzt wird und ihm die Gelegenheit eingeräumt wird, seinen Antrag auf eigenständige Feststellung durch das Versorgungsamt zurückzunehmen.[21]

22   In den **neuen Bundesländern** sind Arbeitsunfälle und Berufskrankheiten bis zum 31. 12. 1991 noch nach DDR-Recht entschädigt worden. Bei den vor dem 1. 1. 1992 nach DDR-Recht festgestellten Renten gilt der zugrunde gelegte Grad des Körperschadens als Minderung der Erwerbsfähigkeit i. S. d. Unfallversicherungsrechts. Auch an diese Feststellungen sind die Versorgungsämter gebunden.

4. Bildung des Gesamt-GdB

23   (Abs. 3) Liegen **mehrere Behinderungen** vor, so ist der durch alle Funktionsstörungen bedingte **Gesamtgrad der Behinderung** zu ermitteln. Dies macht eine Gesamtschau aller Behinderungen und ihrer wechselseitigen Beziehungen zueinander erforderlich, bei der es

---

19 Siehe *Mehrhoff/Muhr*, Unfallbegutachtung, 12. Aufl., S. 163
20 *LSG Niedersachsen* v. 26. 5. 2000 – L 9 SB 247/98
21 *LSG Niedersachsen* a. a. O.

unerlässlich ist, einen ärztlichen Sachverständigen heranzuziehen.[22] Dabei kommt es maßgeblich darauf an, wie sich mehrere Funktionsstörungen in verschiedenen Lebensbereichen auswirken, und nicht, ob sie zu verschiedenen ärztlichen Fachbereichen gehören.[23] Die Ermittlung des Gesamt-GdB erfolgt in zwei Schritten: Zunächst ist für jede Behinderung ein Einzel-GdB zugrunde zu legen. Dann ist der Gesamt-GdB zu bilden, wobei **mathematische Berechnungsformeln ungeeignet** sind.[24] Insbesondere ist es unzulässig, den Gesamt-GdB durch schlichte Addition der Einzel-GdB zu ermitteln. Der **Einzel-GdB** ist jeweils für alle Erkrankungen eines Funktionssystems des menschlichen Organismus zusammenfassend zu beurteilen. Solche **Funktionssysteme**, für die jeweils nur ein Einzel-GdB zu ermitteln ist, sind nach den Versorgungsmedizinischen Grundsätzen:

24

- Gehirn einschließlich Psyche
- Augen
- Ohren
- Atmung
- Herz/Kreislauf
- Verdauung
- Harnorgane
- Geschlechtsapparat
- Haut
- Blut einschließlich blutbildendes Gewebe und Immunsystem
- Innere Sekretion und Stoffwechsel
- Arme
- Beine
- Rumpf, dazu gehört insbesondere auch die Wirbelsäule in ihrer Gesamtheit[25]

Es besteht kein sachlicher Grund dafür, die Funktionssysteme noch weiter aufzuspalten.[26] Liegen in einem Funktionssystem mehrere Erkrankungen vor (z. B. Bandscheibenschaden der Halswirbelsäule, Wirbelgleiten im Bereich der Lendenwirbelsäule), so ist nur

---

22 *BSG* v. 9. 3. 1988 – 9/9a RVs 14/86, SozSich 1988, 381
23 *BSG* v. 16. 3. 1994 – 9 RVs 6/93, SozR 3–3870 § 4 Nr. 9
24 *BSG* v. 16. 3. 1982 – 9a/9 RVs 8/81, SozR 3870 § 3 Nr. 14
25 *LSG Sachsen-Anhalt* v. 11. 12. 2013 – L 7 SB 50/12
26 So aber *LSG Rheinland-Pfalz* v. 16. 2. 2000 – L 4 SB 106/99, das für die Funktionsbereiche Herz und Kreislauf jeweils eigenständige Einzel-GdB-Werte ermittelt.

ein Einzel-GdB zu bilden, und zwar auch dann, wenn die Behinderung auf verschiedenen medizinischen Fachgebieten zu beurteilen ist.

25   Nach den **Versorgungsmedizinischen Grundsätzen** ist der Gesamt-GdB wie folgt zu bilden:

»a) Liegen mehrere Funktionsbeeinträchtigungen vor, so sind zwar Einzel-GdB anzugeben; bei der Ermittlung des Gesamt-GdB durch alle Funktionsbeeinträchtigungen dürfen jedoch die einzelnen Werte nicht addiert werden. Auch andere Rechenmethoden sind für die Bildung eines Gesamt-GdB ungeeignet. Maßgebend sind die Auswirkungen der einzelnen Funktionsbeeinträchtigungen in ihrer Gesamtheit unter Berücksichtigung ihrer wechselseitigen Beziehungen zueinander.

b) Bei der Gesamtwürdigung der verschiedenen Funktionsbeeinträchtigungen sind unter Berücksichtigung aller sozialmedizinischen Erfahrungen Vergleiche mit Gesundheitsschäden anzustellen, zu denen in der Tabelle feste GdB-Werte angegeben sind.

c) Bei der Beurteilung des Gesamt-GdB ist in der Regel von der Funktionsbeeinträchtigung auszugehen, die den höchsten Einzel-GdB bedingt, und dann im Hinblick auf alle weiteren Funktionsbeeinträchtigungen zu prüfen, ob und inwieweit hierdurch das Ausmaß der Behinderung größer wird, ob also wegen der weiteren Funktionsbeeinträchtigungen dem ersten GdB 10 oder 20 oder mehr Punkte hinzuzufügen sind, um der Behinderung insgesamt gerecht zu werden.

d) Um die Auswirkungen der Funktionsbeeinträchtigungen in ihrer Gesamtheit unter Berücksichtigung ihrer wechselseitigen Beziehungen zueinander beurteilen zu können, muss aus der ärztlichen Gesamtschau heraus beachtet werden, dass die Beziehungen der Funktionsbeeinträchtigungen zueinander unterschiedlich sein können:

aa) Die Auswirkungen der einzelnen Funktionsbeeinträchtigungen können voneinander unabhängig sein und damit ganz verschiedene Bereiche im Ablauf des täglichen Lebens betreffen.

bb) Eine Funktionsbeeinträchtigung kann sich auf eine andere besonders nachteilig auswirken. Dies ist vor allem der Fall, wenn Funktionsbeeinträchtigungen an paarigen Gliedmaßen oder Organen – also z. B. an beiden Armen oder beiden Beinen oder beiden Nieren oder beiden Augen – vorliegen.

cc) Die Auswirkungen von Funktionsbeeinträchtigungen können sich überschneiden.

dd) Die Auswirkungen einer Funktionsbeeinträchtigung werden durch eine hinzutretende Gesundheitsstörung nicht verstärkt.

ee) Von Ausnahmefällen (z. B. hochgradige Schwerhörigkeit eines Ohres bei schwerer beidseitiger Einschränkung der Sehfähigkeit) abgesehen, führen zusätzliche leichte Gesundheitsstörungen, die nur einen GdB von 10 bedingen, nicht zu einer Zunahme des Ausmaßes der Gesamtbeeinträchtigung, auch nicht, wenn mehrere derartige leichte Gesundheitsstörungen nebeneinander bestehen. Auch bei leichten Funktionsbeeinträchtigungen mit einem GdB von 20 ist es vielfach nicht gerechtfertigt, auf eine wesentliche Zunahme des Ausmaßes der Behinderung zu schließen.«

Diese im Wesentlichen bereits in den Anhaltspunkten enthaltenen **26** Grundsätze haben sich in der Rechtsprechung durchgesetzt. Es ist also von der Behinderung auszugehen, die den höchsten Einzel-GdB bedingt, und dann im Hinblick auf alle weiteren Behinderungen zu prüfen, ob und inwieweit hierdurch das Ausmaß der Behinderung größer wird.[27] So genannte »**leichte Gesundheitsstörungen**«, die einen GdB von 10 bedingen, sollen nur in Ausnahmefällen berücksichtigt werden.[28] Soweit in der Rechtsprechung mancher Landessozialgerichte die Auffassung vertreten wird, diese leichten Gesundheitsstörungen könnten »grundsätzlich« überhaupt nicht zu einer Erhöhung des GdB beitragen,[29] ist dies weder mit § 69 Abs. 3 Satz 1 noch mit den Versorgungsärztlichen Grundsätzen vereinbar. Als solche Ausnahmefälle kommen in Betracht:

- eine »leichte Gesundheitsstörungen« wirkt sich auf die andere Behinderung besonders nachteilig aus
- es liegt eine »Systemerkrankung« vor, die sich auf verschiedene Funktionssysteme auswirkt,[30]

---

27 Siehe auch *BSG* v. 24. 4. 2008 – B 9/9a SB 10/06 R, SozR 4–3250 § 69 Nr. 9
28 Ständige Rechtsprechung des B*SG, vgl. BSG* v. 13. 12. 2000 – B 9 V 8/00 R, SozR 3–3870 § 4 Nr. 28; kritisch zur herrschenden Praxis der Gesamt-GdB-Bildung Benz, Der Grad der Behinderung im Schwerbehindertenrecht bei Mehrfachbehinderungen, SGb 2011, 625 ff.
29 So *LSG Berlin-Brandenburg* v. 3. 3. 2011 – L 11 SB 155/09, Rn. 28; *Bayerisches LSG* v. 28. 2. 2011 – L 16 SB 122/09, Rn. 37; noch weitergehend *LSG Hessen* v. 19. 9. 1989 – L 4 Vb 1307/86, br 1990, 166, 168, wonach »geringe GdB-Werte von 10 oder 20 grundsätzlich« nicht die Anhebung des GdB insgesamt rechtfertigen
30 So *BSG* v. 2. 12. 2010 – B 9 SB 4/10 R, für den Fall einer familiären Osteochondromatose mit Beweglichkeitseinschränkungen am linken Hüftgelenk, an den Handgelenken und Unterarmen sowie an den oberen Sprunggelenken

- es liegt eine Vielzahl »leichter Gesundheitsstörungen« vor,[31] die in ihrer Gesamtheit funktionell mit einer Behinderung vergleichbar sind, die einen höheren GdB bedingt.

27 Gesundheitsstörungen, die einen GdB von 20 bedingen, sollen nach den Versorgungsmedizinischen Grundsätzen vielfach eine Erhöhung des GdB nicht rechtfertigen. Eine restriktive Handhabung dieses Grundsatzes benachteiligt in einer mit dem Gleichbehandlungsgebot nicht zu vereinbarenden Weise[32] den Personenkreis der Mehrfacherkrankten, die oft in ihrer Leistungsfähigkeit im Erwerbsleben und der Teilnahme am gesellschaftlichen Leben ebenso benachteiligt sind wie Behinderte, die an nur einer gravierenden Gesundheitsstörung leiden.[33] Die in der Praxis zunehmend vorgenommene Differenzierung danach, ob es sich um einen »schwachen«, »mittleren« oder »hohen« GdB von 20 handelt,[34] findet in den versorgungsmedizinischen Grundsätzen keine Grundlage und erscheint ein wenig geeignetes Mittel, da bereits die gröbere Abweichung um Fünfergrade wegen der jeder Schätzung eigenen Bandbreite kaum justitiabel ist.[35] Nach zutreffender Auffassung führt jedenfalls dann, wenn die einzelnen Behinderungen unabhängig nebeneinander stehen und völlig verschiedene Bereiche des täglichen Lebens betreffen, i.d.R. bereits ein Einzel-GdB-Wert von 20 zu einer angemessenen Erhöhung des GdB des führenden Leidens.[36]

28 Hinsichtlich der **wechselseitigen Beziehungen** der Behinderungen zueinander lassen sich im Wesentlichen vier Fallgruppen unterscheiden (s. Versorgungsmedizinische Grundsätze 3d):
- Die Auswirkungen der einzelnen Behinderungen sind voneinander unabhängig und betreffen ganz verschiedene Lebensbereiche.

---

31 FKS-SGB IX-Stevens-Bartol, § 69 Rn. 25
32 Zur Bedeutung des Gleichbehandlungsgebots des Art. 3 GG, vgl. *BSG* v. 30.9.2009 – B 9 SB 4/08 R, SozR 4–3250 § 69 Nr. 10
33 So mit eingehender Begründung *SG Frankfurt a. M.* v. 16.6.1989 – S-2/Vb-2075/87, *Breith* 1990, 322; *LSG Bremen* v. 6.1.1994 – L 3 Vs 23/90, E-LSG Vb-005
34 So *LSG Nordrhein-Westfalen* v. 31.3.2009 – L 6 SB 110/08, SozialVerw 2009, 46–47; LSG Nordrhein-Westfalen v. 29.8.2012 – L 10 SB 89/12; Bayerisches LSG v. 7.7.2012 – L 15 SB 23/09
35 Siehe dazu § 2 Rn. 24
36 *LSG Berlin-Brandenburg* v. 25.4.2013 – L 13 SB 160/10; *LSG Berlin-Brandenburg* v. 23.11.2011 – L 13 SB 111/08; *LSG Nordrhein-Westfalen* v. 18.3.1993 – L 7 Vs 142/92; anderer Ansicht wohl LSG Nordrhein-Westfalen v. 29.6.2012 – L 13 SB 127/11

> **Beispiel:**
> Verlust des linken Beines und eine Lärmschwerhörigkeit. Beide Behinderungen müssen bei der Bildung des Gesamt-GdB berücksichtigt werden. Obergrenze ist die Summe der beiden Einzel-GdB.

- Eine Behinderung wirkt sich auf eine andere besonders nachteilig aus.

> **Beispiel:**
> Der Verlust eines Zeigefingers bedingt einen GdB von 10, der Verlust beider Zeigefinger von 30. Der Gesamt-GdB ist höher anzusetzen als die Summe der einzelnen GdB.

- Die Auswirkungen der Behinderung überschneiden sich.

> **Beispiel:**
> Ein behinderter Mensch leidet an Silikose mit Atemnot bei mittelschwerer Belastung (GdB 40) und an Verschleiß der Wirbelsäule (GdB 20), der Kniegelenke (GdB 10) und der Ellenbogengelenke (GdB 10). Der Gesamt-GdB ist wesentlich niedriger als die Summe der einzelnen GdB, aber höher als für die Behinderung mit dem höchsten Einzel-GdB anzusetzen, da zusätzliche Beschwerden und Funktionsbeeinträchtigungen hinzutreten.

- Das Ausmaß einer Behinderung wird durch hinzutretende Gesundheitsstörungen nicht verstärkt.

> **Beispiel:**
> Bei vollständigem Ausfall der Armnerven im Unterarmbereich wirkt sich der zusätzliche Verlust von zwei Fingern derselben Hand nicht erhöhend auf den Gesamt-GdB aus.

5. Nachteilsausgleiche

(Abs. 4) Der Gesetzgeber hat den früheren Begriff »Vergünstigung«, **29** der missverständlich war und den falschen Eindruck erweckte, es ginge um Privilegierung von behinderten Menschen, durch den zutreffenderen Begriff »**Nachteilsausgleich**« ersetzt. Die gesundheitlichen Merkmale, die Voraussetzung für die Inanspruchnahme von Nachteilsausgleichen sind, werden in § 3 der Schwerbehindertenausweisverordnung im Einzelnen aufgeführt. Auf dem Ausweis sind, falls die Voraussetzungen erfüllt sind, folgende **Merkzeichen** einzutragen:
- **G**, erheblich gehbehindert, s. § 145 Rn. 2 ff.;
- **H**, hilflos, s. § 145 Rn. 6 ff.;
- **Bl**, blind, s. § 145 Rn. 11;
- **aG**, außergewöhnlich gehbehindert, s. § 146 Rn. 2;

- B, ständige Begleitung, s. § 146 Rn. 5;
- **RF**, die Ermäßigung oder Befreiung von der Rundfunkgebührenpflicht richtet sich seit dem 1.1.2013 nach dem Rundfunkbeitragsstaatsvertrag. Nach § 4 Abs. 2 sind nur noch taubblinde Menschen und Empfänger von Blindenhilfe nach § 72 des Zwölften Buches des SGB 12 völlig von der Beitragspflicht befreit. Der Beitrag wird auf ein Drittel ermäßigt für

  1. blinde oder nicht nur vorübergehend wesentlich sehbehinderte Menschen mit einem Grad der Behinderung von 60 vom Hundert allein wegen der Sehbehinderung;

  2. hörgeschädigte Menschen, die gehörlos sind oder denen eine ausreichende Verständigung über das Gehör auch mit Hörhilfen nicht möglich ist;

  3. behinderte Menschen, deren Grad der Behinderung nicht nur vorübergehend wenigstens 80 vom Hundert beträgt und die wegen ihres Leidens an öffentlichen Veranstaltungen ständig nicht teilnehmen können.

  Die Rechtsprechung des BSG fordert, dass der schwerbehinderte Mensch ständig vom Besuch von Zusammenkünften politischer, künstlerischer, wissenschaftlicher, kirchlicher Art ausgeschlossen ist.[37] In Härtefällen kann auch ein GdB von weniger als 80 ausreichen, z.B. dann, wenn ein behinderter Mensch wegen eines besonderen psychischen Leidens ausnahmsweise an öffentlichen Veranstaltungen ständig nicht teilnehmen kann.[38]

- **1. Kl.**, Benutzung der 1. Wagenklasse mit Fahrausweis der 2. Dieser Nachteilsausgleich steht nur Schwerkriegsbeschädigten (MdE mindestens 70%) zu, deren Zustand die Unterbringung in der 1. Wagenklasse erfordert.

6. Ausweis

30 (Abs. 5) Auf Antrag des behinderten Menschen ist zum Nachweis seiner Rechte ein **Schwerbehindertenausweis** auszustellen. Nähere Einzelheiten über die Eintragungen in den Ausweis, seine Gültigkeitsdauer und das Verwaltungsverfahren sind in der Schwerbehindertenausweisverordnung (SchwbAwV) in der seit dem 1.1.2013 geltenden Fassung geregelt. In den Ausweis sind der **Grad der Be-**

---

37 BSG v. 12.2.1997 – 9 RVs 2/96, SozR 3–3870 § 4 Nr. 17; LSG Berlin-Brandenburg v. 29.1.2009 – L 11 SB 190/08 – zur Harninkontinenz
38 So BSG v. 16.2.2012 – B 9 SB 2/11 R, SozR 4–3250 § 69 Nr. 14

hinderung einzutragen und die **Merkzeichen** über die Zugehörigkeit zu Sondergruppen (§ 2 SchwbAwV) und die Inanspruchnahme von Nachteilsausgleichen, nicht hingegen die einzelnen Behinderungen. Der Ausweis ist mit einem Lichtbild des Ausweisinhabers zu versehen. Auf der Rückseite ist die **Gültigkeitsdauer** einzutragen (§ 6 SchwbAwV).

Beginn der Gültigkeit ist der Tag, an dem der Antrag auf Feststel- **31** lung nach § 69 Abs. 1 beim Versorgungsamt eingegangen ist. Die Eintragung eines früheren Zeitpunktes sieht § 6 SchwbAwV nicht mehr vor. Die Gültigkeit ist im Regelfall auf fünf Jahre **befristet**. In den Fällen, in denen eine Neufeststellung wegen einer wesentlichen Änderung in den gesundheitlichen Verhältnissen, die für die Feststellung maßgebend gewesen sind, nicht zu erwarten ist, kann der Ausweis unbefristet ausgestellt werden. Erlischt der Schutz schwerbehinderter Menschen, ist der Ausweis einzuziehen. Das ist erst dann der Fall, wenn die Schutzfrist nach § 116 abgelaufen ist.

7. Rechtsschutz

Gegen die Entscheidungen der Versorgungsämter nach § 69 Abs. 1 **32** und 4 ist der **Rechtsweg zu den Sozialgerichten** gegeben (§ 51 Abs. 4 SGG). Vor Klageerhebung ist zwingend ein **Widerspruchsverfahren** vorgeschrieben. Während dieses Widerspruchsverfahrens besteht kein allgemeines Verböserungsverbot, das das Versorgungsamt daran hindert, nach § 45 SGB X (zu den Voraussetzungen siehe § 116 Rn. 4 ff.) für den behinderten Menschen ungünstigere Feststellungen zu treffen als im angefochtenen Bescheid.[39] Das Verfahren vor den Sozialgerichten ist im Einzelnen im Sozialgerichtsgesetz geregelt. Die Verweisung auf die besonderen Vorschriften für die Kriegsopferversorgung hat zur Folge, dass bei den Sozialgerichten die **Kammern für Angelegenheiten der Kriegsopferversorgung zuständig** sind, die mit einem Berufsrichter und zwei ehrenamtlichen Richtern besetzt sind. Letztere setzen sich aus dem Kreis der mit der Kriegsopferversorgung oder mit dem Schwerbehindertenrecht vertrauten Personen, die von den Landesversorgungsämtern benannt werden, sowie aus dem Kreis der Versorgungsberechtigten und der behinderten Menschen i. S. des § 2 Abs. 2 und 3, die die Vereinigungen der Kriegsopfer und der Schwerbehinderten benennen, zusammen (§§ 12, 14 SGG).

---

39 *BSG* v. 5. 5. 1993 – 9/9a RVs 2/92, SozR 3–3870 § 4 Nr. 5

33   **Klagebefugt ist nur der behinderte Mensch.** Dem Arbeitgeber steht kein Widerspruchs- oder Klagerecht gegen die Feststellung der Schwerbehinderteneigenschaft durch das Versorgungsamt zu.[40] Der behinderte Mensch kann sich im kostenfreien sozialgerichtlichen Verfahren durch Rechtsschutzsekretäre der Gewerkschaften, durch Rechtsanwälte oder sonstige zugelassene Rechtsbeistände vertreten lassen. Seine Rechte können auch mit seinem Einverständnis durch einen Behindertenverband geltend gemacht werden (s. dazu im Einzelnen § 63). Gegen die Urteile der Sozialgerichte ist uneingeschränkt die Berufung zu den Landessozialgerichten eröffnet, und zwar auch dann, wenn es nur um die Höhe des GdB oder die Voraussetzungen eines Nachteilsausgleichs geht.

§ 70   Verordnungsermächtigung

(1) Die Bundesregierung wird ermächtigt, durch Rechtsverordnung mit Zustimmung des Bundesrates nähere Vorschriften über die Gestaltung der Ausweise, ihre Gültigkeit und das Verwaltungsverfahren zu erlassen.

(2) Das Bundesministerium für Arbeit und Soziales wird ermächtigt, durch Rechtsverordnung mit Zustimmung des Bundesrates die Grundsätze aufzustellen, die für die medizinische Bewertung des Grades der Behinderung und die medizinischen Voraussetzungen für die Vergabe von Merkzeichen maßgebend sind, die nach Bundesrecht im Schwerbehindertenausweis einzutragen sind.

Abs. 1 der Verordnungsermächtigung in § 70 entspricht dem früheren § 4 Abs. 5 Satz 4 SchwbG. Die auf dieser Grundlage erlassene SchwbAwV gilt weiter fort (s. dazu § 69 Rn. 19).
Abs. 2 wurde am 07.01.2015 eingefügt, ist am 15.01.2015 in Kraft getreten und ist seitdem Rechtsgrundlage der Versorgungsmedizin-Verordnung:.

---

40 *BSG* v. 22.10.1986 – 9a RVs 3/84, SozR 3870 § 3 Nr. 23

Kapitel 2
Beschäftigungspflicht der Arbeitgeber

§ 71 Pflicht der Arbeitgeber zur Beschäftigung schwerbehinderter Menschen

(1) Private und öffentliche Arbeitgeber (Arbeitgeber) mit jahresdurchschnittlich monatlich mindestens 20 Arbeitsplätzen im Sinne des § 73 haben auf wenigstens 5 Prozent der Arbeitsplätze schwerbehinderte Menschen zu beschäftigen. Dabei sind schwerbehinderte Frauen besonders zu berücksichtigen. Abweichend von Satz 1 haben Arbeitgeber mit jahresdurchschnittlich monatlich weniger als 40 Arbeitsplätzen jahresdurchschnittlich je Monat einen schwerbehinderten Menschen, Arbeitgeber mit jahresdurchschnittlich monatlich weniger als 60 Arbeitsplätzen jahresdurchschnittlich je Monat zwei schwerbehinderte Menschen zu beschäftigen.

(2) (aufgehoben).

(3) Als öffentliche Arbeitgeber im Sinne des Teils 2 gelten

1. jede oberste Bundesbehörde mit ihren nachgeordneten Dienststellen, das Bundespräsidialamt, die Verwaltungen des Deutschen Bundestages und Bundesrates, das Bundesverfassungsgericht, die obersten Gerichtshöfe des Bundes, der Bundesgerichtshof jedoch zusammengefasst mit dem Generalbundesanwalt, sowie das Bundeseisenbahnvermögen,

2. jede oberste Landesbehörde und die Staats- und Präsidialkanzleien mit ihren nachgeordneten Dienststellen, die Verwaltungen der Landtage, die Rechnungshöfe (Rechnungskammern), die Organe der Verfassungsgerichtsbarkeit der Länder und jede sonstige Landesbehörde, zusammengefasst jedoch diejenigen Behörden, die eine gemeinsame Personalverwaltung haben,

3. jede sonstige Gebietskörperschaft und jeder Verband von Gebietskörperschaften,

4. jede sonstige Körperschaft, Anstalt oder Stiftung des öffentlichen Rechts.

1. Rolle im System des Gesetzes

1 Das System von Beschäftigungspflicht und Ausgleichsabgabe (§ 77)
hatte das Bundesverfassungsgericht in seiner Entscheidung zur Ver-
fassungsmäßigkeit dieser Regelungen noch als »Kernstück« des
Schwerbehindertenrechts bezeichnet.[1] Zumindest seit der Zusam-
menführung des dem Sozialrecht zugehörigen Rehabilitationsrechts
mit den Bestimmungen des Schwerbehindertenrechts, die dem öffentlichen Recht, dem Sozialrecht und dem Arbeitsrecht zuzuordnen sind (SGB IX 2001), stellt sich das der Integration behinderter
Menschen ins Arbeitsleben und ihrer Gleichstellung in allen Bereichen des gesellschaftlichen Lebens dienende Recht als ein System
dar, das auf vier Säulen ruht.

Die erste dieser Säulen wird von den sozialrechtlichen Ansprüchen
behinderter Menschen selbst auf Leistungen zur Teilhabe gebildet.
Unter ihnen spielen die Leistungen eine besondere Rolle, die dazu
dienen »die Teilhabe am Arbeitsleben entsprechend den Neigungen
und Fähigkeiten dauerhaft zu sichern« (§ 4 Abs. 1 Nr. 3).

Gleichwertig rangiert die Regelung über Beschäftigungspflicht und
Ausgleichsabgabe als öffentlich rechtliche Verpflichtung der Arbeitgeber gegenüber dem Staat, die nicht unmittelbar einen Beschäftigungsanspruch gegenüber einem bestimmten Arbeitgeber auslöst.

Die dritte Säule besteht aus einer Reihe individualrechtlicher Ansprüche (Rechte, die der behinderte Mensch selbst im Klageweg geltend machen kann) gegenüber Arbeitgebern. Dazu gehören insbesondere die Rechte schwerbehinderter Menschen auf berufliche
Förderung und behinderungsgerechte Arbeitsbedingungen (§ 81
Abs. 3–5), Kündigungsprävention (§ 84) und Kündigungsschutz
(§§ 85 bis 92).

Eine besonders wichtige Säule machen schließlich die kollektivrechtlichen Regelungen zur Durchsetzung der Rechte schwerbehinderter Menschen im Betrieb und der öffentlich rechtlichen Verpflichtungen der Arbeitgeber gegenüber behinderten Menschen aus.
Besonders wichtig ist die Einrichtung einer besonderen Schwerbehindertenvertretung durch das Gesetz. Sie ist nicht nur um der beim

---

1 *BVerfG* v. 26. 5. 1981 – 1 BvL 56/78, 1 BvL 57/78, 1 BvL 58/78, BVerfGE 57, 153

jeweiligen Arbeitgeber gerade beschäftigten Schwerbehinderten Willen da. Sie fördert auch die Einstellung schwerbehinderter Menschen (§ 95 Abs. 1). Für die entsprechende öffentlich-rechtliche Verpflichtung, insbesondere für die mit ihr in engem Zusammenhang stehende Verpflichtung der Arbeitgeber, durch geeignete Maßnahmen sicherzustellen, dass wenigstens die vorgeschriebene Zahl schwerbehinderter Menschen beschäftigt werden kann (§ 81 Abs. 3), ist die Schwerbehindertenvertretung gemeinsam mit der allgemeinen Arbeitnehmervertretung (Betriebsrat, Personalrat, Mitarbeitervertretung) überhaupt das einzige Überwachungsorgan. Keine staatliche Stelle hat hinsichtlich dieser Arbeitgeberverpflichtung eine direkte Kontroll- und Durchsetzungsmöglichkeit. Staatliche Stellen können die Verletzung dieser Grundverpflichtung allenfalls als Abwägungskriterium bei Einzelentscheidungen, etwa zum Kündigungsschutz oder bei Bußgeldfeststellungen, berücksichtigen. Die Überwachungsrechte der Schwerbehindertenvertretung allein sind aber zu schwach, um in den vielfältigen betrieblichen Konfliktfällen das Anliegen der Integration Schwerbehinderter obsiegen zu lassen. Dazu ist das Zusammenwirken zwischen Initiativen der Schwerbehindertenvertretungen und der Ausübung der Mitbestimmungsrechte durch Betriebs- und Personalräte notwendig. Insbesondere die Rechte der allgemeinen Interessenvertretungen bei personellen Einzelmaßnahmen, bei der Regelung des Arbeitsschutzes, der Arbeitszeit und der beruflichen Bildung müssen gezielt auch zugunsten behinderter Menschen eingesetzt werden. Eine enge Kooperation speziell zwischen der Schwerbehindertenvertretung und der allgemeinen Interessenvertretung sehen die §§ 83 (Integrationsvereinbarungen) und 84 (Kündigungsprävention) vor. Betriebsverfassungsgesetz und Personalvertretungsrecht nennen die Gleichstellung behinderter Menschen als eine der grundlegenden Pflichtaufgaben der allgemeinen Interessenvertretung. Für die praktische Arbeit der betrieblichen Interessenvertretung, aber auch für alle anderen Akteure der Integration behinderter Menschen, ist es wichtig, Politiken zu entwickeln, die sich auf alle diese vier Säulen stützen.

2. Verfassungsmäßigkeit und Änderungen des Gesetzes

Die Verfassungsgemäßheit des Systems von Beschäftigungspflicht **2** und Ausgleichsabgabe steht fest. Nach wie vor relevant sind dazu die Ausführungen des Bundesverfassungsgerichts in seiner Entscheidung über eine von Arbeitgebern erhobene Verfassungsbeschwerde gegen Bescheide über die Ausgleichsabgabe. Im Wesentlichen hatte das *Bundesverfassungsgericht* ausgeführt:[2] Da die Grundrechte auf Berufsfreiheit (Art. 12 Abs. 1 GG) und die allgemeine Handlungsfreiheit (Art. 2 Abs. 1 GG) berührt seien, sei eine gesetzliche Verpflichtung zur Einstellung Schwerbehinderter zulässig, wenn sie durch vernünftige Gründe des Gemeinwohls gerechtfertigt sei, die gewählten Mittel geeignet und erforderlich und die gesetzlichen Beschränkungen der Rechte der Betroffenen zumutbar seien. Dies sei für die fraglichen Regelungen eindeutig der Fall.

Zum zulässigen Umfang der Beschäftigungspflicht hält das Bundesverfassungsgericht folgende Grundsätze fest:

- Es komme auf eine sachgemäße und vertretbare Beurteilung des erreichbaren faktischen Materials an. Der Gesetzgeber müsse alle zugänglichen Erkenntnisquellen ausschöpfen.
- Geeignet als Maßstab zur Bemessung der Beschäftigungspflicht sei die Zahl der dem Arbeitsmarkt zur Verfügung stehenden Schwerbehinderten, die sich aus der Summe der beschäftigten und der arbeitslosen Schwerbehinderten ergibt.
- Der Gesetzgeber könne auf diese Zahl eine Vermittlungsreserve aufschlagen, durch die die Unterschiede der Verhältnisse in den Regionen und Branchen, die Unterschiedlichkeit der Beeinträchtigungen und der beruflichen Qualifikation berücksichtigt werden. Die von der Bundesregierung damals eingeplante Vermittlungsreserve von 12,5 % hielt das Bundesverfassungsgericht für vertretbar.
- Dem Gesetzgeber sei ferner zuzubilligen, dass seine Festlegungen über die Beschäftigungspflicht auf einer Prognose über den künftigen Bedarf an Pflichtplätzen basieren müssen. Prognosefehler führen nicht automatisch zur Verfassungswidrigkeit auf ihr basierender Regeln. Bei schweren Prognosefehlern, die das Gericht nicht feststellen konnte, sei dem Gesetzgeber allerdings aufzugeben, in angemessener Frist die gesetzlichen Regeln einer neuen Situation anzupassen.

Im Ergebnis räumt die Entscheidung des Bundesverfassungsgerichts einen großen Ermessensspielraum bei der Festlegung des Umfangs der Beschäftigungspflicht ein.

3   Einige neue Regeln erhöhen den Bedarf an Pflichtplätzen: Ausbildungsplätze zählen nicht mit bei der Ermittlung der Zahl der Ar-

---

2 *BVerfG* v. 26. 5. 1981 – 1 BvL 56/78, 1 BvL 57/78, 1 BvL 58/78, BVerfGE 57, 153

beitsplätze bei einem Arbeitgeber (§ 74 Abs. 1). Teilzeitbeschäftigte (ab 18 Std.) werden auf einen ganzen Pflichtplatz angerechnet (§ 75 Abs. 2). Besonders belastete Behinderte können auf bis zu drei Plätze angerechnet werden (§ 76 Abs. 1), alle behinderten Auszubildenden werden doppelt angerechnet (§ 76 Abs. 2), im Einzelfall dreifach.

Die Notwendigkeit einer Vermittlungsreserve ist umso höher, desto stärker die Einstellungschancen zeitlich, regional und nach Branchen schwanken. Die regionalen Unterschiede haben durch die deutsche Vereinigung zugenommen. Die zur Zeit (Anfang 2015) verbesserte Lage am Arbeitsmarkt wird durch die immer weiter zunehmende Nutzung ungesicherter Formen des Arbeitsverhältnisses (Befristungen, Leiharbeit, Werkverträge) eingetrübt. Diese Formen bewirken ja auch, dass von ihnen betroffene Arbeitnehmer mit Behinderungen nur sehr eingeschränkt in den Genuss des ihnen zugedachten Kündigungsschutzes kommen, sie also stärker von Arbeitslosigkeit bedroht sind. Der Gesetzgeber muss diese zusätzliche Gefährdung durch die Festlegung einer höheren Quote ausgleichen.

Absatz 2 wurde zunächst durch das Gesetz zur Änderung von Fristen und Bezeichnungen im SGB IX und zur Änderung anderer Gesetze vom 3.4.2003 dahin gehend geändert, dass die Rückkehr zur alten Pflichtquote von 6% zum 1.1.2004 erfolgt, und schließlich durch das Gesetz zur Förderung der Ausbildung und Beschäftigung schwerbehinderter Menschen vom 3.4.2004 mit Wirkung zum 1.5.2004 insgesamt aufgehoben. Die Pflichtquote von 5% ist seitdem festgeschrieben. Nach Aufhebung des Absatzes 2 kann die Pflichtquote nunmehr im Verordnungswege in einem Rahmen von 4% bis 10% verändert werden. Die hierfür erforderliche gesetzliche Ermächtigung findet sich in § 79 Ziff. 1 (vgl. § 79 Rn. 3 ff.).

3. Inhalt der Verpflichtung

Die **Pflichtquote** beträgt jetzt 5% der Arbeitsplätze, dem entsprechend gilt sie für alle Arbeitgeber, die mindestens 20 Arbeitsplätze haben. Bezugsgröße ist der Arbeitgeber, nicht etwa Betrieb oder Verwaltung. Für die Berechnung der Pflichtquote werden regional verteilte Betriebe und nicht betriebsgebundene Arbeitnehmer zusammengefasst. Arbeitgeber erfüllen die Beschäftigungspflicht also auch, wenn sie die Quote in verschiedenen Filialen teils erfüllen, teils unterschreiten, wenn nur der gesetzliche Wert im Gesamtdurchschnitt erreicht wird. **4**

5 Die Beschäftigungspflicht besteht unabhängig davon, ob ein Arbeitgeber faktisch in der Lage ist, sie zu erfüllen. Schon das Bundesverfassungsgericht hatte dies für zulässig gehalten, weil die Beschäftigungspflicht mit der Ausgleichsabgabe eine Doppelfunktion ausübt. Sie dient sowohl der Motivation von Arbeitgebern, schwerbehinderte Menschen einzustellen als auch dazu, einen Lastenausgleich zwischen den Arbeitgebern herzustellen, die die Quote nicht erfüllen und denjenigen, die sich gesetzeskonform verhalten.

Im Übrigen kann wegen der Verpflichtung in § 81 Abs. 3 der Einwand der faktischen Unmöglichkeit nicht tragen. Danach ist der Arbeitgeber auch verpflichtet, überhaupt erst die Voraussetzungen dafür zu schaffen, dass die Pflichtquote erfüllt werden kann. Diese Verpflichtung ist sehr weit gefasst. Der Arbeitgeber muss »die geeigneten Maßnahmen« treffen. Diese sind zum Teil in § 81 Abs. 4 skizziert: Bildungsmaßnahmen, behinderungsgerechte Arbeit und technische Arbeitshilfen. Vielfach sind in den letzten Jahren für Behinderte geeignete Arbeitsplätze durch die Auslagerung von Arbeiten auf andere Unternehmen (durch Werkverträge u.Ä.) weggefallen. Notfalls muss der Arbeitgeber diese Arbeiten zurückholen, um die gesetzlich vorgeschriebenen Beschäftigungsmöglichkeiten zu schaffen. Eine sich häufig bietende Möglichkeit besteht darin, eine enge Zusammenarbeit eines schwerbehinderten Arbeitnehmers mit anderen Kollegen einzurichten, in deren Rahmen der Schwerbehinderte soweit aufgrund der Behinderung notwendig unterstützt wird. Der Arbeitgeber muss auch hinnehmen, dass an den gemäß § 81 Abs. 3 zu gestaltenden Arbeitsplätzen ein anderes Produktivitätsniveau besteht als im Betriebsdurchschnitt. Häufiger als eine Unmöglichkeit der Beschäftigung schwerbehinderter Menschen wegen der Eigenart der betrieblichen Arbeitsplätze wird von Arbeitgebern erklärt, der Arbeitsmarkt biete ihnen nicht die geeigneten Kräfte. Aber auch dieses Problem löst sich bei korrekter Anwendung des § 81 Abs. 3. Die schwerbehinderten Menschen, deren Beschäftigung sichergestellt werden soll, sind immer die konkreten, tatsächlich Arbeit suchenden schwerbehinderten Personen. Der Arbeitgeber erfüllt die Verpflichtung nach § 81 Abs. 3 deswegen nur, wenn er sich zuvor bei der örtlichen Arbeitsagentur nach dem dort vorhandenen Angebot schwerbehinderter Arbeitnehmer erkundigt und dann die Arbeitsmöglichkeiten so einrichtet, dass die notwendige Anzahl von ihnen bei ihm Arbeit findet. Eine arbeitsmarktbedingte Unmöglichkeit der Beschäftigung Schwerbehinderter kommt also nur in Betracht, wenn weder in den umliegenden Arbeitsagenturen schwerbehinderte Arbeitslose registriert sind noch die zentrale Arbeitsvermittlung der Bundesagentur für Arbeit Vermittlungsvorschläge machen kann.

§ 81 Abs. 3 kann als die Kernverpflichtung der Arbeitgeber betrachtet werden, ohne deren Erfüllung nur die schwache Ausgleichslast der Abgabe wirkt. Schwerbehindertenvertretung, Betriebsrat und Personalrat haben die sehr schwierige Aufgabe, auf die Integration dieser Verpflichtung in die Planung von Personal-, Arbeitsorganisation, Betriebsanlagen und Produkten des Arbeitgebers zu achten. Insbesondere Integrationsvereinbarungen (§ 83) sind ein wichtiges Instrument, um diese Verpflichtung für die Bedingungen beim einzelnen Arbeitgeber zu konkretisieren.

In einer Entscheidung wurde festgestellt, dass auch Transfer- und Beschäftigungsgesellschaften der Beschäftigungspflicht und daher ggf. der Ausgleichsabgabe unterliegen.[3]

4. Ordnungswidrigkeit

Die Verletzung der Beschäftigungspflicht ist eine Ordnungswidrigkeit (§ 156 Abs. 1 Nr. 1), die völlig unabhängig von der Zahlung der Ausgleichsabgabe zu ahnden ist. Voraussetzung für die Festsetzung einer Geldbuße (bis zu 10 000 Euro, § 176 Abs. 2) ist die Schuldhaftigkeit der Verletzung. Schuldhaft ist jede Verletzung, die bei insgesamt rechtmäßigen Verhalten hätte vermieden werden können. Eine solche gesetzliche Verpflichtung ist die Gestaltungspflicht nach § 81 Abs. 3. Das Bußgeld ist deswegen auch zu verhängen, wenn der Arbeitgeber schwerbehinderte Menschen hätte einstellen können, wenn er frühzeitig die notwendigen Informationen eingeholt und auf sie abgestimmte Gestaltungsmaßnahmen getroffen hätte.

6

5. Frauen

Schwerbehinderte Frauen sind bei der Besetzung der Pflichtplätze besonders zu berücksichtigen (Abs. 1 Satz 2). Dieser Satz 2 ist leider in die Bußgeldbestimmungen des § 156 Abs. 1 Nr. 1 nicht einbezogen worden, so dass die Verletzung sanktionslos bleibt. Geltend gemacht werden kann die Verletzung dieser Bestimmung aber durch einen Widerspruch des Betriebs- oder Personalrats gegen eine Ein-

7

---

3 Vgl. *BVerwG* v. 18. 5. 2013 – 5 C 20/12

stellung immer dann, wenn Frauen unter den Schwerbehinderten im Betrieb stark und in branchenunüblicher Weise unterrepräsentiert sind.

6. Kleinbetriebe, ÖD

8   Abs. 1 Satz 3 reduziert die Beschäftigungspflicht für kleinere Betriebe leicht in einem Umfang, der der Abrundungsregel des § 74 Abs. 2 entspricht.
Absatz 1 Satz 1 wurde durch das Gesetz zur Änderung von Fristen und Bezeichnungen im SGB IX vom 3.4.2003 durch Einfügung des Wortes »jahresdurchschnittlich« geändert. Ferner wurde durch dieses Gesetz in Absatz 1 der Satz 3 eingefügt, der Regelungen zu Kleinbetrieben bringt. Dessen Bezugsgrößen »bis zu 39« und »bis zu 59« Arbeitsplätze wurden schließlich durch das Gesetz zur Förderung der Ausbildung und Beschäftigung schwerbehinderter Menschen vom 23.4.2004 durch die Angaben »weniger als 40« bzw. »weniger als 60« ersetzt, um klarzustellen, dass Betriebe mit 39 oder 59 Arbeitsplätzen nicht schon in die jeweils höhere Gruppe fallen.

9   Zweck von Abs. 3 ist es, sowohl für die Bemessung der Beschäftigungspflicht als auch zwecks Feststellung der Trägerschaft der anderen Arbeitgeberpflichten nach Teil 2 im Bereich des öffentlichen Dienstes zu kleineren Verwaltungsgrößen zu gelangen als sich ergäben, wenn auch für diesen Bereich am strikten rechtlichen Arbeitgeberbegriff festgehalten würde. Dieser würde vor allem für den Bund und die Länder zu übergroßen Einheiten führen.

10   Die Beschäftigungspflicht muss im öffentlichen Dienst nicht durch die Begründung eines Arbeitsverhältnisses erfüllt werden. Dies kann auch durch den Eingang eines Beamtenverhältnisses oder die Berufung in ein Richteramt geschehen. Als Beschäftigte i. S. dieser Vorschriften zählen auch Auszubildende und andere zu ihrer beruflichen Bildung Beschäftigte.

7. Fehlende Feststellung

11   Nicht angerechnet auf die Beschäftigungspflicht werden schwerbehinderte Menschen, für die keine formelle Feststellung einer Schwerbehinderung vorliegt. Zwar hat die Feststellung im Prinzip keine konstituierende (rechtsbegründende) Wirkung, sondern nur eine deklaratorische, d. h., sie soll den Nachweis der Schwerbehinderung erleichtern.[4] Die an eine Schwerbehinderung geknüpften Rechte sind aber in die Verfügungsfreiheit des Betroffenen gestellt. Er kann sie entweder einzeln nach Situation oder pauschal durch die Erlangung einer Feststellung geltend machen. Unterlässt er Letzteres, so kann sich auch der Arbeitgeber auf eine Schwerbehinderteneigenschaft bei der Berechnung der Ausgleichsabgabe nicht berufen, eben weil es allein dem schwerbehinderten Menschen in freier Verfügung zusteht.[5]

Auch nach § 68 Abs. 4 schwerbehinderten Menschen gleichgestellte behinderte Jugendliche und junge Erwachsene in der Ausbildung werden nicht angerechnet, da die besonderen Regelungen für schwerbehinderte Menschen mit Ausnahme von § 102 Abs. 3 Nr. 2 Buchst. c für sie nicht gelten.

§ 72 Beschäftigung besonderer Gruppen schwerbehinderter Menschen

(1) Im Rahmen der Erfüllung der Beschäftigungspflicht sind in angemessenem Umfang zu beschäftigen

1. schwerbehinderte Menschen, die nach Art oder Schwere ihrer Behinderung im Arbeitsleben besonders betroffen sind, insbesondere solche,

   a) die zur Ausübung der Beschäftigung wegen ihrer Behinderung nicht nur vorübergehend einer besonderen Hilfskraft bedürfen oder

   b) deren Beschäftigung infolge ihrer Behinderung nicht nur vorübergehend mit außergewöhnlichen Aufwendungen für den Arbeitgeber verbunden ist oder

   c) die infolge ihrer Behinderung nicht nur vorübergehend offensichtlich nur eine wesentlich verminderte Arbeitsleistung erbringen können oder

   d) bei denen ein Grad der Behinderung von wenigstens 50 allein infolge geistiger oder seelischer Behinderung oder eines Anfallsleidens vorliegt oder

   e) die wegen Art oder Schwere der Behinderung keine abgeschlossene Berufsbildung im Sinne des Berufsbildungsgesetzes haben,

---

4 *BSG* v. 30. 4. 1979 – 8b RK 1/78, SozR 2200 § 176c Nrn. 1 und 9
5 *BVerwG* v. 21. 10. 1987 – 5 C 42/84, NZA 1988, 431

2. schwerbehinderte Menschen, die das 50. Lebensjahr vollendet haben.

(2) Arbeitgeber mit Stellen zur beruflichen Bildung, insbesondere für Auszubildende, haben im Rahmen der Erfüllung der Beschäftigungspflicht einen angemessenen Anteil dieser Stellen mit schwerbehinderten Menschen zu besetzen. Hierüber ist mit der zuständigen Interessenvertretung im Sinne des § 93 und der Schwerbehindertenvertretung zu beraten.

1. Zweck, Betroffene

1   Die Vorschrift dient dazu, schwerbehinderten Menschen mit besonderen Schwierigkeiten beim Zugang zum Arbeitsmarkt die Chance zu verschaffen, von der allgemeinen Beschäftigungspflicht zu profitieren. Sie verpflichtet die Arbeitgeber, Pflichtplätze mit schwerbehinderten Menschen aus dieser besonders belasteten Gruppe zu besetzen. Die Regelung soll das übliche Auswahlverhalten bei der Einstellung von Menschen mit Schwerbehinderung korrigieren. Für Menschen, deren Behinderung sich am konkret in Aussicht genommenen Arbeitsplatz kaum auswirkt, sind die Einstellungshindernisse gering. Zu ihren Gunsten kann sich die Beschäftigungspflicht auswirken. Das Gleiche gilt für Personen mit überragenden Qualifikationen, Fähigkeiten oder stark nachgefragten Spezialkenntnissen. Es widerspräche dem Gesamtanliegen des Gesetzes, wenn die Beschäftigungspflicht ganz überwiegend nur mit Personen aus dieser Gruppe erfüllt würde.

2   Die in Abs. 1 Nrn. 1a–e aufgezählten besonders zu berücksichtigenden Gruppen hebt die Vorschrift nur als exemplarische Fälle hervor. Gegenüber diesen Einzelfällen bleibt Abs. 1 Nr. 1 Einleitungssatz die eigentliche Verpflichtung zur Berücksichtigung bei der Erfüllung der Beschäftigungspflicht. Der dort umschriebene Personenkreis »nach Art und Schwere ihrer Behinderung besonders betroffene« schwerbehinderte Menschen lässt sich trotz der Unbestimmtheit der Formulierung aus dem Zweck der Bestimmung heraus eingrenzen. Ziel ist ein Grad der Eingliederung in die Arbeitswelt, die dem in § 1 erhobenen Anspruch auf Gleichstellung mit den Arbeitnehmern

insgesamt entspricht. Ausschlaggebend sind also die Schwierigkeiten bei der Erlangung eines Arbeitsplatzes.[1] Solche Schwierigkeiten sind auch anzunehmen, wenn ganz individuelle Faktoren die Ursache sind. In der Regel sind solche Schwierigkeiten zu unterstellen, wenn im Einzelfall die Arbeitslosigkeit bereits ein Jahr andauert.[2] Unter Hilfskraft nach Abs. 1 Nr. 1a ist auch eine notwendige Arbeitsassistenz i. S. der §§ 33 Abs. 8 und 102 Abs. 4 zu verstehen.[3]

Als »nicht nur vorübergehend« i. S. v. Abs. 1 Nr. 1b und c kann in Entlehnung aus der gesetzlichen Definition der Behinderung in § 2 ein Zeitraum von mindestens sechs Monaten angenommen werden.

Eine »wesentlich verminderte Arbeitsleistung« wird überwiegend bei einer Reduktion um 30 % gegenüber dem Durchschnitt angenommen.[4] Jeder Schematismus ist hier aber unangebracht. Es kommt wesentlich auf behinderungsbedingte Arbeitsmarktnachteile an. Diese setzen schon bei Leistungsminderungen ab einem GdB von 10 ein.

Für den Tatbestand des Abs. 1 Nr. 1d besteht dann eine unwiderlegliche Feststellung, wenn die nach § 69 Abs. 1 festgestellte Behinderung geistiger oder seelischer Art ist und diese für sich allein schon zur Anerkennung einer Schwerbehinderung geführt hat.

2. Berufliche Bildung

Abs. 2 spricht Arbeitgeber an, in deren Betrieb(en) tatsächlich berufliche Bildung stattfindet. Sie sollen einen angemessenen Teil der Ausbildungsstellen mit schwerbehinderten Personen besetzen. Auch in diesem Zusammenhang spielt die von Gesetzes wegen eintretende Gleichstellung aller behinderten Jugendlichen und jungen Erwachsenen nach § 68 Abs. 4 keine Rolle. Durch Einstellungen aus diesem Kreis wird, soweit nicht auch eine Schwerbehinderung vorliegt, die Beschäftigungspflicht nicht erfüllt (s. § 71 Rn. 11); diese bildet aber den Rahmen für die besonderen Verpflichtungen nach § 72. Der Grad des Ausschlusses schwerbehinderter Menschen von der betrieblichen beruflichen Bildung ist gravierend und skandalös. Weit über das wegen einer Behinderung Erforderliche hinaus werden schwerbehinderte Menschen zu ihrer Berufsausbildung in Bildungs-

3

---

1 *Ritz*, in: Bihr/Fuchs/Krauskopf/Ritz, SGB IX, § 72 Rn. 5
2 *Großmann*, GK SchwbG, § 6 Rn. 47
3 *Ritz*, in: Bihr/Fuchs/Krauskopf/Ritz, SGB IX, § 72 Rn. 7
4 *Schneider*, in: Hauck/Noftz, § 72 Rn. 4

gänge spezialisierter Träger abgedrängt. Dies steht in krassem Widerspruch zum Gleichstellungsanspruch, den die in § 1 festgelegte Zielsetzung des Gesamtgesetzes erhebt. Der sich hieraus ergebende enorme Korrekturbedarf muss im Rahmen der Mitbestimmungsrechte der allgemeinen Interessenvertretungen der Arbeitnehmer geltend gemacht und von der Einigungsstelle berücksichtigt werden. Dies ist ein Weg, der sonst kaum Durchsetzungsinstrumente bietenden Vorschrift Wirkung zu verschaffen.

3. Kein bloßer Programmsatz

4   Das Gesetz knüpft keine Sanktion an die Verletzung irgendeiner der Verpflichtungen nach dieser Vorschrift. Es verweigert damit der Arbeitnehmergruppe, die am stärksten auf den Schutz des Gesetzes angewiesen ist, auch zu ihren Gunsten wirksame Regeln und speist sie mit Worten und dem impliziten Verweis auf mögliches Engagement anderer ab. Besser wäre es, zu Gunsten des von der Vorschrift angesprochenen Personenkreises eine Quote in der Quote vorzusehen, auf deren Grundlage die Pflicht zur Zahlung der Ausgleichsabgabe erst entfiele, wenn auch den Belangen der besonders betroffenen Gruppen entsprochen wäre. Deren genauere Abgrenzung könnte durch befristet gültige Zusätze zum Feststellungsbescheid nach § 69 erfolgen. Auch im Katalog der Ordnungswidrigkeiten nach dem SGB IX kommen die Verpflichtungen nach § 72 nicht vor.

5   Dagegen wird der von der Vorschrift erfasste Personenkreis durch teils in das Ermessen der BA, teils stets zu gewährende Mehrfachanrechnungen nach § 76 gefördert. Förderrecht und Förderpraxis konzentrieren sich in gewissem Umfang auf die Belange besonders betroffener Menschen mit Schwerbehinderungen. So können Arbeitgeber, die schwerbehinderte Menschen i. S. der Buchst. a-d beschäftigen von den Integrationsämtern durch Geldleistungen und in anderer Weise gefördert werden, wenn mit der Beschäftigung außergewöhnliche Belastungen verbunden sind (§ 102 Abs. 3 Nr. 2e). Kosten notwendiger Arbeitsassistenz haben die Integrationsämter zu übernehmen. Hierauf besteht ein Rechtsanspruch (§ 102 Abs. 4). Die Ausbildung schwerbehinderter Menschen und ihnen nach § 68 Abs. 4 Gleichgestellter kann durch Prämien nach § 102 Abs. 3 Nr. 2e gefördert werden.

6   Trotz fehlender spezifischer Durchsetzungsinstrumente trifft die Bestimmung eine verbindliche Regelung und weist nicht nur auf eine dem Gesetzgeber als wünschenswert erscheinende Praxis hin. Das ergibt sich aus der Formulierung der Einleitungsworte »sind … zu beschäftigen«, die eine unbedingte Verpflichtung ausdrücken. Betriebs- und Personalrat können deswegen einer Einstellung oder Versetzung die Zustimmung verweigern, wenn dadurch einem Bewerber, der unter die Vorschrift fällt, die Einstellungschance verbaut wird. Das Zustimmungsverweigerungsrecht wird teilweise nur bei einem hartnäckigen Verstoß gegen die Pflichten gegenüber der von der Vorschrift erfassten Gruppe bejaht.[5] Diese Einschränkung wird aber durch nichts im Gesetz oder in den Voraussetzungen für das Zustimmungsverweigerungsrecht gestützt. Die Vorschrift ist eindeutig: Den betroffenen Gruppen muss ein Teil der Pflichtplätze zukommen. Wo es dem Arbeitgeber i. S. von § 81 Abs. 4 Satz 3 zumutbar ist, die dazu eventuell erforderlichen Maßnahmen zu treffen, besteht die Verpflichtung. Ihre Verletzung kann vom Betriebs- oder Personalrat geltend gemacht werden.

4. Integrationsvereinbarungen

Integrationsvereinbarungen (§ 83) sind besonders dazu geeignet, **7** den Verwirklichungsgrad der Vorschrift durch betriebliches Recht zu erhöhen und sie zu konkretisieren. Mögliche Gegenstände einer Integrationsvereinbarung sind alle betrieblichen Regelungen, die der Verwirklichung des Gesamtgesetzes dienen, soweit die betrieblichen Partner überhaupt auf ihre Realisierung hinwirken können. Die Umsetzung von § 72 in betriebliches Recht gehört selbstverständlich dazu. Die Vorschrift behandelt das Einstellungsgeschehen einschließlich aller Vorkehrungen, durch die die Voraussetzungen von Einstellungen schwerbehinderter Personen gefördert werden können. Integrationsvereinbarungen können deswegen z. B. quantifizierte Vorgaben für Einstellungen besonders betroffener schwerbehinderter Menschen vorschreiben (z. B. für Blinde, psychisch Erkrankte, Ausbildungsplatzbewerber). Reine Zielvorgaben werden aber rasch vergessen oder als unrealistisch abgetan, sobald Schwierigkeiten auftreten. Deshalb sind auch für jede einzelne der angestrebten Neueinstellungen die Mittel für ihre Ermöglichung in der Integrationsvereinbarung so genau in der Vereinbarung zu benennen wie dies überhaupt vor der Prüfung konkreter Bewerbungen möglich ist. Dabei kann es sich handeln um Festlegungen über anzuschaffende technische Hilfen, um Fragen der

---

5 *Ritz*, in: Bihr/Fuchs/Krauskopf/Ritz, SGB IX, § 72 Rn. 2

Barrierefreiheit, um die Auswahl von Unterstützungspersonen aus dem Betrieb für geistig oder seelisch Erkrankte und um Rahmenbedingungen der Kollegenhilfe für schwerbehinderte Arbeitnehmer, die solche Hilfe benötigen, um Arbeitsaufgaben erfüllen zu können.

§ 73 Begriff des Arbeitsplatzes

(1) Arbeitsplätze im Sinne des Teils 2 sind alle Stellen, auf denen Arbeitnehmer und Arbeitnehmerinnen, Beamte und Beamtinnen, Richter und Richterinnen sowie Auszubildende und andere zu ihrer beruflichen Bildung Eingestellte beschäftigt werden.

(2) Als Arbeitsplätze gelten nicht die Stellen, auf denen beschäftigt werden

1. behinderte Menschen, die an Leistungen zur Teilhabe am Arbeitsleben nach § 33 Abs. 3 Nr. 3 in Betrieben oder Dienststellen teilnehmen,

2. Personen, deren Beschäftigung nicht in erster Linie ihrem Erwerb dient, sondern vorwiegend durch Beweggründe karitativer oder religiöser Art bestimmt ist, und Geistliche öffentlich-rechtlicher Religionsgemeinschaften,

3. Personen, deren Beschäftigung nicht in erster Linie ihrem Erwerb dient und die vorwiegend zu ihrer Heilung, Wiedereingewöhnung oder Erziehung erfolgt,

4. Personen, die an Arbeitsbeschaffungsmaßnahmen nach dem Dritten Buch teilnehmen,

5. Personen, die nach ständiger Übung in ihre Stellen gewählt werden,

6. (aufgehoben),

7. Personen, deren Arbeits-, Dienst- oder sonstiges Beschäftigungsverhältnis wegen Wehr- oder Zivildienst, Elternzeit, unbezahltem Urlaub, wegen Bezuges einer Rente auf Zeit oder bei Altersteilzeitarbeit in der Freistellungsphase (Verblockungsmodell) ruht, solange für sie eine Vertretung eingestellt ist.

(3) Als Arbeitsplätze gelten ferner nicht Stellen, die nach der Natur der Arbeit oder nach den zwischen den Parteien getroffenen Vereinbarungen nur auf die Dauer von höchstens acht Wochen besetzt sind, sowie Stellen, auf denen Beschäftigte weniger als 18 Stunden wöchentlich beschäftigt werden.

1. Zweck der Vorschrift

§ 73 übernimmt mit wenigen redaktionellen Änderungen die Vor- **1** gängervorschrift des § 7 SchwbG; entfallen ist in Abs. 1 die Unterteilung der Arbeitnehmer in Arbeiter und Angestellte.

Die Vorschrift erläutert den **Begriff des Arbeitsplatzes** i. S. des Ge- **2** setzes. Hiermit wird zugleich im Grundsatz definiert, welche Stellen bei der Berechnung der Mindestzahl von 20 Arbeitsplätzen i. S. von § 71 und der Pflichtzahl von Arbeitsplätzen i. S. von § 74 gelten. Ferner ist die Vorschrift für die Anrechnung Beschäftigter auf die Zahl der Pflichtarbeitsplätze für schwerbehinderte Menschen nach § 75, für die Mehrfachanrechnung nach § 76 und im Falle der Nichterfüllung der Beschäftigungspflicht für die Festsetzung und Höhe der Ausgleichsabgabe nach § 77 bedeutsam.

2. Arbeitsplätze (Abs. 1)

Arbeitsplätze sind alle Stellen, auf denen Arbeitnehmer, Beamte, **3** Richter, Auszubildende und andere zu ihrer beruflichen Bildung Eingestellte beschäftigt werden. Die Zahl der Arbeitsplätze bestimmt sich nach der Zahl der Beschäftigten. In Schichtbetrieben werden die Arbeitsplätze der einzelnen Schichten zusammengezählt. Ähnliches gilt für Teilzeit. Wird ein Arbeitsbereich durch zwei Teilzeitbeschäftigte mit jeweils 18 Stunden oder mehr ausgefüllt, sind dies zwei Arbeitsplätze i. S. dieser Vorschrift. Der Arbeitsplatzbegriff umfasst grundsätzlich auch Stellen, die mit Arbeitnehmern in Kurzarbeit be-

setzt sind,[1] weil die Kurzarbeit gerade die konkreten Arbeitsplätze
erhalten soll. Dies gilt auch bei Kurzarbeit »Null«. Und auch für
Transferkurzarbeiter in Beschäftigungs- und Qualifizierungsgesellschaften.[2] Da die Zahl der Arbeitsplätze während des Jahres nicht
gleich bleibend ist, kommt es darauf an, wie viele Arbeitnehmer und
Beamte i. d. R. am Stichtag beschäftigt waren. Auch vorübergehend
nicht besetzte Arbeitsplätze (z. B. wegen Krankheit, Erholungsurlaub, Mutterschutz, Elternzeit, Abordnung in einen anderen Betrieb
oder Wahrnehmung staatsbürgerlicher Pflichten) sind als Arbeitsplatz anzusehen. Grund ist, dass es auf die Beschäftigungspflicht ankommt und nicht darauf, ob der Arbeitnehmer durchgängig seine
Arbeitsleistung erbringen kann.

Sog. »Ein-Euro-Jobs« bei SGB II Empfängern nach § 16 Abs. 3 Satz 2
SGB II sind kein Arbeitsplatz i. S. d. Vorschrift. Bei diesen Arbeiten werden keine Arbeitsverhältnisse im Sinne des Arbeitsrechts begründet.[3] Hiervon zu unterscheiden sind die Arbeitsgelegenheiten
nach § 16 Abs. 3 Satz 1 SGB II in der Entgeltvariante, die sozialversicherungspflichtige Arbeitsverhältnisse begründen, so dass diese
Arbeitsplätze darstellen.

4   Nach einer Entscheidung des *OVG Lüneburg*[4] hat der **Geschäftsführer einer GmbH** unabhängig von der inhaltlichen Ausgestaltung seiner Funktion keinen Arbeitsplatz i. S. dieser Vorschrift. Eine andere
Auslegung verbiete auch § 75 Abs. 3 SGB IX (ehemals § 9 Abs. 3
SchwbG), wonach ein schwerbehinderter Arbeitgeber auf einen Arbeitsplatz angerechnet werde. Aus der Entstehungsgeschichte des
Änderungsgesetzes 1986 zum SchwbG geht hervor, dass die Wiedereinführung dieser Anrechnung nur für **natürliche Personen** gilt,
nicht aber für Arbeitgeber, die juristische Personen (einschließlich
deren Organwalter) oder Personengesamtheiten sind.[5]

Für die Frage, welchem Arbeitgeber der Arbeitsplatz eines Leihar-
beitnehmers zuzurechnen ist gilt allein das Arbeitsverhältnis. Für
Leiharbeitnehmer gilt seit 1. 1. 2004 eine völlige Neuregelung durch
das Gesetz für moderne Dienstleistungen am Arbeitsmarkt vom

---

1 *OVG Brandenburg* v. 27. 5. 1998 – 4 A 133/S 7
2 *BVerwG* v. 16. 5. 2013 – 5 C 20/12
3 *BSG* v. 27. 8. 2011 – B 4 AS 1/10 R
4 *OVG Lüneburg* v. 22. 2. 1989 – 4 L 14/89; anders *LSG* v. 18. 12. 2009 – L 8 AL
  5279/08
5 Vgl. *BVerwG* v. 24. 2. 1994 – 5 C 44/92, AP Nr. 1 zu § 7 SchwbG 1986; *OVG
  Münster* v. 16. 5. 1989 – 13 A 95/87, DB 1990, 944

23. 12. 2002. Die frühere Befristung mit der Höchstüberlassungs-dauer ist damit entfallen. Seither ist der Arbeitsplatz grundsätzlich dem Verleiher zuzuordnen, zu dem der Arbeitsvertrag besteht. Nur im Fall der Unwirksamkeit des Arbeitsvertrages mit dem Verleiher entsteht nach § 10 AÜG ausnahmsweise ein Arbeitsverhältnis mit dem Entleiher und diesem wird dann auch der Arbeitsplatz zuge-rechnet. Auch im Ausland beschäftigte Leiharbeitnehmer zählen bei der Ermittlung der Arbeitsplätze mit.[6]

Bei Arbeitnehmern, die eine Altersteilzeitvereinbarung im Teilzeit-modell abgeschlossen haben, die mindestens 18 Stunden wöchent-liche Arbeitszeit umfasst, wird dieser Platz als Arbeitsplatz i. S. d. Vorschrift berücksichtigt. Wurde Altersteilzeit im Blockmodell rea-lisiert, d. h. Arbeitsphase mit voller wöchentlicher Arbeitszeit – Frei-stellungsphase ohne Arbeitszeit, ist die Stelle während der Arbeits-phase als Arbeitsplatz zu zählen, wenn die wöchentliche Arbeitszeit 18 Stunden und mehr beträgt. Ob die Stelle in der Freistellungs-phase als Arbeitsplatz zählt hängt u. a. von der wöchentlichen Ar-beitszeit während der Arbeitsphase ab. Beträgt die wöchentliche Ar-beitszeit in der Arbeitsphase 18 Stunden und mehr, zählt auch das ruhende Arbeitsverhältnis in der Freistellungsphase als Arbeitsplatz. Wird allerdings für die Stelle eine Vertretung eingestellt, dann zählt nur noch die Stelle der Vertretung als Arbeitsplatz. Beträgt die wö-chentliche Arbeitszeit in der Arbeitsphase weniger als 18 Stunden, zählt das ruhende Arbeitsverhältnis auch in der Freistellungsphase nicht als Arbeitsplatz.

3. Arbeitnehmer und Arbeitnehmerinnen

Der Begriff des Arbeitnehmers bestimmt sich nach dem Arbeits-recht. **Arbeitnehmer** sind Personen, die sich privatrechtlich zu Ar-beitsleistungen im Dienste eines Anderen verpflichtet haben, so dass sie dadurch in ein persönliches Abhängigkeitsverhältnis zu diesem treten.[7] Der Ort der Beschäftigung ist nicht ausschlaggebend. Uner-heblich ist daher, ob der Arbeitnehmer im Betrieb, im Außendienst oder in Form von Telearbeit beschäftigt wird.

Zu den Arbeitnehmern zählen auch leitende Angestellte, nicht je-doch freie Mitarbeiter und Vorstandsvorsitzende juristischer Per-sonen.

5

---

6 Vgl. *LSG Nordrhein-Westfalen* v. 10. 3. 2011 – L 16 AL 21/09
7 *BAG* v. 14. 2. 1974 – 5 AZR 298/73 AP BGB § 611 Abhängigkeit Nr. 12

4. Beamte und Beamtinnen

6   Bei **Beamten und Richtern** kommt es nicht auf die Art des Dienst-
    verhältnisses (auf Lebenszeit, auf Probe, Widerruf usw.) an, es han-
    delt sich um Arbeitsplätze im Sinne des § 73.[8] Beamte, die ihre Auf-
    gaben ehrenamtlich wahrnehmen (Ehrenbeamte, ehrenamtliche
    Richter), werden nicht berücksichtigt. Minister sind keine Beamten,
    sondern politische Amtsträger. Soldaten werden nicht erfasst, denn
    bei dem »Arbeitsplatz« eines **Soldaten** handelt es sich nicht um
    einen Arbeitsplatz im Sinne von § 73 SGB IX.[9]

5. Auszubildende

7   **Auch Ausbildungsplätze** sind Arbeitsplätze i. S. des Absatz 1 und
    der dazu erlassenen Rechtsverordnung. Nur für die Zählung der
    Stellen bei der Berechnung der Mindestzahl von Arbeitsplätzen (§ 71
    Abs. 1) und der Mindestzahl der zu beschäftigenden schwerbehin-
    derten Menschen und Gleichgestellten (Pflichtplatzzahl) gilt eine
    Ausnahme.
    Im Rahmen des SchwbGÄndG 1986 strebte die Wirtschaft eine
    Änderung der geltenden Regelung an, weil sie die 1974 eingeführte
    Regelung der Mitzählung der Ausbildungsplätze als **ausbildungs-
    hemmend und als zusätzliche Belastung** für ausbildungswillige Be-
    triebe empfand. Die Nichtzählung der Ausbildungsplätze führte
    zum Abbau von 70 000 Pflichtplätzen im Jahre 1986 (so die Berech-
    nung der SPD-Bundestagsfraktion und des DGB). Die Nichtzäh-
    lung der Ausbildungsplätze wurde dann bis zum 31. 12. 1989 befris-
    tet, anschließend bis zum 31. 12. 1995 verlängert. Durch das Gesetz
    zur Bekämpfung der Schwarzarbeit vom 26. 7. 1994 wurde durch
    Art. 6 Nr. 2 die Ausnahmeregelung erneut bis zum 31. 12. 2000
    verlängert. Durch das Gesetz zur Bekämpfung der Arbeitslosigkeit
    Schwerbehinderter ist die Befristung endgültig gestrichen. Die Auf-
    hebung der Befristung bewirkt nach Auffassung der Bundesregie-
    rung, dass bei der Festsetzung der Zahl der zu beschäftigenden
    Schwerbehinderten weiterhin ca. eine Million Ausbildungsplätze
    nicht gezählt werden. Mit dieser Regelung soll die Ausbildungsbe-
    reitschaft der Arbeitgeber gegenüber schwerbehinderten Menschen

---

8 *Großmann*, in GK-SGB IX, § 73 Rn. 60; *Hess. LSG* v. 20. 9. 2013 – L 7 AL 7/13;
  BSG v. 1. 3. 2011 – B 7 AL 6/10 R
9 *Bayer. LSG* v. 6. 8. 2014 – L 10 AL 45/13

und Nichtbehinderten gefördert werden. Diese Ausnahmeregelung gilt ausschließlich für Ausbildungsplätze i. S. des Berufsbildungsgesetzes (vgl. § 1 Abs. 1 BBiG). Auszubildende, Umschüler und berufliche Rehabilitanden sind nach der vom DGB und den Gewerkschaften kritisierten Rechtsprechung des *BAG*[10] nur dann Auszubildende oder zu ihrer beruflichen Bildung Eingestellte, wenn sich ihre Berufsausbildung im Rahmen des arbeitstechnischen Zweckes eines Produktions- oder Dienstleistungsbetriebes vollzieht und sie deshalb in vergleichbarer Weise wie die sonstigen Arbeitnehmer in den Betrieb eingegliedert sind (betriebliche Berufsausbildung i. S. v. § 1 Abs. 5 BBiG).

6. Nicht als Arbeitsplätze zählende Stellen (Abs. 2)

Neben den Ausbildungsplätzen sind in Abs. 2 und 3 weitere Arbeitsplätze genannt, die **nicht als Arbeitsplätze** i. S. v. Abs. 1 zählen. Die Ausnahmen sind zahlenmäßig von erheblich großer Bedeutung. **8**

a) Teilnehmer an Leistungen zur Teilhabe am Arbeitsleben (Abs. 2 Nr. 1)

Zu Abs. 2 Nr. 1 gehören diejenigen Stellen von Behinderten, die an Leistungen zur Teilhabe am Arbeitsleben nach § 33 Abs. 3 Nr. 3 in Betrieben und Dienststellen teilnehmen. Diejenigen Stellen werden nicht als Arbeitsplätze gezählt. Hierzu gehören Leistungen zur beruflichen Anpassung und Weiterbildung ebenso wie solche, die einen zur Teilnahme erforderlichen schulischen Abschluss einschließen. **9**

b) Karitative oder religiöse Beschäftigung (Abs. 2 Nr. 2)

Ausgenommen von der Anrechnung als Arbeitsplätze sind nach Nr. 2 alle Stellen, auf denen Personen beschäftigt sind, deren Arbeit nicht **hauptsächlich dem Erwerb** dient, sondern von religiösen oder karitativen Motiven bestimmt ist. Diese Regelung entspricht § 5 Abs. 2 BetrVG. Es gelten demnach nur solche Stellen nicht als Arbeitsplätze im Sinne des § 73 Abs. 2 Nr. 2 SGB IX, auf denen Personen beschäftigt werden, die keine Arbeitnehmer im Sinne des § 5 **10**

---

10 *BAG* v. 21. 5. 1997 – 5 AZR 30/96, NZA 1997, 1013

Abs. 2 Nr. 3 BetrVG sind. Zu den anerkannten Ausnahmen des Abs. 2 Nr. 2 gehören: Diakonissen, Missionare, Ordensbrüder und -schwestern, Rote-Kreuz-Schwestern. Diese Personen stehen in keinem Arbeitsverhältnis, obwohl insbesondere von »Rote-Kreuz-Schwestern« abhängige Arbeit geleistet wird; die Rechtsprechung qualifiziert dies aber so nicht, weil sie ihre Arbeitsleistungen aufgrund vereinsrechtlicher Mitgliedschaft erbringen würden.[11], Anders ist dies nun bei den »Ärzten ohne Grenzen e. V.« entschieden worden.[12] Diese Arbeitsplätze fallen nicht unter die Ausnahmeregelung des § 73 Abs. 2 Nr. 2 SGB IX, weil die Ärzte ihre Dienstleistung im Rahmen von (befristeten) Arbeitsverträgen erbringen würden und dafür auch als Gegenleistung eine Aufwandsentschädigung erhielten. Daher dürften auch »freie« Krankenschwestern, Pfleger, Helferinnen und wissenschaftliche Assistenten nicht unter die Ausnahme des Abs. 2 Nr. 2 fallen. Sie üben einen Erwerbsberuf aus und sind Arbeitnehmer.

c) Beschäftigung zur Heilung, Wiedereingewöhnung oder Erziehung (Abs. 2 Nr. 3)

11   Nach Nr. 3 werden die Arbeitsplätze von Personen, deren Beschäftigung **nicht in erster Linie dem Erwerb dient**, die aber vorwiegend zu ihrer Heilung, Wiedereingewöhnung oder Erziehung beschäftigt werden, nicht angerechnet. Hierbei handelt es sich um Personen, die wegen psychischer Erkrankungen, Sucherkrankungen (z. B. Drogen- oder Alkoholabhängige) oder geistiger Behinderung zur Genesung arbeitstherapeutisch beschäftigt werden. Dies kann u. a. in therapeutischen Heimen, Heil- und Pflegeanstalten oder Krankenhäusern geschehen. Das Aufsichtspersonal und das sonstige Personal der jeweiligen Einrichtung, wie z. B. Lehrer, Fürsorger, Therapeuten usw., haben einen Arbeitsplatz inne, der mitgezählt wird.

---

11 A. A. *BAG* v. 20. 2. 1986 – 6 ABR 5/85, AP Nr. 2 zu § 5 BetrVG 1972 Rotes Kreuz; *BAG* v. 27. 4. 1977 – 5 AZR 129/76, AP Nr. 1 zu § 611 BGB Entwicklungshelfer
12 *OVG Berlin-Brandenburg* v. 19. 11. 2014 – OVG 6 B 10.14

d) Beschäftigung im Rahmen von Maßnahmen nach dem SGB III (Abs. 2 Nr. 4)

Früher wurden nach §§ 260–271 SGB III (Fassung bis 31.3.2012) **12**
Arbeitsbeschaffungsmaßnahmen nicht angerechnet, da dadurch die
Unterbringung von Arbeitslosen nicht erschwert werden sollte. Seit
dem 1. April 2012 werden keine neuen Arbeitsbeschaffungsmaßnahmen mehr von der Bundesagentur für Arbeit gefördert, so dass
sich nach Wegfall des Sechsten Kapitels (§§ 260 bis 271) des SGB III
durch das Gesetz zur Verbesserung der Eingliederungschancen am
Arbeitsmarkt vom 20. Dezember 2011, BGBl. I, Seite 2854, 2908
diese Vorschrift zeitlich erledigt hat.

e) Beschäftigung von gewählten Personen (Abs. 2 Nr. 5)

Unter Nr. 5 der nicht berücksichtigten Personen fallen solche, die **13**
in ihre Stellen gewählt werden. Insbesondere kommen diese Stellen
bei Verbänden, politischen Parteien, Gewerkschaften usw. in Frage.
Die Wahlbeamten in den kommunalen Gebietskörperschaften, die
Richter an den obersten Gerichtshöfen des Bundes und der Länder.
Im Gegensatz hierzu fallen jedoch Mitglieder der Betriebs- und
Personalräte, der Betriebs- und Mitarbeitervertretungen und der
Schwerbehindertenvertretungen nicht unter die Ausnahme des
Abs. 2 Nr. 5 und werden daher als Arbeitsplätze mitgezählt.[13]

f) Ruhen des Beschäftigungsverhältnisses (Abs. 2 Nr. 7)

Nach dem Vorbild der Regelung im Gesetz zum Elterngeld und zur **14**
Elternzeit (§ 21 Abs. 7) und über diese Regelung hinaus sollen künftig auch Beschäftigungsverhältnisse, die wegen unbezahlten Urlaubs
oder wegen Bezugs einer Rente auf Zeit ruhen, nicht mehr als Arbeitsplätze i. S. des SGB IX angesehen werden, wenn und solange für
sie ein Beschäftigter vertretungsweise eingestellt ist. Damit soll
eine Doppelzählung zu Lasten der Arbeitgeber vermieden werden.[14]
Nach dem Gesetz zur Förderung der Ausbildung und Beschäftigung
schwerbehinderter Menschen vom 23.04.2004 ist der Ausnahmetat-

---

13 FKS-SGB IX-*Kohlrausch*, § 73 Rn. 37; a. A. *Neumann/Pahlen/Majerski-Pahlen*,
§ 73 Rn. 55
14 BT-Drs. 14/3799, S. 35

bestand auf die Altersteilzeitarbeit in der Freistellungsphase (Verblockungsmodell) erweitert worden.

7. Kurzzeitige Beschäftigung (Abs. 3)

15   Abs. 3 Alternative 1 nimmt bei der Frage des Arbeitsplatzes **Stellen vorübergehend und kurzzeitig Beschäftigter** aus. Vorübergehend sind Personen beschäftigt, die nach der Natur der Arbeit (Saison- oder Aushilfskräfte) oder nach den zwischen den Vertragsparteien getroffenen Vereinbarungen (befristetes Probearbeitsverhältnis, d. h. sachlicher Grund für die Befristung muss die Erprobung sein) auf die Dauer **von höchstens acht Wochen beschäftigt**werden. Bei kurzzeitig Beschäftigten werden nach Abs. 3 Alternative 2 auch diese aus dem Begriff des Arbeitsplatzes herausgenommen. Kurzzeitig beschäftigt sind **Teilzeitbeschäftigte**, deren Beschäftigung auf **weniger als 18 Stunden wöchentlich** beschränkt ist oder im Voraus durch einen **Arbeitsvertrag** entsprechend beschränkt ist. Unter die Regelung fallen auch Menschen, die in Altersteilzeit sind und sich unterhalb des Schwellenwertes von 18 Stunden bewegen. Dies ist jedoch bedenklich, da Ansprüche aus § 81 Abs. 4 Nr. 4 und 5 entfallen.

§ 74 Berechnung der Mindestzahl von Arbeitsplätzen und der Pflichtarbeitsplatzzahl

(1) Bei der Berechnung der Mindestzahl von Arbeitsplätzen und der Zahl der Arbeitsplätze, auf denen schwerbehinderte Menschen zu beschäftigen sind (§ 71), zählen Stellen, auf denen Auszubildende beschäftigt werden, nicht mit. Das Gleiche gilt für Stellen, auf denen Rechts- oder Studienreferendare und -referendarinnen beschäftigt werden, die einen Rechtsanspruch auf Einstellung haben.

(2) Bei der Berechnung sich ergebende Bruchteile von 0,5 und mehr sind aufzurunden, bei Arbeitgebern mit jahresdurchschnittlich weniger als 60 Arbeitsplätzen abzurunden.

1. Zweck der Vorschrift

§ 74 ist eine Berechnungsvorschrift und regelt die Berechnung der **1** Mindestzahl von Arbeitsplätzen und die Pflichtarbeitsplatzzahl. Sie bestimmt, dass Ausbildungsstellen und Referendarstellen nicht mitzählen. Ziel der Regelung, der eine sozialpolitische Entscheidung zugrunde lag, ist einen Anreiz zu schaffen, dass Auszubildende und schwerbehinderte Jugendliche in den Betrieb aufgenommen werden. § 74 beinhaltet ferner eine Rundungsregelung.

2. Berechnung der Pflichtzahl

Die Berechnung der Pflichtplätze ergibt sich aus der Formel an- **2** rechnungsfähiger Arbeitsplätze nach § 73 multipliziert mit der Pflichtzahl nach § 71 dividiert durch 100. Die anrechnungspflichtigen Arbeitsplätze ergeben sich aus der Gesamtzahl der Arbeitsplätze eines Arbeitgebers abzüglich der nach § 73 Abs. 2 nicht als Arbeitsplätze zu zählenden Stellen. Weiter sind nicht mitzuzählen die in § 73 Abs. 3 genannten Stellen. Demnach sind ausgenommen befristete Arbeitsplätze von einer Dauer von unter 8 Wochen und Teilzeitarbeitsplätze mit weniger als 18 Stunden wöchentlicher Arbeitszeit. Ab rechnerisch 0,50 ist aufzurunden, bei weniger als 60 Arbeitsplätzen ist jedoch als Ausnahme hiervon auch über 0,50 stets abzurunden.

> **Beispiele**
>
> Bei 56 Arbeitsplätzen: $\dfrac{56 \times 5}{100} = 2{,}80$ = abgerundet 2 Pflichtplätze
>
> Bei 69 Arbeitsplätzen: $\dfrac{69 \times 5}{100} = 3{,}45$ = abgerundet 3 Pflichtplätze
>
> Bei 70 Arbeitsplätzen: $\dfrac{70 \times 5}{100} = 3{,}50$ = aufgerundet 4 Pflichtplätze

Auf die Pflichtplätze sind monatlich die schwerbehinderten Men- **3** schen, den Schwerbehinderten Gleichgestellte, die Inhaber von Bergmannsversorgungsscheinen, Heimarbeiter und denen Gleichgestellte anzurechnen. Die Mehrfachanrechnung nach § 76 ist möglich. Die Beschäftigungspflicht ist nach § 71 SGB IX jahresdurchschnittlich festgesetzt, so dass sich die Beschäftigung aus den monatlichen Beschäftigungszahlen und dem hieraus errechneten Jahresdurchschnitt ergibt.

3. Nichtanrechnung von Ausbildungsplätzen und Referendarstellen

4 Nach dieser Vorschrift werden **Ausbildungsplätze bei der Berechnung der Pflichtplätze,** auf denen schwerbehinderte Menschen zu beschäftigen sind, **nicht mitgezählt.** Es bleibt festzustellen, dass sich durch diese Regelung die Zahl der von den Arbeitgebern für schwerbehinderte Menschen bereit zu haltenden Pflichtarbeitsplätze um eine erhebliche Anzahl drastisch verringert hat.

5 Bis zum Inkrafttreten des Schwerbehindertengesetzes 1974 galten Ausbildungsplätze nicht als Arbeitsplätze und wurden infolgedessen bei der Berechnung der Pflichtplatzquote nicht mitgezählt. Erst die **Weiterentwicklung des Schwerbehindertenrechts** durch das Gesetz vom 1. 5. 1974 brachte eine entsprechende Änderung. Ziel der Anrechnung der Ausbildungsplätze war es, dafür zu sorgen, dass erfahrungsgemäß besonders benachteiligte Schwerbehinderte, nämlich die, die einen Ausbildungsplatz oder einen Platz zur sonstigen beruflichen Bildung suchten, bei der Einstellung stärker berücksichtigt wurden.

6 Mit dieser Regelung soll die Ausbildungsbereitschaft der Arbeitgeber gegenüber schwerbehinderten und nichtbehinderten Menschen gefördert werden.

7 Auch ausgenommen sind die Stellen, auf denen Rechts- oder Studienreferendare beschäftigt werden, die einen Rechtsanspruch auf Einstellung haben. Von der Regelung nicht erfasst werden Praktikanten, Volontäre, Anlernlinge oder Umschüler. Damit ist klar gestellt, dass nur Auszubildende nach dem Berufsbildungsgesetz (BBiG) unter die Regelung des § 74 fallen.

4. Rundungsregelung

8 Nach Abs. 2 sind Bruchteile von 0,50 und mehr, die sich bei der Berechnung der **Pflichtplätze** für Schwerbehinderte ergeben, aufzurunden. Bruchteile von weniger als 0,50 bleiben unberücksichtigt. Die Aufrundung ab 0,50 gilt jedoch nicht bei Arbeitgebern mit weniger als 60 Arbeitsplätzen. Bei diesen Kleinbetrieben wird auch ab 0,50 abgerundet. Der durch das Gesetz vom 29. 9. 2000 (BGBl. I S. 1394) angefügte Halbsatz steht im Zusammenhang mit der Neuregelung der bei Nichterfüllung der Beschäftigungspflicht zu zahlenden Ausgleichsabgabe. Sie stellt nach Auffassung der Bundesregierung neben anderen Regelungen sicher, dass es für kleinere

Betriebe u. a. durch Rundungsregelungen nicht zu einer stärkeren Beschäftigungsverpflichtung kommt. Arbeitgeber mit weniger als 60 Arbeitsplätzen profitieren von dieser Änderung. Die Änderung in Abs. 2 von »bis zu 59« auf »weniger als 60« dient der Klarstellung zu der durch das Gesetz zur Bekämpfung der Arbeitslosigkeit Schwerbehinderter vom 29. 9. 2000 eingeführten Kleinbetriebsregelung.

§ 75 Anrechnung Beschäftigter auf die Zahl der Pflichtarbeitsplätze für schwerbehinderte Menschen

(1) Ein schwerbehinderter Mensch, der auf einem Arbeitsplatz im Sinne des § 73 Abs. 1 oder Abs. 2 Nr. 1 oder 4 beschäftigt wird, wird auf einen Pflichtarbeitsplatz für schwerbehinderte Menschen angerechnet.

(2) Ein schwerbehinderter Mensch, der in Teilzeitbeschäftigung kürzer als betriebsüblich, aber nicht weniger als 18 Stunden wöchentlich beschäftigt wird, wird auf einen Pflichtarbeitsplatz für schwerbehinderte Menschen angerechnet. Bei Herabsetzung der wöchentlichen Arbeitszeit auf weniger als 18 Stunden infolge von Altersteilzeit gilt Satz 1 entsprechend. Wird ein schwerbehinderter Mensch weniger als 18 Stunden wöchentlich beschäftigt, lässt die Bundesagentur für Arbeit die Anrechnung auf einen dieser Pflichtarbeitsplätze zu, wenn die Teilzeitbeschäftigung wegen Art oder Schwere der Behinderung notwendig ist.

(2a) Ein schwerbehinderter Mensch, der im Rahmen einer Maßnahme zur Förderung des Übergangs aus der Werkstatt für behinderte Menschen auf den allgemeinen Arbeitsmarkt (§ 5 Abs. 4 Satz 1 der Werkstättenverordnung) beschäftigt wird, wird auch für diese Zeit auf die Zahl der Pflichtarbeitsplätze angerechnet.

(3) Ein schwerbehinderter Arbeitgeber wird auf einen Pflichtarbeitsplatz für schwerbehinderte Menschen angerechnet.

(4) Der Inhaber eines Bergmannsversorgungsscheins wird, auch wenn er kein schwerbehinderter oder gleichgestellter behinderter Mensch im Sinne des § 2 Abs. 2 oder 3 ist, auf einen Pflichtarbeitsplatz angerechnet.

1. Zweck der Vorschrift

1 Die Vorschrift beantwortet die Frage, welche Personen auf Pflicht-
arbeitsplätzen beschäftigt sein müssen, damit der Arbeitgeber seine
Beschäftigungspflicht nach § 71 erfüllt.

§ 75 übernimmt mit einigen redaktionellen Änderungen die Vorgängervorschrift des § 9 SchwbG.

2. Anrechnung auf Pflichtarbeitsplätze nach Abs. 1

2 Schwerbehinderte Menschen und ihnen Gleichgestellte können nur
angerechnet werden, wenn sie auf Arbeitsplätzen i. S. des § 73 SGB
IX beschäftigt werden. Die Anrechnung kann nur dann erfolgen,
wenn die Schwerbehinderung förmlich, d.h. durch Bescheid des
Versorgungsamtes oder der Bundesagentur für Arbeit, festgestellt
worden ist, vgl. §§ 68 Abs. 2, 69 Abs. 1. Ausnahmen sind nur dann
möglich, wenn die Behinderung mit einem GdB von mindestens 50
offensichtlich ist (z. B. bei Vorliegen beidseitiger **Oberschenkelam-
putation**).

3 Das Alter des schwerbehinderten Menschen spielt keine Rolle für die
Frage der Anrechnung, d. h. auch Personen über 65 bzw. 67 sind zu
berücksichtigen.

3. Teilzeitbeschäftigung nach Abs. 2

4 Nach **Abs. 2** kann ein **teilzeitbeschäftigter schwerbehinderter
Mensch**, der kürzer als betriebsüblich, aber nicht weniger als
18 Stunden wöchentlich, beschäftigt wird, auf einen Pflichtplatz
angerechnet werden. Die Änderung ermöglicht, dass schwerbehinderte Menschen, die in Altersteilzeit mit einer aufgrund des anzu-
wendenden Tarifvertrages auf weniger als 18 Stunden wöchentlich
herabgesetzten Arbeitszeit beschäftigt sind und deren Stellen deshalb nach § 73 Abs. 3 nicht mehr als Arbeitsplätze gelten, dennoch
weiterhin auf Pflichtarbeitsplätze des Arbeitgebers angerechnet
werden können. Wird ein schwerbehinderter Mensch weniger als

18 Stunden wöchentlich beschäftigt, hat die **BA** die Anrechnung auf einen Pflichtplatz zuzulassen, wenn die kürzere Arbeitszeit wegen Art und Schwere der Behinderung notwendig ist. Dies gilt beispielsweise für Menschen mit **Nierenleiden**, die regelmäßig an die Dialyse angeschlossen werden müssen. Die **Anreizfunktion** des § 75 entspricht auch dem Interesse der Arbeitgeber. Durch die volle Anrechnung des **teilzeitbeschäftigten** Schwerbehinderten erfüllt der Arbeitgeber seine Beschäftigungspflicht schneller, als wenn die Anrechnung nur im Verhältnis der Teilzeit- zur Vollzeitbeschäftigung statthaft wäre. Durch das 8. AFG-Änderungsgesetz ist die Stundenzahl von 19 auf 18 wöchentlich reduziert worden. Diese Änderung stellt eine Reaktion des Gesetzgebers auf die Tatsache dar, dass die tarifliche Wochenarbeitszeit in erheblichem Umfang auf weniger als 40 Stunden tarifvertraglich festgesetzt wurde.

4. Übergang aus der Werkstatt nach Abs. 2a

Mit der Einfügung des Abs. 2a durch das Gesetz zur Förderung   **5** der Ausbildung und Beschäftigung schwerbehinderter Menschen vom 23.4.2004 (BGBl. I S. 606) sollen Arbeitgeber gefördert werden, die schwerbehinderte Menschen dauerhaft in ein Arbeits- oder Beschäftigungsverhältnis übernehmen. Die Anrechnung auf die Zahl der Pflichtarbeitsplätze können Arbeitgeber in Anspruch nehmen, die schwerbehinderte Menschen im Rahmen einer Maßnahme zur Förderung des Übergangs aus der Werkstatt für behinderte Menschen auf den allgemeinen Arbeitsmarkt beschäftigen. Die Anrechnung erfolgt befristet für die Dauer der Förderungsmaßnahme.

5. Anrechnung des Arbeitgebers nach Abs. 3

Abs. 3 sieht vor, dass ein **schwerbehinderter Arbeitgeber** auf einen   **6** Pflichtplatz angerechnet wird. Die Vorschrift findet nur auf Arbeitgeber Anwendung, die natürliche Personen sind, also nicht auf Arbeitgeber die juristische Personen oder Personengesamtheiten, z. B. OHG oder KG, sind. Schwerbehinderten gleichgestellte Arbeitgeber zählen jedoch nicht mit, weil eine Gleichstellung des Arbeitgebers nach § 2 Abs. 3 i. V. m. § 68 Abs. 3 nicht vorgesehen ist. Die Regelung der Anrechnung des Arbeitgebers ist rechtspolitisch fragwürdig und dient nicht dem Ziel des Gesetzes, nämlich schwerbehinderte Arbeitnehmer besser in das Arbeitsleben zu integrieren. Die Regelung verstößt jedoch nach Ansicht des Bundessozialgerichts nicht gegen das Gleichheitsgebot.[1]

6. Anrechnung des Inhabers eines Bergmannversorgungsscheines nach Abs. 4

7   Nach der Vorschrift in **Abs. 4** werden **Inhaber von Bergmannversorgungsscheinen** nach den entsprechenden Landesgesetzen in Nordrhein-Westfalen, Niedersachsen und im Saarland auf die Pflichtzahl angerechnet. Bergmannsversorgungsscheine können Bergleute erhalten, wenn sie als Folge ihrer bergmännischen Arbeit berufsunfähig geworden sind. Inhaber des Bergmannversorgungsscheines werden unabhängig davon, ob sie als schwerbehinderte Menschen oder Gleichgestellte anerkannt sind, auf den Pflichtarbeitsplatz angerechnet. Über die Anrechenbarkeit hinaus stehen ihnen sonstige Rechte (Zusatzurlaub usw.) nicht zu, wenn sie nicht zugleich schwerbehinderte Menschen sind.

7. Verfahren

8   Ob eine Anrechnung stattzufinden hat, kann man rechtlich überprüfen lassen. Antragsberechtigt sind der Arbeitgeber, der betroffene schwerbehinderte Mensch, das Integrationsamt und die Schwerbehindertenvertretung. Der Antrag bedarf keiner bestimmten Form. Entschieden werden muss durch Bescheid. Liegen diese Voraussetzungen vor, hat die Bundesagentur für Arbeit die Anrechnung zuzulassen, ihr steht dann kein Ermessensspielraum zu. Gegen die in Form des Verwaltungsaktes ergangene Entscheidung ist der Widerspruch zulässig, hiergegen dann wiederum Klage vor dem Sozialgericht.

---

1 *BSG* v. 30. 9. 1992 – 11 Rar 79/91

§76 Mehrfachanrechnung

(1) Die Bundesagentur für Arbeit kann die Anrechnung eines schwerbehinderten Menschen, besonders eines schwerbehinderten Menschen im Sinne des §72 Abs. 1 auf mehr als einen Pflichtarbeitsplatz, höchstens drei Pflichtarbeitsplätze für schwerbehinderte Menschen zulassen, wenn dessen Teilhabe am Arbeitsleben auf besondere Schwierigkeiten stößt. Satz 1 gilt auch für schwerbehinderte Menschen im Anschluss an eine Beschäftigung in einer Werkstatt für behinderte Menschen und für teilzeitbeschäftigte schwerbehinderte Menschen im Sinne des §75 Abs. 2.

(2) Ein schwerbehinderter Mensch, der beruflich ausgebildet wird, wird auf zwei Pflichtarbeitsplätze für schwerbehinderte Menschen angerechnet. Satz 1 gilt auch während der Zeit einer Ausbildung im Sinne des §35 Abs. 2, die in einem Betrieb oder einer Dienststelle durchgeführt wird. Die Bundesagentur für Arbeit kann die Anrechnung auf drei Pflichtarbeitsplätze für schwerbehinderte Menschen zulassen, wenn die Vermittlung in eine berufliche Ausbildungsstelle wegen Art oder Schwere der Behinderung auf besondere Schwierigkeiten stößt. Bei Übernahme in ein Arbeits- oder Beschäftigungsverhältnis durch den ausbildenden oder einen anderen Arbeitgeber im Anschluss an eine abgeschlossene Ausbildung wird der schwerbehinderte Mensch im ersten Jahr der Beschäftigung auf zwei Pflichtarbeitsplätze angerechnet; Absatz 1 bleibt unberührt.

(3) Bescheide über die Anrechnung eines schwerbehinderten Menschen auf mehr als drei Pflichtarbeitsplätze für schwerbehinderte Menschen, die vor dem 1. August 1986 erlassen worden sind, gelten fort.

1. Zweck der Vorschrift

Die Vorschrift regelt Näheres zur Anrechnung eines schwerbehinderten Menschen auf mehr als einen Pflichtarbeitsplatz. **1**

§76 übernimmt mit einigen redaktionellen Änderungen die Vorschrift des §10 SchwbG. **2**

2. Mehrfachanrechnung nach Abs. 1

3 Durch Abs. 1 wird die Möglichkeit eingeräumt, dass eine Mehrfachanrechnung auf Pflichtarbeitsplätze für schwerbehinderte Menschen stattfinden kann. Hiernach kann die BA die Anrechnung eines schwerbehinderten Menschen auf mehr als einen Arbeitsplatz zulassen. Die höchstzulässige **Mehrfachanrechnung** ist auf **maximal drei Arbeitsplätze** möglich, wobei der Regelfall in der Praxis die Zweifachanrechnung ist.

4 **Voraussetzung** für die **Mehrfachanrechnung** ist, dass die Teilhabe am Arbeits- und Berufsleben auf besondere Schwierigkeiten stößt. Die Gründe für die besonderen Schwierigkeiten i. S. des Abs. 1 Satz 1 bei der Beschaffung oder Erhaltung eines Arbeitsplatzes können folgende sein:

- Art und Schwere der Behinderung, soweit sie auf den konkreten Arbeitsplatz bezogen eine wesentliche Leistungsminderung zur Folge hat;
- hohes Lebensalter;
- die besondere Ausstattung des Arbeitsplatzes mit technischen Arbeitshilfen;
- Notwendigkeit der Einstellung einer Arbeitsassistenz (z. B. für einen Blinden);
- Notwendigkeit der Gestellung eines Kraftfahrzeugs oder des Transports für den täglichen Arbeitsweg.

3. Mehrfachanrechnung bei der Berufsausbildung nach Abs. 2

5 Abs. 2 bestimmt, dass ein schwerbehinderter Mensch, der zur **Ausbildung oder sonstigen beruflichen Bildung** beschäftigt wird, mehrfach angerechnet wird. Gegenüber dem Schwerbehindertenrecht bis 1986 sind danach schwerbehinderte Auszubildende in jedem Fall auf zwei Pflichtarbeitsplätze anzurechnen. Durch diese Erweiterung der Anrechnungsmöglichkeiten sollten nach Auffassung der Bundesregierung die Chancen schwerbehinderter Auszubildender auf dem Ausbildungsmarkt verbessert werden. Dies gilt immer, auch wenn die Ausbildungsplätze bei der Berechnung der Pflichtquote nicht mitzählen. **Die BA** kann nach Satz 3 die Anrechnung sogar auf **drei Arbeitsplätze** zulassen, wenn die Vermittlung in eine berufliche Ausbildungsstelle wegen Art und Schwere der Behinderung auf besondere Schwierigkeiten stößt. Dies gilt z. B. für Querschnittsgelähmte.

Durch das Gesetz zur Förderung der Ausbildung und Beschäftigung **6**
schwerbehinderter Menschen vom 23. 4. 2004 (BGBl. I S. 606) ist
die Mehrfachanrechnung auch auf schwerbehinderte Menschen ergänzt, die im Anschluss an eine Beschäftigung in einer anerkannten
Werkstatt für behinderte Menschen auf dem allgemeinen Arbeitsmarkt beschäftigt werden. Der Wechsel des zuvor in Werkstätten
beschäftigten Menschen in ein Arbeitsverhältnis auf dem allgemeinen Arbeitsmarkt stößt bei den Arbeitgebern auf besondere
Schwierigkeiten. Von daher kann eine Mehrfachanrechnung geboten sein.

Eine weitere Neuregelung soll in Satz 4 die Bereitschaft der Arbeit- **7**
geber zur Übernahme schwerbehinderter Auszubildender in ein Beschäftigungsverhältnis erhöhen. Daher wird bei Übernahme eines
schwerbehinderten Auszubildenden in ein Beschäftigungsverhältnis die Mehrfachanrechnung per Gesetz fortgeführt. Im ersten Jahr
nach der Übernahme erfolgt eine Anrechnung auf zwei Pflichtarbeitsplätze. Diese Mehrfachanrechnung erfolgt auch dann, wenn der
schwerbehinderte Jugendliche nach Abschluss seiner Ausbildung
von einem anderen Betrieb übernommen wird. Die Möglichkeit einer weitergehenden Anrechnung nach Abs. 1 bleibt unberührt. Beendet ein Arbeitnehmer ein Hochschulstudium, wird dieses von
der Rechtsprechung nicht als Ausbildung im Sinne von § 76 anerkannt.[1]

Bei dieser Möglichkeit der Mehrfachanrechnung muss ein zeitlicher **8**
Zusammenhang zwischen dem Ende der Berufsausbildung und der
Beschäftigung bestehen. Der zeitliche Zusammenhang ist dann gegeben, wenn die Beschäftigung bis zum Ablauf des Kalendermonats
beginnt, der dem Kalendermonat der Beendigung der Ausbildung
folgt.

Die Möglichkeit zur Mehrfachanrechnung besteht auch für behin- **9**
derte Menschen, die in **Teilzeit** arbeiten, sofern sie die Voraussetzungen des § 75 Abs. 2 erfüllen.

4. Verfahren und Weitergeltung von Bescheiden

Über die Mehrfachanrechnung nach **Abs.1** entscheidet die BA durch **10**
formlosen Antrag mit Mehrfachanrechnungsbescheid. Die Mehrfachanrechnung kann befristet oder – was der Regelfall ist – un-

---

1 *LSG Berlin-Brandenburg* v. 22. 5. 2014 – L 8 AL 62/13

befristet sein. Wird die Anrechnung unbefristet zugelassen, ist ein Widerruf durch die BA nur unter den Voraussetzungen nach § 47 SGB X möglich. Der Anrechnungsbescheid wirkt ab dem Zeitpunkt der Bekanntgabe der Entscheidung der BA ausschließlich für die Zukunft. Nach dem Urteil des *VG Arnsberg*[2] kann keine **rückwirkende Mehrfachanrechnung** auf Pflichtarbeitsplätze erfolgen.[3] Wird die Mehrfachanrechnung von der BA abgelehnt, kann sowohl der Arbeitgeber als auch der betroffene schwerbehinderte Mensch Widerspruch einlegen. Der Widerspruchsausschuss der Bundesagentur für Arbeit kann diesem Widerspruch abhelfen oder einen Widerspruchsbescheid erlassen. Gegen den Widerspruchsbescheid kann Klage vor dem Sozialgericht erhoben werden.

Nach **Abs. 2** bedarf es keiner Entscheidung der BA, wenn der Arbeitgeber einen schwerbehinderten oder einen diesem gleichgestellten Menschen im Anschluss an eine abgeschlossene Ausbildung in ein Arbeits- oder Beschäftigungsverhältnis übernimmt. Die daraus folgende zwingende Anrechnung auf zwei Pflichtarbeitsplätze ist gesetzlich vorgegeben.

Abs. 3 normiert zudem, dass Bescheide über die **Anrechnung** eines schwerbehinderten Menschen **auf mehr als drei Pflichtarbeitsplätze**, die vor dem 1. 8. 1986 erlassen worden sind, fortgelten.

§ 77 Ausgleichsabgabe

(1) Solange Arbeitgeber die vorgeschriebene Zahl schwerbehinderter Menschen nicht beschäftigen, entrichten sie für jeden unbesetzten Pflichtarbeitsplatz für schwerbehinderte Menschen eine Ausgleichsabgabe. Die Zahlung der Ausgleichsabgabe hebt die Pflicht zur Beschäftigung schwerbehinderter Menschen nicht auf. Die Ausgleichsabgabe wird auf der Grundlage einer jahresdurchschnittlichen Beschäftigungsquote ermittelt.

(2) Die Ausgleichsabgabe beträgt je unbesetzten Pflichtarbeitsplatz

1. **105 Euro bei einer jahresdurchschnittlichen Beschäftigungsquote von 3 Prozent bis weniger als dem geltenden Pflichtsatz,**

2. **180 Euro bei einer jahresdurchschnittlichen Beschäftigungsquote von 2 Prozent bis weniger als 3 Prozent,**

---

2 *VG Arnsberg* v. 6. 12. 1989 – K 126/89
3 LPK-SGB IX-*Düwell* § 76 Rn. 215

3. 260 Euro bei einer jahresdurchschnittlichen Beschäftigungsquote von weniger als 2 Prozent.

Abweichend von Satz 1 beträgt die Ausgleichsabgabe je unbesetzten Pflichtarbeitsplatz für schwerbehinderte Menschen

1. für Arbeitgeber mit jahresdurchschnittlich weniger als 40 zu berücksichtigenden Arbeitsplätzen bei einer jahresdurchschnittlichen Beschäftigung von weniger als einem schwerbehinderten Menschen 105 Euro und

2. für Arbeitgeber mit jahresdurchschnittlich weniger als 60 zu berücksichtigenden Arbeitsplätzen bei einer jahresdurchschnittlichen Beschäftigung von weniger als zwei schwerbehinderten Menschen 105 Euro und bei einer jahresdurchschnittlichen Beschäftigung von weniger als einem schwerbehinderten Menschen 180 Euro.

(3) Die Ausgleichsabgabe erhöht sich entsprechend der Veränderung der Bezugsgröße nach § 18 Abs. 1 des Vierten Buches. Sie erhöht sich zum 1. Januar eines Kalenderjahres, wenn sich die Bezugsgröße seit der letzten Neubestimmung der Beträge der Ausgleichsabgabe um wenigstens 10 Prozent erhöht hat. Die Erhöhung der Ausgleichsabgabe erfolgt, indem der Faktor für die Veränderung der Bezugsgröße mit dem jeweiligen Betrag der Ausgleichsabgabe vervielfältigt wird. Die sich ergebenden Beträge sind auf den nächsten durch fünf teilbaren Betrag abzurunden. Das Bundesministerium für Arbeit und Soziales gibt den Erhöhungsbetrag und die sich nach Satz 3 ergebenden Beträge der Ausgleichsabgabe im Bundesanzeiger bekannt.

(4) Die Ausgleichsabgabe zahlt der Arbeitgeber jährlich zugleich mit der Erstattung der Anzeige nach § 80 Abs. 2 an das für seinen Sitz zuständige Integrationsamt. Ist ein Arbeitgeber mehr als drei Monate im Rückstand, erlässt das Integrationsamt einen Feststellungsbescheid über die rückständigen Beträge und zieht diese ein. Für rückständige Beträge der Ausgleichsabgabe erhebt das Integrationsamt nach dem 31. März Säumniszuschläge nach Maßgabe des § 24 Abs. 1 des Vierten Buches; für ihre Verwendung gilt Absatz 5 entsprechend. Das Integrationsamt kann in begründeten Ausnahmefällen von der Erhebung von Säumniszuschlägen absehen. Widerspruch und Anfechtungsklage gegen den Feststellungsbescheid haben keine aufschiebende Wirkung. Gegenüber privaten Arbeitgebern wird die Zwangsvollstreckung nach den Vorschriften über das Verwaltungszwangsverfahren durchgeführt. Bei öffentlichen Arbeitgebern wendet sich das Integrati-

onsamt an die Aufsichtsbehörde, gegen deren Entscheidung es die Entscheidung der obersten Bundes- oder Landesbehörde anrufen kann. Die Ausgleichsabgabe wird nach Ablauf des Kalenderjahres, das auf den Eingang der Anzeige bei der Bundesagentur für Arbeit folgt, weder nachgefordert noch erstattet.

(5) Die Ausgleichsabgabe darf nur für besondere Leistungen zur Förderung der Teilhabe schwerbehinderter Menschen am Arbeitsleben einschließlich begleitender Hilfe im Arbeitsleben (§ 102 Abs. 1 Nr. 3) verwendet werden, soweit Mittel für denselben Zweck nicht von anderer Seite zu leisten sind oder geleistet werden. Aus dem Aufkommen an Ausgleichsabgabe dürfen persönliche und sächliche Kosten der Verwaltung und Kosten des Verfahrens nicht bestritten werden. Das Integrationsamt gibt dem Beratenden Ausschuss für behinderte Menschen bei dem Integrationsamt (§ 103) auf dessen Verlangen eine Übersicht über die Verwendung der Ausgleichsabgabe.

(6) Die Integrationsämter leiten den in der Rechtsverordnung nach § 79 bestimmten Prozentsatz des Aufkommens an Ausgleichsabgabe an den Ausgleichsfonds (§ 78) weiter. Zwischen den Integrationsämtern wird ein Ausgleich herbeigeführt. Der auf das einzelne Integrationsamt entfallende Anteil am Aufkommen an Ausgleichsabgabe bemisst sich nach dem Mittelwert aus dem Verhältnis der Wohnbevölkerung im Zuständigkeitsbereich des Integrationsamtes zur Wohnbevölkerung im Geltungsbereich dieses Gesetzbuches und dem Verhältnis der Zahl der im Zuständigkeitsbereich des Integrationsamtes in den Betrieben und Dienststellen beschäftigungspflichtiger Arbeitgeber auf Arbeitsplätzen im Sinne des § 73 beschäftigten und der bei den Agenturen für Arbeit arbeitslos gemeldeten schwerbehinderten und diesen gleichgestellten behinderten Menschen zur entsprechenden Zahl der schwerbehinderten und diesen gleichgestellten behinderten Menschen im Geltungsbereich dieses Gesetzbuchs.

(7) Die bei den Integrationsämtern verbleibenden Mittel der Ausgleichsabgabe werden von diesen gesondert verwaltet. Die Rechnungslegung und die formelle Einrichtung der Rechnungen und Belege regeln sich nach den Bestimmungen, die für diese Stellen allgemein maßgebend sind.

(8) Für die Verpflichtung zur Entrichtung einer Ausgleichsabgabe (Absatz 1) gelten hinsichtlich der in § 71 Abs. 3 Nr. 1 genannten Stellen der Bund und hinsichtlich der in § 71 Abs. 3 Nr. 2 genannten Stellen das Land als ein Arbeitgeber.

1. Zweck der Vorschrift

Die Vorschrift regelt die Ausgleichsabgabe, die ein Arbeitgeber zu **1**
entrichten hat, wenn er seiner Beschäftigungspflicht nicht nachkommt. Ferner regelt die Vorschrift Einzelheiten über die Festlegen der Erhebung, der Verwendung und der Verwaltung der Ausgleichsabgabe.

§ 77 übernahm mit einigen redaktionellen Änderungen die Vor- **2**
schrift des § 11 SchwbG. Durch die Ausgleichsabgabe soll Einfluss
auf den Arbeitgeber genommen werden, damit die Bereitschaft,
schwerbehinderte Menschen zu beschäftigen, steigt.

2. Grundsätze der Ausgleichsabgabe nach Abs. 1

Private und öffentliche Arbeitgeber[1] haben für jeden unbesetz- **3**
ten Pflichtarbeitsplatz eine monatliche **Ausgleichsabgabe** zu zahlen,
wenn sie ihrer Pflicht zur Beschäftigung schwerbehinderter Menschen nicht nachkommen. Die Pflicht zur Zahlung der Ausgleichsabgabe ist öffentlich-rechtlicher Natur und entsteht kraft Gesetzes.
Es kommt nicht darauf an, aus welchen Gründen der Arbeitgeber
seine Beschäftigungspflicht nicht erfüllt.

Die Ausgleichsabgabe ist verfassungskonform. Sie soll nach dem **4**
Urteil des BVerfG[2] zwei Funktionen erfüllen: Zum einen sollen beschäftigungspflichtige Arbeitgeber angehalten werden, Schwerbehinderte mindestens im gesetzlich vorgeschriebenen Umfang einzustellen und zu beschäftigen (**Antriebsfunktion**). Zum anderen
sollen die Belastungen zwischen den Arbeitgebern, die diese Ver-

---

1 Auch Beschäftigungs- und Qualifizierungsgesellschaften gelten als Arbeitgeber, siehe BVerwG v. 16. 5. 2013 – 5 C 20/12
2 BVerfG v. 26. 5. 1981 – 1 BvL 56/78, 1 BvL 57/78, 1 BvL 58/78, AP Nr. 1 zu § 4
SchwbG

pflichtung erfüllen, und denen, die dieser Verpflichtung nicht nachkommen, ausgeglichen werden. Insofern liegt der Ausgleichsabgabe auch eine **Ausgleichsfunktion** zugrunde.

5 **Die Ausgleichsabgabe** ist keine Steuer, sondern eine **Sonderabgabe** der Arbeitgeber, die mit der Nichterfüllung der Beschäftigungspflicht entsteht. Das Aufkommen der Ausgleichsabgabe wird zweckgebunden verwaltet. Eine Umlage auf die Arbeitnehmer ist nicht zulässig.

Nach Abs. 1 Satz 2 hebt die Bezahlung der Ausgleichsabgabe die Pflicht des Arbeitgebers schwerbehinderte Menschen zu beschäftigen nicht auf. Die Ausgleichsabgabe ist nur eine gesetzlich geregelte Folge. Der Arbeitgeber kann deshalb nicht zwischen der Ausgleichsabgabe und der tatsächlichen Beschäftigung wählen. Ihn trifft immer eine Verpflichtung. Bei Verstößen hiergegen kann daher nach § 156 auch ein Bußgeld gegen den Arbeitgeber verhängt werden.

3. Höhe und Staffelung der Ausgleichsabgabe nach Abs. 2

6 In Abs. 2 ist die Höhe der Ausgleichsabgabe geregelt. Der monatlich für einen unbesetzten **Pflichtplatz** zu leistende Betrag betrug von 1953 bis 1974 50 DM und von 1974 bis 1986 100 DM. Mit dem Ersten Gesetz zur Änderung des Schwerbehindertengesetzes vom 24. 7. 1986 ist er auf 150 DM angehoben worden. Mit Wirkung vom 3. 10. 1990 wurde die Ausgleichsabgabe, die in der DDR nach dem Schwerbehindertengesetz von 21. 6. 1990 250 DM betrug, im Wege der Anpassung auf bundeseinheitlich 200 DM festgesetzt. Ein Gesetzesantrag der Länder Bremen und Schleswig-Holstein vom 8. 6. 1995, die Ausgleichsabgabe auf 400 DM zu erhöhen, ist erfolglos geblieben. Obwohl es eine verbesserte Förderung zur Eingliederung arbeitsloser Schwerbehinderter gibt, stagniert die Arbeitslosigkeit Schwerbehinderter auf hohem Niveau.

Pflichtarbeitsplätze Ist-Quote[3]

Jahr	2004	2005	2006	2007	2008	2009	2010	2011	2012
Privater Arbeit- geber	3,7	3,7	3,7	3,7	3,7	3,9	4,0	4,0	4,2
Öffentl. Arbeit- geber	5,6	5,7	5,9	6,0	6,1	6,3	6,4	6,5	6,5
Gesamt	**4,1**	**4,2**	**4,3**	**4,2**	**4,3**	**4,5**	**4,5**	**4,6**	**4,6**

Arbeitslosigkeit schwerbehinderter Menschen[4]

Jahr	2009	2010	2011	2012	2013	2014[5]
Zahl	167 379	175 254	173 700	177 397	177 926	177 821

Der bisher für alle Arbeitgeber unabhängig von den Bemühungen 7
um Erfüllung ihrer Beschäftigungspflicht einheitlich gleiche Aus-
gleichsabgabebetrag ist der mit der Ausgleichsabgabe verbundenen
Antriebsfunktion nicht ausreichend gerecht geworden. Die Höhe
der Ausgleichsabgabe ist daher in Abs. 2 für Arbeitgeber mit mehr
als 60 Arbeitsplätzen gestaffelt festgesetzt worden, und zwar nach
der jahresdurchschnittlichen Beschäftigungsquote. Die Bundesregierung geht bei dieser Regelung davon aus, dass für Arbeitgeber, die
ihrer Beschäftigungspflicht in größerem Umfang nicht nachkommen, durch die Staffelung entsprechend dem Grad der Pflichtverletzung ein Anreiz zur verstärkten Beschäftigung schwerbehinderter
Menschen geschaffen wird. Die Ausgleichsabgabe beträgt demnach:

Beschäftigungsquote im Jahresdurchschnitt	Höhe des Ausgleichsabgabe
3 % bis < 5 %	105 Euro
2 % bis < 3 %	180 Euro
0 % bis < 2 %	260 Euro

---

3 Vgl. Statistik der Bundesagentur für Arbeit unter *www.arbeitsagentur.de*
4 Jeweils im Dezember des Jahres
5 Zahl gesamt, mit Bundesagentur und allen Jobcentern

8 Maßgeblich für die **Berechnung** der Zahl der zu besetzenden **Pflichtarbeitsplätze** ist die Zahl der Arbeitsplätze, errechnet nach den §§ 73, 74. Aus der Zahl der Arbeitsplätze und der jahresdurchschnittlichen Beschäftigungsquote ergibt sich die Zahl der zu besetzenden Pflichtarbeitsplätze. Von der Gesamthöhe der Ausgleichsabgabe können Arbeitgeber Aufträge an anerkannte Werkstätten für behinderte Menschen in Abzug bringen. 50 % des auf die Arbeitsleistung der Werkstatt entfallenden Rechnungsbetrages können auf die jeweils zu zahlende Ausgleichsabgabe angerechnet werden.

9 Für kleinere Betriebe ist hiervon in Abs. 1 Satz 2 eine Ausnahme vom Gesetzgeber vorgesehen. Die Staffelung der Ausgleichsabgabe kann kleinere Betriebe stark treffen, weil die höheren Ausgleichsabgabebeträge auch dann zu zahlen sind, wenn nur eine Verpflichtung zur Beschäftigung von einem oder zwei schwerbehinderten Menschen besteht und diese nicht erfüllt ist. Deshalb sollen Betriebe mit jahresdurchschnittlich weniger als 60 zu berücksichtigenden Arbeitsplätzen, die ihrer Beschäftigungspflicht jahresdurchschnittlich nicht oder nur teilweise nachkommen, eine Ausgleichsabgabe in Höhe von 105 Euro zahlen.

Arbeitsplätze im Jahresdurchschnitt	Beschäftigte Schwerbehinderte im Jahresdurchschnitt	Höhe der Ausgleichsabgabe
Mind. 20, aber < 40	< 1	105 Euro
Mind. 40, aber < 60	< 2	105 Euro
Mind. 40, aber < 60	< 1	180 Euro

10 Die Neuregelung der Ausgleichsabgabe reicht bei weitem nicht aus, um die vom Gesetzgeber 1974 gewollte und vom Bundesverfassungsgericht bestätigte Antriebs- und Ausgleichsfunktion zu erfüllen.

4. Dynamisierung der Ausgleichsabgabe nach Abs. 3

11 Die Ausgleichsabgabe, d. h. also die in Abs. 2 genannten Beträge sind dynamisiert. Damit wurde eine alte Forderung des DGB aufgenommen. Die Erhöhung der Ausgleichsabgabe ist entsprechend der Lohnentwicklung. Maßgeblich ist die Entwicklung der Bezugsgröße für die Sozialversicherung nach § 18 Abs. 1 SGB IV. So führt nur eine Änderung von 10 % zu einer Steigerung der Ausgleichsabgabe ab 1. 1. des Folgejahres. Die Erhöhung des Betrages gibt das Bundesministerium für Arbeit und Soziales im Bundesanzeiger bekannt. Zuletzt gab es am 16.12.2011 im Bundesanzeiger Ausgabe Nr. 196 vom 29. Dezember 2011, Seite 4624 eine solche Bekanntmachung über die Erhöhung der Ausgleichsabgabe (§ 77 Absatz 3 SGB IX). Die **Ausgleichsabgabe** ist für das **Jahr 2012** damit **erhöht worden und seither nicht weiter gestiegen.** Die erhöhten Sätze waren erstmals zum 31. März 2013 zu zahlen und betragen:

Beschäftigungsquote im Jahresdurchschnitt	Höhe des Ausgleichsabgabe
3% bis < 5%	115 Euro
2% bis < 3%	200 Euro
0% bis < 2%	290 Euro

5. Entrichtung der Ausgleichsabgabe nach Abs. 4

Die Höhe der Ausgleichsabgabe haben die Arbeitgeber im Rahmen einer **Selbstveranlagung zu errechnen.** Der errechnete Betrag ist **jährlich** zugleich mit der **Erstattung der Anzeigen** an das zuständige **Integrationsamt** abzuführen. Es ist Aufgabe des Integrationsamtes, die Erfüllung der Zahlungspflicht der Arbeitgeber zu überwachen und zu überprüfen, ob die Beträge der Ausgleichsabgabe richtig berechnet worden sind. **12**

Das **Integrationsamt** hat dann einen **Feststellungsbescheid** zu erlassen, wenn der Arbeitgeber mit der Zahlung der Ausgleichsabgabe in Rückstand geraten ist. Dieser ist Grundlage für die Vollstreckung **bei privaten Arbeitgebern**, die sich im Einzelnen nach landesrechtlichen Bestimmungen des zuständigen Integrationsamtes richtet. Gegen den Feststellungsbescheid kann der Arbeitgeber Widerspruch einlegen. **Bei den öffentlichen Arbeitgebern** hat sich das Integrationsamt an die zuständige Aufsichtsbehörde zu wenden. Das Integrationsamt kann gegen die Entscheidung der zuständigen Aufsichtsbehörde die oberste Bundes- oder Landesbehörde zur Klärung anrufen. Die Entscheidung der obersten Bundes- oder Landesbehörde ist **endgültig.** **13**

Die Vorschrift in Abs. 4 sieht vor, dass das Integrationsamt **für rückständige Beträge** der Ausgleichsabgabe **nach dem 31. März Säumniszuschläge** nach Maßgabe des § 24 SGB IV erheben kann. Durch diese Bestimmung soll eine fristgerechte Zahlung der Ausgleichsabgabe sichergestellt werden. **14**

6. Verwendung der Ausgleichsabgabe nach Abs. 5

15 Die Ausgleichsabgabe darf nur für schwerbehinderte und diesen gleichgestellten behinderten Menschen, die im Arbeitsleben stehen oder in das Arbeitsleben eingegliedert werden, Verwendung finden. Ferner kann sie für Zwecke der individuellen und institutionellen Arbeits- und Berufsförderung sowie für Leistungen zur begleitenden Hilfe im Arbeits- und Berufsleben benützt werden. Sie darf nur subsidiär und ergänzend, soweit für diese Zwecke im Einzelfall Mittel von anderer Seite nicht zu gewähren sind (RehaAnglG) verwendet werden. Eine institutionelle Förderung kann aus Mitteln der Ausgleichsabgabe sowohl bei ihrer Errichtung, Erweiterung, Ausstattung und Modernisierung gefördert werden. Dabei sind die Förderungsvoraussetzungen und die Förderungsgrundsätze einzuhalten. **Berufsbildungswerke**, die mit großem Erfolg die Erstausbildung behinderter Jugendlicher vornehmen, und die **Berufsförderungswerke**, die die Ausbildung und Umschulung erwachsener Behinderter durchführen, gehören hierzu.

16 Die Leistungen an **Arbeitgeber** sind ausdrücklich in § 26 SchwbAV benannt. Danach können Arbeitgeber Darlehen oder Zuschüsse für die behinderungsgerechte Einrichtung und Unterhaltung der Arbeitsstätten, die Errichtung von Teilzeitarbeitsplätzen für schwerbehinderte Menschen und die Ausstattung von Arbeits- oder Ausbildungsplätzen mit notwendigen technischen Arbeitshilfen erhalten.

17 Aus der **Ausgleichsabgabe** können nach den Bestimmungen in §§ 19–25 SchwbAV Leistungen an schwerbehinderte Menschen gewährt werden. Hierzu gehören u. a.:
- technische Arbeitshilfen,
- Hilfen zum Erreichen des Arbeitsplatzes,
- Hilfen zur Gründung und Erhaltung einer selbstständigen beruflichen Existenz,
- Hilfen zur Beschaffung und Ausstattung und Erhaltung einer behindertengerechten Wohnung,
- Hilfen zur Erhaltung der Arbeitskraft,
- Hilfen zur Teilnahme an Maßnahmen zur Erhaltung und Erweiterung beruflicher Kenntnisse und Fertigkeiten.
- Hilfen in besonderen Lebenslagen

18 Das Aufkommen der Ausgleichsabgabe insgesamt hat sich von 1985 (nur Bundesrepublik ohne ehemalige DDR) von 237,2 auf 950 Millionen DM im Jahre 1994 erhöht. Es ist jedoch die letzten Jahre rückläufig und betrug im Jahr 2004 525,78 Mio. Euro, 2005 489,71 Mio. Euro, 2006 466,33 Mio. Euro, 2007 478,89 Mio. Euro und 2008 519,15 Mio. Euro. 2012 lag das Aufkommen der Ausgleichsabgabe bei 486 Millionen Euro.[6] Der Grund liegt zum einen in dem Anstieg der schwerbehinderten Arbeitnehmer und der damit einhergehenden höheren Besetzung der Pflichtarbeitsplätze als auch dem Rückgang der Arbeitgeber. Eine interessante Aufstellung der Projekte und Zahlen findet sich im Bericht der Bundesregierung über die Wirkungen der Instrumente zur Sicherung von Beschäftigung und zur betrieblichen Prävention vom 2.7.2007 (BT-Drs. 16/6044).

7. Verwaltung der Ausgleichsabgabe nach Abs. 6

Die Integrationsämter leiten nach Abs. 6 den in der Rechtsverord-   **19** nung nach § 79 bestimmten Prozentsatz des Aufkommens an der Ausgleichsabgabe an den Ausgleichsfonds (§ 78) weiter. **Zwischen den einzelnen Integrationsämtern wird nach Abs. 6 Satz 2** durch Berechnung des arithmetischen Mittels zwischen Wohnbevölkerung und Schwerbehinderten **ein Ausgleich** herbeigeführt. Gemessen an der Zahl der zu betreuenden schwerbehinderten Menschen soll jedem Integrationsamt ein annähernd gleiches Aufkommen aus der Ausgleichsabgabe zur Verfügung gestellt werden, damit Integrationsämter in bevölkerungsarmen Gebieten nicht benachteiligt werden.

8. Verwaltung der verbleibenden Mittel nach Abs. 7

Die Mittel der Ausgleichsabgabe sind bei den Integrationsämtern   **20** und die Mittel des Ausgleichsfonds beim Bundesministerium für Arbeit und Soziales als gesondertes Vermögen zu verwalten. Die Rechnungslegung und die Haushaltsführung richten sich nach den Bestimmungen, die für die verwaltenden Stellen maßgebend sind, also für die Ausgleichsabgabe nach Landesrecht, für den Ausgleichsfonds nach Bundesrecht. Eine haushaltsrechtliche Vermengung mit anderen Mittel ist unzulässig.

Das Integrationsamt hat dem Beratenden Ausschuss nach § 103 auf   **21** dessen Verlangen eine Übersicht über die Verwendung der Ausgleichsabgabe zu geben.

---

6 Jahresbericht BIH 2012/2013

9. Bund und Länder als Arbeitgeber nach Abs. 8

22 Nach Abs. 8 hat sich die Höhe der zu zahlenden Ausgleichsabgabe für den Bund und die Länder unbeschadet der Aufgliederung in § 71 Abs. 3 Nr. 1 und 2 nach den unbesetzten Pflichtplätzen aller Dienststellen des Bundes und der Länder zu bemessen. Demnach gilt bei der Berechnung der Ausgleichsabgabe der Arbeitgeber »Bund« als ein gesamter Arbeitgeber. Dies geschieht auch bei dem Arbeitgeber »Land«. Diese Regelung lässt damit eine gegenseitige Verrechnungsmöglichkeit und damit einen internen Ausgleich innerhalb aller Landes- und Bundesbehörden zu.

§ 78 Ausgleichsfonds

Zur besonderen Förderung der Einstellung und Beschäftigung schwerbehinderter Menschen auf Arbeitsplätzen und zur Förderung von Einrichtungen und Maßnahmen, die den Interessen mehrerer Länder auf dem Gebiet der Förderung der Teilhabe schwerbehinderter Menschen am Arbeitsleben dienen, ist beim Bundesministerium für Arbeit und Soziales als zweckgebundene Vermögensmasse ein Ausgleichsfonds für überregionale Vorhaben zur Teilhabe schwerbehinderter Menschen am Arbeitsleben gebildet. Das Bundesministerium für Arbeit und Soziales verwaltet den Ausgleichsfonds.

1. Zweck der Vorschrift

1 Die Vorschrift regelt die Bildung eines Ausgleichsfonds, die Verwendung und Verwaltung seiner Mittel für »überregionale Vorhaben zur Teilhabe schwerbehinderter Menschen am Arbeitsleben«. Nähere Bestimmungen den Ausgleichsfond betreffend enthalten die §§ 35 ff. SchwbAV.

2. Mittel des Ausgleichsfonds

Der früher beim Bundesausschuss der Kriegsbeschädigten- und **2** Kriegshinterbliebenenfürsorge angesiedelte Ausgleichsfond ist nun als nicht rechtsfähiges Sondervermögen beim Bundesministerium für Arbeit und Soziales (BMAS) eingerichtet und wird von diesem auch verwaltet. Die Mittel des Ausgleichsfonds stammen aus der von den Arbeitgebern zu entrichtenden Ausgleichsabgabe an die Integrationsämter. Nach § 64 SGB IX wirkt der beim BMAS gebildete Beirat bei der Vergabe der Mittel mit. Als Sondervermögen hat der Ausgleichsfonds eine eigene Wirtschafts- und Rechnungsführung und ist getrennt vom übrigen Haushalt. Die Einzelheiten regelt §§ 35–40 SchwbAV (siehe § 79).

3. Aufgaben des Ausgleichsfonds

Die Mittel des Ausgleichsfonds sollen zur besonderen Förderung **3** und Beschäftigung schwerbehinderter Menschen auf Arbeitsplätzen und zur Förderung sonstiger Aufgaben eingesetzt werden, die die Interessen mehrerer Länder auf dem Gebiete der Arbeits- und Berufsförderung schwerbehinderter Menschen dienen. Die Verwendungszwecke der Mittel des Ausgleichsfonds sind in § 41 SchwbAV geregelt. Zu den überregionalen Aufgaben des Ausgleichsfonds gehören Modelleinrichtungen zur Weiterentwicklung der Rehabilitation und die Werkstätten für behinderte Menschen. Überregionale Ausbildungs- und Fortbildungseinrichtungen können ebenfalls gefördert werden, um so die Arbeitslosigkeit schwerbehinderter Menschen zu reduzieren. Für Rechtsstreitigkeiten zwischen den Behörden untereinander oder mit dem Beirat (z. B. über die Ausführung des Wirtschaftsplans) sind die Verwaltungsgerichte zuständig.

§ 79 Verordnungsermächtigungen

Die Bundesregierung wird ermächtigt, durch Rechtsverordnung mit Zustimmung des Bundesrates

1. die Pflichtquote nach § 71 Abs. 1 nach dem jeweiligen Bedarf an Arbeitsplätzen für schwerbehinderte Menschen zu ändern, jedoch auf höchstens 10 Prozent zu erhöhen oder bis auf 4 Prozent herabzusetzen; dabei kann die Pflichtquote für öffentliche Arbeitgeber höher festgesetzt werden als für private Arbeitgeber,

2. nähere Vorschriften über die Verwendung der Ausgleichsabgabe nach § 77 Abs. 5 und die Gestaltung des Ausgleichsfonds nach § 78, die Verwendung der Mittel durch ihn für die Förderung der Teilhabe schwerbehinderter Menschen am Arbeitsleben und das Vergabe- und Verwaltungsverfahren des Ausgleichsfonds zu erlassen,

3. in der Rechtsverordnung nach Nummer 2

   a) den Anteil des an den Ausgleichsfonds weiterzuleitenden Aufkommens an Ausgleichsabgabe entsprechend den erforderlichen Aufwendungen zur Erfüllung der Aufgaben des Ausgleichfonds und der Integrationsämter,

   b) den Ausgleich zwischen den Integrationsämtern auf Vorschlag der Länder oder einer Mehrheit der Länder abweichend von § 77 Abs. 6 Satz 3 sowie

   c) die Zuständigkeit für die Förderung von Einrichtungen nach § 30 der Schwerbehinderten-Ausgleichsabgabeverordnung abweichend von § 41 Abs. 2 Nr. 1 dieser Verordnung und von Integrationsbetrieben und -abteilungen abweichend von § 41 Abs. 1 Nr. 3 dieser Verordnung

   zu regeln,

4. die Ausgleichsabgabe bei Arbeitgebern, die über weniger als 30 Arbeitsplätze verfügen, für einen bestimmten Zeitraum allgemein oder für einzelne Bundesländer herabzusetzen oder zu erlassen, wenn die Zahl der unbesetzten Pflichtarbeitsplätze für schwerbehinderte Menschen die Zahl der zu beschäftigenden schwerbehinderten Menschen so erheblich übersteigt, dass die Pflichtarbeitsplätze für schwerbehinderte Menschen dieser Arbeitgeber nicht in Anspruch genommen zu werden brauchen.

1. Zweck der Vorschrift

1 Die Vorschrift ermächtigt die Bundesregierung mit Zustimmung des Bundesrats Rechtsverordnungen zur Pflichtquote und der Ausgleichsabgabe zu erlassen.

Die im 2. Abschnitt des SchwbG (Beschäftigungspflicht der Arbeit- 2
geber) in den Vorschriften §§ 5 Abs. 2, 11 Abs. 3 und 6 sowie 1, § 2
Abs. 2 SchwbG vorgesehene Verordnungsermächtigung für die Bundesregierung wurde zusammengefasst und in § 79 geregelt.

2. Änderung der Pflichtquote durch Rechtsverordnung

Nach § 79 Nr. 1 SGB IX kann der Höchstsatz auf **10 Prozent erhöht** 3
oder auf **4 Prozent herabgesetzt** werden. Es kann dabei der Pflichtsatz nur einheitlich herauf- oder herabgesetzt werden. Einen Unterschied kann es nur geben, wenn ein öffentlicher Arbeitgeber betroffen ist und auch nur in der Weise, dass der öffentliche Arbeitgeber
eine gleich hohe oder höhere Quote einhalten muss, jedoch nicht
eine niedrigere als in der Privatwirtschaft.

Eine **Änderung der Quote** kann nur durch Rechtsverordnung erfol- 4
gen. Die bisher in § 5 Abs. 2 SchwbG nun in § 79 Nr. 1 SGB IX vorgesehene Ermächtigung der Bundesregierung, mit Zustimmung des
Bundesrates die Beschäftigungspflichtquote außerhalb des Gesetzes
durch Rechtsverordnung zu regeln, ist von dieser bisher nicht genutzt worden.

3. Verwendung der Ausgleichsabgabe

Die Bundesregierung kann auch Rechtsverordnungen für die Gestal- 5
tung des Ausgleichsfonds, die Verwendung der Mittel und das Ver-
gabe- und Verwaltungsverfahren erlassen, vgl. § 79 Nr. 2 und Nr. 3
SGB IX. In der Rechtsverordnung kann abweichend von § 77 Abs. 6
Satz 1 und 3 der Anteil am Ausgleichsfonds aus der Ausgleichsabgabe
und der Ausgleich zwischen den Integrationsämtern geregelt werden.
Von der Ermächtigung wurde durch die **Schwerbehinderten-
Ausgleichsabgabeverordnung (SchwbAV)** vom 28. 3. 1988 (BGBl. I
S. 484, zuletzt geändert am 22. 12. 2008) in größerem Umfang Gebrauch gemacht. Die SchwbAV enthält Bestimmungen über die Ver-
wendung der Ausgleichsabgabe und die Gestaltung und Verwendung
des Ausgleichsfonds (vgl. §§ 36, 41 Abs. 1 Nr. 1, 46 SchwbAV).

4. Herabsetzung und Erlass der Ausgleichsabgabe

Die Bundesregierung kann auch durch Rechtsverordnung mit Zu- 6
stimmung des Bundesrates nach § 79 Nr. 4 SGB IX für Arbeitgeber mit weniger als 30 Arbeitsplätzen die Ausgleichsabgabe für einen

bestimmten Zeitraum allgemein oder für einzelne Bundesländer herabsetzen. Dies kommt nur dann in Frage, wenn die Zahl der unbesetzten Pflichtplätze die Zahl der unterzubringenden schwerbehinderten Menschen so erheblich übersteigt, dass die Pflichtplätze dieser Arbeitgeber nicht in Anspruch genommen werden müssen. Die Bundesregierung hat dabei die Wahl zwischen befristeter Herabsetzung oder Erlass der Ausgleichsabgabe, kann jedoch nur eine einheitliche Regelung nach bestimmten Kriterien vornehmen. Von der Ermächtigung nach Nr. 4 ist bisher nicht Gebrauch gemacht worden.

5. Inhaltsübersicht
Schwerbehinderten-Ausgleichsabgabeverordnung

7   Vom 28. März 1988 (BGBl. I S. 484), zuletzt geändert durch Artikel 7 des Gesetzes zur Einführung Unterstützter Beschäftigung vom 22. Dezember 2008 (BGBl. I S. 2959)

Kapitel 3
Sonstige Pflichten der Arbeitgeber; Rechte der schwerbehinderten Menschen

§ 80　Zusammenwirken der Arbeitgeber mit der Bundesagentur für Arbeit und den Integrationsämtern

(1) Die Arbeitgeber haben, gesondert für jeden Betrieb und jede Dienststelle, ein Verzeichnis der bei ihnen beschäftigten schwerbehinderten, ihnen gleichgestellten behinderten Menschen und sonstigen anrechnungsfähigen Personen laufend zu führen und dieses den Vertretern oder Vertreterinnen der Bundesagentur für Arbeit und des Integrationsamtes, die für den Sitz des Betriebes oder der Dienststelle zuständig sind, auf Verlangen vorzulegen.

(2) Die Arbeitgeber haben der für ihren Sitz zuständigen Agentur für Arbeit einmal jährlich bis spätestens zum 31. März für das vorangegangene Kalenderjahr, aufgegliedert nach Monaten, die Daten anzuzeigen, die zur Berechnung des Umfangs der Beschäftigungspflicht, zur Überwachung ihrer Erfüllung und der Ausgleichsabgabe notwendig sind. Der Anzeige sind das nach Absatz 1 geführte Verzeichnis sowie eine Kopie der Anzeige und des Verzeichnisses zur Weiterleitung an das für ihren Sitz zuständige Integrationsamt beizufügen. Dem Betriebs-, Personal-, Richter-, Staatsanwalts- und Präsidialrat, der Schwerbehindertenvertre-

tung und dem Beauftragten des Arbeitgebers ist je eine Kopie der Anzeige und des Verzeichnisses zu übermitteln.

(3) Zeigt ein Arbeitgeber die Daten bis zum 30. Juni nicht, nicht richtig oder nicht vollständig an, erlässt die Bundesagentur für Arbeit nach Prüfung in tatsächlicher sowie in rechtlicher Hinsicht einen Feststellungsbescheid über die zur Berechnung der Zahl der Pflichtarbeitsplätze für schwerbehinderte Menschen und der besetzten Arbeitsplätze notwendigen Daten.

(4) Die Arbeitgeber, die Arbeitsplätze für schwerbehinderte Menschen nicht zur Verfügung zu stellen haben, haben die Anzeige nur nach Aufforderung durch die Bundesagentur für Arbeit im Rahmen einer repräsentativen Teilerhebung zu erstatten, die mit dem Ziel der Erfassung der in Absatz 1 genannten Personengruppen, aufgegliedert nach Bundesländern, alle fünf Jahre durchgeführt wird.

(5) Die Arbeitgeber haben der Bundesagentur für Arbeit und dem Integrationsamt auf Verlangen die Auskünfte zu erteilen, die zur Durchführung der besonderen Regelungen zur Teilhabe schwerbehinderter und ihnen gleichgestellter behinderter Menschen am Arbeitsleben notwendig sind.

(6) Für das Verzeichnis und die Anzeige des Arbeitgebers sind die mit der Bundesarbeitsgemeinschaft der Integrationsämter und Hauptfürsorgestellen, abgestimmten Vordrucke der Bundesagentur für Arbeit zu verwenden. Die Bundesagentur für Arbeit soll zur Durchführung des Anzeigeverfahrens in Abstimmung mit der Bundesarbeitsgemeinschaft ein elektronisches Übermittlungsverfahren zulassen.

(7) Die Arbeitgeber haben den Beauftragten der Bundesagentur für Arbeit und des Integrationsamtes auf Verlangen Einblick in ihren Betrieb oder ihre Dienststelle zu geben, soweit es im Interesse der schwerbehinderten Menschen erforderlich ist und Betriebs- oder Dienstgeheimnisse nicht gefährdet werden.

(8) Die Arbeitgeber haben die Vertrauenspersonen der schwerbehinderten Menschen (§ 94 Abs. 1 Satz 1 bis 3 und § 97 Abs. 1 bis 5) unverzüglich nach der Wahl und ihren Beauftragten für die Angelegenheiten der schwerbehinderten Menschen (§ 98 Satz 1) unverzüglich nach der Bestellung der für den Sitz des Betriebes oder der Dienststelle zuständigen Agentur für Arbeit und dem Integrationsamt zu benennen.

(9) (weggefallen)

1. Zweck der Vorschrift

1 Die Vorschrift enthält die wesentlichen Pflichten des Arbeitgebers im Rahmen des Schwerbehindertenrechtes gegenüber den Integrationsämtern und der BA.

2 § 80 übernahm mit redaktionellen Änderungen beinahe inhaltsgleich die Vorschrift des § 13 SchwbG. Es sollte durch die Änderung des Anzeigeverfahrens eine Vereinfachung für die Arbeitgeber erreicht werden.

2. Anzeigepflicht

3 Die Vorschrift regelt die Pflichten des Arbeitgebers gegenüber Stellen, die mit der Durchführung des Gesetzes beauftragt sind. Solche sind die **BA und die Integrationsämter.** Von Bedeutung ist, dass jeder beschäftigungspflichtige Arbeitgeber angehalten wird, fortlaufend ein Verzeichnis der beschäftigten schwerbehinderten und gleichgestellten Personen zu führen.

4 Nach Abs. 1 wird der Arbeitgeber zur **Führung eines Namensverzeichnisses** der in dem Betrieb oder in der Dienststelle beschäftigten schwerbehinderten, ihnen gleichgestellten behinderten Menschen und sonstigen anrechnungsfähigen Personen verpflichtet. Der Arbeitgeber hat das Verzeichnis für jeden Betrieb und jede Dienststelle einzeln zu führen. Zu den Begriffen Betrieb und Dienststelle vgl. die Erl. zu § 94.

5 Grundsätzlich müssen alle Arbeitgeber mit mind. einem schwerbehinderten Arbeitnehmer, gleichgestellten oder anrechnungsfähigen Person (vgl. § 75), d.h. auch Arbeitgeber unter 20 Arbeitsplätzen, ein solches Verzeichnis führen.[1] Private und öffentliche Arbeitgeber haben das Verzeichnis für jeden Betrieb und für jede Dienststelle gesondert zu führen. In dem Verzeichnis sind alle beschäftig-

---

1 So auch HK-SGB IX-*Trenk-Hinterberger* zu § 80 Rn. 4

ten schwerbehinderten und die ihnen gleichgestellten behinderten Menschen aufzuführen, außerdem sonstige anrechnungsfähige Personen, wie z. B. die Inhaber von Bergmannsversorgungsscheinen. Das Verzeichnis muss laufend geführt werden und von daher immer auf dem neuesten Stand gehalten werden.

Neben dem Führen des Verzeichnisses und der Vorlage trifft den be- **6** schäftigungspflichtigen Arbeitgeber (vgl. § 71), d. h. mit im Jahresdurchschnitt 20 Arbeitsplätzen, noch eine Anzeigepflicht nach Abs. 2 Satz 1. Der beschäftigungspflichtige Arbeitgeber muss die Verzeichnisse der einzelnen Betriebe und Dienststellen zusammen mit der Anzeige nach Abs. 2 einmal jährlich in zweifacher Ausfertigung der Agentur für Arbeit zusenden, in dessen Bezirk der Arbeitgeber seinen Wohn-, Unternehmens- oder Verwaltungssitz hat. Die Dienststellen der BA verschicken alljährlich zu Beginn eines Kalenderjahres **entsprechende Erhebungsvordrucke.** Diese können auch unter *www.arbeitsagentur.de* heruntergeladen werden. Außerdem ist auch die elektronische Übermittlung von Ausdrucken möglich, die mit Hilfe von REHADAT-Elan erstellt worden sind.

Die **Anzeigen** nach Abs. 2 sollen den Dienststellen der BA und den **7** Integrationsämtern die Kenntnisse über die betrieblichen Verhältnisse und die Beschäftigung schwerbehinderter Menschen in den Betrieben und Dienststellen vermitteln, die zur Durchführung des Gesetzes notwendig sind.

Die Anzeige ist **bis spätestens 31. März des Folgejahres für das vo-** **8** **rangegangene Kalenderjahr vorzunehmen.** Diese gesetzliche Frist ist nicht verlängerbar. Gegen säumige Arbeitgeber, die die vorgeschriebene Anzeige bis zum 30. Juni nicht, nicht richtig oder nicht vollständig erstattet haben, kann von der BA ein Feststellungsbescheid gem. Abs. 3 über die zur Berechnung der Zahl der Pflichtarbeitsplätze für schwerbehinderte Menschen erlassen werden.

Der **Feststellungsbescheid** der BA ersetzt oder korrigiert die Anga- **9** ben des Säumigen oder fehlerhaft meldenden Arbeitgebers.[2] Der Bescheid ist ein Verwaltungsakt i. S. des § 31 Abs. 1 Satz 1 SGB X, dessen Regelungsgehalt sich allerdings in der Beweisfunktion für die Entrichtung und Beitreibung der Ausgleichsabgabe erschöpft. Das Integrationsamt ist nicht an den Feststellungsbescheid der BA gebunden. Gegen den Feststellungsbescheid gibt es das Rechtsmittel des Widerspruchs und der Klage.

---

2 *BSG* v. 6. 5. 1994 – 7 RAr 68/93, BSGE 74, 176

10   Von den **Anzeigen und Verzeichnissen** sind nach Abs. 2 Satz 3 je
eine Ausfertigung dem **Betriebs-, Personal-, Richter-, Staatsan-
walts- und Präsidialrat, der Schwerbehindertenvertretung** und
dem **Beauftragten des Arbeitgebers** zur Verfügung zu stellen. Diese
Angaben stellen für die **Interessenvertretung eine wichtige Grundlage** dar, um die Aktivitäten für die Eingliederung von schwerbehinderten Menschen zu unterstützen und ihre Überwachungs- und Unterrichtungsrechte durchzusetzen.

3. Auskunftspflicht

11   Die **privaten und die öffentlichen Arbeitgeber** haben der BA und
dem Integrationsamt alle Auskünfte zu erteilen, die nicht nur zur
Beschäftigung, sondern zur Durchführung des ganzen Gesetzes notwendig sind. Diese Auskunftspflicht trifft auch diejenigen Arbeitgeber, die über weniger als 20 Arbeitsplätze verfügen und deshalb
zur Einstellung schwerbehinderter Menschen nicht verpflichtet sind
Das Auskunftsverlangen braucht sich nicht nur auf statistische Erhe-
bungen zu beschränken, es kann sich auch auf den Arbeitsplatz, auf
die Arbeitsbedingungen im Betrieb, sogar auf die Leistungen an die
schwerbehinderten Menschen erstrecken. Auf Verlangen muss der
Arbeitgeber auch erläutern, wie weit er in seinem Betrieb die für
eine dauernde Beschäftigung erforderlichen technischen Vorrich-
tungen getroffen hat. Die Auskunftspflicht kann auch durch einen
Verwaltungsakt durch die BA geltend gemacht werden und im Zweifel auch im Wege der Verwaltungsvollstreckung durchgesetzt werden.

4. Benennung der Schwerbehindertenvertretung

12   Nach Abs. 8 ist der Arbeitgeber verpflichtet, die **Namen der Schwerbehindertenvertretung** (auf allen Ebenen, einschl. Anschrift und
Stellung im Betrieb) sowie ihres Beauftragten für die Angelegenheiten der schwerbehinderten Menschen **der zuständigen Agentur für
Arbeit und dem Integrationsamt zu melden.** Die Schwerbehindertenvertretung und der Beauftragte des Arbeitgebers sind die **Verbindungsleute zur BA und zum Integrationsamt.** Sie haben mit diesen
Dienststellen bei der Durchführung des SGB IX zusammenzuarbeiten.

5. Handlungsmöglichkeiten der Schwerbehindertenvertretung

Die Anzeige und das Verzeichnis sind die elementaren Arbeits- **13**
grundlagen für die Arbeit der Schwerbehindertenvertretung und der
Betriebs- und Personalräte. Erst hierdurch können die unterschiedlichen Beteiligungsrechte wahrgenommen werden. Der Überwachungsauftrag auf Einhaltung der gesetzlichen Vorschriften ist ohne
das Verzeichnis nicht möglich. Kernaufgabe der Schwerbehindertenvertretung ist es, die Teilhabe schwerbehinderter Menschen im
Arbeitsleben zu fördern und den behinderten Beschäftigten beratend und helfend zur Seite zu stehen.[3] Im Zweifel sollten diese
Rechte immer im Rahmen eines arbeitsgerichtlichen Beschlussverfahrens durchgesetzt werden.

6. Ordnungswidrigkeiten

Bei **Verstößen des Arbeitgebers** gegen Abs. 1 (Verzeichnis), Abs. 2 **14**
Satz 1 oder Abs. 4 (Anzeige), Abs. 5 (Auskunft), Abs. 7 (Einblick in
den Betrieb) und Abs. 8 kann gem. § 156 SGB IX unter bestimmten
Voraussetzungen eine **Ordnungswidrigkeit** vorliegen, die mit einer
Geldbuße bis höchstens 10 000 Euro geahndet wird (s. auch Erl. zu
§ 156). Für das Bußgeldverfahren ist die BA zuständig und die Geldbuße selbst muss an das Integrationsamt abgeführt werden.

§ 81 Pflichten des Arbeitgebers und Rechte schwerbehinderter Menschen

(1) **Die Arbeitgeber sind verpflichtet zu prüfen, ob freie Arbeitsplätze mit schwerbehinderten Menschen, insbesondere mit bei
der Agentur für Arbeit arbeitslos oder arbeitssuchend gemeldeten
schwerbehinderten Menschen, besetzt werden können. Sie nehmen frühzeitig Verbindung mit der Agentur für Arbeit auf. Die
Bundesagentur für Arbeit oder ein Integrationsfachdienst schlägt
den Arbeitgebern geeignete schwerbehinderte Menschen vor.
Über die Vermittlungsvorschläge und vorliegende Bewerbungen von schwerbehinderten Menschen haben die Arbeitgeber die
Schwerbehindertenvertretung und die in § 93 genannten Vertretungen unmittelbar nach Eingang zu unterrichten. Bei Bewerbun-**

---

3 FKS-SGB IX-*Feldes*, § 80 Rn. 23–25

gen schwerbehinderter Richter und Richterinnen wird der Präsidialrat unterrichtet und gehört, soweit dieser an der Ernennung zu beteiligen ist. Bei der Prüfung nach Satz 1 beteiligen die Arbeitgeber die Schwerbehindertenvertretung nach § 95 Abs. 2 und hören die in § 93 genannten Vertretungen an. Erfüllt der Arbeitgeber seine Beschäftigungspflicht nicht und ist die Schwerbehindertenvertretung oder eine in § 93 genannte Vertretung mit der beabsichtigten Entscheidung des Arbeitgebers nicht einverstanden, ist diese unter Darlegung der Gründe mit ihnen zu erörtern. Dabei wird der betroffene schwerbehinderte Mensch angehört. Alle Beteiligten sind vom Arbeitgeber über die getroffene Entscheidung unter Darlegung der Gründe unverzüglich zu unterrichten. Bei Bewerbungen schwerbehinderter Menschen ist die Schwerbehindertenvertretung nicht zu beteiligen, wenn der schwerbehinderte Mensch die Beteiligung der Schwerbehindertenvertretung ausdrücklich ablehnt.

(2) Arbeitgeber dürfen schwerbehinderte Beschäftigte nicht wegen ihrer Behinderung benachteiligen. Im Einzelnen gelten hierzu die Regelungen des Allgemeinen Gleichbehandlungsgesetzes.

(3) Die Arbeitgeber stellen durch geeignete Maßnahmen sicher, dass in ihren Betrieben und Dienststellen wenigstens die vorgeschriebene Zahl schwerbehinderter Menschen eine möglichst dauerhafte behinderungsgerechte Beschäftigung finden kann. Absatz 4 Satz 2 und 3 gilt entsprechend.

(4) Die schwerbehinderten Menschen haben gegenüber ihren Arbeitgebern Anspruch auf

1. Beschäftigung, bei der sie ihre Fähigkeiten und Kenntnisse möglichst voll verwerten und weiterentwickeln können,

2. bevorzugte Berücksichtigung bei innerbetrieblichen Maßnahmen der beruflichen Bildung zur Förderung ihres beruflichen Fortkommens,

3. Erleichterungen im zumutbaren Umfang zur Teilnahme an außerbetrieblichen Maßnahmen der beruflichen Bildung,

4. behinderungsgerechte Einrichtung und Unterhaltung der Arbeitsstätten einschließlich der Betriebsanlagen, Maschinen und Geräte sowie der Gestaltung der Arbeitsplätze, des Arbeitsumfeldes, der Arbeitsorganisation und der Arbeitszeit, unter besonderer Berücksichtigung der Unfallgefahr,

5. Ausstattung ihres Arbeitsplatzes mit den erforderlichen technischen Arbeitshilfen

unter Berücksichtigung der Behinderung und ihrer Auswirkungen auf die Beschäftigung. Bei der Durchführung der Maßnahmen nach den Nummern 1, 4 und 5 unterstützt die Bundesagentur für Arbeit und die Integrationsämter die Arbeitgeber unter Berücksichtigung der für die Beschäftigung wesentlichen Eigenschaften der schwerbehinderten Menschen. Ein Anspruch nach Satz 1 besteht nicht, soweit seine Erfüllung für den Arbeitgeber nicht zumutbar oder mit unverhältnismäßigen Aufwendungen verbunden wäre oder soweit die staatlichen oder berufsgenossenschaftlichen Arbeitsschutzvorschriften oder beamtenrechtliche Vorschriften entgegenstehen.

(5) Die Arbeitgeber fördern die Einrichtung von Teilzeitarbeitsplätzen. Sie werden dabei von den Integrationsämtern unterstützt. Schwerbehinderte Menschen haben einen Anspruch auf Teilzeitbeschäftigung, wenn die kürzere Arbeitszeit wegen Art oder Schwere der Behinderung notwendig ist; Absatz 4 Satz 3 gilt entsprechend.

1. Normzweck

Die Vorschrift hat innerhalb des Schwerbehindertenrechtes eine zentrale Bedeutung. Sie formuliert Mindeststandards sozialer Verantwortung unternehmerischen Handelns (vgl. *Adlhoch* § 81 Rn. 15). Abs. 1 regelt innerhalb eines Verfahrens bei der Besetzung freier Stellen Prüfpflichten des Arbeitgebers und Beteiligungsrechte der Schwerbehindertenvertretung und des Betriebs- bzw. Personalrats. Abs. 2 formuliert ein spezielles Benachteiligungsverbot für schwer-   **1** behinderte Menschen. Die Regelung verbietet die Benachteiligung wegen der Behinderung und formuliert einen Entschädigungsanspruch sowie die Darlegungs- und **Beweislast**. Abs. 3 bis 5 enthalten Verpflichtungen des Arbeitgebers in Bezug auf die Sicherstellung der Beschäftigungspflicht, die Organisation des Betriebes, die Gestaltung der Arbeitsplätze, die Förderung und die Entwicklung schwerbehinderter Beschäftigter und die Einrichtung und Förderung von Teilzeitbeschäftigungsverhältnissen. Diesen Arbeitgeberpflichten werden konkrete Rechtsansprüche schwerbehinderter Menschen gegenübergestellt. Mit dieser Vorschrift setzt das SGB IX die Richtlinie des Rates der EU zur Festlegung eines allgemeinen Rahmens für die Verwirklichung der Gleichbehandlung in Beschäftigung und Beruf (Richtlinie 2000/78/EG des Rates vom 27. 11. 2000) um. Demnach muss der Arbeitgeber i. S. des Art. 5 der Richtlinie 2000/78/EG »angemessene Vorkehrungen« ergreifen, um den Menschen mit Behinderung den Zugang zur Beschäftigung, die Ausübung eines Berufs, den beruflichen Aufstieg und die Teilnahme an Aus- und Weiterbildungsmaßnahmen zu ermöglichen. Auch nach Art. 2 Abs. 4 und nach Art. 27 Abs. 1 Buchstabe i UN-BRK sind »angemessene Vorkehrungen« notwendige und geeignete Änderungen und Anpassungen, um zu gewährleisten, dass Menschen mit Behinderungen gleichberechtigt alle Menschenrechte und Grundfreiheiten und die Teilhabe am Arbeitsplatz genießen können.

Mit der Einordnung des Schwerbehindertenrechts in das SGB IX hat das SGB IX vom 19. 6. 2001 den § 14 SchwbG inhaltlich gleich übernommen. Mit dem SGB IX kam insbesondere eine in Abs. 2 aufgenommene wesentliche Erweiterung des Schutzes schwerbehinderter Beschäftigter hinzu: ein ausdrückliches Verbot von Benachteiligungen schwerbehinderter Menschen durch den Arbeitgeber. Die zusätzliche Vorschrift regelt, dass schwerbehinderte Menschen insbesondere bei der Begründung eines Arbeits- oder sonstigen Beschäftigungsverhältnisses, beim beruflichen Aufstieg, bei einer Weisung oder einer Kündigung nicht wegen ihrer Behinderung benachteiligt werden dürfen. Bei Verstoß gegen dieses Diskriminierungsverbot sieht das Gesetz eine Entschädigungsregelung in Geld vor. Mit Art. 3 Abs. 10 des Gesetzes zur Umsetzung europäischer Richtlinien zur Verwirklichung des Grundsatzes der Gleichbehandlung v. 14. 8. 2006 (BGBl. I 2006, 1897) hat das Allgemeine Gleichbehandlungsgesetz (AGG) v. 18. 8. 2006 Abs. 2 gestrichen und zu einer Veränderung des Wortlauts der dortigen Beweislastregelung geführt.

2. Prüfverfahren zur Beschäftigungsförderung schwerbehinderter Menschen (Abs. 1)

Abs. 1 verpflichtet die Arbeitgeber zur Durchführung einer Prüfung, **2** ob freie Arbeitsplätze mit schwerbehinderten Menschen – ob bereits im Unternehmen beschäftigt bzw. als arbeitslos gemeldet – besetzt werden und dadurch der Erhalt von Beschäftigung und der Zugang behinderter Menschen zu Beschäftigung gefördert werden können. Die Prüfpflicht zur Berücksichtigung schwerbehinderter Menschen bei der Besetzung freier Stellen besteht immer und für alle Arbeitgeber und zwar unabhängig davon, ob sich ein schwerbehinderter Mensch beworben hat oder diesen Status bei seiner Bewerbung offenbart hat. Damit bindet das SGB IX die Einstellung von Arbeitnehmern an zwingende Verfahrensvoraussetzungen.[1]

Die **Prüfung** muss vom Arbeitgeber in jedem Fall **vor einer Neubesetzung** vorgenommen werden, unabhängig davon, ob er beschäftigungspflichtig ist oder die Mindestbeschäftigungspflicht erfüllt oder ob noch freie Arbeitsplätze zur Verfügung stehen. Auch wenn ein freier Arbeitsplatz mit bereits beschäftigten Arbeitnehmern im Rahmen einer Stellenausschreibung (§ 93 BetrVG) besetzt werden soll, ist die Prüfung vorzunehmen. Hier kommt es insbesondere darauf an, bereits beschäftigten schwerbehinderten Personen, die z. B. auf ihrem Arbeitsplatz aufgrund ihrer Behinderung Schwierigkeiten haben, Arbeitsplätze möglichst dauerhaft zu sichern. Wenn es um die Rechte schwerbehinderter Arbeitnehmer geht, ist die Einschränkung der Freiheit unternehmerischer Personalentscheidungen gerechtfertigt.

Unter **freien Arbeitsplätzen** dieser Bestimmung sind alle Arbeits- **3** plätze zu verstehen, die z. B. durch Kündigung, Ausscheiden von Arbeitnehmern aus Altersgründen oder durch Umbesetzungen frei werden. Dazu gehören auch alle zu besetzenden Ausbildungsplätze. Auch bei freien Teilzeitarbeitsplätzen (auch mit weniger als 18 Wochenstunden) hat die Prüfung zu erfolgen.[2] Die Prüfungspflicht besteht auch vor der Besetzung neu geschaffener Arbeitsplätze. Die Prüfung ist noch vor der **Ausschreibung** des freien Arbeitsplatzes vorzunehmen, um zu gewährleisten, dass schwerbehinderte

---

1 *BAG* v. 14. 1. 1989 – 1 ABR 88/88, NZA 1990, 368; *BAG* v. 13. 10. 2011 – 8 AZR 608/10
2 *LAG Hessen* v. 24. 4. 2007 – 4 TaBV 24/07

Menschen die Chance einer Beschäftigung bekommen, bevor personalpolitische Entscheidungen getroffen werden.[3]

Das Prüfungsverfahren muss unmittelbar dann beginnen, wenn entschieden ist, dass der Arbeitsplatz tatsächlich (wieder) besetzt werden soll. Von diesem Zeitpunkt an ist auch die Schwerbehindertenvertretung zu beteiligen. Sie besitzt als eigenständiges Organ der Betriebsverfassung einen eigenständigen Informationsanspruch gegenüber dem Arbeitgeber.[4]

Arbeitgeber dürfen Arbeitsplätze nicht neu besetzen, bevor sie die in Abs. 1 genannte Prüfung vorgenommen, die Schwerbehindertenvertretung beteiligt und den Betriebs- bzw. Personalrat gehört haben. Dies gilt auch vor der Besetzung von Arbeitsplätzen für **leitende Angestellte**. Auch vor der Besetzung einer freien Arbeitsstelle mit einem Leiharbeitnehmer müssen Unternehmen Besetzungsmöglichkeiten mit eigenen schwerbehinderten Mitarbeitern berücksichtigen.[5] Ein Widerspruch eines Betriebsrats gegen die Besetzung einer Stelle mit einem Leiharbeitnehmer ist zulässig.[6]

4 Die Prüfung nach § 81 Abs. 1 beschäftigt sich zunächst mit der Klärung, welche **Anforderungen** der zu besetzende Arbeitsplatz an einen Arbeitnehmer stellt. Die Schwerbehindertenvertretung benötigt also eine **Arbeitsplatzbeschreibung,** aus der die Anforderungen der Tätigkeit und die erforderliche **berufliche Qualifikation** hervorgehen. Aus der Arbeitsplatzbeschreibung muss erkennbar sein, ob es sich um einen Arbeitsplatz handelt, der ständiges Stehen oder Sitzen erfordert, ob die Tätigkeit im Wechsel von Stehen und Sitzen verrichtet werden kann, ob bei der Arbeit körperliche Zwangshaltungen entstehen, ob es sich um körperlich schwere oder leichte Arbeit handelt usw. Diese Informationen sind insbesondere nötig, wenn es an die Auswahl von schwerbehinderten Menschen geht, mit denen der Arbeitsplatz künftig besetzt werden soll. Liegen keine Angaben über **Arbeitsbelastungen** vor, dann ist der Arbeitgeber nach §§ 5, 6 ArbSchG verpflichtet, mit einer Gefährdungsbeurteilung Gesundheitsgefährdungen und Beschäftigungsrisiken zu ermitteln und geeignete Anpassungsmaßnahmen festzulegen, mit denen Barrierefreiheit und Behinderungsgerechtigkeit hergestellt werden können.

---

3 *LAG Hessen* v. 17. 10. 2006 – 4 TaBV 42/06: Die Prüfpflicht greift daher auch bei einer internen Stellenbesetzung.

4 *BAG* v. 15. 2. 2005 – 9 AZR 635/03

5 *BAG* v. 23. 6. 2010 – 7 ABR 3/09; *BAG* v. 15. 10. 2013 – 1 ABR 25/12

6 *AG Frankfurt* v. 7. 3. 2006 – 22 BV 856/05

Grundsätzlich ist davon auszugehen, dass an allen Arbeitsplätzen auch schwerbehinderte Menschen beschäftigt werden können. **5** Es kommt darauf an, die für den freien Arbeitsplatz geeignete schwerbehinderte Person zu finden, die mit ihrer Behinderung und ihrer Qualifikation in der Lage ist, die Arbeit zu erbringen und eine entsprechende Leistung zu bringen. Dies herauszufinden, ist eine wichtige Aufgabe bei der Prüfungspflicht. Die Interessenvertretungen haben hier eine wichtige Aufgabe zu erfüllen, da die Vertreter des Arbeitgebers häufig allzu schnell behaupten, der jeweilige Arbeitsplatz sei für schwerbehinderte Menschen nicht geeignet.

Die Frage, ob ein Arbeitsplatz für behinderte Menschen geeignet ist **6** oder nicht, kann nicht pauschal beantwortet werden. Es gibt nicht **den**»**behindertengerechten**« Arbeitsplatz. Der Arbeitsplatz, der für einen blinden Arbeitnehmer eingerichtet ist, muss für einen Querschnittsgelähmten oder einen Beinamputierten nicht unbedingt behinderungsgerecht sein. Es ist immer eine **individuelle Entscheidung** zu treffen, die sowohl den Arbeitsplatz, die Arbeitsaufgabe, die Arbeitsplatzgestaltung und die Arbeitsorganisation bei der Prüfung als auch die Fähigkeiten und Kenntnisse des behinderten Arbeitsplatzbewerbers berücksichtigt.

Eine genaue **Arbeitsplatzbeschreibung** ist also unbedingt erforderlich. Das Gleiche gilt für die Beschreibung der Fähigkeiten der behinderten Person. Bei der Beschreibung der **Fähigkeiten** und des **Leistungsvermögens** der behinderten Person kommt es insbesondere darauf an, eine **positive Liste** zusammenzustellen und sich nicht darauf zu beschränken, aufzuzählen, was die behinderte Person im Einzelnen nicht kann. **7**

Die Prüfung fokussiert dann auf vorhandene bzw. mögliche Schwierigkeiten am Arbeitsplatz, die eine Beschäftigung schwerbehinderter Menschen verhindern oder erschweren. Das Ziel der Prüfung besteht darin festzustellen, mit welchen barrierebeseitigenden und ergonomischen Maßnahmen die Anforderungen aus dem Arbeitsprozess und der Arbeitsorganisation mit dem Fähigkeitenprofil behinderter Stellenaspiranten in Abstimmung zu bringen sind. Im Ergebnis der Prüfung müssen Bedingungen für eine gleichberechtigte Teilhabe geschaffen werden können, damit die Behinderung i. S. der funktionellen Beeinträchtigung selbst nicht zum Beschäftigungshandicap wird. Defizite, die sich bei der Prüfung ergeben, können entweder durch **technische Veränderungen** des Arbeitsplatzes i. S. **behinderungsgerechter Gestaltung** oder, falls sie auf nicht genü- **8** gender Qualifikation des Bewerbers beruhen, durch Anlernen, Einarbeiten oder Umschulen ausgeglichen werden.

9   Das Prüfverfahren umfasst neben der Beurteilung der Einsatzmöglichkeiten am Arbeitsplatz die Auswahl geeigneter Bewerber und Bewerberinnen. Dazu haben die Arbeitgeber rechtzeitig vor jeder Stellenbesetzung mit der Agentur für Arbeit Kontakt aufzunehmen, damit diese geeignete schwerbehinderte Arbeitslose vorschlagen kann (§ 81 Abs. 1 Satz 4). Die Agentur für Arbeit hat den Arbeitgebern solche schwerbehinderten Arbeitslosen zur Besetzung der Stellen vorzuschlagen, die die Agentur für geeignet hält. Kommt der Arbeitgeber seiner Pflicht zur Einschaltung der Arbeitsagentur nicht nach, besteht eine Vermutung, dass jemand wegen seiner Schwerbehinderung benachteiligt wurde. Der Betroffene kann dann Schadensersatz nach § 15 des Allgemeinen Gleichbehandlungsgesetzes verlangen.[7]

10 Der **Eingliederung** arbeitsloser schwerbehinderter Menschen kommt angesichts der hohen Dauerarbeitslosigkeit dieses Personenkreises besondere Bedeutung zu. Aus diesem Grunde hat der Gesetzgeber die Arbeitgeber verpflichtet, bei der Prüfung Kontakt mit der Agentur für Arbeit aufzunehmen, um herauszufinden, ob arbeitslos gemeldete schwerbehinderte Menschen beschäftigt werden können. Da am gesamten Verfahren die Vertrauensperson der schwerbehinderten Menschen zu beteiligen ist, hat die Schwerbehindertenvertretung auch von sich aus das Recht, sich bei der Agentur für Arbeit zu erkundigen, ob arbeitslos bzw. arbeitsuchend gemeldete schwerbehinderte Menschen für einen freien Arbeitsplatz in Frage kommen (s. § 91 Rn. 2, 3).

11 Für eine **erfolgreiche Vermittlung** arbeitsloser schwerbehinderter Menschen und Gleichgestellter (§ 2 Abs. 3) ist es für die Fachberater der Agentur für Arbeit unbedingt erforderlich, eine möglichst **genaue Arbeitsplatzbeschreibung** des zu besetzenden Arbeitsplatzes zu haben. Nur so ist die Agentur für Arbeit in der Lage, einen geeigneten Bewerber zu vermitteln.

Betriebsbesuche der Mitarbeiter der Agenturen für Arbeit bei der Vermittlung von arbeitslosen schwerbehinderten Personen haben sich in der Praxis bewährt. Leider werden diese Möglichkeiten noch nicht von allen Agenturen für Arbeit wahrgenommen. Insbesondere die Schwerbehindertenvertretungen, die Betriebs- bzw. Personalräte

---

7 *BAG* v. 12. 9. 2006 – 9 AZR 807/05

und die Beauftragten der Arbeitgeber (§ 98) müssen daher die Agenturen für Arbeit diesbezüglich vermehrt ansprechen und ggf. um einen Betriebsbesuch bitten.

Die Arbeitgeber haben die Schwerbehindertenvertretung und den **12** Betriebs- und Personalrat sowohl über alle Vermittlungsvorschläge der Agentur für Arbeit als auch über alle vorliegenden Bewerbungen, seien sie inner- oder außerbetrieblicher Herkunft, zu unterrichten. Diese Unterrichtungspflicht des Arbeitgebers muss unmittelbar nach Eingang der Vorschläge bzw. Bewerbungen erfolgen, um frühzeitig Transparenz im Personalauswahlverfahren herzustellen.[8] Diese sehr früh einsetzenden **Informationspflichten** des Arbeitgebers und die **Beteiligungsrechte** der Schwerbehindertenvertretung[9] bedeuten die **grundsätzliche Beteiligung an der Personalplanung** des Betriebes bzw. der Dienststelle.

Die Prüfung des Arbeitgebers ist eine Einzelfallprüfung im Zusam- **13** menhang der konkreten Anforderungen des jeweiligen freien Arbeitsplatzes und der konkreten Voraussetzungen des jeweiligen schwerbehinderten Bewerbers und fordert vom Arbeitgeber die Beteiligung der Schwerbehindertenvertretung und die Anhörung des Betriebs- und Personalrates (§ 81 Abs. 6).

Die dem Arbeitgeber auferlegte Prüfung muss ausdrücklich mit der **14** Schwerbehindertenvertretung und dem Betriebs- bzw. Personalrat erfolgen; diese haben an der Prüfung mitzuwirken. Die Formulierung, wonach die Arbeitgeber die Schwerbehindertenvertretung zu beteiligen sowie den Betriebs- bzw. Personalrat zu hören haben, ist zwingend. Die Vorschrift ordnet insofern eine Anhörung der Schwerbehindertenvertretung und des Betriebs- bzw. Personalrates an. Sie soll ein transparentes Verfahren herstellen, dafür sorgen, dass die Kompetenzen der Interessenvertretung bei der Eingliederung genutzt werden und sie dient der betrieblichen Selbstkontrolle über die Einhaltung der Regelung. Der Arbeitgeber ist beweispflichtig, weshalb er die Beteiligung ggf. unterlassen hat. Solche Ausnahmesituationen sind in der betrieblichen Praxis kaum vorstellbar.

Die Beteiligung muss i. S. des § 95 Abs. 2 erfolgen. D. h., die Schwer- **15** behindertenvertretung ist **direkt, rechtzeitig und umfassend** (s. § 95 Rn. 13 ff.) zu informieren, wann und welche Arbeitsplätze frei werden. Eine mittelbare Information über den Betriebs- bzw. Personalrat ist ungenügend. Besondere Aufmerksamkeit ist darauf zu rich-

---

8 *LAG Frankfurt* v. 22. 3. 2006 – 2 Sa 1686/05
9 *BAG* v. 22. 8. 2013 – 8 AZR 574/12

ten, dass die Schwerbehindertenvertretung **vor der Entscheidung zu beteiligen** ist, wie und mit wem der Arbeitgeber den freien Arbeitsplatz besetzen will. Das Gleiche gilt für die Anhörung des Betriebs- bzw. Personalrates. Ein Verstoß gegen die Beteiligungspflicht begründet die Vermutung einer Diskriminierung.[10]

16 Arbeitgeber, die die Schwerbehindertenvertretung nicht gem. § 95 Abs. 2 beteiligen, handeln ordnungswidrig i. S. des § 156 Abs. 1 Nr. 7 und 8. Die Beteiligung der Vertrauensperson der schwerbehinderten Menschen bedeutet die **grundsätzliche Beteiligung** in allen Fragen der **Personalplanung** des Betriebes. Dazu gehören: die Besetzung von freien Arbeitsplätzen, die Umsetzung von schwerbehinderten Beschäftigten auf einen anderen Arbeitsplatz, Fragen der Erfüllung der Beschäftigungspflichtquote und die Beteiligung im Rahmen der Prüfung nach Abs. 1.

17 Die Eingliederung schwerbehinderter Menschen zu fördern, gehört ausdrücklich zur Aufgabe des Betriebsrates nach § 80 Abs. 1 Nr. 4 BetrVG.[11] Dasselbe gilt nach § 68 Abs. 1 Nr. 4 BPersVG für den Personalrat.[12]

18 Die Schwerbehindertenvertretung hat sehr weitgehende **Mitwirkungs-**, aber **keine Mitbestimmungsrechte.** Sie kann die Einstellung von schwerbehinderten Menschen gegenüber dem Arbeitgeber nicht erzwingen. Hier setzen die Rechte der Betriebs- und Personalräte ein. Sie haben nach § 99 BetrVG bzw. § 75 Abs. 1 und § 76 Abs. 1 BPersVG **Mitbestimmungsrechte bei personellen Einzelmaßnahmen.**

Sie können beispielsweise jede **Zustimmung zur Einstellung** und Versetzung von Arbeitnehmern **verweigern**, wenn sich herausstellt, dass der Arbeitgeber seiner Prüfungspflicht nicht nachgekommen ist, die Schwerbehindertenvertretung hierbei nicht gehört oder bei Neueinstellungen bei der Agentur für Arbeit nicht nachgefragt wurde. Nach § 99 Abs. 2 BetrVG bzw. § 77 Abs. 2 BPersVG haben sie das Recht, die Zustimmung zu einer personellen Maßnahme zu verweigern, wenn damit gegen ein Gesetz verstoßen wird.

19 Das *BAG* hat dazu mit Beschluss v. 14. 11. 1989[13] folgenden Leitsatz geprägt:

---

10 *BAG* v. 15. 2. 2005 – 9 AZR 635/03
11 *DKKW*, § 80 Rn. 41; *Fitting u. a.*, § 80 Rn. 28 f.
12 *Altvater u. a.*, BPersVG, § 68 Rn. 10
13 *BAG* v. 14. 11. 1989 – 1 ABR 88/88, AP Nr. 77 zu § 99 BetrVG 1972

»Die Einstellung eines nicht schwerbehinderten Arbeitnehmers verstößt gegen ein Gesetz im Sinne von § 99 Abs. 2 Nr. 1 BetrVG, wenn der Arbeitgeber nicht zuvor gemäß § 14 Abs. 1 SchwbG (jetzt: § 81 Abs. 1 SGB IX) geprüft hat, ob der freie Arbeitsplatz mit einem Schwerbehinderten besetzt werden kann.«

In dem Beschluss des *BAG* wird ausdrücklich darauf hingewiesen, dass die Verpflichtung des Arbeitgebers nach § 81 Abs. 1 Satz 1 unabhängig davon besteht, ob eine Beschäftigungspflicht nach den §§ 71 und 72 vorliegt bzw. der Arbeitgeber dieser Beschäftigungspflicht schon nachgekommen ist. Außerdem wird klargestellt, dass der Gesetzgeber mit § 81 Abs. 1 Satz 1 nicht nur an den Arbeitgeber appelliert, eine solche Prüfung durchzuführen, sondern ihn dazu ausdrücklich verpflichtet.

Nach Abs. 1 Satz 4 und 6 ist der Arbeitgeber verpflichtet, die Schwer- **20** behindertenvertretung bei **Bewerbungen schwerbehinderter Menschen** hinzuzuziehen. Sobald der Arbeitgeber erkennen kann, dass es sich bei einem Bewerber um eine schwerbehinderte Person handelt, muss die Vertrauensperson der schwerbehinderten Menschen beteiligt werden. Die **Bewerbungsunterlagen** sind mit der Stellungnahme der Schwerbehindertenvertretung an den Betriebs- bzw. Personalrat weiterzuleiten. Dies gilt auch bei innerbetrieblichen Bewerbern im Rahmen von **Stellenausschreibungen**. Mit dieser gesetzlichen Bestimmung soll bewirkt werden, dass Stellenbewerber nicht aufgrund ihrer Behinderung von vornherein durch die Arbeitgeber aussortiert werden. An diesem Beispiel wird deutlich, dass es auf eine **enge Zusammenarbeit** zwischen der Schwerbehindertenvertretung und dem Betriebs- bzw. Personalrat ankommt, wenn die Interessen schwerbehinderter Menschen i. S. des SGB IX durchgesetzt werden sollen.

Bewerbungen schwerbehinderter Menschen sind auch dann mit der **21** Schwerbehindertenvertretung zu erörtern, wenn zurzeit der Bewerbung keine freie Stelle zu besetzen ist. Ein geeigneter Bewerber könnte z. B. in eine Warteliste aufgenommen werden für den Fall, dass wieder freie Arbeitsplätze zu besetzen sind. Dies ist besonders dann von Bedeutung, wenn der Arbeitgeber seine Pflichtquote nicht erfüllt.

Gehen für eine zu besetzende Stelle Bewerbungen von schwerbehinderten Menschen ein, hat der Arbeitgeber unabhängig von seiner Einschätzung, ob die Stelle für schwerbehinderte Personen geeignet ist, jede Stellenbewerbung eines schwerbehinderten Menschen mit der Schwerbehindertenvertretung zu erörtern. Dabei ist das Für und Wider einer Einstellung zu diskutieren, wobei der Arbeitgeber seine beabsichtigte Entscheidung sowie die Gründe dafür darzulegen hat. Um entsprechende Vergleiche vor Augen zu haben, müssen der Schwerbehindertenvertretung selbstverständlich auch Informationen über die Bewerbungen Nichtbehinderter gegeben werden.

22 Die betriebliche Praxis hat in den vergangenen Jahren gezeigt, dass Schwerbehindertenvertretungen, aber auch Betriebs- und Personalräte von Bewerbungen schwerbehinderter Menschen häufig überhaupt nichts erfahren. Hilfreich ist hier oftmals der Hinweis an den Arbeitgeber, dass sein Verhalten eine Ordnungswidrigkeit nach § 156 Abs. 1 Nr. 7 darstellt.

Außerdem hat der Betriebs- bzw. der Personalrat nach ständiger Rechtsprechung das Recht, die **Bewerbungsunterlagen aller Stellenbewerber** vom Arbeitgeber vorgelegt zu bekommen und nicht nur die Unterlagen des Bewerbers, den der Arbeitgeber gern einstellen möchte.[14]

23 Bei Bewerbungen schwerbehinderter Arbeitsloser, die sich über eine **Vermittlung der Agentur für Arbeit** um eine freie Stelle bewerben, sollte i. S. des § 99 Abs. 2 die Schwerbehindertenvertretung und/oder der Betriebs- bzw. Personalrat möglichst vorher durch die Arbeitsvermittler der Agentur für Arbeit von der bevorstehenden Bewerbung in Kenntnis gesetzt werden (s. § 99 Rn. 3).

24 Die Sätze 7 bis 9 des § 81 Abs. 1 stellen besondere Verfahrensanforderungen an Arbeitgeber, die ihre Beschäftigungspflicht nach § 71 nicht erfüllt haben.[15] Erfüllt der Arbeitgeber seine Beschäftigungspflicht nicht und ist die Schwerbehindertenvertretung oder der Betriebs- und Personalrat mit der beabsichtigten Personalentscheidung nicht einverstanden, ist gemäß Abs. 1 Satz 7 ein Erörterungsverfahren durchzuführen. In diesem Erörterungsverfahren ist nach Abs. 1 Satz 8 auch der betroffene schwerbehinderte Mensch zu hören. Hat der Arbeitgeber seine Verpflichtungen nach § 81 nicht oder nicht ausreichend erfüllt mit der Folge, dass der schwerbehinderte Bewerber bzw. der schwerbehinderte Beschäftigte benachteiligt wurde, dann hat Letzterer nun die Möglichkeit, die Entscheidungsgründe vor Gericht überprüfen zu lassen.

25 Die Beteiligung der Schwerbehindertenvertretung entfällt, wenn der schwerbehinderte Stellenbewerber deren Beteiligung ausdrücklich

---

14 *BAG* v. 18. 7. 1978 – 1 ABR 8/75, AP Nr. 1, 7 zu § 99 BetrVG 1972
15 *BAG* v. 21. 2. 2013 – 8 AZR 180/12

ablehnt. Allerdings bleibt die Beteiligung der Schwerbehinderten-vertretung nach § 95 Abs. 2 Satz 1, auf die der behinderte Bewerber nicht wirksam verzichten kann, hiervon unberührt.

Ein Rechtsverstoß des Arbeitgebers gegen seine Prüf- und Unter- **26** richtungspflicht stellt eine Ordnungswidrigkeit i. S. v. § 156 Abs. 1 Nr. 7 dar. Arbeitgeber handeln ordnungswidrig, wenn sie entgegen Abs. 1 Satz 4 oder 9 die Schwerbehindertenvertretung und den Betriebs- und Personalrat nicht, nicht richtig, nicht vollständig oder nicht rechtzeitig über Vermittlungsvorschläge der Agentur für Arbeit und über vorliegende Bewerbungen schwerbehinderter Menschen unterrichten bzw. wenn sie einen Beteiligten nicht, nicht richtig, nicht vollständig oder nicht rechtzeitig über eine getroffene Entscheidung unterrichten. Führt der Arbeitgeber entgegen § 81 Abs. 1 Satz 7 kein Erörterungsverfahren durch, handelt er ebenfalls ordnungswidrig i. S. v. § 156 Abs. 1 Nr. 7. Bei Nichtbeachtung der Prüfpflicht durch den Arbeitgeber ist der Betriebsrat berechtigt, die Zustimmung zu einer Einstellung zu verweigern.[16] Bei einer inner-betrieblichen Versetzung erkennt das BAG kein Recht auf die Zu-stimmungsverweigerung. Verstöße gegen § 81 Abs. 1 begründen die Vermutung einer Diskriminierung.[17]

3. Benachteiligungsverbot (Abs. 2)

Die Vorschrift des Abs. 2 wurde mit dem SGB IX neu eingeführt. **27** Wegen der Einzelheiten verweist Abs. 2 auf die Regelungen des All-gemeinen Gleichbehandlungsgesetzes (AGG). Die Vorschrift ver-pflichtet Arbeitgeber zur Einhaltung eines Benachteiligungsverbotes gegenüber schwerbehinderten Beschäftigten. Damit wurde ein um-fassendes arbeitsrechtliches **Benachteiligungsverbot** für behinderte Menschen geschaffen. Mit dem Benachteiligungsverbot wird zu-nächst das verfassungsrechtliche **Diskriminierungsverbot** des Art. 3 Abs. 3 Satz 2 GG (»Niemand darf wegen seiner Behinderung be-nachteiligt werden«) im Arbeitsrecht und damit für das Rechtsver-hältnis zwischen Arbeitgeber und behinderten Arbeitnehmern und Arbeitnehmerinnen konkretisiert. Damit bildet das Benachteili-gungsverbot eine wichtige Voraussetzung für die Umsetzung der mit

---

16 *BAG* v. 23. 6. 2010 – 7 ABR 3/09; *BAG* v. 14. 11. 1989 – 1 ABR 88/88; *LAG Ber-lin-Brandenburg* v. 12. 12. 2013 – 26 TaBV 1164/13
17 *BAG* v. 15. 2. 2005 – 9 AZR 635/03; *BVerwG* v. 3. 3. 2011 – 5 C 16.10; *BAG* v. 22. 8. 2013 – 8 AZR 563/12

dem SGB IX besonders betonten Grundprinzipien der Teilhabe am Arbeitsleben und der Gleichstellung behinderter und nichtbehinderter Arbeitnehmer. Es soll als Rahmenbestimmung für die teilhabefördernde Gestaltung barrierefreier Arbeits- und Qualifizierungsbedingungen wirken, um die Erwerbsquote behinderter Menschen und ihre individuelle Erwerbsfähigkeit nachhaltig zu verbessern.

28 Das Benachteiligungsverbot des § 81 Abs. 2 setzt gleichzeitig die europarechtliche Richtlinie zur Gleichbehandlung behinderter Personen im Arbeitsleben um. Die Richtlinie 2000/78/EG der Europäischen Union zur Festlegung eines allgemeinen Rahmens für die Verwirklichung der Gleichbehandlung in Beschäftigung und Beruf vom 27. 11. 2000 verbietet die Benachteiligung von Arbeitnehmern und Arbeitnehmerinnen u. a. wegen einer Behinderung. Sie verlangt nicht den Nachweis eines besonderen schwerbehinderten Status.

Mit dem Verweis des § 81 Abs. 2 Satz 2 auf die Regelungen des Allgemeinen Gleichbehandlungsgesetzes (AGG) bleibt der Diskriminierungsschutz daher nicht auf Beschäftigte, die als schwerbehindert anerkannt oder diesen gleichgestellt sind, eingeschränkt.[18] Der Begriff der Behinderung geht in verpflichtender Umsetzung der Rahmenrichtlinie 2000/78/EG (Rahmenrichtlinie Beschäftigung) über den der Schwerbehinderung wesentlich hinaus. Schutzziel und Schutzbereich des § 1 AGG erweitern den Diskriminierungsschutz schwerbehinderter Beschäftigter gem. § 81 Abs. 2 auf alle behinderten Menschen bei Bewerbungen und im Arbeitsverhältnis. Behinderungen sind entsprechend der Sichtweise des Europäischen Gerichtshofes[19] Einschränkungen, die insbesondere auf physischen, geistigen oder psychischen Beeinträchtigungen beruhen und die für einen längeren Zeitraum eine Störung der gleichberechtigten Teilhabe am (Arbeits-)leben für die betreffende Person darstellen. Neben den europarechtlichen Anforderungen wird mit der Integration der früheren Regelung des Abs. 2 in das AGG auch das Schutzziel des Diskriminierungsverbotes des Art. 3 Abs. 3 Satz 2 GG adäquat realisiert.

Die Norm des Abs. 2 regelt die Anwendungs- und Schutzbereiche, die in Bezug auf den Diskriminierungsschutz für behinderte Menschen vorgesehen sind, die Zulässigkeit unterschiedlicher Behandlung, den Entschädigungsanspruch sowie die Darlegungs- und Be-

---

18 *BAG* v. 3. 4. 2007 – 9 AZR 823/06
19 *EuGH* v. 11. 7. 2006 Rs. Chacon Navas – Rs C-13/05; *EuGH* v. 18. 3. 2014 – C–363/12

weislast. Die früher in § 81 Abs. 2 Satz 2 Nr. 1 bis 5 enthaltenen Diskriminierungsschutzregelungen entsprechen den §§ 2, 7, 8, 15 und 22 AGG.

a) Anwendungsbereiche

§ 2 Abs. 1 AGG regelt die **Anwendungsbereiche** des Schutzes vor **29** Benachteiligung. Das arbeitsrechtliche Benachteiligungsverbot für Menschen mit Behinderungen nennt als persönliche Schutzbereiche den Zugang zu unselbständiger und selbständiger Erwerbstätigkeit einschließlich des beruflichen Aufstiegs, die Beschäftigungsbedingungen und die Entlassungsbedingungen. Auswahlkriterien und Einstellungsbedingungen dürfen behinderte Bewerberinnen und Bewerber bei Einstellungsverfahren sowie beim beruflichen Aufstieg nicht wegen des Merkmals Behinderung benachteiligen. Die Vorschrift verlangt vom Arbeitgeber, dass er behinderten Menschen diskriminierungsfreien Zugang zu Arbeitsplätzen und zu Beförderungen gewähren muss. Erfasst werden vom Benachteiligungsverbot alle Formen von Vereinbarungen (z. B. der Abschluss oder die Änderung eines Arbeitsvertrages), insbesondere solche im Zusammenhang mit der Begründung von Arbeits- und sonstigen Beschäftigungsverhältnissen, weil hier das objektiv größte Diskriminierungsrisiko für behinderte Bewerber und Bewerberinnen um einen Arbeitsplatz (auch für solche, die dem Arbeitgeber von der Agentur für Arbeit gemeldet werden) liegt. Der Anwendungsbereich des Benachteiligungsverbots umfasst ferner alle Beschäftigungs- und Arbeitsbedingungen und alle Maßnahmen bei der Durchführung und Beendigung eines Beschäftigungsverhältnisses. Dazu zählen alle (einseitigen) Maßnahmen des Arbeitgebers im Betrieb bzw. in der Dienststelle, die sich auf das Arbeitsverhältnis beziehen, wie Weisungen (Zuweisung von Tätigkeiten), Versetzungen, Umgruppierungen, Personalgespräche, Personalfragebögen, Beurteilungen, Zielvereinbarungen, Abmahnungen und Kündigungen. Eine Kündigung kann diskriminierend sein, wenn durch die Einrichtung angemessener Vorkehrungen die Möglichkeit der Weiterbeschäftigung bestanden hätte.[20]
Das Benachteiligungsverbot erstreckt sich somit in umfassender Weise auf das gesamte Beschäftigungsverhältnis. Das arbeitsrecht-

---

20 *EuGH* v. 11. 7. 2006 Rs. Chacón Navas – Rs C-13/05

liche Benachteiligungsverbot gilt für alle Arbeits- und Beschäftigungsverhältnisse und damit auch für vorübergehende und kurzzeitige Arbeitsverhältnisse gem. § 73 Abs. 3 (dazu Rn. 15). Es richtet sich an alle Arbeitgeber des privatwirtschaftlichen und des öffentlichen Bereiches. Das Benachteiligungsverbot ist aber auch maßgeblich für die betrieblichen Interessenvertretungen (Betriebs-, Personal-, Richter-, Staatsanwalts- und Präsidialräte), insofern diese gem. § 93 insbesondere die Einhaltung des § 81 durch die Arbeitgeber zu überwachen haben.

b) Unmittelbare und mittelbare Benachteiligung

30   Das Benachteiligungsverbot gem. § 7 AGG untersagt dem Arbeitgeber die Benachteiligung aller (behinderten oder nichtbehinderten) Beschäftigten wegen eines in § 1 AGG genannten Merkmals und im Zusammenhang mit allen gem. § 2 Abs. 1 Nr. 1–4 AGG genannten Benachteiligungen in Beruf, Berufsbildung und Erwerbstätigkeit. Diese Vorschrift beinhaltet also auch ein Verbot, eine schwerbehinderte Person wegen ihrer Behinderung schlechter als eine nichtbehinderte Person zu behandeln. Die **Diskriminierung** kann eine unmittelbare (direkte) oder eine mittelbare (indirekte) sein. Eine unzulässige unmittelbare Benachteiligung wegen der Behinderung liegt vor, wenn der Arbeitgeber in tatsächlicher wie rechtlicher Hinsicht eine nichtbehinderte Person gegenüber dem schwerbehinderten Menschen bevorzugt, in diesem Sinne ungleich behandelt und damit benachteiligt. Damit ist zu klären, ob eine benachteiligende Ungleichbehandlung wegen einer Behinderung erfolgt ist bzw. ob die betreffende Person **günstiger** behandelt worden wäre, wenn sie nicht (schwer-)behindert gewesen wäre. Für die Feststellung einer unmittelbaren Benachteiligung ist also ein Vergleich zwischen der benachteiligten behinderten Person und einer Person ohne Behinderung anzustellen.

> **Beispiel:**
> Ein schwerbehinderter Bewerber wird im Bewerbungsverfahren trotz mindestens vergleichbarer Qualifikation und Eignung gegenüber dem nichtbehinderten Bewerber nicht berücksichtigt.

Es handelt sich dabei um ein absolutes Gleichbehandlungsgebot, d.h. die Norm verbietet jede behinderungsbezogene Differenzierung, sofern sie nicht gem. § 8 AGG zulässig und gerechtfertigt ist. Die Vorschrift verbietet Benachteiligungen durch alle Personen, die Benachteiligungen verursachen oder hervorrufen können. Dazu zählen der Arbeitgeber selbst, weisungsbefugte Beschäftigte, die im Auftrag des Arbeitgebers handeln, andere Arbeitnehmer des Betriebs und von Fremdfirmen sowie Kunden des Arbeitgebers. Potenziell können auch Vereinbarungsbestimmungen Diskriminierungen hervorrufen. Damit bezieht sich das Benachteiligungsverbot auch auf Vertreter der Tarifvertragsparteien und der betrieblichen Interessenvertretung.

Bei der Feststellung, ob eine mittelbare Benachteiligung vorliegt, sind die Auswirkungen von Regelungen, Vereinbarungen und Verfahren auf verschiedene Vergleichsgruppen mit und ohne diskriminierungsrelevanten Merkmalen zu überprüfen[21].

> **Beispiel:**
> Ein behinderter Bewerber wird von vornherein nicht für das Bewerbungsverfahren zugelassen.

Eine mittelbare Diskriminierung wegen der Behinderung ist gegeben, wenn dem Anschein nach neutrale Vorschriften, Kriterien oder Verfahren Personen wegen eines in § 1 genannten Grundes gegenüber anderen Personen in besonderer Weise benachteiligen können bzw. wenn eine sachliche Rechtfertigung für die Benachteiligung fehlt. Lässt sich nach der Überprüfung der Auswirkungen z.B. von Anweisungen, Betriebsvereinbarungen oder Einstellungsregularien eine stärkere benachteiligende Wirkungen auf Menschen mit Behinderungen feststellen, dann ist von einer mittelbaren Benachteiligung auszugehen.

c) Zulässigkeit unterschiedlicher Behandlung

§ 8 Abs. 1 AGG sieht die Möglichkeit der Rechtfertigung einer unterschiedlichen Behandlung in Bezug auf die in § 1 AGG genannten Merkmale wegen beruflicher Anforderungen vor. Danach ist die **Zulässigkeit der unterschiedlichen Behandlung** einer behinderten Person nur dann gegeben, wenn der Grund hierfür in wesentlichen und entscheidenden beruflichen Anforderungen liegt, deren Zweck zudem rechtmäßig und die außerdem angemessen sein müssen. Eine unterschiedliche Behandlung behinderter gegenüber nichtbehinderten Menschen ist nur dann zulässig, wenn die Anforderungen

31

---

21 *BAG* v. 18. 11. 2003 – 9 AZR 122/03; *BAG* v. 16. 12. 2008 – 9 AZR 985/07

einer bestimmten Tätigkeit eine bestimmte körperliche Funktion, geistige Fähigkeit oder seelische Gesundheit maßgeblich und zwingend voraussetzen und wenn es um die von dem schwerbehinderten Beschäftigten auszuübende Tätigkeit geht. Bei bestimmten streng und im Einzelfall zu definierenden Arbeiten, bei denen eine sinnvolle Eignung im Zusammenhang der funktionellen Einschränkungen entfällt, kann eine Einstellung bzw. Beschäftigung behinderter Menschen ausgeschlossen sein. Die wesentlichen und entscheidenden Anforderungen müssen tätigkeitsbezogen sein oder im Zusammenhang mit den Bedingungen der Ausübung der Tätigkeit stehen. Hat die Behinderung zur Folge, dass die geforderte Leistung in keiner für den Arbeitgeber sinnvollen Weise erbracht werden kann oder zu unzumutbaren Nachteilen für den Arbeitgeber führen würde, wäre eine Ungleichbehandlung zweckgebunden und rechtmäßig. Eine Benachteiligung ist dann nicht zu vermeiden bzw. die Zulässigkeit einer unterschiedlichen Behandlung ist dann gegeben, wenn die Art der Tätigkeit mit wesentlichen und entscheidenden unverzichtbaren Anforderungen verbunden ist, die aufgrund der vorhandenen individuellen Beeinträchtigung der behinderten Person objektiv nicht zu erbringen sind.

Beispiele:
Fahrlehrertätigkeit durch blinde Menschen, Geräuschprüfung bei Motorenprüfständen durch gehörlose Menschen, Geruchsprüfung in der Lebensmittel-/Kosmetikindustrie durch Beschäftigte ohne intakten Geruchssinn.

Eine pauschale Begründung, behinderte Menschen seien aufgrund ihrer Behinderung für bestimmte Tätigkeiten überhaupt nicht oder nur bedingt geeignet bzw. belastbar, sind zum einen praktisch widerlegt und nicht geeignet, eine Ungleichbehandlung auszuschließen. Sind die Tätigkeitsvoraussetzungen eindeutig und bekannt und ist der behinderte Bewerber wegen seiner Behinderung für die Erbringung der Arbeitsleistung auf der ausgeschriebenen Stelle zweifelsfrei nicht geeignet, dann erst stellt auch eine Ablehnung keine unzulässige Benachteiligung dar.

d) Anspruch auf Entschädigung und Schadenersatz

32 Ziel des SGB IX ist die Herstellung von Teilhabe behinderter Menschen im Arbeitsleben und ihre rechtliche und tatsächliche gesellschaftliche Gleichstellung. Das Benachteiligungsverbot und die

Sanktionen, die mit seiner Nichteinhaltung verbunden sind, erhalten von daher ihre besondere Bedeutung. § 15 AGG sieht daher entsprechend § 611 BGB **Entschädigungsansprüche** für immaterielle Schäden des unrechtmäßig benachteiligten schwerbehinderten Beschäftigten bei der Begründung eines Arbeits- oder sonstigen Beschäftigungsverhältnisses vor. Neben der Entschädigung besteht gem. § 15 Abs. 1 AGG gegenüber dem Arbeitgeber ein in der Höhe nicht beschränkter Anspruch auf **Schadensersatz**, z. B. durch Ausfall des vorgesehenen Verdienstes, der durch die Verletzung des Benachteiligungsverbots verursacht worden ist. Ein Verstoß gegen das Benachteiligungsverbot führt aber nicht zu einem **Einstellungs- oder Beförderungsanspruch**. Ein Entschädigungsanspruch in Form einer Einstellung oder Beförderung ist ausdrücklich ausgeschlossen. Abs. 2 sieht für alle Fälle des Verstoßes gegen das Benachteiligungsverbot eine **Haftung** des Arbeitgebers vor, wenn im Ergebnis der diskriminierenden Entscheidung, Vorschrift oder des Verfahrens eine unmittelbare oder mittelbare Benachteiligung gem. § 3 AGG vorliegt. Der Arbeitgeber haftet aber auch dann, wenn die benachteiligende Handlung durch andere Personen, die als seine Erfüllungsgehilfen (§ 278 BGB) tätig sind, vorgenommen wurde. Das sind insbesondere die Fach- und Führungskräfte.

§ 15 Abs. 1 AGG setzt voraus, dass dem Betroffenen durch die Benachteiligung ein materieller Schaden entstanden ist (z. B. entstehende Einkommenseinbußen). Ferner setzt ein Entschädigungsanspruch voraus, dass der Bewerber sich subjektiv ernsthaft beworben hat und objektiv für die zu besetzende Stelle in Betracht kommt.[22] Zur Höhe der Entschädigung im Zuge des Schadenersatzanspruches macht § 15 Abs. 1 AGG keine näheren Angaben. Von den materiellen Sanktionen gegenüber dem Arbeitgeber soll zum einen eine abschreckende Wirkung ausgehen. Sie sollen den Arbeitgeber veranlassen, für die Zukunft angemessene Vorkehrungen zu treffen, um die Anwendung des Gleichbehandlungsgrundsatzes auf Menschen mit Behinderungen sicherzustellen. Gleichzeitig sollen sie ihn zur Erfüllung seiner Beschäftigungspflicht schwerbehinderten Menschen gegenüber bewegen.   **33**

Der Anspruch auf Entschädigung und die monetäre Leistung, die § 15 Abs. 2 AGG zur Entschädigung des zugefügten Schadens vorsieht, ist ein Ersatz für immaterielle Schäden, weil die Verletzung des   **34**

---

22 *BAG* v. 21.7.2009 – 9 AZR 431/08, NZA 2009, 1087 ff.; BAG v. 12.11.1998 –
    8 AZR 365/97; *LAG Mainz* v. 11.1.2008 – 6 Sa 522/07

Benachteiligungsverbotes zu einer schwerwiegenden Verletzung der Persönlichkeit des behinderten Menschen führt und ihn insbesondere im zentralen Lebensbereich des Arbeits- und Berufslebens bei der Entfaltung seiner Rechte auf persönliche Gleichstellung und gesellschaftliche Teilhabe behindert. Bei der Bemessung des Schadens sind vor allem Art und Schwere der Diskriminierung sowie die Folgen für den diskriminierten behinderten Menschen zu berücksichtigen.[23]

Für den Fall einer Benachteiligung eines Bewerbers oder einer Bewerberin ohne tatsächliche Auswirkung auf die Einstellung legt § 15 Abs. 2 Satz 2 AGG wie die frühere Regelung des § 81 Abs. 2 Satz 2 Nr. 3 SGB IX eine Obergrenze für den Entschädigungsanspruch fest. Der Maximalbetrag des Entschädigungsanspruchs für die entgangene Stelle liegt bei höchstens drei Bruttomonatsverdiensten.[24] Wäre der schwerbehinderte Bewerber auch ohne Benachteiligung nicht eingestellt worden, dann liegt hier ein weniger starker Eingriff in die **Persönlichkeitsrechte** des behinderten Bewerbers vor.

Diese Entschädigungsregelung für Bewerber, die auch bei benachteiligungsfreier Auswahl nicht eingestellt worden wären, unterscheidet sich von der Benachteiligung einer behinderten Person, die nur aufgrund der Behinderung nicht eingestellt worden ist und sie bei diskriminierungsfreier Auswahl eingestellt worden wäre. Für diese die Persönlichkeitsrechte erheblich stärker verletzende Benachteiligungskonstellation sieht das AGG keine verbindliche Festlegung der Höhe der Entschädigung vor. Die Höhe der materiellen Entschädigungsleistung für diese kausale Benachteiligung kann die Obergrenze von drei Bruttomonatsverdiensten überschreiten. Kann der Arbeitgeber nicht beweisen, dass es einen geeigneteren nichtbehinderten Bewerber gab oder der schwerbehinderte Bewerber dauerhaft nicht in der Lage zur Erfüllung der Arbeitsaufgaben gewesen wäre, können die Benachteiligten eine Entschädigung in angemessener Höhe verlangen. Die nicht leichte Aufgabe für die diskriminierten behinderten Stellenbewerber besteht darin, den Nachweis der **Vermutung einer Benachteiligung** zu führen. Welche Entschädigungsleistung angemessen ist, entscheiden die Besonderheiten des Einzelfalls. Dabei sind einige wichtige Kriterien zu berücksichtigen: Art und Ausmaß der Benachteiligung, die Sozialwidrigkeit des Arbeitgeberhandelns, die ordnungsgemäße Durchführung des Prüfungs-

---

23 *BAG* v. 12. 9. 2006 – 9 AZR 807/05
24 *ArbG Cottbus* v. 11. 6. 2008 – 7 Ca 108/08

und Beteiligungsverfahrens, das Ausmaß des wirtschaftlichen Schadens des schwerbehinderten Bewerbers, der Verlust der nicht eingenommenen Arbeitsstelle. Die Entschädigung wird aber in jedem Fall deutlich über der Grenze von drei Monatsverdiensten liegen, denn der Schadensersatz soll eine Benachteiligung mit konkreter Auswirkung auf die Nichteinstellung ausgleichen. Was der im Einzelfall angemessene und zutreffende Betrag ist, entscheidet das Gericht unter Prüfung der konkreten Umstände.

§ 15 Abs. 3 AGG regelt eine Ausnahme von der Ergebnishaftung des **35** Arbeitgebers bei Benachteiligungen, die durch kollektivrechtliche Vereinbarungen entstehen. Er trägt eine Entschädigungspflicht nur dann, wenn er in Anwendung von z. B. Tarifverträgen oder Betriebsvereinbarungen, die gegen das Benachteiligungsverbot verstoßen, die Benachteiligungen vorsätzlich oder grob fahrlässig herbeigeführt hat.

Gem. § 15 Abs. 4 AGG muss der abgelehnte schwerbehinderte Bewerber **36** seine Entschädigungsansprüche innerhalb von zwei Monaten nach Zugang der Ablehnung der Bewerbung schriftlich geltend machen. Zur Sicherung der Ansprüche muss die Erklärung innerhalb der Zweimonatsfrist beim Arbeitgeber eingegangen sein. Für den Betrieb ist damit schnell überschaubar, welche finanziellen Forderungen auf ihn zukommen und wann das Bewerbungsverfahren endgültig abgeschlossen ist. Die Frist beginnt nach § 15 Abs. 4 Satz 2 AGG bei Benachteiligungen im Zusammenhang von Bewerbungen und beruflichem Aufstieg mit dem Zeitpunkt des Zugangs des Ablehnungsschreibens. Die Ablehnung der Bewerbung muss schriftlich erfolgen. Der Arbeitgeber ist für den rechtzeitigen Zugang innerhalb der Ausschlussfrist darlegungs- und beweispflichtig. Dabei gilt die Verfahrenspflicht des Arbeitgebers zur Durchführung des Prüfungsverfahrens gem. § 81 Abs. 1 SGB IX. Zum Abschluss dieses Verfahrens hat der Arbeitgeber alle Beteiligten – auch die schwerbehinderten Bewerber – über die von ihm getroffene Entscheidung unter Darlegung der Gründe unverzüglich zu unterrichten.

Bei den sonstigen Fällen einer Benachteiligung (z. B. Weiterbeschäftigung ohne Zuweisung von Arbeit, Zuweisung von nicht behinderungsgerechten Tätigkeiten oder nicht barrierefreien Arbeitsorten) beginnt die Frist zu dem Zeitpunkt, in dem der oder die Beschäftigte von der Benachteiligung und den diskriminierenden Umständen Kenntnis erlangt. Ob der Bewerber zum Zeitpunkt des Zugangs des Ablehnungsschreibens zweifelsfrei überschauen kann, ob das Bewerbungsverfahren diskriminierungsfrei war, steht in Frage. Ohne geklärten Sachverhalt und ohne nachvollziehbares Anforderungsprofil zur Beurteilung einer möglichen Diskriminierung ist ein Diskriminierungsschutz erheblich beeinträchtigt.

Ansprüche gegen einen diskriminierenden Arbeitgeber wegen der Vermutung einer Benachteiligung sind schriftlich geltend zu machen. Anspruchsberechtigt im Rahmen von Bewerbungsverfahren bei Einstellungen und Beförderungen sind Personen, die sich subjektiv ernsthaft beworben haben und für die ausgeschriebene Stelle objektiv geeignete sind.[25] Mit dieser Eingrenzung zielt das BAG auf das Ausschließen von Missbrauch.

Betroffene, die eine Benachteiligung vermuten, müssen ihre Ansprüche schriftlich geltend machen und klar und deutlich darauf hinweisen, dass sie Ansprüche auf Entschädigung bzw. Schadensersatz wegen Diskriminierung geltend machen. Die Anspruchshöhe muss nicht beziffert werden.[26]

Der Beginn der Klagefrist nach § 61b ArbGG für Klagen beim Arbeitsgericht[27] auf Entschädigung nach § 15 AGG ist vom Zeitpunkt abhängig, an dem die Betroffenen ihre Ansprüche gegenüber dem Arbeitgeber geltend gemacht haben. Entschädigungsklagen sind innerhalb von drei Monaten nach der schriftlichen Geltendmachung zu erheben.[28]

36a   § 15 Abs. 6 AGG regelt einen **Entschädigungsanspruch** bezüglich der behinderungsbedingten Benachteiligung beim beruflichen Aufstieg. Für eine unzulässige Benachteiligung beim beruflichen Aufstieg gelten deshalb die gleichen Voraussetzungen und Grundsätze wie bei der Begründung des Arbeitsverhältnisses. Ein Anspruch des behinderten innerbetrieblichen Bewerbers auf einen anderen Arbeitsplatz oder eine Beförderung wird ausdrücklich ausgeschlossen. Ergibt sich ein Rechtsanspruch auf Beförderung aus Tarifvertrag, Arbeitsvertrag oder Betriebsvereinbarung, dann kann sich ein Anspruch auf beruflichen Aufstieg ergeben. Liegen die Voraussetzungen für einen beruflichen Aufstieg beim schwerbehinderten Be-

---

25 *BAG* v. 21.7.2009 – 9 AZR 431/08

26 *BAG* v. 15.2.2005 – 9 AZR 635/03

27 Beamte und Richter haben den Rechtsweg zum Verwaltungsgericht zu beschreiten (*OVG Rheinland-Pfalz* v. 22.6.2007 – 2 F 10596/07).

28 Die Frist beginnt erst mit Kenntnisnahme der diskriminierenden Umstände, also frühestens mit dem Zugang der Ablehnung, jedoch nicht vor Kenntnisnahme von der Diskriminierung, die z.B. bei einer weitgehend unbestimmt formulierten Ablehnung wesentlich später liegen kann (*BAG* v. 15.3.2012 – 8 AZR 37/11).

schäftigten vor, besteht auch ein Anspruch auf Aufstieg im Rahmen des laufenden Arbeitsverhältnisses. Daneben und darüber hinaus ist kein Entschädigungsanspruch in Geld gegeben. Besteht kein Anspruch auf beruflichen Aufstieg, kann der schwerbehinderte Beschäftigte vom Arbeitgeber verlangen, dass er ihn wirtschaftlich entschädigt und dass die Entschädigungsleistung so ausfällt, als ob der Arbeitgeber ihn nicht wegen seiner Behinderung benachteiligt hätte. Die Entschädigungsleistung entspricht dem Differenzbetrag zwischen dem jetzigen Monatsentgelt und dem Monatsentgelt, das er ohne Benachteiligung dauerhaft hätte erzielen können. Für die Berechnung des Volumens der zu zahlenden Unterschiedsentgeltbeträge gelten dieselben Kriterien wie für die Festlegung der als Entschädigungssumme zu zahlenden Monatsverdienste. Gegenüber der früheren Regelung des § 81 Abs. 2 Satz 2 Nr. 5, die bei einer Benachteiligung ohne Auswirkung auf die Beförderung höchstens drei Differenzbeträge als Obergrenze vorsah, gibt es im AGG für eine Diskriminierung beim beruflichen Aufstieg keine Beschränkung der Entschädigungshöhe mehr.

e) Beweislast

Die Durchsetzbarkeit von Ansprüchen behinderter Menschen, die sich aus dem Benachteiligungsverbot ergeben, ist aus Sicht der Betroffenen von entscheidender Bedeutung. Bei der Erleichterung der darauf ausgerichteten Darlegungs- und **Beweislast** ist zum einen die entsprechende Regelung für die geschlechterbezogene Diskriminierung in § 611a Abs. 1 BGB herangezogen worden. § 22 AGG stellt auch die Umsetzung der Vorschrift des Art. 10 der EU-Richtlinie 2000/78 zur **Beweislastumkehrung** dar. **36b**

Die gegenüber früher erleichterte Regelung besteht in einer Darlegungspflicht der Benachteiligung durch den schwerbehinderten Beschäftigten oder Bewerber. Der Betroffene hat danach **Indizien** zu beweisen, die eine behinderungsbedingte Benachteiligung vermuten bzw. wahrscheinlich erscheinen lassen. Der Arbeitgeber als Anspruchsgegner trägt nun die Beweislast dafür, dass entweder kein Verstoß gegen das Benachteiligungsverbot vorliegt oder ein Rechtfertigungsgrund für die Benachteiligung eingreift, z. B. wegen besonderer beruflicher Anforderungen. Um den Vollbeweis anzutreten, dass die Tatsache der Behinderung nicht ursächlich für die Benachteiligung war, muss der Arbeitgeber anhand des realen Stellenprofils die Entscheidungskriterien offen legen und durch einen diskriminierungsfreien Verlauf des Bewerbungsgesprächs nachweisen, dass die Schwerbehinderung bei der Auswahlentscheidung von keiner Bedeutung war.

36c Die Rechtslage bezüglich der Anforderungen, die an die Darlegungs- und Beweislast bei Geltendmachung eines Entschädigungsanspruchs zu stellen sind, hat sich durch das AGG nicht geändert. Die Regelung des § 22 AGG hat einen anderen Wortlaut. Um eine Beweislastumkehr zu erreichen, muss der schwerbehinderte Bewerber bzw. Beschäftigte nicht mehr Tatsachen glaubhaft machen, die eine Ungleichbehandlung zwischen ihm und anderen vergleichbaren Beschäftigten vermuten lassen, sondern er hat jetzt Indizien zu beweisen, die zeigen, dass die Wahrscheinlichkeit eines Zusammenhangs zwischen dem Status Schwerbehinderung und der Benachteiligung überwiegt.[29]

36d »Indizien zu beweisen« meint die Darlegung bzw. den Beweis von **Hilfstatsachen**. Dies sind Tatsachen, die für sich alleine oder zusammen mit anderen Umständen den Schluss auf die Haupttatsache zulassen. Indizien für eine Ungleichbehandlung wegen Behinderung darzulegen bedeutet möglichst genau Tatsachen (Zeit, Situation, Beteiligte, nähere Umstände) vorzutragen, aus denen eine weniger günstige Behandlung gegenüber einer anderen nichtbehinderten Person hervorgeht und die eine Benachteiligung wegen der Behinderung überwiegend wahrscheinlich machen.[30] An die Vermutungswirkung ist kein zu strenger Maßstab anzulegen. Es ist nicht erforderlich, dass sie den zwingenden Schluss auf die Diskriminierung zulässt. Vielmehr reicht es aus, wenn nach allgemeiner Lebenserfahrung eine überwiegende Wahrscheinlichkeit dafür besteht.[31]

> **Beispiel:**
> Eine solche Tatsache besteht dann, wenn der Arbeitgeber trotz Hinweis des Bereichsvorgesetzten bei den wöchentlichen Gruppengesprächen für gehörlose Beschäftigte den Einsatz eines Gebärdendolmetschers für nicht erforderlich hält. Ein behinderter auf den Rollstuhl angewiesener Beschäftigter ist auch dann benachteiligt, wenn nichtbehinderte Beschäftigte der gleichen Abteilung Gelegenheit zur Teilnahme an einem innerbetrieblichen Fortbildungsseminar erhalten, der behinderte Beschäftigte aber wegen fehlender Zugangsmöglichkeiten zum Schulungsraum davon ausgeschlossen ist. Hat der Beschäftigte solche vermutungsbegründenden Indizien vorgetragen, die eine Ungleichbehandlung zwischen ihm und an-

---

29 *BVerwG* v. 3. 3. 2011 – 5 C16/10; *BAG* v. 17. 12. 2009 – 8 AZR 670/08
30 *BAG* v. 3. 4. 2007 – 9 AZR 823/06
31 *BAG* v. 24. 4. 2008 – 8 AZR 257/07

deren vergleichbaren Beschäftigten vermuten lassen, dann tritt die Beweislastumkehr zu Lasten des Arbeitgebers ein. Der Arbeitgeber trägt die Beweislast, muss also den Beweis führen, dass er nicht gegen das Benachteiligungsverbot verstoßen hat. Er muss dann nachweisen, dass entweder gar keine Ungleichbehandlung stattgefunden hat oder dass eine unterschiedliche Behandlung nicht wegen der Behinderung erfolgt ist oder er legt dar, dass eine unterschiedliche Behandlung gem. § 8 AGG durch sachliche Gründe zulässig war.

f) Vermutung einer Benachteiligung

Die Rechtsprechung hat Einzelheiten zur Vermutung einer rechts- **36e**
widrigen Benachteiligung herausgearbeitet. Eine verbotene Benachteiligung ist zu vermuten:

- bei einem Verstoß des Arbeitgebers gegen seine Pflichten aus § 81 SGB IX, das Bewerbungsschreiben bei seinem Eingang vollständig zur Kenntnis zu nehmen. Die unterlassene Kenntniserlangung der in seinem Einflussbereich eingesetzten Personen wird dem Arbeitgeber als objektive Pflichtverletzung zugerechnet;[32]
- bei Verletzung der dem Arbeitgeber obliegenden Prüfungspflicht nach § 81 Abs. 1 in wesentlichen Teilen;[33] die Vermutung einer Diskriminierung ist insbesondere dann gegeben, wenn der Arbeitgeber gegen spezielle Schutzvorschriften des 2. Teils des SGB IX verstößt;[34]
- bei Verletzung der Pflicht nach § 81 Abs. 1 Satz 2, frei werdende Stellen frühzeitig zu melden und mit der Agentur für Arbeit wegen der Vermittlung arbeitsloser und arbeitssuchender schwerbehinderter Menschen Verbindung aufzunehmen sowie die schwerbehinderten Bewerber zu einem Vorstellungsgespräch zu laden. Geschieht das nicht, besteht eine Vermutung, dass jemand wegen seiner Schwerbehinderung benachteiligt wurde. Der Betroffene kann dann Entschädigung und Schadensersatz nach § 15 AGG verlangen;[35]
- bei Nichtbeteiligung der Schwerbehindertenvertretung (fehlende Unterrichtung): verstößt der Arbeitgeber gegen seine Unterrich-

---

32 *BAG* v. 16.9.2008 – 9 AZR 791/07
33 *BAG* v. 13.10.2011 – 8 AZR608/10; *AG Frankfurt* v. 19.2.2003 – 17 CA 8469/02
34 *BAG* v. 22.8.2013 – 8 AZR 574/12; *BAG* v. 21.2.2013 – 8 AZR 180/12; *BAG* v. 17.12.2009 – 8 AZR 670/08
35 BAG v. 16.2.2012 – 8 AZR 697/10; *BAG* v. 12.9.2006 – 9 AZR 807/05

tungspflicht und kann die Schwerbehindertenvertretung ihrer Aufgabe der Überprüfung der Diskriminierungsfreiheit des Bewerbungsverfahren nicht nachkommen, dann spricht eine Vermutung für die Benachteiligung des verschwiegenen schwerbehinderten Stellenbewerbers;[36]

- wenn der Benachteiligende ein Diskriminierungsmerkmal nur annimmt. Die in einem Bewerbungsgespräch gestellten Fragen nach näher bezeichneten gesundheitlichen Beeinträchtigungen können auf eine Behinderung rückschließen lassen;[37]
- bei einem Verstoß gegen die Pflicht des öffentlichen Arbeitgebers, schwerbehinderte Bewerber grundsätzlich gem. § 82 Satz 2 zum Bewerbungsgespräch einzuladen[38] und sich in einem Vorstellungsgespräch zu präsentieren;[39]
- bei Verletzung von speziellen Regelungen, die bestimmte Arbeitgeber zu besonderen Anstrengungen bzgl. der Durchsetzung des Gleichbehandlungsgrundsatzes verpflichten. Daher ist die unterbliebene Einladung zu einem Vorstellungsgespräch, welche öffentlichen Arbeitgebern auferlegt wird, zur Glaubhaftmachung einer Benachteiligung geeignet. Weiterhin ist die Verletzung des Verfahrens, die Arbeitsagentur bzw. das Integrationsamt von der Stellenbesetzung zu informieren, geeignet, eine Diskriminierung wegen der Schwerbehinderteneigenschaft vermuten zu lassen;[40]
- wenn in einem Motivbündel die Behinderung eines Bewerbers zumindest eines von mehreren Motiven für die ablehnende Entscheidung des Arbeitgebers ist, vorausgesetzt der Arbeitgeber hatte Kenntnis von der Schwerbehinderung;[41]
- bei einer fehlenden schriftlichen Mitteilung über die Ablehnungsgründe an den betroffenen Bewerber: Bereits die Missachtung der Vorschriften kann aus sich heraus einen Verstoß gegen das Benachteiligungsverbot darstellen. Ein wesentlicher Teil des Verfah-

36 *BAG* v. 15.10.2014 – 7 ABR 71/12; *BAG* v. 16.9.2008 – 9 AZR 791/07; *BAG* v. 15.2.2005 – 9 AZR 635/03; *LAG Frankfurt* v. 22.3.2006 – 2 Sa 1686/05
37 *BAG* v. 17.12.2009 – 8 AZR 670/08
38 *LAG Schleswig-Holstein* v. 08.11.2005 – 5 Sa 277/05; *AG Berlin* v. 10.10.2003 – 91 Ca 17871/03
39 *BAG* v. 12.9.2006 – 9 AZR 807/05; *LAG Sachsen* v. 19.9.2007 – 5 Sa 552/06
40 *BAG* v. 12.9.2006 – 9 AZR 807/05; *LAG Rheinland-Pfalz* v. 1.9.2005 – 4 Sa 865/04
41 *BAG* v. 17.12.2009 – 8 AZR 670/08; *BAG* v. 21.7.2009 – 9 AZR 431/08; *LAG Schleswig-Holstein* v. 08.11.2005 – 5 Sa 277/05; *LAG Nürnberg* v. 1.4.2004 – 7 SHa 4/04

rens ist die in Satz 9 normierte Pflicht des Arbeitgebers, alle Beteiligten – auch den schwerbehinderten Bewerber – über die von ihm getroffene Entscheidung unter Darlegung der Gründe unverzüglich zu unterrichten.[42] Damit wird der zentrale Stellenwert der Einhaltung der (Prüf-)Verpflichtungen gem. § 81 Abs. 1 untermauert, die eng mit der Einhaltung des Gleichbehandlungsgebotes verbunden ist;

- wenn der Arbeitgeber keine ihm zumutbaren »angemessenen Vorkehrungen« ergreift, um Hindernisse, die einer Beschäftigung entgegenstehen, zu beseitigen;[43]
- wenn der Arbeitgeber eine Kündigung unter Verletzung der Pflicht verfolgt, »angemessene Vorkehrungen« zu treffen;[44]
- wenn behinderten Bewerbern von vornherein keine Chance eingeräumt wird, weil eine mit einer Diskriminierung einhergehende Verletzung des Persönlichkeitsrechts bereits in der Stellenausschreibung oder in dem Bewerbungsverfahren liegen kann.[45]

4. Maßnahmen zur Beschäftigung schwerbehinderter Menschen (Abs. 3)

Abs. 3 enthält die Verpflichtung des Arbeitgebers, seinen Betrieb **37** durch geeignete Maßnahmen so zu organisieren, dass er zumindest die vorgeschriebene Zahl schwerbehinderter Menschen beschäftigen kann. Diese Formulierung erinnert weitläufig an die Bestimmung des § 14 Abs. 3 in der Fassung des SchwbG v. 26.8.1986, wonach der Arbeitgeber verpflichtet war, die räumlichen, sächlichen, technischen und organisatorischen Voraussetzungen für eine dauerhafte Beschäftigungsmöglichkeit von schwerbehinderten Arbeitskräften zu schaffen.

Während Arbeitgeber damit auch bei Erfüllung der Beschäftigungs- **38** quote verpflichtet waren, dem Arbeits- und Gesundheitsschutz und dem behinderungsgerechten Gestaltungsbedarf für gesundheitsbeeinträchtigte und behinderte Beschäftigte besondere Aufmerksamkeit zu schenken, so ist diese ausdrückliche Verpflichtung mit dem SGB IX weggefallen bzw. in einen individuellen Rechtsanspruch umgewandelt und abgeschwächt worden.

---

42 *LAG Frankfurt* v. 07.11.2005 – 7 Sa 473/05
43 *BAG* v. 22.5.2014 – 8 AZR 662/13
44 *BAG* v. 19.12.2013 – 6 AZR 190/12
45 *BAG* v. 17.8.2010 – 9 AZR 839/08; *BAG* v. 26.6.2014 – 8 AZR 547/13

39 Die Regelung bleibt insgesamt unbestimmt und unkonkret. Es mangelt an der Festlegung von Arbeitgebern auf das Grundverständnis, dass gerade die arbeitgeberseitige Ausgestaltung des einzelnen Arbeitsplatzes eine entscheidende Voraussetzung für Beschäftigungschancen schwerbehinderter Menschen darstellt. Es ist besonders die Gestaltung des Arbeitsplatzes, des Arbeitsumfeldes und der Arbeitsbedingungen, die auf die jeweilige Funktionsbeeinträchtigung zugeschnitten sein muss.

40 Mit dieser Deregulierung des Arbeits- und Gesundheitsschutzes im Schwerbehindertenrecht folgt der Gesetzgeber dem Wunsch der Arbeitgeber nach Abbau von Schutzrechten und Kosten. Es handelt sich um eine beschäftigungsfeindliche Entlastung der Arbeitgeber von der Pflicht zur Weiterentwicklung des Gesundheitsschutzes unter besonderer Berücksichtigung zusätzlicher Schutzvorkehrungen. Der Anschluss der behinderungsgerechten Beschäftigung schwerbehinderter Menschen an einen präventiv ausgerichteten Arbeits- und Gesundheitsschutz wird hierdurch deutlich erschwert.

Für die Schwerbehindertenvertretung gilt es also darauf zu achten, dass die Mindestvorschriften wie sie in den bestehenden Arbeitsschutzvorschriften, Unfallverhütungsvorschriften, in der Arbeitsstättenverordnung, Arbeitsstoffverordnung, im Gerätesicherheitsgesetz etc. sowohl für nichtbehinderte als auch für behinderte Beschäftigte gelten, eingehalten werden. Die Organisation des Betriebes hat demnach auch so zu erfolgen, dass behinderte Menschen Voraussetzungen vorfinden, die eine reibungslose berufliche Teilhabe ermöglichen. Die Regelung begründet damit eine Organisationspflicht des Arbeitgebers; Barrierefreiheit herzustellen. Maßstab für Barrierefreiheit im Betrieb und am Arbeitsplatz ist § 4 BGG. »Barrierefrei sind bauliche und sonstige Anlagen, Verkehrsmittel, technische Gebrauchsgegenstände, Systeme der Informationsverarbeitung, akustische und visuelle Informationsquellen und Kommunikationseinrichtungen sowie andere gestaltete Lebensbereiche, wenn sie für behinderte Menschen in der allgemein üblichen Weise, ohne besondere Erschwernis und grundsätzlich ohne fremde Hilfe zugänglich und nutzbar sind.«

41 Eine wichtige Aufgabe haben diesbezüglich die **Arbeitsmediziner** und die **Sicherheitsfachkräfte** nach dem Arbeitssicherheitsgesetz zu übernehmen. Sie sind nicht nur in dieser Frage wichtige Verbündete für die Interessenvertretung behinderter Menschen im Betrieb. In diesem Zusammenhang ist es unbedingt notwendig, dass die Schwerbehindertenvertretungen in Sachen Arbeits- und Gesundheitsschutz und Barrierefreiheit über genügend Sachkenntnis verfügen, um wenigstens ihrem **Überwachungsauftrag** nach § 95 Abs. 1 Nr. 1 nachkommen zu können. Die Schwerbehindertenvertretungen haben aufgrund ihres Freistellungsanspruches nach § 96 Abs. 4 das Recht, an entsprechenden Schulungs- und Bildungsveranstaltungen der Gewerkschaften und der Berufsgenossenschaften teilzunehmen (§ 96 Rn. 13 ff.).

5. Anspruch auf fähigkeits- und behinderungsgerechte Beschäftigung und Arbeitsgestaltung (Abs. 4)

Unter den Ziffern 1 bis 5 des § 81 Abs. 4 sind die Ansprüche schwer-   **42**
behinderter Menschen gegenüber dem Arbeitgeber auf fähigkeits- und behinderungsgerechte Beschäftigung normiert. Die vor dem SGB IX geltenden Individualansprüche auf Freistellung von Mehrarbeit (§ 124) und Zusatzurlaub (§ 125) werden dadurch beträchtlich ausgeweitet. Das Individualrecht und die Rechtsposition schwerbehinderter Arbeitnehmer gegenüber dem Arbeitgeber werden deutlich gestärkt. Kommt der Arbeitgeber seinen Verpflichtungen, die sich aus den Ansprüchen des einzelnen schwerbehinderten Beschäftigten gegenüber ihm ergeben, nicht nach, haben die betroffenen Beschäftigten die Möglichkeit der Klage.

Verwertung und Weiterentwicklung der Fähigkeiten und Kenntnisse   **43**

Nr. 1 regelt den Anspruch auf Beschäftigung, bei der sich Fähigkeiten und Kenntnisse möglichst voll verwerten und weiterentwickeln können und entspricht der früheren Verpflichtung des Arbeitgebers aus Abs. 2 Satz 1 des SchwbG in der Fassung v. 26. 8. 1986.
Abs. 4 Nr. 1 macht deutlich, dass es nicht nur darum geht, für schwerbehinderte Beschäftigte irgendeinen Arbeitsplatz zu finden. Vielmehr sind die Arbeitgeber verpflichtet, für schwerbehinderte Arbeitnehmer und Arbeitnehmerinnen Arbeitsplätze zu schaffen bzw. ihnen solche zuzuweisen, auf denen sie ihre **Fähigkeiten und Kenntnisse möglichst voll verwerten und weiterentwickeln** können. Falls erforderlich müssen entsprechende Arbeitsplätze eingerichtet, angepasst oder neu geschaffen werden. Zur Beschäftigungsförderung behinderter Menschen kann auch eine Versetzung auf einen behinderungs- und leistungsgerechten Arbeitsplatz geeignet bzw. erforderlich sein. Soweit für die Erfüllung des schwerbehindertenrechtlichen Beschäftigungsanspruches eine Versetzung notwen-

dig ist, hat der schwerbehinderte Mensch einen Anspruch darauf, dass der Arbeitgeber die Zustimmung nach § 99 BetrVG beim Betriebsrat einholt.[46]

44 Legt § 71 die allgemeine Beschäftigungspflicht fest, so geht es hier um den **behinderungsgerechten Arbeitseinsatz**, der so zu erfolgen hat, dass dadurch Benachteiligungen im Beschäftigungsverhältnis verhindert werden. Es geht also darum, im Interesse des schwerbehinderten Menschen und des Arbeitgebers für die schwerbehinderte Person einen behinderungsgerechten Arbeitsplatz zur Verfügung zu stellen, der sie in die Lage versetzt, die gleiche Leistung zu erbringen wie eine vergleichbare qualifizierte nichtbehinderte Person. Damit soll eine möglichst langfristige Eingliederung in das Arbeits- und Berufsleben erreicht werden. Der Anspruch schwerbehinderter Arbeitnehmer auf kenntnis- und fähigkeitsgerechte Beschäftigung verpflichtet den Arbeitgeber zur behinderungsgerechten Umgestaltung der Arbeitsorganisation. Der Arbeitnehmer hat dabei darzulegen, welche Beschäftigungsmöglichkeiten seinen Kenntnissen und Fertigkeiten entsprechen. Daran sind aber keine hohen Anforderungen geknüpft, weil nur der Arbeitgeber einen umfassenden Überblick besitzt.[47] Demgegenüber muss der Arbeitgeber den Beweis führen, dass solche behinderungsgerechten Beschäftigungsmöglichkeiten nicht bestehen, dass kein entsprechender freier Arbeitsplatz vorhanden ist und auch nicht durch Versetzung freigemacht werden kann oder deren Zuweisung ihm unzumutbar ist. Der Arbeitnehmer hat nachzuweisen, dass entgegen der Behauptung des Arbeitgebers ein freier Arbeitsplatz zur Verfügung steht oder vom Arbeitgeber frei gemacht werden kann.[48] Verletzt der Arbeitgeber diese Pflicht zur behinderungsgerechten Beschäftigung gem. § 81 Abs. 1 Nr. 1 macht er sich schadensersatzpflichtig, wenn er diese Pflicht schuldhaft verletzt und die vom Arbeitnehmer geschuldete Arbeitsleistung nicht annimmt,[49] es sei denn, die Einrichtung des Arbeitsplatzes wäre ihm unzumutbar oder mit unverhältnismäßigen Aufwendungen verbunden (Abs. 4 Satz 3). Dabei sind neben dem finanziellen Aufwand der Maßnahme die Aussichten auf eine dauerhafte Beschäftigungsmöglichkeit, mögliche Nachteile durch gesundheitliche Belastungen für andere Arbeitnehmer, ein hoher Einarbeitungsaufwand und die

---

46 *BAG* v. 03.12.2002 – 9 AZR 481/01 und 9 AZR 104/02
47 *BAG* v. 14.3.2006 – 9 AZR 411/05
48 *BAG* v. 10.5.2005 – 9 AZR 230/04
49 *BAG* v. 04.10.2005 – 9 AZR 632/04

Erfüllung bzw. Nichterfüllung der Beschäftigungsquote zu berücksichtigen und abzuwägen.

Erinnert die Interessenvertretung schwerbehinderter Menschen im   **45**
Betrieb bzw. der Dienststelle den Arbeitgeber daran, schwerbehinderte Personen einzustellen, weil die Beschäftigungspflichtquote nicht erfüllt ist, dann wird häufig darauf verwiesen, schwerbehinderte Beschäftigte seien nicht so leistungsfähig wie Nichtbehinderte. In der Praxis ist diese Behauptung widerlegt. Der weit überwiegende Teil der beschäftigten schwerbehinderten Menschen in der privaten Industrie und im öffentlichen Dienst leistet das Gleiche wie ihre nichtbehinderten Kolleginnen und Kollegen. Menschen mit Behinderungen sollen nicht als Sozialfälle, wie Arbeitgeber manchmal behaupten, mit »durchgeschleift« werden, sondern sie sollten möglichst so beschäftigt werden, dass sie eine ihrer Entlohnung entsprechende wirtschaftliche Leistung bringen können. Die dazu notwendigen angemessenen Vorkehrungen einer lernförderlichen und barrierefreien Arbeitsprozessgestaltung und einer anspruchsvollen, die Weiterentwicklung der Fähigkeiten fördernden Tätigkeit bilden die Basis für die gleichberechtigte Teilhabe schwerbehinderter Menschen im Arbeitsleben.

Daher ergibt sich aus dem Rechtsanspruch des schwerbehinderten Beschäftigten eine **Förderungspflicht** des Arbeitgebers. Sie sollen nämlich während ihrer Beschäftigung ihre **Fähigkeiten und Kenntnisse weiterentwickeln** können. Diese Förderungspflicht besteht jederzeit während der gesamten Dauer des Beschäftigungsverhältnisses im Rahmen der betrieblichen Möglichkeiten, also auch nicht etwa erst dann, wenn der schwerbehinderte Arbeitnehmer ein entsprechendes Begehren stellt. Dies gilt auch für die Erprobung und den Erwerb von Kenntnissen u. U. auch auf Zeit. Die zum alten Schwerbehindertenrecht (§ 14 Abs. 3 Satz 1 SchwbG a. F. bis zum Inkrafttreten von § 14 Abs. 3 Satz 1 SchwbG n. F. am 1. 10. 2000) ergangene Entscheidung des *BAG* vom 23. 1. 2001,[50] wonach ein Eingriff in die Betriebsorganisation des Arbeitgebers nicht zulässig sei, wenn dieser seine Beschäftigungsquote erfüllt habe und dann keine überobligationsmäßigen Anstrengungen schulde, ist nach Inkrafttreten des § 81 Abs. 4 Satz 1 überholt. Im Rahmen der durch diese Norm kodifizierten und gegenüber der allgemeinen Fürsorgepflicht des Arbeitgebers gesteigerten Fürsorgepflicht kann der Arbeitgeber

---

50 *BAG* v. 23. 1. 2001 – 9 AZR 287/99, AP Nr. 1 zu § 81 SGB IX

auch verpflichtet sein, einen vorhandenen Arbeitsplatz, an dem der vertragliche Beschäftigungsanspruch erfüllt werden kann, behindertengerecht umzugestalten. Diese Verpflichtung zur Schaffung eines leidensgerechten Arbeitsplatzes, die bereits zur Vermeidung einer krankheitsbedingten Kündigung besteht,[51] besteht erst recht gegenüber einem schwerbehinderten Menschen.

46   Erreicht der schwerbehinderte Beschäftigte durch die ihm übertragene Tätigkeit oder durch die Teilnahme an einer Fortbildungsmaßnahme eine höhere Qualifizierung, hat der Arbeitgeber diesen Umstand zu berücksichtigen. Er hat zu prüfen, ob der schwerbehinderte Arbeitnehmer nicht auf einem höher qualifizierten Arbeitsplatz einzusetzen ist. Betriebliche Aufstiegsmöglichkeiten dürfen schwerbehinderten Menschen nicht vorenthalten werden.

47   Eine besondere Bedeutung hat die **Förderungspflicht des Arbeitgebers** in den Fällen, in denen für beschäftigte schwerbehinderte Arbeitnehmer aufgrund ihrer Behinderung ein **Arbeitsplatzwechsel** als notwendig erscheint.[52] Zunächst müsste versucht werden, den alten Arbeitsplatz behinderungsgerecht zu gestalten, um einen Arbeitsplatzwechsel gänzlich zu vermeiden. Scheidet diese Möglichkeit aus, kommt in Betracht, den behinderten Arbeitnehmer seiner Qualifikation entsprechend auf einem anderen geeigneten freien ggf. auf einem behinderungsgerecht umgestalteten Arbeitsplatz zu beschäftigen.[53] Eine weitere für den Arbeitgeber zumutbare Alternative ist schließlich die, den behinderten Arbeitnehmer für die Übernahme einer neuen, höher qualifizierten Aufgabe zu befähigen.[54]

In der Praxis wird in den Fällen eines notwendigen Arbeitsplatzwechsels immer noch sehr häufig nach **so genannten typischen Behindertenarbeitsplätzen** (»Schonarbeitsplätzen«), wie Waschkauenwärter, Pförtner, Boten, Fahrstuhlführer, Wächter usw., Ausschau gehalten. Wenn diese Arbeitsplätze nicht schon der Rationalisierung und Umorganisation zum Opfer gefallen sind, sind sie in ihrer erforderlichen Zahl unterbemessen bzw. schon mit behinderten Arbeitnehmern besetzt. Der Beschäftigungsanspruch richtet sich grund-

---

51 *BAG* v. 4. 10. 2005 – 9 AZR 632/04; *LAG Schleswig-Holstein* v. 04. 10. 2007 – 5 Sa 184/07; *LAG* Köln v. 16. 5. 2011 – Sa 1276/10; *BAG* v. 29. 1. 1997 – 2 AZR 9/96, AP Nr. 32 zu § 1 KSchG 1969 Krankheit
52 Zur Vertragsänderung in diesen Fällen *BAG* v. 10. 5. 2005 – 9 AZR 230/04
53 *BAG* v. 4. 10. 2005 – 9 AZR 632/04
54 Zur Zumutbarkeit der Beschäftigungspflicht siehe *BAG* v. 14. 3. 2006 – 9 AZR 411/05

sätzlich nicht auf gering bewertete Beschäftigungsmöglichkeiten, sondern ist mit einem Anspruch auf die fördernde Weiterentwicklung der vorhandenen Kompetenzen und auf beruflichen Aufstieg verbunden.

Der schwerbehinderte Arbeitnehmer besitzt einen unmittelbaren **48** **klagbaren Anspruch** auf eine seinen Fähigkeiten und Kenntnissen entsprechende Beschäftigung sowie auf eine bevorzugte Teilnahme an Maßnahmen innerbetrieblicher beruflicher Bildung.[55] Das heißt u. a., dass der Arbeitgeber schuldhaft gegen seine Pflicht verstößt, wenn er die schwerbehinderte Person z. B. von vornherein auf einem Arbeitsplatz beschäftigt, an dem sie ständig, bezogen auf ihre Qualifikation, unterfordert ist, oder wenn eine inzwischen eingetretene Höherqualifikation des schwerbehinderten Arbeitnehmers bei der Besetzung entsprechender freier Arbeitsplätze nicht berücksichtigt wird.

So hat z. B. das *LAG Düsseldorf* bereits in seinem Urteil vom **49** 13. 11. 1990[56] in einem Lehrsatz hervorgehoben:

»Der schwerbehinderte Arbeitnehmer hat einen klagbaren Anspruch darauf, im Rahmen der betrieblichen Möglichkeiten seiner Vorbildung und seinem Gesundheitszustand entsprechend beschäftigt zu werden.«

In diesem Fall wurde einer schwerbehinderten Arbeitnehmerin ein Schadensersatzanspruch zugesprochen, weil der Arbeitgeber bei sonst gleichen Voraussetzungen bei der Besetzung einer freien Stelle einer nichtbehinderten Arbeitnehmerin den Vorzug gegeben hatte.[57]

Im Rahmen der begleitenden Hilfe haben sich auch die Integrationsämter nach § 102 Abs. 2 Satz 2 u. a. dafür einzusetzen, dass schwerbehinderte Menschen entsprechend ihren Kenntnissen und Fähigkeiten beschäftigt werden, in ihrer sozialen Stellung nicht absinken und möglichst ihrem Beruf erhalten bleiben.

Die gerichtlich durchsetzbaren Individualansprüche entstehen un- **49a** mittelbar bei Vorliegen der gesetzlichen Voraussetzungen. Sie können im Weg einer Leistungsklage geltend gemacht werden. Die Beweislast für die Tatsachen, die den Anspruch begründen, liegt beim

---

55 *BAG* v. 23. 1. 2001 – 9 AZR 287/99
56 *LAG Düsseldorf* v. 13. 11. 1990 – 16 Sa 0925/90
57 S. a. *BAG* v. 10. 7. 1991 – 5 AZR 383/90, PersR 1992, 241 = AiB 1992, 486 und
    AG Hamburg v. 23. 8. 1990 – 15 Ca 14/90, AiB 1991, 438

schwerbehinderten Arbeitnehmer. Der Arbeitgeber muss dagegen die Unzumutbarkeit und Unverhältnismäßigkeit der Maßnahme und Umstände beweisen.[58] Weil die Betroffenen jedoch aufgrund unzureichender Kenntnisse aller Einsatz- und Gestaltungsmöglichkeiten im Unternehmen leicht in Beweisnot geraten, trifft den Arbeitgeber eine so genannte sekundäre Behauptungslast. Daraus folgt, dass der Arbeitgeber darzulegen hat, weshalb eine behinderungsgerechte Beschäftigung auch nach fachkundiger Prüfung nicht in Betracht kommt.[59]

50 **Berufliche Weiterbildung**
In Nr. 2 und 3 werden die Ansprüche auf bevorzugte Berücksichtigung bei innerbetrieblichen Bildungsmaßnahmen und auf erleichterte Teilnahme an außerbetrieblichen Maßnahmen geregelt. In Abs. 4 Nr. 2 spricht der Gesetzgeber dabei von der **Bevorzugung** schwerbehinderter Beschäftigter. Danach sind schwerbehinderte Arbeitnehmer zur **Förderung ihres beruflichen Fortkommens** bei innerbetrieblichen Maßnahmen bevorzugt zu berücksichtigen. Auch hierauf hat der schwerbehinderte Arbeitnehmer einen klagbaren Anspruch, da er bei gleichen Voraussetzungen Anspruch auf diese Förderung vor anderen, nicht schwerbehinderten Arbeitnehmern hat.

Neben den Rehabilitationsträgern ist damit auch den Arbeitgebern die Aufgabe der beruflichen Förderung schwerbehinderter Menschen auferlegt. Es gehört damit zum besonderen Förderauftrag des Arbeitgebers bzw. der von ihm beauftragten Führungskraft, den Qualifizierungsbedarf schwerbehinderter Beschäftigter regelmäßig zu ermitteln und mit den Betroffenen zu erörtern. Führt der Arbeitgeber ohnehin innerbetriebliche Maßnahmen der beruflichen Bildung durch, dann ist schwerbehinderten Beschäftigten für die Teilnahme der Vorzug zu geben.[60] Eine durch die Bevorzugung schwerbehinderter Menschen in Kauf zu nehmende günstigere Behandlung **schwerbehinderter Arbeitnehmer** ist zur beruflichen Integrierung schwerbehinderter Menschen sozialpolitisch gerechtfertigt und verstößt nicht gegen Art. 3 Abs. 1 und 3 GG.

51 Auch die in jedem Jahr zu besetzenden **Ausbildungsplätze** sind Arbeitsplätze i. S. des § 81 Abs. 1 Satz 1 und unterliegen der **Prüfungs-**

---

58 *BAG* v. 14. 3. 2006 – 9 AZR 41/05
59 *BAG* v. 04. 10. 2005 – 9 AZR 632/04; *BAG* v. 10. 5. 2005 – 9 AZR 230/04
60 *VG* Frankfurt v. 29. 2. 2008 – 9 E 941/07

pflicht des Arbeitgebers (Rn. 2 ff.). Hierbei bietet sich für alle nach § 99 Abs. 1 und 2 zur Zusammenarbeit verpflichteten Beteiligten an, geeignete schwerbehinderte junge Menschen auf Ausbildungsplätze in den Betrieben der privaten Industrie und den Dienststellen des öffentlichen Dienstes zu vermitteln.

Bei der Ermittlung des Berufsbildungsbedarfs und bei der Auswahl **52** der Personen, die an innerbetrieblichen Maßnahmen der beruflichen Bildung teilnehmen, haben die Betriebs- bzw. Personalräte nach § 98 BetrVG bzw. § 68 Abs. 1 und 4 BPersVG ein qualifiziertes Mitbestimmungsrecht. Hierbei ist die Interessenvertretung verpflichtet, sich für diesen Personenkreis um die Aus- und Weiterbildung besonders zu bemühen. Dies ergibt sich zum einen aus ihrer Verpflichtung, die Eingliederung schwerbehinderter Menschen zu unterstützen (§ 80 Abs. 1 Nr. 4 BetrVG, § 68 Abs. 1 Nr. 4 BPersVG, § 93 SGB IX), und zum anderen aus ihrem Überwachungsauftrag in Bezug auf die Einhaltung **zugunsten der Arbeitnehmer geltenden Gesetze** (§ 80 Abs. 1 Nr. 1 BetrVG, § 68 Abs. 1 Nr. 2 BPersVG).

Behinderungsgerechte Arbeitsgestaltung **53**

Nr. 4 regelt den Anspruch auf behinderungsgerechte Einrichtung und Unterhaltung der Arbeitsstätten sowie die behinderungsgerechte Gestaltung der Arbeitsplätze, des Arbeitsumfeldes, der Arbeitsorganisation und der Arbeitszeit; Nr. 5 regelt den Anspruch auf technische Arbeitshilfen am Arbeitsplatz. Damit wurden die Verpflichtungen des Arbeitgebers aus Abs. 3 Sätze 1 und 2 des SchwbG in der Fassung v. 26. 8. 1986 in individuelle Rechtsansprüche schwerbehinderter Beschäftigter umgewandelt.

In der Folge wird der Arbeitgeber in die Pflicht genommen, die **54** **räumlichen, sächlichen, technischen und organisatorischen Voraussetzungen** für dauerhafte Beschäftigungsmöglichkeiten schwerbehinderter Menschen zu schaffen und auf eine behinderungsgerechte Einrichtung und Anpassung der Arbeitsstätte und der Arbeitsplätze hinzuwirken.

Wenn bei der Prüfung nach Abs. 1 oftmals behauptet wird, der **55** freie Arbeitsplatz sei für die schwerbehinderte Person nicht geeignet, dann wird häufig vergessen, dass der Arbeitgeber verpflichtet ist, den Arbeitsplatz technisch und organisatorisch so umzugestalten, dass der Betroffene in der Lage ist, eine sinnvolle Tätigkeit auszuüben.

Zu den **räumlichen Voraussetzungen** können z. B. ausreichende Behindertenparkplätze, Rollstuhlfahrerrampen, barrierefreie Zugänge zu den Betriebsanlagen und entsprechende sanitäre Einrichtungen gehören.

Besondere Sitzgelegenheiten, behinderungsgerechte Werkzeuge und Maschinen oder geeignete Transportmittel müssten u. a. bei der **sächlichen und technischen Ausstattung des Betriebes** berücksichtigt werden.

Eine notwendig werdende **Umgestaltung von Arbeitsabläufen** bei spezifischen Behinderungen (z. B. Anfallserkrankung, Sehbehinderung, Gehörlosigkeit, Psychische Behinderung), besondere Pausen- und Erholungsräume usw. gehören zum **organisatorischen Gestaltungsbereich**.

56 Die wichtigste Aufgabe ist allerdings die auf den einzelnen behinderten Menschen zugeschnittene **Gestaltung des Arbeitsplatzes**. Der Anspruch auf behinderungsgerechte Gestaltung des Arbeitsplatzes bzw. der Arbeitsorganisation (z. B. durch eine andere Arbeitsverteilung)[61] wird sich immer auf die jeweilige **Funktionseinschränkung** beziehen müssen[62] Die Barrierefreiheit des Betriebes und seiner Abläufe unterstützen diese Maßnahmen. Auch die Gestaltung der Arbeitszeit ist ein wichtiges Element der Gestaltung des Arbeitsplatzes und der Arbeitsorganisation. Die Arbeitsdauer, Pausen- und Erholungszeiten sowie die Lage und Verteilung der Arbeitszeit (Schicht-, Nacht-, Wochenend-, Saison-, Projektarbeit) haben dabei erheblichen Einfluss auf die gesundheitliche Belastungssituation behinderter und nichtbehinderter Beschäftigter.[63] Schwerbehinderte Menschen haben (daher) nach Abs. 4 Nr. 4 einen einklagbaren Anspruch auf behinderungsgerechte Gestaltung der Arbeitszeit, soweit dessen Erfüllung für den Arbeitgeber nicht unzumutbar oder mit unverhältnismäßigen Aufwendungen verbunden ist. Hieraus kann sich die Pflicht des Arbeitgebers ergeben, einen schwerbehinderten Arbeitnehmer nicht zur Nachtarbeit einzuteilen und dessen Arbeitszeit auf die Fünftagewoche zu beschränken.[64] Der Gestaltungsanspruch schließt auch einen Anspruch auf Änderung des Ortes ein, an dem die Arbeitsleistung zu erbringen ist. Sofern die leidensgerechte Beschäftigung am heimischen Telearbeitsplatz eine Abänderung des

---

61 *BAG* v. 04. 10. 2005 – 9 AZR 632/04; BAG v. 14. 3. 2006 – 9 AZR 411/05; *BAG* v. 12. 7. 2007 – 2 AZR 716/06
62 *LAG Schleswig-Holstein* v. 8. 6. 2005 – 3 Sa 30/05; *BAG* v. 14. 3. 2006 – 9 AZR 411/05
63 *BAG* v. 03. 12. 2002 – 9 AZR 462/01
64 *BAG* v. 03. 12. 2002 – 9 AZR 462/01

Feldes

ursprünglich geschlossenen Arbeitsvertrages erforderlich macht, kann der betroffene Arbeitnehmer unmittelbar auf entsprechende Beschäftigung klagen.[65] Behinderungsgerechte Gestaltung umfasst auch eine andere Verteilung der Arbeitsaufgaben.[66]

Bei aller Verschiedenartigkeit der Behinderungen gibt es heute eine Fülle von behinderungskompensierenden **technischen Arbeitshilfen** und Vorkehrungen. Sie reichen von der einfachen Stehhilfe für einen geh- und stehbehinderten Beschäftigten, über die Hebehilfe zur Lastenhandhabung, flexiblem Büromobiliar, bis hin zur Lesehilfe für den stark sehbehinderten Beschäftigten oder einen mit Brailletastatur ausgestatteten Büroarbeitsplatz für blinde Mitarbeiter. Auch auf diese Arbeitshilfen besteht im Rahmen des § 81 Abs. 4 Nr. 5 ein **klagbarer Anspruch.**

Dem **Arbeits- und Gesundheitsschutz** ist für bereits gesundheitsgeschädigte und behinderte Arbeitnehmer in den Betrieben und Dienststellen besondere Aufmerksamkeit zu widmen. Aus diesem Grunde hat der Gesetzgeber die Arbeitgeber verpflichtet, die Arbeitsräume, Betriebsvorrichtungen, Maschinen und Gerätschaften unter besonderer Berücksichtigung der **Unfallgefahr** so einzurichten, dass schwerbehinderte Menschen möglichst gefahrlos beschäftigt werden können. Dabei geht es in der Hauptsache darum, dass zu den bereits bestehenden gesundheitlichen Schäden und Behinderungen nicht noch weitere hinzukommen. Die Durchführung von Arbeitsschutzmaßnahmen für behinderte Beschäftigte und die Pflicht zur Gefahrenabwehr durch belastungsreduzierende Arbeitsgestaltung ergibt sich bereits aus einer konsequenten Wahrnehmung und Anwendung des Arbeitsschutzrechtes. **57**

So ist es für gehbehinderte oder in ihrer körperlichen Beweglichkeit eingeschränkte Menschen wichtig, nicht auf rutschigen, unebenen oder ausgetretenen Gehwegen innerhalb und außerhalb der Arbeitsräume gehen zu müssen. Erforderlich ist ebenfalls, am Arbeitsplatz genügend Bewegungsspielraum zur Verfügung zu haben. Atemwegserkrankte und Rheumakranke müssen ausreichend gesunde Atemluft, ein möglichst gutes Raumklima, gute Lichtverhältnisse usw. zur Verfügung haben.

Alle eingliederungsunterstützenden und beschäftigungsfördernden Maßnahmen des Arbeitgebers müssen von der BA und den Integrationsämtern unterstützt werden. **58**

---

65 *LAG Hannover* v. 06. 12. 2010 – 12 Sa 860/10
66 *BAG* v. 14. 3. 2006 – 9 AZR 411/05; *BAG* v. 4. 10. 2005 – 9 AZR 632/04

Die Integrationsämter sind im Rahmen der **begleitenden Hilfe** im Arbeits- und Berufsleben in enger Zusammenarbeit mit der BA dazu verpflichtet, ihren Sachverstand einzubringen und, wenn notwendig, zur behinderungsgerechten Gestaltung der Arbeitsplätze **finanzielle Unterstützung** zu gewähren (§ 102 Rn. 3). Oftmals sind die Beteiligten im Betrieb auch aus einer gewissen Betriebsblindheit, aufgrund nicht ausreichender Informationen und mangelnder Vorstellungskraft nicht in der Lage, Problemlösungen zu finden bzw. zu entwickeln. Es kommt daher darauf an, sich die Hilfe und Unterstützung der technischen Berater der Integrationsämter und der Arbeitsämter möglichst rechtzeitig zu sichern.

59 Sämtliche Rechtsansprüche stehen jedoch unter dem Vorbehalt, dass die mit den Rechtsansprüchen verbundenen Maßnahmen für den Arbeitgeber zumutbar und mit verhältnismäßigen Aufwendungen verbunden sein müssen. Bei der Prüfung der Unzumutbarkeit oder der Unverhältnismäßigkeit handelt es sich um eine Einzelfallentscheidung der Abwägung zwischen den Interessen des schwerbehinderten Beschäftigten und des Arbeitgebers. Dabei spielen sowohl der finanzielle Aufwand von Sicherungs- und Eingliederungsmaßnahmen, mögliche Nachteile für andere Beschäftigte, der Erfüllungsgrad der Beschäftigungsquote sowie die Erfüllung der gegebenen arbeitsschutzrechtlichen Anforderungen eine wichtige Rolle. »Eine behinderungsgerechte Beschäftigung kann nie unverhältnismäßig (oder unzumutbar) sein, wenn sie durch Herstellung eines arbeitsschutzkonformen Zustandes zu erreichen wäre (z. B. durch Installation technischer Arbeitshilfen nach § 2 Last-HandhabV[67] Auch die Inanspruchnahme von Fördermitteln und Leistungen zur begleitenden Hilfe im Arbeitsleben (§ 102 Abs. 3) sind bei der Interessenabwägung unbedingt zu berücksichtigen. Nach Art. 5 Satz 3 der EU Antidiskriminierungsrichtlinie sind Belastungen für den Arbeitgeber aus gemeinschaftsrechtlichen Sicht »nicht unverhältnismäßig, wenn sie durch geltende Maßnahmen im Rahmen der Behindertenpolitik des Mitgliedstaates ausreichend kompensiert sind.«

---

67 Vgl. FKS-SGB IX-*Faber*, § 81 Rn. 61 f.

6. Anspruch auf Teilzeitbeschäftigung (Abs. 5)

Abs. 5 enthält die Verpflichtung des Arbeitgebers, die Einrichtung **60** von Teilzeitarbeitsplätzen zu fördern.[68] Damit ist die Prüfung gem. Abs. 1, ob schwerbehinderte Menschen für Tätigkeiten auf neuen oder bereits bestehenden Teilzeitarbeitsplätzen in Frage kommen, von besonderer Bedeutung. Auch bei der Förderung von Teilzeit sind die Arbeitgeber gezielt von den Integrationsämtern zu unterstützen, um den Anspruch des Einzelnen auf Teilzeitbeschäftigung umzusetzen, wenn die wöchentliche Verkürzung der Arbeitszeit wegen der Art oder der Schwere der Behinderung erforderlich ist. Den Nachweis der Notwendigkeit der Arbeitszeitverkürzung hat der schwerbehinderte Beschäftigte zu erbringen.[69] Die Förderung von Arbeitgebern, die schwerbehinderte Menschen in Teilzeit beschäftigen, und die Förderung schwerbehinderter Beschäftigter in solchen Beschäftigungsverhältnissen mit Mitteln der begleitenden Hilfe werden durch die Vorschrift im § 102 Abs. 2 ermöglicht. Diese Vorschrift des Abs. 2 Satz 3, wonach als Arbeitsplätze auch Stellen gelten, auf denen Beschäftigte befristet oder als Teilzeitbeschäftigte beschäftigt werden, stellt klar, dass die begleitende Hilfe nicht nur bei unbefristeten, sondern auch bei befristeten Voll- und Teilzeitbeschäftigungsverhältnissen wirksam werden kann. Dabei ist die Förderung von befristeten Vollzeitarbeitsverhältnissen mit einer Dauer von mehr als acht Wochen möglich und auch von Teilzeitarbeitsverhältnissen ab einer wöchentlichen Mindestarbeitszeit von 15 Stunden (vgl. § 102 Rn. 3).

Abs. 5 Satz 3 stellt einen individuellen Rechtsanspruch auf Teilzeit- **61** beschäftigung unter der Voraussetzung fest, dass eine Vollzeitbeschäftigung wegen Art und Schwere der Behinderung nicht möglich ist. Bei den Teilzeitbeschäftigungsverhältnissen handelt es sich um Arbeitsplätze, bei denen sich die Verringerung des Arbeitszeitumfangs auf die tägliche, die wöchentliche oder die monatliche Arbeitszeit beziehen kann. Auch bei einer Teilzeitbeschäftigung muss der Arbeitnehmer durchgehend und regelmäßig beschäftigt sein.

Der in Abs. 5 Satz 3 eingeführte durchsetzbare Rechtsanspruch hat **62**

---

68 *LAG Hessen* v. 24.4.2007 – 4 TaBV 24/07; der EuGH beurteilt Arbeitszeitverkürzungen, je nach Art der Behinderung als »angemessene Vorkehrungen« i.S. von Art. 5 RL2000/78/EG zur Beschäftigungssicherung (EuGH v. 11.4.2013 – C 335/11)
69 *BAG* v. 14.10.2003 – 9 AZR 100/03

zu einer Stärkung der Teilhabeposition derjenigen schwerbehinderten Menschen am Arbeitsmarkt geführt, die im Rahmen eines eingeschränkten Gesundheits- und Leistungsvermögens dennoch ihre Fähigkeiten und Kenntnisse am Arbeitsmarkt anbieten und verwerten wollen. Gegenüber den Ansprüchen auf Teilzeitbeschäftigung aus dem Teilzeit- und Befristungsgesetz (TzBfG) vom 21. 12. 2000 ist der Anspruch schwerbehinderter Menschen aus dem SGB IX weitergehend und erleichtert durchzusetzen. Das TzBfG gilt nicht für Betriebe mit bis zu 15 Arbeitnehmern.

63   Der Anspruch auf Teilzeitbeschäftigung steht dem schwerbehinderten Beschäftigten dann zu, wenn die Verkürzung der Arbeitszeit wegen der Behinderung und der daraus entstehenden Einschränkungen bzw. Auswirkungen erforderlich ist. Das Verlangen des schwerbehinderten Menschen bewirkt unmittelbar eine Verringerung der geschuldeten Arbeitszeit, ohne dass es einer Zustimmung des Arbeitgebers zur Änderung der vertraglichen Pflichten bedarf.[70] Die behinderungsbedingten Ursachen für die notwendige Teilzeitbeschäftigung können vielfältig sein: körperliche Beeinträchtigungen, mit langem Stehen oder dauerndem Sitzen verbundene Tätigkeit, Probleme bei häufig wechselnden Anforderungen am Arbeitsplatz, Einschränkungen des Konzentrationsvermögens, seelisch bedingte hohe Stressanfälligkeit, Belastungen eines langen Arbeitsweges, Pflegetätigkeit bei Angehörigen, regelmäßiger Arbeitsausfall wegen Dialyse und ambulanten Rehabilitationsmaßnahmen.

64   Der Arbeitgeber darf dem schwerbehinderten Beschäftigten die Teilzeitbeschäftigung nicht verweigern. Entscheidungen oder Maßnahmen, die eine Teilzeitbeschäftigung erschweren oder verunmöglichen, stellen einen Verstoß gegen das Verbot der Benachteiligung wegen einer Behinderung dar. Die Benachteiligung bezieht sich darauf, dass eine vollschichtige Beschäftigung trotz begründeten Bedarfs die schwerbehinderte Person in ihrer Leistungsfähigkeit überfordert und den Schutz ihrer Gesundheit beeinträchtigt. Umgekehrt heißt dies, dass der Arbeitgeber die schwerbehinderte Person entsprechend ihrer behinderungsbezogenen Leistungsfähigkeit beschäftigen muss.

65   Der Zusammenhang zwischen dem Bedarf nach verkürzter Arbeitszeit und der Behinderung muss vom schwerbehinderten Beschäftigten dargelegt und nachgewiesen werden. Es entsteht also die Not-

---

70 *BAG* v. 14. 10. 2003 – 9 AZR 100/03

wendigkeit, den Bedarf der Teilzeitbeschäftigung medizinisch abzuklären und den Umfang mit Hilfe eines ärztlichen Attestes zu begründen und zu definieren. Liegt ein Bescheid eines Rentenversicherungsträgers wegen Teilerwerbsminderungsrente vor, wird der Nachweis dadurch erbracht.

Eine Halbtagsbeschäftigung ist jedoch nur für eine Minderheit der **66** schwerbehinderten Arbeitnehmer das Wunschbeschäftigungsverhältnis. Fraglich ist auch, ob davon die erhoffte Wirkung auf eine vollständige Integration und Teilhabe am Arbeits- und sonstigen Leben ausgehen kann. Wenn es gesundheitliche Gründe verlangen, haben schwerbehinderte Arbeitnehmer jedoch nun das Recht, zeitweise oder dauerhaft ihre Arbeitszeit zu verkürzen. Die Förderverpflichtung zur Einrichtung von Teilzeitarbeitsplätzen steht ebenfalls unter dem Vorbehalt, dass sie für den Arbeitgeber nicht zumutbar oder mit unverhältnismäßigen Aufwendungen verbunden wäre oder dass ihr Arbeitsschutzvorschriften entgegenstehen.

Ein Arbeitgeber ist berechtigt, die Zustimmung zur Verringerung der **67** Arbeitszeit (Teilzeitarbeit) zu verweigern, wenn rationale nachvollziehbare Gründe hierfür vorliegen. Verlangt ein schwerbehinderter Arbeitnehmer, im Hinblick auf seine Behinderung seine Arbeitszeit zu verringern, so kann der Arbeitgeber dies ablehnen, wenn er deshalb Änderungen in der Arbeitsorganisation vornehmen müsste, die einen Eingriff in andere Arbeitsverhältnisse erforderten.[71]

§ 82 Besondere Pflichten der öffentlichen Arbeitgeber

Die Dienststellen der öffentlichen Arbeitgeber melden den Agenturen für Arbeit frühzeitig frei werdende und neu zu besetzende sowie neue Arbeitsplätze (§ 73). Haben schwerbehinderte Menschen sich um einen solchen Arbeitsplatz beworben oder sind sie von der Bundesagentur für Arbeit oder einem von dieser beauftragten Integrationsfachdienst vorgeschlagen worden, werden sie zu einem Vorstellungsgespräch eingeladen. Eine Einladung ist entbehrlich, wenn die fachliche Eignung offensichtlich fehlt. Einer Integrationsvereinbarung nach § 83 bedarf es nicht, wenn für die Dienststellen dem § 83 entsprechende Regelungen bereits bestehen und durchgeführt werden.

---

71 *LAG Schleswig-Holstein* v. 23. 10. 2001 – 3 Sa 393/01

1. Normzweck

1 Diese Vorschrift hebt für die öffentlichen Arbeitgeber besondere zusätzliche Beschäftigungspflichten und Verfahrensanforderungen hervor. § 82 erweitert die allgemeinen Pflichten der Arbeitgeber gem. §§ 80 und 81 um die Verpflichtung für öffentliche Arbeitgeber, der Agentur für Arbeit frühzeitig frei werdende, neu zu besetzende und neue Teilzeit- und Vollzeitarbeitsplätze zu melden. Im Gegensatz zu den privaten Arbeitgebern, die erst dann gegenüber der Agentur für Arbeit tätig werden müssen, wenn ein Arbeitsplatz frei geworden ist, haben die Arbeitgeber des öffentlichen Dienstes der Agentur für Arbeit ihren **voraussichtlichen Personalbedarf** mitzuteilen. Die Regelung ist Ausdruck besonderer Fürsorgepflichten, die den Arbeitgebern im Bund gegenüber den bei ihnen beschäftigten schwerbehinderten Menschen in Abgrenzung zu den allgemeinen Fürsorgepflichten des Arbeitgebers abverlangt werden. Die Regelung knüpft an entsprechende Richtlinien zur Durchführung des ehemaligen SchwbG in den Geschäftsbereichen der Bundesminister für Arbeit und Sozialordnung, für Finanzen, des Inneren und für Wirtschaft an. Diese Fürsorgeerlasse sind dort Grundlage für die spezifische Förderung schwerbehinderter Beschäftigter. Sie sehen den Vorrang schwerbehinderter Bewerber bei gleicher oder im Wesentlichen gleicher Qualifikation vor.
Diese Regelung erweitert die früher in § 14a SchwbG auf die öffentlichen Arbeitgeber des Bundes begrenzte Regelung auf alle öffentlichen Arbeitgeber. Danach sind auch die öffentlichen Arbeitgeber nach § 71 Abs. 3 Nr. 2 bis 4 verpflichtet, frei werdende und neu zu besetzende sowie neue Arbeitsplätze frühzeitig den Agenturen für Arbeit zu melden.

2. Frühzeitige Meldung an die Agentur für Arbeit

Die Arbeitgeber des öffentlichen Dienstes haben der Agentur für   2
Arbeit ihren **voraussichtlichen Personalbedarf** (absehbar frei werdende, wieder zu besetzende sind sowie neu einzurichtende und damit erstmals zu besetzende Arbeitsplätze) mitzuteilen. Die Mitteilung des Personalbedarfs ist zu einem frühestmöglichen Zeitpunkt
vorzunehmen. Die Meldepflicht setzt dann ein, wenn der öffentliche
Arbeitgeber sicher und verlässlich davon ausgehen kann, dass er in
der Lage ist, eine Stellenbesetzung zu einem definierten Zeitpunkt
vorzunehmen. Der Zeitpunkt der Meldung soll der Agentur für Arbeit ausreichend Zeit für die Auswahl geeigneter Bewerber und zur
Prüfung und Darlegung von Fördermöglichkeiten geben. Die Koordinierung betrieblicher Personalplanungs- mit den Vermittlungsak-
tivitäten der Arbeitsverwaltung wird vereinfacht, wenn die Meldung
der Stellen, die i. d. R. durch die Personalabteilung erfolgt, einen
vollständigen Überblick über das Aufgaben- und Tätigkeitsprofil,
die Qualifikationsanforderungen, die vorgesehene Eingruppierung,
die Art der Beschäftigung als Teil- oder Vollzeitstelle, als befristete/
unbefristete Stelle und über den Besetzungszeitpunkt erlaubt. Bei
interner Stellenbesetzung ist die Meldepflicht eingeschränkt.[1]

3. Einladung zum Vorstellungsgespräch

Schwerbehinderte Arbeitslose, die aufgrund eines Vorschlages der   3
BA oder eines von dieser beauftragten Integrationsfachdienstes zum
Bewerberkreis zählen, und sonstige schwerbehinderte Bewerber
müssen zu einem Vorstellungsgespräch eingeladen werden, wenn die
fachliche Eignung der schwerbehinderten Bewerber nicht offensichtlich ausgeschlossen ist bzw. sie nicht offenkundig ungeeignet für die
Stelle sind.[2] Sie besitzen einen Individualanspruch auf Einladung zu
einem Vorstellungsgespräch.[3] Nur bei offensichtlich fachlich unge-
eigneten Bewerbern (z. B. wegen fehlender beruflicher Erfahrung)
kann von einer Einladung zu einem Vorstellungsgespräch abgesehen
werden.[4] Daraus ergibt sich für schwerbehinderte Bewerber bei öf-

---

1 *LAG Köln* v. 8. 2. 2010 – 5 TaBV 73/09
2 *BAG* v. 16. 2. 2012 – 8 AZR 697/10
3 *BAG* v. 24. 1. 2013 – 8 AZR 188/12
4 *LAG Hamm* v. 18. 11. 2014 – 15 SaGa 29/14; *LAG Niedersachsen* v. 3. 4. 2014 – 5 Sa
  1272/13; *BVerwG* v. 15. 12. 2011 – 2 A 13/10; *BAG* v. 16. 9. 2008 – 9 AZR 791/07;

fentlichen Arbeitgebern des Bundes ein Bewerbungsverfahrensanspruch unter Einschluss eines Anhörungs- und Beteiligungsrechtes. Ein Anspruch auf Einladung zum Vorstellungsgespräch ist jedoch nicht gegeben, wenn der öffentliche Arbeitgeber den Arbeitsplatz berechtigterweise nur intern ausschreibt.[5] Diese Verfahrensvorschriften lassen einen Beurteilungsspielraum für die öffentlichen Arbeitgeber im Bundesbereich erkennen, der sich zugunsten solcher schwerbehinderter Bewerber auswirken kann, die mindestens annähernd gleich qualifiziert sind wie nichtbehinderte Mitbewerber.

a) Vermutung einer Benachteiligung bei Pflichtverletzung

4   Die Missachtung dieser Verpflichtung gegenüber schwerbehinderten Bewerbern begründet die Vermutung einer Benachteiligung und einen Anspruch auf Schadenersatz wegen Benachteiligung aufgrund der Behinderung nach § 81 Abs. 2.[6] Ob dem Stellenbewerber offensichtlich die fachlich Eignung für die Stelle fehlt, ist durch den Arbeitgeber unzweifelhaft nachzuweisen und bedeutet, dass er unter keinem Gesichtspunkt für die Stelle geeignet ist.[7] Die Pflicht zur Durchführung eines Vorstellungsgesprächs mit einem schwerbehinderten Bewerber entfällt, wenn das Stellenausschreibungsverfahren inzwischen abgebrochen und ohne Neueinstellung beendet worden ist. Gleichwohl können dem schwerbehinderten Bewerber wegen eines Verstoßes gegen das Benachteiligungsverbot Schadensersatzansprüche erwachsen, wenn der Arbeitgeber die Bewerbungsunterlagen von schwerbehinderten Bewerbern unbeachtet lässt und sie nicht sofort an die Schwerbehindertenvertretung weiterleitet, unabhängig vom späteren Fortgang des Stellenausschreibungsverfahrens, wenn der Arbeitgeber seine Förderaufgaben aus § 81 Abs. 1 und wenn er seine Informationspflichten gegenüber der Arbeitsagentur verletzt.[8]

BAG v. 21.7.2009 – 9 AZR 431/08; LAG Mecklenburg-Vorpommern v. 8.9.2009 – 5 Sa 125/09; LAG Hessen v. 11.3.2009 – 2/1 Sa 554/08; LAG Hamm v. 17.11.2005 – 8 Sa 1213/05; LAG Sachsen v. 14.9.2005 – 2 Sa 279/05

5 BVerwG v. 15.12.2011 – 2 A 13/10

6 *BAG* v. 16.9.2006 – 9 AZR 791/07; *LAG Hessen* v. 28.8.2009 – 19/3 Sa 2136/08; *LAG Hamm* v. 17.11.2005 – 8 Sa 1213/05; *LAG Schleswig-Holstein* v. 08.11.2005 – 5 Sa 277/05

7 *AG Berlin* v. 10.10.2003 – 91 Ca 17871/03

8 *BAG* v. 26.9.2013 – 8 AZR 650/12; *BAG* v. 13.10.2011 – 8 AZR 608/10; LAG Hessen v. 28.8.2009 – 19/3 Sa 2136/08; *LAG Rheinland-Pfalz* v. 1.9.2005 – 4 Sa 865/04; *AG Marburg* v. 29.7.2005 – 2 Ca 65/05

Insbesondere die Nichteinladung schwerbehinderter Bewerber zum Bewerbungsgespräch stellt eine geeignete Hilfstatsache nach § 22 AGG dar und ist geeignet, die Vermutung einer Benachteiligung wegen der Behinderung zu begründen.[9] Auch die Verletzung der Informationspflicht gegenüber der Arbeitsagentur ist zur Glaubhaftmachung einer Benachteiligung wegen der Schwerbehinderteneigenschaft geeignet.[10]

b) Handlungsmöglichkeiten und Zustimmungsverweigerung der Interessenvertretung

Die kollektiven Interessenvertretungen verfügen über besondere Möglichkeiten der Unterstützung von Bewerbungen schwerbehinderter Menschen. Sie sind über ihre Anhörungs- und Beteiligungsrechte in das Bewerbungsverfahren nach § 81 Abs. 1 eingebunden. Neben dieser Beteiligungsregelung hat die **Schwerbehindertenvertretung** nach § 95 Abs. 2 Satz 3 das Recht **zur Einsicht in die entscheidungsrelevanten Teile der Bewerbungsunterlagen (dazu § 95 Rn. 20 f.) und, wenn Vermittlungsvorschläge der BA vorliegen oder schwer behinderte Menschen sich um die frei Stelle beworben haben, ein** Recht, an den Vorstellungsgesprächen teilzunehmen. Insbesondere durch die Beteiligung in diesem Stadium des Bewerbungsverfahrens lässt sich der Überwachungsauftrag nach § 93 und § 95 Abs. 1 Nr. 1 wirkungsvoll überprüfen, ob gegenüber schwerbehinderten und gleichgestellten Bewerbern Gründe vorliegen, wonach eine Benachteiligung zu vermuten ist.

Ein Verstoß gegen die Verfahrenspflichten des § 82 stellt keine Ordnungswidrigkeit dar, kann aber Grund für eine Verweigerung der Zustimmung zur Personalentscheidung nach 77 Abs. 2 Nr. BPersVG und § 99 BetrVG sein. § 95 Abs. 1 Nr. 1 verpflichtet die Schwerbehindertenvertretung zur Überwachung der Durchführung der Bestimmungen von Gesetzen, Verordnungen, Verwaltungsanordnungen etc., die zugunsten schwerbehinderter Menschen gelten. Der Überwachungsauftrag der Schwerbehindertenvertretung zielt also auch darauf ab, dass z. B. die so genannten Fürsorgeerlasse in der

5

---

9 *LAG Schleswig-Holstein* v. 22.10.2014 – 3 Sa 144/14; *BAG* v. 22.8.2013 – 8 AZR 563/12; *BAG* v. 13.10.2011 – 8 AZR 608/10; *BAG* v.16.9.2006 – 9 AZR 791/07; *LAG Hessen* v. 28.8.2009 – 19/3 Sa 2136/08
10 *LAG Rheinland-Pfalz* v. 1.9.2005 – 4 Sa 865/04

Praxis öffentlicher Arbeitgeber des Bundes und der Länder auch tatsächlich angewendet werden.

4. Ausnahme von der Verpflichtung zur Integrationsvereinbarung

6　Für die öffentlichen Arbeitgeber wird zusätzlich geregelt, dass die Vorschrift des Abschlusses einer verbindlichen Integrationsvereinbarung gem. § 83 keine Anwendung findet, wenn bereits entsprechende Regelungen existieren und durchgeführt werden. Gemeint sind die so genannten Fürsorgeerlasse und -richtlinien. Diese Fürsorgerichtlinien gibt es seit den 1950er Jahren des letzten Jahrhunderts. Sie werden insbesondere für die obersten Bundesbehörden und Landesregierungen und ihre jeweiligen Geschäftsbereiche sowie die nachgeordneten Dienststellen angewandt. Gesetzeshierarchisch entsprechen Fürsorgerichtlinien internen Verwaltungsvorschriften. Im Gegensatz zu Gesetzen, die durch das im Grundgesetz vorgesehene Gesetzgebungsverfahren zustande kommen, sind Verwaltungsvorschriften oder interne Richtlinien lediglich Empfehlungen. Sie können nicht auf dem Rechtswege vor Gericht durchgesetzt werden.

Im Gegensatz zu Integrationsvereinbarungen enthalten solche Richtlinien in der Regel nur klar stellende Regelungen zum vorhandenen gesetzlichen Auftrag bzw. legen Bestimmungen, die im Gesetz sehr eng gefasst sind, weitergehend aus. Die Aufgabe der Integrationsvereinbarung liegt aber gerade darin, dass die handelnden Akteure – Arbeitgeber, Arbeitgeberbeauftragter, Schwerbehindertenvertretung, Betriebs- bzw. Personalrat – selbst verbindliche Regeln für bestimmte Gestaltungsfelder der Integration schwerbehinderter Menschen schaffen und diese Grundsätze unter den konkreten Gegebenheiten der Dienststelle umsetzen. Im Gegensatz zu Fürsorgerichtlinien für den Umgang mit behinderten Menschen kann mit Hilfe von Integrationsvereinbarungen aktiv daran gearbeitet werden, strukturelle Bedingungen des Arbeitsumfeldes und sonstige Nachteile, die die Beschäftigung behinderter Menschen hemmen, zu beseitigen. Von daher sind Fürsorgerichtlinien kein Ersatz für eine prozesshafte und zielorientierte Integrationsvereinbarung. Die früheren »Schwerbehinderten-Fürsorgeerlasse« wurden seit dem In-Kraft-Treten des SGB IX überwiegend durch Integrationsvereinbarungen ersetzt.

§ 83 Integrationsvereinbarung

(1) Die Arbeitgeber treffen mit der Schwerbehindertenvertretung und den in § 93 genannten Vertretungen in Zusammenarbeit mit dem Beauftragten des Arbeitgebers (§ 98) eine verbindliche Integrationsvereinbarung. Auf Antrag der Schwerbehindertenvertretung wird unter Beteiligung der in § 93 genannten Vertretungen hierüber verhandelt. Ist eine Schwerbehindertenvertretung nicht vorhanden, steht das Antragsrecht den in § 93 genannten Vertretungen zu. Der Arbeitgeber oder die Schwerbehindertenvertretung können das Integrationsamt einladen, sich an den Verhandlungen über die Integrationsvereinbarung zu beteiligen. Der Agentur für Arbeit und dem Integrationsamt, die für den Sitz des Arbeitgebers zuständig sind, wird die Vereinbarung übermittelt.

(2) Die Vereinbarung enthält Regelungen im Zusammenhang mit der Eingliederung schwerbehinderter Menschen, insbesondere zur Personalplanung, Arbeitsplatzgestaltung, Gestaltung des Arbeitsumfelds, Arbeitsorganisation, Arbeitszeit sowie Regelungen über die Durchführung in den Betrieben und Dienststellen. Bei der Personalplanung werden besondere Regelungen zur Beschäftigung eines angemessenen Anteils von schwerbehinderten Frauen vorgesehen.

(2a) In der Vereinbarung können insbesondere auch Regelungen getroffen werden

1. zur angemessenen Berücksichtigung schwerbehinderter Menschen bei der Besetzung freier, frei werdender oder neuer Stellen,

2. zu einer anzustrebenden Beschäftigungsquote, einschließlich eines angemessenen Anteils schwerbehinderter Frauen,

3. zu Teilzeitarbeit,

4. zur Ausbildung behinderter Jugendlicher,

5. zur Durchführung der betrieblichen Prävention (betriebliches Eingliederungsmanagement) und zur Gesundheitsförderung,

6. über die Hinzuziehung des Werks- oder Betriebsarztes auch für Beratungen über Leistungen zur Teilhabe sowie über besondere Hilfen im Arbeitsleben.

(3) In den Versammlungen schwerbehinderter Menschen berichtet der Arbeitgeber über alle Angelegenheiten im Zusammenhang mit der Eingliederung schwerbehinderter Menschen.

1. Normzweck

1   Der Paradigmenwechsel, der mit der Neuausrichtung des Behindertenrechtes im SGB IX eingeleitet wurde, verfolgt das Ziel, die Rechte behinderter Menschen zu stärken und insbesondere ihre Teilhabe am allgemeinen Erwerbsleben zu verbessern. Mit der Verpflichtung der Arbeitgeber, der Schwerbehindertenvertretung und des Betriebs- bzw. Personalrats in Zusammenarbeit mit dem Beauftragten des Arbeitgebers zum Abschluss einer verbindlichen Integrationsvereinbarung (Abs. 1) soll dieses Ziel betriebsnah umgesetzt werden. Dieses Instrument verpflichtet die Arbeitgeber, auf den Betrieb zugeschnittene Integrations- und Rehabilitationsziele festzulegen und für eine zügige Umsetzung zu sorgen. Die Regelungen zur Integration schwerbehinderter Menschen sollen Bezug nehmen auf die konkreten Bedingungen und Abläufe in den Betrieben und Dienststellen. Gem. Abs. 2 sehen die Inhalte der Integrationsvereinbarung Regelungen im Zusammenhang mit der Eingliederung schwerbehinderter Menschen in die Betriebe und Dienststellen vor. Die Vereinbarungen sollen Einfluss nehmen auf Entscheidungsstrukturen, Führungskräfte und betriebliche Interessenvertretungen.

2   In Fortführung der Regelungsnormen des Abs. 2 werden weitere Regelungsgegenstände normiert. In der Integrationsvereinbarung

können insbesondere auch Regelungen getroffen werden zur angemessenen Berücksichtigung schwerbehinderter Menschen bei der Besetzung freier, frei werdender oder neuer Stellen, zu einer anzustrebenden Beschäftigungsquote, einschließlich eines angemessenen Anteils schwerbehinderter Frauen, zu Teilzeitarbeit, zur Ausbildung behinderter Jugendlicher, zur Durchführung der betrieblichen Prävention (betriebliches Eingliederungsmanagement) und zur Gesundheitsförderung, über die Hinzuziehung des Werks- oder Betriebsarztes auch für Beratungen über Leistungen zur Teilhabe sowie über besondere Hilfen im Arbeitsleben.

Die Regelung des Abs. 2a orientiert sich in ihrer Zielsetzung insgesamt an der Verbesserung der Teilhabemöglichkeiten behinderter Menschen im Erwerbsleben durch Sicherung ihrer Beschäftigungsfähigkeit, beruflichen Chancengleichheit sowie durch Schutz vor Gesundheitsschädigungen und vor Ausgliederung aus Betrieb und Arbeitswelt. Dies entspricht auch der präventiven Orientierung, die gesetzliche Vorschriften im Arbeits- und Gesundheitsschutz, im Rehabilitationsrecht und im Recht behinderter Menschen verfolgen. **3**

Die Regelung zur Integrationsvereinbarung wurde vor dem Hintergrund geschaffen, das Ziel des SchwBAG und der Kampagneninitiative (»50 000 Jobs für Schwerbehinderte«) des Bundesministeriums für Arbeit und Sozialordnung, die Zahl der arbeitslos gemeldeten schwerbehinderten Menschen vom Oktober 1999 bis Oktober 2002 um 25 Prozent zu verringern, konkret zu unterstützen. Für diesen Zweck hatte die Regelung eine Brückenfunktion zwischen der Aufgabe der Agentur für Arbeit zur Vermittlung schwerbehinderter Menschen in Ausbildung und Arbeit und dem tatsächlichen Personalentwicklungsgeschehen in den Betrieben und Dienststellen. Die Verpflichtung der Arbeitgeber, abgeschlossene Vereinbarungen der Agentur für Arbeit zu übermitteln, war mit der Erwartung verbunden, dass die Agentur für Arbeit mit der Kenntnis der Betriebe bzw. Dienststellen mit einer Integrationsvereinbarung die Ausrichtung und Wirkung ihrer Vermittlungstätigkeit optimieren könne. **4**

Der Zweck der Regelung ist zum anderen darauf gerichtet, unter dem Eindruck der demografischen Entwicklung der kommenden Jahrzehnte in den Betrieben und Dienststellen mehr Nachhaltigkeit bei der Integration behinderter Menschen zu erzeugen. Die Integrationsvereinbarung soll die Integration behinderter Menschen in Arbeit und Gesellschaft durch betriebsnahe und betriebsspezifische Maßnahmen verstärken. Die Vorschrift zum Abschluss einer Integrationsvereinbarung liefert dazu eine sinnvolle Erweiterung und **5**

Konkretisierung der Beschäftigungs- und Förderpflicht des Arbeitgebers gegenüber behinderten Menschen. Der besondere arbeits- und beschäftigungspolitische Wert dieser Regelung besteht darin, dass damit ein Einstieg in eine zielgerichtete und verbindliche Personalpolitik bzw. Integrationsplanung für behinderte Menschen unter besonderer Berücksichtigung der Belange behinderter Frauen vollzogen wurde. Neben den Individualansprüchen behinderter Menschen auf arbeitsplatz- und beschäftigungserhaltende Maßnahmen und den präventiv ausgerichteten Beschäftigungssicherungsstrategien des § 84 stellt dieses zentrale Instrument einer inklusiven Unternehmenspolitik den innovativen Kern des SGB IX dar.

6 Die Regelung des Abs. 2a zur Integrationsvereinbarung wurde unter dem Eindruck des begrenzten arbeitsmarktpolitischen Erfolges der Kampagne »50 000 Jobs für Schwerbehinderte« des Bundesministeriums für Arbeit und Sozialordnung und vor dem Hintergrund des starken Wideranstieges der Arbeitslosenzahlen zum Ende des Jahres 2002 geschaffen. Das Instrument der Integrationsvereinbarung soll den Erfordernissen eines betrieblichen Managements Rechnung tragen und in der Praxis stärker genutzt werden, damit sich die Beschäftigungsmöglichkeiten behinderter und schwerbehinderter Menschen verbessern und um dem Verlust von Arbeitsverhältnissen und der Chronifizierung von Erkrankungen und Vorschädigungen vorzubeugen. Die Integrationsvereinbarung soll künftig für alle behinderten Beschäftigten gelten, insbesondere um sicherzustellen, dass die Regelungen zur betrieblichen Prävention dem persönlichen Bedarf aller Beschäftigten entsprechend umgesetzt werden.

2. Anwendungsbereich

7 Die Regelung gilt für alle privaten und öffentlichen Arbeitgeber. Die Pflicht zum Abschluss einer Integrationsvereinbarung ist nicht daran gebunden, ob der Arbeitgeber beschäftigungspflichtig gem. § 71 Abs. 1 ist oder in welchem Ausmaß er seiner Beschäftigungspflicht nachkommt.

8 Die Integrationsvereinbarung ist eine auf den einzelnen Betrieb bzw. die einzelne Dienststelle bezogene Vereinbarung, in der auf den jeweiligen Betrieb/die jeweilige Dienststelle zugeschnittene Integrations- und Rehabilitationsziele vereinbart und verwirklicht werden sollen. Für mehrere Betriebe eines Unternehmens kann daher jeweils eine eigene Integrationsvereinbarung abgeschlossen werden. Damit sind aber Rahmen-Integrationsvereinbarungen auf den über-

geordneten Unternehmensebenen keinesfalls grundsätzlich ausgeschlossen. § 97 Abs. 6 Satz 1 regelt vielmehr für die überbetrieblich tätige Interessenvertretung behinderter Menschen die Zuständigkeit für den Abschluss einer Integrationsvereinbarung. Übergeordnete Integrationsvereinbarungen dürfen jedoch einzelne Betriebs- bzw. Standortvereinbarungen weder ersetzen noch ausschließen oder konterkarieren. Auch für sie gilt: sie müssen zielgerichtet, verbindlich und überprüfbar ausgestaltet sein.

3. Rechtsnatur der Vereinbarung

§ 83 schreibt für die Integrationsvereinbarung keine spezielle **9** Rechtsform vor. Sie ist ein mehrseitiger kollektivrechtlicher Vertrag eigener Art, der rechtlich und inhaltlich verbindlich sein muss, wenn er Maßnahmen regelt, die der Eingliederung schwerbehinderter Menschen in den Betrieb bzw. die Dienststelle dienen.[1] Mit einer Integrationsvereinbarung schaffen sich die Beteiligten eine vertragliche Grundlage für die Gestaltung von Maßnahmen einer inklusiven Unternehmenspolitik und der jeweils konkreten betrieblichen Integrationsbedingungen.

Die Integrationsvereinbarung ist eine Vereinbarung, die bestimmte **10** Aufgaben festlegt und die die Zusammenarbeit der Vertragspartner untereinander regelt. Sie legt Rechte und Pflichten fest, was insbesondere für den Arbeitgeber gilt. Er hat für die Durchführung der Integrationsvereinbarung und für die Erledigung der definierten Aufgaben und Projekte zu sorgen. Auch die kollektive Interessenvertretung legt sich im Rahmen ihrer allgemeinen Aufgaben auf Ziele, Inhalte und Durchführungsformen der Integrationsvereinbarung fest bzw. bekommt ggf. spezielle Aufgaben zugewiesen. Die Pflicht zum Vertragsabschluss richtet sich zunächst an den Arbeitgeber, dann an die Schwerbehindertenvertretung sowie die anderen Beteiligten und Vertragspartner. Während der Arbeitgeber verpflichtet ist, die Integrationsvereinbarung durchzuführen, hat die Interessenvertretung behinderter Menschen im Betrieb die Pflicht zur Überwachung der Integrationsvereinbarung. Sie wacht darüber, dass der Arbeitgeber die Vereinbarung vereinbarungsgemäß durchführt und Verstöße gegen die einzelnen Bestimmungen unterlässt.

---

1 *LAG Hessen* v. 17.1.2012 – 15 Sa 549/11

11   Eine Integrationsvereinbarung verpflichtet die Vertragsparteien, eine Vereinbarung mit bindenden Integrationsregelungen abzuschließen. Darin ist sie einer Betriebs- bzw. Dienstvereinbarung gleichgestellt. Die Verbindlichkeit der Integrationsvereinbarung wird in Abs. 1 unmittelbar angesprochen. Es ist zwingend vorgeschrieben, dass eine Integrationsvereinbarung verbindliche und damit bindende Regelungen enthalten muss. Dies schließt unverbindliche, allgemeine Absichtserklärungen und -bekundungen aus. Demnach haben die Arbeitgeber mit der Schwerbehindertenvertretung und dem Betriebs- bzw. Personalrat und in kirchlichen Einrichtungen auch mit der kirchlichen Mitarbeitervertretung eine verbindliche Vereinbarung über integrationsfördernde Maßnahmen abzuschließen, damit auf allen Entscheidungsebenen des Produktions- und Verwaltungsprozesses die Fragen der Integration schwerbehinderter Menschen angemessen einbezogen werden können. Der Arbeitgeber kann sich dieser Anforderung nicht entziehen; er ist zum Abschluss verpflichtet und Schwerbehindertenvertretung bzw. Betriebs-/Personalrat hat einen einklagbaren Anspruch auf den Abschluss.

Verbindlichkeit gilt auch für das Herbeiführen einer Integrationsvereinbarung. Erstmals bekommt die Schwerbehindertenvertretung ein eigenes Initiativrecht, gemeinsam mit dem Betriebs-/Personalrat Verhandlungen über eine Kollektivregelung führen zu können. Das Engagement für eine Integrationsvereinbarung bleibt sowohl Aufgabe des Betriebs-/Personalrates wie auch Aufgabe der Schwerbehindertenvertretung. Alleinige Aufgabe des Betriebs-/Personalrates ist sie nur dann, wenn keine Schwerbehindertenvertretung oder Gesamtschwerbehindertenvertretung gewählt wurde. Ansonsten ist es an der Schwerbehindertenvertretung, den Anstoß zu Verhandlungen über eine Integrationsvereinbarung zu geben und die weitere Verhandlungsführung zu übernehmen. Verbindlichkeit kennzeichnet auch die Mindestqualität der Regelungsinhalte einer Integrationsvereinbarung. Sie muss sich auf einen größeren Zusammenhang der Eingliederung behinderter Menschen beziehen und sie muss Regelungen enthalten, die sich an den in Abs. 2 aufgezählten Maßnahmen orientieren. Das Kopieren oder Wiedergeben bereits bestehender Regelungen aus Betriebs-/Dienstvereinbarungen, Richtlinien oder Empfehlungen sowie die Wiederholung gesetzlicher Verpflichtungen darf nicht wesentlicher Inhalt von Integrationsvereinbarungen sein. Integrationsvereinbarungen eignen sich unter diesen Voraussetzungen nicht als ein Instrument zur Herstellung von

Chancengleichheit und Gleichstellung behinderter Menschen im Betrieb.

4. Normwirkung der Integrationsvereinbarung

Die Integrationsvereinbarung schafft nicht nur vertragliche Ver- **12**
bindlichkeiten im Verhältnis zwischen Arbeitgeber, Schwerbehindertenvertretung und Betriebs- bzw. Personalrat. Die Integrationsvereinbarung ist eine Rechtsquelle – ein rechtlicher Vertrag – eigener
Art, der wie eine Betriebs- bzw. Dienstvereinbarung im Betrieb/in
der Dienststelle Normgeltung erlangt/normativ wirkt. Der Norm-
charakter der Integrationsvereinbarung wirkt sich auf die konkreten
Arbeits- und Beschäftigungsbedingungen der schwerbehinderten
Beschäftigten des jeweiligen Betriebes bzw. der Dienststelle aus. Die
Integrationsvereinbarung regelt und gestaltet die betrieblichen Arbeitsverhältnisse und Arbeitsbedingungen. Das ist der Kern ihrer
Aufgabe. In ihrem Regelungsspektrum konkretisiert und differenziert sie eine Palette von Integrationsmaßnahmen, zu deren Durchführung der Arbeitgeber gem. § 81 Abs. 3 allgemein verpflichtet ist.
Die Vorschrift zur Integrationsvereinbarung präzisiert diesen Be-
schäftigungssicherungs- und Beschäftigungsförderungsauftrag, formuliert ihn zwingender hinsichtlich ihres Vertragscharakters und
ihrer Gestaltungsvorgaben und stellt die Durchführung der betrieblichen Maßnahmen unter den Einfluss des Betriebsrates und der
Schwerbehindertenvertretung. Sie regelt zum anderen aber auch
materielle Arbeitsbedingungen, die ohne eine kollektive Regelung
einzelvertraglich vereinbart werden müssten.

Die Integrationsvereinbarung ist eine kollektive Regelung, die ein **13**
ganzes Bündel von arbeitsplatz- und beschäftigungserhaltenden
Maßnahmen umfasst. Integrationsvereinbarungen korrespondieren
dabei auf der kollektivrechtlichen Ebene mit einigen Inhalten, die
bereits in § 81 Abs. 4 als Individualrechte schwerbehinderter Beschäftigter anzutreffen sind. Angesichts der in der betrieblichen
Wirklichkeit oft nur mit Hilfe eines Rechtsstreites durchsetzbaren
Rechtsansprüche für den einzelnen behinderten Arbeitnehmer erhält die Integrationsvereinbarung also den Charakter eines kollektiven Schutzrahmens, der die Inanspruchnahme individueller Rechte
durch die Beschäftigten unterstützt und fördert. Den Individual-
rechten wird mit Hilfe der Integrationsvereinbarung ein zuverlässi-
ger und für den Einzelnen berechenbarer Rahmen zugewiesen. Dazu
muss die Integrationsvereinbarung aber betriebsspezifisch, arbeits-

platznah, problemangemessen, zielgenau, verbindlich und fassbar sein. Die Interessenvertretung schließt die Integrationsvereinbarung daher mit dem Ziel ab, für den Einzelnen den Schutz vor Entlassung und sozialer Ausgrenzung zu erhöhen, das Beschäftigungsverhältnis zu sichern, die Eingliederung arbeitsloser schwerbehinderter Menschen zu fördern und die Gleichstellung behinderter mit nichtbehinderten Beschäftigten herzustellen.

a) Rechtsfolgen des Fehlens einer Integrationsvereinbarung

14 Fehlt eine Integrationsvereinbarung, bleiben ihre teilhabesichernden und kündigungsprophylaktischen Wirkungen ungenutzt. Die dem Arbeitgeber mit der Integrationsvereinbarung eröffneten verpflichtenden Möglichkeiten der Beschäftigungssicherung werden damit nicht vollständig und nicht rechtzeitig ausgeschöpft, so dass sich diese Pflichtverletzung folglich auf das Zustimmungsverhalten des Integrationsamtes auswirken kann. Der Arbeitgeber riskiert auch weitere Rechtsverletzungen. Als Folge einer unterlassenen Integrationsvereinbarung können Diskriminierungstatbestände nach § 2 AGG und Schadensersatzansprüche nach § 15 AGG entstehen. Werden die Möglichkeiten, die Zusammenarbeit zwischen Personal- und Arbeitnehmerseite hinreichend konkret zu regeln, vertan, gibt die aus der Nichtbeteiligung der Schwerbehindertenvertretung erwachsende Vermutung einer Benachteiligung Anlass für Rechtsstreitigkeiten. Wird die Durchführung des betrieblichen Eingliederungsmanagements nach § 84 Abs. 2 im Gestaltungsrahmen des § 83 Abs. 2a nicht realisiert, verringern sich für den Arbeitgeber die Erfolgsaussichten bei einer krankheitsbedingten Kündigung. Wer die Integrationsvereinbarung als präventives und integrierendes Instrument meidet, muss beweisen, dass es bei der Erfüllung seiner Arbeitgeberpflichten aus einer Integrationsvereinbarung zu keiner Verbesserung der Beschäftigungsmöglichkeit gekommen wäre.

5. Funktion der Vereinbarung

15 Integrationsvereinbarungen stehen in einem stark vernetzten und dynamischen betrieblichen Umfeld. Betriebliche Strukturen und Prozesse werden deshalb ebenso Einfluss auf die Gestalt und die Realisierung der vereinbarten Integrationsziele haben wie umgekehrt aus der Praxis der Integrationsvereinbarungen Auswirkungen für die betrieblichen Rahmenbedingungen einer inklusiven Personalpolitik entstehen werden. Integrationsvereinbarungen sind auf dem Gebiet der betrieblichen Eingliederung und Rehabilitation behinderter Menschen ein neues Planungs- und Steuerungsinstrument zur Ausgestaltung einer inklusiven Personalpolitik und zur (Fein-)Steuerung und Gestaltung betrieblicher Integrations- und Rehabilitationsprozesse. Sie stellen auch ein neues Instrument für die betriebliche Integrations- und Rehabilitationsarbeit der Schwerbehindertenvertretung, des Betriebs- bzw. Personalrates und des Arbeitgebers dar.

Als Planungsinstrument legen Integrationsvereinbarungen die be- **16** triebliche Organisation und die relevanten Entscheidungsträger auf klar verständliche und messbar formulierte Ziele fest. Daher sind sie immer auch Vereinbarungen zur Gestaltung betrieblicher Veränderungsprozesse. Als Steuerungsinstrument strukturieren Integrationsvereinbarungen den weiteren Verlauf eben dieser Veränderungsprozesse in Phasen, Arbeitspakete oder Meilensteine. Sie passen die Zielgrößen flexibel an die jeweiligen Gegebenheiten des Betriebes, der Abteilung oder des Arbeitsplatzes an. Sie koordinieren den Einsatz von Ressourcen und lenken die Zusammenarbeit verschiedener Beteiligter. Integrationsvereinbarungen funktionieren dabei nach dem Prinzip von Zielvereinbarungen. In Zielvereinbarungen, die in den letzten Jahren insbesondere in der Industrie als ein Führungsinstrument (»delegation by objectives«) verstärkt herangezogen werden, wird die Festlegung von Zielen als eine Steuerungsgröße eingesetzt, um bestimmte Ergebnisse und Leistungen zu vereinbaren und zu erreichen.

Integrationsvereinbarungen haben das Potenzial, auf folgende be- **17** triebliche Rahmenbedingungen Einfluss ausüben zu können:

- **Unternehmenskultur:** Sensibilisierung für die Integrationsthematik und Erhöhung der Verbindlichkeit der Thematik auf der Arbeitgeber- und Arbeitnehmerseite.
- **Qualifizierung und Professionalisierung:** Je konkreter die Ziele und Maßnahmen von Integrationsvereinbarungen sind, umso mehr Fachkompetenz und professionelles Handeln muss von allen Beteiligten, insbesondere auf der Seite des Arbeitgebers und des Arbeitgeberbeauftragten, erwartet werden.
- **Betriebliche Macht- und Arbeitspolitik:** Die Integrationsthematik wird durch ihre Verhandelbarkeit und die Verpflichtung zur Verhandlung aufgewertet.
- **Interessenvertretung behinderter Menschen:** Die Schwerbehindertenvertretung wird als Trägerin von Initiativrechten und in

Folge erweiterter Aufgaben und Kompetenzen deutlich aufgewertet.

- **Betriebliche Kommunikation:** Tragfähige Integrationsvereinbarungen entstehen nur auf der Grundlage der Zusammenarbeit der Betriebsparteien im Rahmen eines zielorientierten Bearbeitungs-, Informations- und Berichterstattungsprozesses.
- **Beteiligung der Betroffenen:** Die Schwerbehindertenversammlung wird als Forum der Berichterstattung, Ergebniskontrolle der Integrationsvereinbarungen und Beteiligung der Betroffenen aufgewertet.

6. Entstehungsgeschichte

18 Diese Regelung übernahm weitgehend inhaltsgleich den mit dem am 1.10.2000 in Kraft getretenen Gesetz zur Bekämpfung der Arbeitslosigkeit Schwerbehinderter (SchwbBAG) eingeführten § 14b SchwbG. Ergänzt wird diese Vorschrift um die Übermittlung der Integrationsvereinbarung auch an das Integrationsamt. Durch die Verbesserung der Informationsgrundlagen des Integrationsamtes über betriebliche Vereinbarungsstände soll sich die Zusammenarbeit mit der Agentur für Arbeit verbessern.

19 Gegenüber § 14b SchwbG wurde in § 83 auch das Initiativrecht der betrieblichen Interessenvertretung präzisiert. Das Initiativrecht der Schwerbehindertenvertretung gem. § 14b Abs. 1 Satz 2 auf Verhandlungen über eine Integrationsvereinbarung betraf nur die Einleitung und Durchführung der Verhandlung. Gem. § 14b Abs. 1 Satz 5 wurde in Betrieben bzw. Dienststellen ohne Schwerbehindertenvertretung auf Antrag des Betriebs- bzw. Personalrates eine Integrationsvereinbarung getroffen. Dieses präzisere und weitergehende Initiativrecht bzw. dieser ausdrückliche Rechtsanspruch auf Abschluss einer Integrationsvereinbarung wurde mit der Aufnahme der Regelung ins SGB IX wieder zurückgenommen. In Abs. 1 Satz 3 bezieht sich das Initiativrecht für alle betrieblichen Interessenvertretungen nur auf das Verhandeln einer Integrationsvereinbarung.

Während § 14b SchwbG jedenfalls bei der Antragsstellung durch den Betriebs- bzw. Personalrat auch den Abschluss einer Integrationsvereinbarung vorsah, lässt die Regelung des § 83 eine solche Klarstellung vermissen. Die zügige und flächendeckende Umsetzung der Vorschrift in den betrieblichen Alltag wird dadurch unnötig erschwert, weil in § 83 ein ausdrücklicher Verweis auf einen Abschlusszwang nicht vorhanden ist. Eine Vorschrift, die dem Ziel dienen soll, die Situation arbeitsloser behinderter Menschen zu verbessern, die aber ohne Abschlusszwang und Einigungspflicht weitgehend wirkungslos ist, ist sinnlos und zweckwidrig. Eine Klarstellung i. S. des Abschlusszwanges erfährt diese »Regelungslücke« durch die Erweiterung der Aufgabenstellung der Gesamt-, Konzern-, Bezirks- und Hauptschwerbehindertenvertretung in § 97 Abs. 6 Satz 1. Das Gesetz zur Förderung der Ausbildung und Beschäftigung schwerbehinderter Menschen vom 23. 4. 2004 erweitert die Zuständigkeit der Gesamtschwerbehindertenvertretung und der anderen Stufenvertretungen. Sie umfasst nun auch die Verhandlung und den Abschluss einer Integrationsvereinbarung.

Mit dem Gesetz zur Förderung der Ausbildung und Beschäftigung schwerbehinderter Menschen vom 23. 4. 2003 (BGBl. I S. 606) wurde Abs. 2a eingefügt. Die Regelung wurde weitgehend inhaltsgleich aus dem Gesetzentwurf der SPD-Fraktion und der Fraktion Bündnis 90/Die Grünen vom 21. 10. 2003 (BT-Drucksache 15/1783) übernommen. Abs. 2 erfährt eine Erweiterung seines Regelungsspektrums. Um das Instrument der Integrationsvereinbarung zu stärken, werden über die im Abs. 2 obligatorisch zu vereinbarenden Inhalte hinaus weitere Regelungsgegenstände genannt, die die Verhandlungen über die Inhalte von Integrationsvereinbarungen erleichtern sollen. Zum anderen wird die Anwendung des Instrumentes auch auf den Personenkreis behinderter und gesundheitsbeeinträchtigter Beschäftigter ausgedehnt. Ferner verpflichtet die Vorschrift zur Vereinbarung konkreter Zielvorgaben, z. B. hinsichtlich der Höhe und des Zeitpunkts der zu erreichenden Beschäftigungsquote, des Anteils zu beschäftigender schwerbehinderter Frauen und zum Ausbau der betrieblichen Prävention nach § 84 SGB IX. **20**

Im Vorfeld des Gesetzgebungsverfahrens war mit der Ausweitung der Anwendungsmöglichkeiten der Integrationsvereinbarung auch noch die Überlegung verbunden, der Schwerbehindertenvertretung das Recht einzuräumen, nicht nur Verhandlungen über den Abschluss einer Integrationsvereinbarung, sondern auch den Abschluss selbst verlangen zu können. Für den Fall, dass Verhandlungen nicht aufgenommen werden, sollte dies bußgeldbewehrt sein. Auch sollte das Arbeitsgericht – wenn kein Abschluss einer Integrationsvereinbarung zustande gekommen wäre – auf Antrag der Schwerbehindertenvertretung entscheiden, ob die verlangten Regelungen unter angemessener Berücksichtigung des Betriebes und der betrieblichen Beschäftigten die Grenzen billigen Ermessens einhielten. Der Beschluss des Arbeitsgerichtes sollte auch die Zustimmung **21** der Beteiligten ersetzen (vgl. Arbeitspapier des BMGS: »Schaffung und Erhaltung von Arbeitsplätzen für schwerbehinderte Menschen« v. 14. 4. 2003).

7. Zustandekommen der Vereinbarung (Abs. 1)

22   Abs. 1 verpflichtet die Arbeitgeber, mit der Schwerbehindertenvertretung und dem Betriebs- bzw. Personalrat in Zusammenarbeit mit dem Beauftragten des Arbeitgebers eine verbindliche Integrationsvereinbarung einschließlich Regelungen über deren Durchführung abzuschließen.

a) Verpflichtung des Arbeitgebers zum Vereinbarungsabschluss

23   Die Formulierung in Satz 1 »*Arbeitgeber ... treffen eine verbindliche Integrationsvereinbarung*« ist ein Imperativ. Damit stellt der Gesetzgeber **zweifelsfrei** klar, dass alle Arbeitgeber **verpflichtet** sind, eine Integrationsvereinbarung mit der Schwerbehindertenvertretung und den anderen in § 93 genannten Interessenvertretungen abzuschließen. Wenn die Schwerbehindertenvertretung und/oder der Betriebs- bzw. Personalrat Verhandlungen beantragen, entsteht für den Arbeitgeber ein Einlasszwang. Die Interessenvertretung besitzt deshalb einen einklagbaren Rechtsanspruch auf Vereinbarungsabschluss, der ggf. vor dem Arbeitsgericht sichergestellt und durchgesetzt werden muss. Hat der Arbeitgeber begründete Einwände gegen die Vorschläge und Forderungen, muss er eigene Vorschläge machen. Auch seine Vorschläge müssen sich im Rahmen dessen bewegen, was Abs. 2 und 2a an besonders wichtigen Regelungsinhalten aufzählen.

b) Vereinbarungsbefugnis der Schwerbehindertenvertretung

24   Nach Satz 2 besitzt die Schwerbehindertenvertretung ein Initiativrecht, die Verhandlungen über eine Integrationsvereinbarung einzuleiten. Diesen Verhandlungsanspruch kann sie auf dem Weg des arbeitsgerichtlichen Beschlussverfahrens geltend machen. Das **Initiativrecht** der Schwerbehindertenvertretung schafft eine neue Qualität der Beteiligungsmöglichkeiten an den betrieblichen Angelegenheiten, die schwerbehinderte Menschen als Einzelne oder als Gruppe betreffen. Es stärkt die Handlungsmöglichkeiten der Schwerbehindertenvertretung, weil die Schwerbehindertenvertretung über ein eigenes Mitwirkungsrecht verfügt. Auf Antrag der Schwerbehindertenvertretung und unter Beteiligung des Betriebs- bzw. Personalrates ist der Arbeitgeber zur Aufnahme von Verhandlungen über eine Integrationsvereinbarung verpflichtet. Die Schwerbehindertenvertretung besitzt einen durchsetzbaren Verhandlungsanspruch.[2] Betriebs- bzw. Personalrat sind im Verhandlungsprozess Beteiligte; sie wirken als gleichberechtigte Partner mit. Sie sind kraft ihrer Mitbestimmungsrechte auf anderen betrieblichen Gestaltungsfeldern mit deutlich mehr Verhandlungsmacht ausgestattet als die Schwerbehindertenvertretung. Davon ausgehend können sie bei guter Zusammenarbeit mit der Schwerbehindertenvertretung ihren Einfluss auf die Personalpolitik des Unternehmens erkennbar ausweiten.

Die Schwerbehindertenvertretung ist zwar primär gegenüber dem Arbeitgeber antragsberechtigt. Das Antragsrecht ist jedoch nicht derart exklusiv, dass die Verhandlungsfähigkeit über eine Integrationsvereinbarung nicht auch von den anderen Beteiligten ausgeübt werden kann. Betriebs- bzw. Personalrat können ebenfalls die Aufnahme von Verhandlungen über eine Integrationsvereinbarung einleiten; sie müssen dies insbesondere dann tun, wenn die Schwerbehindertenvertretung nicht von ihrem Initiativrecht Gebrauch macht. Sie üben dieses Initiativrecht alleine auch deshalb aus, weil sie gem. § 93 die Eingliederung schwerbehinderter Menschen auch mit Hilfe der Integrationsvereinbarung fördern müssen und darauf zu achten haben, dass der Arbeitgeber u. a. seine Verpflichtungen gem. § 83 erfüllt.

In den Betrieben und Dienststellen, in denen keine Schwerbehindertenvertretung existiert oder in denen an die Stelle einer Schwerbehindertenvertretung keine Gesamtschwerbehindertenvertretung treten kann, steht das Antragsrecht dem Betriebs- bzw. Personalrat zu. Fehlt eine Schwerbehindertenvertretung im Betrieb, dann besitzt der Betriebs- bzw. Personalrat das subsidiäre Recht, die Verhandlungen über den Abschluss einer Integrationsvereinbarung zu beantragen. Unter diesen Voraussetzungen ist die Integrationsvereinbarung eine Betriebs- bzw. Dienstvereinbarung.[3]

25

---

2 *LAG Köln* v. 3. 5. 2005 – 9 TaBV 76/04
3 *Großmann/Schimanski*, 2002, § 83 Rn. 22

c) Anspruch der Schwerbehindertenvertretung auf Vereinbarungsabschluss

26 Der Verpflichtung des Arbeitgebers auf Abschluss einer Integrationsvereinbarung steht ein Anspruch der Schwerbehindertenvertretung und der anderen abschlussbefugten Parteien auf Abschluss einer solchen Vereinbarung gegenüber.[4] Gälte nur das Recht der Schwerbehindertenvertretung auf Aufnahme von Vereinbarungsverhandlungen, käme im Zweifel eine Integrationsvereinbarung nicht zustande. Die Bestimmung des § 97 Abs. 6 Satz 1 regelt die Kontrahierungspflicht des Arbeitgebers unmissverständlich klar. Das Gesetz zur Förderung der Ausbildung und Beschäftigung schwerbehinderter Menschen vom 23. 4. 2004 erweitert die Aufgaben der Gesamt-, Konzern-, Bezirks- und Hauptschwerbehindertenvertretung auf die Verhandlungen **und** den Abschluss einer Integrationsvereinbarung.

d) Gerichtliche Feststellung des Anspruchs im Beschlussverfahren

27 § 83 verpflichtet den Arbeitgeber, für eine zügige Umsetzung der auf den Betrieb zugeschnittenen Integrationsziele zu sorgen. Dies ergibt sich sowohl aus der Pflicht zum Vereinbarungsabschluss mit der Schwerbehindertenvertretung und dem Betriebs-/Personalrat wie auch aus der Verpflichtung, auf Verlangen der Schwerbehindertenvertretung oder des Betriebs-/Personalrates Verhandlungen über eine Integrationsvereinbarung aufzunehmen.

28 Ein spezifischer Konfliktregelungsmechanismus für die Fälle,
- dass die Verhandlungsparteien keinen Konsens über die Inhalte einer Integrationsvereinbarung finden können,
- dass der Arbeitgeber es ablehnt, eine Integrationsvereinbarung über bestimmte Regelungsinhalte abzuschließen,
- dass er die Aufnahme von Verhandlungen verweigert oder
- dass er die Verhandlungen und den Verhandlungsabschluss verschleppt,

ist im SGB IX jedoch nicht vorgesehen. Auch für Streitigkeiten, die sich aus der Durchführung der Integrationsvereinbarung ergeben können, bietet § 83 keine Entscheidungshilfe an.

Ein Verstoß des Arbeitgebers gegen Verpflichtungen aus § 83 wurde

---

4 Im Gegensatz dazu *LAG Hamm* v. 19. 1. 2007 – 13 TaBV 58/06

weder in den Katalog der Ordnungswidrigkeiten gem. § 156 aufgenommen, noch enthält die Vorschrift einen Hinweis auf das Instrument der Einigungsstelle (§ 76 BetrVG), die bei strittigen mitbestimmungspflichtigen Angelegenheiten einseitig angerufen werden kann und die die Aufgabe hat, Meinungsverschiedenheiten zwischen Arbeitgeber und Betriebsrat beizulegen.

Damit gewinnt die gerichtliche Einklagbarkeit der Verhandlungsaufnahme und des Verhandlungsabschlusses eine besondere Bedeutung: Trotz des Fehlens einer verbindlichen außergerichtlichen Entscheidungsgrundlage für den Fall, dass sich Arbeitgeber und Arbeitnehmerseite nicht einigen können, ist es den Arbeitgebern nicht möglich, Verhandlungen bzw. das Erreichen des Verhandlungszieles auf Dauer zu blockieren. Vor dem Hintergrund der Verpflichtung des Arbeitgebers zum Abschluss einer verbindlichen Integrationsvereinbarung besitzt die Interessenvertretung einen einklagbaren Rechtsanspruch auf Aufnahme der Verhandlungen und auf Vereinbarungsabschluss.[5] In der gerichtlichen Praxis wird der Anspruch auf Abschluss einer konkreten Vereinbarung bislang abgelehnt.[6] Mit der Einklagbarkeit der Integrationsvereinbarung ist jedoch nicht verbunden, dass der Arbeitgeber zur Unterschrift unter einen Vereinbarungstext verpflichtet wird, mit dem er nicht einverstanden ist. Das Gericht entscheidet – mit keiner eigenen inhaltlichen Wertung – verbindlich für die Verhandlungsparteien oder legt die Inhalte einer Integrationsvereinbarung fest. Es kann den Arbeitgeber aber dazu verurteilen, überhaupt eine Integrationsvereinbarung abzuschließen.

Die Einschaltung der Arbeits- und Verwaltungsgerichte ist daher auch im Falle der Integrationsvereinbarung zur Klärung von Streitigkeiten, die sich aus der Mitwirkung der Schwerbehindertenvertretung bzw. der Mitbestimmung des Betriebs-/Personalrates ergeben, möglich und erforderlich. Für die Klärung des Anspruchs auf Vertragsabschluss und bei sonstigen Streitigkeiten aus und um die Integrationsvereinbarung ist das Arbeitsgericht, bei Streitfällen in Dienststellen der öffentlichen Verwaltung das Verwaltungsgericht zuständig.

Dabei ist wie bei Betriebsvereinbarungen zu prüfen, ob die Integrationsvereinbarung wirksam ist oder gegen geltendes Recht ver-

29

---

5 Den Rechtsanspruch auf Verhandlungsaufnahme bejahend: *LAG Köln* v. 3.5.2005 – 9 TaBV 76/04
6 *LAG Hamm* v. 19.1.2007 – 13 TaBV 58/06

stößt. Gegenstand der Gerichtsentscheidung ist allerdings nicht die Durchsetzung einer Integrationsvereinbarung eines ganz bestimmten Inhalts. Das Gericht ist nicht berechtigt, mit seiner eigenen inhaltlichen Wertung verbindlich für die Verhandlungsparteien zu entscheiden und eine Festlegung über die Inhalte einer Integrationsvereinbarung zu treffen.[7] Diese inhaltliche Ausgestaltung der Integrationsvereinbarung bleibt nach wie vor den Betriebsparteien vorbehalten. Die gerichtliche Entscheidung bezieht sich also auf den Prozess des Zustandekommens von Verhandlungen bzw. auf das Zu-Ende-Bringen von gescheiterten Verhandlungen und nicht auf die Qualität der spezifischen betrieblichen Regelungen.

30 In Anbetracht der vorhandenen gesetzlichen Regelungsschwächen erscheint es sinnvoll und zweckmäßig, die Integrationsvereinbarung in Form einer Betriebs- bzw. Dienstvereinbarung abzuschließen und auszugestalten. Einige der in Abs. 2 ebenso wie die in § 81 Abs. 4 genannten Regelungsgegenstände bzw. Rechtsansprüche sind bereits Themen der Mitbestimmung, genauer Themen des Gesundheitsschutzes und der betrieblichen Fort- und Weiterbildung. Dazu zählen die Gestaltung von Arbeitsplatz, Arbeitsumfeld, der Arbeitsorganisation und Arbeitszeit. Die in § 83 aufgeführten Kerninhalte einer Integrationsvereinbarung fallen gem. § 87 Abs. 1 Nr. 1, 2, 3, 7 und 13 BetrVG, § 91 BetrVG und gem. § 95 BetrVG unter die erzwingbaren Themen der Mitbestimmung, so dass für wesentliche Regelungstatbestände einer Integrationsvereinbarung entsprechende Mitbestimmungsrechte vorliegen. Regelungen und Maßnahmen aus einer Integrationsvereinbarung, die der Mitbestimmung unterliegen, sind daher nur wirksam mit Zustimmung des Betriebs- bzw. Personalrates. Regelungen zu diesen Themen können bei Nichteinigung über das »Ob« und »Wie« einer Regelung oder Maßnahme durch den Spruch der Einigungsstelle ersetzt werden (§ 87 Abs. 2 BetrVG). Dem Arbeitgeber ist es also weniger möglich, einen Verhandlungsabschluss zu blockieren. Erzwingbare Betriebsvereinbarungen mit mitbestimmungsfreien, freiwilligen Bestandteilen zu verbinden und zu ergänzen ist damit ein sinnvoller Weg, die Arbeits- und Beschäftigungsbedingungen behinderter Beschäftigter zu verbessern.

In freiwilligen Betriebsvereinbarungen gem. § 88 BetrVG können sämtliche der in Abs. 2 angesprochenen Themen untergebracht werden. Die Verbindlichkeit und Durchsetzbarkeit der Regelungspalette

---

7 *ArbG Bielefeld* v. 20. 6. 2005 – 3 BV 8/06

einer Integrationsvereinbarung muss darüber hinaus auch im Zusammenhang einer Reihe flankierender Beteiligungsrechte der Schwerbehindertenvertretung und des Betriebs- bzw. Personalrates sowie im Zusammenhang von Rechtsansprüchen behinderter Beschäftigter gegenüber ihrem Arbeitgeber betrachtet werden.

e) Beteiligung des Integrationsamtes an den Verhandlungen

Die Regelung schreibt eine Beteiligung des Integrationsamtes an den Verhandlungen zu einer Integrationsvereinbarung nicht zwingend vor. Die betrieblichen Vertragsparteien können nach Abs. 1 Satz 4 das Integrationsamt einschalten. Dabei trägt die Beteiligung des Integrationsamtes in erster Linie zum Zustandekommen der Integrationsvereinbarung und zum Erreichen der Integrationsziele bei. Die konkrete Nutzung der integrations- und vereinbarungsbezogenen Fördermöglichkeiten des Integrationsamtes (§ 102 Abs. 3, Abs. 3a, Abs. 4) und der von ihm beauftragten Fachdienste (§ 109) können selbst Teil der Regelung einer Integrationsvereinbarung sein. **31**

f) Übermittlung der Integrationsvereinbarung an Bundesagentur und Integrationsamt

Nach Abs. 1 Satz 5 ist die Vereinbarung der zuständigen Agentur für Arbeit und dem zuständigen Integrationsamt zu übermitteln. Der Gesetzgeber erwartet von dieser Unterrichtung, dass die einzelnen Arbeitsagenturen, die BA und die Integrationsämter damit gezielten Einblick in die innerbetrieblichen Gegebenheiten der Einstellung, Beschäftigung und Förderung schwerbehinderter Menschen erhalten und sie ihre Zusammenarbeit weiterentwickeln können. Die Agentur für Arbeit soll auf der Grundlage abgeschlossener Integrationsvereinbarungen schwerbehinderte Menschen und Arbeitgeber gezielter beraten. Im Zusammenhang damit steht die Erwartung der BA, dass die Vermittlung arbeitsloser schwerbehinderter Menschen durch entsprechende Qualifizierungsmaßnahmen gezielter vorbereitet werden kann. **32**

Die Übermittlungspflicht versetzt auch das Integrationsamt und die Integrationsfachdienste in die Lage, sich einen umfassenden Überblick über die Entwicklung der Integrationsvereinbarungen zu verschaffen. Dies verbessert die Voraussetzungen für die Beratung von Arbeitgebern und Interessenvertretungen über beschäftigungssichernde und integrationsfördernde Maßnahmen. Für die Integrationsämter sind die Kenntnisse der Inhalte der Integrationsvereinbarung auch eine wichtige Orientierung für die gezielte Durchführung von Präventionsmaßnahmen gem. § 84 und für die Bewertung von Anträgen von Arbeitgebern auf Zustimmung zu Kündigungen. Die beiden betriebliche Verhandlungsparteien können im Rahmen ihrer Zusammenarbeit gem. § 99 Abs. 2 und im Rahmen der Zuständigkeit des Integrationsamtes für integrations- und vereinbarungsrelevante Förderleistungen gem. § 102 Abs. 2 und 3 das Integrationsamt an den Verhandlungen beteiligen. Sinnvolle und zweckmäßige Aufgabe des Integrationsamtes kann es auch sein, bei Differenzen und Auseinandersetzungen über Inhalte oder den Abschluss einer Integrationsvereinbarung in der Rolle des Vermittlers oder Schlichters auf den zielführenden Abschluss der Verhandlungen hinzuwirken.

8. Vereinbarungsinhalte (Abs. 2 und 2a)

a) Inhalte der Vereinbarung

33 In Abs. 2 werden die Regelungstatbestände bzw. Zielfelder aufgezählt, die insbesondere Gegenstand einer Integrationsvereinbarung sein müssen. Gem. Satz 1 muss die Integrationsvereinbarung solche Regelungen enthalten, die einen Zusammenhang mit der Eingliederung schwerbehinderter Menschen bilden und die dieses Ziel erfüllen. Das Spektrum der potenziell verhandlungsfähigen Teil- oder Einzelziele umfasst sämtliche denkbaren Einzelaspekte betrieblicher Integrations-, Rehabilitations- und Präventionsprozesse, die auf die Förderung und Ausgestaltung des globalen Eingliederungszieles ausgerichtet sind. In Abs. 2 wird dazu nur eine obligatorische und besonders wichtige Auswahl von Regelungsgegenständen wie Personalplanung, Arbeitsplatzgestaltung, Gestaltung des Arbeitsumfeldes, Arbeitsorganisation, Arbeitszeit sowie Regelungen über die Durchführung in den Betrieben und Dienststellen benannt. Nach Satz 2 sind darüber hinaus in der Integrationsvereinbarung bei der Personalplanung besondere Regelungen vorzusehen, damit ein angemessener Anteil schwerbehinderter Frauen beschäftigt wird. Auch dies ist ein Regelungstatbestand, der verbindlich in einer Integrationsvereinbarung zu regeln ist.

34 Die Vorschrift betont die Verbindlichkeit der Integrationsvereinbarung und ist damit auch maßgeblich für deren Mindestqualität. Sie muss sich auf das Gesamtfeld der Eingliederung, der Beschäftigungssicherung und Beschäftigungsförderung behinderter Menschen beziehen und sie muss Regelungen enthalten, die sich mindestens an den in Abs. 2 aufgezählten Maßnahmen orientieren. Zu diesen Mindestanforderungen soll eine verbindliche, auf den Betrieb zugeschnittene Maßnahmenplanung für die Integration schwerbehinderter Menschen, für die Rehabilitation behinderter und von Behinderung bedrohter Menschen und für die Prävention vor dem Verlust ihres Arbeitsplatzes gehören.

In Anbetracht der Geschwindigkeit betrieblicher Reorganisations- **35** prozesse ist die Einführung von Gestaltungsrichtlinien für eine integrative Beschäftigungsstrategie und eine betriebliche Integrationsplanung von besonderer Dringlichkeit und Bedeutung. Dazu werden neue Steuerungsinstrumente für die Rehabilitation und berufliche Integration behinderter, von Behinderung bedrohter und langzeiterkrankter Menschen geschaffen. § 84 Abs. 2 nennt eine nicht abgeschlossene Sammlung von Maßnahmen, die teilhabefördernde Bedingungen für die Ausbildung und die Beschäftigung behinderter Menschen schaffen sollen. Einmal können Maßnahmen, wie etwa die Schaffung barrierefreier Arbeitsbedingungen, ein einstellungsunterstützendes Moment für behinderte Arbeitslose sein. Dadurch erweitern Integrationsvereinbarungen die betrieblichen Voraussetzungen und Ressourcen für die Neugründung von Beschäftigungsverhältnissen behinderter Menschen in Unternehmen. Sie dienen aber im Wesentlichen vor allem der Erhaltung von Beschäftigung und der fördernden Gestaltung von bestehenden Arbeitsverhältnissen. Damit kann sich eine vorausschauende integrative Unternehmenspolitik etablieren und auf längere Sicht behaupten.

Die Integrationsvereinbarung muss nach Satz 1 auch Regelungen **36** über die Durchführung der Vereinbarung enthalten. Dies ist deshalb erforderlich, weil im Zuge der Umsetzung der Integrationsvereinbarung klare und verlässliche personelle Zuständigkeiten geschaffen werden müssen, um die fortlaufenden organisatorischen Planungs- und Steuerungsaufgaben in den jeweiligen betrieblichen Hierarchieebenen zu erbringen und mit den Entscheidungsträgern auf der Ebene der Fertigung und Verwaltung abzustimmen. Welche personalpolitischen oder arbeitsorganisatorischen Maßnahmen im Einzelnen und wie sie erfolgen sollen, kann und muss konkret im jeweiligen Betrieb ausgehandelt und entschieden werden. Daran müssen sich – dies ist Grundvoraussetzung für das Gelingen – alle verantwortlichen und relevanten Akteure auf Seiten der Interessenvertretung und auf Seiten des Arbeitgebers beteiligen. Es müssen also Vereinbarungen über die Formen der Zusammenarbeit (z. B. im Integrationsteam, in regelmäßigen Besprechungen), über die Kompetenzen und die Verbindlichkeit von Entscheidungen getroffen werden, um Wirkung und Erfolg der Integrationsvereinbarung in der Einführungsphase und den fortdauernden Umgestaltungsprozessen zu sichern. In der Zusammenarbeit sollte auch auf die jeweiligen (politischen) Befindlichkeiten, also auch auf die Einhaltung der Mitwirkungs- und Mitbestimmungsrechte, geachtet werden. Erforderlich sind damit auch Durchführungsbestimmungen, wie die Beteiligung der Schwerbehindertenvertretung und des Betriebs- bzw. Personalrates stattfindet.

37 Mit der Erweiterung des Regelungsspektrums in Abs. 2a wird die Integrationsvereinbarung zu einem umfassenden Regelungs- und Gestaltungsinstrument für die betrieblichen Handlungsfelder Integration, Rehabilitation und Prävention ausgebaut. Damit wird die vom Gesetzgeber eingeleitete Abkehr von der Frühverrentung, die eine stärkere Beschäftigung älterer Arbeitnehmer/-innen fordert, ebenso unterstützt, wie die Initiativen, die auf eine höhere Erwerbsbeteiligung behinderter Menschen zielen. Dazu ist es erforderlich, Strategien gleichrangig zu verfolgen, die auf den Gesundheits- wie Beschäftigungserhalt von in unterschiedlichem Maße betroffenen Arbeitnehmergruppen zielen: Die Aufgaben der primären und sekundären Prävention, der medizinischen Rehabilitation und beruflichen Teilhabe, am Erwerbsverlauf orientierter beruflicher Qualifizierung, alterns- und behinderungsgerechter Arbeitsgestaltung werden dazu durch die Integrationsvereinbarung vernetzt.

Die unmittelbar beschäftigungsrelevanten Vereinbarungselemente Nr. 1, 2 und 4 (Berücksichtigung schwerbehinderter Menschen bei der Besetzung freier, frei werdender oder neuer Stellen; Höhe und Zeitpunkt der anzustrebenden Beschäftigungsquote; angemessener Anteil schwerbehinderter Frauen; Ausbildung behinderter Jugendlicher) verstärken die Funktion der Integrationsvereinbarung als Planungs- und Steuerungsinstrument einer inklusiven Personalpolitik. Als Strategie gegen den weiteren Abbau behinderungsgerechter Arbeit geht es vor allem um gezielte Neueinstellungen und die Ausbildung behinderter Menschen und um eine geregelte Organisation von Versetzungen auf behinderungs- und leistungsgerechte Arbeitsplätze in den Unternehmen. Damit sich eine zielgerichtete Personalplanung an der Erfüllung der gesetzlichen Beschäftigungsquote ausrichten kann, muss sie regelmäßig ihren Bedarf an Fachpersonal ermitteln, die Rekrutierungsmöglichkeiten über die Agentur für Arbeit (Integrationsfachdienste), Berufsbildungs- und Berufsförderungswerke und Sonderschulen frühzeitig in ihre Planung einbeziehen und ihre Einstellungs- und Auswahlverfahren sowie Stellenbesetzungsverhalten neu ausrichten.

Die um den Gegenstand der Teilzeitarbeit (Nr. 3) erweiterte Regelungspalette der Integrationsvereinbarung konvertiert den in § 81 Abs. 4 Nr. 4 verankerten individualrechtlichen Anspruch schwerbehinderter Beschäftigter auf eine behinderungsgerecht gestaltete Arbeitszeit in ein hochwertiges Vereinbarungsziel der Integrationsvereinbarung. Das neu gefasste Vereinbarungsziel rekurriert ferner auf den Individualanspruch auf eine Teilzeitbeschäftigung unter der Voraussetzung, dass eine Vollzeitbeschäftigung gem. § 81 Abs. 4 Nr. 5 wegen der Art und Schwere der Behinderung nicht möglich ist. Sowohl die Verringerung der Arbeitszeit wie auch flexible Gestaltungsformen der Arbeitszeit behinderter Beschäftigter können ein wichtiger Beschäftigungsimpuls sein. Durch eine an die individuelle Einkommens- und Leistungssituation angepasste Lage, Dauer und Verteilung der Arbeitszeit können die Beschäftigten deutlich entlastet werden. Sie können ihre Leistungsfähigkeit voll zur Geltung bringen und dennoch werden ihre behinderungsbedingten Zeitbedürfnisse und -bedarfe berücksichtigt. Damit die Arbeitszeit sich an den behinderten Arbeitnehmerinnen und Arbeitnehmern orientieren kann, müssen Integrationsvereinbarungen Regelungen zur individuellen Gestaltung von Pausenzeiten, zur Einrichtung von Teilzeitarbeitsplätzen oder zur Inanspruchnahme von erweiterten Gleitzeitregelungen enthalten. **38**

Die Regelungsoptionen Nr. 5 und 6 zur Durchführung der betrieblichen Prävention und zur Gesundheitsförderung i. V. mit der Beratungstätigkeit des Werks- oder Betriebsarztes eröffnet der Integrationsvereinbarung Gestaltungsmöglichkeiten über den engen Personenkreis schwerbehinderter Beschäftigter hinaus. Mit der Erweiterung der Zielgruppen der Integrationsvereinbarung wird die verbreitete Betroffenheit von chronischen Erkrankungen im mittleren und höheren Erwerbsalter und das damit steigende Risiko, dauerhafte Behinderungen zu erwerben, berücksichtigt. Angesichts (zukünftig weiter) alternder Erwerbsbevölkerung und Belegschaften sind Risiken wie Potenziale für den Beschäftigungserhalt und die Arbeitsmarktintegration älterer Arbeitnehmer und Arbeitnehmerinnen in besonderer Weise zu beachten. Darauf hat sich ein betriebliches Eingliederungsmanagement auszurichten. **39**

Auch wegen der Neuausrichtung des Teilhaberechts und der Arbeitgeberverpflichtungen am Grundsatz der Prävention müssen Integrationsvereinbarungen offen und flexibel für Regelungen und Maßnahmen sein, die auch gesundheitlich eingeschränkten Beschäftigten zugutekommen, die noch nicht als schwerbehinderte Menschen anerkannt wurden. Einzelne isolierte Maßnahmen für schwerbehinderte Beschäftigte reichen, je größer die Zahl gesundheits- und tätigkeitseingeschränkter Beschäftigter ist, nicht aus. Bei integrations- und rehabilitationsfördernden Maßnahmen muss es ein hohes Maß an Flexibilität geben. Bei der Wahl der jeweils angemessenen Maßnahme müssen zum einen immer andere individuelle Voraussetzungen berücksichtigt werden. Zum andern sind auch die Voraussetzungen innerhalb des Betriebes bzw. innerhalb der Dienststelle verschieden. Es geht um die jeweils konkreten Bedingungen in den Betrieben und Verwaltungen, die dortigen Arbeitsumfeldbedingungen und die Situation und Beschaffenheit der Arbeitsplätze der Beschäftigten.

b) Erarbeitung einer Integrationsvereinbarung

40 Die qualitätsbewusste Arbeit an der Entwicklung und Erstellung einer Integrationsvereinbarung beginnt mit einer sorgfältigen Erarbeitung ihrer Grundlagen. Grundvoraussetzung ist eine genaue Situationsanalyse, die den ersten Schritt eines Zielsuchprozesses darstellt. Die Situationsanalyse dient der Klärung von diversen betrieblichen Problemsituationen, des relevanten Problemumfeldes i. S. einer Lage- oder Zustandsbeurteilung und der schrittweisen Eingrenzung und Gewichtung von Problemschwerpunkten.

41 Das systematische Vorgehen bei Integrationsvereinbarungen muss folgende Schrittfolge berücksichtigen: Analyse der Integrationssituation, Ermittlung und Auswahl von Schwerpunktproblemen, Zielformulierung, Entwicklung von Lösungskonzepten, Verhandlung und Abschluss von Zielvereinbarungen, Feinplanung und Steuerung der Integrationsmaßnahmen, Zielverfolgung und Ergebniskontrolle, Abschluss und Dokumentation. Die Ist-Situations-Analyse sollte sinnvollerweise in Form einer Stärken-Schwächen-Analyse bzw. Chancen-Gefahren-Analyse vorgenommen werden. Stärken und Schwächen wie auch Chancen und Gefahren können Ansatzpunkte für die noch zu definierenden Ziele sein.

42 Maßgeblich für die spätere Festlegung von Inhalten einer Zielvereinbarung ist nach der Situationsanalyse eine klare Zielformulierung.

Diese ist Grundlage für die nachfolgende Ermittlung von Lösungs-
schritten bzw. -konzepten. Die Ziele bzw. Zielgrößen sollten verständlich und klar, anspruchsvoll, aber dennoch erreichbar (realis-
tisch) und eindeutig zu beurteilen bzw. messbar sein.[8]

9. Berichtspflicht des Arbeitgebers (Abs. 3)

Abs. 3 verpflichtet den Arbeitgeber in der Schwerbehindertenversammlung zur Berichterstattung über alle Angelegenheiten der
schwerbehinderten Beschäftigten. Der Arbeitgeber war bisher im
Zusammenhang mit den auf die Schwerbehindertenversammlung
angewendeten Vorschriften zur Durchführung der Betriebs- bzw.
Personalversammlungen berechtigt, in den Versammlungen zu
sprechen. Dieses Recht zur Berichterstattung ist mit der Einführung
der Integrationsvereinbarung in Bezug auf die Schwerbehindertenversammlung zu einer Pflicht umgewandelt worden. In die Berichterstattung des Arbeitgebers sollen dabei nicht nur die Angelegenheiten einfließen, die Gegenstand von Integrationsvereinbarungen
sind. In der Schwerbehindertenversammlung hat der Arbeitgeber
über alle Angelegenheiten im Zusammenhang mit der Eingliederung schwerbehinderter Menschen zu berichten (§ 95 Abs. 6). **43**

Diese Regelung wertet die Schwerbehindertenversammlung als Forum der Berichterstattung und der betrieblichen Diskussion über
die Interessen und Angelegenheiten schwerbehinderter Beschäftigter auf. Der Rechenschaftsbericht des Arbeitgebers über die
spezifischen Angelegenheiten der Zielgruppe schwerbehinderter
Menschen und über seine Durchführungsmaßnahmen der Integrationsvereinbarung ermöglicht ferner eine Ergebniskontrolle der Integrationsvereinbarungen unter Beteiligung der Betroffenen. **44**

§ 84 Prävention

**(1) Der Arbeitgeber schaltet bei Eintreten von personen-, verhal-
tens- oder betriebsbedingten Schwierigkeiten im Arbeits- oder
sonstigen Beschäftigungsverhältnis, die zur Gefährdung dieses
Verhältnisses führen können, möglichst frühzeitig die Schwerbehindertenvertretung und die in § 93 genannten Vertretungen sowie das Integrationsamt ein, um mit ihnen alle Möglichkeiten und**

---

8 Vgl. *Feldes*, Handbuch Integrationsvereinbarung

alle zur Verfügung stehenden Hilfen zur Beratung und mögliche finanzielle Leistungen zu erörtern, mit denen die Schwierigkeiten beseitigt werden können und das Arbeits- oder sonstige Beschäftigungsverhältnis möglichst dauerhaft fortgesetzt werden kann.

(2) Sind Beschäftigte innerhalb eines Jahres länger als sechs Wochen ununterbrochen oder wiederholt arbeitsunfähig, klärt der Arbeitgeber mit der zuständigen Interessenvertretung im Sinne des § 93, bei schwerbehinderten Menschen außerdem mit der Schwerbehindertenvertretung, mit Zustimmung und Beteiligung der betroffenen Person die Möglichkeiten, wie die Arbeitsunfähigkeit möglichst überwunden werden und mit welchen Leistungen oder Hilfen erneuter Arbeitsunfähigkeit vorgebeugt und der Arbeitsplatz erhalten werden kann (betriebliches Eingliederungsmanagement). Soweit erforderlich wird der Werks- oder Betriebsarzt hinzugezogen. Die betroffene Person oder ihr gesetzlicher Vertreter ist zuvor auf die Ziele des betrieblichen Eingliederungsmanagements sowie auf Art und Umfang der hierfür erhobenen und verwendeten Daten hinzuweisen. Kommen Leistungen zur Teilhabe oder begleitende Hilfen im Arbeitsleben in Betracht, werden vom Arbeitgeber die örtlichen gemeinsamen Servicestellen oder bei schwerbehinderten Beschäftigten das Integrationsamt hinzugezogen. Diese wirken darauf hin, dass die erforderlichen Leistungen oder Hilfen unverzüglich beantragt und innerhalb der Frist des § 14 Abs. 2 Satz 2 erbracht werden. Die zuständige Interessenvertretung im Sinne des § 93, bei schwerbehinderten Menschen außerdem die Schwerbehindertenvertretung, können die Klärung verlangen. Sie wachen darüber, dass der Arbeitgeber die ihm nach dieser Vorschrift obliegenden Verpflichtungen erfüllt.

(3) Die Rehabilitationsträger und die Integrationsämter können Arbeitgeber, die ein betriebliches Eingliederungsmanagement einführen, durch Prämien oder einen Bonus fördern.

1. Normzweck

Nach Abs. 1 hat der Arbeitgeber bei Eintreten von Schwierigkeiten, **1**
die zur Beendigung des Arbeitsverhältnisses schwerbehinderter Beschäftigter führen können, frühzeitig die Schwerbehindertenvertretung, die in § 93 genannten Interessenvertretungen sowie das Integrationsamt einzuschalten. Die frühzeitige Einschaltung hat zum
Ziel, alle möglichen Beratungs- und finanziellen Hilfen, mit denen
die Schwierigkeiten beseitigt werden können und mit denen das Arbeitsverhältnis dauerhaft gesichert werden kann, zu erörtern.

Es ist Zweck der Regelung des Abs. 1 Arbeitsplätze schwerbehinder- **2**
ter, behinderter und von Behinderung bedrohter Beschäftigter besonders abzusichern, indem Arbeitgeber und Interessenvertretung
verpflichtet werden, vor einer Gefährdung des Arbeits- und Beschäftigungsverhältnisses aus gesundheitlichen und sonstigen Gründen
gemeinsam Maßnahmen zu ergreifen, um das gefährdete Beschäftigungsverhältnis auf Dauer zu erhalten und zu sichern. Die Vorschrift soll dazu dienen, dass die betrieblichen und außerbetrieblichen Akteure der Teilhabesicherung behinderter Menschen dieses
betriebliche Instrument nutzen, um früher als bisher gegen den drohenden Verlust des Arbeitsplatzes behinderter Arbeitnehmer und
Arbeitnehmerinnen vorzugehen und damit die Arbeitslosigkeit be-

hinderter Mensch zu vermeiden. Dazu ist es wichtig, Schwierigkeiten verschiedenster Art und unterschiedlichster Ursachen (personen-, verhaltens- oder betriebsbedingt) frühzeitig zu erkennen und zu beheben. Die Kündigungsprophylaxe wird inhaltlich deutlicher auf die Ursachen der Arbeitsplatzgefährdung bezogen und zeitlich früher dem Verursachungsgeschehen an den Arbeitsplätzen angenähert. Die Regelung leistet damit auch einen konkreten Beitrag, die im Einzelfall erforderlichen Hilfen und Leistungen zu bündeln, die Leistungsträger zu koordinieren sowie die Hilfeplanung effizient umzusetzen.

3 Abs. 2 schafft eine Verfahrensanordnung, damit frühzeitig gesundheitsbedingte Gefährdungen des Arbeitsverhältnisses abgewendet werden können. Die Vorschrift stellt die Einführung eines betrieblichen Eingliederungsmanagements bei gesundheitlichen Störungen sicher. Ist der Beschäftigte innerhalb eines Jahres länger als sechs Wochen ununterbrochen oder wiederholt arbeitsunfähig, klären der Arbeitgeber, die Interessenvertretung nach § 93 bei schwerbehinderten Menschen zusammen mit der Schwerbehindertenvertretung und, soweit erforderlich, unter Hinzuziehung der Werks- oder Betriebsärzte mit Zustimmung und Beteiligung des Betroffenen, wie die Arbeitsunfähigkeit möglichst überwunden werden kann und welche Leistungen und Hilfen zur Unterstützung des Arbeitnehmers erforderlich sind. Gemeinsame Servicestellen oder Integrationsämter werden hinzugezogen, wenn es um die Abklärung von Leistungen zur Teilhabe oder um begleitende Hilfen im Arbeitsleben geht. Diese Stellen wirken auch darauf hin, dass die erforderlichen Leistungen oder Hilfen innerhalb der dreiwöchigen Frist nach § 14 Abs. 2 Satz 2 erbracht werden.

4 Abs. 2 erweitert und präzisiert die Verfahrensreglung des Abs. 1 für längerfristig bzw. wiederholt arbeitsunfähig erkrankte Beschäftigte, deren Arbeits- bzw. Beschäftigungsverhältnis aus gesundheitlichen Gründen gefährdet ist. Nach den betriebsbedingten Kündigungsgründen, die hauptverantwortlich für den Verlust des Arbeitsplatzes für behinderte und nichtbehinderte Arbeitnehmer sind, stellen die Auswirkungen von Krankheit auf das Arbeitsverhältnis eine bedeutsame Ursache für Kündigungen dar. Die daraus resultierenden Kosten der Sozialversicherung für Arbeitslosigkeit und vorzeitigen Rentenbezug von Menschen mit Gesundheitsbeeinträchtigungen und Behinderungen sind immens. Darüber hinaus verzeichnet die deutsche Volkswirtschaft nach einer Studie der Bundesanstalt für Arbeitsschutz und Arbeitsmedizin alleine infolge krankheitsbedingter

Produktionsausfälle Kosten von jährlich 85 Milliarden Euro. Das Instrument des betrieblichen Eingliederungsmanagements dient damit auch dem Zweck, die gesellschaftlichen Kosten langer Arbeitsunfähigkeitszeiten zu verringern.

In Abs. 2 wird die bisherige Verfahrensregelung zur betrieblichen Prävention zu einem wirksamen betrieblichen Eingliederungsmanagement (BEM) fortentwickelt, um insbesondere durch Gesundheitsprävention das Arbeitsverhältnis möglichst dauerhaft zu sichern. Die Beschäftigungssicherung gesundheitsbeeinträchtigter und behinderter Beschäftigter durch Prävention und Rehabilitation wird zu einer Pflichtaufgabe des Arbeitgebers und der Interessenvertretung. Durch geeignete Prävention soll Erkrankungen, die letztlich zum Verlust des Arbeitsplatzes führen können, entgegengewirkt werden. Durch einen frühzeitigen Zugang zu den Betroffenen und eine frühzeitige Intervention können chronisch kranke oder behinderte Beschäftigte erfolgreich weiterbeschäftigt bzw. wieder eingegliedert werden. Eine sinnvolle Prävention und Rehabilitation, die zum dauerhaften Erhalt des Arbeitsverhältnisses führen, entlasten sowohl Arbeitgeber wie Sozialversicherungssysteme von Kosten. Frühverrentungen wird vorgebeugt und damit ein wesentlicher Beitrag zur Lebensstandardsicherung in Rente und Alter geleistet.	5

Die Vorschrift schafft eine Verfahrensregelung, damit im Sinne von »Rehabilitation statt Entlassung« ein betriebliches Eingliederungsmanagement bei gesundheitlichen Störungen praktiziert werden kann. Der mit dem Gesetz zur Förderung der Ausbildung und Beschäftigung schwerbehinderter Menschen vom 23.4.2004 neu gefasste Abs. 2 eröffnet den Betrieben und Verwaltungen erweiterte Handlungsmöglichkeiten für Präventions- und Rehabilitationsmaßnahmen. Die Vorschrift dient der Verbesserung der Teilhabemöglichkeiten (schwer-)behinderter und von Behinderung bedrohter Menschen im Erwerbsleben und verpflichtet die betrieblichen Vertragsparteien, Durchführungsregelungen für ein betriebliches System des Rehabilitations- und Eingliederungsmanagements zu entwerfen und zu vereinbaren.	6

Abs. 3 schafft für die Rehabilitationsträger und Integrationsämter die notwendigen rechtlichen Voraussetzungen, damit sie für Arbeitgeber, die ein betriebliches Eingliederungsmanagement einführen, besondere Förderleistungen in Form einer Prämie oder einer Bonuszahlung erbringen können. Die Förderung der Arbeitgeber durch Prämien- und Bonuszahlungen der Rehabilitationsträger und Integrationsämter dient dem Ziel, die Einführung eines betrieb-	7 lichen Eingliederungsmanagements durch einen wirtschaftlichen Anreiz – etwa bei den von ihnen zu tragenden Anteilen der Sozialversicherung – zu honorieren.

2. Anwendungsbereich

8 Die Vorschrift betrifft alle privaten und öffentlichen Arbeitgeber. Abs. 1 gilt für schwerbehinderte Menschen (§ 2 Abs. 2) und ihnen gleichgestellte behinderte Menschen (§ 2 Abs. 3). Der Verweis in Abs. 1 auf die Einschaltung der Schwerbehindertenvertretung zeigt, dass nur die Gefährdung der Arbeitsplätze dieses Personenkreises gemeint ist. Voraussetzung für das Tätigwerden des Arbeitgebers und die Einschaltung der Interessenvertretung ist also, dass die betroffene Person dem genannten Personenkreis zugehörig ist.

9 Etwas anderes gilt für Abs. 2. Diese Vorschrift gilt zum einen für den in § 2 genannten gesamten Personenkreis, also die dort aufgeführten verschiedenen Gruppen behinderter Menschen: von Behinderung bedrohte, behinderte, den schwerbehinderten Menschen Gleichgestellte, sofern sie dauerhaft oder wiederholt arbeitsunfähig sind. Diese Vorschrift umfasst aber vor allem Beschäftigte, die nicht oder noch nicht zu diesem Personenkreis gehören. Das Tätigwerden des Arbeitgebers setzt lediglich voraus, dass die betroffene Person in einem Arbeits- oder Beschäftigungsverhältnis gem. §§ 73 Abs. 1 und 3, 102 Abs. 2 Satz 3 steht und innerhalb eines Jahres sechs Wochen oder länger bzw. wiederholt arbeitsunfähig ist. Andere oder zusätzliche Merkmale, Eigenschaften oder Voraussetzungen sind für die Teilnahme der betroffenen Person am betrieblichen Eingliederungsmanagement nicht erheblich.

3. Entstehungsgeschichte

10 Die Vorschrift wurde als § 14c SchwbG durch das Gesetz zur Bekämpfung der Arbeitslosigkeit Schwerbehinderter vom 29. 9. 2000 eingeführt und weitgehend inhaltsgleich aus dem Gesetzentwurf der Fraktionen der SPD und des Bündnisses 90/Die Grünen (BT-Drucks. 14/3372) in das SGB IX übernommen. Um die Vorbeugung vor Kündigung auszubauen, kamen gegenüber § 14c SchwbG einige Detailregelungen hinzu: Neben der Interessenvertretung, die bei Beschäftigungsschwierigkeiten eingeschaltet wird, wurde nun ergänzend die Einschaltung des Integrationsamtes geregelt. Abs. 2 verpflichtet Arbeitgeber und Interessenvertretung, Integrationsamt und Servicestelle (§ 22) zu einer abgestimmtem Vorgehensweise für Fälle dreimonatiger und längerer Arbeitsunfähigkeit von Beschäftigten bzw. bei gesundheitsbedingter Gefährdung des Arbeitsverhältnisses. Die Vorschrift galt auch für behinderte bzw. von Behinderung bedrohte (§ 2 Abs. 1) Beschäftigte. Die vorgesehenen Präventionsmaßnahmen standen unter dem Vorbehalt der Zustimmung der betroffenen Person.

Mit dem Gesetz zur Förderung der Ausbildung und Beschäftigung **11** schwerbehinderter Menschen vom 23. 4. 2004 wurde die bisherige Verfahrensregelung zur betrieblichen Prävention im Sinne von »Rehabilitation statt Entlassung« durch ein umfassendes Eingliederungsmanagement ausgebaut (Arbeitspapier des BMGS »Schaffung und Erhaltung von Arbeitsplätzen für schwerbehinderte Menschen« vom 14. 4. 2003). Dazu wurde die bisherige Regelung des Abs. 2 präzisiert, erweitert und betriebsnäher ausgestaltet. Der Zeitpunkt für die Intervention des Arbeitgebers zur Durchführung betrieblicher Präventionsmaßnahmen wurde auf den Ablauf der Lohnfortzahlungsfrist, also nach sechs Wochen Arbeitsunfähigkeit festgelegt. Als Interventionsanlass zählt nun auch wiederholte Arbeitsunfähigkeit innerhalb eines Jahres. Die Regelung verpflichtet den Arbeitgeber zur Klärung von Präventionsmaßnahmen mit den Betroffenen und der Interessenvertretung. Die Vorschrift definiert Ziele und Maßnahmen eines betrieblichen Eingliederungsmanagements und regelt auch die Beteiligung des Werks- bzw. Betriebsarztes. Ferner wird eine Verfahrensregelung für die Einschaltung präventiver und teilhabesichernder Dienstleistungen der Servicestellen und der Integrationsämter geschaffen. Darüber hinaus benennt die Vorschrift ein Initiativrecht der Interessenvertretung auf Klärung betrieblicher Präventionsmaßnahmen und auf Regelung eines betrieblichen Eingliederungsmanagements sowie einen Überwachungsauftrag bezüglich des gesamten Verfahrens.

Die Vorschrift wurde um Abs. 3 erweitert, der die Förderung der **12** Einführung eines betrieblichen Eingliederungsmanagements durch Prämien- und Bonuszahlungen der Rehabilitationsträger und der Integrationsämter vorsieht. Diese Förderregelung war ursprünglich als § 83 Abs. 2b im Rahmen der Novellierung der Vorschrift zur Integrationsvereinbarung vorgesehen, wurde aber nach Intervention des Bundesrates (BR-Drucks. 746/03) dem § 84 angefügt. Die Bundesregierung hat diese Prämienregelung in § 84 eingebracht, um Missverständnisse auszuschließen, dass ein betriebliches Eingliederungsmanagement nur im Zusammenhang mit einer Integrationsvereinbarung unterstützt werden könne. Durch Art. 8 des Gesetzes zur Vereinfachung der Verwaltungsverfahren im Sozialrecht vom 21. 3. 2005 (BGBl. I, S. 818) wurde in § 84 Abs. 4 die Absatzbezeichnung »(4)« durch »(3)« ersetzt.

4. Prävention bei Gefährdung des Arbeitsverhältnisses (Abs. 1)

a) Gefährdung des Arbeitsverhältnisses

13   Nach Abs. 1 ist der Arbeitgeber verpflichtet, bei erkennbaren Schwierigkeiten, die das Arbeitsverhältnis von schwerbehinderten und ihnen gleichgestellten Beschäftigten gefährden könnten, so frühzeitig wie möglich die Schwerbehindertenvertretung, den Betriebs- bzw. Personalrat und das Integrationsamt einzuschalten. Um Präventionsmaßnahmen zur Gefahrenabwehr einleiten zu können, muss gem. Abs. 1 und 2 das Arbeits- oder sonstige Beschäftigungsverhältnis aus einem bestimmten Grund gefährdet sein. Die Präventionsverpflichtung geht dabei aber nicht nur von Schwierigkeiten aus, die im Zusammenhang mit der Behinderung zu suchen sind. Die Vorschrift gewinnt angesichts der Tatsache, dass die Kündigung schwerbehinderter Arbeitnehmer trotz des besonderen Kündigungsschutzes relativ einfach ist, ihre spezielle Bedeutung. Die Verpflichtung des Arbeitgebers, frühzeitig gegen erkennbare Gefährdungen einzuschreiten, zielt darauf, dass Schwierigkeiten bereits im Ansatz behoben werden müssen, um die Kündigung erfolgreich zu vermeiden. Ein Übergehen bekannter Beschäftigungsprobleme seitens des Arbeitgebers kann nicht toleriert werden.

b) Gründe für die Gefährdung des Arbeitsverhältnisses

14   Die Gründe für die Gefährdung des Arbeits- und Beschäftigungsverhältnisses können vielfältig sein. Die Schwierigkeiten müssen dabei konkret dargestellt werden, so dass plausibel nachvollziehbar ist, dass sich ohne präventive Maßnahmen die Beschäftigungssituation der behinderten Person verschlimmern wird und mit einer Kündigung zu rechnen ist. Das Arbeits- und Beschäftigungsverhältnis kann sowohl im Zusammenhang mit einer ordentlichen Beendigungskündigung als auch bei einer Änderungskündigung gefährdet sein.

Die Schwierigkeiten, die in Abs. 1 genannt werden, umfassen personen-, verhaltens- und betriebsbedingte Schwierigkeiten. Von **perso-**

nenbedingten Schwierigkeiten spricht man, wenn der Arbeitnehmer aufgrund von Gründen, die in seiner Person liegen, nicht mehr oder nur noch eingeschränkt in der Lage ist, seine vertraglich geschuldete Arbeitsleistung zu erbringen. Zu den personenbedingten Schwierigkeiten zählen solche, die auf die persönlichen Eigenschaften, Fähigkeiten und Verhältnisse des Arbeitnehmers zurückzuführen sind, wie z. B. eine mangelnde körperliche oder geistige Eignung, unzureichende Kenntnisse und Fähigkeiten, Abnahme der Leistungsfähigkeit, fehlende Arbeitserlaubnis oder Verbüßung einer Haftstrafe. Die in der Praxis bedeutsamsten personenbedingten Schwierigkeiten sind auf krankheitsbedingte Gründe zurückzuführen. Krankheit ist dann als Beeinträchtigung des Arbeits- und Beschäftigungsverhältnisses bedeutsam, wenn es sich entweder um eine dauerhafte Arbeitsunfähigkeit oder eine lang andauernde Krankheit handelt oder wenn häufige Kurzerkrankungen auch in der Zukunft erhebliche krankheitsbedingte Fehlzeiten erwarten lassen oder wenn durch eine Krankheit erhebliche Leistungsminderungen eingetreten sind.

Von **verhaltensbedingten Schwierigkeiten** spricht man, wenn ein vertragswidriges Verhalten des Arbeitnehmers Ursache für die Gefährdung des Arbeits- und Beschäftigungsverhältnisses ist. Vertragswidrig verhält sich der Arbeitnehmer stets, wenn er schuldhaft und grundlos gegen seine Pflichten aus dem Arbeitsverhältnis verstößt. In der Praxis kommen hierbei unzählige Möglichkeiten in Betracht. Sie können mit der Erbringung der Arbeitsleistung als solcher zusammenhängen, z. B. der Arbeitnehmer arbeitet mangelhaft, kommt mehrfach zu spät zur Arbeit oder fehlt gar unentschuldigt. Sie können jedoch auch im Bereich der dem Arbeitnehmer obliegenden Nebenpflichten liegen, z. B. der Arbeitnehmer unterrichtet den Arbeitgeber nicht unverzüglich, dass er arbeitsunfähig krank ist, oder er surft unerlaubt während der Arbeitszeit privat im Internet oder führt stundenlang untersagte private Telefonate. Zu den gravierendsten Pflichtverstößen gehören insbesondere strafbare Handlungen, die der Arbeitnehmer gegenüber dem Arbeitgeber begeht (z. B. Diebstahl, Unterschlagung, Gleitzeitbetrug), aber auch Beleidigungen oder ungerechtfertigte wie auch vorschnelle Strafanzeigen gegen den Arbeitgeber.

Das Arbeits- und Beschäftigungsverhältnis des schwerbehinderten Beschäftigten kann auch wegen **betriebsbedingter Schwierigkeiten** in Gefahr geraten. Hierfür sind unternehmerische, betriebliche oder wirtschaftliche Gründe verantwortlich. Von betriebsbedingten

Schwierigkeiten spricht man, wenn »dringende betriebliche Erfordernisse« die Weiterbeschäftigung gefährden. Die Palette der in Betracht kommenden betrieblichen Gründe ist vielseitig. Üblicherweise wird zwischen so genannten innerbetrieblichen Gründen (z. B. Stilllegungen des Betriebes oder von Betriebsteilen, Outsourcing, organisatorische oder technische Rationalisierungsmaßnahmen, Umstellung oder Einschränkung der Produktion) und so genannten außerbetrieblichen Gründen (z. B. Umsatzrückgang, Auftragsmangel, Rohstoffmangel) unterschieden. Betriebliche Gründe sind jedoch nur dringlich, wenn der Arbeitgeber den Arbeitnehmer nicht mehr anderweitig auf einem gleichwertigen, ggf. auch – nach einer Änderungskündigung – schlechteren freien Arbeitsplatz im Betrieb beschäftigen kann.

c) Zeitpunkt des Tätigwerdens des Arbeitgebers

15 Mit der Regelung des Abs. 1 soll die betriebliche Vorbeugung gegen Entlassungen ausgebaut werden, d. h., es ist Ziel, dass Schwierigkeiten bei der Beschäftigung möglichst erst gar nicht aufkommen bzw. sie so früh wie möglich abgebaut werden. Die Vorschrift dient damit als »Steuerungsinstrument zur Früherkennung von Situationen, die in einer Gefährdung des Arbeitsverhältnisses enden können«.[1] Dies ist maßgeblich für den Zeitpunkt des Tätigwerdens des Arbeitgebers. Er ist verpflichtet, beim Eintritt der Schwierigkeiten möglichst frühzeitig ein gemeinsames Prüfverfahren mit der betrieblichen Interessenvertretung und dem Integrationsamt einzuleiten. Gegenstand der Prüfung ist zunächst der Anlass des Tätigwerdens des Arbeitgebers, Art und Umfang der Gefährdung, der Zusammenhang zwischen Gefährdungsursache und potenzieller Kündigung sowie in der Hauptsache das Entwickeln und Aufzeigen von Problemlösungsmöglichkeiten.

Der Arbeitgeber muss zu diesem Zweck möglichst frühzeitig tätig werden. Das heißt: Unmittelbar nachdem der Arbeitgeber Kenntnis von den Schwierigkeiten erhalten hat, die das Arbeits- und Beschäftigungsverhältnis des schwerbehinderten Beschäftigten als gefährdet erscheinen lassen, hat er gegenüber der betrieblichen Interessenvertretung und dem Integrationsamt tätig zu werden, so dass Abhilfemaßnahmen nicht zu spät kommen, dass eine Kündigung vermie-

---

1 *Hauck/Noftz*, SGB IX, § 84 Rn. 5

den wird, dass das Integrationsamt die Möglichkeit haben muss, die gesetzlichen Hilfen aufzuzeigen, und dass die betriebliche Interessenvertretung ausreichend Zeit und Gelegenheit besitzt, geeignete, d. h. auf die konkreten Schwierigkeiten bezogene Maßnahmen vorzuschlagen.

d) Einschaltung von Schwerbehindertenvertretung, Betriebs- bzw. Personalrat

Schwerbehindertenvertretung, Betriebs- bzw. Personalrat sind an **16** diesem Prüfungsverfahren unmittelbar beteiligt. Die Pflicht des Arbeitgebers zu ihrer Einschaltung bezieht sich darauf, dass er sie über den Sachverhalt informiert und sie dadurch im Rahmen ihrer sonstigen Mitwirkungs- und Mitbestimmungsrechte Gelegenheit erhalten, die Angelegenheit und die Umstände des Einzelfalls eigenverantwortlich zu prüfen. Aus diesem Grund ist der Arbeitgeber verpflichtet, die erkennbaren arbeitsplatzgefährdenden Schwierigkeiten zuerst mit der betrieblichen Interessenvertretung und dem Integrationsamt zu erörtern. Die Erörterung von Präventionsmaßnahmen muss deshalb dem Antrag beim Integrationsamt auf Zustimmung zur Kündigung vorausgehen.[2]

Dieses Prüfungs- bzw. Beteiligungsverfahren ist ein Instrument des **17** präventiven Kündigungsschutzes und konkretisiert für die Schwerbehindertenvertretung die Unterrichtungspflicht des Arbeitgebers gem. § 95 Abs. 2 Satz 1. Danach muss der Arbeitgeber pflichtgemäß die betriebliche Interessenvertretung in allen Angelegenheiten, die einen Einzelnen oder die schwerbehinderten Menschen als Gruppe berühren, unverzüglich und umfassend unterrichten und vor einer Entscheidung hören und von der Entscheidung unverzüglich unterrichten. Insofern zählt die Unterrichtung der Schwerbehindertenvertretung über arbeitsplatzgefährdende Umstände, Anlässe und Ursachen schon aus dieser Norm zu den wichtigsten und zentralsten Informationen, um ein gefährdetes Beschäftigungsverhältnis im Interesse einer dauerhaften Eingliederung und unter Zuhilfenahme aller Sicherungsmöglichkeiten aufrechtzuerhalten. Jedoch verstoßen Arbeitgeber in vielen Fällen systematisch gegen diese Unterrichtungspflicht. Abs. 1 weitet diese Beteiligung der Schwerbehindertenvertretung sachbezogen geringfügig aus. Das Erörterungsrecht des

2 *Müller-Wenner*, SGB IX, § 84 Rn. 10

Abs. 1 geht über die Anhörung der Schwerbehindertenvertretung zu den konkreten Umständen des Einzelfalls hinaus; die Erörterung ist ihre stärkste Beteiligungsform überhaupt. Sie geht über die Informationspflicht hinaus und setzt die gezielte, rechtzeitige und umfassende Vorinformation voraus, wenn der Arbeitgeber beabsichtigt, eine Maßnahme zu treffen, die die Belange schwerbehinderter Beschäftigter insofern betrifft, als Beschäftigungsprobleme abgebaut bzw. beseitigt werden sollen. Dazu muss der Arbeitgeber der Schwerbehindertenvertretung Gelegenheit zur Meinungsäußerung geben, damit sie ihre spezifischen Erfahrungen und Kompetenzen in den Problemlösungsprozess mit einbringen kann. Bei Verletzung der Anhörungs- und Erörterungspflicht kann die Schwerbehindertenvertretung allerdings die Interessen der betroffenen schwerbehinderten Arbeitnehmer nicht ausreichend geltend machen. In jedem Fall führt die unterlassene Anhörung der Schwerbehindertenvertretung zur Rechtswidrigkeit der Entscheidung. Diese ist vom Betroffenen vor Gericht festzustellen. Für die Interessenvertretung schwerbehinderter Beschäftigter im Betrieb empfiehlt es sich darüber hinaus, im Zusammenhang mit der Erörterung beschäftigungserhaltender Maßnahmen eine verbindliche Vereinbarung zur Integration und Beschäftigungssicherung i. S. v. § 83 abzuschließen, die eine sorgfältige Prüfung und Realisierung sämtlicher Erfolg versprechender Möglichkeiten beinhaltet, um das Arbeits- und Beschäftigungsverhältnis dauerhaft fortzusetzen.

18 Die Einschaltung der allgemeinen betrieblichen Interessenvertretung bei personen-, verhaltens- und betriebsbedingten Schwierigkeiten konkretisiert für den Betriebs- bzw. Personalrat die Vorschriften des § 80 Abs. 1 Nr. 4 BetrVG bzw. des § 68 Abs. 1 Nr. 4 BPersVG. Danach haben Betriebs- bzw. Personalrat im Kontext ihrer allgemeinen Aufgaben auch die Eingliederung schwerbehinderter Personen zu fördern.

e) Einschaltung des Integrationsamtes

19 Durch die pflichtgemäße Einschaltung des Integrationsamtes in das Präventionsverfahren sollen die gesetzlichen Hilfen und Leistungen zur Sicherung der Teilhabe aufgezeigt und eingesetzt werden Für das Integrationsamt konkretisiert sich mit seiner Beteiligung im Prüfverfahren des Abs. 1 eine allgemeine Aufgabe der begleitenden Hilfe im Arbeitsleben (§ 102 Abs. 1 Nr. 3). Das Integrationsamt hat eine beratende und unterstützende Aufgabenstellung bei der Identifikation von Möglichkeiten und Hilfen zur Beseitigung der Schwierigkeiten, bei der Entwicklung technischer und arbeitsorganisatorischer Problemlösungen, bei der Bereitstellung finanzieller Hilfen und bei der Einleitung der erforderlichen Maßnahmen durch den zuständigen Leistungsträger. Dabei ist das Integrationsamt bereits durch § 81 Abs. 4 zur Unterstützung der Arbeitgeber bei der Realisierung individualrechtlicher Ansprüche schwerbehinderter Beschäftigter auf behinderungsgerechte Arbeitsgestaltung verpflichtet.

f) Möglichkeiten und Hilfen zur Beseitigung der Schwierigkeiten

Abs. 1 verpflichtet die beteiligten Akteure dazu, alle Möglichkeiten **20** und alle zur Verfügung stehenden Hilfen zur Beratung und mögliche finanzielle Leistungen in die Prüfung und Erörterung einzubeziehen. Die frühzeitige Prüfung von Präventionsmaßnahmen bezieht sich dabei zum einen auf die gesamte einklagbare Gestaltungspalette des § 81 Abs. 4 und 5 (Maßnahmen der beruflichen Bildung, behinderungsgerechte Einrichtung der Arbeitsstätten einschließlich der Betriebsanlagen, Maschinen und Geräte sowie der Gestaltung der Arbeitsplätze, des Arbeitsumfeldes, der Arbeitsorganisation und der Arbeitszeit, technischen Arbeitshilfen, Teilzeitbeschäftigung). An relevanten außerbetrieblichen Hilfen stehen ferner zur Verfügung: Leistungen der Rehabilitationsträger zur Teilhabe am Arbeitsleben (§ 33), Leistungen der Rehabilitationsträger an Arbeitgeber (§ 34), technische, finanzielle, Beratungs- und Betreuungshilfen der Integrationsämter, der Integrationsfachdienste und der technischen Beratungsdienste (§§ 102, 109).

Abs. 1 verpflichtet den Arbeitgeber nicht nur dazu, sämtliche in **21** Frage kommenden Präventionsmöglichkeiten mit der Schwerbehindertenvertretung, dem Betriebs- bzw. Personalrat und dem Integrationsamt zu erörtern, sondern fordert auch die Einleitung und Umsetzung von Präventionsmaßnahmen. Seiner Aufgabe, die Gefährdung des Arbeits- und Beschäftigungsverhältnisses abzuwenden, kann der Arbeitgeber nur dann gerecht werden, wenn er die Präventionsmaßnahmen auch durchführt. Es ist Ziel dieser Präventionsverpflichtung, frühzeitig zu klären, welche Maßnahmen geeignet sind, um eine möglichst dauerhafte Fortsetzung des Beschäftigungsverhältnisses zu erreichen.[3] Der Arbeitgeber hat hierzu eine

---

3 *BAG* v. 4. 10. 2005 – 9 AZR 632/04

Mitwirkungs- und Interventionspflicht, die sich in einer aktiven Gestaltungsrolle zu konkretisieren hat. Diese korrespondiert mit den allgemeinen Fürsorgepflichten des § 81 Abs. 3 und den Rechtsansprüchen schwerbehinderter Beschäftigter auf barrierefreie und behinderungsgerechte Beschäftigung. Indem er präventive Maßnahmen durchführt, realisiert er diese Verpflichtungen. Weigert er sich die Präventionsmaßnahmen durchzuführen, verletzt er diese Verpflichtungen und trifft Entscheidungen, die schwerbehinderte Menschen wegen fehlender angemessener Vorkehrungen im Betrieb nach § 81 Abs. 2 benachteiligen.

Hat der Arbeitgeber seine Erörterungspflichten nach § 84 Abs. 1 verletzt und macht der Arbeitnehmer seinen Beschäftigungsanspruch geltend, so hat der Arbeitgeber darzulegen, warum ihm eine zumutbare Beschäftigung des schwerbehinderten Arbeitnehmers nicht möglich war.[4] Die Verpflichtung des Arbeitgebers zu technischen oder organisatorischen Anpassungsmaßnahmen setzt voraus, dass der Arbeitnehmer die Umsetzung auf einen leidensgerechten Arbeitsplatz verlangt und dem Arbeitgeber mitgeteilt hat, wie er sich seine weitere Beschäftigung vorstellt.[5]

22   Während mit der Einführung des § 84 vordergründig die betriebliche Prävention ausgebaut werden sollte, vertreten Gesetzgeber und Integrationsämter allerdings die Auffassung, dass Arbeitgebern die Fortsetzung des Arbeitsverhältnisses nach Nutzung aller Möglichkeiten nicht mehr zugemutet werden könne. Dies hat Folgen für das Zustimmungsverfahren beim Integrationsamt und Auswirkungen auf das Kündigungsschutzverfahren beim Arbeitsgericht. Spätestens zu diesem Zeitpunkt schlägt der vermeintliche Zuwachs an Beschäftigungssicherheit für schwerbehinderte Beschäftigte genau in sein Gegenteil um. Sind alle Möglichkeiten genutzt worden, durch Prävention den Arbeitsplatz zu erhalten und ist die Aufrechterhaltung des Arbeitsverhältnisses für den Arbeitgeber dann nicht mehr zumutbar, ist die Verfahrensdauer eines eingeleiteten Kündigungsschutzverfahrens bis zur Entscheidung des Integrationsamtes gegenüber der Monatsfrist des § 88 Abs. 1 erheblich verkürzt und das Entscheidungsverhalten der Integrationsämter vorgeprägt. Der Gesetzgeber und die Integrationsämter gehen von der Fiktion eines idealen Arbeitgebers aus, der bereit ist, sämtliche Voraussetzungen,

---

4 *BAG* v. 4.10.2005 – 9 AZR 632/04
5 *BAG* v. 19.5.2010 – 5 AZR 162/09; *LAG Rheinland-Pfalz* v. 21.2.2013 – 2 Sa 533/12; *LAG Hessen* v. 21.3.2013 – 5 Sa 842/11

Verfahrensschritte und denkbaren Problemlösungen, die mit der Vorschrift verbunden sind, frühzeitig und sorgfältig einzuhalten; sie verkennen die tatsächliche Beschäftigungsbereitschaft vieler Unternehmen.

g) Auswirkungen auf den Kündigungsschutz

Der Präventionsvorrang des SGB IX, der sich in dieser Vorbeugungsvorschrift als Imperativ und Handlungsauftrag für den Arbeitgeber konkretisiert, ist kündigungsrechtlich relevant. Das Präventionsmanagement nach § 84 Abs. 1 soll die Teilhabe am Arbeitsleben durch Erhalt des Beschäftigungsverhältnisses schwerbehinderter Arbeitnehmer sichern. Der Arbeitgeber soll erst Hilfen durchführen und ihren Erfolg abwarten, ehe er eine Kündigung in Erwägung zieht. Diese Präventionspflicht kann daher nicht ohne Bedeutung für das Kündigungsrecht sein. Es handelt sich um eine Schutzvorschrift zugunsten schwerbehinderter Beschäftigter, von der keine Wirkung ausgeht, wenn sie unverbindlich und folgenlos für den Arbeitgeber bleibt. Sie muss vom Arbeitgeber und Dienstherrn eingehalten werden[6] und begründet Präventionspflichten im Vorfeld einer Kündigung. Die Vorschrift normiert eine ergebnisoffene Verfahrensvorschrift. Eine Nichtbeachtung dieser Pflicht zur Durchführung eines Präventionsverfahrens ist rechtswidrig. Ein Verstoß gegen die Prüf- und Maßnahmenpflicht stellt einen formellen Mangel dar, der durch Nachholung des Präventionsverfahrens geheilt werden kann.[7] **23**

Hat der Arbeitgeber vorschriftswidrig die betriebliche Interessenvertretung oder das Integrationsamt nicht eingeschaltet und arbeitsplatzerhaltende Maßnahmen nicht durchgeführt, geht er das Risiko ein, dass dem Zustimmungsantrag nicht entsprochen wird oder die Kündigung unwirksam ist. Eine ohne Einhaltung des Präventionsverfahrens ausgesprochene Kündigung kann sich also als ungerechtfertigt erweisen. Zwar folgt die Einschränkung der Kündigungsmöglichkeit nicht unmittelbar aus der Vorschrift. Darin drücken sich jedoch die allgemeine Fürsorgepflicht des Arbeitgebers und die Verantwortung für die Erhaltung des Arbeitsplatzes aus.[8] Das im Kündigungsrecht geltende Ultima-Ratio-Prinzip verlangt vom Arbeitge- **24**

---

6 *Neumann/Pahlen/Majerski-Pahlen*, SGB IX, § 84 Rn. 2
7 *OVG Mecklenburg-Vorpommern* v. 9.10.2003 – 2 M 105/03
8 *Bihr*, SGB IX, § 84 Rn. 15

ber, dass er vor Ausspruch der Kündigung alle ihm zur Verfügung
stehenden Möglichkeiten der Kündigungsprävention ausschöpft.[9]
Die Vorschrift macht also ein Präventionsverfahren zu einer wesentlichen kündigungsrechtlichen Voraussetzung, die sicherstellen soll,
dass eine Kündigung das letzte Mittel darstellt und dass zunächst
alle Möglichkeiten zur Fortsetzung des Arbeitsverhältnisses geprüft
und ausgeschöpft werden. Verstöße gegen die Rechtspflichten des
Arbeitgebers unterminieren das kündigungsschutzrechtliche Ultima-Ratio-Prinzip.
Das *BAG* hat in seinem Urteil vom 7. 12. 2006[10] klargestellt, dass der
Arbeitgeber beim Eintreten von Schwierigkeiten im Arbeitsverhältnis mit einem schwerbehinderten Beschäftigten gehalten ist, ein im
Gesetz näher ausgestaltetes Präventionsverfahren durchzuführen.
Kann das Präventionsverfahren im Arbeitsverhältnis des schwerbehinderten Beschäftigten auftretende Schwierigkeiten beseitigen, so
kann die Unterlassung des Verfahrens zu Lasten des Arbeitgebers bei
der Bewertung des Kündigungsgrundes Berücksichtigung finden.
Hingegen führt das Nichtdurchführen dieses Präventionsverfahrens
für sich genommen aber nicht zur Unwirksamkeit der Kündigung.[11]
Jedoch ist die Möglichkeit zu berücksichtigen, dass die Durchführung des Präventionsverfahrens die Voraussetzung erbracht hätte,
die Kündigung zu vermeiden.[12]

5. Betriebliches Eingliederungsmanagement (Abs. 2)

a) Klärungspflicht des Arbeitgebers

25   Die Vorschrift regelt ein als betriebliches Eingliederungsmanagement bezeichnetes Klärungs- und Präventionsverfahren. Mit dem
BEM ist eine Rechtspflicht des Arbeitgebers normiert, die bei jedem
Zeitraum von mindestens sechs Wochen Arbeitsunfähigkeit eines
Arbeitnehmers gilt. Nach mindestens sechswöchiger Arbeitsunfähigkeit innerhalb des jeweils zurückliegenden Jahres ist jeder Arbeitgeber verpflichtet, ein Eingliederungsmanagement einzuleiten, um
geeignete Möglichkeiten der Gesundheitsprävention zu ermitteln,
eine möglichst dauerhafte Fortsetzung des Beschäftigungsverhält-

---

9 *Müller-Wenner*, § 84 Rn. 16
10 *BAG* v. 7. 12. 2006 – 2 AZR 182/06
11 *BAG* v. 24. 1. 2008 – 6 AZR 96/07
12 *BVerwG* v. 29. 8. 2007 – 5 B 77/07

nisses zu fördern und damit letztlich die Kündigung erkrankter Menschen zu verhindern.[13] Der Arbeitgeber muss den betroffenen Beschäftigten das Verfahren anbieten.[14]

Der rechtlich normierten Initiativ- und Klärungspflicht des Arbeitgebers[15] steht ein spiegelbildlicher Rechtsanspruch des Betroffenen auf Klärung und Durchführung eines BEM-Verfahrens gegenüber.[16] Dieser Individualanspruch ist die Konkretisierung der allgemeinen Fürsorgepflichten des Arbeitgebers nach § 241 Abs. 2 BGB. Wenn gem. § 84 die drei Anspruchsvoraussetzungen (bestehendes Beschäftigungsverhältnis, mindestens 42 ärztlich dokumentierte krankheitsbedingte AU-Tage, Zustimmung des Beschäftigten) für ein BEM-Verfahren vorliegen, hat der einzelne Beschäftigte demnach einen individuell einklagbaren Anspruch auf die Durchführung eines BEM-Verfahrens. Andernfalls verschärfte sich in Betrieben ohne BEM oder bei Ausbleiben eines arbeitgeberseitigen BEM-Angebots das bestehende Gesundheitsrisiko und die Gefährdung des Arbeitsverhältnisses könnte nicht wie gesetzlich gefordert frühzeitig abgewendet werden. Wäre kein einklagbarer Klärungsanspruch gegeben, würde die Regelung bei solchen – in der Praxis sehr häufigen – Konstellationen ihre wesentlichen Ziele verfehlen.

Die Regelung verlangt eine gemeinsame Anstrengung der wesentlichen Verfahrensbeteiligten (Arbeitgeber, Interessenvertretung und Betroffene) zur Gesundheitsprävention. Sie sollen ermitteln, welche Möglichkeiten der Gesundheitsprävention im jeweiligen Fall geeignet sind, um das Arbeitsverhältnis möglichst dauerhaft zu sichern. Indem die Betriebsparteien unter Mitwirkung des Betroffenen zur Klärung der zu treffenden Maßnahmen verpflichtet werden, verschafft die Regelung der Gesundheitsprävention am Arbeitsplatz einen stärkeren Stellenwert. Davon ausgehend organisieren die drei zentralen BEM-Akteure einen Suchprozess, um sich schrittweise einen immer vollständigeren Überblick über das Teilhaberisiko der betroffenen Arbeitnehmer zu verschaffen, eine Eingliederungsplanung vorzunehmen und individuelle Hilfemaßnahmen einzuleiten.

Abs. 2 benennt die **Ziele** eines betrieblichen Eingliederungsmanagements. Danach kann es als gelungenes Eingliederungsmanagement   26

---

13 *BAG* v. 12.7.2007 – 2 AZR 716/06; *BAG* v. 23.4.2008 – 2 AZR 1012/07
14 *BAG* v. 24.3.2011 – 2 AZR 170/10
15 *BAG* v. 10.12.2009 – 2 AZR 198/09
16 *LAG Hamm* v. 13.11.2014 – 15 Sa 979/14; *BAG* v. 12.8.2008 – AZR 1117/06

bezeichnet werden, wenn durch den koordinierten Einsatz personeller und finanzieller Ressourcen und durch die Zusammenarbeit betrieblicher und außerbetrieblicher Akteure die ursprünglich krankheitsbedingte Gefährdung des Arbeits- und Beschäftigungsverhältnisses überwunden, einer erneuten Arbeitsunfähigkeit vorgebeugt und der Arbeitsplatz erhalten wird.

26a Für das Erreichen der Ziele und für eine ordnungsgemäße Verfahrensdurchführung hat die Rechtsprechung Mindestanforderungen definiert:

- Die Teilnehmer am BEM achten darauf, dass keine vernünftigerweise in Betracht zu ziehenden Anpassungs- und Änderungsmöglichkeiten im Verfahren ausgeschlossen werden.
- Im Mittelpunkt der Maßnahmenplanung stehen Anpassungen und Änderungen an den Arbeitsplätzen oder eine Weiterbeschäftigung durch Versetzung.
- Alle TeilnehmerInnen am BEM machen Vorschläge zur Lösung des Problems; alle ihre eingebrachten Vorschläge sind sachlich zu erörtern.
- Die gesetzlich dafür vorgesehenen externen Stellen, Ämter und Personen sind bei der Klärung geeigneter Maßnahmen zu beteiligen.
- Der Arbeitgeber hat vor Ausspruch einer krankheitsbedingten Kündigung eine (durch ein BEM) empfohlene Rehabilitationsmaßnahme schon von sich aus in Erwägung zu ziehen und ihre Durchführung in die Wege zu leiten.
- Der Arbeitgeber hat den Arbeitnehmer auf die Ziele des BEM sowie auf Art und Umfang der hierfür erhobenen Daten hinzuweisen.[17]

26b Für die betrieblichen Vertragsparteien besteht die Aufgabe darin, auf der Grundlage dieser Ziele und Mindestanforderungen die im Betrieb angemessenen Regelungsabläufe, Kooperationspartner und Maßnahmen zu definieren und die Bedingungen für deren Umsetzung im Einzelfall und in den Strukturen des Betriebes herzustellen, so dass sich ein unverstellter, verlaufs- und ergebnisoffener Suchprozesses etablieren kann. Die Regelungsaufgabe besteht darin, unabhängig vom Einzelfall ein System mit strukturierten Abläufen zu entwickeln, das sowohl ein Frühwarnsystem als auch ein konkretes Maßnahmenspektrum enthält, welches sämtliche Strategien für den

---

17 *BAG* v. 10. 12. 2009 – 2 AZR 400/08; *BAG* v. 10. 12. 2009 – 2 AZR 198/09; *BAG* v. 24. 3. 2011 – 2 AZR 170/10

Erhalt der Arbeits- und Beschäftigungsfähigkeit beinhaltet und keine der vernünftigerweise in Betracht kommenden zielführenden Möglichkeiten der Eingliederung ausschließt.[18]

b) Geltungsbereich

Nach Abs. 2 Satz 1 ist das Eingliederungsmanagement nicht auf den Personenkreis der schwerbehinderten und gleichgestellten behinderten Menschen begrenzt, sondern umfasst alle voll- und teilzeitbeschäftigten langzeiterkrankten und wiederholt arbeitsunfähig erkrankten Arbeitnehmer des jeweiligen Betriebes bzw. der Dienststelle.[19] Auch Beschäftigte in einem Beamtenverhältnis und Beschäftigte bei einem kirchlichen Arbeitgeber haben nach längerer Krankheit Anspruch auf Eingliederungsmaßnahmen nach § 84 Abs. 2.[20] Die Vorschrift ist in allen Betrieben – unabhängig von der Betriebsgröße oder der Beschäftigtenzahl – durchzuführen, auch dort, wo keine Interessenvertretung besteht.[21] In diesem Fall findet die Klärung der Beschäftigungssicherungsmöglichkeiten unmittelbar zwischen dem Arbeitgeber und dem Arbeitnehmer statt. **27**

c) Zustimmungserfordernis und Beteiligung des Betroffenen

Die Durchführung der Rehabilitations- bzw. Präventionsmaßnahmen sind von der Zustimmung, d.h. von der Einwilligung der Betroffenen und von ihrer Beteiligung abhängig. Insbesondere verlangt das BAG die Zustimmung des Betroffenen zur Unterrichtung oder Einschaltung anderer Stellen.[22] Für die Beschäftigten besteht keine Rechtspflicht zur Teilnahme an diesem Präventionsverfahren, denn die Wiedereingliederung des Betroffenen in den Arbeitsprozess kann nur mit Aussicht auf Erfolg gelingen, wenn der Betroffene dies selbst will und sich aktiv in den Klärungsprozess einbringt.[23] Im gesamten Verfahren gilt das Prinzip der Selbstbestimmung behinderter oder von Behinderung bedrohter Menschen. Dieses **28**

---

18 *BAG* v. 12.7.2007 – 2 AZR 716/06; *BAG* v. 10.12.2009 – 2 AZR 198/09
19 *BAG* v. 12.7.2007 – 2 AZR 716/06
20 *BVerwG* v. 5.6.2014 – 2 C 22/13; *BVerwG* – 4.9.2012 – 6 P 5/11
21 *BAG* v. 30.9.2010 – 2 AZR 88/09; *LAG Niedersachsen* v. 29.3.2005 – 1 Sa 1429/04
22 *BAG* v. 24.3.2011 – 2 AZR 170/10
23 *BVerwG* v. 23.6.2010 – 6 P 8/09

Selbstbestimmungsrecht verschafft dem betroffenen Arbeitnehmer maßgeblichen Einfluss darauf, wie sich das Verfahren als Ganzes und in seinen einzelnen Prozessphasen entwickelt. Fehlt es an der von ihm zu erteilenden Zustimmung und Mitwirkung, kann ein ordnungsgemäßes BEM nicht beginnen. Die Nichtzustimmung zur Durchführung des Präventionsverfahrens ist keine Pflichtverletzung und darf nicht mit Rechtsnachteilen für den Betroffenen verbunden sein oder sanktioniert werden. Die Nichtzustimmung ist kündigungsneutral.[24] Der Betroffene kann die Einwilligung jederzeit widerrufen. Damit kann entweder das gesamte Verfahren nicht zu Ende gebracht werden oder einzelne geplante oder laufende Maßnahmen können nicht durchgeführt werden bzw. müssen durch solche ersetzt werden, in die der Betroffene einwilligt. Die Vorschrift verlangt ferner nach Satz 3 vom Arbeitgeber, dass er die betroffene Person oder ihren gesetzlichen Vertreter vor Beginn des Verfahrens auf die Ziele des betrieblichen Eingliederungsmanagements sowie auf Art und Umfang der hierfür erhobenen und verwendeten Daten hinzuweisen hat.

d) Datenerhebung und Datenschutz

29 Abs. 2 Satz 3 der Vorschrift macht Vorgaben für den Daten- und Persönlichkeitsschutz im BEM. Bei sämtlichen zur Durchführung des Eingliederungsmanagements erforderlichen Datenermittlungs- und Datenverarbeitungsvorgängen ist das Recht auf informationelle Selbstbestimmung des einzelnen Arbeitnehmers zwingend zu beachten.[25] Nur die ausdrückliche Legitimation durch den Arbeitnehmer – seine informierte Einwilligung gem. § 4a BDSG rechtfertigt die Erhebung, Verarbeitung und Nutzung von beim betroffenen Beschäftigten erhobenen gesundheitsbezogenen Informationsdaten sowie das Zustandekommen des Verfahrens.

30 Die Vorschrift erlaubt zur Einleitung des Präventionsverfahrens – ohne Einwilligung der Betroffenen[26] – die Erhebung von Daten zur Arbeitsunfähigkeit und die Weitergabe von Arbeitsunfähigkeitsdaten an den Betriebsrat und die Schwerbehindertenvertretung zur Ausübung ihres Initiativrechts und Überwachungsauftrages.[27]

---

24 *BAG* v. 24.3.2011 – 2 AZR 170/10
25 *BVerfG* v. 15.12.1983 – 1 BvR 209, 269, 362, 420, 440, 484/83
26 *BAG* v. 7.2.2012 – 1 ABR 46/10
27 *BAG* v. 18.7.2012 – 7 ABR 23/11

Für die weitere Durchführung des Eingliederungsmanagements dürfen Gesundheitsdaten jeglicher Art jedoch nicht ohne Einwilligung des Betroffenen und nur zweckgebunden zur Erfüllung der Präventionsziele (Erhalten des Arbeitsverhältnisses, Prävention weiterer Arbeitsunfähigkeit) erhoben und verwendet werden. Der Arbeitgeber hat sicherzustellen, dass nur so viele personenbezogene Daten verarbeitet werden wie für das Erreichen der Präventionsziele unbedingt erforderlich sind (Grundsatz der Datensparsamkeit). Die BEM-spezifischen Daten dürfen nicht zum Bestandteil der allgemeinen Personaldaten gemacht werden. Folglich müssen die bei der Durchführung des betrieblichen Eingliederungsmanagements erhobenen Informationen in einer »BEM-Akte« getrennt von der Personalakte aufbewahrt werden.[28] Die erhobenen Daten sind zu löschen bzw. zu vernichten, sobald feststeht, dass ihre Speicherung/Aufbewahrung nicht mehr erforderlich ist, um den Zweck zu erfüllen, für den sie erhoben worden sind.[29]

e) Einschaltung und Beteiligung der Interessenvertretung

Die Schwerbehindertenvertretung und der Betriebs- bzw. Personal- 31 rat und die betroffenen Beschäftigten sind frühzeitig am Zustandekommen des betrieblichen Eingliederungsmanagements beteiligt. Dazu schaltet der Arbeitgeber den Betriebs- bzw. Personalrat und ggf. die Schwerbehindertenvertretung zur Klärung und Lösung der erkennbaren gesundheitsbedingten Schwierigkeiten der Betroffenen ein. Die Interessenvertretung nimmt am Klärungsprozess mit speziellen Überwachungs- und Initiativaufgaben teil. Die zuständige Interessenvertretung kann die Einleitung des Klärungsverfahrens gem. Abs. 2 Satz 6 der Vorschrift auch von sich aus verlangen.

---

28 AuR 2007, 24
29 Für den datenschutzrechtlichen Anwendungsbereich BEM sind keine bereichsspezifischen Löschfristen vorgegeben. Zentrale Norm für das Löschen von BEM-Daten ist daher § 35 Abs. 2 Nr. 3 BDSG. Das Speichern und Aufbewahren der Daten ist spätestens dann nicht mehr erforderlich, wenn die Ziele des Eingliederungsmanagements erfüllt sind und der Zweck des Präventionsverfahrens mit dem Abschluss des Verfahrens endgültig erbracht wurde. Das Aufbewahren von Daten ohne Notwendigkeit und über die sich daraus ergebenden Löschfristen hinaus ist als rechtswidrige Datenspeicherung auf Vorrat anzusehen. Zur fristgerechten Löschung der BEM-Daten und zur Vernichtung von BEM-Unterlagen siehe im Einzelnen: Feldes/Kohte/Stevens-Bartol, SGB IX, 2015.

Der Arbeitgeber ist gem. § 80 Abs. 2 Satz 1 BetrVG verpflichtet den Betriebsrat – bei schwerbehinderten Langzeiterkrankten auch die Schwerbehindertenvertretung – darüber zu unterrichten, welche Beschäftigten die Voraussetzungen für ein BEM erfüllen, damit die Interessenvertretung entscheiden kann, ob sie zur Wahrnehmung von Aufgaben initiativ werden kann, soll oder muss.[30]

f) Hinzuziehung der Werks- oder Betriebsärzte

32 Satz 2 verpflichtet den Arbeitgeber, im Bedarfsfall den Werks- oder Betriebsarzt zur Problemabklärung und zur Maßnahmenplanung hinzuzuziehen. Betriebsärzte sind ein wichtiges fachliches Bindeglied in der Einleitung von Rehamaßnahmen und in der Wiedereingliederungsphase nach stationärer Rehabilitation. Um die Arbeitsplätze chronisch kranker, behinderter und von Behinderung bedrohter Menschen sichern und ihre Wiedereingliederung gezielt unterstützen zu können, müssen Betriebsärzte und überbetriebliche Dienste nach der Unfallverhütungsvorschrift »Betriebsärzte und Fachkräfte für Arbeitssicherheit« (*DGUV* Vorschrift *2*) die dafür erforderlichen Einsatzzeiten für Beratungen über Teilhabeleistungen und andere Hilfen ermitteln. Arbeitgeber und Betriebsrat treffen über den festzustellenden Bedarf an Einsatzzeiten eine Betriebsvereinbarung.

g) Hinzuziehung der gemeinsame Servicestellen und Integrationsämter

33 Sind im Einzelfall Leistungen zur Teilhabe oder begleitende Hilfen im Arbeitsleben angezeigt, sind die gemeinsame Servicestelle gem. §§ 22 und 23 SGB IX, bei schwerbehinderten Beschäftigten auch das Integrationsamt als für die Leistungserbringung zuständige Träger in die Hilfe- und Maßnahmenplanung einzuschalten. Die Integrationsämter und die Rehabilitationsträger sind Kooperationspartner mit arbeitsteiligen Aufgaben. Die Beratung durch die Servicestelle und das Integrationsamt hat dabei so zu erfolgen, dass sich der Rechtsanspruch behinderter Menschen auf Beratung und Unter-

---

30 *Gemeinsames Kirchliches Arbeitsgericht Hamburg* v. 9. 4. 2014 – I MAVO 02/14; *BAG* v. 7. 2. 2012 – 1 ABR 46/10; *BVerwG* v. 23. 6. 2010 – 6 P 8/09; *AG Bonn* v. 16. 6. 2010 – 5 BV 20/10; *AG München* v. 16. 4. 2010 – 27 BV 346/09; *BAG* v. 8. 6. 1999 – 1 ABR 28/97; *BAG* v. 9. 7. 1991 – AP Nr. 94 zu § 99 BetrVG

Feldes

stützung bei ihrer eigenen Rehabilitations- und Integrationsange-
legenheit in einem möglichst raschen Beginn der Präventionsmaßnahmen niederschlägt.

h) Leistungen und Hilfen

Im Präventionsverfahren stehen den Beteiligen umfangreiche Leis- **34**
tungs- und Hilfemöglichkeiten – ein »bunter Strauß« möglicher
Regelungen und Maßnahmen der Eingliederung – zur Verfügung:
Maßnahmen der medizinischen und beruflichen Rehabilitation,
stufenweisen Wiedereingliederung, Maßnahmen der menschen-
und behinderungsgerechten Arbeitsgestaltung, Maßnahmen der
Gesundheitsförderung.[31] Sie dienen den Zielen:
- Behinderungen einschließlich chronischer Krankheiten abzuwenden, zu beseitigen, zu mindern, auszugleichen, eine Verschlimmerung zu verhüten
- die Eingliederung in das Erwerbsleben zu verbessern
- die Erwerbsfähigkeit behinderter oder von Behinderung bedrohter Menschen entsprechend ihrer Leistungsfähigkeit zu erhalten,
  zu verbessern, herzustellen oder wiederherzustellen und ihre Teilhabe am Arbeitsleben möglichst auf Dauer zu sichern
- behinderten Frauen gleiche Chancen im Erwerbsleben zu sichern.
Dabei handelt es sich bei langzeit- und chronisch erkrankten Beschäftigten in erster Linie um Maßnahmen der medizinischen und
beruflichen Rehabilitation, um Versetzung an einen besser geeigneten Arbeitsplatz sowie um korrektive Arbeitsgestaltung, die einen
»leidensgerechten« Arbeitsplatz schafft.[32] Den Arbeitgeber trifft eine
Mitwirkungspflicht, die beim schwerbehinderten Beschäftigten bestehenden Leistungshindernisse durch eine Wiedereingliederungs-
maßnahme auszuräumen. Voraussetzung ist ein Eingliederungsplan,
der Angaben zur Art und Weise der empfohlenen Beschäftigung, Be-
schäftigungsbeschränkungen, Arbeitszeitumfang und Maßnahmen-
dauer enthält.[33]

---

31 *LAG Hamm* v. 4.7.2011 – 8 Sa 726/11; *BAG* v. 18.8.2009 – 1 ABR 45/08;*BAG*
v. 13.6.2006 – 9 AZR 229/05
32 *BAG* v. 23.4.2008 – 2 AZR 1012/06; *BAG* v. 12.7.2007 – 2 AZR 716/06
33 *BAG* v. 13.6.2006 – 9 AZR 229/05

i) Initiativrecht und Überwachungsauftrag der Interessenvertretung

35 Satz 6 überträgt der zuständigen Interessenvertretung ein Initiativrecht zur Klärung betrieblicher Präventionsmaßnahmen, um das Eingliederungsmanagement in Gang zu setzen. Satz 7 der Vorschrift stattet die Interessenvertretung mit einem Überwachungsrecht bezüglich der pflichtgemäßen Erfüllung des Präventionsverfahrens aus.[34] Betriebs- und Personalrat können, wenn schwerbehinderte Menschen betroffen sind auch die Schwerbehindertenvertretung, die notwendige Klärung zur Beschäftigungssicherung verlangen und bei vergeblichem Fordern ihre Informations- und Beteiligungsrechte auch im gerichtlichen Verfahren einklagen.[35] Den Erörterungsanspruch können sie im Zuge einer einstweiligen Verfügung sichern.

j) Mitbestimmung der Interessenvertretung

36 Beim BEM ist ein über die Einigungsstelle erzwingbares Mitbestimmungsrecht aus § 87 Abs. 1 Nr. 1 BetrVG gegeben.[36] Das BEM berührt das Verhalten der Arbeitnehmer (Beteiligung am Verfahren) und Persönlichkeitsinteressen (Fragen von Krankheit und Behinderung, psychosoziale Aspekte, arbeitsplatzbedingte Ursachen von Erkrankungen). In welcher Weise und in welcher betriebskonkreten organisatorischen Form das Eingliederungsmanagement seine Präventionsziele ausgestaltet (Regelungen von Durchführungsmodalitäten des Eingliederungsmanagements wie z. B. Datenerhebung, formalisierte Durchführung von Eingliederungsgesprächen, Gremienbildung, Beteiligung betrieblicher und außerbetrieblicher Stellen usw.), berührt die Ordnung des Betriebes und ist daher nicht mitbestimmungsfrei. Hinzu kommen datenschutzrechtliche Mitbestimmungsbezüge (Erhebung und Verwendung sensibler Persönlichkeitsdaten) und gesundheitsschutzrechtliche Mitbestimmungsbezüge (BEM dient wenigstens mittelbar dem Gesundheitsschutz), die sich aus § 87 Abs. 1 Nr. 6 BetrVG und § 87 Abs. 1 Nr. 7 BetrVG ergeben.[37]

---

34 *Gemeinsames Kirchliches Arbeitsgericht Hamburg* v. 9. 4. 2014 – I MAVO 02/14
35 *VG Berlin* v. 4. 4. 2007 – 61 A 28.06; *VG Hamburg* v. 10. 11. 2006 – 23 FB 17/06
36 *LAG Düsseldorf* v. 29. 9. 2009 – 17 TaBV 107/09
37 *BAG* v. 13. 3. 2012 – 1 ABR 78/10; *BVerwG* v. 14. 2. 2013 – 6 PB 1.13; *LAG Nürnberg* v. 16. 1. 2013 – 2 TaBV 6/12

Die Ausgestaltung dieses Mitbestimmungsrahmens erfolgt sinnvol- 37
lerweise durch eine Betriebs- bzw. Dienstvereinbarung, die das Verfahren, seine Prozessschritte und die betrieblichen Unterstützungs-
angebote zusammenfassend darstellt. Zu diesem Zweck muss die
Interessenvertretung konkrete Regelungen verlangen, für die sie
Mitbestimmungsrechte beansprucht.[38] Zu regeln sind insbesondere

- Information der Belegschaft und der Betroffenen über das Ver-
  fahren und die Hilfsangebote
- Feststellung der sechs Wochen Arbeitsunfähigkeit
- Kontaktaufnahme zu den einzelnen Betroffenen
- Analyse des Teilhaberisikos und Erörterung von Lösungsmög-
  lichkeiten
- Modalitäten zur Beteiligung und Einholung der Zustimmung der
  betroffenen Person
- Rolle und Kooperation der beteiligten Akteure
- Organisation von Hilfen und Beratungsleistungen externer Stel-
  len
- Daten- und Persönlichkeitsschutz
- Abschluss des BEM
- Sicherung des Eingliederungserfolges.[39]

Zur Beilegung von Auseinandersetzungen über das BEM können 38
Arbeitgeber und Betriebsrat nach § 76 Abs. 1 BetrVG die Einigungsstelle anrufen. Wegen der Vielfalt von Eingliederungsmöglichkeiten
ist die Zuständigkeit einer Einigungsstelle i. d. R. gegeben, wenn der
Betriebsrat konkrete Regelungen verlangt.[40]

k) Mitwirkung bei Kündigung

Unabhängig vom Informations- und Anhörungsrecht der Interes- 39
senvertretung im Eingliederungsmanagement, das dem Erörtern
von beschäftigungserhaltenden Maßnahmen dient, ist der Betriebsrat nach § 102 BetrVG vor jeder Kündigung gesondert zu unterrichten und zu hören; eine unterlassene oder fehlerhafte Anhörung des
Betriebsrates macht gem. 102 Abs. 1 Satz 3 BetrVG die ausgespro-

---

38 *BAG* v. 18. 8. 2009 – 1 ABR 45/08
39 Siehe Musterbetriebsvereinbarung der IG Metall
40 *BAG* v. 13. 3. 2012 – 1 ABR 78/10; *LAG Hamm* v. 17. 12. 2013 – 7 TaBV 91/13;
   LAG Hamm v. 18. 12. 2009 – 13 TaBV 52/09; *LAG Düsseldorf* v. 29. 9. 2009 –
   17 TaBV 107/09; *LAG Berlin-Brandenburg* v. 18. 9. 2009 – 14 TaBV 1416/09;
   LAG Schleswig-Holstein v. 19. 12. 2006 – 6 TaBV 14/06; *AG Dortmund* –
   20. 6. 2005 – 5 BV 48/05

chene Kündigung unwirksam.[41] Dabei kommt es für die Interessenvertretung in erster Linie darauf an, deutlich zu machen, dass bei
fehlendem oder unzureichendem Eingliederungsmanagementver-
fahren die Kündigung sozial ungerechtfertigt ist, und auch in diesem Rahmen die Durchführung eines Eingliederungsmanagements
zu verlangen und ggf. vor Gericht durchzusetzen. Gegenüber dem
Integrationsamt ist das Ziel, die Aussetzung des Verfahrens bzw. die
Zustimmungsverweigerung zu erreichen.

l) Verstoß gegen die Vorschrift

40   Ein Verstoß des Arbeitgebers gegen die Vorschrift hat keine unmittelbaren Rechtsfolgen und begründet keine Ordnungswidrigkeit
nach § 156. Die Interessenvertretung kann die Verpflichtung zur
Klärung und Durchführung von Präventionsmaßnahmen sowie
ihre Unterrichtungs- und Erörterungsrechte gegenüber dem Arbeitgeber im arbeitsgerichtlichen Beschlussverfahren einklagen.

m) Rechtsfolgen eines fehlenden bzw. nicht ordnungsgemäßen betrieblichen Eingliederungsmanagements

41   Das BEM-Verfahren ist zwar keine formelle Wirksamkeitsvoraussetzung für den Ausspruch einer Kündigung,[42] wirkt sich aber dennoch
wesentlich auf betriebs- und krankheitsbedingte Kündigungen aus.
Das BEM greift als betriebliches Präventionsverfahren der Beendigung des Beschäftigungsverhältnisses durch Kündigung vor. Es soll
präventiv zu einem Zeitpunkt eingreifen, in dem eine krankheitsbedingte Kündigung noch nicht in Betracht kommt und es soll eine
Chronifizierung einer Krankheit verhindert werden. Damit ist eine
Kündigung in der Regel unverhältnismäßig und nicht gerechtfertigt,
- wenn sie durch mildere Mittel vermieden werden kann[43]
- wenn durch das Präventionsverfahren alternative leidensgerechte
  und leistungsadäquate Einsatzmöglichkeiten entwickelt werden
  können[44]

---

41 *AG Marburg* v. 11. 4. 2008 – 2 Ca 466/07
42 *BAG* v. 24. 3. 2011 – 2 AZR 170/10; *BAG* v. 30. 9. 2010 – 2 AZR 88/09; *BAG*
    v. 10. 12. 2009 – 2 AZR 400/08; *BAG* v. 12. 7. 2007 – 2 AZR 716/06
43 *BAG* v. 12. 7. 2007 – 2 AZR 716/06
44 *BAG* v. 30. 9. 2010 – 2 AZR 88/09

- wenn auf einem anderen ggf. durch Umsetzung »freizumachen-
den« Arbeitsplatz Einsatzmöglichkeiten erkannt und entwickelt
werden.[45]

Unterlässt der Arbeitgeber ein BEM oder verletzt er durch ein nicht   **42**
ordnungsgemäßes oder unvollständiges BEM seine Verfahrenspflicht, so gelten erhöhte Anforderungen an die Darlegungs- und
Beweislast des Arbeitgebers. Er hat den Nachweis für die Einleitung
eines ordnungsgemäßen BEM zu erbringen. Er hat darzulegen, weshalb auch bei einem von den Sozialleistungsträgern unterstützen
BEM keine Chance zur Erhaltung des Arbeitsplatzes bestand.[46] Er
hat aufzuzeigen, warum ggf. keine Umsetzung von im Klärungsprozess gefundenen positiven Ergebnissen erfolgte.[47]

Solange sich der Arbeitgeber nicht darauf berufen kann, dass er alle
zumutbaren Möglichkeiten der Kündigungsvermeidung durch ein
rechtzeitiges und qualifiziertes Präventionsangebot ausgeschöpft
hat, solange darf er nicht von einer Kündigung als letztem Mittel (»Ultima Ratio-Prinzip« vgl. § 85 Rn. 8–10) Gebrauch machen.
Ohne Realisierung von teilhabesichernden Präventionsmaßnahmen
ist eine kündigungsbegründende negative Gesundheits- und Be-
schäftigungsprognose nicht vollständig und kein hinreichender
Grund. Dem Präventionsverfahren muss Gelegenheit gegeben werden, sein Teilhabesicherungspotenzial voll zu entfalten und Einfluss
auf das Kündigungsrisiko zu nehmen. Es darf nicht durch ein Ent-
lassungsverfahren verdrängt werden.

Die Unterlassung kündigungspräventiver Eingliederungsmaßnah-   **43**
men hat nicht zuletzt auch Auswirkungen auf das Antragsverfahren
nach §§ 85, 87 und die Weiterbeschäftigung des schwerbehinderten
langzeiterkrankten Beschäftigten. Das Integrationsamt ist im Rahmen seiner Prüfung, ob zumutbare Weiterbeschäftigungsmöglichkeiten bestehen, verpflichtet zu ermitteln, ob das Präventionsverfahren zur Sicherung des Arbeitsverhältnisses des schwerbehinderten
Betroffenen vollständig durchgeführt wurde.[48] Sofern bei ordnungsgemäßer Durchführung des Präventionsverfahrens die Möglichkeit

---

45 *BAG* v. 12.7.2007 – 2 AZR 716/06; *BAG* v. 7.12.2006 – 2 AZR 182/06; *BAG*
v. 23.4.2008 – 2 AZR 1012/06
46 *BAG* v. 23.4.2008 – 2 AZR 1012/06; *LAG Hessen* v. 3.6.2013 – 21 Sa 1456/12;
LAG Hamm v. 26.4.2013 – 10 Sa 24/13; *LAG Hamm* v. 27.1.2012 – 13 Sa
1439/11; *ArbG Berlin* v. 4.11.2011 – 28 Ca 8209/11
47 *BAG* v. 19.12.2013 – 6 AZR 190/12; *BAG* v. 30.9.2010 – 2 AZR 88/09; *BAG*
v. 12.7.2007 – 2 AZR 716/06
48 *BVerwG* v. 29.8.2007 – 5 B 77/07

bestanden hätte, die Kündigung zu vermeiden, ist das Integrationsamt berechtigt, die Zustimmung zur Kündigung zu verweigern bzw.
das Verfahren auszusetzen, um dem Arbeitgeber Gelegenheit zur
Nachholung des Verfahrens zu geben.

6. Prämien und Bonus (Abs. 3)

44 Nach Abs. 3 können die Rehabilitationsträger und die Integrationsämter Arbeitgeber, die ein betriebliches Eingliederungsmanagement
einführen, durch Prämien oder einen Bonus fördern.

Die Rehabilitationsträger und die Integrationsämter sollen durch
die Zahlung einer einmaligen Prämie oder eines Bonus gezielt An-
reize zur Einführung eines betrieblichen Eingliederungsmanagements setzen. Zweck der Regelung ist auch, vorbildliches Verhalten
bei der Eingliederung schwerbehinderter Menschen ins Arbeitsleben zu honorieren.

Es werden nur solche Arbeitgeber gefördert, die ihre Beschäftigungsquote erfüllen oder die sie nachweislich und spürbar erhöht
haben, über einen Betriebs- bzw. Personalrat und eine Schwerbehindertenvertretung verfügen und eine Betriebs- bzw. Dienst- oder eine
Integrationsvereinbarung zum Eingliederungsmanagement abgeschlossen haben.

Kapitel 4
Kündigungsschutz

§ 85 Erfordernis der Zustimmung

**Die Kündigung des Arbeitsverhältnisses eines schwerbehinderten
Menschen durch den Arbeitgeber bedarf der vorherigen Zustimmung des Integrationsamtes.**

1. Grundsätze zum Kündigungsschutz

Schwerbehinderte Menschen haben einen **besonderen Kündi-** **1**
gungsschutz. Ein Arbeitgeber, der einem schwerbehinderten Menschen kündigen will, braucht dazu vorher die **Zustimmung des Integrationsamtes.** Erst nach dessen Zustimmung darf der Arbeitgeber kündigen. Eine vorher ausgesprochene Kündigung ist unwirksam.

Daneben besteht wie bei anderen Kündigungen die Notwendigkeit, **Betriebsrat/Personalrat und Schwerbehindertenvertretung** zu beteiligen. Außerdem ist die Aufgabe des Integrationsamtes zu beachten, im Rahmen der begleitenden Hilfe die Beschäftigung von schwerbehinderten Menschen möglichst dauerhaft zu sichern. Dazu stehen finanzielle Mittel aus der Ausgleichsabgabe zur Verfügung (vgl. § 102).

Der Kündigungsschutz setzt allerdings erst nach einer **Beschäftigung von sechs Monaten** ein und hat weitere Lücken (vgl. Rn. 4 und § 90); zur **Effektivität** des Kündigungsschutzes vgl. Rn. 24.

Alle **Arbeitnehmer und Arbeitnehmerinnen** haben den Kündi- **2**
gungsschutz, auch Auszubildende[1] und Heimarbeiter (§ 127), nicht dagegen Beamte, Richter und Soldaten (vgl. § 128).

Alle Kündigungen sind zustimmungsbedürftig, also insbesondere: **3**
- ordentliche Kündigungen,
- außerordentliche Kündigungen (hier muss ein wichtiger Grund vorliegen, vgl. § 626 BGB und § 91),
- Änderungskündigungen (der Arbeitgeber kündigt das bestehende Arbeitsverhältnis und bietet eine Weiterbeschäftigung unter geänderten Bedingungen an, etwa bei schlechterem Arbeitsplatz oder Lohnabstufung, vgl. § 2 KSchG),
- Massenentlassungen (wegen Besonderheiten vgl. §§ 89 und 90),
- Kündigungen im Insolvenzverfahren (Besonderheit vgl. § 89 Abs. 3 in Verbindung mit § 88 Abs. 5).

---

1 *BAG* v. 10.12.1987 – 2 AZR 385/87, AiB 1988, 195

2. Ausnahmen

4 **Ausnahmen** vom erweiterten Bestandsschutz gelten vor allem für:
- Kündigungen innerhalb der **ersten sechs Beschäftigungsmonate** (§ 90 Abs. 1 Nr. 1),
- bestimmte andere Kündigungen (z. B. bei Vorliegen eines Sozialplans oder aus Witterungsgründen, vgl. § 90),
- **Zeitverträge** oder befristete Arbeitsverträge: Sie enden ohne Kündigung automatisch durch Fristablauf. Das ergibt sich aus § 15 Teilzeit- und Befristungsgesetz.[2] Ihre Zahl ist vor allem aufgrund der Erleichterung der sachgrundlosen Befristung bei Ersteinstellungen erheblich angestiegen.

  Nur in bestimmten Fällen kann der Arbeitgeber verpflichtet sein, einen befristeten Arbeitsvertrag auf unbestimmte Zeit fortzusetzen, nämlich wenn er gegenüber dem Arbeitnehmer einen Vertrauenstatbestand geschaffen hat; dies kann z. B. dadurch geschehen, dass der Arbeitgeber dem Arbeitnehmer in Aussicht stellt, ihn bei Eignung zu übernehmen, und der Arbeitnehmer sich darauf verlassen konnte.[3] Das Gleiche gilt, wenn die Befristung aus irgendeinem Grund unwirksam ist. Um das zu überprüfen, muss binnen drei Wochen nach Ablauf der Befristung eine Entfristungsklage beim Arbeitsgericht erhoben werden (§ 17 TzBfG).
- **Anfechtung** des Arbeitsverhältnisses: Sie ist nach nunmehriger Auffassung des *BAG* bei falschen Angaben über die Schwerbehinderteneigenschaft/Gleichstellung unzulässig
  - wenn die Schwerbehinderung offensichtlich ist;[4]
  - wenn die Schwerbehinderung für die Einstellungsentscheidung des Arbeitgebers ohne Bedeutung ist. Davon ist auszugehen, wenn die Behinderung die Einsatzfähigkeit nicht einschränkt[5] oder wenn die Täuschung nicht ursächlich für den Abschluss des Arbeitsvertrags war.[6]

  Beim BAG ist nunmehr andererseits geklärt, dass eine Pflicht zur wahrheitsgemäßen Beantwortung besteht, wenn sich der Arbeit-

---

2 Vgl. dazu und zu Problemen der Mitbestimmungsrechte und des Vorrangs von Tarifverträgen: *Nielebock*, AiB 2001, 75; *BAG* v. 25. 9. 1987 – 7 AZR 315/86, AiB 1988, 262 = PersR 1988, 132 ff.

3 *BAG* v. 16. 3. 1989 – 2 AZR 325/88, AiB 1990, 35

4 *BAG* v. 18. 10. 2000 – 2 AZR 380/99, BB 2001, 627

5 *Steinbrück*, in: GK-SGB IX, § 85 Rn. 152 ff.

6 *BAG* v. 7. 7. 2011 – 2 AZR 396/10

geber im laufenden Arbeitsverhältnis zugunsten des Arbeitnehmers nach einer Schwerbehinderung erkundigt, z. B. weil er eine Betriebsvereinbarung hat, die ihn zur Bevorzugung schwerbehinderter Menschen verpflichtet (positive Maßnahme gem. § 5 AGG), oder wenn die Frage zur Berücksichtigung bei der Sozialauswahl angesichts bevorstehender Entlassungen dient.[7] Beantwortet ein schwerbehinderter Mensch dann einen Fragebogen falsch, kann er sich nach der Kündigung nicht auf den Sonderkündigungsschutz berufen – was allerdings eine sehr kritikwürdige Auffassung ist

Nach wie vor als unzulässig angesehen wird die anlasslose Frage bei der Einstellung nach der Schwerbehinderung ohne Bezug zur vorgesehenen Tätigkeit.

Eine **Offenbarungspflicht** ohne Nachfrage des Arbeitgebers besteht nach h. M. nach wie vor nicht, jedenfalls soweit man die vorgesehene Tätigkeit leisten kann.[8]

· **Aufhebungsverträge:** einvernehmliche Beendigung des Arbeitsvertrages. Sie bedürfen der Schriftform (§ 623 BGB). Manchmal üben Arbeitgeber Druck aus und versprechen sich eine Umgehung des Schwerbehindertenschutzes. Vorsicht ist angesagt wegen möglicher Konsequenzen für das Arbeitslosengeld (Sperrzeit gem. § 159 SGB III). Eine gründliche Überlegung und Beratung vor einer eventuellen Unterschrift ist angebracht, da eine einmal gegebene Zustimmung kaum wieder rückgängig zu machen ist. Wesentliche Änderungen eines Arbeitsvertrages bedürfen dagegen nur der schriftlichen Dokumentation durch den Arbeitgeber binnen eines Monats nach Wirksamwerden der Änderung (§ 3 NachweisG). Davon zu unterscheiden ist der **Abwicklungsvertrag**, der die Folgen einer ausgesprochenen Kündigung regeln soll. Hier bedarf die vorherige Kündigung der Zustimmung des Integrationsamts. Lässt man sich jedoch auf eine Kündigung ein, der das Integrationsamt nicht zugestimmt hatte, riskiert man ebenfalls eine Sperrzeit beim Arbeitslosengeld.

In all den vorgenannten Fällen bedarf es für die Beendigung des Arbeitsvertrags keiner Zustimmung des Integrationsamts.

---

7 Vgl. *BAG* v. 16. 2. 2012 – 6 AZR 553/10
8 So *BAG* v. 28. 2. 1992 – 2 AZR 515/90

3. Gleichgestellte

5   Besonderen **Kündigungsschutz** haben **schwerbehinderte Menschen** und **Gleichgestellte**. Die Schwerbehinderteneigenschaft tritt
unter den Voraussetzungen des § 2 kraft Gesetzes ein (§ 2 Rn. 32 ff.).
Die Feststellung/Gleichstellung hat eine Hilfsfunktion als Beweis-
mittel. Der Kündigungsschutz gilt grundsätzlich **unabhängig** von
der **Kenntnis des Arbeitgebers**. Allerdings muss nach Zugang einer
Kündigung auch hier dem Arbeitgeber binnen drei Wochen mitgeteilt werden, dass eine Gleichstellung besteht oder dass ein entsprechender Antrag gestellt wurde.

4. Kündigungen vor dem 1. 5. 2004

6   **Rechtslage für Kündigungen vor Mai 2004: vgl. hierzu die Ausführungen unter Rn. 5a zu § 85 in der 9. Auflage!**

5. Kündigungen nach dem 1. 5. 2004

7   **Rechtslage für Kündigungen ab Mai 2004**
Es sind zwei Gesetzesänderungen zu beachten; einmal § 90 Abs. 2a.
Danach wurde der Kündigungsschutz in bestimmten Fällen abgeschafft, in denen die Schwerbehinderteneigenschaft zur Zeit der
Kündigung nicht festgestellt ist. Die Gründe für die Änderung vom
April 2004 (»Missbrauch des Kündigungsschutzes vorbeugen«) sind
nicht stichhaltig, die Vorschrift war und ist unklar, problematisch
und sprachlich sowie inhaltlich missglückt.[9]
Die **erste Alternative** betrifft die Fälle, in denen die Schwerbehinderung bei Kündigung nicht festgestellt ist. Das bedeutet nicht, dass sie
gegenüber dem Arbeitgeber nachgewiesen sein muss. Kündigungsschutz besteht, wenn die Schwerbehinderung offensichtlich oder
festgestellt ist, dem Arbeitgeber aber binnen drei Wochen nach Zugang der Kündigung mitgeteilt wird.
Die **zweite Alternative** bezieht sich vor allem auf Fälle, in denen zur
Zeit der Kündigung erst der **Antrag auf Feststellung** gestellt war.
Kündigungsschutz besteht, wenn das Versorgungsamt fristgerecht
entscheidet. Das gleiche gilt, wenn es zwar verspätet entscheidet,
den/die Beschäftigte an der Verzögerung aber kein Verschulden

---

9 *Feldes/Kossack*, AiB 2004, 455; *Großmann*, AuR 2007, 70 ff.

trifft. Der Kündigungsschutz entfällt, wenn das Versorgungsamt »wegen fehlender Mitwirkung des Arbeitnehmers« verspätet entscheidet. Die Entscheidungsfristen betragen nach §§ 69 Abs. 1 Satz 2, 60 Abs. 1 und 14 Abs. 2 und 5 zwischen drei und sieben Wochen.

Dem ist das BAG gefolgt und hat den Kündigungsschutz in einem Fall verneint, in dem der Antrag erst drei Tage vor der Kündigung gestellt wurde. Der Antrag müsse spätestens drei Wochen vor der Kündigung gestellt werden. Ob das bei (der häufigen) Notwendigkeit von Gutachten sogar sieben Wochen vorher erfolgen müsse, hat das Gericht offen gelassen.[10] Es ist daher **dringend zu empfehlen**, Anerkennungs- oder Verschlimmerungsanträge frühzeitig zu stellen, falls sich z. B. Massenentlassungen abzeichnen. Am besten kombiniert man den Antrag beim Versorgungsamt mit einem Gleichstellungsantrag bei der Arbeitsagentur für den Fall, dass nur ein GdB von 30 oder 40 anerkannt wird.

Andererseits führt eine – rechtzeitig beantragte – ablehnende Entscheidung der Behörde vor der Kündigung nicht zum Verlust des Kündigungsschutzes, wenn die Schwerbehinderung oder die Gleichstellung später rückwirkend festgestellt wird, z. B. auf Grund einer sozialgerichtlichen Entscheidung.[11]

Zum anderen müssen nunmehr nach § 4 Satz 1 KSchG **alle** Gründe **8** in einem Klageverfahren gegen die Kündigung vorgebracht werden, das binnen der Klagefrist von drei Wochen nach Zugang der Kündigung einzuleiten ist.

Das *BAG* hat weiter entschieden, dass auch für die Berufung des/der Beschäftigten auf die Schwerbehinderung/Gleichstellung/Antragstellung gegenüber dem Arbeitgeber eine Frist von drei Wochen gilt.[12]

Die Klagefrist nach § 4 Satz 4 KSchG beginnt in der Regel ab Bekanntgabe des Bescheids der Behörde zu laufen,[13] also z. B. wenn die Entscheidung des Integrationsamtes gem. § 88 dem Arbeitnehmer zugestellt worden ist.[14] Vgl. dazu Näheres bei § 88 Rn. 4!

Dagegen muss die Klage beim Arbeitsgericht auf jeden Fall binnen drei Wochen ab Zugang der Kündigung eingereicht werden, wenn

---

10 *BAG* v. 1.3.2007 – 2 AZR 217/06, NZA 2008, 302
11 *BAG* v. 6.9.2007 – 2 AZR 324/06, NZA 2008, 407
12 *BAG* v. 12.1.2006 – 2 AZR 539/05, DB 2006, 1503
13 *BAG* v. 3.7.2003 – 2 AZR 487/02, DB 2003, 1494
14 *Buschmann*, AuR 2004, 3

der Arbeitgeber die Schwerbehinderteneigenschaft und Zustimmungsbedürftigkeit der Kündigung nicht kennt und ihm diese Tatsache erst mitgeteilt wird.[15]

9 Fallkonstellationen:

- Die Schwerbehinderung ist offensichtlich (z. B. Beinamputation): Eine Kündigung ohne Zustimmung des Integrationsamts ist unwirksam.

- Die Schwerbehinderung ist festgestellt, der Arbeitgeber weiß nichts davon: Es besteht Kündigungsschutz, wenn der Arbeitnehmer das binnen drei Wochen nach Zugang der Kündigung dem Arbeitgeber mitteilt.

- Die Schwerbehinderung ist rechtzeitig vor Zugang der Kündigung (Fristen gem. § 14) mit den nötigen Unterlagen beantragt, die Behörde hat noch nicht entschieden, z. B. weil Stellungnahmen anderer Stellen noch ausstehen: Kündigungsschutz besteht bei rückwirkender Zuerkennung der Schwerbehinderung, weil kein Verschulden des Beschäftigten vorliegt, wenn der Arbeitnehmer die Tatsache der Antragstellung binnen drei Wochen nach Zugang der Kündigung dem Arbeitgeber mitteilt.

- Es wurde vom Versorgungsamt ein GdB von mindestens 30 zuerkannt. Die Gleichstellung ist rechtzeitig (Fristen gem. § 14) bei der Agentur für Arbeit mit den nötigen Unterlagen beantragt und wird nach der Kündigung rückwirkend festgestellt: Es besteht Kündigungsschutz, wenn der Arbeitnehmer das binnen drei Wochen nach Zugang der Kündigung dem Arbeitgeber mitgeteilt hatte.

- Die Schwerbehinderung wurde »zu spät« (Fristen gem. § 14) beantragt. Nach Ansicht des *BAG* besteht kein Kündigungsschutz, auch wenn die Schwerbehinderung rückwirkend festgestellt wird.[16]

- Die Behörde kann nicht rechtzeitig vor der Kündigung entscheiden, da beim Antrag auf Schwerbehinderung Unterlagen fehlten: Es besteht nur dann kein Kündigungsschutz, wenn den Beschäftigten hieran ein Verschulden trifft.

- Die Schwerbehinderung oder die Gleichstellung wird erst nach Zugang der Kündigung beantragt: Es besteht kein Kündigungsschutz.

---

15 So jetzt ganz klar *BAG* v. 13. 2. 2008 – 2 AZR 864/06
16 *BAG* v. 1. 3. 2007 – 2 AZR 217/06, NZA 2008, 302

Für **Gleichgestellte** gelten die gleichen Grundsätze. Nach *BAG* fin- **10**
den auch die Ausnahmeregeln des § 90 Abs. 2a und damit die Fristen
der §§ 69 und 14 auf sie Anwendung.[17]

6. Aufgaben und Ermessen des Integrationsamts bei Kündigungen

Für die Durchführung des Kündigungsverfahrens ist das **Integra-** **11**
tionsamt zuständig. Der Arbeitgeber muss einen Antrag auf Zustimmung stellen. Das Integrationsamt holt Stellungnahmen des
Betriebsrats/Personalrats und der Schwerbehindertenvertretung ein
und hört den schwerbehinderten Menschen an. Sie führt eine Verhandlung durch (vgl. §§ 87, 88). Die Anhörung der Agentur für Arbeit ist nicht mehr erforderlich.

Das Integrationsamt hat bei seiner Entscheidung einen **Ermessens-** **12**
spielraum (zu Ausnahmen vgl. § 89). Es muss die öffentlichen und
die Einzelinteressen gegeneinander abwägen, wobei es zu überlegen
hat, ob die vom Arbeitgeber genannten Gründe für eine Kündigung
ausreichen. Vorrang bei der Interessenabwägung hat der Schutzge-
danke des SGB IX. Deshalb müssen bei Kündigungen, die mit der
Behinderung zusammenhängen, höhere Anforderungen an die Fürsorgepflicht des Arbeitgebers gestellt werden.

Das Integrationsamt muss **untersuchen, ob die Kündigungsgründe**
überhaupt vorliegen.[18] Es darf sich nicht damit begnügen, die Angaben des Arbeitgebers nur auf ihre Schlüssigkeit hin zu prüfen. Es
muss vielmehr sämtliche Kündigungsgründe – soweit sie bestritten
werden – aufklären. So hat es z.B. zu prüfen, ob behauptete Leis-
tungsmängel vorliegen und welchen Umfang sie haben. Es hat alles
zu ermitteln, was erforderlich ist, um die gegensätzlichen Interessen
schwerbehinderter Menschen und des Arbeitgebers gegeneinander
abwägen zu können. Entscheidungen, die auf unrichtigen Behaup-
tungen beruhen, sind unwirksam.[19]

Oberster Grundsatz ist, dass die **Kündigung nur als letztes Mittel** in **13**
Frage kommen kann, wenn alle anderen Möglichkeiten für den Er-

---

17 *BAG* v. 1.3.2007 – 2 AZR 217/06, NZA 2008, 302
18 *BayVGH* v. 29.3.1990 – 12 B 89/1048, br 1990, 136
19 *BVerwG* v. 2.7.1992 – 5 C 51/90, br 1993, 15; *BVerwG* v. 19.10.1995 – 5 C
   24/93, BB 1996, 1443; *VGH Baden-Württemberg* v. 18.4.1994 – 7 S 1830/92,
   br 1995, 196

halt des Arbeitsplatzes vorher geprüft und ausgeschöpft worden sind.[20]

7. Pflichten des Arbeitgebers vor der Kündigung

14 Der Arbeitgeber wird durch § 84 verpflichtet, **im Vorfeld einer Kündigung** mit der Schwerbehindertenvertretung u. a. über Maßnahmen zu beraten, wie das Arbeitsverhältnis stabilisiert und eine Kündigung vermieden werden kann. Er soll das Integrationsamt zu der Beratung hinzuziehen. Näheres vgl. § 84 Rn. 13 ff.

Das heißt u. a., der Arbeitgeber muss die in § 81 vorgeschriebenen Anforderungen an die Arbeitsplätze erfüllen, **Integration** und **Prävention** gem. §§ 83 und 84 umsetzen und die in § 102 genannten Mittel des Integrationsamtes in Anspruch nehmen.[21] Im Vorfeld eventueller Kündigungen ist es also notwendig, Einsatzmöglichkeiten festzustellen, die Ursachen für Behinderung oder Leistungswandlung abzustellen, Arbeitsplätze zu finden und zu schaffen, technische Hilfsmittel einzusetzen, die Arbeitsplätze anzupassen und notfalls Versetzungen oder Umschulungen durchzuführen.[22]

15 Verstößt der Arbeitgeber gegen seine **Präventionspflichten gem. § 84**, hat das Auswirkungen auf eine Kündigung (vgl. § 84 Rn. 23 und 40 ff.). Das BAG hat allerdings inzwischen mehrfach entschieden, dass diese Bestimmung nur eine Ausprägung des Verhältnismäßigkeitsgrundsatzes sei, dann jedoch zu einer erhöhten Darlegungs- und Beweislast des Arbeitgebers zu fehlenden Beschäftigungsmöglichkeiten führe. Dem Arbeitgeber wurde auch die (allerdings widerlegbare) Beweisführung gestattet, dass unterlassene Präventionsmaßnahmen kein positives Ergebnis gebracht hätten (z. B. bei verhaltensbedingter Kündigung).[23] Im Ergebnis führt die hohe Darlegungs- und Beweislast des Arbeitgebers zu einer mittelbaren Verpflichtung zur Durchführung von Präventionsmaßnahmen vor der Kündigung.

---

20 So z. B. *BAG* v. 27. 9. 1984 – 2 AZR 62/83, DB 1985, 1186
21 Vgl. *Feldes*, AiB 2001, 193
22 Vgl. dazu *BAG* v. 28. 4. 1998 – 9 AZR 348/97, AiB 2000, 177; *BAG* v. 3. 12. 2002 – 9 AZR 481/01, br 2003, 114
23 So *BAG* v. 7. 12. 2006 – 2 AZR 182/06, DB 2007, 1089 und *BAG* v. 23. 4. 2008 – 2 AZR 1012/06, DB 2008, 2091 zur krankheitsbedingten Kündigung. Ausführlich zum Verhältnis von Kündigung und Betrieblichem Eingliederungsmanagement: *Kohte* in DB 2008, 582 ff. und § 84 Rn. 5 ff.

Stimmt ein Arbeitnehmer trotz ordnungsgemäßer Aufklärung der Umsetzung von Präventionsmaßnahmen nicht zu, ist deren Unterlassen allerdings für die Kündigung unschädlich.[24]

8. Integrationsamt und arbeitsrechtliche Grundsätze

Die Integrationsämter haben zusätzlich die **arbeitsrechtlichen**   **16** **Grundsätze** zur Kündigung zugrunde zu legen. Dazu zählen vor allem:

Aus **betriebsbedingten Gründen** (z. B. Rationalisierung, Auftragsrückgang) kommt eine Kündigung erst dann in Betracht, wenn alle anderen Möglichkeiten der Umsetzung auf einen gleichwertigen anderen Arbeitsplatz sorgfältig geprüft und ausgeschöpft sind.[25]

Bei der **Sozialauswahl** darf der Arbeitgeber die Schwerbehinderung nicht zum Nachteil des Beschäftigten bewerten; im Gegenteil kann eine Kündigung sozial ungerechtfertigt sein, wenn der Arbeitgeber die Schwerbehinderung »nicht oder nicht ausreichend berücksichtigt«.[26]

Bei **personen- und verhaltensbedingten Kündigungen** (z. B. Fehlzeiten, mangelnde Eignung, Minderleistung) ist die Erhaltung des Beschäftigungsverhältnisses durch technische oder organisatorische Maßnahmen zu prüfen. In zweiter Linie ist an eine Änderungskündigung zu denken.

Bei **lang anhaltender Krankheit** sind die Präventionspflichten und das Eingliederungsmanagement (§ 84 Rn. 5 ff., 25 ff.) vorrangig umzusetzen. Eine Kündigung kommt als letztes Mittel erst danach und dann in Betracht, wenn dem Arbeitgeber die Durchführung von Überbrückungsmaßnahmen (z. B. Einstellung von Aushilfskräften, Durchführung von Über- oder Mehrarbeit, personelle Umorganisation, organisatorische Umstellung) nicht mehr möglich oder nicht mehr zumutbar ist.[27] Die Kündigung ist nur sozial gerechtfertigt, wenn zum Zeitpunkt des Kündigungszugangs aufgrund der objektiven Umstände mit einer Arbeitsunfähigkeit auf nicht absehbare Zeit zu schließen ist und gerade diese Ungewissheit zu unzumutbaren betrieblichen oder wirtschaftlichen Belastungen führt. Die Kün-

---

24 Vgl. *BAG* v. 24. 3. 2011 – 2 AZR 170/10
25 *BAG* v. 18. 1. 1990 – 2 AZR 183/89, DB 1990, 1773
26 § 1 Abs. 3 Satz 1 KSchG n. F.; vgl. dazu *Zwanziger*, AiB 2004, 10
27 Überzeugend *VG Braunschweig* v. 19. 8. 1982 – 4 VGB 624/81, AiB 1983, 143

digung wegen Krankheit als solche ist keine verbotene Diskriminierung wegen der Behinderung.[28]

Bei **häufigen Kurzerkrankungen** können nach Auffassung des *BAG* auch sehr hohe Entgeltfortzahlungskosten bei der Interessenabwägung zu Lasten des Arbeitnehmers berücksichtigt werden.[29]

Die Praxis der Integrationsämter bleibt zum Teil hinter diesen Anforderungen zurück.[30]

9. Namensliste nach § 1 Abs. 5 KSchG

17 Am 1.1.2004 ist die sog. **Namensliste** wieder eingeführt worden (vgl. § 1 Abs. 5 KSchG).[31] Die Erfahrungen in den Jahren 1996–1998 waren eher negativ.[32] Wenn z. B. mit dem Betriebsrat in einem Sozialplan eine Liste von zu entlassenden Personen vereinbart wird, wird die Betriebsbedingtheit der Kündigung vermutet und die gerichtliche Überprüfung der Sozialauswahl ist auf »grobe Fehlerhaftigkeit« eingeschränkt; das könnte z. B. die Nichtberücksichtigung der Schwerbehinderung sein.

10. Abfindungsregelung gem. § 1a KSchG

18 Hinzuweisen ist auch auf die **Abfindungsregelung** in § 1a KSchG. Der Beschäftigte hat einen »Anspruch« auf Abfindung in Höhe von 1/2 Monatsverdienst pro Beschäftigungsjahr, wenn der Arbeitgeber im Kündigungsschreiben darauf hingewiesen hat und der Beschäftigte keine Kündigungsschutzklage erhebt. Hier heißt es **aufpassen**: Den Anspruch auf Abfindung gibt es grundsätzlich nur im Tausch gegen einen Klageverzicht.[33] Auch hier bedarf die Kündigung der Zustimmung des Integrationsamts.

---

28 *EuGH* v. 11.7.2006 – C-13/05, NZA 2006, 839
29 *BAG* v. 23.6.1983 – 2 AZR 15/82, AuR 1984, 315; *BAG* v. 29.7.1993 – 2 AZR 155/93, DB 1993, 2439; kritisch dazu *Kohte*, AiB 1990, 125 ff.
30 Vgl. *VGH Baden-Württemberg* v. 22.2.1989 – 6 S 1905/87, br 1990, 112
31 Dazu *Perreng*, AiB 2004, 13
32 Vgl. AiB 2004, 17
33 Näheres s. *Mayer*, AiB 2004, 19

11. Interessenabwägung

Bei der **Interessenabwägung** ist insbesondere der Zweck des SGB 19
IX zu berücksichtigen. An oberster Stelle steht das öffentliche Interesse an der beruflichen Eingliederung von schwerbehinderten Menschen und an dem Erhalt von Arbeitsplätzen. Die Arbeitgeberinteressen an möglichst wirtschaftlicher, rationeller Betriebsführung und möglichst hoher Gewinnerwirtschaftung müssen insofern zurücktreten; vgl. die Abs. 3 und 4 des § 81 und die dortigen Rn. 37 ff. und 42 ff.

Bei der Ausübung des Ermessens muss der allgemeine **Zweck des besonderen Kündigungsschutzes** vorrangig behandelt werden: nämlich möglichst Erhalt des oder eines Arbeitsplatzes und Schutz vor Kündigungen aus Gründen der Behinderung. Diese Grundsätze kommen in den Ausnahmevorschriften der §§ 89 und 91 Abs. 4 zum Ausdruck. Bei der Ausübung des Ermessens müssen deshalb Kündigungen besonders sorgfältig und streng geprüft werden, bei denen der Kündigungsgrund mit der Behinderung im Zusammenhang steht bzw. wenn ein anderer angemessener und zumutbarer Arbeitsplatz nicht gesichert ist.[34]

12. Beteiligung des BR/PR

Betriebsrat/Personalrat sowie **Schwerbehindertenvertretung** müssen **vor jeder Kündigung angehört** werden (§ 102 Abs. 1 BetrVG, 20
§ 79 Abs. 1 und 3 BPersVG, § 95 Abs. 2 SGB IX). Diese Pflicht des Arbeitgebers besteht neben der Pflicht des Integrationsamts, die Stellungnahmen von Betriebs-/Personalrat/Schwerbehindertenvertretung gem. § 87 Abs. 2 einzuholen.

Im Hinblick auf die Formulierung in § 95 Abs. 2 wird man den Arbeitgeber für verpflichtet halten müssen, die Schwerbehindertenvertretung vor der Einleitung des Zustimmungsverfahrens bei dem Integrationsamt anzuhören (§ 95 Rn. 15 ff., 18). Betriebsrat/Personalrat haben bei Vorliegen einer der Gründe des § 102 Abs. 3 BetrVG ein **Widerspruchsrecht** gegen geplante ordentliche Kündigungen. Ein ordnungsgemäßer rechtzeitiger Widerspruch verpflichtet u. U. den Arbeitgeber, den schwerbehinderten Menschen bis zum rechts-

---

34 Vgl. *BVerwG* v. 19. 10. 1995 – 5 C 24/93, BB 1996, 1443

kräftigen Ende des Kündigungsschutzverfahrens zu den alten Bedingungen weiter zu beschäftigen (§ 102 Abs. 5 BetrVG, § 79 Abs. 2 BPersVG). Daneben hat die Interessenvertretung auch die Möglichkeit, weitere Bedenken gegen eine Kündigung außerhalb der Gründe des § 102 Abs. 3 BetrVG vorzubringen.

21   Eine **ohne vorherige Anhörung** des Betriebs-/Personalrats ausgesprochene **Kündigung ist unwirksam** (§ 102 Abs. 1 BetrVG, § 79 Abs. 4 BPersVG). Ähnliches muss auch für den Fall gelten, dass der Arbeitgeber entgegen der gesetzlichen Pflicht die Schwerbehindertenvertretung nicht anhört. Die gegenteilige Ansicht des *BAG* zum Schwerbehindertengesetz[35] ist überholt. Der Gesetzgeber wollte die Rechtsstellung der Schwerbehindertenvertretung im Interesse der behinderten Menschen verstärken. Die fehlende Beteiligung kann nicht mehr als wirkungslos bezeichnet werden.

Deshalb müssen Maßnahmen des Arbeitgebers ohne vorherige Anhörung als schwebend unwirksam angesehen werden, und zwar so lange, bis die Anhörung nachgeholt worden ist. Für die **Nachholung** ist in § 95 Abs. 2 Satz 2 eine Frist von sieben Tagen vorgesehen. Bei unterlassener Anhörung und unterlassener Nachholung darf die Kündigung nicht vollzogen werden.[36]

13. Schriftform der Kündigung

22   Kündigungen, befristete Arbeitsverträge und Aufhebungsverträge müssen **schriftlich** erfolgen, ansonsten sind sie unwirksam (§ 623 BGB; § 14 Abs. 4 TzBfG). Das gilt auch für Kündigungen durch den Arbeitnehmer.

14. Gerichtlicher Schutz

23   Der **gerichtliche Schutz** gegen Kündigungen ist **zweigleisig:**
- **Gegen die Zustimmung des Integrationsamtes** kann der schwerbehinderte Mensch innerhalb von einem Monat nach Zustellung des Zustimmungsbescheids zur Kündigung **Widerspruch** einlegen. Der Widerspruchsausschuss muss die Entscheidung über-

---

35   *BAG* v. 28.7.1983 – 2 AZR 122/82, DB 1984, 133
36   Vgl. *Steinbrück*, in: GK-SGB IX, § 85 Rn. 237; vgl. auch *HessVGH* v. 15.12.1993 – 1 TH 1911/93, PersR 1994, 292; a.A. *LAG Rheinland-Pfalz* v. 18.8.1993 – 10 Sa 332/93, NZA 1993, 1133

prüfen und den schwerbehinderten Menschen anhören. Erteilt auch der Widerspruchsausschuss die Zustimmung zur Kündigung, kann der schwerbehinderte Mensch innerhalb eines Monats **Klage** beim zuständigen **Verwaltungsgericht** einlegen. Umgekehrt kann der Arbeitgeber gegen die verweigerte Zustimmung Widerspruch bzw. Klage einreichen (Näheres vgl. die Erl. zu §§ 118, 119, 121).

· **Gegen Kündigungen des Arbeitgebers** kann der schwerbehinderte Mensch **Klage beim Arbeitsgericht** einreichen. Dies muss spätestens drei Wochen nach Zustellung der Kündigung geschehen (§ 4 KSchG). Das Arbeitsgericht überprüft, ob die Zustimmung des Integrationsamtes vorliegt und ob die Kündigung sozial gerechtfertigt ist oder bei außerordentlichen Kündigungen, ob ein wichtiger Grund vorliegt.

Die Klage muss in jedem Falle binnen drei Wochen nach Zugang der Kündigung bei Gericht eingehen, seit der Gesetzgeber 2004 in § 4 Satz 1 KSchG das Erfordernis der rechtzeitigen Klagerhebung auf alle Unwirksamkeitsgründe, also auch solche außerhalb des KSchG erstreckt hat. Das BAG hat das auch für den Fall verlangt, dass der Arbeitnehmer die Schwerbehinderung oder die Stellung eines Verschlimmerungs-/Gleichstellungsantrags binnen drei Wochen nach Zugang der Kündigung dem Arbeitgeber mitteilt. Im letzteren Fall führt das natürlich nur bei rückwirkender Anerkennung zum Sonderkündigungsschutz und damit zur Unwirksamkeit der Kündigung.[37]

Die Zweigleisigkeit des Rechtsschutzes führt unter Umständen zu einer sehr langen Verfahrensdauer. Auch unter diesem Gesichtspunkt ist die vorläufige **Weiterbeschäftigung** von gekündigten schwerbehinderten Menschen von Bedeutung. Sie kann entweder bei einem ordnungsgemäßen Widerspruch des Betriebsrats/Personalrats gegen die Kündigung oder aus dem allgemeinen Weiterbeschäftigungsanspruch nach einem obsiegenden Urteil 1. Instanz erfolgen.[38]

---

37 *BAG* v. 13.2.2008 – 2 AZR 864/06, Rn. 45
38 Vgl. dazu *BAG* v. 27.2.1985 – GS 1/84, AiB 1985, 164 = PersR 1985, 166

15. Effektivität des Kündigungsschutzes

24 Die **Wirksamkeit des besonderen Kündigungsschutzes** beleuchten
folgende Zahlen: 2010 (in Klammer Daten von 2009) gab es 26 593
(32 266) Anträge auf Zustimmung zur Kündigung. Für etwa die
Hälfte waren betriebsbedingte Gründe angegeben. Verhaltens- und
behinderungsbedingte Gründe spielten in jeweils 13 % der Fälle eine
Rolle. In 30,3 % der außerordentlichen und in 17,7 % der ordentlichen Kündigungsfälle (insgesamt 22 %; 2009: 21 %) wurde der oder
ein anderer Arbeitsplatz gesichert. In 75 % der Fälle wurde die Zustimmung erteilt.[39]

§ 86 Kündigungsfrist

Die Kündigungsfrist beträgt mindestens vier Wochen.

1 Vier Wochen sind eine **Mindestfrist**. Sie sind auch einzuhalten,
wenn Gesetz oder Tarifvertrag bei einer – ordentlichen – Kündigung
eine kürzere Frist zulassen.

2 Die normale **gesetzliche Kündigungsfrist** von Arbeitern und Angestellten beträgt vier Wochen zum 15. oder zum Ende eines Kalendermonats (§ 622 Abs. 1 BGB). Sie ist auch bei der Kündigung von
schwerbehinderten Menschen zu beachten. Sie unterscheidet sich
von der Mindestfrist nur bezüglich des Kündigungstermins.

3 Die Mindestfrist ist von Bedeutung, wenn die gesetzlichen oder tariflichen **Kündigungsfristen kürzer** sind. Das ist z. B. der Fall, wenn
in Tarifverträgen kürzere Fristen enthalten sind (§ 622 Abs. 4 BGB).
Innerhalb der ersten sechs Monate eines Arbeitsverhältnisses gilt
§ 86 jedoch nicht, wenn eine Probezeit vereinbart ist.[1]

4 **Längere vertragliche, gesetzliche oder tarifliche Kündigungsfristen** sind auch bei der Kündigung von schwerbehinderten Menschen
zu beachten. Dies bezieht sich insbesondere auf die verlängerten
Kündigungsfristen, die ein Arbeitgeber einzuhalten hat, wenn er
länger Beschäftigten kündigen will. Diese betragen nach § 622 Abs. 2
BGB:

---

39 Vgl. Jahresberichte 2010/2011 der BIH Bundesarbeitsgemeinschaft der Integrationsämter und Hauptfürsorgestellen, S. 37 ff. unter *www.integrationsaem
ter.de*

1 FKS-SGB IX-*Schmitz*, § 86 Rn. 7

Betriebszugehörigkeit	Kündigungsfrist
2 Jahre	1 Monat zum Monatsende
5 Jahre	2 Monate zum Monatsende
8 Jahre	3 Monate zum Monatsende
10 Jahre	4 Monate zum Monatsende
12 Jahre	5 Monate zum Monatsende
15 Jahre	6 Monate zum Monatsende
20 Jahre	7 Monate zum Monatsende.

Die derzeit noch im Gesetz enthaltene Regelung, wonach Beschäfti- 5
gungszeiten erst ab dem 25. Lebensjahr zählen, verstößt gegen das
Diskriminierungsverbot wegen dem Alter (§§ 7, 1 AGG, EGRL
78/2000)[2] und ist daher nicht anwendbar. Das gilt entsprechend für
tarifliche Regelungen.

Im **Insolvenzfall** gilt für die Kündigung durch den Insolvenzverwal- 6
ter die auf drei Monate abgekürzte Kündigungsfrist gem. § 113 InsO,
wobei das Entgelt für die evtl. längere Frist als Verfrühungsschaden
im Insolvenzverfahren gegenüber dem Verwalter geltend gemacht
werden sollte. Ist eine kürzere Kündigungsfrist anwendbar, gilt natürlich diese bzw. mindestens die des § 86.

Will nach einem Betriebsübergang der Erwerber Kündigungen aussprechen, obwohl der Antrag des Verwalters auf Zustimmung zu
diesem Zeitpunkt noch nicht entschieden ist, muss der Erwerber erneut die Zustimmung beim Integrationsamt beantragen.[3]

§ 87 Antragsverfahren

**(1) Die Zustimmung zur Kündigung beantragt der Arbeitgeber
bei dem für den Sitz des Betriebes oder der Dienststelle zuständigen Integrationsamt schriftlich. Der Begriff des Betriebes und der
Begriff der Dienststelle im Sinne des Teils 2 bestimmen sich nach
dem Betriebsverfassungsgesetz und dem Personalvertretungsrecht.**

---

2 So der *EuGH* im Beschluss v. 19.1.2010 – C-555/07 und *BAG* v. 29.9.2011 –
2 AZR 177/10
3 Vgl. *BAG* v. 15.11.2012 – 8 AZR 827/11

(2) Das Integrationsamt holt eine Stellungnahme des Betriebsrates oder Personalrates und der Schwerbehindertenvertretung ein und hört den schwerbehinderten Menschen an.

(3) Das Integrationsamt wirkt in jeder Lage des Verfahrens auf eine gütliche Einigung hin.

1   (Abs. 1) Der **Arbeitgeber** muss einen **Antrag** stellen. Das Integrationsamt wird nicht von sich aus oder auf Anruf tätig. Der Antrag muss schriftlich gestellt werden. Zuständig ist das Integrationsamt am Sitz des Betriebes/der Dienststelle.

2   (Abs. 2) Die **Stellungnahmen** von Betriebsrat/Personalrat und Schwerbehindertenvertretung sind **zwingend erforderlich**. Das Integrationsamt muss sie einholen. Die Interessenvertretungen können all das vorbringen, was aus ihrer Sicht gegen die beabsichtigte Kündigung und für den Erhalt des Arbeitsplatzes spricht. Solche Gründe können z. B. sein:

- Die Entlassung führt aus persönlichen, familiären oder Arbeitsmarktgründen zu einer sozial unverhältnismäßigen Härte;
- der Arbeitgeber hat die Vorbeugungs- und Eingliederungspflichten nicht erfüllt/hat Angebote des Integrationsamtes nicht wahrgenommen;
- es bestehen hinreichend Möglichkeiten für wirtschaftlich vertretbare Anpassungsmaßnahmen am alten Arbeitsplatz;
- es ist eine Versetzung und Weiterbeschäftigung auf einem gleichwertigen, behinderungsgerechten Arbeitsplatz möglich;
- arbeitsbegleitende oder außerbetriebliche Fortbildungsmaßnahmen sind möglich, wobei das Integrationsamt und die Arbeitsagentur Unterstützung angeboten haben;
- wenn Arbeitsanpassung, Versetzung oder Weiterqualifizierung nicht durchführbar sind, mit dem Schwerbehinderten besprechen, ob er mit einer Vertragsänderung einverstanden wäre;
- eine Änderungskündigung in Betracht kommt.

Wenn das Integrationsamt diese Stellungnahmen nicht einholt, ist eine trotzdem erteilte **Zustimmung anfechtbar**.[1] Die Stellungnahme von Betriebsrat/Personalrat/Schwerbehindertenvertretung gegenüber dem Integrationsamt ist unabhängig von ihrem Beteiligungsrecht nach § 102 BetrVG, § 79 BPersVG, § 95 Abs. 2 SGB IX einzuholen.

---

1 *BVerwG* v. 8. 2. 1967 – V C 167.65, DB 1967, 956

Das Erfordernis einer Stellungnahme der **Arbeitsagentur** wurde 3
2004 gestrichen. Sie wird gem. § 88 Abs. 2 über die Entscheidung des
Integrationsamtes informiert.

Die **Anhörung des schwerbehinderten Menschen**, dem gekündigt 4
werden soll, ist zwingend. Bei einem Unterlassen ist die Zustimmung zur Kündigung unwirksam und damit auch die Kündigung.
Der schwerbehinderte Mensch kann sich in der Verhandlung durch
einen Beistand, z. B. durch einen DGB-Rechtssekretär, unterstützen
und vertreten lassen (vgl. § 121 Rn. 2).

§ 88 Entscheidung des Integrationsamtes

**(1) Das Integrationsamt soll die Entscheidung, falls erforderlich
auf Grund mündlicher Verhandlung, innerhalb eines Monats vom
Tage des Eingangs des Antrages an treffen.**

**(2) Die Entscheidung wird dem Arbeitgeber und dem schwer-
behinderten Menschen zugestellt. Der Bundesagentur für Arbeit
wird eine Abschrift der Entscheidung übersandt.**

**(3) Erteilt das Integrationsamt die Zustimmung zur Kündigung,
kann der Arbeitgeber die Kündigung nur innerhalb eines Monats
nach Zustellung erklären.**

**(4) Widerspruch und Anfechtungsklage gegen die Zustimmung
des Integrationsamtes zur Kündigung haben keine aufschiebende
Wirkung.**

**(5) In den Fällen des § 89 Abs. 1 Satz 1 und Abs. 3 gilt Absatz 1 mit
der Maßgabe, dass die Entscheidung innerhalb eines Monats vom
Tage des Eingangs des Antrages an zu treffen ist. Wird innerhalb
dieser Frist eine Entscheidung nicht getroffen, gilt die Zustimmung als erteilt. Die Absätze 3 und 4 gelten entsprechend.**

Die **mündliche Verhandlung** findet unter Anwesenheit u. a. des Ar- 1
beitgebers, des Schwerbehinderten, der Schwerbehindertenvertretung, des Betriebsrats/Personalrats und Vertretern des Arbeitsamtes
statt. Ein Ortstermin ist möglich und in bestimmten Situationen angezeigt (z. B. wenn es um Arbeitsabläufe, Arbeitsbedingungen, anderweitige Einsatzmöglichkeiten, technische Arbeitshilfen, Einglie-
derungsbeihilfen, Umschulungen usw. geht). Dies ist insbesondere
wegen der erheblich ausgeweiteten Möglichkeiten der begleitenden
Hilfe wichtig (vgl. § 102 Rn. 4 ff.).

Die Entscheidung des Integrationsamtes muss **schriftlich** abgefasst 2
und **zugestellt** werden. Vorher ist sie nicht wirksam. Eine vor der

Zustellung erklärte Kündigung ist unwirksam; der Arbeitgeber kann also nicht schon aufgrund einer mündlichen Auskunft des Integrationsamtes kündigen;[1] anders bei einer außerordentlichen Kündigung, vgl. § 91 Rn. 6.

Ist zum Zeitpunkt der Entscheidung noch offen, ob der Sonderkündigungsschutz besteht (z. B. weil ein Verschlimmerungsantrag nicht rechtzeitig vor der Kündigung i. S. v. § 90 Abs. 2a gestellt wurde), erteilen manche Integrationsämter ein sog. **Negativattest**, also einen Bescheid, dass kein Sonderkündigungsschutz bestehe. Gegen einen solchen Bescheid sollte auf jeden Fall erst einmal Widerspruch eingelegt werden, damit dieser nicht bestandskräftig wird und durch Akteneinsicht überprüft werden kann, ob diese Annahme zutrifft.

3   Das Integrationsamt soll innerhalb von einem Monat nach Eingang des Antrages entscheiden. Braucht das Amt länger, so hat dies grundsätzlich keine negativen Rechtswirkungen. Kündigt z. B. der Arbeitgeber nach einem Monat und lehnt das Integrationsamt später die Zustimmung ab, so ist die Kündigung unwirksam.

Das ist nach dem neuen **Abs. 5** anders für Kündigungen im Zusammenhang mit der **Stilllegung von Betrieben** oder Dienststellen oder **nach Eröffnung eines Insolvenzverfahrens** (Fälle nach § 89 Abs. 1 Satz 1 und Abs. 3). Hier wird nach Ablauf eines Monats nach Eingang des Arbeitgeberantrags zur ordentlichen Kündigung die **Zustimmung fingiert**, d. h., der Arbeitgeber bzw. der Insolvenzverwalter kann dann Kündigungen ohne vorherige Zustimmung des Integrationsamtes aussprechen.

4   Im Hinblick auf die Fristen für die Kündigungsschutzklage (§ 4 Satz 1 und 4 KSchG) ist zu fordern, dass das Integrationsamt den Arbeitnehmer von der Antragstellung des Arbeitgebers auf Zustimmung zur Kündigung informiert.[2] Begann bisher ohne Mitteilung der Zustimmung die 3-Wochen-Frist für die Kündigungsschutzklage nicht zu laufen,[3] hat das *BAG* nunmehr für die Fälle der Fiktion der Zustimmung auf Grund der Änderung in § 4 Abs.1 KSchG[4] entschieden, dass auch dann die Kündigungsschutzklage binnen drei Wochen nach Zugang der Kündigung zu erheben ist.[5] Dies ist von Bedeutung für alle Fälle, in denen die Zustimmung nach Ablauf

---

1 *BAG* v. 16. 10. 1991 – 2 AZR 332/91, AiB 1992, 485
2 S. auch *Bauer*, NZA 2004, 196
3 So *BAG* v. 3. 7. 2003 – 2 AZR 487/02, AiB 2004, 18 ff.
4 In der Fassung v. 1. 1. 2004
5 *BAG* v. 29. 9. 2011 – 2 AZR 177/10

einer bestimmten Frist fingiert wird (§ 88 Abs. 5 iVm. §§ 89 Abs. 1 S. 1 und Abs. 3 sowie 91 Abs. 3 SGB IX).

Der Arbeitgeber kann die Kündigung nur innerhalb von **einem Monat nach Zustellung der Zustimmung** aussprechen. Jede Kündigung, die dem Arbeitnehmer später zugeht, ist unwirksam.[6]   **5**

Widerspruch und Klage gegen die Zustimmung des Integrationsamtes haben **keine aufschiebende Wirkung**. Sie verbieten deshalb dem Arbeitgeber nicht, die Kündigung auszusprechen. Die Rechtsprechung verneint insofern auch eine automatische Weiterbeschäftigungspflicht, bis das verwaltungsgerichtliche Verfahren endgültig und rechtskräftig abgeschlossen ist.   **6**

Der Arbeitgeber läuft aber Gefahr, dass sich nachträglich die Zustimmung als rechtswidrig erweist und damit die Kündigung als von Anfang an unwirksam herausstellt. Dann muss er für die Zwischenzeit das Entgelt nachzahlen und den schwerbehinderten Menschen weiterbeschäftigen.

Ist das Kündigungsschutzverfahren beim Arbeitsgericht rechtskräftig durch negatives Urteil abgeschlossen und ergibt sich danach noch die Unwirksamkeit der Kündigung aufgrund von Sonderkündigungsschutz lt. SGB IX, kommt u. U. eine Restitutionsklage gem. § 580 Nr. 6 ZPO in Betracht. Diese Klage muss gem. § 586 ZPO binnen eines Monats nach Kenntnis des Bescheids, der die Schwerbehinderung/Gleichstellung zuerkennt, erfolgen.[7]

§ 89 Einschränkungen der Ermessensentscheidung

(1) Das Integrationsamt erteilt die Zustimmung bei Kündigungen in Betrieben und Dienststellen, die nicht nur vorübergehend eingestellt oder aufgelöst werden, wenn zwischen dem Tage der Kündigung und dem Tage, bis zu dem Gehalt oder Lohn gezahlt wird, mindestens drei Monate liegen. Unter der gleichen Voraussetzung soll es die Zustimmung auch bei Kündigungen in Betrieben und Dienststellen erteilen, die nicht nur vorübergehend wesentlich eingeschränkt werden, wenn die Gesamtzahl der weiterhin beschäftigten schwerbehinderten Menschen zur Erfüllung der Beschäftigungspflicht nach § 71 ausreicht. Die Sätze 1 und 2 gelten nicht, wenn eine Weiterbeschäftigung auf einem anderen Arbeitsplatz desselben Betriebes oder derselben Dienststelle oder

---

6 So z. B. *BAG* v. 8. 11. 2007 – 2 AZR 425/06, NZA 2008, 471
7 Vgl. *LAG Hamm* v. 25. 9. 2008 – 8 Sa 963/08, jurisPR-ArbR 6/2009

auf einem freien Arbeitsplatz in einem anderen Betrieb oder einer anderen Dienststelle desselben Arbeitgebers mit Einverständnis des schwerbehinderten Menschen möglich und für den Arbeitgeber zumutbar ist.

(2) Das Integrationsamt soll die Zustimmung erteilen, wenn dem schwerbehinderten Menschen ein anderer angemessener und zumutbarer Arbeitsplatz gesichert ist.

(3) Ist das Insolvenzverfahren über das Vermögen des Arbeitgebers eröffnet, soll das Integrationsamt die Zustimmung erteilen, wenn

1. der schwerbehinderte Mensch in einem Interessenausgleich namentlich als einer der zu entlassenden Arbeitnehmer bezeichnet ist (§ 125 der Insolvenzordnung),

2. die Schwerbehindertenvertretung beim Zustandekommen des Interessenausgleichs gemäß § 95 Abs. 2 beteiligt worden ist,

3. der Anteil der nach dem Interessenausgleich zu entlassenden schwerbehinderten Menschen an der Zahl der beschäftigten schwerbehinderten Menschen nicht größer ist als der Anteil der zu entlassenden übrigen Arbeitnehmer an der Zahl der beschäftigten übrigen Arbeitnehmer und

4. die Gesamtzahl der schwerbehinderten Menschen, die nach dem Interessenausgleich bei dem Arbeitgeber verbleiben sollen, zur Erfüllung der Beschäftigungspflicht nach § 71 ausreicht.

1   Die Vorschrift enthält eine **Ausnahme** von dem Grundsatz, dass das Integrationsamt nach **freiem Ermessen** entscheidet, wobei es den Schutzzweck des SGB IX zu beachten und die Kündigungsgründe zu prüfen hat (vgl. § 85 Rn. 16 ff.). § 89 enthält drei Fälle, bei denen das Ermessen des Integrationsamts gebunden ist und es die Zustimmung zu erteilen hat bzw. erteilen soll. Diese Fälle machen nach der Statistik der Integrationsämter (s. § 85 Rn. 24) einen erheblichen Teil der Zustimmungen aus.

2   (Abs. 1) Bei **Stilllegungen** (die nicht nur vorübergehende Einstellung des Betriebs bzw. Auflösung der Dienststelle) muss das Integrationsamt die Zustimmung zu den beabsichtigten Kündigungen unter der Voraussetzung, dass nicht eine Weiterbeschäftigung auf einem anderen Arbeitsplatz möglich ist (vgl. Rn. 4), erteilen, wenn nach dem Tag der Kündigung für mindestens **drei Monate Lohn oder Gehalt** gezahlt wird. Der besondere Kündigungsschutz besteht also faktisch nur aus einer besonderen Lohnsicherung, wenn alle Arbeitsplätze im Betrieb oder in der Dienststelle auf Dauer »wegfallen«.

Sofern tariflich oder gesetzlich diesbezüglich längere Fristen vorgesehen sind, sind diese zu beachten. Die Mindestfrist kann nicht durch Verrechnung mit Sozialplanleistungen u. Ä. umgangen werden, da Lohn und Gehalt im Vergleich zur Abfindung unterschiedliche Zwecke verfolgen.[1] Zweckmäßigerweise verknüpft das Integrationsamt seine Zustimmung mit der **Bedingung** der Fortzahlung des Lohns oder Gehalts (§ 32 Abs. 2 Nr. 2 SGB X). Hält sich der Arbeitgeber nicht daran, sind Zustimmung und Kündigung rückwirkend unwirksam, das Arbeitsverhältnis also nicht beendet. Wird die Zustimmung dagegen nur mit der **Auflage** verbunden, für drei Monate Lohn zu zahlen, bleibt die Kündigung durch den Arbeitgeber auch dann wirksam, wenn dieser sich nicht hieran hält; in diesem Fall müsste das Integrationsamt die Zustimmung zur Kündigung widerrufen – wenn es überhaupt rechtzeitig davon erfährt.[2]

Bei **Betriebseinschränkungen** (Teilstilllegung, wesentliche Einschränkung des Betriebs/der Dienststelle) soll das Integrationsamt die Zustimmung ebenfalls unter der Voraussetzung, dass Entgeltfortzahlung gewährleistet und eine Weiterbeschäftigung auf einem anderen Arbeitsplatz nicht möglich ist (vgl. Rn. 4), erteilen, wenn die in § 71 vorgeschriebene Beschäftigungspflicht auch in Zukunft erfüllt bleibt. Da nur ca. ein Fünftel der Betriebe und Dienststellen die Beschäftigungspflicht korrekt erfüllt,[3] dürfte in diesen Fällen die Zustimmung nicht allzu häufig erteilt werden. Laut Statistik der BA/IAB[4] betrug die Beschäftigungsquote 2012 4,1 % in der privaten Wirtschaft und 6,6 % im öffentlichen Dienst, im Durchschnitt insgesamt 4,6 %. **3**

Zudem kann es abweichende Gesichtspunkte sozialer, betrieblicher und arbeitsmarktpolitischer Art geben, die zu einer Ablehnung der Zustimmung führen.

(Abs. 2) Ist die **Weiterbeschäftigung** in Betrieb bzw. Dienststelle oder in einem anderen Betrieb/anderer Dienststelle möglich, gilt der Zwang der Zustimmung nicht. Das Integrationsamt muss vielmehr allgemein die Kündigung überprüfen (vgl. § 85 Rn. 7ff.). **4**

Damit wird der allgemeine arbeitsrechtliche Grundsatz übernommen, dass Kündigungen nur das letzte Mittel sind und eine Kündigung ausscheidet, wenn eine anderweitige Beschäftigung möglich

---

1 *LAG Hamm* v. 23. 11. 1984 – 16 Sa 948/84, AuR 1985, 292
2 *BAG* v. 12. 7. 1990 – 2 AZR 35/90, br 1991, 68 = DB 1991, 1731
3 Vgl. Bericht der Bundesregierung, BT-Drucks. 15/4575, S. 106
4 Vgl. *www.statistik.arbeitsagentur.de*

ist (§ 1 Abs. 2 Satz 2 KSchG). Der Arbeitgeber ist verpflichtet, gem. §§ 81, 84 Kündigungen vorzubeugen und vor jeder Kündigung Präventionsmaßnahmen und Weiterbeschäftigungsmöglichkeiten zu überprüfen. Andernfalls kann eine ausgesprochene Kündigung unwirksam sein[5] Das Integrationsamt ist zu entsprechenden Prüfungen ebenfalls verpflichtet: Es muss dem Arbeitgeber entsprechende Fragen stellen. Betriebsrat/Personalrat/Schwerbehindertenvertretung sind aufgrund ihrer Beteiligungsrechte gehalten, sich besonders intensiv nach Weiterbeschäftigungsmöglichkeiten zu erkundigen.

Gesichert ist ein **anderer Arbeitsplatz**, wenn der schwerbehinderte Mensch einen vertraglichen Anspruch auf diesen Arbeitsplatz hat. Der Arbeitsplatz muss **angemessen** und **zumutbar** sein. Das bezieht sich insbesondere auf die Höhe des Arbeitsentgelts, die Arbeitsbedingungen, die Art der Tätigkeit, den Arbeitsort, die Nähe zum Wohnort, Verkehrsmöglichkeiten und Sozialleistungen.

Im **Interessenausgleich** und **Sozialplan** ist u. a. zu vereinbaren, ob und wie schwerbehinderte Menschen weiterbeschäftigt oder ob sie entlassen werden, und ggf., welche Anpassungs-, Umschulungs- und Überbrückungsmaßnahmen oder welche Abfindungen vorgesehen sind.[6]

5   (Abs. 3) Beim **Insolvenzverfahren** gilt eine weitere Besonderheit. Das Integrationsamt soll die Zustimmung zur Kündigung erteilen, wenn schwerbehinderte Menschen auf einer namentlichen Entlassungsliste in einem Interessenausgleich stehen (§ 125 InsO). Dies ist bedenklich, da damit der Einzelfallgerechtigkeit nicht ausreichend Rechnung getragen wird; zur Wiedereinführung der **Namensliste** in § 1 Abs. 5 KSchG vgl. § 85 Rn. 17.

Weitere Voraussetzungen für die Zustimmung des Integrationsamtes sind:

- Die Schwerbehindertenvertretung muss ausreichend beim Interessenausgleich beteiligt worden sein;
- es dürfen proportional nicht mehr schwerbehinderte Menschen als übrige Beschäftigte entlassen werden;
- die Zahl der verbleibenden schwerbehinderten Menschen muss zur Erfüllung der Beschäftigungspflicht ausreichen.

---

5 *BAG* v. 24. 3. 2011 – 2 AZR 170/10, NZA 2011, 992
6 Vgl. §§ 111 ff. BetrVG, § 78 Abs. 1 Nr. 2/§ 75 Abs. 3 Nr. 13 BPersVG; näheres vgl. bei *DKKW*, BetrVG, Erl. zu §§ 111–113 BetrVG

§90 Ausnahmen

(1) Die Vorschriften dieses Kapitels gelten nicht für schwerbehinderte Menschen,

1. deren Arbeitsverhältnis zum Zeitpunkt des Zugangs der Kündigungserklärung ohne Unterbrechung noch nicht länger als sechs Monate besteht oder

2. die auf Stellen im Sinne des § 73 Abs. 2 Nr. 2 bis 5 beschäftigt werden oder

3. deren Arbeitsverhältnis durch Kündigung beendet wird, sofern sie

   a) das 58. Lebensjahr vollendet haben und Anspruch auf eine Abfindung, Entschädigung oder ähnliche Leistung auf Grund eines Sozialplanes haben oder

   b) Anspruch auf Knappschaftsausgleichsleistung nach dem Sechsten Buch oder auf Anpassungsgeld für entlassene Arbeitnehmer des Bergbaus haben,

   wenn der Arbeitgeber ihnen die Kündigungsabsicht rechtzeitig mitgeteilt hat und sie der beabsichtigten Kündigung bis zu deren Ausspruch nicht widersprechen.

(2) Die Vorschriften dieses Kapitels finden ferner bei Entlassungen, die aus Witterungsgründen vorgenommen werden, keine Anwendung, sofern die Wiedereinstellung der schwerbehinderten Menschen bei Wiederaufnahme der Arbeit gewährleistet ist.

(2a) Die Vorschriften dieses Kapitels finden ferner keine Anwendung, wenn zum Zeitpunkt der Kündigung die Eigenschaft als schwerbehinderter Mensch nicht nachgewiesen ist oder das Versorgungsamt nach Ablauf der Frist des § 69 Abs. 1 Satz 2 eine Feststellung wegen fehlender Mitwirkung nicht treffen konnte.

(3) Der Arbeitgeber zeigt Einstellungen auf Probe und die Beendigung von Arbeitsverhältnissen schwerbehinderter Menschen in den Fällen des Absatzes 1 Nr. 1 unabhängig von der Anzeigepflicht nach anderen Gesetzen dem Integrationsamt innerhalb von vier Tagen an.

1. Ausnahmen vom Kündigungsschutz (Abs. 1)

1   Der **Kündigungsschutz in den ersten sechs Monaten** ist beseitigt worden, um wirkliche oder »vermeintliche« (!) Einstellungshemmnisse zu beseitigen. Wie hohl diese Begründung ist, ergibt sich schon daraus, dass nach den Statistiken der Integrationsämter Kündigungsanträge der Arbeitgeber in der ganz überwiegenden Zahl der Fälle – etwa 75 % (!) – zur (teilweise auch einvernehmlichen) Beendigung des Arbeitsverhältnisses führen (vgl. § 85 Rn. 24).

2   Eine weitere, nicht weniger einschneidende Aushöhlung des Kündigungsschutzes brachte das Teilzeit- und Befristungsgesetz 2001mit sich. Die hiernach zulässigen sachgrundlosen Zeitverträge – bis zu 24 Monate – enden automatisch und ohne Kündigung mit Ablauf der Frist. Insofern greift auch hier der besondere Kündigungsschutz der schwerbehinderten Menschen nicht (vgl. § 85 Rn. 4). Die Zeitverträge werden u. a. als verlängerte Probezeit genutzt, wobei insbesondere schwerbehinderte Menschen Leidtragende der verschärften Personalauslese sind. Dies **widerspricht dem Zweck** des SGB IX (Teil 2), das auf eine **dauerhafte Eingliederung** von schwerbehinderten Menschen in das Arbeitsleben angelegt ist. Betriebsrat/Personalrat/Schwerbehindertenvertretung sollten deshalb auch bei schwerbehinderten Menschen auf Dauerarbeitsverhältnissen bestehen und den Abschluss befristeter Arbeitsverträge entsprechend § 90 Abs. 3 dem Integrationsamt melden.

3   Der besondere Kündigungsschutz beginnt erst nach **sechs Monaten**.

> **Beispiel:**
> Bei einer Einstellung am 1.1. endet die Frist am 30.6.; Zustimmungspflicht besteht erst für Kündigungen, die ab 1.7. zugehen.
> Eine Kündigung, die vor Ablauf der ersten sechs Monate dem Arbeitnehmer zugeht, kann also ohne Zustimmung des Integrationsamtes ausgesprochen werden. Zum anderen greift die Mindestkündigungsfrist von vier Wochen (§ 86) in den ersten sechs Monaten.

4   Das SGB IX übernimmt dieselbe Frist (»**Wartezeit**«) wie § 1 Abs. 1 KSchG. Es kommt nicht auf die tatsächliche Beschäftigung, sondern auf den Bestand des Arbeitsverhältnisses an. Unterbrechungen der Beschäftigung wegen Krankheit usw. sind rechtlich irrelevant, genauso wie nahtlose oder zusammenhängende Befristungen innerhalb des 6-Monats-Zeitraums.[1]

---

1 Vgl. dazu *BAG* v. 19.6.2007 – 2 AZR 94/06

Die **Ausbildungszeit** ist bei der Wartezeit **mit zu berechnen**. Ein 5
Auszubildender, der vom selben Arbeitgeber übernommen wird, hat
vom ersten Tag des Arbeitsverhältnisses an Kündigungsschutz. Entsprechendes gilt bei einer **Umwandlung** oder bei einem **Betriebsübergang** nach § 613a BGB. Weiter sind Zeiten mitzuzählen, die
aufgrund einer Vereinbarung mit dem jetzigen Arbeitgeber auf die
Betriebszugehörigkeit angerechnet werden.

Das *BAG* hat allerdings erstmals an Hand des Falls einer symptomlosen HIV-Infektion entschieden, dass auch eine Kündigung innerhalb der ersten sechs Monate eine Diskriminierung wegen einer Behinderung darstellen kann und daher gem. §§ 1 AGG iVm 134 BGB
unwirksam sei.[2]

Betriebsrat/Personalrat/Schwerbehindertenvertretung müssen vor 6
Ausspruch einer Kündigung auch in den ersten sechs Monaten beteiligt werden. Weiter haben sie aufgrund ihrer Überwachungspflicht nach § 95 Abs. 1 Nr. 1 darauf zu achten, dass der Arbeitgeber
seiner Anzeigepflicht nach Abs. 3 nachkommt.

Schwerbehinderte Menschen auf bestimmten Arbeitsplätzen sind 7
vom Kündigungsschutz **ausgenommen** (Abs. 1 Nr. 2):
- Beschäftigte aus karitativen Gründen und Geistliche,
- vorwiegend zur Heilung, Wiedereingewöhnung oder Erziehung
  Beschäftigte,
- Teilnehmer an Arbeitsbeschaffungsmaßnahmen,
- Personen, die nach ständiger Übung in ihre Stellen gewählt werden.

Erleichtert ist auch die **Kündigung** von **älteren schwerbehinderten** 8
Menschen ab 58 Jahren. Dies ist wegen des Diskriminierungsverbots aufgrund des Alters in §§ 7, 1 AGG nicht unproblematisch, und
auf jeden Fall im Hinblick auf die schrittweise Anhebung des Rentenalters auf 67 Jahre dringend reformbedürftig.

Ohne Zustimmung des Integrationsamtes ist ihre Kündigung möglich, wenn folgende **vier Voraussetzungen** erfüllt sind:

a) Vollendung des 58. Lebensjahres;

b) Anspruch auf Abfindung o. Ä. aus einem Sozialplan (s. Rn. 9, 10)
bzw. Knappschaftsausgleichsleistung oder Anpassungsgeld;

c) rechtzeitige Mitteilung der Kündigungsabsicht an den schwerbehinderten Beschäftigten (s. Rn. 11);

d) kein Widerspruch des schwerbehinderten Beschäftigten gegen beabsichtigte Kündigung erfolgt (s. Rn. 12).

---

2 Vgl. *BAG* v. 19. 12. 2013 – 6 AZR 190/12

Ist eine dieser Bedingungen nicht erfüllt, muss der Arbeitgeber die Zustimmung zur Kündigung beantragen. Die Ausnahmevorschrift des Abs. 1 Nr. 3 kann dann nicht zur Anwendung kommen, wenn die Kündigung aus anderen Gründen nicht möglich ist, z. B. weil ein Tarifvertrag besonderen Kündigungsschutz vorsieht oder weil eine Weiterbeschäftigung auf einem anderen Arbeitsplatz möglich ist (§ 1 KSchG; vgl. auch § 89 Abs. 1 Satz 3 und dort Rn. 4).

Ein Sozialplan kommt u. a. bei Stilllegungen und Betriebseinschränkungen in Frage (§§ 111–112a BetrVG). Der Kündigungsschutz ist tatsächlich und rechtlich sowieso eingeschränkt (vgl. § 89), da das Integrationsamt in bestimmten Fällen die Zustimmung erteilen muss bzw. soll.

9   Im **Interessenausgleich** und **Sozialplan** ist zu regeln, ob und wie schwerbehinderte Beschäftigte von der Betriebseinschränkung betroffen werden sollen, ob und ggf. wie sie weiterbeschäftigt werden und wie ein eventueller Arbeitsplatzverlust auch finanziell ausgeglichen werden soll. Der Sozialplan ist über die Einigungsstelle erzwingbar (§§ 112, 112a BetrVG); zu den eingeschränkten Mitwirkungsrechten im öffentlichen Dienst vgl. §§ 78 Abs. 1 Nr. 2, 75 Abs. 3 Nr. 13 BPersVG.

Zu beachten ist hierbei, dass nach einer neueren Entscheidung des EuGH die Tatsache, dass ein Arbeitnehmer eine vorgezogene Rente wegen Schwerbehinderung beziehen kann, keine Kürzung der Abfindung rechtfertigt,[3] wohl aber die Möglichkeit zum Bezug einer vorgezogenen Altersrente. Das *BAG* hat – sehr bedenklich – dieses Urteil so umgesetzt, dass eine rein auf das Lebensalter abstellende Kürzung der Abfindungshöhe zulässig sei,[4] weil hier behinderte wie nicht behinderte Menschen dieselbe Sozialplanabfindung erhalten.

Sehr spitzfindig wird auch begründet, warum es zulässig sei, schwerbehinderte Arbeitnehmer von Abfindungen in einem Sozialplan ganz auszuschließen, wenn sie eine »volle« Erwerbsminderungsrente beziehen: Für sie ändere sich ja durch die Entlassung nichts.[5]

10 Sieht der Sozialplan keine **Abfindung** oder ähnliche Leistung für den älteren schwerbehinderten Menschen vor, muss der Arbeitgeber die Zustimmung zur Kündigung beantragen. Es ist weiter zu berücksichtigen, dass Abfindungen nach § 143a SGB III u. U. z. T. auf

---

3 Vgl. *EuGH* v. 6. 12. 2012 – C-152/11
4 *BAG* v. 23. 4. 2013 – 1 AZR 916/11
5 *BAG* v. 7. 6. 2011 – 1 AZR 34/10

das Arbeitslosengeld anrechenbar sind und dass sie zu versteuern sind. Beitragspflichtig sind sie nicht, soweit sie kein verstecktes Arbeitsentgelt (z. B. Urlaubsabgeltung) enthalten.

Ebenso gilt der besondere Kündigungsschutz, d. h., der Arbeitgeber **11** muss vorher die Zustimmung beantragen, wenn er dem schwerbehinderten Menschen gem. § 1a KSchG im **Kündigungsschreiben** eine Abfindung »anbietet« (vgl. dazu § 85 Rn. 18).

Rechtzeitige Mitteilung bedeutet, dass der schwerbehinderte Mensch **12** ausreichende Zeit haben muss, sich über Ansprüche aus dem Sozialplan, über seine soziale Sicherung nach dem Ausscheiden (u. a. Altersteilzeit, Arbeitslosigkeit, Rente) sowie über mögliche Aussichten auf dem Arbeitsmarkt zu informieren. Dazu sind einige Wochen nötig. Ein Anhaltspunkt kann die dem Integrationsamt für seine Entscheidung über den Kündigungsantrag eingeräumte Zeit – ein Monat – sein.

Ein förmlicher **Widerspruch** mit einer langen Begründung ist nicht **13** erforderlich. Es genügt ein formloser Hinweis, dass der schwerbehinderte Mensch die Kündigung generell nicht oder nicht zu den vorgeschlagenen Bedingungen akzeptiert. Die Gründe können vielfältig sein[6] und brauchen dem Arbeitgeber nicht mitgeteilt zu werden. Ein Schweigen des schwerbehinderten Menschen wird wie Zustimmung behandelt. Wer seine Ablehnung nicht irgendwie deutlich macht – ggf. über Betriebsrat/Personalrat/Schwerbehindertenvertretung –, verliert seinen besonderen Kündigungsschutz.

2. Entlassung aus Witterungsgründen (Abs. 2)

Der besondere Kündigungsschutz entfällt bei **Entlassungen aus** **14** **Witterungsgründen.** Das betrifft besonders Arbeiten auf Baustellen, in Land- und Forstwirtschaft, Gärtnereien, Fischerei, Schifffahrt, Tagbergbau, Steinbrüchen und Ziegeleien. Im **Baugewerbe** sind Kündigungen aus Witterungsgründen für »Schlechtwetter«-Zeiten vom 1. 11. bis 31. 3. tariflich (aber: allgemeinverbindlich) ausgeschlossen.[7] Der besondere Kündigungsschutz entfällt nur dann, wenn der Arbeitgeber sich verpflichtet, den schwerbehinderten Menschen bei Wiederaufnahme der Tätigkeit wieder einzustel-

---

6 Vgl. z. B. *LAG Hamm* v. 8. 7. 1986 – 11 [14] Sa 2359/85: sehr geringe Sozialplanleistung für ältere Arbeitnehmer kurz vor Rentenalter, Verdienst wegen schwerstbehindertem Sohn nötig
7 Vgl. *Eichhorn/Lasar*, AiB 2000, 63

len. Kommt der Arbeitgeber dem nicht nach, ist die Kündigung unwirksam.

Auch hier sind Betriebsrat/Personalrat und Schwerbehindertenvertretung anzuhören. Eine ohne Anhörung von Betriebsrat/Personalrat ausgesprochene Kündigung ist unwirksam. Die Schwerbehindertenvertretung hat die Rechte nach § 95 Abs. 2 (vgl. § 95 Rn. 13 ff.).

3. Weitere Ausnahmen (Abs. 2a ab 1.5.2004)

15 Der besondere Kündigungsschutz wird in bestimmten Fällen abgeschafft, in denen die Schwerbehinderteneigenschaft zur Zeit der Kündigung nicht festgestellt ist (vgl. § 85 Rn. 7–9). Die Gründe für diese Änderung vom April 2004 (»Missbrauch des Kündigungsschutzes vorbeugen«) sind nicht stichhaltig, die Vorschrift ist unklar, problematisch und sprachlich sowie inhaltlich missglückt.[8]

16 Die **erste Alternative** betrifft die Fälle, in denen bei Kündigung die **Schwerbehinderung** nicht festgestellt ist. Das bedeutet nicht, dass sie gegenüber dem Arbeitgeber nachgewiesen sein muss. Kündigungsschutz besteht weiterhin, wenn die Schwerbehinderung offensichtlich ist oder zwar festgestellt, aber dem Arbeitgeber nicht bekannt ist. Dann muss sie dem Arbeitgeber jedoch binnen drei Wochen nach Zugang der Kündigung mitgeteilt werden.[9]

17 Die **zweite Alternative** bezieht sich vor allem auf die Fälle, in denen **zum Zeitpunkt der Kündigung erst ein Antrag auf Feststellung** gestellt war. Der Kündigungsschutz bleibt erhalten, wenn das Versorgungsamt rechtzeitig innerhalb der verkürzten Fristen entscheidet. Das gilt auch, wenn es zwar nicht fristgerecht entscheidet, den Beschäftigten an der Verzögerung aber kein Verschulden trifft. Der Kündigungsschutz entfällt aber, wenn das Versorgungsamt »wegen fehlender Mitwirkung des Arbeitnehmers« verspätet entscheidet. Die Entscheidungsfristen betragen nach §§ 69 Abs. 1 Satz 2, 60 Abs. 1 und 14 Abs. 2 und 5 zwischen drei und sieben Wochen.

Diese Vorschrift ist nur teilweise geklärt. Nach Ansicht der Integrationsämter entfällt der Kündigungsschutz u. a. dann, wenn der Antrag später als drei Wochen, bei Notwendigkeit eines Gutachtens spätestens sieben Wochen vor der Kündigung gestellt wurde.[10]

---

8 Vgl. *Feldes/Kossack*, AiB 2004, 455; *Großmann*, AuR 2007, 70 ff.
9 *BAG* v. 12.1.2006 – 2 AZR 539/05
10 Vgl. ZB 1/2005

Dem ist das BAG gefolgt und hat den Kündigungsschutz jedenfalls in einem Fall verneint, in dem der Antrag erst drei Tage vor der Kündigung gestellt wurde. Der Antrag müsse spätestens drei Wochen vor der Kündigung gestellt werden. Ob das bei (der häufigen) Notwendigkeit von Gutachten sogar sieben Wochen vorher erfolgen müsse, hat das Gericht offen gelassen.[11] Neuerdings hat es das BAG auch noch als ausreichend angesehen, wenn die Mitteilung in der Klageschrift enthalten ist, die binnen drei Wochen bei Gericht einging und wenige Tage später dem Arbeitgeber zugestellt wurde.[12] Es ist daher dringend zu empfehlen, Anerkennungs- oder Verschlimmerungsanträge frühzeitig zu stellen, falls sich z.B. Massenentlassungen abzeichnen. Am besten kombiniert man den Antrag beim Versorgungsamt mit einem Gleichstellungsantrag bei der Arbeitsagentur, für den Fall, dass nur ein GdB von 30 oder 40 anerkannt wird.

Andererseits führt eine – rechtzeitig beantragte – ablehnende Entscheidung der Behörde vor der Kündigung nicht zum Verlust des Kündigungsschutzes, wenn die Schwerbehinderung oder **die Gleichstellung** später rückwirkend festgestellt wird.[13]

Ist zu diesem Zeitpunkt das arbeitsgerichtliche Verfahren bereits rechtskräftig abgeschlossen, besteht die Möglichkeit einer Restitutionsklage beim Arbeitsgericht bzw. LAG gem. § 580 ZPO. Die Klage muss gem. § 586 ZPO binnen eines Monats nach Kenntnis des die Schwerbehinderung/Gleichstellung zuerkennenden Bescheids erfolgen.[14]

In jedem Fall gilt auch hier, dass die Tatsache des Antrags vor Zugang der Kündigung binnen drei Wochen nach deren Zugang dem Arbeitgeber mitgeteilt werden muss. Ob hierbei auch die näheren Umstände, z.B. Tag des Antragszugangs beim Versorgungsamt (oder bei der Arbeitsagentur beim Gleichstellungsantrag), mitgeteilt werden müssen, ist strittig. Auf jeden Fall darf sie die jeweilige Behörde dem Arbeitgeber nicht mitteilen (§ 67d SGB X). Beruft sich der Arbeitnehmer im Kündigungsschutzverfahren aber auf eine rechtzeitige Antragstellung, muss er keine weiteren Angaben z.B. zum Zeitpunkt des Antrags oder zum Aktenzeichen beim Versorgungsamt machen.[15]

---

11 *BAG* 1.3.2007 – 2 AZR 217/06, NZA 2008, 302
12 *BAG* v. 23.2.2010 – 2 AZR 659/08
13 *BAG* v. 6.9.2007 – 2 AZR 324/06, NZA 2008, 407
14 Vgl. *LAG Hamm* v. 25.9.2008 – 8 Sa 963/08, jurisPR-ArbR 6/2009
15 Vgl. *BAG* v. 9.6.2011 – 2 AZR 703/09

18 Wegen der möglichen **Fallkonstellationen** und der Notwendigkeit, sich nach einer Kündigung fristgerecht auf die Schwerbehinderung zu berufen und rechtzeitig gegen die Kündigung vor Gericht zu klagen vgl. § 85 Rn. 9 und 23.

4. Erweitere Anzeigepflichten des Arbeitgebers (Abs. 3)

19 Der Arbeitgeber muss nach Abs. 3 bestimmte **Personalmaßnahmen**, die nicht zustimmungspflichtig sind, dem Integrationsamt innerhalb von vier Tagen **anzeigen**. Es geht um Einstellungen mit Probecharakter. Dieser muss entweder mit dem schwerbehinderten Menschen vereinbart, dem Betriebsrat/Personalrat/der Schwerbehindertenvertretung bei der Einstellung mitgeteilt worden sein oder sich aus anderen Gründen ergeben (insbesondere bei Zeitverträgen nach dem Teilzeit- und Befristungsgesetz, bei dem dies eine ganz entscheidende Rolle spielt). Anzeigepflichtig sind auch Kündigungen innerhalb der – zustimmungsfreien – Wartezeit von sechs Monaten.

Eine unterlassene Anzeige macht zwar die Kündigung nicht zustimmungsbedürftig. Unter Umständen ist der Unternehmer jedoch beispielsweise wegen verspäteter Geldleistungen dem Integrationsamt schadensersatzpflichtig.[16]

§ 91 Außerordentliche Kündigung

(1) Die Vorschriften dieses Kapitels gelten mit Ausnahme von § 86 auch bei außerordentlicher Kündigung, soweit sich aus den folgenden Bestimmungen nichts Abweichendes ergibt.

(2) Die Zustimmung zur Kündigung kann nur innerhalb von zwei Wochen beantragt werden; maßgebend ist der Eingang des Antrages bei dem Integrationsamt. Die Frist beginnt mit dem Zeitpunkt, in dem der Arbeitgeber von den für die Kündigung maßgebenden Tatsachen Kenntnis erlangt.

(3) Das Integrationsamt trifft die Entscheidung innerhalb von zwei Wochen vom Tage des Eingangs des Antrages an. Wird innerhalb dieser Frist eine Entscheidung nicht getroffen, gilt die Zustimmung als erteilt.

---

16 *BAG* v. 21.3.1980 – 7 AZR 314/78, DB 1980, 1701

(4) Das Integrationsamt soll die Zustimmung erteilen, wenn die Kündigung aus einem Grunde erfolgt, der nicht im Zusammenhang mit der Behinderung steht.

(5) Die Kündigung kann auch nach Ablauf der Frist des § 626 Abs. 2 Satz 1 des Bürgerlichen Gesetzbuchs erfolgen, wenn sie unverzüglich nach Erteilung der Zustimmung erklärt wird.

(6) Schwerbehinderte Menschen, denen lediglich aus Anlass eines Streiks oder einer Aussperrung fristlos gekündigt worden ist, werden nach Beendigung des Streiks oder der Aussperrung wieder eingestellt.

Auch **außerordentliche, fristlose** Kündigungen durch den Arbeitgeber bedürfen der vorherigen **Zustimmung** des Integrationsamtes. Die Vorschriften der §§ 85, 87, 90 sowie 92 gelten auch für fristlose Kündigungen. Ausgenommen ist § 86: Die Mindestkündigungsfrist von vier Wochen gilt bei außerordentlichen Kündigungen nicht. **1**

Eine fristlose Kündigung setzt einen **wichtigen Grund** voraus. Sie ist nur möglich, »wenn Tatsachen vorliegen, aufgrund derer dem Kündigenden unter Berücksichtigung aller Umstände des Einzelfalles und unter Abwägung der Interessen beider Vertragsteile die Fortsetzung des Dienstverhältnisses bis zum Ablauf der Kündigungsfrist … nicht zugemutet werden kann« (§ 626 Abs. 1 BGB). Es muss sich um einen besonders schweren Verstoß handeln, z.B. gegen Pflichten aus dem Arbeitsverhältnis. Betriebliche Gründe wie Rationalisierungsmaßnahmen, Stilllegung oder Insolvenz rechtfertigen eine fristlose Kündigung grundsätzlich nicht, ebenso wenig lang andauernde Krankheit.[1] Hat das Integrationsamt einer außerordentlichen Kündigung zugestimmt, die sich später als unwirksam erweist, kann die Zustimmung dazu weder in eine ordentliche Kündigung umgedeutet werden, noch ist eine solche konkludent enthalten, wenn der Arbeitgeber die Zustimmung dazu nicht vorsorglich auch beantragt hatte.[2] **2**

Voraussetzung für den besonderen Kündigungsschutz ist das Vorliegen der **Schwerbehinderteneigenschaft** oder eine **Gleichstellung**. Sie muss zum Zeitpunkt der Kündigung zumindest beantragt sein. Auf die Kenntnis des Arbeitgebers kommt es nicht an Der Arbeitnehmer muss sich aber spätestens innerhalb von drei Wochen **3**

---

1 Vgl. dazu und zu einzelnen Kündigungsgründen KR-*Fischermeier*, § 626 BGB Rn. 101 ff., 299 ff.
2 *BAG* v. 7.7.2011 – 2 AZR 355/10

nach Zugang der Kündigung auf die Schwerbehinderteneigenschaft/ Gleichstellung bzw. den gestellten Antrag gegenüber dem Arbeitgeber berufen. Es gelten hier die gleichen Grundsätze wie bei der ordentlichen Kündigung.[3] Die **Ausnahmen** vom Kündigungsschutz (besonders § 90) greifen auch hier.

4 Nach Abs. 2 kommen nur Vorfälle in Frage, die sich längstens **zwei Wochen** vor dem Antrag an das Integrationsamt zugetragen haben. Ältere Vorfälle sind verfristet und dürfen nicht mehr berücksichtigt werden. Darin kommt der Gedanke zum Ausdruck, dass nur solche Tatsachen eine fristlose Kündigung rechtfertigen, die die Beschäftigung bis zum Ablauf der normalen Kündigungsfrist für den Arbeitgeber unzumutbar machen. Es muss sich also um besonders gravierende Verfehlungen handeln, die ein schnelles Handeln erforderlich machen.

5 Das Integrationsamt wird nur auf **Antrag** des Arbeitgebers tätig. Es holt eine **Stellungnahme** des Betriebsrats/Personalrats und der Schwerbehindertenvertretung ein; in einer mündlichen Verhandlung wird auch der schwerbehinderte Mensch angehört. Insgesamt gilt hier das zu § 87 Rn. 4 Gesagte entsprechend.

6 Nach Abs. 3 hat das **Integrationsamt zwei Wochen Zeit**, um seine Entscheidung zu fällen. Wenn es innerhalb dieser Zeit nicht entscheidet, gilt die Zustimmung als erteilt. Der Arbeitgeber kann dann kündigen.

Es kommt auf eine **Entscheidung** innerhalb von **zwei Wochen ab Eingang des Antrags** an, nicht auf die Zustellung dieser Entscheidung an den Arbeitgeber innerhalb von zwei Wochen. Deshalb wird einerseits ein Arbeitgeber gut beraten sein, nicht sofort nach Ende der Zweiwochenfrist zu kündigen. Wenn nämlich das Integrationsamt die Zustimmung verweigert und die Entscheidung abgeschickt hat, diese aber erst später beim Arbeitgeber eintrifft, so ist eine vorher ausgesprochene Kündigung unwirksam.[4] Andererseits kann der Arbeitgeber kündigen, wenn das Integrationsamt ihm die Zustimmung zur Kündigung innerhalb der Zweiwochenfrist mündlich oder fernmündlich bekannt gegeben hat, die schriftliche Zustimmung aber erst später eintrifft.[5] Wenn das Integrationsamt der Kündigung zustimmt, muss der Arbeitgeber unverzüglich handeln (vgl. Abs. 5).

---

3 Vgl. § 85 Rn. 7 ff. sowie *BAG* v. 16. 1. 1985 – 7 AZR 373/83, DB 1985, 2106
4 *BAG* v. 13. 5. 1981 – 7 AZR 144/79, DB 1981, 2130; *BAG* v. 16. 3. 1983 – 7 AZR 96/81, DB 1984, 1045
5 *BAG* v. 12. 8. 1999 – 2 AZR 748/98, br 1999, 205

Das Integrationsamt muss die Gründe und die Einzelumstände   7
sorgfältig prüfen (vgl. Abs. 4). Sein **Ermessen** ist dabei insofern **eingeschränkt**, als die Zustimmung erteilt werden muss, wenn die beabsichtigte fristlose Kündigung aus einem wichtigen Grund erfolgen soll, der mit der Behinderung nicht im Zusammenhang steht. Es
kann allerdings auch ausnahmsweise die Zustimmung verweigern,
wenn z. B. eine anderweitige Beschäftigung möglich ist oder besonders gelagerte soziale Gesichtspunkte vorliegen.[6] Die Zustimmung
ist umso eher zu versagen, je mehr das dem schwerbehinderten
Menschen vorgeworfene Verhalten mit der Behinderung in einem –
ggf. mittelbaren – Zusammenhang steht.

Das Integrationsamt hat **voll** zu **prüfen**, ob **Tatsachen** vorliegen, die
als wichtiger **Kündigungsgrund** zu werten sind. Es kann sich nicht
damit begnügen, dieses nur überschlägig und summarisch zu überprüfen oder eine Kündigung nur dann abzulehnen, wenn es für sie
offensichtlich keinen Rechtfertigungsgrund gibt.[7] Diese Ansicht ist
abzulehnen, denn sie kann dazu führen, dass das Integrationsamt
eine fristlose Kündigung für zulässig erklärt, obwohl der behauptete
Kündigungsgrund überhaupt nicht vorliegt oder keinen wichtigen
Grund abgibt. Zudem kann sich das Integrationsamt nur dann darüber klar werden, ob es die Zustimmung zu erteilen hat oder verweigern kann, wenn es vorher gründlich geprüft hat, ob der behauptete Kündigungsgrund überhaupt vorliegt.[8]

Vor Ausspruch der Kündigung muss der Arbeitgeber den **Betriebs-**   8
rat bzw. **Personalrat** und die **Schwerbehindertenvertretung** anhören. Eine ohne Anhörung ausgesprochene Kündigung ist unwirksam (vgl. Näheres, insbesondere zur Anhörung der SBV § 85 Rn. 20
und 21).

Der **gerichtliche Schutz** gegen fristlose Kündigungen ist **zweiglei-**   9
sig: Gegen die Zustimmung des Integrationsamtes kann der schwerbehinderte Mensch Widerspruch beim Widerspruchsausschuss und
ggf. Klage beim Verwaltungsgericht einlegen. Gegen die Kündigung
des Arbeitgebers kann er Klage beim Arbeitsgericht einreichen (vgl.
§ 85 Rn. 23).

Abs. 6 ist weitgehend überholt. Kündigungen wegen der Teilnahme   10
an einem gewerkschaftlichen **Streik** sind unzulässig, so dass das

---

6 *BVerwG* v. 10. 9. 1992 – 5 C 39/88, NZA 1993, 76
7 So aber *BayVGH* v. 29. 3. 1990 – 12 B 89/1048, br 1990, 136
8 So auch *BVerwG* v. 19. 10. 1995 – 5 C 24/93, BB 1996, 1443; *BVerwG*
   v. 2. 7. 1992 – 5 C 39/90, br 1992, 165

Integrationsamt auch die Zustimmung zu versagen hat. Die **Aussperrung** ist nach Ansicht von Bundesverfassungsgericht und *BAG* als Antwort auf einen Streik und in bestimmten Grenzen zulässig,[9] auch gegenüber schwerbehinderten Menschen.[10] Die Aussperrung ist i. d. R. aber nur mit suspendierender Wirkung zulässig, so dass nach Ende der Aussperrung das Arbeitsverhältnis wieder auflebt.[11]

§ 92 Erweiterter Beendigungsschutz

Die Beendigung des Arbeitsverhältnisses eines schwerbehinderten Menschen bedarf auch dann der vorherigen Zustimmung des Integrationsamtes, wenn sie im Falle des Eintritts einer teilweisen Erwerbsminderung, der Erwerbsminderung auf Zeit, der Berufsunfähigkeit oder der Erwerbsunfähigkeit auf Zeit ohne Kündigung erfolgt. Die Vorschriften dieses Kapitels über die Zustimmung zur ordentlichen Kündigung gelten entsprechend.

1   In bestimmten Fällen muss der Arbeitgeber bei dem Integrationsamt die **Zustimmung** beantragen, obwohl er keine Kündigung aussprechen will, sondern das Arbeitsverhältnis wegen Berufsunfähigkeit oder Erwerbsminderung auf Zeit beendet wird. Dies ist nach einzelnen **Tarifverträgen** der Fall, insbesondere des öffentlichen Dienstes (§ 33 Abs. 2 TVöD) und die entsprechenden TVe der Länder und Gemeinden. Diese sehen ein Ruhen des Arbeitsverhältnisses und einen Anspruch auf Wiederbeschäftigung nach Ablauf der befristeten Erwerbsminderungsrente vor. Solche Tarifverträge werden für zulässig gehalten; sie müssen aber einschränkend ausgelegt werden: Das Arbeitsverhältnis darf nur beendet werden, wenn keine Weiterbeschäftigung möglich ist.[1]
Im Falle einer Dauerrente muss der Arbeitgeber rechtzeitig vor dem voraussichtlichen Ende des Arbeitsverhältnisses die Zustimmung beantragen, so dass dem Integrationsamt noch ausreichend Zeit zur Prüfung und Entscheidung bleibt.

---

9 *BVerfG* v. 26. 6. 1991 – 1 BvR 779/85, AuR 1992, 29 = PersR 1991, 431

10 *BAG* v. 7. 6. 1988 – 1 AZR 597/86, AuR 1989, 219

11 Vgl. hierzu *Däubler*, Arbeitskampfrecht, 3. Aufl. 2011, § 9 Rn. 61

---

1 *BAG* v. 28. 6. 1995 – 7 AZR 555/94, AiB 1996, 747; *BAG* v. 9. 8. 2000 – 7 AZR 214/99, NZA 2001, 737

Im Falle einer teilweisen Erwerbsminderung muss der Arbeitgeber prüfen, ob noch eine Weiterbeschäftigung mit dem verbleibenden Leistungsvermögen auf demselben oder einem anderen Arbeitsplatz möglich ist, wenn der Arbeitnehmer innerhalb von zwei Wochen nach Zugang des Rentenbescheids dies beantragt (§ 33 Abs. 3 TVöD).

Ansonsten gilt der Grundsatz, dass die Zuerkennung einer Rente **2** wegen **Berufsunfähigkeit** oder **Erwerbsminderung auf Zeit** das Arbeitsverhältnis nicht automatisch auflöst. Vielmehr ist hier eine Kündigung erforderlich. Anderslautende Arbeitsverträge oder Betriebsvereinbarungen sind unverbindlich bzw. so auszulegen, dass bei Renten auf Zeit eine Kündigung erforderlich ist. Auch das in manchen anderen Tarifverträgen geregelte automatische Ende des Arbeitsverhältnisses bei Erwerbsminderung/-unfähigkeit gilt nicht für Erwerbsminderung auf Zeit.[2]

Kapitel 5
Betriebs-, Personal-, Richter-, Staatsanwalts- und Präsidialrat, Schwerbehindertenvertretung, Beauftragter des Arbeitgebers

§ 93 Aufgaben des Betriebs-, Personal-, Richter-, Staatsanwalts- und Präsidialrates

Betriebs-, Personal-, Richter-, Staatsanwalts- und Präsidialrat fördern die Eingliederung schwerbehinderter Menschen. Sie achten insbesondere darauf, dass die dem Arbeitgeber nach den §§ 71, 72 und 81 bis 84 obliegenden Verpflichtungen erfüllt werden; sie wirken auf die Wahl der Schwerbehindertenvertretung hin.

---

2 *BAG* v. 13. 6. 1985 – 2 AZR 410/84, DB 1986, 1827; *LAG Hamm* v. 6. 11. 1984 – 13 Sa 725/84, AiB 1985, 32

1. Förderauftrag

1 Die Förderung der Eingliederung schwerbehinderter Menschen durch Betriebs-, Personal-, Richter-, Staatsanwalts- und Präsidialräte wird in S. 1 besonders betont. Damit wiederholt und unterstreicht die Regelung auch die in § 80 Abs. 1 Nr. 4 BetrVG bzw. § 68 Abs. 1 Nr. 4 BPersVG (und den entsprechenden landespersonalvertretungsrechtlichen Vorschriften) bestimmte allgemeine Aufgabenstellung der betrieblichen Interessenvertretungen zur Förderung der Eingliederung von schwerbehinderten Menschen. Diese Verpflichtung korrespondiert mit der Aufgabenstellung der Schwerbehindertenvertretung nach § 95 Abs. 1 S. 1.
Da die allgemeine Aufgabenstellung von Betriebs- und Personalräten nach § 80 Abs. 1 BetrVG bzw. § 68 Abs. 1 BPersVG (und den entsprechenden landespersonalvertretungsrechtlichen Vorschriften) auch die Einhaltung der zugunsten der Beschäftigten geltenden Gesetze, Verordnungen, Tarifverträge usw. umfasst, haben die betrieblichen Interessenvertretungen auch darauf zu achten, dass die Regelungen des SGB IX eingehalten und umgesetzt werden. Die Förderung der Eingliederung schwerbehinderter Menschen umfasst dabei auch die Unterstützung der Arbeit der Schwerbehindertenvertretung. Für diese ist es besonders wichtig, dass sie möglichst ungehindert ihre Aufgaben als Interessenvertretung der schwerbehinderten Menschen wahrnehmen kann. Dazu gehört die Einbindung in die Tätigkeit der betrieblichen Interessenvertretung insbesondere auch hinsichtlich personeller Maßnahmen wie auch generell bezogen auf den Abschluss von Betriebs- oder Dienstvereinbarungen.

2. Überwachungsfunktion

2 Nach S. 2 haben die betrieblichen Interessenvertretungen insbesondere darauf zu achten, dass die dem Arbeitgeber nach den §§ 71, 72 und 81 bis 84 obliegenden Verpflichtungen erfüllt werden. Dazu gehören insbesondere:
- Beschäftigung von schwerbehinderten Menschen auf wenigstens 5 % der Arbeitsplätze (§ 71 Abs. 1)
- Beschäftigung besonders schwerbehinderter Menschen (§ 72 Abs. 1)
- Beschäftigung schwerbehinderter Auszubildender (§ 72 Abs. 2)
- Prüfung der Besetzung freier Arbeitsplätze durch schwerbehinderte Menschen (§ 81 Abs. 1)

- Abschluss von Integrationsvereinbarungen (§ 83)
- Präventionsmaßnahmen (§ 84 Abs. 1)
- Betriebliches Eingliederungsmanagement (§ 84 Abs. 2)

3. Wahl der Schwerbehindertenvertretung

S. 2 Halbs. 2 verpflichtet den Betriebs- bzw. Personalrat, auf die **3** Wahl einer noch nicht bestehenden Schwerbehindertenvertretung hinzuwirken. Ist im Betrieb/der Dienststelle eine Schwerbehindertenvertretung noch nicht vorhanden, können Betriebs- oder Personalrat nach § 1 Abs. 2 SchwbVWO zu einer Versammlung der schwerbehinderten Beschäftigten einladen, auf der dann ein Wahlvorstand für die Durchführung der Wahl der Schwerbehindertenvertretung gewählt werden kann.

§ 94 Wahl und Amtszeit der Schwerbehindertenvertretung

(1) In Betrieben und Dienststellen, in denen wenigstens fünf schwerbehinderte Menschen nicht nur vorübergehend beschäftigt sind, werden eine Vertrauensperson und wenigstens ein stellvertretendes Mitglied gewählt, das die Vertrauensperson im Falle der Verhinderung durch Abwesenheit oder Wahrnehmung anderer Aufgaben vertritt. Ferner wählen bei Gerichten, denen mindestens fünf schwerbehinderte Richter oder Richterinnen angehören, diese einen Richter oder eine Richterin zu ihrer Schwerbehindertenvertretung. Satz 2 gilt entsprechend für Staatsanwälte oder Staatsanwältinnen, soweit für sie eine besondere Personalvertretung gebildet wird. Betriebe oder Dienststellen, die die Voraussetzungen des Satzes 1 nicht erfüllen, können für die Wahl mit räumlich nahe liegenden Betrieben des Arbeitgebers oder gleichstufigen Dienststellen derselben Verwaltung zusammengefasst werden; soweit erforderlich, können Gerichte unterschiedlicher Gerichtszweige und Stufen zusammengefasst werden. Über die Zusammenfassung entscheidet der Arbeitgeber im Benehmen mit dem für den Sitz der Betriebe oder Dienststellen einschließlich Gerichten zuständigen Integrationsamt.
(2) Wahlberechtigt sind alle in dem Betrieb oder der Dienststelle beschäftigten schwerbehinderten Menschen.
(3) Wählbar sind alle in dem Betrieb oder der Dienststelle nicht nur vorübergehend Beschäftigten, die am Wahltage das 18. Lebensjahr vollendet haben und dem Betrieb oder der Dienst-

stelle seit sechs Monaten angehören; besteht der Betrieb oder die Dienststelle weniger als ein Jahr, so bedarf es für die Wählbarkeit nicht der sechsmonatigen Zugehörigkeit. Nicht wählbar ist, wer kraft Gesetzes dem Betriebs-, Personal-, Richter-, Staatsanwalts- oder Präsidialrat nicht angehören kann.

(4) Bei Dienststellen der Bundeswehr, bei denen eine Vertretung der Soldaten nach dem Bundespersonalvertretungsgesetz zu wählen ist, sind auch schwerbehinderte Soldaten und Soldatinnen wahlberechtigt und auch Soldaten und Soldatinnen wählbar.

(5) Die regelmäßigen Wahlen finden alle vier Jahre in der Zeit vom 1. Oktober bis 30. November statt. Außerhalb dieser Zeit finden Wahlen statt, wenn

1. das Amt der Schwerbehindertenvertretung vorzeitig erlischt und ein stellvertretendes Mitglied nicht nachrückt,
2. die Wahl mit Erfolg angefochten worden ist oder
3. eine Schwerbehindertenvertretung noch nicht gewählt ist.

Hat außerhalb des für die regelmäßigen Wahlen festgelegten Zeitraumes eine Wahl der Schwerbehindertenvertretung stattgefunden, wird die Schwerbehindertenvertretung in dem auf die Wahl folgenden nächsten Zeitraum der regelmäßigen Wahlen neu gewählt. Hat die Amtszeit der Schwerbehindertenvertretung zum Beginn des für die regelmäßigen Wahlen festgelegten Zeitraums noch nicht ein Jahr betragen, wird die Schwerbehindertenvertretung im übernächsten Zeitraum für regelmäßige Wahlen neu gewählt.

(6) Die Vertrauensperson und das stellvertretende Mitglied werden in geheimer und unmittelbarer Wahl nach den Grundsätzen der Mehrheitswahl gewählt. Im Übrigen sind die Vorschriften über die Wahlanfechtung, den Wahlschutz und die Wahlkosten bei der Wahl des Betriebs-, Personal-, Richter-, Staatsanwalts- oder Präsidialrates sinngemäß anzuwenden. In Betrieben und Dienststellen mit weniger als 50 wahlberechtigten schwerbehinderten Menschen wird die Vertrauensperson und das stellvertretende Mitglied im vereinfachten Wahlverfahren gewählt, sofern der Betrieb oder die Dienststelle nicht aus räumlich weit auseinander liegenden Teilen besteht. Ist in einem Betrieb oder einer Dienststelle eine Schwerbehindertenvertretung nicht gewählt, so kann das für den Betrieb oder die Dienststelle zuständige Integrationsamt zu einer Versammlung schwerbehinderter Menschen zum Zwecke der Wahl eines Wahlvorstandes einladen.

(7) Die Amtszeit der Schwerbehindertenvertretung beträgt vier Jahre. Sie beginnt mit der Bekanntgabe des Wahlergebnisses oder, wenn die Amtszeit der bisherigen Schwerbehindertenvertretung noch nicht beendet ist, mit deren Ablauf. Das Amt erlischt vorzeitig, wenn die Vertrauensperson es niederlegt, aus dem Arbeits-, Dienst- oder Richterverhältnis ausscheidet oder die Wählbarkeit verliert. Scheidet die Vertrauensperson vorzeitig aus dem Amt aus, rückt das mit der höchsten Stimmenzahl gewählte stellvertretende Mitglied für den Rest der Amtszeit nach; dies gilt für das stellvertretende Mitglied entsprechend. Auf Antrag eines Viertels der wahlberechtigten schwerbehinderten Menschen kann der Widerspruchsausschuss bei dem Integrationsamt (§ 119) das Erlöschen des Amtes einer Vertrauensperson wegen grober Verletzung ihrer Pflichten beschließen.

1. Wahlvoraussetzungen

Eine Schwerbehindertenvertretung **ist** nach Abs. 1 Satz 1 in allen   **1** Betrieben und Dienststellen zu wählen, in denen **wenigstens fünf schwerbehinderte Menschen** und/oder Gleichgestellte (§ 68 Abs. 2) nicht nur vorübergehend beschäftigt sind. Es genügt, wenn die erforderliche Mindestzahl am Tag der Wahl vorliegt. Liegen die Voraussetzungen des Abs. 1 Satz 1 vor, so muss eine Vertrauensperson und wenigstens ein stellvertretendes Mitglied gewählt werden; allerdings ist diese Verpflichtung nicht erzwingbar. Es obliegt der bestehenden Schwerbehindertenvertretung (§ 1 Abs. 1 SchwbVWO) oder – falls im Betrieb oder in der Dienststelle noch keine Schwerbehindertenvertretung besteht – der Initiative von Betriebs- oder Personalrat oder drei Wahlberechtigten, die Wahl durch eine Versammlung der schwerbehinderten Menschen und Gleichgestellten zur

Wahl eines Wahlvorstandes einzuberufen (§ 1 Abs. 2 SchwbVWO); diese Initiative kann nach Abs. 6 Satz 4 auch das zuständige Integrationsamt ergreifen.

a) Vorübergehend Beschäftigte

2   **Als nur vorübergehend** Beschäftigte gelten Arbeitnehmer, die zur Aushilfe oder für einen vorübergehenden Zweck eingestellt sind. Das Gesetz enthält keine zeitliche Festlegung für das Merkmal der vorübergehenden Beschäftigung. Es erscheint sinnvoll, hierfür auf die Regelung des § 73 Abs. 3 1. Alt. zurückzugreifen und als vorübergehend Beschäftigte solche schwerbehinderte Menschen anzusehen, die nicht länger als acht Wochen im Betrieb bzw. in der Dienststelle arbeiten sollen. Die Gegenmeinung nimmt – unter Hinweis auf den erst nach sechs Monaten einsetzenden besonderen Kündigungsschutz – eine **nicht nur vorübergehende Beschäftigung** nur dann an, wenn die Beschäftigung mehr als sechs Monate andauert.[1] Der Hinweis auf den erst später einsetzenden besonderen Kündigungsschutz überzeugt nicht. Die Voraussetzung einer sechsmonatigen Beschäftigungszeit steht nämlich im Wertungswiderspruch dazu, dass für die Wahlberechtigung die Dauer der Beschäftigung keine Rolle spielt. Dürfen schwerbehinderte Menschen aber auch bei kurzzeitiger Beschäftigung die Schwerbehindertenvertretung mitwählen, so ist ihre Berücksichtigung bei der Mindestzahl gem. Abs. 1 Satz 1 nach Überschreitung der Achtwochenfrist des § 73 Abs. 3 1. Alt. vertretbar und notwendig.

b) Stellvertreter

3   Nach Abs. 1 Satz 1 muss für die Vertrauensperson mindestens ein stellvertretendes Mitglied gewählt werden. Es empfiehlt sich, in jedem Fall zwei stellvertretende Mitglieder zu wählen, da nach Abs. 7 Satz 3 das mit der höchsten Stimmenzahl gewählte stellvertretende Mitglied für den Rest der Amtszeit nachrückt. Ist nur ein stellvertretendes Mitglied vorhanden, müsste in diesem Fall ein neues stellvertretendes Mitglied gewählt werden.

4   Das stellvertretende Mitglied vertritt die Vertrauensperson **im Falle der Verhinderung** bei Abwesenheit oder Wahrnehmung anderer

---

1 *Neumann/Pahlen/Majerski-Pahlen*, § 94 SGB IX Rn. 7

Aufgaben. Durch die Formulierung Abwesenheit **und** anderer Aufgaben ist klargestellt, dass das stellvertretende Mitglied nicht nur bei krankheits- oder urlaubsbedingter Abwesenheit der Vertrauensperson tätig wird, sondern auch in den Fällen, in denen Letztere z. B. beruflich verhindert ist. Eine berufliche Verhinderung ist allerdings nur in Ausnahmefällen möglich, da die Tätigkeit der Vertrauensperson Vorrang vor der beruflichen Tätigkeit hat. Das stellvertretende Mitglied ist also **kein reiner Abwesenheitsvertreter,** sondern wird auch dann tätig, wenn es der Vertrauensperson z. B. unmöglich ist, an mehreren Stellen des Betriebes/der Dienststelle gleichzeitig zu sein, oder sie die Interessen der schwerbehinderten Menschen außerhalb des Betriebes/der Dienststelle wahrzunehmen hat.

Während das stellvertretende Mitglied nach Abs. 1 Satz 1 Verhinderungsvertreter ist, besteht nach § 95 Abs. 1 Satz 4 die Möglichkeit, dass die Vertrauensperson in Betrieben und Dienststellen mit i. d. R. mehr als 200 schwerbehinderten Menschen nach Unterrichtung des Arbeitgebers das mit der höchsten Stimmenzahl gewählte **stellvertretende Mitglied zu bestimmten Aufgaben heranzieht** (vgl. § 95 Rn. 11). 5

c) Betrieb/Dienststelle

Das **Vorliegen eines Betriebes oder einer Dienststelle**, in denen nach Abs. 1 Satz 1 eine Schwerbehindertenvertretung zu wählen ist, richtet sich entsprechend § 87 Abs. 1 Satz 2 nach den Bestimmungen des Betriebsverfassungsgesetzes (§§ 1, 4 BetrVG) und des Personalvertretungsrechts (§ 6 BPersVG sowie die entsprechenden Vorschriften der Landespersonalvertretungsgesetze). 6

d) Schwerbehinderte Richter

Abs. 1 Satz 2 regelt, dass bei Gerichten, denen mindestens fünf schwerbehinderte **Richter** oder Richterinnen angehören, diese einen Richter oder eine Richterin zu ihrer Schwerbehindertenvertretung wählen. Entsprechendes gilt nach Abs. 1 Satz 3 auch für Staatsanwälte, wenn das Landesrichterrecht eine eigene Personalvertretung für Staatsanwälte vorsieht. 7

e) Zusammenfassung von Betrieben/Dienststellen

8   Damit sich nach Möglichkeit auch alle schwerbehinderten Menschen in Betrieben oder Dienststellen mit weniger als fünf schwerbehinderten Menschen an der Wahl einer Schwerbehindertenvertretung beteiligen können, besteht nach Abs. 1 Satz 4 die **Möglichkeit, Betriebe** desselben Arbeitgebers oder **gleichstufige Dienststellen** derselben Verwaltung **zusammenzufassen.** Dies kann auch so geschehen, dass ein Betrieb oder eine Dienststelle mit fünf oder mehr schwerbehinderten Menschen mit einer Einrichtung zusammengefasst wird, in der diese Zahl nicht erreicht wird.

9   Voraussetzung ist, dass Betriebe und Dienststellen **räumlich nah beieinander liegen.** Dieser Begriff darf allerdings nicht zu eng ausgelegt werden, da Abs. 1 Satz 4 gerade bezweckt, möglichst viele schwerbehinderte Menschen an der Wahl einer Schwerbehindertenvertretung teilnehmen zu lassen. Betriebe oder gleichstufige Dienststellen derselben Verwaltung in einer Gemeinde oder Nachbargemeinde wird man stets als räumlich nahe liegend ansehen müssen. Im Übrigen kommt es darauf an, ob die Vertrauensperson die anderen Betriebe oder Dienststellen mit vertretbarem Zeitaufwand besuchen kann.

10   Unabhängig von der räumlichen Nähe können **Dienststellen** darüber hinaus nur zusammengefasst werden, wenn sie zu derselben Ebene i. S. v. Unter-, Mittel-, Ober- und Obersten Behörden gehören und wenn sie denselben oder zumindest einen ähnlichen Aufgabenbereich haben. Es reicht nicht aus, wenn die Dienststellen eine gemeinsame übergeordnete Behörde haben.

11   Nach Abs. 1 Satz 5 entscheidet der private Arbeitgeber bzw. der Arbeitgeber der öffentlichen Hand (§ 71 Abs. 3) **im Benehmen mit dem zuständigen Integrationsamt** über die Zusammenfassung.

2. Wahlrecht

12   Nach Abs. 2 sind alle im Betrieb oder in der Dienststelle beschäftigten schwerbehinderten Menschen wahlberechtigt. **Wahlberechtigt** sind also auch die Gleichgestellten (§ 68 Abs. 2) sowie leitende Angestellte nach § 5 BetrVG oder Dienststellenleiter nach § 7 BPersVG. Da die Wahlberechtigung lediglich an die Beschäftigung zum Zeitpunkt der Wahl anknüpft, ist weder das Alter der schwerbehinderten Menschen bzw. der Gleichgestellten noch die Dauer oder die Art ihrer Beschäftigung ausschlaggebend. Wählen können also auch schwerbehinderte Menschen oder Gleichgestellte, die vor dem Wahltag neu eingestellt wurden oder unmittelbar nach dem Wahltag wieder ausscheiden. Für Leiharbeitnehmer gilt § 7 Satz 2 BetrVG entsprechend. Arbeitnehmer in der Freistellungsphase der Altersteilzeit sind nicht mehr wahlberechtigt.[2]

3. Wählbarkeit

(Abs. 3) Die **Wählbarkeit** nach Abs. 3 Satz 1 knüpft dagegen daran an, dass nur die nicht nur vorübergehend Beschäftigten gewählt werden können, die am Wahltag das 18. Lebensjahr vollendet haben und dem Betrieb oder der Dienststelle seit sechs Monaten angehören. Das Erfordernis der sechsmonatigen Betriebs- bzw. Dienststellenzugehörigkeit entfällt, wenn der Betrieb oder die Dienststelle erst weniger als ein Jahr besteht. Da die Wählbarkeit neben diesen Voraussetzungen alle Beschäftigten umfasst, können auch nichtschwerbehinderte Beschäftigte, die am Wahltag das 18. Lebensjahr vollendet haben und dem Betrieb oder der Dienststelle seit sechs Monaten angehören, gewählt werden. **13**

Nach Abs. 3 Satz 2 sind jedoch leitende Angestellte (§ 5 BetrVG) und Dienststellenleiter (§ 7 BPersVG) nicht wählbar, da sie nicht dem Betriebs- bzw. Personalrat angehören können.

Nach Abs. 4 sind bei **Dienststellen der Bundeswehr,** bei denen eine Vertretung der Soldaten nach dem Bundespersonalvertretungsgesetz zu wählen ist, schwerbehinderte Soldaten und Soldatinnen wahlberechtigt. Wählbar sind auch hier nicht schwerbehinderte Soldaten. **14**

4. Regelmäßige Wahlen

Nach Abs. 5 Satz 1 finden die **regelmäßigen Wahlen** alle vier Jahre in der Zeit vom 1. Oktober bis 30. November statt. **Außerhalb des festen Wahlzeitpunktes** müssen nach Abs. 5 Satz 2 Wahlen stattfinden, wenn das Amt der Schwerbehindertenvertretung vorzeitig erlischt und kein stellvertretendes Mitglied nachrückt, die Wahl mit Erfolg angefochten worden oder eine Schwerbehindertenvertretung nicht gewählt worden ist. Hat danach außerhalb des für die regelmäßigen Wahlen festgelegten Zeitraums eine Wahl der Schwerbehinderten- **15**

---

2 Vgl. FKS-*Pohl/Fraunhoffer*, § 94 SGB IX Rn.27

vertretung stattgefunden, so ist nach Abs. 5 Satz 3 die Schwerbehindertenvertretung grundsätzlich in dem auf die Wahl folgenden nächsten Zeitraum der regelmäßigen Wahlen neu zu wählen, so dass ihre Amtszeit auch nur bis zu diesem Zeitpunkt dauert. War allerdings zum Zeitpunkt der regelmäßigen Wahlen eine Schwerbehindertenvertretung noch nicht ein Jahr im Amt, muss zu dem fest vorgesehenen Zeitpunkt der Wahl nicht noch einmal gewählt werden; die Neuwahl findet dann erst im übernächsten Zeitraum der regelmäßigen Wahlen statt (Abs. 5 Satz 4).

5. Wahlgrundsätze

16 Die Vertrauensperson und das stellvertretende Mitglied werden **in geheimer und unmittelbarer Wahl nach den Grundsätzen der Mehrheitswahl gewählt** (Abs. 6 Satz 1). Aufgrund der Ermächtigung des § 100 SGB IX hat die Bundesregierung für das Wahlverfahren die »Erste Verordnung zur Durchführung des Schwerbehindertengesetzes (Wahlordnung Schwerbehindertenvertretungen – SchwbVWO)« am 23.4.1990 erlassen, die seit 1.5.1990 für das Wahlverfahren gilt (vgl. Anhang). Danach ist zu unterscheiden zwischen dem sog. förmlichen Wahlverfahren (§§ 1–17 SchwbVWO) und dem nach Abs. 6 Satz 3 i. V. m. §§ 18 ff. SchwbVWO vorgesehenen vereinfachten Wahlverfahren.

17 Das **förmliche Wahlverfahren** ist dadurch gekennzeichnet, dass die Schwerbehindertenvertretung spätestens acht Wochen vor Ablauf ihrer Amtszeit einen Wahlvorstand bestellt (§ 1 Abs. 1 SchwbVWO). Sofern in einem Betrieb oder einer Dienststelle noch keine Schwerbehindertenvertretung besteht, wird der Wahlvorstand in einer Versammlung der schwerbehinderten Menschen und Gleichgestellten gewählt (§ 1 Abs. 2 Satz 1 SchwbVWO). Zu dieser Versammlung können drei Wahlberechtigte oder der Betriebs- oder Personalrat einladen (§ 1 Abs. 2 Satz 2 SchwbVWO). Auch das Integrationsamt hat nach Abs. 6 Satz 4 das Recht, zu einer solchen Versammlung einzuladen. Der Wahlvorstand, der aus drei volljährigen Beschäftigten des Betriebs oder der Dienststelle besteht (§ 1 Abs. 1 SchwbVWO) hat die Wahl vorzubereiten und durchzuführen (§ 2 Abs. 1 Satz 1 SchwbVWO). Ersatzmitglieder können bestellt werden.[3] Der Wahlvorstand hat zunächst eine Liste der Wahlberechtigten aufzustellen

---

3 *Kamm*, AiB 2006, 498, 500

(§ 3 Abs. 1 SchwbVWO). Der Arbeitgeber ist verpflichtet, ihm die dafür erforderlichen Angaben zu machen und die notwendigen Unterlagen zur Verfügung zu stellen. Spätestens sechs Wochen vor dem Wahltag erlässt der Wahlvorstand ein Wahlausschreiben mit den in § 5 Abs. 1 Satz 2 SchwbVWO vorgeschriebenen Informationen. Dabei ist die Wählerliste vom Tag des Erlasses des Wahlausschreibens bis zum Abschluss der Stimmabgabe an geeigneter Stelle auszulegen. Einsprüche gegen die Wählerliste können nur innerhalb von zwei Wochen nach Erlass des Wahlausschreibens schriftlich beim Wahlvorstand eingelegt werden. **Wahlberechtigt** sind alle im Betrieb/ der Dienststelle am Wahltag beschäftigten schwerbehinderten Menschen einschl. der Gleichgestellten, sofern sie in der Wählerliste eingetragen sind. **Wählbar** sind alle im Betrieb/der Dienststelle Beschäftigten, die am Wahltag das 18. Lebensjahr vollendet haben und dem Betrieb/der Dienststelle seit sechs Monaten angehören.[4] Mit Erlass des Wahlausschreibens ist die Wahl eingeleitet (vgl. § 6 Abs. 5 BPersVWO).

Abs. 6 Satz 2 ordnet für die Wahl der Schwerbehindertenvertretung **18** die sinngemäße Anwendung der Vorschriften über die **Wahlanfechtung**, den **Wahlschutz und die Wahlkosten** bei der Wahl des Betriebs-, Personal-, Richter- oder Staatsanwaltsrats an. Zu den Vorschriften über den Wahlschutz gehören die Regelungen des Kündigungsschutzes für die zur Wahlversammlung Einladenden, für Mitglieder des Wahlvorstands sowie für Wahlbewerber, denen nur aus wichtigem Grund und je nach Zeitpunkt der Kündigung nur mit Zustimmung des Betriebsrats oder der Personalvertretung gekündigt werden kann (§ 103 BetrVG, § 47 BPersVG, § 15 KSchG).[5]

Aufgrund des Verweises in Abs. 6 Satz 2 auf die jeweiligen Vorschriften über die Wahlanfechtung der Wahl eines Betriebs- oder Personalrats nahm die Rechtsprechung zu der identischen Regelung des – außer Kraft getretenen – § 24 Abs. 6 Satz 2 SchwbG an, dass für die Anfechtung einer Wahl der Schwerbehindertenvertretung im privatwirtschaftlichen Bereich die Arbeitsgerichte, für Anfechtungen im öffentlichen Bereich die Verwaltungsgerichte zuständig sind.[6] Diese **19**

---

4 Zu den Einzelheiten des Wahlverfahrens s. *Kamm/Feldes*, Handlungsanleitung für die Wahl der Schwerbehindertenvertretung, Bund-Verlag GmbH
5 *Neumann/Pahlen/Majerski-Pahlen*, § 94 SGB IX Rn. 41
6 *BVerwG* v. 2.6.1987 – 6 P 10.85, PersR 1987, 198; *BAG* v. 21.9.1989 – 1 AZR 465/88, AP Nr. 1 zu § 25 SchwbG

Rechtsprechung hat das *BAG*[7] geändert und entschieden, dass auch für die Anfechtung einer Wahl einer Schwerbehindertenvertretung in einer Dienststelle die Arbeitsgerichte zuständig sind. Das *BAG* stützt diese Entscheidung auf die seit 1.7.2001 geltende Neuregelung des § 2a Abs. 1 Nr. 3a ArbGG, wonach die Gerichte für Arbeitssachen ausschließlich zuständig sind für Angelegenheiten nach §§ 94, 95, 139 SGB IX. Dieser Auffassung ist zuzustimmen. Die Rechtswegzuweisung in § 2a Abs. 1 Nr. 3a ArbGG unterscheidet nicht zwischen privatem und öffentlichem Bereich. Deshalb sind die Arbeitsgerichte auch für Wahlanfechtungsverfahren bei Schwerbehindertenwahlen in Betrieben und Dienststellen nach dem Personalvertretungsrecht zuständig.

20   Nach Abs. 6 Satz 3 sind in Betrieben und Dienststellen mit weniger als 50 wahlberechtigten schwerbehinderten Menschen die Schwerbehindertenvertretung und/oder die stellvertretenden Mitglieder im **vereinfachten Wahlverfahren** zu wählen (s. auch § 18 SchwbVWO). Ob die Wahl der Schwerbehindertenvertretung im vereinfachten Wahlverfahren durchzuführen ist, hängt von der Anzahl der dem Betrieb/der Dienststelle angehörenden Wahlberechtigten im Zeitpunkt der **Einleitung der Wahl**, also des Erlasses des Wahlausschreibens ab.[8] Das **vereinfachte Wahlverfahren** ist in diesem Fall zwingend vorgeschrieben. In Betrieben mit 50 und mehr Wahlberechtigten ist die Wahl der Schwerbehindertenvertretung im vereinfachten Wahlverfahren dagegen unzulässig.

21   Das vereinfachte Wahlverfahren sieht keine Bestellung eines Wahlvorstandes vor. Vielmehr lädt in den Betrieben oder Dienststellen, in denen eine Schwerbehindertenvertretung bereits besteht, diese spätestens drei Wochen vor Ablauf ihrer Amtszeit die Wahlberechtigten zu einer **Wahlversammlung** ein (§ 19 Abs. 1 SchwbVWO). Besteht in dem Betrieb oder der Dienststelle noch keine Schwerbehindertenvertretung, so können drei Wahlberechtigte, der Betriebs- bzw. Personalrat oder das Integrationsamt eine Wahlversammlung zum Zwecke der Wahl eines Wahlvorstandes einberufen (§ 19 Abs. 2 SchwbVWO). Die Vertrauensperson der schwerbehinderten Menschen sowie das stellvertretende Mitglied werden dann in der Wahlversammlung gewählt.[9]

---

7 *BAG*, Beschluss v. 11.11.2003 – 7 AZB 40/03
8 *BAG* v. 16.11.2005 – 7 ABR 9/05, NZA 2006, 340
9 Zu den Einzelheiten s. *Bolwig*, Handlungsanleitung für die Wahl der Schwerbehindertenvertretung,; *Kamm*, AiB 2006, 498, 499

6. Beginn und Ende der Amtszeit

Die **Amtszeit der Schwerbehindertenvertretung beträgt** nach Abs. 7 Satz 1 **vier Jahre** und beginnt mit der Bekanntgabe des Wahlergebnisses oder, falls die Amtszeit der bisherigen Schwerbehindertenvertretung noch nicht beendet ist, mit deren Ablauf. 22

Die **Amtszeit endet vorzeitig**, wenn die Vertrauensperson das Amt niederlegt, aus dem Arbeits-, Dienst- oder Richterverhältnis ausscheidet oder die Wählbarkeit verliert. Dazu zählt auch der Wechsel in die Freistellung bei verblockter Altersteilzeit.[10] In diesen Fällen wird eine Neuwahl außerhalb des festen Wahlzeitraums notwendig. Das Amt der Schwerbehindertenvertretung endet dagegen nicht, wenn die Zahl der beschäftigten schwerbehinderten Menschen während der Amtszeit unter die Mindestzahl nach Abs. 1 Satz 1 fällt.[11] 23

Für den Fall des vorzeitigen Ausscheidens der Vertrauensperson aus dem Amt rückt das mit der höchsten Stimmenzahl gewählte stellvertretende Mitglied für den Rest der Amtszeit nach. Auch für stellvertretende Mitglieder ist ein weiteres Nachrücken vorgesehen. Scheidet das einzige stellvertretende Mitglied vorzeitig aus dem Amt aus, so bestellt die Schwerbehindertenvertretung nach § 17 Satz 1 SchwbVWO einen Wahlvorstand, der die Wahl eines oder mehrerer stellvertretender Mitglieder für den Rest der Amtszeit unverzüglich einzuleiten hat. Für das vereinfachte Wahlverfahren regelt § 21 SchwbVWO die Nachwahl des stellvertretenden Mitglieds. 24

Nach Abs. 7 Satz 4 kann ein Viertel der wahlberechtigten schwerbehinderten Menschen beim Widerspruchsausschuss (s. § 119) des Integrationsamtes einen **Antrag auf Erlöschen des Amtes einer Vertrauensperson** wegen gröblicher Verletzung ihrer Pflichten stellen. Der Widerspruchsausschuss des Integrationsamtes entscheidet über einen solchen Antrag in gerichtlich voll nachprüfbarer Weise, da es sich bei dem Begriff der gröblichen Verletzung um einen unbestimmten Rechtsbegriff handelt.[12] Von einer gröblichen Verletzung der Pflichten wird man nur reden können, wenn die **Pflichtverletzung schwerwiegend** ist und ein **schuldhaftes Verhalten** der Vertrauensperson vorliegt. Dazu können gehören z.B. Verstöße gegen die Schweigepflicht, die Nichtweiterleitung von berechtigten Anlie- 25

---

10 Vgl. *BAG* v. 25.10.2000 – 7 ABR 18/00 und *BVerwG* v. 15.5.2002 – 6 P 8/01
11 *Neumann/Pahlen/Majerski-Pahlen*, § 94 SGB IX Rn. 43
12 *Neumann/Pahlen/Majerski-Pahlen*, § 94 SGB IX Rn. 4

gen der schwerbehinderten Menschen, ständige Nichtteilnahme an Sitzungen des Betriebs- bzw. Personalrats und ihrer Ausschüsse.

Gegen die Entscheidung des Widerspruchsausschusses kann die Vertrauensperson Widerspruch und im Falle der Zurückweisung des Widerspruchs Klage beim Verwaltungsgericht einlegen (s. § 119 Rn. 19).

Für **Rechtsstreitigkeiten aus Wahlen** – gleich ob im öffentlichen Dienst[13] oder in der Privatwirtschaft, und gleich für welche Ebene –, ist ausschließlich die Arbeitsgerichtsbarkeit gem. § 2a Abs. 1 Nr. 3a ArbGG zuständig (vgl. Rn. 19).

§ 95   Aufgaben der Schwerbehindertenvertretung

(1) Die Schwerbehindertenvertretung fördert die Eingliederung schwerbehinderter Menschen in den Betrieb oder die Dienststelle, vertritt ihre Interessen in dem Betrieb oder der Dienststelle und steht ihnen beratend und helfend zur Seite. Sie erfüllt ihre Aufgaben insbesondere dadurch, dass sie

1. **darüber wacht, dass die zugunsten schwerbehinderter Menschen geltenden Gesetze, Verordnungen, Tarifverträge, Betriebs- oder Dienstvereinbarungen und Verwaltungsanordnungen durchgeführt, insbesondere auch die dem Arbeitgeber nach den §§ 71, 72 und 81 bis 84 obliegenden Verpflichtungen erfüllt werden,**

2. **Maßnahmen, die den schwerbehinderten Menschen dienen, insbesondere auch präventive Maßnahmen, bei den zuständigen Stellen beantragt,**

3. **Anregungen und Beschwerden von schwerbehinderten Menschen entgegennimmt und, falls sie berechtigt erscheinen, durch Verhandlung mit dem Arbeitgeber auf eine Erledigung hinwirkt; sie unterrichtet die schwerbehinderten Menschen über den Stand und das Ergebnis der Verhandlungen.**

Die Schwerbehindertenvertretung unterstützt Beschäftigte auch bei Anträgen an die nach § 69 Abs. 1 zuständigen Behörden auf Feststellung einer Behinderung, ihres Grades und einer Schwerbehinderung sowie bei Anträgen auf Gleichstellung an die Agentur für Arbeit. In Betrieben und Dienststellen mit in der Regel mehr als 100 schwerbehinderten Menschen kann sie nach Unterrichtung

---

13 Vgl. *BAG* v. 30. 3. 2010 – 7 AZB 32/09 und BAG v. 22. 3. 2012 – 7 AZB 51/11

des Arbeitgebers das mit der höchsten Stimmenzahl gewählte stellvertretende Mitglied zu bestimmten Aufgaben heranziehen, in Betrieben und Dienststellen mit mehr als 200 schwerbehinderten Menschen, das mit der nächsthöchsten Stimmzahl gewählte weitere stellvertretende Mitglied. Die Heranziehung zu bestimmten Aufgaben schließt die Abstimmung untereinander ein.

(2) Der Arbeitgeber hat die Schwerbehindertenvertretung in allen Angelegenheiten, die einen einzelnen oder die schwerbehinderten Menschen als Gruppe berühren, unverzüglich und umfassend zu unterrichten und vor einer Entscheidung anzuhören; er hat ihr die getroffene Entscheidung unverzüglich mitzuteilen. Die Durchführung oder Vollziehung einer ohne Beteiligung nach Satz 1 getroffenen Entscheidung ist auszusetzen, die Beteiligung ist innerhalb von sieben Tagen nachzuholen; sodann ist endgültig zu entscheiden. Die Schwerbehindertenvertretung hat das Recht auf Beteiligung am Verfahren nach § 81 Abs. 1 und beim Vorliegen von Vermittlungsvorschlägen der Bundesagentur für Arbeit nach § 81 Abs. 1 oder von Bewerbungen schwerbehinderter Menschen das Recht auf Einsicht in die entscheidungsrelevanten Teile der Bewerbungsunterlagen und Teilnahme an Vorstellungsgesprächen.

(3) Der schwerbehinderte Mensch hat das Recht, bei Einsicht in die über ihn geführte Personalakte oder ihn betreffende Daten des Arbeitgebers die Schwerbehindertenvertretung hinzuzuziehen. Die Schwerbehindertenvertretung bewahrt über den Inhalt der Daten Stillschweigen, soweit sie der schwerbehinderte Mensch nicht von dieser Verpflichtung entbunden hat.

(4) Die Schwerbehindertenvertretung hat das Recht, an allen Sitzungen des Betriebs-, Personal-, Richter-, Staatsanwalts- oder Präsidialrates und deren Ausschüssen sowie des Arbeitsschutzausschusses beratend teilzunehmen; sie kann beantragen, Angelegenheiten, die einzelne oder die schwerbehinderten Menschen als Gruppe besonders betreffen, auf die Tagesordnung der nächsten Sitzung zu setzen. Erachtet sie einen Beschluss des Betriebs-, Personal-, Richter-, Staatsanwalts- oder Präsidialrates als eine erhebliche Beeinträchtigung wichtiger Interessen schwerbehinderter Menschen oder ist sie entgegen Absatz 2 Satz 1 nicht beteiligt worden, wird auf ihren Antrag der Beschluss für die Dauer von einer Woche vom Zeitpunkt der Beschlussfassung an ausgesetzt; die Vorschriften des Betriebsverfassungsgesetzes und des Personalvertretungsrechtes über die Aussetzung von Beschlüssen gelten

entsprechend. Durch die Aussetzung wird eine Frist nicht verlängert. In den Fällen des § 21e Abs. 1 und 3 des Gerichtsverfassungsgesetzes ist die Schwerbehindertenvertretung, außer in Eilfällen, auf Antrag eines betroffenen schwerbehinderten Richters oder einer schwerbehinderten Richterin vor dem Präsidium des Gerichtes zu hören.

(5) Die Schwerbehindertenvertretung wird zu Besprechungen nach § 74 Abs. 1 des Betriebsverfassungsgesetzes, § 66 Abs. 1 des Bundespersonalvertretungsgesetzes sowie den entsprechenden Vorschriften des sonstigen Personalvertretungsrechtes zwischen dem Arbeitgeber und den in Absatz 4 genannten Vertretungen hinzugezogen.

(6) Die Schwerbehindertenvertretung hat das Recht, mindestens einmal im Kalenderjahr eine Versammlung schwerbehinderter Menschen im Betrieb oder in der Dienststelle durchzuführen. Die für Betriebs- und Personalversammlungen geltenden Vorschriften finden entsprechende Anwendung.

(7) Sind in einer Angelegenheit sowohl die Schwerbehindertenvertretung der Richter und Richterinnen als auch die Schwerbehindertenvertretung der übrigen Bediensteten beteiligt, so handeln sie gemeinsam.

(8) Die Schwerbehindertenvertretung kann an Betriebs- und Personalversammlungen in Betrieben und Dienststellen teilnehmen, für die sie als Schwerbehindertenvertretung zuständig ist, und hat dort ein Rederecht, auch wenn die Mitglieder der Schwerbehindertenvertretung nicht Angehörige des Betriebes oder der Dienststelle sind.

1. Einleitung

(Abs. 1) Die **wichtigste Aufgabe** der Schwerbehindertenvertretung   1
ist es, die **Eingliederung schwerbehinderter Menschen** in den Betrieb oder die Dienststelle zu fördern. Der Gesetzgeber verpflichtet die Schwerbehindertenvertreter, ausschließlich die Interessen der
schwerbehinderten Menschen zu vertreten und ihnen beratend und
helfend zur Seite zu stehen. Die Interessenvertretungsfunktion bezieht sich auf alle im Betrieb bzw. in der Dienststelle beschäftigten
schwerbehinderten Menschen und die Gleichgestellten. Dazu gehören beispielsweise auch die schwerbehinderten leitenden Angestellten.

2. Unterstützung der schwerbehinderten Menschen

Die Funktion als Interessenvertretung ist nicht so zu verstehen, dass   2
sie den schwerbehinderten Menschen wirklich alles an Problemen
abnehmen, alles für sie zu regeln hat. **Beratend und helfend zur
Seite stehen** heißt, die Probleme, die sich vor allem in der Arbeitswelt ergeben, gemeinsam mit den schwerbehinderten Menschen zu
lösen. Die Vertrauenspersonen sind nicht kraft Amtes die gesetzlichen Vertreter der schwerbehinderten Menschen nach außen. Um
die schwerbehinderten Menschen z. B. gegenüber Behörden zu vertreten, bedarf es einer Vollmacht durch die Einzelperson, die vertreten sein möchte. Dabei kann sich die Vollmacht nicht auf die
Funktion der Schwerbehindertenvertretung, sondern nur auf den
Arbeitnehmer beziehen, der das Amt ausführt. Die Befugnis dazu
ergibt sich auch aus § 6 Abs. 1 RDG (Rechtsdienstleistungsge-
setz).

Die Funktion als Berater und Helfer i. S. des Abs. 1 umfasst alle   3
Bereiche, die das Berufs- und Arbeitsleben von schwerbehinderten
Menschen in Betrieben und Dienststellen betreffen. Die Pflicht zur
Förderung der Eingliederung schwerbehinderter Menschen beinhaltet, dass die Schwerbehindertenvertretung bereits für schwer-
hinderte Menschen zuständig ist, die noch nicht Arbeitnehmer des
Betriebes sind. Die Schwerbehindertenvertretung ist vor allem an
der Prüfung nach § 81, ob freie Arbeitsplätze mit bei der Agentur
für Arbeit gemeldeten schwerbehinderten Menschen besetzt werden

Rehwald   277 können, zu beteiligen. Sie ist auch unabhängig davon, ob eine Einstellung zustande kommt, bereits bei der Bewerbung arbeitslos gemeldeter schwerbehinderter Menschen anzuhören (§ 81 Rn. 12). Hierbei haben sich nach § 99 alle innerbetrieblichen Personen und Institutionen und die außerbetrieblichen Stellen (§ 99 Rn. 8) **gegenseitig zu unterstützen.**

4   Die **Berater- und Helferfunktion** beginnt bei der Bewerbung und Einstellung und endet mit dem Ausscheiden aus dem Betrieb. Dazwischen liegen viele Stationen wie etwa Berufsausbildung, Einarbeitung, Berufsausübung, Fortbildung, Umschulung, Arbeitsplatzwechsel, beruflicher Aufstieg, Entlohnungsprobleme, bei denen schwerbehinderte Menschen Hilfe und Beratung durch ihre Interessenvertreter benötigen.

5   Ist Abs. 1 Satz 1 eine Art Generalklausel, bei der die **Grundsätze der Aufgaben der Schwerbehindertenvertretung** festgelegt wurden, so folgt dann im zweiten Satz mit den Nrn. 1–3 eine beispielhafte Aufzählung von Aufgaben, d. h. die Aufgaben beschränken sich nicht auf diese Punkte. Wohl aber wird durch die Worte »**sie hat vor allem**« auf die Wichtigkeit dieser Aufgabenbereiche hingewiesen. Diese Aufgaben kommen **vor allen anderen** denkbaren Aufgaben, die sich aus der Interessenvertretungsarbeit ergeben können.

a) Überwachungspflicht

6   Genau wie die Betriebs- und Personalräte nach § 93 haben die Schwerbehindertenvertretungen nach Satz 2 Nr. 1 eine **Überwachungspflicht**, die sich zunächst auf die Durchführung des SGB IX (2. Teil) selbst bezieht.

Insbesondere hat die Schwerbehindertenvertretung hierauf zu achten, dass der Arbeitgeber seine **Beschäftigungspflicht** (§ 71) erfüllt, sich unter den zu beschäftigenden schwerbehinderten Menschen besonders schwer Betroffene (§ 72) befinden und der Arbeitgeber gegenüber den einzelnen schwerbehinderten Menschen seinen Pflichten nachkommt (§ 81), vor allem der Pflicht zur behinderungsgerechten Beschäftigung. §§ 82 bis 84 enthalten weitere Verpflichtungen des Arbeitgebers, deren Durchführung die Schwerbehindertenvertretung zu überwachen hat. Neben den besonderen Pflichten der öffentlichen Arbeitgeber des Bundes nach § 82 und der Pflicht des Arbeitgebers zu präventiven Maßnahmen nach § 84 ist hier von besonderer Bedeutung die Möglichkeit des Abschlusses von **Integrationsvereinbarungen** auf Antrag der Schwerbehindertenvertretung

nach § 83 (vgl. § 83 Rn. 1 ff.). Ist in einem Betrieb oder einer Dienststelle keine Schwerbehindertenvertretung vorhanden, kann der Abschluss einer **Integrationsvereinbarung** aufgrund eines Antrags des
Betriebs- bzw. Personalrats verlangt werden (vgl. § 83 Rn. 2).
Der Überwachungsauftrag beschränkt sich nicht nur auf die Bestim- 7
mungen des SGB IX. Für schwerbehinderte Menschen als Arbeitnehmer gelten auch die zugunsten aller Arbeitnehmer geltenden
Gesetze, Verordnungen, Tarifverträge, berufsgenossenschaftliche
Regeln sowie Betriebs- und Dienstvereinbarungen. Es geht also
nicht nur um die Durchsetzung der speziell für die schwerbehinderten Menschen geltenden Gesetze, sondern um die Durchsetzung
aller arbeitsrechtlichen Schutzvorschriften.

b) Initiativrecht

Nach Abs. 1 Nr. 2 hat die Schwerbehindertenvertretung gegenüber 8
dem Arbeitgeber ein **Initiativrecht**. D.h., sie hat das Recht, von sich
aus tätig zu werden. Sie muss nicht darauf warten, bis schwerbehinderte Arbeitnehmer an sie herantreten.
Das bedeutet, dass die Schwerbehindertenvertretung Vorschläge,
Anregungen und Ideen entwickeln muss. Dies kann selbstverständlich nur im ständigen Kontakt mit den zu betreuenden schwerbehinderten Menschen geschehen.
Damit hat sie nicht nur das Recht, sondern die Amtspflicht, Maßnahmen, die den schwerbehinderten Menschen dienen, bei den innerbetrieblichen Stellen (Arbeitgeber, Beauftragter [§ 98], Betriebsärzte
und Sicherheitsfachkräfte [§§ 1 ff. ASiG], Betriebs- bzw. Personalräte) und den außerbetrieblichen Stellen (BA, Integrationsämtern, Rehabilitationsträger, Versorgungsämter) zu beantragen. Bezogen auf
die außerbetrieblichen Stellen wird in § 99 Abs. 2 ausdrücklich hervorgehoben, dass die Vertrauenspersonen die Verbindungsleute zur
BA und zu den Integrationsämtern sind (§ 99 Rn. 3). Abs. 1 Nr. 2 berechtigt und verpflichtet die Schwerbehindertenvertretung insbesondere auch zur Beantragung präventiver Maßnahmen. Diese Aufgabenstellung korrespondiert mit der Verpflichtung des Arbeitgebers
nach § 84 zur Einschaltung der Schwerbehindertenvertretung und
des Betriebs- bzw. Personalrats zur Vermeidung von Schwierigkeiten, die zur Gefährdung des Arbeitsverhältnisses schwerbehinderter
Menschen führen können.
Die Schwerbehindertenvertretung kann beantragte Maßnahmen 9
nicht **gegen den Willen des Arbeitgebers** durchsetzen. Sie hat zwar

sehr weitgehende und zum Teil sehr früh einsetzende **Mitwirkungs- und Beteiligungsrechte**, aber **keine Mitbestimmungsrechte**. Für die **Durchsetzung von Maßnahmen**, die den schwerbehinderten Menschen dienen sollen, braucht die Schwerbehindertenvertretung die **Unterstützung der Betriebs- bzw. Personalräte**, die über das entsprechende Durchsetzungsinstrumentarium verfügen.

c) Beschwerden schwerbehinderter Menschen

10   Abs. 1 Nr. 3 verpflichtet die Schwerbehindertenvertretung, **Beschwerden von schwerbehinderten Menschen entgegenzunehmen**. Dabei hat die Vertrauensperson zu prüfen, ob die Beschwerde berechtigt ist. Hält sie die Beschwerde für begründet, hat sie durch Verhandlungen mit dem Arbeitgeber auf die Erledigung hinzuwirken und den schwerbehinderten Menschen über das Ergebnis zu informieren.

Eine Verpflichtung gegenüber den schwerbehinderten Menschen besteht auch insofern, als die Schwerbehindertenvertretung die beschwerdeführenden Kolleginnen und Kollegen nicht nur über das Endergebnis der Verhandlungen zu informieren, sondern diesen zwischendurch auch den jeweiligen Stand der Verhandlungen mitzuteilen hat.

11   Nach Satz 3 ist die Schwerbehindertenvertretung verpflichtet, Beschäftigte bei Anträgen auf Feststellung des Vorliegens einer Behinderung und ihres Grades, der Schwerbehinderteneigenschaft sowie bei Anträgen an die Agentur für Arbeit auf Gleichstellung zu unterstützen. Diese Unterstützung ist für die schwerbehinderten Menschen wichtig bei der rechtzeitigen Antragsstellung und den schwierigen Fragen nach dem Vorliegen von Behinderungtatbeständen nach den VMG (Versorgungsmedizinische Grundsätze).[1]

d) Heranziehung von Stellvertretern

12   In Betrieben und Dienststellen mit mehr als 100 schwerbehinderten Beschäftigten kann die Schwerbehindertenvertretung nach Unterrichtung des Arbeitgebers das mit der **höchsten Stimmenzahl** gewählte stellvertretende Mitglied zu bestimmten Aufgaben heranziehen (Abs. 1 Satz 4). Durch das »Gesetz zur Förderung der Aus-

---

1 Vgl. *http://vmg.vsbinfo.de/*

bildung und Beschäftigung schwerbehinderter Menschen« vom 23.4.2004 (BGBl. I S. 606) wurde die bisherige Voraussetzung der Beschäftigung von mehr als 200 schwerbehinderten Menschen auf 100 abgesenkt. Dadurch kann auch in entsprechend kleineren Betrieben und Verwaltungen die Arbeit der Schwerbehindertenvertretung durch Heranziehung stellvertretender Mitglieder erleichtert und verbessert werden. In Betrieben und Dienststellen mit 200 schwerbehinderten Menschen kann auch das mit der **nächsthöheren Stimmzahl** gewählte weitere stellvertretende Mitglied zur Wahrnehmung bestimmter Aufgaben herangezogen werden. Abs. 1 Satz 5 bestimmt, dass die Heranziehung zu bestimmten Aufgaben die Abstimmung zwischen Vertrauensperson und Stellvertreter einschließt. Dies bedeutet, dass auch der erforderliche Abstimmungsaufwand zum notwendigen Tätigkeitsumfang beider Personen gehört. Dazu bedarf es keiner Genehmigung durch den Arbeitgeber. Dieser ist von der Schwerbehindertenvertretung lediglich zu informieren. Die Möglichkeit der Heranziehung des stellvertretenden Mitglieds lässt die Ansprüche der Vertrauensperson auf Freistellung unberührt (s. § 96 Rn. 12). Dies bedeutet, dass die Vertrauensperson trotz eigener Freistellung das stellvertretende Mitglied zur Aufgabenerledigung hinzuziehen kann.

3. Unterrichtungs- und Anhörungsrechte

Die Schwerbehindertenvertretung ist durch den Arbeitgeber in allen **13**
Angelegenheiten, die einen einzelnen oder die schwerbehinderten Menschen als Gruppe betreffen nach Abs. 2 unverzüglich und umfassend zu unterrichten und vor einer Entscheidung anzuhören. Der arbeitgeberseitigen Unterrichtungspflicht korrespondiert ein Unterrichtungsanspruch auf Seiten der Schwerbehindertenvertretung. Die Unterrichtungsverpflichtung, die bei Verstoß eine Ordnungswidrigkeit gem. § 156 Abs. 1 Nr. 9 darstellt, hat somit eine zeitliche sowie eine inhaltliche Komponente. In zeitlicher Hinsicht bedeutet **unverzüglich** ohne jeglichen Verzug, d.h. dass die Unterrichtung auch vor der Entscheidung zu erfolgen hat. In inhaltlicher Hinsicht bedeutet **umfassende** Unterrichtung die Mitteilung aller für die Entscheidung erheblichen Sachverhalte.

Die die schwerbehinderten Menschen einzeln oder als Gruppe be- **14**
rührenden Angelegenheiten sind nicht nur solche, die die unmittelbaren Einfluss auf die schwerbehinderten Menschen haben, sondern auch solche, die sich indirekt auf die schwerbehinderten Beschäftig-

ten auswirken.[2] Eine unverzügliche Information dürfte nur vorliegen, wenn vor der Entscheidung mindestens ein Wochenzeitraum liegt. Nur so kann auch gewährleistet werden, dass die Information – wie nach dem Gesetzeswortlaut eindeutig vorgegeben – vor dem Treffen einer Entscheidung liegt.

15   Erfolgt eine Entscheidung des Arbeitgebers ohne Beteiligung der Schwerbehindertenvertretung, ist die Rechtslage in Rechtsprechung und Literatur umstritten. Das *BAG* hatte die Streitfrage, ob die Anhörung der Schwerbehindertenvertretung **Wirksamkeitsvoraussetzung** für eine Maßnahme des Arbeitgebers ist, unter Geltung des früheren SchwbG dahingehend entschieden, dass Maßnahmen des Arbeitgebers – z. B. eine Kündigung – auch dann rechtswirksam sind, wenn sie ohne Anhörung der Schwerbehindertenvertretung durchgeführt wurden.[3]

16   Mit der im Rahmen der Novellierung des Schwerbehindertengesetzes vom 26. 8. 1986 getroffenen Neuregelung über die Aussetzung der Durchführung oder Vollziehung einer vom Arbeitgeber ohne Beteiligung der Schwerbehinderten getroffenen Entscheidung wollte der Gesetzgeber in besonderer Weise auf die Beachtung der Unterrichtungspflicht durch den Arbeitgeber hinweisen, um die Schwerbehindertenvertretung nicht ausschließlich auf das Ordnungswidrigkeitsverfahren nach § 156 Abs. 1 Nr. 9 SGB IX zu verweisen.[4] Da Abs. 2 Satz 2, der die Regelung des § 25 Abs. 2 Satz 2 SchwbG übernommen hat, jedoch keine ausdrückliche Unwirksamkeitserklärung für eine ohne Beteiligung der Schwerbehindertenvertretung getroffene Maßnahme vorgesehen hat, wird in der Literatur vertreten, dass eine ohne Beteiligung der Schwerbehindertenvertretung durchgeführte Maßnahme gegenüber einem Schwerbehinderten wirksam bleibe.[5] In der Rechtsprechung hat das *LAG Hamm*[6] sich dieser Auffassung mit der Begründung angeschlossen, der Gesetzgeber habe in Kenntnis der Rechtsprechung des *BAG* einen eindeutigen gesetzlichen Hinweis unterlassen.

17   Diese Auffassung verkennt die besondere Bedeutung der Aussetzungsregelung des Abs. 2 Satz 2, die die Beachtung des Unter-

---

2 *Schmitz* in FKS-SGB IX, § 95 Rn. 23; *Neumann/Pahlen/Majerski-Pahlen*, § 95 SGB IX Rn. 10

3 *BAG* v. 28. 7. 1983 – 2 AZR 122/82, AP Nr. 1 zu § 22 SchwbG

4 *Thieler*, § 25 SchwbG Rn. 18

5 *Neumann/Pahlen/Majerski-Pahlen*, § 95 SGB IX Rn. 9

6 *LAG Hamm* v. 4. 10. 1990 – 17 Sa 316/90 AiB 1991, 67 m. Anm. *Peiseler*

richtungs- und Anhörungsrechts der Schwerbehindertenvertretung bewirken soll. Aus der auch in der Formulierung deutlichen gesetzgeberischen Absicht der Vollzugs- bzw. Durchführungsaussetzung und der Pflicht zur Nachholung der Beteiligung ist vielmehr zu schließen, dass Verstöße gegen die Anhörungspflicht nach Abs. 2 Satz 1 dazu führen, dass alle Maßnahmen des Arbeitgebers als schwebend unwirksam angesehen werden müssen, die ohne Beteiligung der Schwerbehindertenvertretung getroffen wurden. Der versetzte oder gekündigte schwerbehinderte Arbeitnehmer kann die schwebende Unwirksamkeit der jeweiligen Maßnahme durch eine Klage beim Arbeitsgericht, der schwerbehinderte Beamte durch eine Klage beim Verwaltungsgericht geltend machen. Ggf. kommt auch eine einstweilige Verfügung bzw. Anordnung in Betracht.

Neuerdings hat das *BAG* entschieden, dass eine Beteiligung der Schwerbehindertenvertretung gem. § 99 BetrVG an einer Versetzung/Höhergruppierung auch dann erfolgen muss, wenn diese selbst und der Stellvertreter von der Maßnahme betroffen sind, weil sie sich beide für eine höherwertige Stelle beworben haben. Anders als beim Betriebsrat sehe das Gesetz hier keine Verhinderung wegen Befangenheit vor.[7] Daher sei ein Entschädigungsanspruch gem. § 15 AGG zu prüfen. Ob dies eine Änderung der o.g. Rechtsprechung bedeutet, bleibt abzuwarten.

a) Nachholung der Beteiligung

Für die **Nachholung** der Beteiligung schreibt Abs. 2 Satz 2 eine Frist von sieben Tagen vor. Danach ist eine endgültige Entscheidung zu treffen. Zwar hat der Gesetzgeber nicht ausdrücklich formuliert, welche Rechtsfolge eintritt, wenn der Arbeitgeber diese Frist verstreichen lässt. Aus dem Gesichtspunkt der schwebenden Unwirksamkeit einer ohne Beteiligung der Schwerbehindertenvertretung getroffenen Maßnahme und aus der abschließenden Fristenregelung folgt allerdings notwendigerweise, dass die Anhörung nach Fristablauf nicht mehr nachgeholt werden kann und die Arbeitgebermaßnahme endgültig als **rechtsunwirksam** anzusehen ist. Die Aussetzungsregelung mit der Möglichkeit der Nachholung der Beteiligung würde sich als Formalismus erweisen, wenn die getroffene

18

---

7 *BAG* v. 22.8.2013 – 8 AZR 574/12

Maßnahme selbst trotz Verstoßes gegen die Unterrichtungs- und Anhörungspflicht bereits ohne Einschränkungen wirksam wäre.

Setzt der Arbeitgeber eine ohne Beteiligung der Schwerbehindertenvertretung getroffene Maßnahme nicht aus, so hat die Schwerbehindertenvertretung die Möglichkeit, die Aussetzung gerichtlich zu beantragen, ggf. im Wege der einstweiligen Verfügung beim Arbeitsgericht bei im Arbeitsverhältnis beschäftigten Arbeitnehmern oder im Wege der einstweiligen Anordnung beim Verwaltungsgericht bei beamteten Schwerbehinderten.[8]

b) Verstoß gegen die Unterrichtungspflicht

19 Ein **Verstoß gegen die Unterrichtungspflicht** des Arbeitgebers und das Anhörungsrecht der schwerbehinderten Menschen ist nach § 156 Abs. 1 Nr. 9 eine **Ordnungswidrigkeit** und kann bei der Bundesagentur für Arbeit angezeigt werden.

Inzwischen ist auch durch das *BAG* geklärt, dass sich der Arbeitgeber gegenüber dem Betriebsrat und entsprechend gegenüber der Schwerbehindertenvertretung nicht auf Datenschutz oder auf das Erfordernis der Zustimmung der betroffenen Arbeitnehmer berufen kann, soweit ihm gesetzliche Unterrichtungspflichten obliegen.[9]

c) Beteiligung am Bewerbungsverfahren

20 Abs. 2 Satz 3 1. Halbsatz sieht die **Beteiligung** der Schwerbehindertenvertretung am Verfahren nach § 81 Abs. 1 vor. Das in Abs. 2 Satz 3 geregelte Beteiligungsrecht korrespondiert mit den arbeitgeberseitigen Verpflichtungen nach § 81 Abs. 1. Nach dieser Vorschrift ist die Schwerbehindertenvertretung bei der Prüfung der Besetzung freier Arbeitsplätze durch bei der Agentur für Arbeit gemeldete schwerbehinderte Menschen zu beteiligen (zu den Einzelheiten vgl. § 81 Rn. 715). Die Beteiligung erfolgt in der Form der Unterrichtung, Anhörung und Erörterung.

Das *BAG* hat jüngst dazu entschieden, dass die Schwerbehindertenvertretung sogar dann gem. § 99 BetrVG zu beteiligen ist, wenn die Vertrauensperson und deren Stellvertreter/in sich selbst für eine

---

8 *Neumann/Pahlen/Majerski-Pahlen*, § 95 SGB IX Rn. 11a
9 Z. B. zum Erfordernis eines BEM, so *BAG* v. 7. 2. 2012 – 1 ABR 46/10

ausgeschriebene Stelle mit höherer Eingruppierung beworben haben.[10]

Abs. 2 Satz 3 2. Halbsatz sieht neben der auch bisher schon geltenden 21 Regelung der Beteiligung am Verfahren nach § 81 Abs. 1 das **Recht** der Schwerbehindertenvertretung **auf Einsicht in die entscheidungsrelevanten Teile der Bewerbungsunterlagen** vor, wenn Vermittlungsvorschläge der BA nach § 81 Abs. 1 vorliegen oder schwerbehinderte Menschen sich um eine Stelle beworben haben. In beiden Alternativen besteht auch ein **Recht** der Schwerbehindertenvertretung **auf Teilnahme an Vorstellungsgesprächen.** Damit ist der Schwerbehindertenvertretung Einsichtnahme auch in die entscheidungsrelevanten Teile der Bewerbungsunterlagen nicht schwerbehinderter Mitbewerber zu gewähren.[11] Entscheidungsrelevante Teile der Bewerbungsunterlagen sind die persönlichen und leistungsbezogenen Daten der nicht schwerbehinderten Mitbewerber.[12]

4. Einsichtnahme in Personalakten

Bei der **Einsichtnahme** in ihre **Personalakte** können die schwerbe- 22 hinderten Menschen nach Abs. 3 die Schwerbehindertenvertretung, aber auch – ggf. zusätzlich – ein Betriebs- bzw. Personalratsmitglied gem. § 83 BetrVG bzw. § 68 Abs. 2 Satz 3 BPersVG hinzuziehen. Das Recht der Einsichtnahme in die Personalakte ist für Arbeitnehmer in der Privatwirtschaft in § 83 Abs. 1 Satz 1 BetrVG, für Beschäftigte im öffentlichen Dienst in § 13 Abs. 1 BAT und § 90 BBG geregelt.

Eine Personalakte ist jede Sammlung von schriftlichen Unterlagen über einen bestimmten Arbeitnehmer ohne Rücksicht auf die Form, in der sie geführt wird. Auch die in **elektronischen Datenbanken** gespeicherten Personaldaten fallen darunter. Die Führung von Geheimakten ist unzulässig. Das Einsichtsrecht besteht jederzeit und erfolgt grundsätzlich während der Arbeitszeit.

Der Inhalt der Personalakte ist in jedem Fall vertraulich zu behan- 23 deln. Die Schwerbehindertenvertretung ist verpflichtet, über den ihr bei der Einsichtnahme bekannt gewordenen Inhalt **Stillschweigen** zu bewahren, es sei denn, sie wird durch den schwerbehinderten Menschen von dieser Pflicht entbunden.

---

10 Vgl. *BAG* v. 22. 8. 2013 – 8 AZR 574/12
11 *Marschner*, ZTR 2001, 302, 303
12 BT-Drucks. 14/5531, S. 10

5. Teilnahme an Sitzungen

24   In **Abs. 4** ist das **Teilnahmerecht** der Schwerbehindertenvertretung **an allen Sitzungen** des Betriebs- bzw. Personalrats und dessen Ausschüssen geregelt. Das Teilnahmerecht ist auch in den §§ 32 BetrVG und 40 Abs. 1 Satz 1 BPersVG sowie in den Personalvertretungsgesetzen der Länder geregelt. Für das Teilnahmerecht gibt es keinerlei Einschränkungen. So besteht auch ein Teilnahmerecht an der konstituierenden Sitzung des Betriebs- oder Personalrats.[13] Die Teilnahme ist auch zulässig, wenn keine Themen behandelt werden, die schwerbehinderte Menschen betreffen. Die Schwerbehindertenvertretung kann an der gesamten Sitzung, also auch während der Beschlussfassung teilnehmen. Allerdings hat sie **kein Stimmrecht**, es sei denn, die Vertrauensperson ist gleichzeitig Mitglied des Betriebs- bzw. Personalrats.

25   Ein Teilnahmerecht der Schwerbehindertenvertretung besteht über die Teilnahmerechte an Sitzungen und Ausschüssen der betrieblichen Interessenvertretungen hinaus auch an den Sitzungen des **Arbeitsschutzausschusses** nach § 11 ASiG. Nach dieser Vorschrift ist in Betrieben mit mehr als 20 Beschäftigten ein Arbeitsschutzausschuss zu bilden, dem der Arbeitgeber, zwei Betriebsratsmitglieder, Betriebsarzt, Fachkräfte für Arbeitssicherheit und Sicherheitsbeauftragte angehören. Der Arbeitsschutzausschuss hat die Aufgabe, Fragen des Arbeitsschutzes und der Unfallverhütung zu beraten (§ 11 ASiG). Für den Bereich der öffentlichen Verwaltung gilt dies entsprechend (§ 16 ASiG).

26   Im **Verhinderungsfall** der Vertrauensperson hat **das stellvertretende Mitglied** das Recht auf Teilnahme. Der Verhinderte muss seine Einladung auf die Stellvertretung übertragen bzw. über den Termin der stattfindenden Sitzung informieren. Die Schwerbehindertenvertretung ist vom Vorsitzenden des Betriebsrats nach § 29 Abs. 2 Satz 4 BetrVG, des Personalrats nach § 34 Abs. 2 Satz 4 BPersVG, des Richterrats nach § 35 DRiG und des Präsidialrats rechtzeitig unter Mitteilung der Tagesordnung zu den Sitzungen zu laden.

27   Die Schwerbehindertenvertretung kann kraft ausdrücklicher gesetzlicher Regelung **an allen Sitzungen der Ausschüsse des Betriebsrats bzw. Personalrats teilnehmen.**

---

13 So für § 40 BPersVG *VG Ansbach* v. 19.4.2005 – AN 7 P 04.00739

Dies sind sowohl die Sitzungen des Betriebsausschusses (§ 27 BetrVG), häufig auch als geschäftsführender Ausschuss des Betriebsrats bezeichnet, als auch der weiteren Ausschüsse wie z. B. Personal-, Sozial-, Ergonomieausschuss (§ 28 BetrVG). Ein Betriebsausschuss kann erst gebildet werden, wenn dem Betriebsrat neun oder mehr Mitglieder angehören. Weitere Ausschüsse nach § 28 BetrVG können nur gebildet werden, wenn ein Betriebsausschuss besteht. Während nach dem BetrVG die Bildung von Ausschüssen gesetzlich vorgesehen ist, enthalten die Personalvertretungsgesetze keine ausdrücklichen Regelungen. Die Bildung von Ausschüssen ist aber auch im Bereich des BPersVG und der Landespersonalvertretungsgesetze **möglich**.[14] Soweit der Personalrat danach Ausschüsse bildet, besteht auch ein Teilnahmerecht der Schwerbehindertenvertretung.

Der Betriebsrat kann mit der Mehrheit seiner Stimmen beschließen, **28** den **Ausschüssen Aufgaben zur selbständigen Erledigung** zu **übertragen**. Beschränkt sich in solchen Fällen die Schwerbehindertenvertretung auf die Teilnahme an den Betriebsratssitzungen, kann es geschehen, dass sie dort nur noch über Entscheidungen informiert wird und keinen Einfluss mehr nehmen kann, obwohl dies aus der Interessenlage der schwerbehinderten Menschen notwendig wäre. Um die Interessen der schwerbehinderten Menschen von Anfang an einbringen zu können, ist eine **Teilnahme an den Ausschusssitzungen unbedingt erforderlich**. Wenn z. B. in Großbetrieben mehrere Ausschüsse des Betriebsrats gleichzeitig tagen, dann kann die Schwerbehindertenvertretung nur an einer der Sitzungen teilnehmen, an der anderen bzw. an den anderen Ausschusssitzungen nehmen dann der bzw. die Stellvertreter teil.

Das Teilnahmerecht der Schwerbehindertenvertretung gilt auch für **29** Ausschüsse, die nach § 28 Abs. 2 BetrVG gemeinsam aus Vertretern des Arbeitgebers und aus Mitgliedern des Betriebsrats gebildet werden. In der betrieblichen Praxis sind dies z. B. Lohn- und Akkordausschüsse, Ausschüsse zur Verwaltung von Sozialeinrichtungen, Wohnungsausschüsse, Ausschüsse für Arbeitssicherheit oder für die menschengerechte Gestaltung der Arbeit. Die Teilnahme an diesen Sitzungen ist für die Schwerbehindertenvertretung insbesondere dann unverzichtbar, wenn diesen meist **paritätisch besetzten Ausschüssen Aufgaben zur selbständigen Erledigung übertragen** worden sind.

---

14 Vgl. *Altvater u. a.*, BPersVG, § 32 Rn. 18

Nachdem der Gesetzgeber 1986 eine Gesetzeslücke geschlossen hat und der Schwerbehindertenvertretung ein Teilnahmerecht schon an den formlosen Besprechungen zwischen Arbeitgeber und Betriebs- bzw. Personalrat nach § 74 Abs. 1 BetrVG, § 66 Abs. 1 BPersVG eingeräumt hat (vgl. § 95 Abs. 5), muss dies erst recht für die Teilnahme an Sitzungen für paritätische Ausschüsse oder Kommissionen mit Entscheidungsbefugnis nach § 28 Abs. 2 BetrVG gelten. Sinn und Zweck der Beteiligung der Schwerbehindertenvertretung ist es, die Interessen der schwerbehinderten Arbeitnehmer in die Beratungen mit dem Arbeitgeber schon frühzeitig einfließen zu lassen. Eine Nichtbeteiligung der Schwerbehindertenvertretung würde sie nach den eigenständigen Entscheidungen eines solchen Ausschusses vor vollendete Tatsachen stellen. Dies wiederum würde der vom Gesetzgeber gewollten Funktion, ihren Rechten und Aufgaben klar widersprechen. Nach § 95 Abs. 2 ist der Arbeitgeber verpflichtet, die Schwerbehindertenvertretung rechtzeitig und umfassend zu unterrichten und vor einer Entscheidung zu hören.

Der Schwerbehindertenvertretung bliebe immer dann, wenn ohne ihre Beteiligung Entscheidungen getroffen werden, die einzelne schwerbehinderte Menschen oder die Gruppe der schwerbehinderten Menschen berühren, die letzte Möglichkeit offen, die Durchführung von Maßnahmen nach § 95 Abs. 2 letzter Satz auszusetzen. So weit muss es eigentlich nicht kommen.

30 Nach Abs. 4 Satz 1 hat die Schwerbehindertenvertretung gegenüber dem Betriebs- bzw. Personalrat das Recht, auf einen Antrag hin **Angelegenheiten schwerbehinderter Menschen auf die Tagesordnung** der folgenden Betriebs- bzw. Personalratssitzung **setzen zu lassen**. Das Gleiche gilt für die Sitzungen der Ausschüsse.

Bedingung ist, dass es sich um eine schwerbehindertenspezifische Angelegenheit handelt. Es kommt nicht darauf an, ob es einen, mehrere oder alle schwerbehinderten Menschen betrifft. Der Betriebs- bzw. Personalratsvorsitzende oder der Vorsitzende eines Ausschusses ist unter dieser Voraussetzung verpflichtet, die Angelegenheit auf die Tagesordnung zu setzen.

31 Da nach der Rechtsprechung der **Wirtschaftsausschuss** (§ 106 BetrVG) ein Ausschuss des Betriebsrats ist, hat die Vertrauensperson im Hinblick auf die Sitzungen des Wirtschaftsausschusses ein Teilnahmerecht.[15]

---

15 *BAG* v. 4. 6. 1987 – 6 ABR 70/85

Ein Wirtschaftsausschuss kann in allen Unternehmen der Privatwirtschaft mit i. d. R. mehr als 100 ständig beschäftigten Arbeitnehmern gebildet werden (§ 106 Abs. 1 BetrVG). Die Mitglieder des Wirtschaftsausschusses werden vom Betriebsrat bestimmt. Der Wirtschaftsausschuss muss vom Arbeitgeber **rechtzeitig und umfassend** über die wirtschaftliche Lage des Unternehmens unterrichtet werden. Der Unternehmer muss auch Auskunft über die sich daraus ergebenden Auswirkungen auf die Personalplanung geben. Zu den wirtschaftlichen Angelegenheiten gehören u. a.

- die wirtschaftliche und finanzielle Lage des Unternehmens,
- die Produktions- und Absatzlage,
- das Produktions- und Investitionsprogramm,
- die Fabrikations- und Arbeitsmethoden, insbesondere die Einführung neuer Arbeitsmethoden,
- die Einschränkung oder Stilllegung von Betrieben oder von Betriebsteilen usw.

Die **Teilnahme an den Sitzungen des Wirtschaftsausschusses** ist   32
für die Schwerbehindertenvertretung besonders wichtig. Hier besteht die Möglichkeit, recht früh an Informationen zu kommen und mit der Planung des Unternehmens konfrontiert zu werden, aus der u. a. Rückschlüsse auf die Sicherheit der Arbeitsplätze der schwerbehinderten Menschen zu ziehen sind.

Die Schwerbehindertenvertretung ist nicht Mitglied des Wirtschaftsausschusses, sondern hat ein Recht auf beratende Teilnahme. D. h., sie kann in den Sitzungen Fragen stellen und zu den Ausführungen der Unternehmensleitung Stellung nehmen.

Ist der Wirtschaftsausschuss auf Gesamtbetriebsratsebene gebildet, dann hat die Gesamtschwerbehindertenvertretung ein entsprechendes Teilnahmerecht.[16]

Wird die Schwerbehindertenvertretung zu den Sitzungen der allge-   33
meinen Interessenvertretung nicht eingeladen und werden in der Sitzung Beschlüsse mit Auswirkungen auf Schwerbehinderte gefasst, sind diese **Beschlüsse u. U. nichtig**. Die Schwerbehindertenvertretung hat den Betriebsrat/Personalrat hierauf aufmerksam zu machen.

Ein wiederholtes Unterlassen der Einladung der Schwerbehindertenvertretung zur Sitzung des Betriebsrats/Personalrats, und/oder seiner Ausschüsse ist eine **grobe Pflichtverletzung** und kann zum

---

16 *LAG Niedersachsen* v. 7. 1. 1987 – 5 TaBV 45/86

Ausschluss eines Mitglieds des Betriebsrats oder gar zur Auflösung des Betriebsrats/Personalrats führen (§ 23 Abs. 1 BetrVG, § 28 BPersVG).

34   Die Schwerbehindertenvertretung hat das **Recht, einen Beschluss des Betriebs- oder Personalrats auszusetzen.** Dies setzt jedoch voraus, dass die Schwerbehindertenvertretung den Beschluss der allgemeinen Interessenvertretung als eine erhebliche Beeinträchtigung wichtiger Interessen der schwerbehinderten Menschen erachtet. Die Schwerbehindertenvertretung hat hierbei einen Beurteilungsspielraum, der vom Betriebs- bzw. Personalrat nur sehr eingeschränkt überprüft werden kann. Eine Aussetzung wird nur dann abgelehnt werden können, wenn offensichtlich die Interessen der schwerbehinderten Menschen überhaupt nicht beeinträchtigt sind.

35   Die **Aussetzungsfrist** beginnt bereits mit dem Zeitpunkt der Beschlussfassung und **beträgt eine Woche.** Innerhalb dieser Frist ist eine Verständigung ggf. mit Hilfe der im Betrieb vertretenen Gewerkschaft zu versuchen (§ 35 Abs. 1 BetrVG, § 39 Abs. 1 Satz 2 BPersVG). Nach Ablauf der Frist ist über die Angelegenheit neu zu beschließen. Wird der Beschluss der allgemeinen Interessenvertretung erneut bestätigt, kann der Antrag auf Aussetzung nicht wiederholt werden.

36   Das **Recht**, einen Beschluss des Betriebs- bzw. Personalrats aussetzen zu lassen, **ist** vom Gesetzgeber 1986 **erweitert worden.** Stellt z. B. die Schwerbehindertenvertretung in einer Betriebsratssitzung fest, dass der Betriebsrat auf Antrag des Arbeitgebers über eine Angelegenheit zu entscheiden hat, die einen schwerbehinderten Menschen oder die schwerbehinderten Menschen als Gruppe betrifft, und ist sie durch den Arbeitgeber nicht rechtzeitig und umfassend unterrichtet und/oder vor der Entscheidung nicht gehört worden, so kann sie den Beschluss des Betriebsrats in dieser Angelegenheit aussetzen lassen.

Darüber hinaus kann sie die Durchführung oder Vollziehung von Maßnahmen des Arbeitgebers nach Abs. 2 Satz 2 aussetzen lassen.

Es ist kaum anzunehmen, dass ein Betriebsrat, der von der Schwerbehindertenvertretung auf einen Rechtsbruch des Arbeitgebers aufmerksam gemacht wird, eine Entscheidung fällt. Selbstverständlich sollte sein, dass der Betriebs- bzw. Personalrat den Arbeitgeber in solchen Fällen auf den Gesetzesverstoß hinweist und so lange eine Zustimmung zur Entscheidung des Arbeitgebers ablehnt, bis dieser die Schwerbehindertenvertretung entsprechend beteiligt hat. Dies ergibt sich schon allein aus der Überwachungspflicht der Betriebsbzw. Personalräte im Hinblick auf die Einhaltung und Beachtung des SGB IX durch den Arbeitgeber.

Beim Aussetzen von Beschlüssen ist zu berücksichtigen, dass andere 37 zu beachtende **Fristen** sich dadurch nicht verlängern. So beträgt z. B. die Frist, innerhalb der der Betriebsrat in einem Kündigungsfall widersprechen kann, nur eine Woche. Bei außerordentlichen Kündigungen sind es sogar nur drei Tage (vgl. § 102 Abs. 2 BetrVG).

Das Gleiche gilt für die Frist für Stellungnahmen zu personellen Einzelmaßnahmen (Einstellungen, Versetzungen) oder zur Nachholung der Beteiligung der Schwerbehindertenvertretung nach Abs. 2. Dies kann allerdings dazu führen, dass der Betriebs- oder der Personalrat seine Zustimmung zunächst verweigern muss, bis der endgültige Beschluss gefasst werden kann.

6. Teilnahme an Besprechungen

Die Schwerbehindertenvertretung ist **zu allen Besprechungen**, die 38 nach § 74 BetrVG und § 66 BPersVG durchgeführt werden, hinzuzuziehen. Die Pflicht zur Hinzuziehung zu den sog. Monatsgesprächen besteht unabhängig davon, ob Angelegenheiten behandelt werden, die schwerbehinderte Menschen besonders betreffen. Das gilt nicht nur für die monatlich vorgesehenen Besprechungen, sondern auch für andere entsprechende Zusammenkünfte zwischen Betriebsrat/Personalrat und Arbeitgeber, die aus einem konkreten Anlass heraus anberaumt werden. Dies können auch Ausschusssitzungen sein, die sich beispielsweise paritätisch zusammensetzen (§ 95 Rn. 33).

Die Teilnahme der Schwerbehindertenvertretung kann natürlich 39 nur realisiert werden, wenn auch eine **entsprechende Einladung** erfolgt. Unabhängig davon, ob der Betriebsrat oder der Arbeitgeber der Einladende ist, muss der Schwerbehindertenvertretung möglichst schriftlich mitgeteilt werden, wann und wo die Besprechung stattfindet und welche Themen besprochen werden.

Bei Verhinderung der Schwerbehindertenvertretung hat das stellvertretende Mitglied ein Teilnahmerecht und ist entsprechend einzuladen. Es genügt auch, wenn die Schwerbehindertenvertretung die an sie ergangene Einladung an das stellvertretende Mitglied weitergibt (§ 94 Abs. 1). 40

Die **Gesamtschwerbehindertenvertretung** hat das Recht, an den 41 Besprechungen zwischen dem Gesamtbetriebsrat und der Unternehmensleitung teilzunehmen (§ 97 Rn. 10). Es gelten auch hier die gleichen Grundsätze wie für die Schwerbehindertenvertretung.

7. Durchführung der Versammlung der schwerbehinderten Menschen

42   **Mindestens einmal im Jahr** hat die Schwerbehindertenvertretung das Recht, eine **Versammlung der schwerbehinderten Menschen** im Betrieb oder in der Dienststelle durchzuführen (Abs. 6). Aus der Aufgabe der Schwerbehindertenvertretung als Interessenvertretung ergibt sich, dass sie nicht nur das Recht, sondern die **Pflicht** hat, die Versammlung mindestens einmal jährlich durchzuführen. Die Wähler haben das Recht, von der Arbeit ihrer demokratisch gewählten Interessenvertretung zu erfahren, zu ihrer Arbeit Stellung zu nehmen und Anträge an sie zu richten.

Wird die Versammlung wiederholt nicht durchgeführt, so ist darin eine gröbliche Verletzung der gesetzlichen Pflichten i. S. v. § 94 Abs. 7 zu sehen.

43   Die Schwerbehindertenvertretung ist berechtigt, auch **mehrere Versammlungen** durchzuführen. Dies kann immer dann der Fall sein, wenn schwerbehinderte Arbeitnehmer z. B. durch Personalabbau, Umstellung der Produktion oder Einführung neuer Fertigungsmethoden besonders betroffen sind und einen Anspruch auf Informationen über die Auswirkungen der geplanten Maßnahmen haben. Zur Durchführung dieser Versammlung bedarf es nicht der Genehmigung des Arbeitgebers. Darüber hinaus ist die Schwerbehindertenvertretung verpflichtet, **auf Wunsch von mindestens einem Viertel der wahlberechtigten schwerbehinderten Menschen oder des Arbeitgebers** eine Schwerbehindertenversammlung einzuberufen und den beantragten Beratungsgegenstand auf die Tagesordnung zu setzen (§ 43 Abs. 3 BetrVG, § 49 Abs. 2 BPersVG).

44   An der Versammlung können **alle** im Betrieb oder in der Dienststelle beschäftigten **schwerbehinderten Menschen und Gleichgestellte**, die nach § 94 Abs. 2 wahlberechtigt sind, teilnehmen, d. h. sie müssen zur Versammlung eingeladen werden. Die beschäftigten Arbeitnehmer des Betriebes oder der Dienststelle, die noch nicht als schwerbehinderte Menschen oder Gleichgestellte anerkannt sind, aber einen entsprechenden Antrag auf Anerkennung gestellt haben, können ebenfalls an der Versammlung teilnehmen.

45   Einzelheiten über die Durchführung der Versammlung sind in Abs. 6 nicht enthalten. Die für die Betriebs- und Personalversammlung geltenden Vorschriften finden entsprechende Anwendung. Es sind dies im Betriebsverfassungsgesetz die §§ 42 ff. und im Bundespersonalvertretungsgesetz die §§ 48 ff.

Die Versammlungen finden **grundsätzlich während der Arbeitszeit** **46** statt, soweit nicht aus der Eigenart des Betriebes bzw. der Dienststelle eine andere Regelung zwingend notwendig wird. An die Durchführung der Versammlung **außerhalb der Arbeitszeit** sind strenge Anforderungen geknüpft.

So kann der Arbeitgeber sich z. B. nicht darauf berufen, dass hierdurch bedingte Produktionsausfälle oder das Nichterbringen von Dienstleistungen zu wirtschaftlichen Einbußen führen. In Schichtbetrieben ist es durchaus möglich, die Versammlung der schwerbehinderten Menschen für jede Schicht gesondert durchzuführen.

Die Zeit, die zur Teilnahme an der Versammlung aufgewendet wird, **47** muss einschließlich der **Wegezeiten** wie Arbeitszeit vergütet werden. Dies gilt auch für die Zeit, die über die persönliche Arbeitszeit des einzelnen Arbeitnehmers durch die Teilnahme an der Versammlung hinausgeht. Notwendige Fahrtkosten sind vom Arbeitgeber zu tragen bzw. zu erstatten. Nach Auffassung des *BAG*[17] ist die Zeit der Teilnahme, wenn sie über die normale Arbeitszeit hinausgeht, **keine Mehrarbeit**. Es besteht kein Anspruch auf einen Mehrarbeitszuschlag.

Auch alle weiteren durch die Durchführung der Versammlung anfallenden Kosten hat der Arbeitgeber zu tragen.

Die Schwerbehindertenvertretung legt nach Unterrichtung des Ar- **48** beitgebers den **Zeitpunkt der Versammlung** fest. Selbstverständlich ist, dass dabei die betrieblichen Gegebenheiten berücksichtigt werden. Die Schwerbehindertenvertretung benötigt zur Durchführung der Versammlung keine Genehmigung durch den Arbeitgeber.

Die Vertrauensperson leitet die Versammlung und hat während der **49** Versammlung das Hausrecht. Die **Versammlungsleitung** kann von der Schwerbehindertenvertretung auch auf das stellvertretende Mitglied ganz oder zeitweilig übertragen werden.

Der Arbeitgeber hat alles zu unterlassen, was die Durchführung der **50** Versammlung verhindern, behindern oder stören könnte. So wäre es z. B. eine ernsthafte **Behinderung** der Ausübung des Amtes der Schwerbehindertenvertretung, wenn schwerbehinderte Arbeitneh-

---

17 *BAG* v. 18. 9. 1973 – 1 AZR 116/73

mer, in welcher Form auch immer, daran gehindert würden, an der Versammlung teilzunehmen.

51 Die Schwerbehindertenversammlung ist **nicht öffentlich** (§ 42 Abs. 1 BetrVG, § 48 Abs. 1 BPersVG).

Der **Arbeitgeber** ist zu den Versammlungen unter Mitteilung der Tagesordnung einzuladen. Er ist berechtigt, in der Versammlung zu sprechen (§ 42 Abs. 2 BetrVG). **Teilnahmeberechtigt** sind ebenfalls alle Personen, die nach § 99 Abs. 1 aufgefordert sind, zur Eingliederung schwerbehinderter Menschen im Betrieb oder in der Dienststelle eng zusammenzuarbeiten. Die Teilnahme der **Betriebs- und Personalräte** ergibt sich außerdem aus den in § 93 Satz 1 auferlegten Rechtspflichten. Die **Gesamt-, Haupt- und Bezirksschwerbehindertenvertretungen** haben ebenfalls ein Teilnahmerecht. Besonders wichtig ist ihre Teilnahme an den Versammlungen der schwerbehinderten Menschen, wenn es um Angelegenheiten geht, die mit ihren überörtlichen Aufgaben nach § 97 Abs. 6 im Zusammenhang stehen.

52 Die **Beauftragten einer im Betrieb vertretenen Gewerkschaft** haben ein eigenständiges Recht auf Teilnahme. Als im Betrieb vertreten gilt eine als solche anerkannte Gewerkschaft, auch wenn sie nur ein Mitglied dort hat.[18] Die Gewerkschaft kann einen oder mehrere von ihr bestimmte Vertreter zu den Versammlungen entsenden. Sie entscheidet selbst, wer dies im Einzelnen ist. Der Beauftragte der Gewerkschaft muss sich diesbezüglich nicht vorher beim Arbeitgeber anmelden oder eine Genehmigung zur Teilnahme einholen (vgl. § 2 Abs. 2 BetrVG).

Den **Vertretern der Behindertenverbände** ist kein Teilnahmerecht an den Versammlungen eingeräumt worden.

53 Aufgrund des Gebots zur gegenseitigen Unterstützung nach § 99 Abs. 2 haben die **Vertreter der Integrationsämter**, der **Agenturen für Arbeit** und der **übrigen Rehabilitationsträger** auf Einladung durch die Schwerbehindertenvertretung das Recht auf **beratende Teilnahme** an den Versammlungen.

54 In den Versammlungen dürfen **alle Fragen erörtert** werden, die zum Aufgabenbereich der Schwerbehindertenvertretung gehören und das Verhältnis zwischen Arbeitgeber und Arbeitnehmer betreffen. Die Probleme, Konflikte und Missstände, die bei der Beschäftigung schwerbehinderter Arbeitnehmer auftreten, können angesprochen

---

18 *BAG* v. 25. 3. 1992 – 7 ABR 65/90

und die dafür verantwortlichen Personen kritisiert werden. Ebenso können alle tarifpolitischen und wirtschaftlichen Themen Gegenstand der Versammlung sein (§ 45 BetrVG, § 51 BPersVG). Dabei ist davon auszugehen, dass Themen, die die Arbeitnehmer des Betriebes oder der Dienststelle allgemein betreffen, die Gruppe der schwerbehinderten Menschen häufig besonders berühren.

Im Mittelpunkt der Versammlung sollte der **Tätigkeitsbericht der** 55 **Schwerbehindertenvertretung** und die Aussprache darüber stehen. Die Tagesordnung wird von der Schwerbehindertenvertretung festgelegt.

Will die Vertrauensperson außerbetriebliche Referenten einladen, die zu Themen, die die schwerbehinderten Menschen berühren, sprechen sollen, bedarf es dazu keines Einverständnisses des Arbeitgebers.

8. Zusammenarbeit gerichtlicher Schwerbehindertenvertretungen

In Abs. 7 ist das Verhältnis der **Schwerbehindertenvertretung der** 56 **Richter** und der Schwerbehindertenvertretung **der übrigen bei den Gerichten Beschäftigten** geregelt. Die Vorschrift verpflichtet die Interessenvertretungen, in Angelegenheiten, die beide Personengruppen betreffen, eng zusammenzuarbeiten.

Getrenntes Handeln ist allerdings nicht ausgeschlossen. Insbesondere dann nicht, wenn trotz aller Bemühungen eine gemeinsame Linie nicht gefunden werden kann.

9. Teilnahme an Betriebs- und Personalversammlungen

Der durch das »Gesetz zur Förderung der Ausbildung und Be- 57 schäftigung schwerbehinderter Menschen« vom 23. 4. 2004 (BGBl. I S. 606) eingefügte Absatz 8 sieht vor, dass die Schwerbehindertenvertretung an Betriebs- und Personalversammlungen teilnehmen kann und dort ein Rederecht hat, auch wenn die jeweiligen Mitglieder der Schwerbehindertenvertretung selbst nicht Beschäftigte der jeweiligen Betriebe bzw. Dienststellen sind, für die die Schwerbehindertenvertretung zuständig ist. Diese Regelung ermöglicht Mitgliedern der Schwerbehindertenvertretung in den Fällen der Zusammenfassung von Betrieben und Dienststellen für die Bildung von Schwerbehindertenvertretungen nach § 94 Abs. 1 Satz 2 ein Teilnahme- und Rederecht bei Betriebs- und Personalversammlungen, die nach den Regelungen des BetrVG und der Personalvertretungsgesetze nicht öffentlich sind und deshalb nur Angehörigen des Betriebes oder der Dienststelle offen stehen (§ 42 Abs. 1 Satz 1 BetrVG, § 48 Abs. 1 Satz 3 BPersVG).

§ 96 Persönliche Rechte und Pflichten der Vertrauenspersonen der schwerbehinderten Menschen

(1) Die Vertrauenspersonen führen ihr Amt unentgeltlich als Ehrenamt.

(2) Die Vertrauenspersonen dürfen in der Ausübung ihres Amtes nicht behindert oder wegen ihres Amtes nicht benachteiligt oder begünstigt werden; dies gilt auch für ihre berufliche Entwicklung.

(3) Die Vertrauenspersonen besitzen gegenüber dem Arbeitgeber die gleiche persönliche Rechtsstellung, insbesondere den gleichen Kündigungs-, Versetzungs- und Abordnungsschutz wie ein Mitglied des Betriebs-, Personal-, Staatsanwalts- oder Richterrates. Das stellvertretende Mitglied besitzt während der Dauer der Vertretung und der Heranziehung nach § 95 Abs. 1 Satz 4 die gleiche persönliche Rechtsstellung wie die Vertrauensperson, im Übrigen die gleiche Rechtsstellung wie Ersatzmitglieder der in Satz 1 genannten Vertretungen.

(4) Die Vertrauenspersonen werden von ihrer beruflichen Tätigkeit ohne Minderung des Arbeitsentgelts oder der Dienstbezüge befreit, wenn und soweit es zur Durchführung ihrer Aufgaben erforderlich ist. Sind in den Betrieben und Dienststellen in der Regel wenigstens 200 schwerbehinderte Menschen beschäftigt, wird die Vertrauensperson auf ihren Wunsch freigestellt; weiter gehende Vereinbarungen sind zulässig. Satz 1 gilt entsprechend für die Teilnahme an Schulungs- und Bildungsveranstaltungen, soweit diese Kenntnisse vermitteln, die für die Arbeit der Schwerbehindertenvertretung erforderlich sind. Satz 3 gilt auch für das mit der höchsten Stimmenzahl gewählte stellvertretende Mitglied, wenn wegen

1. ständiger Heranziehung nach § 95,
2. häufiger Vertretung der Vertrauensperson für längere Zeit,
3. absehbaren Nachrückens in das Amt der Schwerbehindertenvertretung in kurzer Frist

die Teilnahme an Bildungs- und Schulungsveranstaltungen erforderlich ist.

(5) Freigestellte Vertrauenspersonen dürfen von inner- oder außerbetrieblichen Maßnahmen der Berufsförderung nicht ausgeschlossen werden. Innerhalb eines Jahres nach Beendigung ihrer Freistellung ist ihnen im Rahmen der Möglichkeiten des Betriebes oder der Dienststelle Gelegenheit zu geben, eine wegen der Freistellung unterbliebene berufliche Entwicklung in dem Betrieb oder der Dienststelle nachzuholen. Für Vertrauenspersonen, die drei volle aufeinander folgende Amtszeiten freigestellt waren, erhöht sich der genannte Zeitraum auf zwei Jahre.

(6) Zum Ausgleich für ihre Tätigkeit, die aus betriebsbedingten oder dienstlichen Gründen außerhalb der Arbeitszeit durchzuführen ist, haben die Vertrauenspersonen Anspruch auf entsprechende Arbeits- oder Dienstbefreiung unter Fortzahlung des Arbeitsentgelts oder der Dienstbezüge.

(7) Die Vertrauenspersonen sind verpflichtet,

1. über ihnen wegen ihres Amtes bekannt gewordene persönliche Verhältnisse und Angelegenheiten von Beschäftigten im Sinne des § 73, die ihrer Bedeutung oder ihrem Inhalt nach einer vertraulichen Behandlung bedürfen, Stillschweigen zu bewahren und

2. ihnen wegen ihres Amtes bekannt gewordene und vom Arbeitgeber ausdrücklich als geheimhaltungsbedürftig bezeichnete Betriebs- oder Geschäftsgeheimnisse nicht zu offenbaren und nicht zu verwerten.

Diese Pflichten gelten auch nach dem Ausscheiden aus dem Amt. Sie gelten nicht gegenüber der Bundesagentur für Arbeit, den Integrationsämtern und den Rehabilitationsträgern, soweit deren Aufgaben den schwerbehinderten Menschen gegenüber es erfordern, gegenüber den Vertrauenspersonen in den Stufenvertretungen (§ 97) sowie gegenüber den in § 79 Abs. 1 des Betriebsverfassungsgesetzes und den in den entsprechenden Vorschriften des Personalvertretungsrechtes genannten Vertretungen, Personen und Stellen.

(8) Die durch die Tätigkeit der Schwerbehindertenvertretung entstehenden Kosten trägt der Arbeitgeber. Das Gleiche gilt für die durch die Teilnahme des mit der höchsten Stimmenzahl gewählten stellvertretenden Mitglieds an Schulungs- und Bildungsveranstaltungen nach Absatz 4 Satz 3 entstehenden Kosten.

(9) Die Räume und der Geschäftsbedarf, die der Arbeitgeber dem Betriebs-, Personal-, Richter-, Staatsanwalts- oder Präsidialrat für dessen Sitzungen, Sprechstunden und laufende Geschäftsführung

zur Verfügung stellt, stehen für die gleichen Zwecke auch der Schwerbehindertenvertretung zur Verfügung, soweit ihr hierfür nicht eigene Räume und sächliche Mittel zur Verfügung gestellt werden.

1. Unabhängiges Ehrenamt

1 Die **unentgeltliche Führung des Amtes** bedeutet, dass die Vertrauensperson für ihre Amtstätigkeit weder vom Arbeitgeber noch von den schwerbehinderten Menschen ein Entgelt fordern bzw. empfangen darf. Sie hat allerdings Anspruch auf Erstattung aller durch das Amt entstehenden Kosten durch den Arbeitgeber (s. Rn. 21).

Die Funktion der Vertrauensperson ist ein **Ehrenamt**. Sie führt das Amt **frei von Weisungen**. Weder der Arbeitgeber noch der Betriebs- bzw. Personalrat können der Schwerbehindertenvertretung in dieser Funktion Weisungen erteilen, an die sie sich zu halten hätte. Sie können nur Anregungen geben, denen die Schwerbehindertenvertretung folgen kann, aber nicht muss.[1]

2. Verbot der Benachteiligung, Begünstigung, Behinderung

2 Das Behinderungs-, Benachteiligungs- und Begünstigungsverbot nach Abs. 2 ist entsprechend geregelt wie für Betriebs- und Personalräte (§ 78 Satz 2 BetrVG, § 8 BPersVG).

Das Behinderungsverbot richtet sich nicht nur gegen den Arbeitgeber, sondern auch gegen alle Beschäftigten innerhalb des Betriebes sowie gegen außerbetriebliche Stellen wie das Integrationsamt, die Agentur für Arbeit usw. Hierunter ist nicht nur die direkte Behin-

---

1 *Neumann/Pahlen/Majerski-Pahlen*, § 96 SGB IX Rn. 3

derung der Amtstätigkeit der Schwerbehindertenvertretung zu verstehen, sondern auch eine mangelnde Unterstützung i. S. des § 99 Abs. 2. Als eine **direkte Behinderung** ist z. B. die Nichtbeteiligung der Schwerbehindertenvertretung an der Prüfung nach § 81 (Rn. 3), an der Bewerbung von schwerbehinderten Menschen (Rn. 16 ff.) sowie die Unterlassung der rechtzeitigen und umfassenden Information i. S. des § 95 Abs. 2 (Rn. 14) zu sehen – dies insbesondere dann, wenn die Schwerbehindertenvertretung schon mehrmals auf die Behinderung der Amtstätigkeit hingewiesen hat.

Als eine Benachteiligung der Schwerbehindertenvertretung ist **3** jede Schlechterstellung gegenüber vergleichbaren Arbeitnehmern – insbesondere bezogen auf die Ausübung ihrer beruflichen Tätigkeit – zu verstehen. Als Beispiele könnten hier genannt werden: Kündigung, Versetzung auf einen geringer vergüteten Arbeitsplatz, Zuweisung unangenehmer Arbeit oder Überlastung durch unangemessene Arbeitsüberhäufung. Das Verbot der Benachteiligung richtet sich gegen **jedermann**. Es soll die Schwerbehindertenvertretung zur uneingeschränkten Wahrung der **Unabhängigkeit** vor einer unterschiedlichen Behandlung im Verhältnis zu vergleichbaren Beschäftigten schützen.

Die von der beruflichen Tätigkeit freigestellten Vertrauenspersonen dürfen auch bei der Höhe des Lohnes oder Gehaltes gegenüber vergleichbaren Arbeitnehmern nicht benachteiligt werden. Ihre am Anfang der Freistellung festgelegte Lohn- bzw. Gehaltshöhe muss sich genauso wie die freigestellter Betriebs- und Personalräte an der Vergütung vergleichbarer Beschäftigter weiterentwickeln.

Das Benachteiligungsverbot gilt ausdrücklich auch **für die beruf- 4 liche Entwicklung der Vertrauenspersonen**. Beruflicher Aufstieg und Beförderungen, die auch ohne die Tätigkeit als Schwerbehindertenvertretung wahrscheinlich eingetreten wären, sind zu berücksichtigen. Im öffentlichen Dienst darf insbesondere kein Ausschluss vom Bewährungsaufstieg und von Regelbeförderungen erfolgen.[2]

3. Persönliche Rechtsstellung

Die Vertrauenspersonen haben nach Abs. 3 im Verhältnis zum Ar- **5** beitgeber die **gleiche persönliche Rechtsstellung** wie die Mitglieder der allgemeinen Interessenvertretung. Damit ist nicht nur der **Kün-**

---

2 *BAG* v. 15. 5. 1968 – 4 AZR 356/67, AP Nr. 1 zu § 23a BAT

digungsschutz gemeint. Der Kündigungs-, Versetzungs- und Abordnungsschutz wird beispielhaft als ein besonders wichtiger Aspekt hervorgehoben. Die Vorschriften über das Verbot eines geringeren Arbeitsentgelts (§ 37 Abs. 4 BetrVG) und die Garantie gleichwertiger Arbeit nach Ausscheiden aus dem Amt (§ 37 Abs. 5 BetrVG) kommen damit unmittelbar zur Anwendung. Das in Abs. 2 erwähnte Benachteiligungsverbot wird auf diese Weise noch einmal verstärkt.

6   Während der Amtszeit und innerhalb eines Jahres nach Beendigung der Amtszeit ist eine **ordentliche Kündigung** einer Vertrauensperson unzulässig. Ihr kann nur im Ausnahmefall **außerordentlich** (fristlos) aus **wichtigem Grund** gekündigt werden. Allerdings ist dies während der Amtszeit nur dann möglich, wenn der Betriebs- oder Personalrat vorher nach § 103 BetrVG bzw. § 47 Abs. 1 BPersVG zugestimmt hat oder die Zustimmung durch das Arbeits- bzw. Verwaltungsgericht ersetzt worden ist. Das Gleiche gilt im Falle einer **Änderungskündigung**. Inzwischen hat das *BAG* bestätigt, dass für die Beteiligung bei der Kündigung der Betriebsrat und nicht die Schwerbehindertenvertretung zuständig ist.[3]

7   In Fällen von **Betriebsstilllegungen** ist die **Kündigung** der Schwerbehindertenvertretung **frühestens zum Zeitpunkt der Stilllegung** zulässig. D.h., solange noch Arbeitnehmer in einem von einer Stilllegung bedrohten Betrieb beschäftigt werden, insbesondere noch schwerbehinderte Menschen, bleibt die Schwerbehindertenvertretung im Amt und kann nicht gekündigt werden (§ 15 Abs. 4 und 5 KSchG). Auch kommt später noch ein Übergangs- oder Restmandat gem. § 21a und b BetrVG in Betracht, solange Belange von schwerbehinderten Menschen berührt sind, z.B. Einigungsstellen über Härtefälle bei der Höhe von Sozialplanabfindungen.[4]
Ist die Vertrauensperson selbst schwerbehindert, dann kommt zum Kündigungsschutz, der ihr aus ihrer Funktion der Schwerbehindertenvertretung erwächst, noch der besondere Kündigungsschutz als schwerbehinderter Mensch nach §§ 85 ff. hinzu.

8   Im betriebsverfassungsrechtlichen Bereich gilt wegen der gleichen persönlichen Rechtsstellung der Vertrauensperson der Schwerbehinderten nach § 103 Abs. 3 S. 1 BetrVG bei **Versetzungen**, die zum Verlust des Mandates führen, dass es hierzu der Zustimmung des Betriebsrats bedarf, wenn die betroffene Vertrauensperson der Schwerbehinderten mit der Versetzung nicht einverstanden ist. Einen ver-

---

3 *BAG* v. 19.7.2012 – 2 AZR 989/11
4 So wohl auch LPK-*Düwell*, § 94 Rn. 63

gleichbaren **Versetzungsschutz** enthält § 47 Abs. 2 BPersVG. Nach dieser Vorschrift dürfen Mitglieder des Personalrats gegen ihren Willen nur versetzt oder abgeordnet werden, wenn dies auch unter Berücksichtigung der Mitgliedschaft im Personalrat aus wichtigen dienstlichen Gründen unvermeidbar ist. Dabei bedarf die Versetzung oder Abordnung der Zustimmung des Personalrats. Diese Regelung gilt gem. Abs. 3 S. 1 entsprechend für Vertrauenspersonen der Schwerbehinderten.

Die Rechtsstellung der stellvertretenden Mitglieder ist in Abs. 3 **9** Satz 2 geregelt. Danach besitzen **die stellvertretenden Mitglieder** während der Dauer der Vertretung die **gleiche persönliche Rechtsstellung** wie die Vertrauensperson. Dies gilt auch für die Zeit, in der ein stellvertretendes Mitglied nach § 95 Abs. 1 Satz 3 zur Aufgabenerledigung herangezogen wird.

Einem stellvertretenden Mitglied kann während der Vertretung, die durch die Verhinderung der Vertrauensperson eingetreten ist, nicht ordentlich gekündigt werden. Dies gilt also auch für die Zeit, in der es zur Erledigung von Aufgaben herangezogen wird.

Zum Begriff der Verhinderung hat das *BAG* entschieden, dass diese in der Regel bei Urlaub und Krankheit anzunehmen sei, jedoch nicht, wenn die Vertrauensperson/das Betriebsratsmitglied nur arbeitsfrei hat oder wenn Amtstätigkeiten anfallen.[5] Aber auch bei Urlaub/Elternzeit kann es sein, dass die Vertrauensperson weiter im Amt bleibt, wenn sie dies der Stellvertretung, dem Betriebsrat und dem Arbeitgeber ausdrücklich mitteilt. Entscheidend ist, ob eine tatsächliche Verhinderung vorliegt und die Ausübung der Amtspflicht zumutbar ist. Das Nachrücken findet hierbei z. B. ab Urlaubsantritt der Vertrauensperson statt und nicht erst mit der ersten Amtshandlung. Maßgebend ist hierbei stets der Zeitpunkt des Zugangs der Kündigung, in dem der Kündigungsschutz vorliegen muss.

Für die Zeit danach, in der die stellvertretenden Mitglieder nicht tätig **10** werden, haben sie die **gleiche Rechtsstellung wie Ersatzmitglieder des Betriebs- bzw. Personalrats**. Das bedeutet, dass sie den nachwirkenden Kündigungsschutz nach § 15 Abs. 1 Satz 2 KSchG wie Ersatzmitglieder des Betriebs- bzw. Personalrats besitzen. Danach ist die ordentliche Kündigung eines stellvertretenden Mitglieds innerhalb eines Jahres, vom Ende der Vertretung an gerechnet, unzulässig. Der besondere Kündigungsschutz für stellvertretende Mit-

---

5 Vgl. *BAG* v. 27. 09. 2012 – 2 AZR 955/11

glieder gilt demnach für zwölf Monate nach dem Tätigwerden. Bei regelmäßiger Vertretung hat das stellvertretende Mitglied praktisch den gleichen Kündigungsschutz wie die Schwerbehindertenvertretung selbst. Eine außerordentliche Kündigung ist folglich während der Amtszeit nur mit Zustimmung des Betriebs- bzw. Personalrats möglich oder mit der sie ersetzenden Zustimmung des zuständigen Gerichts.

4. Freistellung

11 Die Tätigkeit der Schwerbehindertenvertretung findet überwiegend **während der Arbeitszeit** statt. Aus diesem Grunde ist der Arbeitgeber nach Abs. 4 Satz 1 verpflichtet, die Vertrauensperson zur Wahrnehmung und Erledigung ihrer Aufgaben nach § 95 von ihrer beruflichen Tätigkeit freizustellen. Dabei darf das Arbeitsentgelt nicht gemindert werden. Da die Schwerbehindertenvertretung in ihrer Funktion an keinerlei Weisungen weder durch den Arbeitgeber, den Betriebsrat oder sonstige innerbetriebliche wie außerbetriebliche Stellen gebunden hat, entscheidet sie selbst, wann, wie oft und zu welchem Zweck es erforderlich ist, tätig zu werden. Die Erledigung der **Aufgabe als Interessenvertretung der schwerbehinderten Menschen hat Vorrang** vor der Tätigkeit in der Eigenschaft als Arbeitnehmer.

Die Zeit, die die Schwerbehindertenvertretung zur Erfüllung ihrer Aufgaben benötigt, wird sehr häufig von anderen bestimmt. So entscheiden z. B. die schwerbehinderten Arbeitnehmer des Betriebes darüber, wann und zu welchem Zweck sie sich an ihre Interessenvertretung wenden. Einen hohen Zeitaufwand erfordert ebenfalls das Teilnahmerecht an den Sitzungen des Betriebsrats und seiner Ausschüsse, die durch den Betriebsrat bestimmt werden. Ihre stärkste Beeinflussung erfährt die Schwerbehindertenvertretung allerdings durch die Beteiligung des Arbeitgebers, etwa bei der Prüfung, ob freie Arbeitsplätze mit schwerbehinderten Menschen besetzt werden können (§ 94 Abs. 1), bei Umsetzungen und Kündigungsfällen sowie bei den übrigen Beteiligungstatbeständen nach § 95 Abs. 2.

12 Absatz 4 Satz 2 gibt Vertrauenspersonen in Betrieben und Dienststellen, in denen wenigstens 200 schwerbehinderte Menschen beschäftigt sind, einen **Rechtsanspruch auf völlige Freistellung** von der beruflichen Tätigkeit. Auf entsprechenden **Wunsch** der Vertrauensperson hat der Arbeitgeber/Dienststellenleiter die Freistellung zu gewähren; die Entscheidungskompetenz über die Inanspruchnahme der Freistellung obliegt alleine der Vertrauensperson. Teilweise Freistellungen sind – mit Blick auf die gleiche Rechtsstellung von Vertrauenspersonen gegenüber Betriebs- und Personalräten nach Abs. 3 – entsprechend der dortigen Rechtslage zulässig.

Nach Abs. 4 Satz 3, der § 37 Abs. 6 BetrVG bzw. § 46 Abs. 6 BPersVG **13** nachgebildet ist, gilt die Freistellung von der beruflichen Tätigkeit auch für die Teilnahme an **Schulungs- und Bildungsveranstaltungen**, soweit dort Kenntnisse vermittelt werden, die für die Arbeit der Schwerbehindertenvertretung erforderlich sind. Zum erforderlichen Wissen für die Schwerbehindertenvertretung gehören auch allgemeine Grundkenntnisse des Betriebs-, Personalvertretungs- und Richtervertretungsrechtes. Darüber hinaus können für die Schwerbehindertenvertretung auch tarifrechtliche Kenntnisse erforderlich sein, die für die Anwendung im Betrieb oder der Dienststelle wesentlich sind. So hat das Landesarbeitsgericht Hessen[6] eine einwöchige Schulung zu dem ERA-Eingruppierungssystem im Metallbereich für erforderlich gehalten. Auch betriebswirtschaftliche, technische und arbeitsmedizinische Wissensbereiche, die für die Betreuung und Eingliederung der schwerbehinderten Menschen notwendig sind, können Schulungsgegenstand sein.

»Ohne Zweifel bedarf gerade der Vertrauensmann der Schwerbehin- **14** derten einer besonders sorgfältigen Schulung auf allen Gebieten, aus denen er Kenntnisse zur Ausübung seines Amtes benötigt … Die Vertretung einer speziellen und besonders schutzwürdigen Arbeitnehmergruppe und der Umstand, dass der Schwerbehindertenvertreter i. d. R. bei der Erfüllung seiner Aufgaben weitgehend auf sich gestellt ist, bedingt eine besonders sorgfältige Schulung als Voraussetzung für die ordnungsgemäße Erfüllung der nach dem Gesetz übertragenen Aufgaben«.[7]

Bei der **Beurteilung der Erforderlichkeit** handelt es sich um die An- **15** wendung eines unbestimmten Rechtsbegriffs. Er lässt der Schwerbehindertenvertretung einen eigenen Beurteilungsspielraum.

Die Vertrauenspersonen haben das Recht, an allen Betriebsratssitzungen und an den Sitzungen seiner Ausschüsse, einschließlich der Wirtschaftsausschusssitzungen, beratend teilzunehmen. Sie sind also berechtigt, zu allen Sach- und Fachfragen, die der Betriebsrat erörtert, mitzudiskutieren, Stellung zu nehmen und die schwerbe-

---

6 *LAG Hessen*, Beschluss v. 12.10.2006 – 9 TaBV 57/06, NZA 2008, 192
7 *LAG Berlin* v. 19.5.1988 – 4 Sa 14/88

hinderte Arbeitnehmer betreffenden Fragen, Probleme und Forderungen einzubringen. Um diese Aufgabe wahrnehmen zu können, benötigen sie **zumindest Grundkenntnisse** von den **Sach- und Fachfragen**, die in den Sitzungen besprochen und entschieden werden. Insofern ist davon auszugehen, dass die Schwerbehindertenvertretung auch das Recht hat, an Schulungs- und Bildungsveranstaltungen teilzunehmen, die für Mitglieder von Betriebs- und Personalräten durchgeführt werden.

16 Für die Teilnahme an solchen Bildungsveranstaltungen ist vom Gesetzgeber weder etwas über deren **Dauer** noch etwas darüber gesagt, **wie oft innerhalb der Amtsperiode** von vier Jahren die Schwerbehindertenvertretung solche Veranstaltungen besuchen darf.

17 Die Teilnahme an Schulungs- und Bildungsveranstaltungen gehört zur **Tätigkeit der Schwerbehindertenvertretung.** Da der **Arbeitgeber** die aus der Tätigkeit der Schwerbehindertenvertretung entstehenden **Kosten zu tragen** hat (s. Rn. 22), gilt dies auch für die Kosten, die im Zusammenhang mit der Schulung entstehen (Lohnausfall, Verpflegung und Übernachtung sowie Reisekosten). Die Teilnahme der Vertrauenspersonen an Schulungs- und Bildungsveranstaltungen ist entsprechend der Regelung nach § 37 Abs. 6 BetrVG für Mitglieder des Betriebsrats bzw. nach § 46 Abs. 6 BPersVG für Personalratsmitglieder zu handhaben.

18 Nach Satz 4 gilt die Regelung von Satz 3 über die Teilnahme an Schulungs- und Bildungsveranstaltungen von Vertrauenspersonen auch für das mit der höchsten Stimmenzahl gewählte stellvertretende Mitglied, wenn dessen Teilnahme notwendig ist
- wegen ständiger Heranziehung zu Aufgaben gem. § 95 (s. Rn. 11),
- wegen häufiger Vertretung der Vertrauensperson für längere Zeit oder
- weil mit dem Nachrücken in das Amt der Schwerbehindertenvertretung in absehbarer Zeit zu rechnen ist.

Mit der Regelung wird der Schulungsanspruch des stellvertretenden Mitglieds entsprechend der Rechtsprechung des BAG zum Schulungsanspruch regelmäßig und für längere Zeit herangezogener Ersatzmitglieder des Betriebsrats anerkannt.[8]

19 Schulungs- und Bildungsveranstaltungen für Schwerbehindertenvertretungen werden von den Gewerkschaften, den Integrationsämtern, den Behindertenverbänden und den Rehabilitationsträgern

---

8 Vgl. *BAG* v. 15. 5. 1986 – 6 ABR 64/83, AP Nr. 53 zu § 37 BetrVG 1972

durchgeführt. Die **Integrationsämter** haben **kein Ausbildungsmonopol** für die Durchführung von Schulungs- und Bildungsveranstaltungen.

5. Berufsförderung

Freigestellte oder auch nur teilweise freigestellte Vertrauenspersonen sollen aufgrund der Ausübung ihres Amtes keine beruflichen Nachteile erleiden. Nach Abs. 5 dürfen Freigestellte von inner- oder außerbetrieblichen Maßnahmen der **Berufsförderung** nicht ausgeschlossen werden. Nach Beendigung ihrer Freistellung ist ihnen im Rahmen der Möglichkeiten des Betriebes oder der Dienststelle innerhalb eines Jahres Gelegenheit zu geben, eine wegen der Freistellung unterbliebene berufliche Entwicklung nachzuholen. Dieser Zeitraum erhöht sich auf zwei Jahre für die Vertrauenspersonen, die drei volle aufeinander folgende Amtszeiten freigestellt waren.

20

6. Arbeits- und Dienstbefreiung

Nach Abs. 6 haben die Vertrauenspersonen, wenn sie aus betriebsbedingten Gründen ihre Tätigkeit außerhalb der Arbeitszeit durchführen müssen, **Anspruch auf Freizeitausgleich**. Eine entsprechende Arbeits- oder Dienstbefreiung muss unter Fortzahlung des Arbeitsentgelts oder der Dienstbezüge erfolgen. Ein solcher Fall kann z. B. in mehrschichtigen Betrieben eintreten. Will die Vertrauensperson schwerbehinderte Arbeitnehmer, die in einer anderen Schicht tätig sind, betreuen, ist dies nur außerhalb der eigenen Arbeitsschicht möglich. Die Erledigung wichtiger Arbeiten, die aus betrieblichen oder dienstlichen Gründen außerhalb der üblichen Arbeitszeit erledigt werden müssen, weil sie nicht aufschiebbar sind, hat einen bezahlten Freizeitausgleich zur Folge.

21

7. Geheimhaltungspflichten

Der Schwerbehindertenvertretung werden bei der Amtsausübung mitunter Angelegenheiten der Beschäftigten bekannt, die wegen ihrer Bedeutung oder ihrem Inhalt der **Vertraulichkeit** bedürfen. Abs. 7 verpflichtet die Schwerbehindertenvertretung, darüber **Stillschweigen** zu bewahren. Unter **vertraulich zu behandelnde Verhältnisse und Angelegenheiten der Beschäftigten** fallen z. B. insbesondere Familienverhältnisse, Vorstrafen, Krankheiten und

22

Schwangerschaften. Es handelt sich also um Dinge, die im weitesten Sinne die Intimsphäre der Beschäftigten berühren. Darüber hinaus sollen **Betriebs- und Geschäftsgeheimnisse** nicht offenbart werden. Sie müssen allerdings vom Arbeitgeber ausdrücklich als geheimhaltungsbedürftig bezeichnet werden. Der Arbeitgeber kann jedoch nicht willkürlich jede betriebliche Angelegenheit der Geheimhaltungspflicht unterwerfen. Es müssen vielmehr die objektiven Voraussetzungen eines Betriebs- oder Geschäftsgeheimnisses gegeben sein. Auch muss der Arbeitgeber ein schützenswertes Interesse an der Geheimhaltung haben. Unlautere und gesetzwidrige Vorgänge können niemals Geschäftsgeheimnisse sein. Beispiele für Betriebs- und Geschäftsgeheimnisse: Kundenlisten, Unterlagen über neue technische Verfahren und Mängel der hergestellten Waren, Absatzplanung, Kalkulation, Diensterfindungen, Konstruktionszeichnungen u. Ä. Bei einem Verstoß gegen die Grundsätze von Abs. 7 kann die Schwerbehindertenvertretung nach § 155 zur Verantwortung gezogen werden. Gegenüber Personen, Stellen und Behörden, die ihrerseits ebenfalls zur Verschwiegenheit verpflichtet sind und für ihre Entscheidungen auf solche Informationen angewiesen sind, gilt diese Verpflichtung nicht. Gegenüber den Betriebs- und Personalräten besteht deshalb grundsätzlich keine Verschwiegenheitspflicht, weil auch sie der vollen Schweigepflicht unterliegen. Die Verschwiegenheitspflicht gilt auch für die stellvertretenden Mitglieder. Sie bleibt auch nach dem Ausscheiden aus dem Amt bestehen.

8. Kostentragung

23 Nach Abs. 8 hat der Arbeitgeber die durch die Tätigkeit der Schwerbehindertenvertretung entstehenden **Kosten** zu tragen. Hierunter fallen auch die Kosten, die durch die Teilnahme der Vertrauensperson an Schulungs- und Bildungsveranstaltungen entstehen (s. o. Rn. 17). Dazu gehören neben der Fortzahlung des Arbeitsentgelts die entstehenden Fahrt-, Verpflegungs-, Übernachtungs- sowie Veranstaltungskosten (Umlegung der Kosten für Unterrichtsräume, Honorare und Unterrichtsmaterial).

24 Der Schwerbehindertenvertretung müssen nach Absatz 9 zur Erfüllung ihrer Aufgaben alle Einrichtungen, die auch dem Betriebs- bzw. Personalrat zur Erfüllung seiner Aufgaben zur Verfügung stehen, zugänglich sein. Dazu gehören u. a. die Büroräume, die Büroausstattung (z. B.: Schreibtisch, Stühle, Regale, Ordner, Telefon, PC mit Internetanschluss), Schreibmaterialien, Gesetzestexte, Kommentare,

Fachzeitschriften und Reisekosten. Die Schwerbehindertenvertretung kann auch ohne Einverständnis des Arbeitgebers die entsprechenden notwendigen Verpflichtungen eingehen und Anschaffungen vornehmen. Es ist jedoch davon auszugehen, dass sie für Besprechungen mit schwerbehinderten Arbeitnehmern eigene Räume nutzen können, in denen sie diese Gespräche ungestört führen können. Ist es dem Betriebs- oder Personalrat beispielsweise aufgrund eigener Engpässe nicht möglich, der Schwerbehindertenvertretung die entsprechenden Arbeitsmöglichkeiten zu schaffen, dann muss der Arbeitgeber entweder dem Betriebsrat oder der Schwerbehindertenvertretung die entsprechenden Räumlichkeiten zur Verfügung stellen. In diesem Fall hätte die Schwerbehindertenvertretung einen eigenen Anspruch gegenüber dem Arbeitgeber.

Im Streitfall muss die Schwerbehindertenvertretung den Kostenersatz im Beschlussverfahren und den Entgeltausfall z. B. für Schulungen im Urteilsverfahren beim Arbeitsgericht geltend machen (s. Rn. 25).[9] Die Frage der Freistellung als solche, z. B. für Schulungen, ist im Beschlussverfahren zu klären.[10]

9. Rechtsstreitigkeiten

Streitigkeiten über Rechte und Pflichten der Schwerbehinder- **25** **tenvertretung** sind nach § 2a Abs. 1 Nr. 3a ArbGG im Beschlussverfahren zu klären. Für Schwerbehindertenvertretungen im privatwirtschaftlichen Bereich gilt die fachliche Zuständigkeit der Arbeitsgerichte. Für Streitigkeiten von Schwerbehindertenvertretungen im öffentlichen Bereich war bisher vom Bundesarbeitsgericht vertreten worden, dass hier die Verwaltungsgerichte zuständig sind.[11] Diese Rechtsprechung hat das Bundesarbeitsgericht[12] geändert und bereits für die Anfechtung einer Wahl einer Schwerbehindertenvertretung in einer Dienststelle ebenfalls die Arbeitsgerichte für zuständig erachtet (§ 94 Rn. 19). Damit ist davon auszugehen, dass die Arbeitsgerichte für alle Streitigkeiten aus der Rechtsstellung und der Tätigkeit der Schwerbehindertenvertretungen zuständig sind.

---

9 Vgl. *BAG* v. 30. 3. 2010 – 7 AZB 32/09
10 *Sächs. LAG* v. 13. 4. 2010 – 2 TaBV 23/09
11 *BAG* v. 21. 9. 1989 – 1 AZR 465/88, AP Nr. 1 zu § 25 SchwbG
12 *BAG*, Beschluss v. 11. 11. 2003 – 7 AZB 40/03, PersR 2004, 279 und jetzt eindeutig zur Kostentragung im öD: Beschluss v. 30. 3. 2010 – 7 AZB 32/09

§ 97 Konzern-, Gesamt-, Bezirks- und Hauptschwerbehindertenvertretung

(1) Ist für mehrere Betriebe eines Arbeitgebers ein Gesamtbetriebsrat oder für den Geschäftsbereich mehrerer Dienststellen ein Gesamtpersonalrat errichtet, wählen die Schwerbehindertenvertretungen der einzelnen Betriebe oder Dienststellen eine Gesamtschwerbehindertenvertretung. Ist eine Schwerbehindertenvertretung nur in einem der Betriebe oder in einer der Dienststellen gewählt, nimmt sie die Rechte und Pflichten der Gesamtschwerbehindertenvertretung wahr.

(2) Ist für mehrere Unternehmen ein Konzernbetriebsrat errichtet, wählen die Gesamtschwerbehindertenvertretungen eine Konzernschwerbehindertenvertretung. Besteht ein Konzernunternehmen nur aus einem Betrieb, für den eine Schwerbehindertenvertretung gewählt ist, hat sie das Wahlrecht wie eine Gesamtschwerbehindertenvertretung.

(3) Für den Geschäftsbereich mehrstufiger Verwaltungen, bei denen ein Bezirks- oder Hauptpersonalrat gebildet ist, gilt Absatz 1 sinngemäß mit der Maßgabe, dass bei den Mittelbehörden von deren Schwerbehindertenvertretung und den Schwerbehindertenvertretungen der nachgeordneten Dienststellen eine Bezirksschwerbehindertenvertretung zu wählen ist. Bei den obersten Dienstbehörden ist von deren Schwerbehindertenvertretung und den Bezirksschwerbehindertenvertretungen des Geschäftsbereichs eine Hauptschwerbehindertenvertretung zu wählen; ist die Zahl der Bezirksschwerbehindertenvertretungen niedriger als zehn, sind auch die Schwerbehindertenvertretungen der nachgeordneten Dienststellen wahlberechtigt.

(4) Für Gerichte eines Zweiges der Gerichtsbarkeit, für die ein Bezirks- oder Hauptrichterrat gebildet ist, gilt Absatz 3 entsprechend. Sind in einem Zweig der Gerichtsbarkeit bei den Gerichten der Länder mehrere Schwerbehindertenvertretungen nach § 94 zu wählen und ist in diesem Zweig kein Hauptrichterrat gebildet, ist in entsprechender Anwendung von Absatz 3 eine Hauptschwerbehindertenvertretung zu wählen. Die Hauptschwerbehindertenvertretung nimmt die Aufgabe der Schwerbehindertenvertretung gegenüber dem Präsidialrat wahr.

(5) Für jede Vertrauensperson, die nach den Absätzen 1 bis 4 neu zu wählen ist, wird wenigstens ein stellvertretendes Mitglied gewählt.

(6) Die Gesamtschwerbehindertenvertretung vertritt die Interessen der schwerbehinderten Menschen in Angelegenheiten, die das Gesamtunternehmen oder mehrere Betriebe oder Dienststellen des Arbeitgebers betreffen und von den Schwerbehindertenvertretungen der einzelnen Betriebe oder Dienststellen nicht geregelt werden können, sowie die Interessen der schwerbehinderten Menschen, die in einem Betrieb oder einer Dienststelle tätig sind, für die eine Schwerbehindertenvertretung nicht gewählt ist; dies umfasst auch Verhandlungen und den Abschluss entsprechender Integrationsvereinbarungen. Satz 1 gilt entsprechend für die Konzern-, Bezirks- und Hauptschwerbehindertenvertretung sowie für die Schwerbehindertenvertretung der obersten Dienstbehörde, wenn bei einer mehrstufigen Verwaltung Stufenvertretungen nicht gewählt sind. Die nach Satz 2 zuständige Schwerbehindertenvertretung ist auch in persönlichen Angelegenheiten schwerbehinderter Menschen, über die eine übergeordnete Dienststelle entscheidet, zuständig; sie gibt der Schwerbehindertenvertretung der Dienststelle, die den schwerbehinderten Menschen beschäftigt, Gelegenheit zur Äußerung. Satz 3 gilt nicht in den Fällen, in denen der Personalrat der Beschäftigungsbehörde zu beteiligen ist.

(7) § 94 Abs. 3 bis 7, § 95 Abs. 1 Satz 4, Abs. 2, 4, 5 und 7 und § 96 gelten entsprechend, § 94 Abs. 5 mit der Maßgabe, dass die Wahl der Gesamt- und Bezirksschwerbehindertenvertretungen in der Zeit vom 1. Dezember bis 31. Januar, die der Konzern- und Hauptschwerbehindertenvertretungen in der Zeit vom 1. Februar bis 31. März stattfindet.

(8) § 95 Abs. 6 gilt für die Durchführung von Versammlungen der Vertrauens- und der Bezirksvertrauenspersonen durch die Gesamt-, Bezirks- oder Hauptschwerbehindertenvertretung entsprechend.

1. Einleitung

1 Neben der Schwerbehindertenvertretung, die aus einer Vertrauensperson und einem oder mehreren stellvertretenden Mitgliedern besteht, sieht das Gesetz auch eine **Gesamt-, Bezirks- und Hauptschwerbehindertenvertretung** vor. Damit ist in allen Stufen der allgemeinen Interessenvertretung auch eine Interessenvertretung der Schwerbehinderten zugeordnet. Letztere hat vor allem die Aufgabe, an den Sitzungen des Gesamtbetriebsrats oder des Gesamtpersonalrats teilzunehmen, um dort die Interessen der schwerbehinderten Menschen wahrzunehmen.

Mit dem »Gesetz zur Bekämpfung der Arbeitslosigkeit Schwerbehinderter« ist die Bildung von Konzernschwerbehindertenvertretungen im früheren § 27 Abs. 1a SchwbG ermöglicht worden. Damit wurde den Konzentrationsprozessen der Unternehmen Rechnung getragen und die Notwendigkeit einer Vertretung der Rechte der Schwerbehinderten auch auf der Ebene der Konzerne anerkannt.

2. Gesamtschwerbehindertenvertretung

2 Die **Wahl einer Gesamtschwerbehindertenvertretung** ist immer dann notwendig, wenn für mehrere Betriebe oder Dienststellen eines Arbeitgebers ein Gesamtbetriebsrat oder ein Gesamtpersonalrat besteht. **Wahlberechtigt** sind die jeweiligen Vertrauenspersonen der einzelnen Betriebe oder Dienststellen. Wenn nur zwei Wahlberechtigte vorhanden sind, bestimmen sie im beiderseitigen Einvernehmen, wer die Funktion der Gesamtschwerbehindertenvertretung wahrnimmt und wer stellvertretendes Mitglied ist. Wenn eine Einigung nicht zustande kommt, entscheidet das Los (§ 22 Abs. 2 SchwbVWO). Jede Schwerbehindertenvertretung hat nur eine Stimme. Die Mitglieder der Gesamtschwerbehindertenvertretung müssen nicht Vertrauenspersonen eines einzelnen Betriebes oder einer einzelnen Dienststelle sein, da alle Beschäftigten des Betriebes oder der Dienststelle, die als Schwerbehindertenvertretung nach § 94 Abs. 3 **wählbar** sind, auch für die Wahl der Gesamtschwerbehindertenvertretung in Frage kommen. Das bedeutet andererseits, dass die leitenden Angestellten diesbezüglich ausgeschlossen sind.

3 Wenn nur in einem der Betriebe oder Dienststellen desselben Arbeitgebers eine Schwerbehindertenvertretung gewählt wurde, so nimmt sie nach Abs. 1 Satz 2 die Rechte und Pflichten der Gesamtschwerbehindertenvertretung wahr. Damit ist sichergestellt, dass der Gesamtbetriebsrat bzw. Gesamtpersonalrat auch immer eine Gesamtschwerbehindertenvertretung als Partner hat. Außerdem ist gewährleistet, dass die Interessen der Behinderten auch in Betrieben und Dienststellen vertreten werden, in denen keine Schwerbehindertenvertretung existiert. Dazu ein

Beispiel:
Im Betrieb A ist eine Schwerbehindertenvertretung gewählt. Im Betrieb B desselben Arbeitgebers, in dem es keine Schwerbehindertenvertretung gibt, soll ein schwerbehinderter Mensch versetzt werden. In diesem Fall ist der Arbeitgeber verpflichtet, die im Betrieb A gewählte Schwerbehindertenvertretung nach § 95 Abs. 2 rechtzeitig und umfassend zu unterrichten und vor einer Entscheidung zu hören. Um zu verhindern, dass die Arbeitgeber diese Bestimmung umgehen, wäre der Betriebsrat des Betriebes B vor der Zustimmung zu dieser personellen Einzelmaßnahme (§ 99 BetrVG) verpflichtet, den Arbeitgeber darauf aufmerksam zu machen, dass die Vertrauensperson der schwerbehinderten Menschen des Betriebes A gehört werden muss. Bei Nichtbeachtung der Mitwirkungsrechte der Schwerbehindertenvertretung kann der Betriebs- bzw. der Personalrat die Zustimmung zur geplanten personellen Maßnahme verweigern.

3. Konzernschwerbehindertenvertretung

Besteht für mehrere Unternehmen ein Konzernbetriebsrat, so wählen die Gesamtschwerbehindertenvertretungen gem. Abs. 2 Satz 1 eine **Konzernschwerbehindertenvertretung**. Mit dieser durch das Gesetz zur Bekämpfung der Arbeitslosigkeit Schwerbehinderter zum 1. 10. 2000 erfolgten Novellierung wurde sichergestellt, dass die Gesamtschwerbehindertenvertretungen in den Unternehmen eine Konzernschwerbehindertenvertretung wählen, wenn im Konzern ein Konzernbetriebsrat errichtet ist. **4**

Abs. 2 Satz 2 schließt eine für die Bildung einer Konzernschwerbehindertenvertretung bestehende Lücke für die Konzernunternehmen, die nur aus einem Betrieb bestehen, und bei denen eine Schwerbehindertenvertretung besteht. In diesem Falle hat die Schwerbehindertenvertretung des Konzernunternehmens (Betriebes) das Recht, mit den Gesamtschwerbehindertenvertretungen der anderen Konzernunternehmen eine Konzernschwerbehindertenvertretung gem. Abs. 2 Satz 1 zu wählen.

4. Bezirks- und Hauptschwerbehindertenvertretung

5 Ähnlich wie die Gesamtschwerbehindertenvertretung nach Abs. 1 wird die **Bezirksschwerbehindertenvertretung** (bei Mittelbehörden) nach Abs. 3 von der Schwerbehindertenvertretung der Mittelbehörde und von den Schwerbehindertenvertretungen der Unterbehörden gewählt. Dem entspricht auch die Regelung für die Wahl der **Hauptschwerbehindertenvertretung** (bei den Ministerien); allerdings sind hier auch die Schwerbehindertenvertretungen der Unterbehörden wahlberechtigt, wenn weniger als zehn Bezirksschwerbehindertenvertretungen vorhanden sind.

5. Hauptschwerbehindertenvertretung bei den Gerichten

6 Die Bezirks- und Hauptvertrauenspersonen der schwerbehinderten **Richter** werden nach Abs. 3 nach demselben Verfahren gewählt, das für die Bezirks- und Hauptschwerbehindertenvertretungen bei den mehrstufigen Verwaltungen gilt (s. o. Rn. 5). Sind in einem Zweig der Gerichtsbarkeit mehr als eine erst- oder gemischtinstanzliche (§ 94 Abs. 1 Satz 4) Schwerbehindertenvertretung gewählt, besteht aber kein Hauptrichterrat (weil er nicht zustande gekommen oder gesetzlich nicht vorgesehen ist), ist trotzdem nach demselben Verfahren wie in Abs. 3 eine Hauptschwerbehindertenvertretung der Richter zu wählen, die dann neben den in Abs. 6 genannten Aufgaben auch die Vertretung der Schwerbehinderteninteressen beim Präsidialrat wahrnimmt.

6. Stellvertretende Mitglieder

7 Auch die Stufenvertretungen benötigen stellvertretende Mitglieder. Das bedeutet, dass auch für die Gesamtschwerbehindertenvertretung wenigstens ein stellvertretendes Mitglied gewählt werden muss. Es empfiehlt sich auch hier, mindestens zwei stellvertretende Mitglieder vorzusehen. Im Falle des Ausscheidens der Gesamtschwerbehindertenvertretung aus dem Amt wird das mit der höchsten Stimmenzahl gewählte stellvertretende Mitglied für den Rest der Wahlperiode nachrücken. Bei nur einem vorhandenen stellvertretenden Mitglied müsste dann die Wahl eines neuen stellvertretenden Mitglieds erfolgen.

7. Zuständigkeit

Grundsätzlich ist die Schwerbehindertenvertretung des Betriebs **8**
oder der Dienststelle für die Angelegenheiten der dortigen schwerbehinderten Menschen zuständig. Eine Zuständigkeit der Gesamt-,
Bezirks- und Hauptschwerbehindertenvertretung ist nach Abs. 6
Halbs. 1 dagegen dann gegeben, wenn es sich um Angelegenheiten
handelt, die mehrere Betriebe oder Dienststellen betreffen und von
den einzelnen Schwerbehindertenvertretungen nicht geregelt werden können oder wenn die Interessen der schwerbehinderten Menschen aus solchen Betrieben oder Dienststellen betroffen sind, in denen eine Schwerbehindertenvertretung nicht gewählt werden kann
oder nicht gewählt worden ist. Dies kann der Fall sein, wenn weniger
als fünf schwerbehinderte Menschen beschäftigt werden oder wenn
sich kein Kandidat für die Wahl zur Schwerbehindertenvertretung
zur Verfügung gestellt hat. Die **Gesamtschwerbehindertenvertretung** hat in diesen Fällen **alle Rechte und Pflichten der Schwerbehindertenvertretung für diesen Betrieb.** So kann sie z. B. von den
schwerbehinderten Beschäftigten zur Akteneinsicht herangezogen
werden und hat auch das Recht, an den Sitzungen der örtlichen Be-
triebs-, Personal-, Richter-, Staatsanwalts- oder Präsidialräte teilzunehmen. Sie kann auch Beschlüsse dieser Gremien i. S. v. § 95 Abs. 2
aussetzen lassen (§ 95 Rn. 38 bis 41). Wenn in dem von der Gesamtschwerbehindertenvertretung betreuten Betrieb oder Dienststelle
die Voraussetzungen für die Wahl einer eigenen Schwerbehindertenvertretung gegeben sind (fünf beschäftigte schwerbehinderte
Menschen), leitet die Gesamtschwerbehindertenvertretung diese
Wahl ein. Sie nimmt damit das Recht der Schwerbehindertenvertretung wahr und bestellt einen Wahlvorstand (§ 94 Abs. 6 i. V. m. § 1
Abs. 1 SchwbVWO).
Gesamtschwerbehindertenvertretung sowie Haupt- und Bezirksver-
trauensleute haben das Recht, an den Versammlungen der örtlichen
Schwerbehindertenvertretungen in den einzelnen Betrieben und
Dienststellen teilzunehmen.[1]
Nach Abs. 6 Halbs. 2 sind die Gesamt-, Bezirks- und Hauptschwer-
behindertenvertretung auch zuständig für Verhandlungen und Ab-
schluss von Integrationsvereinbarungen nach § 83.

---

1 *LAG Hamm* v. 11. 6. 1986 – 3 Sa 15/86, DB 1987, 644

8. Wahlen

9 Der Termin für die alle vier Jahre durchzuführenden **Wahlen** ist in Abs. 7 S. 2 besonders geregelt.

Nach den Wahlen der Schwerbehindertenvertretungen, die vom 1. Oktober bis zum 30. November durchzuführen sind, werden die Wahlen für die Gesamt- und Bezirksschwerbehindertenvertretungen in der Zeit vom 1. Dezember bis zum 31. Januar durchgeführt. Danach finden vom 1. Februar bis zum 31. März die Wahlen für die Konzern- und Hauptschwerbehindertenvertretungen statt.

10 Wenn die persönliche Angelegenheit eines schwerbehinderten Menschen nicht von dessen Dienststelle, sondern **von einer übergeordneten Dienststelle behandelt** wird, ist nach Abs. 6 Satz 3 die dort eingerichtete Haupt- oder Bezirksschwerbehindertenvertretung zuständig. Die Vertretung bei der Dienststelle des schwerbehinderten Menschen muss allerdings die Möglichkeit bekommen, sich (gegenüber der zuständigen Schwerbchindertenvertretung) zu äußern.

Für **Rechtsstreitigkeiten** aus Wahlen – gleich ob im öffentlichen Dienst[2] oder in der Privatwirtschaft, und gleich für welche Ebene – ist ausschließlich die Arbeitsgerichtsbarkeit gem. § 2a Abs. 1 Nr. 3a ArbGG zuständig (vgl. § 94 Rn. 19). Im vereinfachten Wahlverfahren darf nur gewählt werden, wenn die Betriebs- oder Dienststellenteile nicht weit auseinanderliegen.[3]

9. Rechtsstellung

11 Die für Schwerbehindertenvertretungen aufgestellten **Grundsätze zu den Wahlen (§ 94), zu ihren Aufgaben (§ 95) und Rechten (§ 96)** gelten nach Abs. 7 und 8 weitgehend auch für die Konzern-, Gesamt-, Bezirks- und Hauptschwerbehindertenvertretungen.

Im Einzelnen gelten folgende Bestimmungen:

- **§ 94 Abs. 3–7:**

  Hier sind die Wählbarkeit, die Grundsätze der Wahl, das Wahlverfahren, der Wahlschutz, die Wahlkosten, die Wahlanfechtung, die Amtszeit, das Erlöschen des Amtes und das Nachrücken der Stellvertreter geregelt.

  (Zu den Wahlterminen siehe Rn. 9.)

---

2 Vgl. *BAG* v. 30.3.2010 – 7 AZB 32/09 und *LAG München* v. 31.8.2011 – 11 Ta 243/11 (n. rkr.)

3 Vgl. *BAG* v. 23.7.2014 – 7 ABR 61/12

- **§ 95 Abs.1 Satz 4:**
  Auch die Stufenvertretungen können – bei Erfüllung der Mindestzahl schwerbehinderter Menschen (»mit in der Regel mehr als 100 schwerbehinderten Menschen«) – stellvertretende Mitglieder zur Erfüllung einzelner Aufgaben heranziehen. Das ist z.B. von Bedeutung, wenn es in Betrieben, die von der Stufenvertretung mit betreut werden, keine Schwerbehindertenvertretung gibt.
- **§ 95 Abs. 2:**
  Genauso wie die Arbeitgeber in den einzelnen Betrieben und Dienststellen die Schwerbehindertenvertretungen in allen Angelegenheiten, die schwerbehinderte Menschen betreffen, rechtzeitig und umfassend unterrichten und vor Entscheidungen hören müssen, sind auch die Arbeitgeber auf der Unternehmensebene oder bei den Mittel- und obersten Landesbehörden verpflichtet, die Gesamt-, Bezirks- und Hauptschwerbehindertenvertretungen zu informieren (§ 95 Rn. 13).

  Letztere haben auch das Recht, die Durchführung oder Vollziehung einer Maßnahme auszusetzen, wenn seitens des Arbeitgebers keine entsprechende Beteiligung erfolgte.

  Die wiederholte Nichtbeteiligung der Gesamt-, Bezirks- und Hauptschwerbehindertenvertretungen berechtigt ein Ordnungswidrigkeitsverfahren nach § 156 durchzuführen.
- **§ 95 Abs. 4:**
  Die Konzern-, Gesamt-, Bezirks- und Hauptschwerbehindertenvertretungen haben das Recht, an den **Sitzungen des Konzern- bzw. Gesamtbetriebsrats** oder des **Gesamt- bzw. Hauptpersonalrats** und seiner **Ausschüsse** beratend teilzunehmen (§ 52 BetrVG, § 54 BPersVG). Ist auf der Ebene des Unternehmens der Wirtschaftsausschuss beim Gesamtbetriebsrat gebildet, hat die Gesamtschwerbehindertenvertretung ein Teilnahmerecht und ist dementsprechend einzuladen. Das Teilnahmerecht erstreckt sich auch auf die Sitzungen und Besprechungen des **Betriebsausschusses** (geschäftsführender Ausschuss) des Gesamtbetriebsrats. Wenn sie in einem Beschluss des Konzern-, Gesamt-, Bezirks-, Personal- oder Hauptpersonalrats eine erhebliche Beeinträchtigung wichtiger Interessen der schwerbehinderten Menschen sehen, haben sie das Recht, den Beschluss für die Dauer von einer Woche auszusetzen (§ 95 Rn. 38–41).

  Das Gleiche gilt, wenn die Stufenvertretungen vom Arbeitgeber nicht i. S. v. § 95 Abs. 2 beteiligt wurden.

  Sie können beantragen, Angelegenheiten, die einzelne schwerbehinderte Menschen oder die schwerbehinderten Menschen als Gruppe besonders betreffen, auf die Tagesordnung der nächsten Sitzung setzen zu lassen. Im Falle der Verhinderung hat das stellvertretende Mitglied das Recht auf Teilnahme (§ 95 Rn. 29 und 30).

- **§ 95 Abs. 5:**
  Die Konzern-, Gesamt-, Bezirks- und Hauptschwerbehindertenvertretungen haben das Recht, an den monatlichen Besprechungen, die nach § 74 BetrVG und § 66 BPersVG zwischen Arbeitgeber und dem Gesamt-, Bezirks- oder Hauptpersonalrat stattfinden, teilzunehmen. Dies gilt auch für alle anderen Gespräche, die durch den Betriebsausschuss oder durch andere Ausschüsse wahrgenommen werden. Auch hier hat im Verhinderungsfall das stellvertretende Mitglied ein Teilnahmerecht (§ 95 Rn. 42–45).

- **§ 95 Abs. 6:**
  Mindestens einmal in jedem Kalenderjahr kann die Gesamt-, Bezirks- und Hauptschwerbehindertenvertretung die einzelnen Schwerbehindertenvertretungen der Betriebe oder Dienststellen zu einer Versammlung einladen. Eine gesetzliche Verpflichtung besteht nicht, soweit kein entsprechender Antrag der Teilnahmeberechtigten vorliegt.

  Dieses Recht sollte in jedem Fall wahrgenommen werden. Die einzelnen Schwerbehindertenvertretungen haben einen Anspruch auf die Informationen, die die von ihnen gewählten Gesamt-, Haupt- und Bezirksschwerbehindertenvertretung durch die Teilnahme an den Sitzungen der allgemeinen Interessenvertretung, deren Ausschüsse und insbesondere an den Sitzungen des Wirtschaftsausschusses, erhält.

  Die durch die Versammlung entstehenden Kosten hat der Arbeitgeber zu tragen (§ 95 Rn. 51).

- **§ 96:**
  Die persönlichen Rechte und Pflichten der Vertrauenspersonen gelten im gleichen Maße auch für die Konzern-, Gesamt-, Bezirks- und Hauptschwerbehindertenvertretungen. Dies gilt insbesondere für den Schutz gegen Benachteiligung, Kündigung oder Versetzung.

§ 98 Beauftragter des Arbeitgebers

Der Arbeitgeber bestellt einen Beauftragten, der ihn in Angelegenheiten schwerbehinderter Menschen verantwortlich vertritt; falls erforderlich, können mehrere Beauftragte bestellt werden. Der Beauftragte soll nach Möglichkeit selbst ein schwerbehinderter Mensch sein. Der Beauftragte achtet vor allem darauf, dass dem Arbeitgeber obliegende Verpflichtungen erfüllt werden.

1. Verpflichtung zur Bestellung eines Beauftragten

Jeder Arbeitgeber ist **zur Bestellung eines Beauftragten für Schwer-** **1**
behindertenangelegenheiten verpflichtet, wenn er schwerbehinderte Menschen oder Gleichgestellte (§ 68 Abs. 2) im Betrieb oder in der Dienststelle beschäftigt. Dies gilt unabhängig davon, ob er beschäftigungspflichtig ist oder nicht oder eine Schwerbehindertenvertretung gewählt ist oder nicht. Der Arbeitgeber kann sich nicht selbst zum Beauftragten bestellen. Der von ihm bestellte Beauftragte muss den Arbeitgeber in Angelegenheiten der schwerbehinderten Menschen **verantwortlich** vertreten. Damit ist bezweckt, dass die Arbeitgeber nur Beschäftigte als Arbeitgeberbeauftragte bestellen, die Personalentscheidungen treffen und dabei für die Einstellung und Beschäftigung schwerbehinderter Menschen verantwortlich sind.[1]

Der Arbeitgeber kann auch mehrere Beauftragte bestellen. Dies wird **2**
im Allgemeinen dann erforderlich sein, wenn der Bereich des Arbeitgebers aus mehreren räumlich weit auseinanderliegenden Betrieben bzw. Dienststellen besteht.[2]

Satz 2 schreibt vor, dass die Beauftragten des Arbeitgebers nach **3**
Möglichkeit selbst **schwerbehindert** sein **sollen**, um damit die be-

---

1 Amtliche Begründung zum Gesetz zur Bekämpfung der Arbeitslosigkeit Schwerbehinderter, Teil B, S. 15
2 *Neumann/Pahlen/Majerski-Pahlen*, § 98 SGB IX Rn. 2

sonderen Belange der schwerbehinderten Menschen in die Arbeit des Arbeitgeberbeauftragten einfließen lassen zu können.[3]

4 Die weitaus meisten Beauftragten der Arbeitgeber **üben betrieblich die Funktion des Personalchefs** aus. Dies führt notwendigerweise zu einem Zielkonflikt zwischen der arbeitgeberseitigen Interessensphäre und den Belangen schwerbehinderter Menschen. Der Arbeitgeberbeauftragte, der nach Möglichkeit selbst schwerbehindert sein soll, sollte deshalb nicht in eine Personalleitungsfunktion eingebunden sein.

2. Aufgaben des Beauftragten

5 Dabei haben die Arbeitgeberbeauftragten i. S. des § 98 **darauf zu achten,** dass

- die Beschäftigungspflichtquote erfüllt wird (§ 71),
- besonders betroffene schwerbehinderte Menschen beschäftigt bzw. eingestellt werden (§ 72),
- geprüft wird, ob freie Arbeitsplätze mit schwerbehinderten Menschen besetzt werden können und bei dieser Prüfung die Schwerbehindertenvertretung beteiligt wird (§ 81),
- Bewerbungen von schwerbehinderten Menschen mit der Schwerbehindertenvertretung erörtert werden (§ 81),
- schwerbehinderte Menschen möglichst so beschäftigt werden, dass diese ihre Fähigkeiten und Kenntnisse voll verwerten und weiterentwickeln können (§ 81),
- schwerbehinderte Menschen zur Förderung ihres beruflichen Fortkommens bei innerbetrieblichen Maßnahmen der beruflichen Bildung bevorzugt berücksichtigt werden (§ 81),
- die Schwerbehindertenvertretung zu Besprechungen zwischen Arbeitgeber und Betriebsrat hinzugezogen wird (§ 95 Abs. 5),
- die Schwerbehindertenvertretung ihr Amt ohne Behinderung durchführen kann (§ 98) usw.

Sie haben also in erster Linie die **Pflicht, darüber zu wachen, dass der Arbeitgeber seine Verpflichtungen nach dem Gesetz erfüllt**. Er muss sich deshalb mit dem Inhalt des Gesetzes vertraut machen und selbst im Rahmen seiner Möglichkeiten für die Erfüllung des SGB IX (2. Teil) sorgen, also vor allem die Einstellungs- und Beschäftigungspflichten überwachen.[4]

---

3 Amtliche Begründung zum Gesetz zur Bekämpfung der Arbeitslosigkeit Schwerbehinderter, Teil B, S. 15
4 *Neumann/Pahlen/Majerski-Pahlen*, § 98 SGB IX Rn. 5

3. Handlungsmöglichkeit der Interessenvertretung

Die **Schwerbehindertenvertretung** ist **nicht gezwungen, mit dem** **6**
Beauftragten zu verhandeln, wenn es um die Durchsetzung der Interessen einzelner schwerbehinderter Menschen oder der schwerbehinderten Menschen als Gruppe geht. Sie kann sich auch direkt an den Arbeitgeber wenden. Falls dem Beauftragten des Arbeitgebers rechtliche Verstöße vorzuwerfen sind, kann die Schwerbehindertenvertretung seine Abberufung beim Arbeitgeber verlangen.[5]
Wie die Vertrauenspersonen sind die Beauftragten der Arbeitge- **7**
ber **Verbindungsleute zur BA und zu den Integrationsämtern** (§ 99 Rn. 3).

§ 99 Zusammenarbeit

(1) Arbeitgeber, Beauftragter des Arbeitgebers, Schwerbehinder-tenvertretung und Betriebs-, Personal-, Richter-, Staatsanwalts-oder Präsidialrat arbeiten zur Teilhabe schwerbehinderter Menschen am Arbeitsleben in dem Betrieb oder der Dienststelle eng zusammen.
(2) Die in Absatz 1 genannten Personen und Vertretungen, die mit der Durchführung des Teils 2 beauftragten Stellen und die Rehabilitationsträger unterstützen sich gegenseitig bei der Erfüllung ihrer Aufgaben. Vertrauensperson und Beauftragter des Arbeitgebers sind Verbindungspersonen zur Bundesagentur für Arbeit und zu dem Integrationsamt.

1. Zusammenarbeit im Betrieb

Abs. 1 verpflichtet alle betrieblichen Stellen zur engen Zusammen- **1**
arbeit mit dem Ziel der Teilhabe schwerbehinderter Menschen am Arbeitsleben im Betrieb oder der Dienststelle. Das Gebot der engen Zusammenarbeit darf keine Leerformel sein, sondern muss das Verhalten aller Beteiligten bestimmen. Zur engen Zusammenarbeit ge-

---

5 *Schmitz* in FKS-SGB IX, § 98 Rn. 13

hört die regelmäßige und rechtzeitige Information aller Beteiligten. Für die Arbeitgeberseite umfasst dies die Verpflichtung einer engen Zusammenarbeit mit der Schwerbehindertenvertretung. Das Zusammenarbeitsgebot betrifft natürlich auch Betriebs-, Personal-, Richter-, Staatsanwalts- oder Präsidialräte und die Schwerbehindertenvertretung. Die Schwerbehindertenvertretung ist zusammen mit Betriebs- oder Personalrat von Anfang an in alle Entscheidungsprozesse mit einzubeziehen.

Die Forderung nach einer engen Zusammenarbeit verlangt vom Arbeitgeber nicht nur, dass er seine Verpflichtungen aus § 95 (s. § 95 Rn. 13) gewissenhaft erfüllt, sondern dass er darüber hinaus z. B. die Schwerbehindertenvertretung zu Gesprächen hinzuzieht, die er mit dem Integrationsamt oder der Arbeitsagentur führt. Durch eine praktizierte enge und vertrauensvolle Zusammenarbeit kann das Ziel, bereits beschäftigten schwerbehinderten Menschen die Arbeitsplätze dauerhaft zu erhalten und arbeitslosen schwerbehinderten Menschen die Eingliederung in das Arbeitsleben zu ermöglichen, erreicht werden (§ 81 Abs. 4).

Die **Zusammenarbeitsverpflichtung** gilt für alle beteiligten Stellen, auch für die Konzern-, Gesamt-, Bezirks- und Hauptschwerbehindertenvertretungen, die entsprechenden Personen auf Arbeitgeberseite, für den Gesamtbetriebsrat und die Stufenvertretungen im Personalvertretungsrecht.[1]

Eine solche enge Zusammenarbeit setzt allerdings eine gegenseitige **rechtzeitige und umfassende Unterrichtung** voraus. Die Schwerbehindertenvertretung und der Betriebs- bzw. der Personalrat müssen von Anfang an in alle Entscheidungsprozesse mit einbezogen werden. Eine Nichtbeteiligung der Interessenvertretung steht im krassen Gegensatz zur Zusammenarbeit und würde eine ernsthafte Behinderung der Arbeit der Arbeitnehmervertretung bedeuten.

2. Zusammenarbeit mit externen Stellen

2 In Abs. 2 ist geregelt, wie die innerbetrieblichen Funktionsträger, die für die Schwerbehindertenarbeit zuständig sind, mit den mit der Durchführung des Gesetzes beauftragten Stellen zusammenarbeiten. Insbesondere sind damit die BA, die Integrationsämter und die Versorgungsämter gemeint. Aber auch die übrigen Träger der Reha-

---

1 *Neumann/Pahlen/Majerski-Pahlen*, § 99 SGB IX Rn. 2

bilitation werden mit einbezogen. Es sind dies in der Hauptsache die
Träger der
- gesetzlichen Krankenversicherung,
- gesetzlichen Unfallversicherung,
- gesetzlichen Rentenversicherung und
- Kriegs- und Wehrdienstopferversorgung.

Durch die Zusammenarbeit der innerbetrieblichen und außerbetrieblichen Stellen soll die besonders wichtige begleitende Hilfe für schwerbehinderte Arbeitnehmer im Arbeitsleben möglichst reibungslos und erfolgreich verlaufen. Besonders wichtig ist es, Schwierigkeiten, die sich dabei ergeben, bereits im Ansatz zu erkennen und zu beseitigen. Dies kann nur vernünftig funktionieren, wenn es nicht zu einem unnötigen Zuständigkeitsgerangel kommt.

Alle vorher aufgezählten Stellen und Personen sollen sich **gegenseitig** bei der Erfüllung ihrer Aufgaben unterstützen. So gehört es beispielsweise zu einer guten Zusammenarbeit, wenn der Beauftragte des Arbeitgebers oder die Personalabteilung eines Betriebes oder einer Dienststelle mit der Schwerbehindertenvertretung sich gemeinsam bei der Agentur für Arbeit darum bemühen, freie Arbeitsplätze mit schwerbehinderten Menschen zu besetzen. Auf der anderen Seite sollte es eine Selbstverständlichkeit für den Schwerbehindertenvermittler der Agentur für Arbeit sein, beim Vermittlungsversuch von arbeitslosen schwerbehinderten Menschen auch die Vertrauensperson über die Vermittlung zu informieren. Ist die Schwerbehindertenvertretung vorher von der Agentur für Arbeit unterrichtet, dass sich ein schwerbehinderter Arbeitsloser um einen freien Arbeitsplatz bewirbt, so kann sie sich rechtzeitig einschalten und die Vermittlung entsprechend unterstützen. **3**

Dies ist offensichtlich vom Gesetzgeber damit gemeint, wenn davon die Rede ist, dass die Vertrauenspersonen und die Beauftragten der Arbeitgeber **Verbindungspersonen** zur BA und zu den Integrationsämtern sind.

Die Schwerbehindertenvertretungen haben das Recht, sich als Verbindungspersonen jederzeit direkt an die zuständigen außerbetrieblichen Stellen zu wenden.

Es bedarf dazu keiner Genehmigung des Arbeitgebers. Dazu gehört auch das persönliche Aufsuchen der jeweiligen Stelle. Die Fahrtkosten sowie eventuelle Übernachtungskosten trägt der Arbeitgeber. Selbstverständlich muss sich die Schwerbehindertenvertretung für solche Dienstreisen bzw. Dienstgänge beim Arbeitgeber ordnungsgemäß abmelden. Darüber hinaus hat die Schwerbehindertenvertretung das Recht, immer dann Vertreter der außerbetrieblichen Stellen in den Betrieb einzuladen, wenn sie zur Bewältigung ihrer Aufgaben Informationen, Kenntnisse und Ratschläge benötigt.

§ 100 Verordnungsermächtigung

Die Bundesregierung wird ermächtigt, durch Rechtsverordnung mit Zustimmung des Bundesrats nähere Vorschriften über die Vorbereitung und Durchführung der Wahl der Schwerbehindertenvertretung und ihrer Stufenvertretungen zu erlassen.

Von der Ermächtigung in dieser Vorschrift hat der Gesetzgeber mit der Wahlordnung Schwerbehindertenvertretungen (SchwbVWO) vom 23. 4. 1990 (BGBl. I S. 811), zuletzt geändert durch Gesetz vom 19. 6. 2001 (BGBl. I S. 1046) Gebrauch gemacht. Die Wahlordnung ist im Anhang abgedruckt.

Kapitel 6
Durchführung der besonderen Regelungen zur Teilhabe schwerbehinderter Menschen

§ 101 Zusammenarbeit der Integrationsämter und der Bundesagentur für Arbeit

(1) Soweit die besonderen Regelungen zur Teilhabe schwerbehinderter Menschen am Arbeitsleben nicht durch freie Entschließung der Arbeitgeber erfüllt werden, werden sie
1. in den Ländern von dem Amt für die Sicherung der Integration schwerbehinderter Menschen im Arbeitsleben (Integrationsamt) und
2. von der Bundesagentur für Arbeit
in enger Zusammenarbeit durchgeführt.
(2) Die den Rehabilitationsträgern nach den geltenden Vorschriften obliegenden Aufgaben bleiben unberührt.

1. Zweck der Vorschrift

Schon das vorangehende Schwerbehindertenrecht sah in §§ 30 ff. **1** SchwbG eine doppelte Zuständigkeit von Hauptfürsorgestelle und Bundesanstalt für Arbeit (jetzt Bundesagentur für Arbeit) vor. Die Vorschrift ist seither bis auf redaktionelle Änderungen unverändert geblieben. Sie ist eine von zahlreichen weiteren Vorschriften des Gesetzes, die mit seiner Ausführung beauftragte Institutionen zur Zusammenarbeit verpflichten. Sie nennt nicht ausdrücklich die einzelnen Reha-Träger, diese sind jedoch in § 6 abschließend aufgezählt. Ferner benennt **Abs. 1** auch die Integrationsämter, die nicht als Rehaträger unter § 6 aufgeführt sind und verpflichtet diese durch § 12 zur Zusammenarbeit. Die Einbeziehung der Integrationsämter in den Kooperationszusammenhang durch eine besondere Vorschrift war notwendig, weil § 6 sie nicht als Rehabilitationsträger definiert. Diese Sonderstellung der Integrationsämter ist nicht sachlich begründet. Die der Teilhabe am Arbeitsleben dienende begleitende Hilfe (§ 103 Abs. 1 Nr. 3) besteht aus Leistungen, die die Wirkung der allgemeinen Leistungen nach Kapitel 5 des Gesetzes zu Gunsten von schwerbehinderten Menschen verstärken und ergänzen sollen.

Während aber auf die Teilhabeleistungen der Rehabilitationsträger nach Teil 1 des SGB IX im Grundsatz ein Rechtsanspruch besteht, wenn ein Bedarf vorliegt, sind die Leistungen der Integrationsämter fast ausnahmslos in deren Ermessen gestellt. »Das Integrationsamt kann für die begleitende Hilfe (…) Leistungen erbringen«, heißt es in den Einleitungsworten von § 102 Abs. 3.

Abs. 2 des § 101 normiert, dass die allgemeinen Vorschriften über **2** die Leistungen für behinderte Menschen unberührt bleiben. Zuständigkeitskonflikte zwischen den Rehabilitationsträgern werden allerdings nicht nach § 101 gelöst, sondern nach § 14 im Teil 1. § 101 Abs. 2 ist daher als Vorschrift zu sehen, die eher in Teil 1 des Gesetzes ihren angemessenen Platz gefunden hätte und rechtssystematisch daher an der vorliegenden Stelle misslungen ist. Werden Zuständigkeitsprobleme nach § 14 aufgelöst, hat der Betroffene einen Rechtsanspruch auf die Leistungen, die der an sich zuständige Rehabilitationsträger hätte erbringen müssen.[1]

---

[1] *BSG* v. 21.8.2008 – B 13 R 33/07 R

2. Zusammenarbeit

3 Die Kooperation der Akteure ist ein entscheidender Punkt des gesamten Teilhaberechts. § 101 hat dabei eher programmatischen Charakter, denn die geforderte enge Zusammenarbeit ist in anderen Paragrafen geregelt. Nach dem geltenden Recht ist es mühsam, für den einzelnen Rehabilitationsfall die Verpflichtungen des Arbeitgebers aufzuspüren. In § 84, der erst nach sechswöchiger Arbeitsunfähigkeit einsetzt, wird für einen eingeschränkten Bereich der Arbeitgeber verpflichtet, die Träger von Leistungen zur Teilhabe am Arbeitsleben hinzuzuziehen. Heranzuziehen ist er immer dann, wenn die Tätigkeit eines Rehabilitationsträgers durch eine Kooperation des Arbeitgebers verstärkt werden kann, § 99: Alle betrieblichen Akteure, die eine Beziehung zur Rehabilitation haben, Arbeitgeber, Schwerbehindertenvertretung und allgemeine Interessenvertretung der Arbeitnehmer, werden dort zur Zusammenarbeit mit den Rehaträgern verpflichtet.

4 Zeigen sich schon in den Wendungen des Gesetzes selbst deutliche Spuren von Interessenwidersprüchen zwischen den von ihm beauftragten Akteuren, so muss für den Rehabilitationsalltag die Möglichkeit eines »Hauens und Stechens« um Lasten und Kompetenzen umso mehr vermutet werden. Ein Teil des Problems, dass Leistungsträger Verpflichtungen aufeinander abzuwälzen versuchen und damit zu Lasten der Betroffenen Verzögerungen oder gar Verweigerungen verursachen, mag über § 14 lösbar sein. Diese Bestimmung lässt pro Leistungsfall nur **eine** Unzuständigkeitserklärung zu und sieht knappe Fristen zwischen Antrag und Entscheidung vor. Sie gilt auch für die Integrationsämter (§ 102 Abs. 6), soweit es Leistungen zur Teilhabe am Arbeitsleben betrifft. Diese Regelung könnte aber auch dazu führen, dass in geeigneten Fällen einfach von der früheren Praxis des Abschiebens der Zuständigkeit auf sofortige Ablehnung übergegangen wird. Solche Gefahren ergeben sich automatisch aus der Komplexität des Gefüges von Institutionen, die auf der öffentlich-rechtlichen und zivilrechtlichen Seite des Gesetzes für seine Durchführung verantwortlich sind.

5 Es fragt sich deswegen, wie Missstände, die sich aus der Institutionenvielfalt ergeben, überhaupt zu Tage gebracht und korrigiert werden können. Hier ist zunächst auf die Rechtsaufsicht zu verweisen, da Kooperationspflichten Rechtspflichten sind. Für die BA liegt diese beim Bundesministerium für Arbeit und Soziales, für die Integrationsämter bei den zuständigen obersten Landesbehörden (§ 103

Abs. 4). Man kann versuchen, diese Aufsichtsbehörden mit dem für seine Fruchtlosigkeit berüchtigten Mittel der Dienstaufsichtsbeschwerde zu mobilisieren.

Es ist auch denkbar, Verstößen gegen die Kooperationsverpflichtung der Behörden mittels des Verbandsklagerechts nach § 63 entgegenzutreten. Man müsste entsprechende Fälle einer Gewerkschaft oder einer anderen Interessenvertretung, die nach ihrer Satzung behinderte Menschen auf Bundes- oder Landesebene vertritt, verfolgen und anzeigen. Die Verletzung subjektiver Rechte kann allerdings nur dann erfolgversprechend geltend gemacht werden, wenn sie durch das Nichtbeachten der Kooperationsverpflichtung kausal hervorgerufen wurde. Dies dürfte in der Praxis selten gelingen, weil man in den Verwaltungsakten kaum bis keine Nachweise einer verweigerten Kooperation findet, nichtsdestotrotz sollte man den Versuch starten. Man könnte auch niederschwellige Kooperationsmängel geltend machen durch Informationen an Mitglieder des beratenden Ausschusses für behinderte Menschen beim Integrationsamt (§ 103) oder an ein Mitglied des bei jeder örtlichen Agentur für Arbeit zu bildenden Verwaltungsausschusses (§ 347 SGB III).

§ 102 Aufgaben des Integrationsamtes

(1) Das Integrationsamt hat folgende Aufgaben:
1. die Erhebung und Verwendung der Ausgleichsabgabe,
2. den Kündigungsschutz,
3. die begleitende Hilfe im Arbeitsleben,
4. die zeitweilige Entziehung der besonderen Hilfen für schwerbehinderte Menschen (§ 117).

Die Integrationsämter werden so ausgestattet, dass sie ihre Aufgaben umfassend und qualifiziert erfüllen können. Hierfür wird besonders geschultes Personal mit Fachkenntnissen des Schwerbehindertenrechts eingesetzt.

(2) Die begleitende Hilfe im Arbeitsleben wird in enger Zusammenarbeit mit der Bundesagentur für Arbeit und den übrigen Rehabilitationsträgern durchgeführt. Sie soll dahin wirken, dass die schwerbehinderten Menschen in ihrer sozialen Stellung nicht absinken, auf Arbeitsplätzen beschäftigt werden, auf denen sie ihre Fähigkeiten und Kenntnisse voll verwerten und weiterentwickeln können sowie durch Leistungen der Rehabilitationsträger und Maßnahmen der Arbeitgeber befähigt werden, sich am Arbeitsplatz und im Wettbewerb mit nichtbehinderten Menschen zu be-

haupten. Dabei gelten als Arbeitsplätze auch Stellen, auf denen Beschäftigte befristet oder als Teilzeitbeschäftigte in einem Umfang von mindestens 15 Stunden wöchentlich beschäftigt werden. Die begleitende Hilfe im Arbeitsleben umfasst auch die nach den Umständen des Einzelfalls notwendige psychosoziale Betreuung schwerbehinderter Menschen. Das Integrationsamt kann bei der Durchführung der begleitenden Hilfen im Arbeitsleben Integrationsfachdienste einschließlich psychosozialer Dienste freier gemeinnütziger Einrichtungen und Organisationen beteiligen. Das Integrationsamt soll außerdem darauf Einfluss nehmen, dass Schwierigkeiten im Arbeitsleben verhindert oder beseitigt werden; es führt hierzu auch Schulungs- und Bildungsmaßnahmen für Vertrauenspersonen, Beauftragte der Arbeitgeber, Betriebs-, Personal-, Richter-, Staatsanwalts- und Präsidialräte durch. Das Integrationsamt benennt in enger Abstimmung mit den Beteiligten des örtlichen Arbeitsmarktes Ansprechpartner, die in Handwerks- sowie in Industrie- und Handelskammern für die Arbeitgeber zur Verfügung stehen, um sie über Funktion und Aufgaben der Integrationsfachdienste aufzuklären, über Möglichkeiten der begleitenden Hilfe im Arbeitsleben zu informieren und Kontakt zum Integrationsfachdienst herzustellen.

(3) Das Integrationsamt kann im Rahmen seiner Zuständigkeit für die begleitende Hilfe im Arbeitsleben aus den ihm zur Verfügung stehenden Mitteln auch Geldleistungen erbringen, insbesondere

1. an schwerbehinderte Menschen
   a) für technische Arbeitshilfen,
   b) zum Erreichen des Arbeitsplatzes,
   c) zur Gründung und Erhaltung einer selbständigen beruflichen Existenz,
   d) zur Beschaffung, Ausstattung und Erhaltung einer behinderungsgerechten Wohnung,
   e) zur Teilnahme an Maßnahmen zur Erhaltung und Erweiterung beruflicher Kenntnisse und Fertigkeiten und
   f) in besonderen Lebenslagen,
2. an Arbeitgeber
   a) zur behinderungsgerechten Einrichtung von Arbeits- und Ausbildungsplätzen für schwerbehinderte Menschen,
   b) für Zuschüsse zu Gebühren, insbesondere Prüfungsgebühren, bei der Berufsausbildung besonders betroffener schwerbehinderter Jugendlicher und junger Erwachsener,

c) für Prämien und Zuschüsse zu den Kosten der Berufsausbildung behinderter Jugendlicher und junger Erwachsener, die
für die Zeit der Berufsausbildung schwerbehinderten Menschen nach § 68 Abs. 4 gleichgestellt worden sind,
d) für Prämien zur Einführung eines betrieblichen Eingliederungsmanagements und
e) für außergewöhnliche Belastungen, die mit der Beschäftigung schwerbehinderter Menschen im Sinne des § 72 Abs. 1
Nr. 1 Buchstabe a bis d, von schwerbehinderten Menschen
im Anschluss an eine Beschäftigung in einer anerkannten
Werkstatt für behinderte Menschen oder im Sinne des § 75
Abs. 2 verbunden sind, vor allem, wenn ohne diese Leistungen das Beschäftigungsverhältnis gefährdet würde,
3. an Träger von Integrationsfachdiensten einschließlich psychosozialer Dienste freier gemeinnütziger Einrichtungen und Organisationen sowie an Träger von Integrationsprojekten.
Es kann ferner Leistungen zur Durchführung von Aufklärungs-,
Schulungs- und Bildungsmaßnahmen erbringen.

(3a) Schwerbehinderte Menschen haben im Rahmen der Zuständigkeit des Integrationsamtes aus den ihm aus der Ausgleichsabgabe zur Verfügung stehenden Mitteln Anspruch auf Übernahme
der Kosten einer Berufsbegleitung nach § 38a Abs. 3.

(4) Schwerbehinderte Menschen haben im Rahmen der Zuständigkeit des Integrationsamtes für die begleitende Hilfe im Arbeitsleben aus den ihm aus der Ausgleichsabgabe zur Verfügung
stehenden Mitteln Anspruch auf Übernahme der Kosten einer
notwendigen Arbeitsassistenz.

(5) Verpflichtungen anderer werden durch die Absätze 3 und
4 nicht berührt. Leistungen der Rehabilitationsträger nach § 6
Abs. 1 Nr. 1 bis 5 dürfen, auch wenn auf sie ein Rechtsanspruch
nicht besteht, nicht deshalb versagt werden, weil nach den besonderen Regelungen für schwerbehinderte Menschen entsprechende Leistungen vorgesehen sind; eine Aufstockung durch Leistungen des Integrationsamtes findet nicht statt.

(6) § 14 gilt sinngemäß, wenn bei dem Integrationsamt eine Leistung zur Teilhabe am Arbeitsleben beantragt wird. Das Gleiche
gilt, wenn ein Antrag bei einem Rehabilitationsträger gestellt und
der Antrag von diesem nach § 16 Abs. 2 des Ersten Buches an das
Integrationsamt weitergeleitet worden ist. Ist die unverzügliche
Erbringung einer Leistung zur Teilhabe am Arbeitsleben erforderlich, so kann das Integrationsamt die Leistung vorläufig er-

bringen. Hat das Integrationsamt eine Leistung erbracht, für die ein anderer Träger zuständig ist, so erstattet dieser die auf die Leistung entfallenden Aufwendungen.

(7) Das Integrationsamt kann seine Leistungen zur begleitenden Hilfe im Arbeitsleben auch als persönliches Budget ausführen. § 17 gilt entsprechend.

1. Normzweck

1   § 102 normiert die Hauptaufgaben des Integrationsamtes. Daneben enthält § 102 Regelungskomplexe zur Zusammenarbeit mit anderen Beteiligten und benennt die dem Integrationsamt zur Verfügung stehenden Handlungsmöglichkeiten. Die Abs. 5 und 6 grenzen die Zuständigkeiten im Verhältnis zu den Rehabilitationsträgern ab. Die Aufzählung der Zuständigkeiten sind dabei nicht abschließend, sondern es finden sich weitere Regelungen z. B. im §§ 80, 81, 109, 11, 113.

2. Aufgabenkatalog (Abs. 1)

2   Die Vorschrift enthält entgegen ihrer Überschrift mehr als nur den Aufgabenkatalog der Integrationsämter, der vor allem in den Nrn. 1–4 des Abs. 1 Satz 1 dargestellt ist. Sie versucht darüber hinaus, die Integrationsämter in das Gefüge der mit der Integration behinderter Menschen betrauten Akteure sinnvoll einzugliedern, nennt in Abs. 2 Methoden, Ziele und Maßnahmen der begleitenden Hilfe und enthält in Abs. 3 einen Katalog möglicher Leistungen. Abs. 4 behandelt den Anspruch auf Arbeitsassistenz. Abs. 5 regelt das Verhältnis von Leistungen der begleitenden Hilfe zu Leistungen ähnlichen Zwecks, die von den Reha-Trägern zu erbringen sind. Abs. 6 schließlich stellt in gewissem Umfang die Integrationsämter in Fragen der Zuständigkeitsklärung bei Leistungen zur Teilhabe den Reha-Trägern gleich. Die etwas unübersichtliche Vorschrift enthält also ein multithematisches Bündel von Vorgaben des Bundesgesetzgebers.

Abs. 1 Satz 1 Nr. 1: Die Zuständigkeit des Integrationsamtes für die **3** Erhebung der Ausgleichsabgabe klärt schon § 77 Abs. 4. Dabei hat es Mehrfachanrechnungen bei der Beschäftigung besonders betroffener schwerbehinderter Menschen, die von Gesetzes wegen eintreten, von sich aus zu berücksichtigen. Die Mehrfachanrechnungen nach § 76 dagegen sind überwiegend durch eine Ermessensentscheidung der BA zu gewähren. An diese Entscheidung sind die Integrationsämter gebunden.

Abs. 1 Satz 1 Nrn. 2 und 4: Die Aufgaben des Integrationsamtes beim Kündigungsschutz werden in den §§ 85–92 detailliert dargestellt, Voraussetzungen und Zuständigkeit bei der einstweiligen Entziehung der besonderen Hilfe für Schwerbehinderte in § 117.

3. Begleitende Hilfe (Abs. 2 und 3)

Die in Abs. 1 Satz 1 Nr. 3 genannte begleitende Hilfe wird im weiteren **4** Text der Vorschrift des § 102 näher umschrieben. Eine umfassende gesetzliche Definition gibt es nicht. Es kann aber aus der Fassung des Begriffs selbst geschlossen werden, dass sich die Hilfe nicht auf ein konkretes Arbeitsverhältnis beziehen muss. Das Wort »Arbeitsleben« bezeichnet einen Geschehensablauf, der Zeiten im Arbeitsverhältnis, aber auch Arbeitslosigkeit, Selbstständigkeit usw. erfassen kann.[1] Abs. 2 Satz 2 bezeichnet die Zielsetzung der begleitenden Hilfe mit dem Wort »soll«, das eine Verpflichtung mit der Möglichkeit einer Abweichung in begründeten Ausnahmefällen umschreibt. Statuserhalt, maximale Nutzung des beruflichen Potenzials und Konkurrenzfähigkeit im Verhältnis zu andern Arbeitnehmern sind die Maßstäbe, an denen Leistungen der begleitenden Hilfe ausgerichtet werden sollen. Diese anspruchsvolle Zielsetzung entspricht dem in § 1 umrissenen Ziel des Gesamtgesetzes: »Selbstbestimmung« und »gleichberechtigte Teilhabe« auf dem höchsten Niveau, das sich erreichen lässt.[2] Die Leistungen sind Ermessensleistungen; der Einzelne hat einen Anspruch auf die pflichtgemäße und fehlerfreie Ausübung des Ermessens.[3] Die Behörde muss hierbei von Amts wegen tätig werden.[4] Die Betroffenen können verlangen, dass die Verteilung sachge-

---

1 *OVG NRW* v. 21.12.2007 – 12 A 2269/07
2 Obsiegend z.B. *VG Frankfurt* v. 10.11.2010 – 7 K 983/10.F
3 *BSG* v.12.12.2011 – B 13 R 79/11 R; *VG Augsburg* v. 5.11.2013 – Au 3 K 13.706; *VG München* v. 1.6.2005 – M 6b E 05.1020
4 Siehe das Wort »hinwirken« im Gesetzestext

recht erfolgt. Auch wenn oft vertreten wird, dass auf dem Rechtswege Ansprüche schwierig durchzusetzen sind, entspricht dies nicht der Rechtslage, denn auch Ermessensleistungen sind angreifbar.

Die Leistungsarten sind unterschiedlich. Geleistet werden kann an den schwerbehinderten Menschen und an einen Arbeitgeber. Die Leistung kann aus Geld, Sachen oder Dienstleistungen (z. B. Beratung) bestehen. Nach Abs. 3 Satz 1 Nr. 1 können die Kosten für die Beschaffung, Wartung und Instandsetzung technischer Hilfen, auch im Rahmen der Kraftfahrzeughilfe-Verordnung (KfzHV) zum Erreichen des Arbeitsplatzes, übernommen werden. Dabei sind aber nicht die Hilfsmittel im Rahmen des Krankenversicherungsrechts gemeint, denn diese wären vorrangig von der Krankenkasse zu erstatten, vgl. § 18 Abs. 1 Satz1 SchwbAV. Eine Subsidiarität besteht auch gegenüber Ansprüchen gegen die DRV auf Leistungen zur Teilhabe am Arbeitsleben, insoweit kommen Leistungen nach Abs. 3 nur in Betracht, wenn kein anderer Träger Leistungen zu erbringen hat. Nach Abs. 3 Satz 1 Nr. 2 können Leistungen an Arbeitgeber gezahlt werden, z. B. Hilfen für eine behinderungsgerechte Einrichtung von Arbeits- und Ausbildungsplätzen; ebenso können Gebühren, Kosten und Zuschüsse für die Berufsausbildung oder für das BEM übernommen werden (Abs. 3 Satz 1 Nr. 2 b-d). Zuletzt können auch Leistungen an den Arbeitgeber nach Abs. 3 Satz 1 Nr. 2e wegen außergewöhnlicher Belastungen im Rahmen des § 27 SchwbAV erbracht werden. Es kann sich bei den Leistungen auch um eine Institutionenförderung handeln. Dies ist eine mögliche Form der Bereitstellung psychosozialer Dienste nach Abs. 2 Satz 4 und die vorgeschriebene Form für Integrationsfachdienste nach Abs. 2 Satz 5. Für die Tätigkeiten »Einflussnahme und Schulungen« wird den Integrationsämtern keine Rechtsform nahe gelegt. Mit beidem kann also z. B. auch die Gewerkschaft beauftragt werden. Ferner können auch die Kosten für die Benutzung eines Gebärdendolmetscherdienstes eine notwendige technische Arbeitshilfe darstellen und gewährt werden.[5] Einzelheiten der begleitenden Hilfe in Form von Geldleistungen ergeben sich in detaillierter Form aus der Schwerbehindertenausgleichsabgabe-Verordnung (SchwbAV) sowie aus Absprachen der Bundesarbeitsgemeinschaft der Integrationsämter (BIH) und aus Erlassen der einzelnen Länder.

---

5 *VG Augsburg* v. 23. 7. 2014 – Au 3 K 13.350

4. Arbeitsassistenz (Abs. 4)

Unterschiedlich ist der Grad, in dem die Integrationsämter zur Er- 5
bringung von Leistungen verpflichtet werden. Die positive Einflussnahme auf Schwierigkeiten im Arbeitsverhältnis gehört zu den Ba-
sisaktivitäten. Hier wird eine etwas weichere Verpflichtung mit dem
Wort »sollen« angezeigt (Abs. 2 Nr. 6). Stärker ist die Verpflichtung
hinsichtlich der Benennung von Ansprechpartnern für Kammern
und Arbeitgeber (Nr. 7). Die Zeitform »befehlende Gegenwart« bedeutet eine unbedingte Verpflichtung. Ein klarer Rechtsanspruch
besteht hingegen auf eine notwendige Arbeitsassistenz nach Abs. 4,
§ 17 Abs. 1a SchwbAV. Alle anderen Leistungen »können« erbracht
werden und liegen damit im – pflichtgemäßen – Ermessen.[6]

Arbeitsassistenz i. S. v. Abs. 4 ist eine regelmäßige arbeitsbezogene 6
Unterstützungsleistung an einen schwerbehinderten Arbeitnehmer.[7] In den Empfehlungen der BIH heißt es dazu:»Zur Arbeitsassistenz zählen auch Vorlesekräfte für Blinde und hochgradig Sehe-
hinderte sowie – bei kontinuierlichem, umfangreicheren Bedarf –
Gebärden- bzw. Schriftsprachdolmetscher für hörgeschädigte Menschen. Gelegentliche bzw. anlassbezogene Dolmetschereinsätze werden hingegen auf der Basis der länderspezifischen Regelungen zur
Bezuschussung von Kosten für Gebärdensprach- und Schriftdol-
metscherleistungen in der jeweils aktuellen Fassung gefördert.« Die
Notwendigkeit der Arbeitsassistenz muss sich aus den Bedingungen der Eingliederung in das Arbeitsleben oder des Erhalts eines Arbeitsplatzes ergeben.

Da es sich bei der Arbeitsassistenz um eine subsidiäre Leistung handelt, muss zunächst geprüft werden, ob die Rehabilitationsträger
von Dritten eintrittspflichtig sind.[8] Die Leistung darf vom Integrationsamt nur erbracht werden, wenn nicht schon der Arbeitgeber
(§ 81 Abs. 3 und 4) oder ein Reha-Träger dazu verpflichtet ist (§ 18
Abs. 1 SchwbAV). Unter Bezugnahme auf die ausdrücklich genannte
Finanzierungsquelle – nämlich die Mittel, die dem Integrationsamt
aus der Ausgleichsabgabe zur Verfügung stehen – wird teilweise ge-

---

6 So auch zuletzt *VG München* v. 5. 9. 2013 – M 15 K 12.5409

7 *Kossens*, in Kossens/von der Heide/Maaß, SGB IX, § 102 Rn. 26

8 *SG Dresden* v. 17. 12. 2009 – S 24 KN 1653/09 ER unter Verweis auf die frühere
Rechtsprechung zur vergleichbaren Rechtslage nach dem SchwbG, *BSG*
v. 22. 9. 1981 – 1 RA 11/80

schlossen, dies bedeute eine Begrenzung.[9] Seien die Mittel erschöpft, laufe der Anspruch leer.[10] Die Frage ist höchstrichterlich nicht entschieden, allerdings wird eine Begrenzung der Ansprüche durch die zur Verfügung stehenden Mittel von der Rechtsprechung und Teilen der Literatur bejaht.[11] Dies kann nicht richtig sein. Ein Rechtsanspruch, der leer laufen kann, je nachdem wie der Leistungsverpflichtete seine Mittel bewirtschaftet, ist ein Widerspruch in sich. Die Limitierung der Ansprüche führt im Ergebnis zu einer Fehlsteuerung des Verwaltungshandelns, wodurch die Folgen unwirtschaftlichen Verhaltens auf den schwerbehinderten Menschen abgewälzt werden können. Nach einer Entscheidung des *OVG Berlin-Brandenburg*[12] steht den Integrationsämtern kein Ermessen zur Höhe der Mittel zu, weil dieses durch Wortlaut und Systematik der Vorschrift ausgeschlossen sei. Vielmehr sei der Umfang allein durch die Notwendigkeit begrenzt. Die Arbeitsassistenz als Gegenstand eines Rechtsanspruchs hat Vorrecht auf finanzielle Bedienung vor allen anderen Leistungen, die ins Ermessen gestellt sind. Die andere Pflichtleistung nach § 102 – die Benennung eines Ansprechpartners für Kammern und Arbeitgeber – wirft keine Kostenfolgen auf, da sich die Kosten dabei auf ein Telefonat oder einen Brief beschränken. Hat das Integrationsamt einmal seine Mittel überzogen, so hat es in rechtswidriger Weise gewirtschaftet. Dies darf nicht zu Lasten des Anspruchsberechtigten gehen. Das Amt muss deshalb in diesen Fällen notfalls einen Überbrückungskredit aufnehmen. Die Praxis wendet in diesen Fällen die Empfehlung für die Erbringung finanzieller Leistungen zur Arbeitsassistenz schwerbehinderter Menschen gem. § 102 Abs. 4 SGB IX vom BIH an, die unter *www.integrations aemter.de* abrufbar ist.

7   Abzugrenzen ist die Frage, »Ob« gezahlt wird, von der Höhe der dann zu zahlenden Leistung. Noch nicht abschließend geklärt ist die Frage, ob Abs. 4 der Behörde hinsichtlich der Höhe der zu übernehmenden Kosten einen Ermessensspielraum einräumt.[13] Nach dem Wortlaut der Vorschrift des § 102 Abs. 4 haben schwerbehinderte

9 *OVG Bremen* v. 15.10.2003 – 2 B 304/03; *Simon* in jurisPK-SGB IX, § 102 Rn. 81
10 *VG Bremen* v. 9.5.2003 – 7 K 2496/01, br 2003, 230; *Kossens*, in Kossens/von der Heide/Maaß, SGB IX, § 102 Rn. 332 m.w.N.
11 *OVG Bremen* v. 15.10.2003 – 2 B 304/03; Kossens, in Kossens/von der Heide/ Maaß, SGB IX, § 102 Rn. 32
12 *OVG Berlin-Brandenburg* v. 18.5.2011 – OVG 6 B1.09
13 Ausdrücklich offen gelassen durch *BVerwG* v.28.6.2010 – 5 B 66/09

Menschen unter den dort genannten Voraussetzungen Anspruch auf Übernahme der Kosten einer notwendigen Arbeitsassistenz. Aufgrund dessen muss richtigerweise gefolgert werden, dass schwerbehinderte Menschen grundsätzlich einen Rechtsanspruch auf volle Kostenübernahmen haben. Demgegenüber wird teilweise vertreten, dass die Höhe der Mittel für eine Arbeitsassistenz durch den Begriff der Notwendigkeit begrenzt sein soll, dieser Ansicht sollte nicht gefolgt werden.[14]

Abs. 5 stellt klar, dass die Leistungen der begleitenden Hilfe nicht **8** an die Stelle der gegenüber Reha-Trägern bestehenden Rechte treten und auch nicht zur Erhöhung dieser Leistungen verwendet werden dürfen.

5. Leistungspflicht bei weitergeleiteten Anträgen, Zuständigkeit (Abs. 6)

Durch § 14 werden die Integrationsämter, die nicht Rehabilitations- **9** träger im Sinne von § 6 sind, in die Zuständigkeitsregelung des § 14 einbezogen und müssen wie ein Rehabilitationsträger verfahren. D. h. Anträge auf Leistungen zur Teilhabe können fristwahrend auch an die Integrationsämter gestellt werden, unabhängig davon, ob diese im Einzelfall zuständig sind oder nicht. Bei Unzuständigkeit dürfen die Integrationsämter den Antrag an den für zuständig gehaltenen Träger innerhalb der Zweiwochenfrist nach Eingang des Antrages weiterleiten, der dann nach § 14 die Sachentscheidung treffen muss. Wird die Weiterleitung nicht innerhalb der Zweiwochenfrist gemacht, bleibt das Integrationsamt zuständig, auch wenn ein anderer Rehabilitationsträger zuständig gewesen wäre. Das Integrationsamt hat aber auch im umgekehrten Fall zu leisten, wenn ihm von einem anderen Träger ein Antrag fristgerecht weitergeleitet worden ist, selbst wenn es sich für unzuständig hält. Das Integrationsamt muss im Rahmen des »staatlichen Wächteramtes« in solchen Eilfällen in Vorleistung für andere Träger treten (Abs. 6 Satz 3), hat aber in jedem Fall bei anderweitiger Zuständigkeit für die Leistung einen Erstattungsanspruch (Abs. 6 Satz 4). Diese Regelung hat für den Antragsteller den Vorteil, dass er im Falle der Unzuständigkeit einer Behörde nicht zwischen diesen wahllos und ohne zeitliche Einschränkung hin und her geschoben werden kann. In zwei ober-

---

14 *OVG Berlin-Brandenburg* v. 18. 5. 2011 – OVG 6 B 10.09, zum Streit auch näher *VG Augsburg* v. 5. 11. 2013 – Au 3 K 13.706

gerichtlichen Entscheidungen wird klargestellt, dass das Integrationsamt für eine zügige und umfassende Leistungserbringung an die Betroffenen zuständig ist.[15] Insbesondere das *Bundesverwaltungsgericht* unterstreicht die umfassende Vorleistungspflicht und betont das staatliche Wächteramt.[16]

§ 103 Beratender Ausschuss für behinderte Menschen bei dem Integrationsamt

(1) Bei jedem Integrationsamt wird ein Beratender Ausschuss für behinderte Menschen gebildet, der die Teilhabe der behinderten Menschen am Arbeitsleben fördert, das Integrationsamt bei der Durchführung der besonderen Regelungen für schwerbehinderte Menschen zur Teilhabe am Arbeitsleben unterstützt und bei der Vergabe der Mittel der Ausgleichsabgabe mitwirkt. Soweit die Mittel der Ausgleichsabgabe zur institutionellen Förderung verwendet werden, macht der Beratende Ausschuss Vorschläge für die Entscheidungen des Integrationsamtes.

(2) Der Ausschuss besteht aus zehn Mitgliedern, und zwar aus
- zwei Mitgliedern, die die Arbeitnehmer und Arbeitnehmerinnen vertreten,
- zwei Mitgliedern, die die privaten und öffentlichen Arbeitgeber vertreten,
- vier Mitgliedern, die die Organisationen behinderter Menschen vertreten,
- einem Mitglied, das das jeweilige Land vertritt,
- einem Mitglied, das die Bundesagentur für Arbeit vertritt.

(3) Für jedes Mitglied ist ein Stellvertreter oder eine Stellvertreterin zu berufen. Mitglieder und Stellvertreter oder Stellvertreterinnen sollen im Bezirk des Integrationsamtes ihren Wohnsitz haben.

(4) Das Integrationsamt beruft auf Vorschlag
- der Gewerkschaften des jeweiligen Landes zwei Mitglieder,
- der Arbeitgeberverbände des jeweiligen Landes ein Mitglied,
- der zuständigen obersten Landesbehörde oder der von ihr bestimmten Behörde ein Mitglied,
- der Organisationen behinderter Menschen des jeweiligen Landes, die nach der Zusammensetzung ihrer Mitglieder dazu be-

---

15 Ausführlich zur Vorleistungspflicht *Dörte Busch* in RP-Reha 2/2014 S. 48 ff.
16 *BSG* v. 4. 6. 2013 – B 11 AL 8/12 R; *BVerwG* v. 10. 1. 2013 – 5 C 24/11

rufen sind, die behinderten Menschen in ihrer Gesamtheit zu vertreten, vier Mitglieder.
Die zuständige oberste Landesbehörde oder die von ihr bestimmte Behörde und die Bundesagentur für Arbeit berufen je ein Mitglied.

1. Normzweck

Abs. 1 sieht für jedes Integrationsamt einen Beratenden Ausschuss **1** für behinderte Menschen vor. Der Beratende Ausschuss besteht neben dem Widerspruchsausschuss, der nach § 119 ebenfalls bei jedem Integrationsamt vorgesehen ist. Durch die Hinzuziehung fachlich kompetenter Personen aus dem Kreis gesellschaftlich relevanter Gruppen soll eine dem Ziel des Gesetzes entsprechende Verwaltungspraxis und -steuerung gefördert werden. Der Ausschuss kann das Integrationsamt aber nur beraten, nicht jedoch eine Entscheidung des Integrationsamtes erzwingen.

2. Aufgaben

Die **Aufgaben** des Beratenden Ausschusses sind vielfältig. Er hat **2**
a) die Eingliederung der behinderten Menschen in das Arbeitsleben zu fördern,
b) das Integrationsamt bei der Durchführung dieses Gesetzes zu unterstützen und
c) bei der Vergabe der Mittel der Ausgleichsabgabe mitzuwirken.
Diese Aufgaben erfordern die **Beschäftigung des Beratenden Aus- 3 schusses mit der Situation behinderter Menschen** in der Region sowie in einzelnen Betrieben und Dienststellen, mit den geplanten und durchgeführten Maßnahmen der Integrationsämter, mit den zur Verfügung stehenden Instrumenten der Beratung und der finanziellen Hilfen an schwerbehinderte Menschen bzw. an Arbeitgeber, mit den organisatorischen und personellen Voraussetzungen der Aufgabenerfüllung sowie mit Möglichkeiten zur Verbesserung der Zusammenarbeit im Bereich des Integrationsamts.

In diesem Sinne muss sich der Beratende Ausschuss u. a. mit den folgenden Fragen und Problemen befassen:

- Wie können Beratung und Hilfestellungen zur Festigung der Stellung Schwerbehinderter in die Betriebe und Dienststellen getragen werden?
- Welche organisatorischen und personellen Voraussetzungen sind zum Ausbau der Kontakte zu den beschäftigungspflichtigen Betrieben und Dienststellen nötig, insbesondere zum Ausbau der systematischen Betriebsbesuche sowie zur Sicherung einer problemgerechten Einzelfallberatung?
- Wie können die finanziellen Hilfen nach diesem Gesetz noch gezielter eingesetzt werden? In welchen (Einzel-)Fällen sind Probleme aufgetreten? Wie können diese behoben werden?

3. Mitwirkungsrecht

4   Das Mitwirkungsrecht des Beratenden Ausschusses beim Integrationsamt ist zwar schwächer ausgestaltet als das des Beirates für die Rehabilitation der Behinderten, jedoch liegt die Einschaltung des Beratenden Ausschusses nicht im Belieben des Integrationsamts. Die umfassende Zuständigkeit des Ausschusses und sein gesetzlicher Auftrag gebieten, dass das Integrationsamt Entscheidungen von wesentlicher Bedeutung nicht ohne Einschaltung des Beratenden Ausschusses trifft. Bei auftretenden Zweifelsfragen sollte der Beratende Ausschuss einen Beschluss darüber fassen, dass er seine Einschaltung in dieser und in vergleichbaren Angelegenheiten für erforderlich hält und dem Integrationsamt vorlegen.

5   Der Beratende Ausschuss kann in allen Aufgabenbereichen der Integrationsämter nach diesem Gesetz Stellungnahmen abgeben, Empfehlungen, Anregungen und Vorschläge machen, die die Integrationsämter in ihren Überlegungen, Planungen, Maßnahmen und Erfolgskontrollen einzubeziehen haben. **Zur Formulierung konkreter Entscheidungsvorschläge** ist der Beratende Ausschuss, soweit es sich um die Verwendung von Ausgleichsabgabemitteln zur institutionellen Förderung handelt, nach Abs. 1 Satz 2 **ausdrücklich verpflichtet**. Das Integrationsamt ist zwar an Beschlüsse des Beratenden Ausschusses nicht – auch nicht in den Fällen des Abs. 1 Satz 2 – gebunden, es kann aber die Auffassung des Ausschusses nicht unbeachtet lassen, sondern muss diese in seine Überlegungen einbeziehen und eine abweichende Entscheidung dem Ausschuss gegenüber begründen. Fehlt im Bereich des § 103 Abs. 1 Satz 2 die

Beteiligung des Beratenden Ausschusses, so liegt ein **angreifbarer Verfahrensmangel** vor.

Der Aufgabenbereich des Beratenden Ausschusses ist abzugrenzen **6** von der Tätigkeit des **Widerspruchsausschusses** nach § 119. Grundsätzlich betrifft die Beratungstätigkeit des Ausschusses im Unterschied zum Widerspruchsausschuss nicht konkrete, sondern verallgemeinerbare Sachverhalte oder Themen von grundsätzlicher Bedeutung. Der Widerspruchsausschuss berät hingegen bei zu entscheidenden Einzelfällen, d. h. wenn die Betroffenen gegen eine Entscheidung Widerspruch (sog. Rechtsmittel) eingelegt haben. Der Widerspruchsausschuss hat im Gegensatz zum Beratenden Ausschuss tatsächliche Entscheidungsbefugnis: Er hilft dem Widerspruch ab oder erlässt einen Widerspruchsbescheid.

Zur Erfüllung seiner Aufgaben hat der Beratende Ausschuss ein **7** **Recht auf regelmäßige, rechtzeitige und umfassende Informationen** über auftretende Probleme, über durchgeführte und geplante Maßnahmen, über die Entwicklung der Zusammenarbeit mit Betrieben, Dienststellen und mit den zur Durchführung des Gesetzes berufenen Stellen sowie über den Erfolg durchgeführter Maßnahmen.

4. Zusammensetzung und weitere Vorschriften

Nach Abs. 2 besteht der Ausschuss aus 10 Mitgliedern – darunter je **8** zwei Arbeitnehmer- und Arbeitgebervertreter – sowie aus je einem Stellvertreter für jedes Mitglied. **Vorschlagsberechtigt** für die beiden Arbeitnehmervertreter und ihre beiden Stellvertreter sind die Gewerkschaften des jeweiligen Landes, in dem das Integrationsamt seinen Sitz hat. Das Integrationsamt hat die Ausschussmitglieder auf Vorschlag von Gewerkschaften und Arbeitgebern zu **berufen**, es ist dabei an die Vorschläge der in § 103 Abs. 4 genannten Personen gebunden und kann diese nicht austauschen. Es müssen zudem – um eine Beschlussfähigkeit des Ausschusses sicher zu stellen (§ 106) – auch Stellvertreter berufen werden.

Vorschlagsberechtigt können danach nur Gewerkschaften sein, die für die Vertretung von Arbeitnehmerinteressen in dem jeweiligen Land eine wesentliche Bedeutung haben. Da nach der neueren Rechtsprechung des *BAG* auch kleinere oder berufsständisch strukturierte Arbeitnehmerorganisationen als Gewerkschaft anerkannt werden, sofern sie Tarifverträge abgeschlossen haben und tariffähig waren, sind die Mitgliederzahlen und die hieraus folgende Arbeitskampffähigkeit der Gewerkschaften bei der Auswahl zu beachten[1]. (Arbeitnehmervereinigungen, die ihre Mitgliederzahlen nicht offenlegen, über keine nennenswerte Organisation verfügen und »Gefälligkeitstarifverträge« abschließen, sind als nicht tariffähig anzusehen.)

9 **Weitere Vorschriften über den Beratenden Ausschuss** (insbesondere zum Vorsitz, zur Beschlussfähigkeit, zur Amtszeit und zur ehrenamtlichen Tätigkeit der Mitglieder) enthält § 106. Zu den Vorschriften über den Beratenden Ausschuss sei ergänzend auch auf die ähnlichen Vorschriften über den Beratenden Ausschuss für behinderte Menschen bei der BA (vgl. § 105) und über den Beirat für die Teilhabe behinderter Menschen beim Bundesministerium für Arbeit und Soziales (vgl. § 64) hingewiesen.

§ 104 Aufgaben der Bundesagentur für Arbeit

(1) **Die Bundesagentur für Arbeit hat folgende Aufgaben:**
1. **die Berufsberatung, Ausbildungsvermittlung und Arbeitsvermittlung schwerbehinderter Menschen einschließlich der Vermittlung von in Werkstätten für behinderte Menschen Beschäftigten auf den allgemeinen Arbeitsmarkt,**
2. **die Beratung der Arbeitgeber bei der Besetzung von Ausbildungs- und Arbeitsplätzen mit schwerbehinderten Menschen,**
3. **die Förderung der Teilhabe schwerbehinderter Menschen am Arbeitsleben auf dem allgemeinen Arbeitsmarkt, insbesondere von schwerbehinderten Menschen,**
   a) **die wegen Art oder Schwere ihrer Behinderung oder sonstiger Umstände im Arbeitsleben besonders betroffen sind (§ 72 Abs. 1),**
   b) **die langzeitarbeitslos im Sinne des § 18 des Dritten Buches sind,**
   c) **die im Anschluss an eine Beschäftigung in einer anerkannten Werkstatt für behinderte Menschen oder einem Integrationsprojekt eingestellt werden,**
   d) **die als Teilzeitbeschäftigte eingestellt werden oder**
   e) **die zur Aus- oder Weiterbildung eingestellt werden,**
4. **im Rahmen von Arbeitsbeschaffungsmaßnahmen die besondere Förderung schwerbehinderter Menschen,**
5. **die Gleichstellung, deren Widerruf und Rücknahme,**

---

1 *BAG* v. 5.10.2010 – 1 ABR 88/09

6. die Durchführung des Anzeigeverfahrens (§ 80 Abs. 2 und 4),
7. die Überwachung der Erfüllung der Beschäftigungspflicht,
8. die Zulassung der Anrechnung und der Mehrfachanrechnung
   (§ 75 Abs. 2, § 76 Abs. 1 und 2),
9. die Erfassung der Werkstätten für behinderte Menschen, ihre
   Anerkennung und die Aufhebung der Anerkennung.

(2) Die Bundesagentur für Arbeit übermittelt dem Bundesministerium für Arbeit und Soziales jährlich die Ergebnisse ihrer Förderung der Teilhabe schwerbehinderter Menschen am Arbeitsleben auf dem allgemeinen Arbeitsmarkt nach dessen näherer
Bestimmung und fachlicher Weisung. Zu den Ergebnissen gehören Angaben über die Zahl der geförderten Arbeitgeber und
schwerbehinderten Menschen, die insgesamt aufgewandten Mittel und die durchschnittlichen Förderungsbeträge. Die Bundesagentur für Arbeit veröffentlicht diese Ergebnisse.

(3) Die Bundesagentur für Arbeit führt befristete überregionale
und regionale Arbeitsmarktprogramme zum Abbau der Arbeitslosigkeit schwerbehinderter Menschen, besonderer Gruppen
schwerbehinderter Menschen, insbesondere schwerbehinderter
Frauen, sowie zur Förderung des Ausbildungsplatzangebots für
schwerbehinderte Menschen durch, die ihr durch Verwaltungsvereinbarung gemäß § 368 Absatz 3 Satz 2 und Absatz 4 des Dritten Buches unter Zuweisung der entsprechenden Mittel übertragen werden. Über den Abschluss von Verwaltungsvereinbarungen
mit den Ländern ist das Bundesministerium für Arbeit und Soziales zu unterrichten.

(4) Die Bundesagentur für Arbeit richtet zur Durchführung der
ihr in Teil 2 und der ihr im Dritten Buch zur Teilhabe behinderter
und schwerbehinderter Menschen am Arbeitsleben übertragenen
Aufgaben in allen Agenturen für Arbeit besondere Stellen ein; bei
der personellen Ausstattung dieser Stellen trägt sie dem besonderen Aufwand bei der Beratung und Vermittlung des zu betreuenden Personenkreises sowie bei der Durchführung der sonstigen
Aufgaben nach Absatz 1 Rechnung.

(5) Im Rahmen der Beratung der Arbeitgeber nach Absatz 1 Nr. 2
hat die Bundesagentur für Arbeit

1. dem Arbeitgeber zur Besetzung von Arbeitsplätzen geeignete
   arbeitslose oder arbeitsuchende schwerbehinderte Menschen
   unter Darlegung der Leistungsfähigkeit und der Auswirkungen
   der jeweiligen Behinderung auf die angebotene Stelle vorzuschlagen,

2. ihre Fördermöglichkeiten aufzuzeigen, so weit wie möglich und erforderlich, auch die entsprechenden Hilfen der Rehabilitationsträger und der begleitenden Hilfe im Arbeitsleben durch die Integrationsämter.

Inhaltsübersicht Rn.

1. Normzweck

1 Während § 102 die Rolle und die Aufgaben des Integrationsamts bei der Durchführung des Gesetzes beschreibt, legt § 104 die insoweit bestehenden **Aufgaben der BA in einem Zuständigkeitskatalog** fest. Dieser Katalog hat vor allem deklaratorische Bedeutung. Die Aufzählung in § 104 ist nicht abschließend und verweist teilweise auf das SGB III und SGB IX.

2. Aufgabenkatalog (Abs. 1)

2 Die Auflistung der Aufgaben in Abs. 1 beginnt zunächst in der Nr. 1 mit der stichworthaften Benennung von Aufgaben, die sich bereits aus dem SGB III, in dem das Arbeitsförderungsrecht zusammengefasst ist, ergeben. Abs. 1 Nr. 1 normiert die Kernaufgaben der Bundesagentur für Arbeit mit der Berufsberatung und Arbeitsvermittlung, Nr. 2 die Beratung von Arbeitgebern bei der Besetzung von Ausbildungs- und Arbeitsplätzen und in Zusammenhang mit Abs. 5 die Pflicht der BA, die Leistungsfähigkeit und die Auswirkungen auf die angebotene Stelle zu beachten und Förderungsmöglichkeiten aufzuzeigen. Nach Abs. 1 Nr. 3 gehört auch zu den Aufgaben, die Teilhabe am Arbeitsleben von langzeitarbeitslosen schwerbehinderten Menschen zu fördern, ebenso die Teilhabe von schwerbehinderten Menschen, die im Anschluss an eine Beschäftigung in einer anerkannten Werkstatt für behinderte Menschen oder in einem Integrationsprojekt eingestellt werden, die als Teilzeitbeschäftigte oder zur Aus- und Weiterbildung eingestellt werden. Abs. 1 Nr. 4 dürfte mit Wegfall der §§ 260ff. SGB III zum 01. 04. 2012 keine praktische Relevanz mehr haben. Mit Abs. 1 Nr. 5 wird die Gleichstellung, deren Rücknahme und Widerruf als Auf-

gabe statuiert. Die Abs. 1 Nr. 6–8 normieren die Beschäftigungspflicht und deren Zusammenhang mit der Ausgleichsabgabe. Nach Abs. 1 Nr. 9 fällt die Erfassung und die Anerkennung sowie die Aberkennung von Werkstätten für behinderte Menschen in das Aufgabengebiet der BA. Die Verordnungsermächtigung ist in § 144 SGB X geregelt, von dieser wurde durch die Werkstättenverordnung (WVO) Gebrauch gemacht.

Im Allgemeinen bleibt es für die behinderten Menschen aber bei der **3** Grundentscheidung des SGB III über den Rechtscharakter der Instrumente der aktiven Arbeitsmarktpolitik. Es handelt sich um Kann-Leistungen, auf die kein Rechtsanspruch besteht.

Nur diejenigen Arbeitnehmer, die wegen Art und Schwere ihrer Be- **4** hinderung auf eine Maßnahme in einer besonderen Einrichtung angewiesen sind oder behindertenspezifische Maßnahmen benötigen, haben auf solche spezifischen Maßnahmen einen Rechtsanspruch. Gemeint sind damit im Wesentlichen die Leistungen der Berufsbildungswerke (für die berufliche Erstausbildung) und der Berufsförderungswerke (für die berufliche Weiterbildung).

Die Differenzierung hinsichtlich der Frage, ob ein **Rechtsanspruch** **5** eingeräumt wird oder nicht, ist äußerst fragwürdig, weil sie auf die Art der Maßnahme abstellt, aber nicht auf den Grad der Dringlichkeit einer Maßnahme unter dem Gesichtspunkt der Herstellung beruflicher Chancengleichheit für den Einzelnen. Dies wäre aber der einzige Maßstab, der im Licht von Art. 3 Abs. 3 Satz 2 GG zu vertreten wäre. Die Bundesregierung hatte bei der Redaktion des Entwurfs des SGB III zunächst vorgesehen, überhaupt keinen Rechtsanspruch auf berufsfördernde Maßnahmen der BA zugunsten schwerbehinderter Menschen einzuräumen. Auf Einsprüche der Träger von Berufsbildungswerken und Berufsförderungswerken, die die Finanzierungsgrundlagen ihrer Einrichtungen bedroht sahen, hat die Bundesregierung dann diese Differenzierung zu ihren Gunsten vorgenommen. Ein unter dem Gesichtspunkt der Gleichbehandlung vertretbares Differenzierungskriterium hat sie damit aber nicht gefunden. Der DGB hatte gefordert, im SGB III allen behinderten Menschen einen Rechtsanspruch auf Weiterbildung einzuräumen, die diese benötigen, um Chancengleichheit zu erlangen. Dies ist leider nicht umgesetzt worden.

Das SGB III sagt ferner nichts darüber aus, in welchem Umfang be- **6** hinderte Menschen bei der Gewährung allgemeiner Leistungen zur Eingliederung berücksichtigt werden müssen. Sie gelten allerdings als eine besonders förderungsbedürftige Personengruppe. Deswegen muss ihre Beteiligung an den Ermessensleistungen der aktiven Arbeitsförderung durch die einzelnen Arbeitsagenturen auch in den von diesen jährlich zu erstellenden Eingliederungsbilanzen dargestellt werden.

7 Hinsichtlich der in Abs. 1 Nr. 1 genannten Aufgabe der Arbeitsvermittlung schwerbehinderter Menschen bestimmt Abs. 4 näher, dass die BA für diese Aufgabe besondere Stellen einzurichten hat; diese Aufgabe hat sie durch die Einrichtung besonderer Stellen für Rehabilitation und Schwerbehindertenvermittlung erfüllt. Die Vermittler in den Reha/SB-Stellen haben Zugriff auf das EDV-getragene interne Informationssystem der BA über freie Stellen. Insoweit sind sie den Mitarbeitern in der allgemeinen Vermittlung gleichgestellt. Angesichts der besonderen Schwierigkeiten, die die Vermittlung schwerbehinderter Menschen häufig aufwirft, muss die Vermittlung dieses Personenkreises allerdings stärker bewerberorientiert gestaltet werden als im Bereich der allgemeinen Vermittlung. Das bedeutet, dass die Reha/SB-Stellen einen intensiven Außendienst betreiben müssen, um den Arbeitgebern die von ihnen betreuten schwerbehinderten Menschen individuell zu empfehlen. Es ist zudem notwendig, die Vermittlung schwerbehinderter Menschen zu einer modernen Dienstleistung weiterzuentwickeln. Diese muss in allen Fällen, in denen zur Herstellung von Chancengleichheit dies notwendig ist, Hilfen gegenüber den Vermittlungssuchenden bei der Berufsorientierung und Unterstützung bei der Bewerbung einschließlich der Abfassung von Bewerbungsschreiben umfassen. Gleichzeitig muss die Dienstleistung der Vermittlung sich auch an die Arbeitgeber richten, denn sie sollten auch nach der Einstellung hinsichtlich der Ausgestaltung des Arbeitsverhältnisses beraten werden. Ebenso muss ihnen möglichst viel von der teilweise recht komplizierten Antragstellung (Ausfüllen von Formularen u.Ä.) abgenommen werden. Der Personenkreis der schwerbehinderten Menschen sollte daher auch auf personaltechnischer Seite besser ausgestattet werden.

3. Berichtspflicht (Abs. 2) und Arbeitsmarktprogramme (Abs. 3)

8 Die BA erstattet nach Abs. 2 dem Bundesministerium für Arbeit und Soziales jährlich Bericht über die wichtigsten statistischen Daten der Teilhabe schwerbehinderter Menschen am Arbeitsleben – u. a. über Förderleistungen an Arbeitgeber zur Einstellung und Beschäftigung schwerbehinderter Menschen, über die Anzahl der Menschen mit

Behinderung und die Zahl der Rehabilitanden. Die Zahlen sind unter der Internetadresse *www.arbeitssagentur.de – Statistiken-Nach Themen-http://statistik.arbeitsgentur.de/Navigation/Statistik/Statistik-nach-Themen/Arbeitsmarktpolitische-Massnahmen/Eingliederung-behinderter-Menschen/Eingliederung-behinderter-Menschen-Nav. html* veröffentlicht.

Die BA kann nach Abs. 3 Arbeitsmarktprogramme zur Förderung der Teilhabe am Arbeitsmarkt durchführen. Die Finanzierung dieser Programme kann sowohl durch Mittelzuweisung der Integrationsämter als auch aus Bundesmitteln aufgrund einer Verwaltungsvereinbarung nach § 368 Abs. 32 und 43 SGB III erfolgen. Es besteht nach § 104 Abs. 3 Satz 2 eine Berichtspflicht der BA gegenüber dem Bundesministerium für Arbeit und Soziales bzgl. des Abschlusses von Verwaltungsvereinbarungen. Abs. 3 ermöglicht es der BA also, im Auftrag und aus Mitteln von Bundesländern, Arbeitsförderungsprogramme für schwerbehinderte Menschen durchzuführen. **9**

4. Reha/SB-Stellen (Abs. 4)

Abs. 4 regelt, wie die BA die personelle Ausstattung der Reha/SB-Stellen vorzunehmen hat. Der Gesetzgeber wollte in Anlehnung an Abs.1 durch die Möglichkeit der erhöhten Personalkapazität dem vermittlerischen Unterstützungsaufwand Rechnung tragen, der bei der Förderung behinderter Menschen verstärkt entsteht. Die Ausstattung muss dabei bedarfsgerecht sein. Damit reagiert der Gesetzgeber auf immer wieder vorgebrachte Kritik, die Reha/SB-Stellen seien sehr stark durch administrative Aufgaben belastet und könnten die besonders wichtige aktive Vermittlungtätigkeit zugunsten schwerbehinderter Menschen nicht in ausreichendem Umfang leisten. Der Maßstab für die personelle Ausstattung ist nicht sehr stringent formuliert. Auf seiner Grundlage könnten aber künftig die Verwaltungsausschüsse bei den Agenturen für Arbeit Anfragen an die Verwaltung richten. **10**

Darin kann z. B. nach der Zahl der Beschäftigten in den »besonderen Stellen«, nach einer differenzierten Aufstellung über ihre Tätigkeiten nach deren prozentualen Aufschlüsselung, nach der Binnenstruktur des Vermittlungsgeschäfts, aber auch danach, in wie vielen Fällen Arbeitgebern, die bei einem Vermittlungsgesuch angegeben hatten, die Stelle komme auch für einen schwerbehinderten Menschen in Frage, auch ein entsprechender Vermittlungsvorschlag gemacht wurde, in welcher Frist dies geschah und wie häufig dabei ein direkter Kontakt zum Arbeitgeber, etwa zur Klärung von Fördermöglichkeiten, aufgenommen wurde.

11 Abs. 5 wurde zum 01. 10. 2000 neu eingeführt. Ausgangserwägung war dabei, dass die Vermittlung schwerbehinderter Bewerber in der Vergangenheit häufig ohne die Darlegung der Einzelheiten erfolgte, die Arbeitgeber zur Einstellung eines schwerbehinderten Menschen hätten motivieren können.

§ 105 Beratender Ausschuss für behinderte Menschen bei der Bundesagentur für Arbeit

(1) Bei der Zentrale der Bundesagentur für Arbeit wird ein Beratender Ausschuss für behinderte Menschen gebildet, der die Teilhabe der behinderten Menschen am Arbeitsleben durch Vorschläge fördert und die Bundesagentur für Arbeit bei der Durchführung der in Teil 2 und im Dritten Buch zur Teilhabe behinderter und schwerbehinderter Menschen am Arbeitsleben übertragenen Aufgaben unterstützt.

(2) Der Ausschuss besteht aus elf Mitgliedern, und zwar aus

- zwei Mitgliedern, die die Arbeitnehmer und Arbeitnehmerinnen vertreten,
- zwei Mitgliedern, die die privaten und öffentlichen Arbeitgeber vertreten,
- fünf Mitgliedern, die die Organisationen behinderter Menschen vertreten,
- einem Mitglied, das die Integrationsämter vertritt,
- einem Mitglied, das das Bundesministerium für Arbeit und Soziales vertritt.

(3) Für jedes Mitglied ist ein Stellvertreter oder eine Stellvertreterin zu berufen.

(4) Der Vorstand der Bundesagentur für Arbeit beruft die Mitglieder, die Arbeitnehmer und Arbeitgeber vertreten, auf Vorschlag ihrer Gruppenvertreter im Verwaltungsrat der Bundesagentur für Arbeit. Er beruft auf Vorschlag der Organisationen behinderter Menschen, die nach der Zusammensetzung ihrer Mitglieder dazu berufen sind, die behinderten Menschen in ihrer Gesamtheit auf Bundesebene zu vertreten, die Mitglieder, die Organisationen der behinderten Menschen vertreten. Auf Vorschlag der Bundesarbeitsgemeinschaft der Integrationsämter und Hauptfürsorgestellen, beruft er das Mitglied, das die Integrati-

onsämter vertritt, und auf Vorschlag des Bundesministeriums für Arbeit und Soziales das Mitglied, das dieses vertritt.

1. Normzweck

Schon 1953 gab es nach § 22 SchwbG 1953 einen Beratenden Aus-   **1** schuss sowohl bei der Bundesanstalt für Arbeitsvermittlung und Arbeitslosenversicherung (jetzt Bundesagentur für Arbeit) als auch bei den Landesarbeitsämtern. Durch das Gesetz zur Weiterentwicklung des Schwerbehindertenrechts vom 24. 04. 1974 wurden die Ausschüsse bei den Landesarbeitsämtern (nun Regionaldirektionen) abgeschafft und es gab nur noch einen einzigen Beratenden Ausschuss bei der Hauptstelle der Bundesagentur. Demnach besteht nach § 105 Abs. 1 nur ein Beratender Ausschuss für behinderte Menschen **bei der Zentrale der BA** in Nürnberg. Der Beratende Ausschuss soll die Vertreter der behinderten Menschen und der Arbeitnehmer neben anderen zuständigen Gruppen und Stellen an der Durchführung der Aufgaben der BA beteiligen. Die besonderen Kenntnisse der Ausschussmitglieder in Fragen der Teilhabe schwerbehinderter Menschen in Arbeit und Beruf sind für die Arbeit der Verwaltung der BA ebenso unentbehrlich wie für die Selbstverwaltung.

2. Aufgabe des Ausschusses

Aufgabe des Beratenden Ausschusses ist die Unterstützung der BA   **2** sowohl bei der Durchführung der ihr nach SGB IX zustehenden Rechte als auch bei den Maßnahmen zur Förderung der beruflichen Teilhabe behinderter Menschen nach dem SGB III. Der Beratende Ausschuss soll dabei die Teilhabe durch Vorschläge unterstützen und fördern; er trifft aber keine Einzelfallentscheidungen, denn diese Aufgabe nehmen die Widerspruchsausschüsse gemäß § 120 wahr. Der Beratende Ausschuss kann aber beanspruchen, vor grundsätzlichen Entscheidungen umfassend informiert und bei dieser Gelegenheit auch angehört zu werden. Durch die Abgabe von Stellungnahmen, das Unterbreiten von Lösungsvorschlägen und neuen Ideen und durch die Ausübung des Informationsrechts wird eine Förderung der Rechte der behinderten Menschen erreicht. Die Mitwirkungsrechte sind denen der Beratenden Ausschüsse behinderter Menschen bei den Integrationsämtern in § 103 vergleichbar. Wie auch im Falle der Beratenden Ausschüsse bei den Integrationsämtern ist der Beratende Ausschuss bei der die Bundesagentur nicht verpflichtet, die Bewertungen des Ausschusses zu teilen oder seinen Empfehlungen zu folgen. Damit obliegt ihm keine Entscheidungskompetenz.

3. Bildung und Zusammensetzung des Ausschusses

3   Der Ausschuss **besteht aus elf Mitgliedern**, für die nach Abs. 3 jeweils ein Stellvertreter / eine Stellvertreterin zu berufen ist. Die elf Mitglieder setzen sich zusammen aus je zwei Mitgliedern aus der Gruppe der Arbeitnehmer /Arbeitnehmerinnen und Arbeitgeber, fünf aus der Gruppe der Organisation behinderter Menschen, einer aus dem Integrationsamt und einem Mitglied vom Bundesministerium für Arbeit und Soziales (BMAS). Die Gewichtung der Personen zeigt, dass den behinderten Menschen durch das Gesetz mehr Mitspracherecht eingeräumt werden sollte.

4   Der Vorstand der Bundesagentur für Arbeit beruft alle Mitglieder des Ausschusses. Er ist dabei an den Vorschlag der Vorschlagberechtigten gebunden. Diese sind für die Arbeitnehmer die Arbeitnehmervertreter des Verwaltungsrats der BA (§ 373 SGB III), für die Arbeitgeberseite entsprechend die Arbeitgebervertreter. Für die fünf Vertreter der Organisation der behinderten Menschen sind sämtliche Organisationen der behinderten Menschen zuständig; für die Integrationsämter ist die Bundesarbeitsgemeinschaft der Integrationsämter und Hauptfürsorgestellen die vorschlagende Organisation. Der Vertreter des BMAS wird vom BMAS selbst vorgeschlagen. § 105 enthält keine expliziten Regelungen zu den stellvertretenden Mitgliedern, jedoch richten sich der Vorschlag und die Berufung nach den oben dargestellten Regelungen der ständigen Mitglieder.

5   Für den Beratenden Ausschuss für Behinderte bei der BA gelten außer dieser Vorschrift die **in § 106 enthaltenen Vorschriften** zum Vorsitz, zur Beschlussfähigkeit, zur Amtszeit und ehrenamtlichen Tätigkeit der Mitglieder. Der Ausschuss ist beschlussfähig, wenn mindestens sechs Mitglieder anwesend sind. Es ist einfache Mehrheit zur Beschlussfassung ausreichend. Herrscht Stimmengleichheit, hat die Stimme des Vorsitzenden nicht mehr Stimmgewicht, son-

dern der eingebrachte Vorschlag für den Beschluss gilt als abgelehnt.

§ 106 Gemeinsame Vorschriften

(1) Die Beratenden Ausschüsse für behinderte Menschen (§§ 103, 105) wählen aus den ihnen angehörenden Mitgliedern von Seiten der Arbeitnehmer, Arbeitgeber oder Organisationen behinderter Menschen jeweils für die Dauer eines Jahres einen Vorsitzenden oder eine Vorsitzende und einen Stellvertreter oder eine Stellvertreterin. Die Gewählten dürfen nicht derselben Gruppe angehören. Die Gruppen stellen in regelmäßig jährlich wechselnder Reihenfolge den Vorsitzenden oder die Vorsitzende und den Stellvertreter oder die Stellvertreterin. Die Reihenfolge wird durch die Beendigung der Amtszeit der Mitglieder nicht unterbrochen. Scheidet der Vorsitzende oder die Vorsitzende oder der Stellvertreter oder die Stellvertreterin aus, wird er oder sie neu gewählt.

(2) Die Beratenden Ausschüsse für behinderte Menschen sind beschlussfähig, wenn wenigstens die Hälfte der Mitglieder anwesend ist. Die Beschlüsse und Entscheidungen werden mit einfacher Stimmenmehrheit getroffen.

(3) Die Mitglieder der Beratenden Ausschüsse für behinderte Menschen üben ihre Tätigkeit ehrenamtlich aus. Ihre Amtszeit beträgt vier Jahre.

1. Normzweck

Die Vorschrift trifft für die Beratenden Ausschüsse für behinderte **1** Menschen bei den Integrationsämtern und bei der BA (§§ 103, 105) **gemeinsame Regelungen** über
- den Vorsitzenden und dessen Stellvertreter (Abs. 1),
- die Beschlussfähigkeit (Abs. 2) und
- die Ehrenamtlichkeit sowie die Amtszeit der Mitglieder (Abs. 3).

Mit Ausnahme dieser vorgegebenen Regelungen können die Beratenden Ausschüsse und der Beirat ihre Geschäftsordnung autonom regeln.

2. Vorsitz und Stellvertreter

2 Die Mitglieder der Ausschüsse wählen den Vorsitzenden und dessen Stellvertreter. Die zu Wählenden müssen einer der repräsentierten Gruppe von Arbeitnehmern, Arbeitgebern und Organisationen behinderter Menschen angehören. Dabei dürfen der Vorsitz und die Stellvertretung nicht aus derselben Gruppe sein. Es findet ein jährlicher Wechsel des Vorsitzes und der Stellvertretung statt, weil jede Mitgliedergruppe repräsentiert werden soll. Die Reihenfolge, die nach dem ersten Turnus von drei Jahren feststeht, muss zukünftig eingehalten werden, auch wenn eine Amtszeit vorher endet. Scheidet z. B. der Vorsitzende vor Beendigung der einjährigen Amtszeit aus, wird der neue Vorsitzende als Nachfolger aus derselben Gruppe gewählt. Damit kann der Turnus nicht beeinflusst werden und jede Gruppe hat die Möglichkeit, die Amtszeit voll auszunutzen[1].

3. Beschlüsse

3 Eine Beschlussfähigkeit liegt vor, wenn mindestens die Hälfte der Mitglieder des jeweiligen Ausschusses anwesend ist. Es muss zudem ein Vorsitzender oder Stellvertreter teilnehmen, damit Beschlussfähigkeit vorliegt.[2] Wenn Beschlussfähigkeit gegeben ist, können Beschlüsse mit einfacher Mehrheit gefasst werden. Die Arbeit der Ausschüsse wird in der Öffentlichkeit kaum dargestellt. Es finden sich in den Internetauftritten der Integrationsämter und der Bundesagentur zumeist keine Hinweise zur aktuellen Besetzung der Ausschüsse und, soweit die Geheimhaltungspflicht nicht berührt ist, auch keine Protokolle oder Tagesordnungen zu den Sitzungen – dies sollte geändert werden.

4. Amtszeit und Ehrenamt

4 Die Amtszeit der Mitglieder der Ausschüsse beträgt vier Jahre. Abs. 3 enthält keine besonderen Vorschriften über die Abberufung der Mitglieder und ihrer Stellvertreter. Vor Ablauf der regulären Amtszeit kann dies durch eine Amtsniederlegung geschehen. Umstritten ist, ob die entsendende Gruppe ein Mitglied auch abberufen kann,

---

1 So auch HK-SGB IX-*Bieritz-Harder*, § 106 Rn. 3; *Pahlen*, in Neumann/Pahlen/ Majerski-Pahlen, SGB IX § 106 Rn. 4

2 HK-SGB IX-*Bieritz-Harder*, § 106 Rn. 4

insbesondere in den Fällen, in denen das Mitglied nicht mehr zur Gruppe gehört. Da die Mitglieder jedoch nicht weisungsgebunden sind, spricht viel für die Möglichkeit der Abberufung durch die entsendende Gruppe.[3] Die Amtsperiode von Ersatzmitgliedern endet mit der regulären Amtsperiode.

Das Amt wird als Ehrenamt unentgeltlich ausgeübt. Die Mitglieder der Ausschüsse sind nicht weisungsgebunden, sie erhalten für die Tätigkeit in den Ausschüssen keine Vergütung. Der **Grundsatz der Unentgeltlichkeit** der Ausübung des Ehrenamtes lässt aber die Erstattung von Auslagen wie Reisekosten usw. unberührt. Die Integrationsämter und die BA tragen die entsprechenden Auslagen für die Mitglieder bzw. für die stellvertretenden Mitglieder der bei ihnen bestehenden Beratenden Ausschüsse; die entsprechenden Kosten für den Beirat werden vom Bundesministerium für Gesundheit und Soziale Sicherung getragen. Mittel der Ausgleichsabgabe dürfen für diese Auslagen nicht verwendet werden.

§ 107 Übertragung von Aufgaben

(1) **Die Landesregierung oder die von ihr bestimmte Stelle kann die Verlängerung der Gültigkeitsdauer der Ausweise nach § 69 Abs. 5, für die eine Feststellung nach § 69 Abs. 1 nicht zu treffen ist, auf andere Behörden übertragen. Im Übrigen kann sie andere Behörden zur Aushändigung der Ausweise heranziehen.**

(2) **Die Landesregierung oder die von ihr bestimmte Stelle kann Aufgaben und Befugnisse des Integrationsamtes nach Teil 2 auf örtliche Fürsorgestellen übertragen oder die Heranziehung örtlicher Fürsorgestellen zur Durchführung der den Integrationsämtern obliegenden Aufgaben bestimmen.**

(3) **(weggefallen)**

---

3 So auch *Kossens*, in Kossens/von der Heide/Maaß, § 106 Rn. 8

1. Normzweck

1 Zweck der Vorschrift ist eine Zuständigkeitsregelung. § 107 Abs. 1 regelt, dass Landesregierungen oder von ihr bestimmte Stellen die Gültigkeit eines Schwerbehindertenausweises verlängern können. Damit steht die Vorschrift in Verbindung mit § 69 Abs. 1. Nach § 107 Abs. 2 können Aufgaben von Integrationsämtern auf andere Behörden, zweckmäßigerweise örtliche Behörden, übertragen werden

2. Absatz 1

2 Grundsätzlich wird der Ausweis, der das Vorliegen einer Schwerbehinderteneigenschaft bestätigt, von der zuständigen Stelle nach § 69 Abs. 1 Satz 1, Abs. 5 Satz 1 ausgestellt und zumeist mit einer bestimmten Dauer versehen. Diese beträgt nach der SchwbAwV längstens fünf Jahre. Nur in ganz speziellen Ausnahmefällen kann der Ausweis unbefristet ausgestellt werden. In den anderen Fällen muss eine Verlängerung nach Ablauf der Befristung beantragt werden. Gem. **Abs. 1** kann die Verlängerung von Ausweisen, für die eine neue Feststellung nach § 69 Abs. 1 nicht zu treffen ist, auf andere Behörden als den Versorgungsämtern übertragen werden, wie z. B. sämtliche Behörden der Kommunen oder des Landes. Auch die Aushändigung der Ausweise kann auf andere Behörden übertragen werden, § 107 Abs. 1 Satz 2.

3. Absatz 2

3 Durch **Abs. 2** wird die Landesregierung oder die von ihr bestimmte Stelle ermächtigt, Aufgaben und Befugnisse der Integrationsämter auf **örtliche Fürsorgestellen** zu übertragen. Damit ist auch die Übertragung von Kernaufgaben der Integrationsämter, insbesondere die Durchführung des besonderen Kündigungsschutzes, auf die Fürsorgestellen möglich. Dabei sind örtliche Fürsorgestelle zumeist Kreise oder kreisfreie Städte. Die Übertragung ändert aber an der sachlichen Zuständigkeit der Integrationsämter nichts. Aufgrund der hierfür notwendigen hohen fachlichen Spezialisierung und um den Schutz der schwerbehinderten Menschen zu gewährleisten, sollte jedoch auf die Übertragung dieser Aufgaben verzichtet werden.

§ 108 Verordnungsermächtigung

Die Bundesregierung wird ermächtigt, durch Rechtsverordnung mit Zustimmung des Bundesrates das Nähere über die Voraussetzungen des Anspruchs nach § 33 Abs. 8 Nr. 3 und § 102 Abs. 4 sowie über die Höhe, Dauer und Ausführung der Leistungen zu regeln.

Diese sehr weitgehende Ermächtigung bezieht sich auf **Leistungen zur Arbeitsassistenz** in ihren beiden Formen, nämlich die Erbringung durch Rehabilitationsträger und die Leistung der Integrationsämter. In den beiden genannten gesetzlichen Bestimmungen wird die Leistung nur sehr grob mit dem Begriff »notwendige Arbeitsassistenz« umschrieben. Eine interpretatorische Klärung dieses Begriffs ist unverzichtbar, wenn man überhaupt die Verordnungsermächtigung als mit rechtsstaatlichen Grundsätzen vereinbar ansehen will. Gäbe der gesetzliche Begriff gar keine Anhaltspunkte dafür, wann der Anspruch, in welchem Umfang und für welche Zeit gegeben sein soll, so wären alle entscheidenden Fragen auf die Verordnung verlagert. Art. 80 GG verlangt aber, dass Zweck und Ausmaß einer Ermächtigung im Gesetz bestimmt werden. **1**

Anknüpfungspunkt für den Begriff der Notwendigkeit kann nur das Grundziel des Schwerbehindertenrechts sein, nämlich schwerbehinderten Menschen die gleichberechtigte Teilhabe am Arbeitsleben zu ermöglichen. Zur Realisierung dieses Ziels für die einzelne Person sind alle die Assistenzmaßnahmen notwendig, ohne die der Berechtigte einen Arbeitsplatz nicht erlangen, behalten oder optimal ausfüllen könnte. Das Teilhabeprinzip drückt Gleichberechtigung bei der Realisierung aller berufsbezogenen Grundrechte aus. Dazu gehört auch die freie Wahl von Ausbildung, Beruf und Arbeitsplatz. Eine Arbeitsassistenz kann deswegen nicht etwa versagt werden, weil auch eine andere Arbeitsmöglichkeit zur Verfügung steht, für die der Berechtigte keine Assistenz benötigen würde. Das Wunsch- und Wahlrecht des Leistungsberechtigten (§ 9) darf nicht unterlaufen werden, indem Assistenz für anspruchsvollere Berufsausübung unter Verweis auf das Vorhandensein von Beschäftigungsmöglichkeiten, die keinen Assistenzbedarf auslösen, verweigert wird. **2**

Daraus wird auch deutlich, dass die Verordnung auf die Bedürfnisse des Einzelfalls wird abstellen müssen. Der Bedarf erweist sich erst aus dem Zusammenspiel von Beeinträchtigungen beim Betroffenen **3** und Anforderungen am konkreten Arbeitsplatz. Typisierende Erfassungen, die z. B. pauschale Förderzeiten und Kosten begrenzen, lassen sich auf der Grundlage der Ermächtigung nicht rechtfertigen.

4 Von der Ermächtigung ist bisher kein Gebrauch gemacht worden. Die Rehabilitationsträger haben deshalb gemeinsame Empfehlungen vereinbart und erlassen in Form der »Empfehlung der Bundesarbeitsgemeinschaft der Integrationsämter und Hauptfürsorgestellen (BIH) für die Erbringung finanzieller Leistungen zur Arbeitsassistenz schwerbehinderter Menschen gemäß § 102 Abs. 4 SGB IX«. Der Erlass der Empfehlungen hindert die Geltendmachung des Anspruchs auf Bewilligung der Kosten für eine Arbeitsassistenz nicht, hierauf besteht ein Rechtsanspruch. Auch einer gerichtlichen Überprüfung des Anspruchs auf Arbeitsassistenz stehen diese nicht im Wege. Sie beeinflussen hierbei allerdings die verwaltungsgerichtliche Überprüfung, weil sie von der Rechtsprechung zur Beurteilung der Notwendigkeit einer Arbeitsassistenz und zur Höhe des Leistungsanspruchs ergänzend herangezogen werden; die Empfehlungen werden als Orientierungshilfe verstanden. Soweit die Leistungsträger diese Empfehlungen zur Ausübung ihres Ermessens heranziehen, sind sie inhaltlich an die hierdurch selbst gezogenen Grenzen gebunden.

Kapitel 7
Integrationsfachdienste

§ 109 Begriff und Personenkreis

(1) **Integrationsfachdienste sind Dienste Dritter, die bei der Durchführung der Maßnahmen zur Teilhabe schwerbehinderter Menschen am Arbeitsleben beteiligt werden.**

(2) **Schwerbehinderte Menschen im Sinne des Absatzes 1 sind insbesondere**

1. **schwerbehinderte Menschen mit einem besonderen Bedarf an arbeitsbegleitender Betreuung,**

2. **schwerbehinderte Menschen, die nach zielgerichteter Vorbereitung durch die Werkstatt für behinderte Menschen am Arbeitsleben auf dem allgemeinen Arbeitsmarkt teilhaben sollen und dabei auf aufwendige, personalintensive, individuelle arbeitsbegleitende Hilfen angewiesen sind sowie**

3. schwerbehinderte Schulabgänger, die für die Aufnahme einer Beschäftigung auf dem allgemeinen Arbeitsmarkt auf die Unterstützung eines Integrationsfachdienstes angewiesen sind.

(3) Ein besonderer Bedarf an arbeits- und berufsbegleitender Betreuung ist insbesondere gegeben bei schwerbehinderten Menschen mit geistiger oder seelischer Behinderung oder mit einer schweren Körper-, Sinnes- oder Mehrfachbehinderung, die sich im Arbeitsleben besonders nachteilig auswirkt und allein oder zusammen mit weiteren vermittlungshemmenden Umständen (Alter, Langzeitarbeitslosigkeit, unzureichende Qualifikation, Leistungsminderung) die Teilhabe am Arbeitsleben auf dem allgemeinen Arbeitsmarkt erschwert.

(4) Der Integrationsfachdienst kann im Rahmen der Aufgabenstellung nach Absatz 1 auch zur beruflichen Eingliederung von behinderten Menschen, die nicht schwerbehindert sind, tätig werden. Hierbei wird den besonderen Bedürfnissen seelisch behinderter oder von einer seelischen Behinderung bedrohter Menschen Rechnung getragen.

Die gesetzliche Regelung der Integrationsfachdienste in Kapitel 7 des Teils 2 des SGB IX wurde mit Inkrafttreten des SGB IX zum 1.7.2001 in dieses Gesetz neu aufgenommen. Mit dem Instrument selbst bestehen bereits seit einigen Jahren Erfahrungen. Sie stammen allerdings weniger aus dem Aufgabenbereich der BA als aus dem der Integrationsämter. Diese hatten unter verschiedenen Bezeichnungen Dienste beauftragt, Schwerbehinderte und sie beschäftigende Arbeitgeber bei der Aufrechterhaltung des Arbeitsverhältnisses zu unterstützen. Aus der Tätigkeit dieser Dienste war die Erkenntnis gewonnen worden, dass die längerfristige Beratung und Betreuung, die solche Dienste erbringen können, die Aussichten bestimmter Behindertengruppen auf dauerhafte Beschäftigung erhöhen. Durch den kontinuierlichen Anstieg der Arbeitslosigkeit schwerbehinderter Menschen war die Frage aufgeworfen worden, ob solche Dienste nicht auch bei deren Vermittlung in Arbeit sinnvoll eingesetzt werden könnten. Es stand dabei zunächst zur Diskussion, ob nicht die Reha/SB-Stellen der Arbeitsämter selbst ihre Vermittlungsdienste so ausbauen könnten, dass dabei dem Betreuungsbedarf von Gruppen besonders schwierig zu vermittelnder schwerbehinderter Menschen entsprochen werden könnte. Für eine solche Lösung sprach, dass das Netz der Reha/SB-Stellen bereits in allen Arbeitsämtern vorhanden war und sich durch dessen Nutzung Kosten und

Effizienzverluste, wie sie mit der Einschaltung einer neuen Institution verbunden sind, vermeiden ließen. Dagegen sprachen die durch die hohe Gesamtarbeitslosigkeit bedingte Belastung der Arbeitsämter durch eine Vielzahl von Vermittlungsansprüchen und die Unterschiedlichkeit des Kerngeschäfts der möglichst zügigen Vermittlung einerseits und der besonderen Aufgabe sehr personenbezogener und längerfristiger Betreuung, wie sie für Integrationsfachdienste typisch ist, auf der anderen Seite. Ein anderer Aspekt, der für einen eigenständigen Dienst sprach, war die Möglichkeit von dessen gemeinsamer Nutzung durch die Arbeitsämter (bis zur Begründung eines Arbeitsverhältnisses) und durch die Integrationsämter (während des Bestehens).

2   Nach Abs. 1 handelt es sich um Dienste Dritter. Damit ist gemeint, dass sie nicht aus eigenem Recht, sondern im Auftrag der Leistungsträger nach dem Gesetz tätig werden. Sie werden in § 111 Abs. 1 genannt. Es handelt sich um die Integrationsämter und die Reha-Träger. Damit haben wir es mit einem Akt bewussten Outsourcings zu tun. Dies hat einen Sinn darin, dass eine einzige Institution verwandte Leistungen für eine Mehrheit von Trägern erbringen kann, diese also nicht je für sich die entsprechenden Fähigkeiten bereithalten müssen. Gleichzeitig wird diese Form des Outsourcings ausdrücklich als ein Weg ausgewiesen, auf dem die Integrationsämter entgegen der Länderverpflichtung zur Bereithaltung des Personals (§ 77 Abs. 5) Personalkosten als aus der Ausgleichsabgabe zu finanzierende Ausgaben von den Ländern abwälzen können (§ 113). Es ist rechtlich auch außerhalb des Zusammenhangs der Integrationsfachdienst relevant, dass die Finanzierung aus der Ausgleichsabgabe ausdrücklich zugelassen wird. Im Umkehrschluss ist daraus zu entnehmen, dass Outsourcing für andere als die Zwecke der Fachdienste unzulässig ist, soweit es an einer ausdrücklichen Ausnahmevorschrift zu § 77 Abs. 5 fehlt.

3   Abs. 2 steuert die Auswahl der Personen, denen eine Betreuung durch die Dienste angeboten werden soll. Nr. 1 ist dabei die Auffangnorm, die den Arbeitsämtern einen breiten Beurteilungsspielraum einräumt. Nr. 2 bringt zum Ausdruck, dass der Gesetzgeber die Tätigkeit in einer Werkstatt für behinderte Menschen als Notlösung ansieht, der gegenüber Integration auf dem allgemeinen Arbeitsmarkt zu bevorzugen ist.

4   Abs. 3 trägt dem Umstand Rechnung, dass der zuerkannte Grad der Behinderung allein nur begrenzte Aussagefähigkeit hinsichtlich der im Einzelfall gegebenen Vermittlungsschwierigkeiten hat.

In Absatz 4 findet sich explizit eine wichtige Ausdehnung der Ziel- 5
gruppe auf behinderte Menschen, bei denen der Status der Schwerbehinderung (noch) nicht besteht. Gemeint sind nicht Gleichgestellte
i. S. v. §§ 2 Abs. 3, 68 Abs. 2, da sie ohnehin in den Anwendungsbereich der Vorschrift fallen (§ 68 Abs. 3). In den persönlichen Anwendungsbereich der Integrationsfachdienste zusätzlich einbezogen
werden vielmehr behinderte Menschen mit einem GdB unter 50, die
nicht über einen Gleichstellungsbescheid verfügen. Dies ist sachge-
recht, da der persönliche Unterstützungsbedarf, der die Beteiligung
von Integrationsfachdiensten rechtfertigt, nicht schematisch von
der Feststellung eines bestimmten Status abhängt. Gerade bei den in
Abs. 4 Satz 2 angesprochenen Menschen mit einer bestehenden oder
drohenden seelischen Behinderung oder mit psychischen Erkrankungen und Beeinträchtigungen bedarf es insoweit einer besonders
intensiven Unterstützung, besonders zum Einstieg in das Erwerbsleben oder zur Sicherung des Arbeitsplatzes. Diese Auslegung des
§ 109 Abs. 4 ist im Hinblick auf die EU-Antidiskriminierungs-
richtlinie 2000/78/EG und die UN-Behindertenrechtskonvention
(UNBRK) angezeigt. Diese sehen, anders als das deutsche Recht,
eine Differenzierung zwischen behinderten Menschen und schwerbehinderten Menschen nicht vor. Nach der Rechtsprechung des
EuGH[1] ist dabei in Anschluss an die UN-Behindertenrechtskonvention (UNBRK) von einem weiten Behinderungsbegriff auszugehen.
Danach sind auch heilbare oder unheilbare Krankheiten zugleich
Behinderungen, wenn sie lang andauernde Einschränkungen mit
sich bringen, die insbesondere auf physische, geistige oder psychische Beeinträchtigungen zurückzuführen sind, die in Wechselwirkung mit verschiedenen Barrieren an der vollen und wirksamen
gleichberechtigten Teilhabe im Arbeitsleben hindern können.
Eine Beschränkung der Tätigkeit der Integrationsfachdienste auf
Personen, die bereits als schwerbehinderte Menschen anerkannt
oder ihnen gleichgestellt sind, wäre zudem systematisch unverein-
bar mit dem (unter Umständen bereits) bestehenden Sonderkündigungsschutz (§§ 85 ff.) noch nicht anerkannter behinderter Menschen.

---

1 Vgl. *EuGH* v. 11.4.2013 – C-335/11 und C-337/11, NZA 2013, 553 ff. und
EuGH v. 18.12.2014 – C-354/13

§ 110 Aufgaben

(1) Die Integrationsfachdienste können zur Teilhabe schwerbehinderter Menschen am Arbeitsleben (Aufnahme, Ausübung und Sicherung einer möglichst dauerhaften Beschäftigung) beteiligt werden, indem sie

1. die schwerbehinderten Menschen beraten, unterstützen und auf geeignete Arbeitsplätze vermitteln,

2. die Arbeitgeber informieren, beraten und ihnen Hilfe leisten.

(2) Zu den Aufgaben des Integrationsfachdienstes gehört es,

1. die Fähigkeiten der zugewiesenen schwerbehinderten Menschen zu bewerten und einzuschätzen und dabei ein individuelles Fähigkeits-, Leistungs- und Interessenprofil zur Vorbereitung auf den allgemeinen Arbeitsmarkt in enger Kooperation mit den schwerbehinderten Menschen, dem Auftraggeber und der abgebenden Einrichtung der schulischen oder beruflichen Bildung oder Rehabilitation zu erarbeiten,

1a. die Bundesagentur für Arbeit auf deren Anforderung bei der Berufsorientierung und Berufsberatung in den Schulen einschließlich der auf jeden einzelnen Jugendlichen bezogenen Dokumentation der Ergebnisse zu unterstützen,

1b. die betriebliche Ausbildung schwerbehinderter, insbesondere seelisch und lernbehinderter Jugendlicher zu begleiten,

2. geeignete Arbeitsplätze (§ 73) auf dem allgemeinen Arbeitsmarkt zu erschließen,

3. die schwerbehinderten Menschen auf die vorgesehenen Arbeitsplätze vorzubereiten,

4. die schwerbehinderten Menschen, solange erforderlich, am Arbeitsplatz oder beim Training der berufspraktischen Fähigkeiten am konkreten Arbeitsplatz zu begleiten,

5. mit Zustimmung des schwerbehinderten Menschen die Mitarbeiter im Betrieb oder in der Dienststelle über Art und Auswirkungen der Behinderung und über entsprechende Verhaltensregeln zu informieren und zu beraten,

6. eine Nachbetreuung, Krisenintervention oder psychosoziale Betreuung durchzuführen sowie

7. als Ansprechpartner für die Arbeitgeber zur Verfügung zu stehen, über die Leistungen für die Arbeitgeber zu informieren und für die Arbeitgeber diese Leistungen abzuklären,

8. in Zusammenarbeit mit den Rehabilitationsträgern und den Integrationsämtern die für den schwerbehinderten Menschen

benötigten Leistungen zu klären und bei der Beantragung zu unterstützen.

Hier wird ein Arbeitsprogramm der Integrationsfachdienste skizziert. In Abs. 2 werden vom Gesetzgeber als notwendig erachtete Einzeldienstleistungen angeführt. Der Einleitungssatz (»Zu den Aufgaben ... gehört es«) verdeutlicht aber, dass diese Aufzählung die Innovationsbereitschaft der Dienste nicht bremsen soll. Diese können sie im Rahmen ihres allgemeinen in Abs. 1 formulierten Auftrags und im Benehmen mit dem Auftraggeber entfalten.[1]

§ 111 Beauftragung und Verantwortlichkeit

(1) Die Integrationsfachdienste werden im Auftrag der Integrationsämter oder der Rehabilitationsträger tätig. Diese bleiben für die Ausführung der Leistung verantwortlich.

(2) Im Auftrag legt der Auftraggeber in Abstimmung mit dem Integrationsfachdienst Art, Umfang und Dauer des im Einzelfall notwendigen Einsatzes des Integrationsfachdienstes sowie das Entgelt fest.

(3) Der Integrationsfachdienst arbeitet insbesondere mit

1. den zuständigen Stellen der Bundesagentur für Arbeit,

2. dem Integrationsamt,

3. dem zuständigen Rehabilitationsträger, insbesondere den Berufshelfern der gesetzlichen Unfallversicherung,

4. dem Arbeitgeber, der Schwerbehindertenvertretung und den anderen betrieblichen Interessenvertretungen,

5. der abgebenden Einrichtung der schulischen oder beruflichen Bildung oder Rehabilitation mit ihren begleitenden Diensten und internen Integrationsfachkräften oder -diensten zur Unterstützung von Teilnehmenden an Leistungen zur Teilhabe am Arbeitsleben,

5a. den Handwerks-, den Industrie- und Handelskammern sowie den berufsständigen Organisationen,

6. wenn notwendig auch mit anderen Stellen und Personen,

eng zusammen.

(4) Näheres zur Beauftragung, Zusammenarbeit, fachlichen Leitung, Aufsicht sowie zur Qualitätssicherung und Ergebnisbeob-

---

1 Vgl. Näheres hierzu in FKS-*Faber/Kiesche*, § 110 Rn. 6 und 7.

achtung wird zwischen dem Auftraggeber und dem Träger des Integrationsfachdienstes vertraglich geregelt. Die Vereinbarungen sollen im Interesse finanzieller Planungssicherheit auf eine Dauer von mindestens drei Jahren abgeschlossen werden.

(5) Die Integrationsämter wirken darauf hin, dass die berufsbegleitenden und psychosozialen Dienste bei den von ihnen beauftragten Integrationsfachdiensten konzentriert werden.

1　Abs. 1 und 2 gewährleisten eine Hoheit der Integrationsämter oder anderer Rehabilitationsträger über die Auftragsdurchführung. Diese wird nicht vereinbart, sondern im Auftrag »**in Abstimmung**« mit **dem Integrationsfachdienst** festgelegt. Durch das Prozedere der Abstimmung ist vor allen Dingen sicherzustellen, dass die Fachkunde der Integrationsdienste schon in die Auftragsbestimmung und deren Einzelheiten mit eingeht.

2　**Abs. 3 verpflichtet die Integrationsfachdienste zur Zusammenarbeit** mit allen für den Erfolg ihrer Arbeit relevanten Stellen. Erfahrungen belegen, dass es bei der Vermittlung für den von den Diensten angesprochenen Personenkreis auch darauf ankommt, Einzelpersonen und Institutionen in potenziellen Beschäftigungsbetrieben zu gewinnen, die ein besonderes Engagement für die Anliegen schwervermittelbarer Bewerber zeigen. Das ist nicht unbedingt die vom Arbeitgeber als verantwortlich bezeichnete Person. Als besonders wichtig haben sich kontinuierliche Kontakte zur Schwerbehindertenvertretung und zum Betriebsrat erwiesen. Aber auch zu anderen Beschäftigten, etwa zu einem bestimmten Abteilungsleiter, können Dauerkontakte von Nutzen sein. Die mit dem Änderungsgesetz vom 23. 4. 2004 neu eingeführte Nr. 5a in Abs. 3 soll zur Verbesserung der Zusammenarbeit zwischen den Integrationsfachdiensten und Institutionen, in denen kleinere Betriebe erfasst sind und durch die sie erreichbar werden (IHKs und Handwerkskammern), dienen.

3　Abs. 1 besagt leider nur mittelbar, wie ein Betroffener an die Leistungen der Integrationsfachdienste gelangt. Es bedarf dazu eines Auftrags durch das Integrationsamt oder einen der Reha-Träger nach § 6. Wendet der Betroffene sich unmittelbar an den Dienst, so muss dieser ihn zunächst an einer der Träger weiterverweisen. Unmittelbar an den Fachdienst kann sich der Inhaber eines Vermittlungsscheins nach § 421g SGB III wenden. Die Dienste der Integrationsfachdienste sind Leistungen zur Teilhabe am Arbeitsleben i. S. v. § 33. Der Zugang richtet sich also auch nach den allgemeinen Bestimmungen. Es gilt insbesondere das Prinzip der Auswahl des Integrationsziels geeignetsten Mittels (Näheres hierzu s. § 1) und das Wunsch- und Wahlrecht (§ 9). Spätestens nach mehrwöchigen vergeblichen Vermittlungsbemühungen durch die BA hat diese deswegen die Kosten von Vermittlungsdiensten dieser besonderen Art zu übernehmen.[1]

Nach § 111 Abs. 5 wirken die Integrationsämter darauf hin, dass die berufsbegleitenden und psychosozialen Dienste bei den von ihnen beauftragten Integrationsfachdiensten konzentriert werden.

§ 112 Fachliche Anforderungen

(1) Die Integrationsfachdienste müssen

1. nach der personellen, räumlichen und sächlichen Ausstattung in der Lage sein, ihre gesetzlichen Aufgaben wahrzunehmen,

2. über Erfahrungen mit dem zu unterstützenden Personenkreis (§ 109 Abs. 2) verfügen,

3. mit Fachkräften ausgestattet sein, die über eine geeignete Berufsqualifikation, eine psychosoziale oder arbeitspädagogische Zusatzqualifikation und ausreichende Berufserfahrung verfügen, sowie

4. rechtlich oder organisatorisch und wirtschaftlich eigenständig sein.

(2) Der Personalbedarf eines Integrationsfachdienstes richtet sich nach den konkreten Bedürfnissen unter Berücksichtigung der Zahl der Betreuungs- und Beratungsfälle, des durchschnittlichen Betreuungs- und Beratungsaufwands, der Größe des regionalen Einzugsbereichs und der Zahl der zu beratenden Arbeitgeber. Den besonderen Bedürfnissen besonderer Gruppen schwerbehinderter Menschen, insbesondere schwerbehinderter Frauen, und der Notwendigkeit einer psychosozialen Betreuung soll durch eine Differenzierung innerhalb des Integrationsfachdienstes Rechnung getragen werden.

(3) Bei der Stellenbesetzung des Integrationsfachdienstes werden schwerbehinderte Menschen bevorzugt berücksichtigt. Dabei wird ein angemessener Anteil der Stellen mit schwerbehinderten Frauen besetzt.

---

1 Weiteres zum Rechtsanspruch auf diese Leistung bei *Ritz*, in Bihr/Fuchs/Krauskopf, SGB IX, § 111 Rn. 4

Die Bevorzugung schwerbehinderter Bewerber für eine Tätigkeit in Integrationsfachdiensten (Abs. 3) dient nicht allgemeinen arbeitsmarktpolitischen Zielen, sondern beruht auf der Erfahrung, dass schwerbehinderte Menschen selbst oft die kenntnisreicheren und einfühlsameren Unterstützungspersonen sind. Sie bringen Erfahrungen aus dem eigenen gesundheitlichen und beruflichen Schicksal ein. Für die Personalauswahl bei anderen Trägern, die ebenfalls Integrationsleistungen an behinderte Menschen zu erbringen haben, ist der in Abs. 3 ausgedrückte Rechtsgedanke nicht ausdrücklich in das Gesetz aufgenommen worden. Eine entsprechende Regelung wäre nicht nur für die Integrationsämter und die BA zu erwarten, sondern für die gesamte Palette der Reha-Träger nach § 6. Es kann dem Gesetzgeber nicht unterstellt werden, dass er personelle Konsequenzen aus dem Grundsatz der Beratung durch Menschen aus vergleichbarer Lebenssituation (peer-counceling) nur für die schlechteren und unsicheren Arbeitsplätze bei den Integrationsfachdiensten ziehen wollte, nicht aber für die sicheren Jobs im öffentlichen Dienst der Integrationsämter und Sozialversicherungsträger oder Sozialämter. Bei dieser Auslegung wäre ja sehr deutlich gegen das Diskriminierungsverbot und den Gleichstellungsauftrag des Gesetzes verstoßen worden. Da aber Abs. 3 lediglich personalplanerische Konsequenzen aus rechtlichen und fachlichen Grundsätzen zieht, die ohnehin gelten, muss von der entsprechenden Geltung von Abs. 3 für die anderen Leistungsträger nach dem SGB IX ausgegangen werden.

§ 113 Finanzielle Leistungen

(1) **Die Inanspruchnahme von Integrationsfachdiensten wird vom Auftraggeber vergütet. Die Vergütung für die Inanspruchnahme von Integrationsfachdiensten kann bei Beauftragung durch das Integrationsamt aus Mitteln der Ausgleichsabgabe erbracht werden.**

(2) **Die Bundesarbeitsgemeinschaft der Integrationsämter und Hauptfürsorgestellen vereinbart mit den Rehabilitationsträgern nach § 6 Abs. 1 Nr. 2 bis 5 unter Beteiligung der maßgeblichen Verbände, darunter der Bundesarbeitsgemeinschaft, in der sich die Integrationsfachdienste zusammengeschlossen haben, eine gemeinsame Empfehlung zur Inanspruchnahme der Integrationsfachdienste durch die Rehabilitationsträger, zur Zusammenarbeit und zur Finanzierung der Kosten, die dem Integrationsfachdienst**

bei der Wahrnehmung der Aufgaben der Rehabilitationsträger entstehen. § 13 Abs. 7 und 8 gilt entsprechend.

Die Integrationsfachdienste sind »Dritte« (§ 109), die nicht Teil der BA, der Integrationsämter oder Reha-Träger, sondern Auftragnehmer sind. Die Höhe der finanziellen Leistungen wird zurzeit durch Rahmenbestimmungen in einer Vereinbarung nach § 111 Abs. 4 bestimmt. Das Bundesministerium für Arbeit und Soziales kann sie auch durch Verordnung festlegen (§ 115). Der Verweis auf die Mittel der Ausgleichsabgabe besagt, dass die BA hinsichtlich dieser Leistung nicht allein auf ihre satzungsmäßigen Haushaltsmittel verwiesen ist.

Absatz 2 in Verbindung mit § 17 Abs. 1 Nr. 2 verlangt die Vereinbarung einer Gemeinsamen Empfehlung der Bundesarbeitsgemeinschaft der Integrationsämter und Hauptfürsorgestellen mit den Rehabilitationsträgern, in der Einzelheiten der Inanspruchnahme der Integrationsfachdienste durch die Rehabilitationsträger und zur Finanzierung der Kosten der Integrationsfachdienste zu regeln sind.

Diese Aufforderung hat sich mittlerweile in der »Gemeinsamen Empfehlung Integrationsfachdienste« in der Fassung vom 01. 10. 2009[1] niedergeschlagen. Ist die »Gemeinsame Empfehlung Integrationsfachdienste« nach Auffassung des Bundesministeriums für Arbeit und Soziales unzureichend geworden, ist das Ministerium berechtigt, die Vereinbarung einer neuen Gemeinsamen Empfehlung zu verlangen (dazu § 115 Abs.2).

§ 114 Ergebnisbeobachtung

(1) Der Integrationsfachdienst dokumentiert Verlauf und Ergebnis der jeweiligen Bemühungen um die Förderung der Teilhabe am Arbeitsleben. Er erstellt jährlich eine zusammenfassende Darstellung der Ergebnisse und legt diese den Auftraggebern nach deren näherer gemeinsamer Maßgabe vor. Diese Zusammenstellung soll insbesondere geschlechtsdifferenzierte Angaben enthalten zu

1. den Zu- und Abgängen an Betreuungsfällen im Kalenderjahr,
2. dem Bestand an Betreuungsfällen,

---

1 Vgl. *www.bar-frankfurt.de/fileadmin/dateiliste/publikationen/gemeinsame-empfehlungen/downloads/2014–12–17_GE_IFD_2009_mit_Anlage.pdf*

3. der Zahl der abgeschlossenen Fälle, differenziert nach Aufnahme einer Ausbildung, einer befristeten oder unbefristeten Beschäftigung, einer Beschäftigung in einem Integrationsprojekt oder in einer Werkstatt für behinderte Menschen.

(2) Der Integrationsfachdienst dokumentiert auch die Ergebnisse seiner Bemühungen zur Unterstützung der Bundesagentur für Arbeit und die Begleitung der betrieblichen Ausbildung nach § 110 Abs. 2 Nr. 1a und 1b unter Einbeziehung geschlechtsdifferenzierter Daten und Besonderheiten sowie der Art der Behinderung. Er erstellt zum 30. September 2006 eine zusammenfassende Darstellung der Ergebnisse und legt diese dem zuständigen Integrationsamt vor. Die Bundesarbeitsgemeinschaft der Integrationsämter und Hauptfürsorgestellen bereitet die Ergebnisse auf und stellt sie dem Bundesministerium für Arbeit und Soziales zur Vorbereitung des Berichtes nach § 160 Abs. 2 bis zum 31. Dezember 2006 zur Verfügung.

Die Bestimmung regelt **zwei Berichtsformen:** Die zusammenfassende Darstellung mit den nackten statistischen Daten nach Abs. 1 und einen besonderen Bericht über die mit dem »Gesetz zur Förderung der Ausbildung und Beschäftigung schwerbehinderter Menschen« vom 23. 4. 2004 neu geregelte Aufgabe, im Auftrag der BA die berufliche Ausbildung behinderter Menschen zu fördern.
Die Berichte der BIH werden jährlich veröffentlicht.[1]
Absatz 2 ist inzwischen zeitlich überholt – vgl. Anm. zu § 160.
Die Einzelberichte der Integrationsfachdienste sind häufig im Internet einsehbar.[2]

§ 115 Verordnungsermächtigung

(1) Das Bundesministerium für Arbeit und Soziales wird ermächtigt, durch Rechtsverordnung mit Zustimmung des Bundesrates das Nähere über den Begriff und die Aufgaben des Integrationsfachdienstes, die für sie geltenden fachlichen Anforderungen und die finanziellen Leistungen zu regeln.
(2) Vereinbaren die Bundesarbeitsgemeinschaft der Integrationsämter und Hauptfürsorgestellen und die Rehabilitationsträger

---

1 Vgl. *www.integrationsaemter.de/BIH-Jahresbericht/459c/index.html*
2 Vgl. z. B. den Einzelbericht des IFD Karlsruhe von 2013 unter *www.bw-lv.de/ uploads/media/Jahresbericht_IFD_KA.pdf*

nicht innerhalb von sechs Monaten, nachdem das Bundesministerium für Arbeit und Soziales sie dazu aufgefordert hat, eine gemeinsame Empfehlung nach § 113 Abs. 2 oder ändern sie die unzureichend gewordene Empfehlung nicht innerhalb dieser Frist, kann das Bundesministerium für Arbeit und Soziales Regelungen durch Rechtsverordnung mit Zustimmung des Bundesrates erlassen.

Von einer Kommentierung wird abgesehen.

Kapitel 8
Beendigung der Anwendung der besonderen Regelungen zur Teilhabe schwerbehinderter und gleichgestellter behinderter Menschen

§ 116 Beendigung der Anwendung der besonderen Regelungen zur Teilhabe schwerbehinderter Menschen

(1) Die besonderen Regelungen für schwerbehinderte Menschen werden nicht angewendet nach dem Wegfall der Voraussetzungen nach § 2 Abs. 2; wenn sich der Grad der Behinderung auf weniger als 50 verringert, jedoch erst am Ende des dritten Kalendermonats nach Eintritt der Unanfechtbarkeit des die Verringerung feststellenden Bescheides.

(2) Die besonderen Regelungen für gleichgestellte behinderte Menschen werden nach dem Widerruf oder der Rücknahme der Gleichstellung nicht mehr angewendet. Der Widerruf der Gleichstellung ist zulässig, wenn die Voraussetzungen nach § 2 Abs. 3 in Verbindung mit § 68 Abs. 2 weggefallen sind. Er wird erst am Ende des dritten Kalendermonats nach Eintritt seiner Unanfechtbarkeit wirksam.

(3) Bis zur Beendigung der Anwendung der besonderen Regelungen für schwerbehinderte Menschen und ihnen gleichgestellte behinderte Menschen werden die behinderten Menschen dem Arbeitgeber auf die Zahl der Pflichtarbeitsplätze für schwerbehinderte Menschen angerechnet.

1. Beendigungstatbestände

1 Die besonderen Rechte schwerbehinderter Menschen enden, wenn
die Voraussetzungen des § 2 Abs. 2 wegfallen. Hier kommen zwei
Fallgruppen in Betracht:
  • Der behinderte Mensch gibt seinen Wohnsitz, gewöhnlichen Auf-
    enthalt und Arbeitsplatz in der Bundesrepublik auf oder verliert
    ihn.
  • Der Grad der Behinderung sinkt unter 50.

2 Der Schwerbehindertenschutz geht aber in diesen Fällen nur dann
von selbst, gleichsam automatisch verloren, wenn die Schwerbehinderteneigenschaft vom Versorgungsamt nicht durch bindenden Bescheid festgestellt worden ist. Liegt ein solcher Bescheid vor, so stellt
er einen Verwaltungsakt mit Dauerwirkung dar,[1] dessen **Aufhebung
oder Rücknahme** nur unter den besonderen Voraussetzungen der
§§ 45 oder 48 SGB X möglich ist.[2]

*Zehntes Buch Sozialgesetzbuch – Sozialverwaltungsverfahren und So-
zialdatenschutz –*
*§ 45 Rücknahme eines rechtswidrigen begünstigenden Verwal-
tungsaktes*
*(1) Soweit ein Verwaltungsakt, der ein Recht oder einen rechtlich er-
heblichen Vorteil begründet oder bestätigt hat (begünstigender Verwaltungsakt), rechtswidrig ist, darf er, auch nachdem er unanfechtbar geworden ist, nur unter den Einschränkungen der Absätze 2 bis 4 ganz
oder teilweise mit Wirkung für die Zukunft oder für die Vergangenheit
zurückgenommen werden.*
*(2) Ein rechtswidriger begünstigender Verwaltungsakt darf nicht zu-
rückgenommen werden, soweit der Begünstigte auf den Bestand des
Verwaltungsaktes vertraut hat und sein Vertrauen unter Abwägung
mit dem öffentlichen Interesse an einer Rücknahme schutzwürdig ist.*

---

1 *BSG* v. 22.10.1986 – 9a RVs 55/85, SozR 1300 § 48 Nr. 29, *BSG* v. 9.8.1995 –
  9 RVs 17/94
2 *BSG* v. 17.4.2013 – B 9 SB 6/12 R, SozR 4–1300 § 48 Nr. 26

Das Vertrauen ist in der Regel schutzwürdig, wenn der Begünstigte erbrachte Leistungen verbraucht oder eine Vermögensdisposition getroffen hat, die er nicht mehr oder nur unter unzumutbaren Nachteilen rückgängig machen kann. Auf Vertrauen kann sich der Begünstigte nicht berufen, soweit

1. er den Verwaltungsakt durch arglistige Täuschung, Drohung oder Bestechung erwirkt hat,

2. der Verwaltungsakt auf Angaben beruht, die der Begünstigte vorsätzlich oder grob fahrlässig in wesentlicher Beziehung unrichtig oder unvollständig gemacht hat, oder

3. er die Rechtswidrigkeit des Verwaltungsaktes kannte oder infolge grober Fahrlässigkeit nicht kannte; grobe Fahrlässigkeit liegt vor, wenn der Begünstigte die erforderliche Sorgfalt in besonders schwerem Maße verletzt hat.

(3) Ein rechtswidriger begünstigender Verwaltungsakt mit Dauerwirkung kann nach Absatz 2 nur bis zum Ablauf von zwei Jahren nach seiner Bekanntgabe zurückgenommen werden. Satz 1 gilt nicht, wenn Wiederaufnahmegründe entsprechend § 580 der Zivilprozessordnung vorliegen. Bis zum Ablauf von zehn Jahren nach seiner Bekanntgabe kann ein rechtswidriger begünstigender Verwaltungsakt mit Dauerwirkung nach Absatz 2 zurückgenommen werden, wenn

1. die Voraussetzungen des Absatzes 2 Satz 3 Nr. 2 oder 3 gegeben sind oder

2. der Verwaltungsakt mit einem zulässigen Vorbehalt des Widerrufs erlassen wurde.

In den Fällen des Satzes 3 kann ein Verwaltungsakt über eine laufende Geldleistung auch nach Ablauf der Frist von zehn Jahren zurückgenommen werden, wenn diese Geldleistung mindestens bis zum Beginn des Verwaltungsverfahrens über die Rücknahme gezahlt wurde. War die Frist von zehn Jahren am 15. April 1998 bereits abgelaufen, gilt Satz 4 mit der Maßgabe, dass der Verwaltungsakt nur mit Wirkung für die Zukunft aufgehoben wird.

(4) Nur in den Fällen von Absatz 2 Satz 3 und Absatz 3 Satz 2 wird der Verwaltungsakt mit Wirkung für die Vergangenheit zurückgenommen. Die Behörde muss dies innerhalb eines Jahres seit Kenntnis der Tatsachen tun, welche die Rücknahme eines rechtswidrigen begünstigenden Verwaltungsaktes für die Vergangenheit rechtfertigen.

(5) § 44 Abs. 3 gilt entsprechend.

§ 48 Aufhebung eines Verwaltungsaktes mit Dauerwirkung bei Änderung der Verhältnisse

(1) Soweit in den tatsächlichen oder rechtlichen Verhältnissen, die beim Erlass eines Verwaltungsaktes mit Dauerwirkung vorgelegen haben, eine wesentliche Änderung eintritt, ist der Verwaltungsakt mit Wirkung für die Zukunft aufzuheben. Der Verwaltungsakt soll mit Wirkung vom Zeitpunkt der Änderung der Verhältnisse aufgehoben werden, soweit

1. die Änderung zugunsten des Betroffenen erfolgt,

2. der Betroffene einer durch Rechtsvorschrift vorgeschriebenen Pflicht zur Mitteilung wesentlicher für ihn nachteiliger Änderungen der Verhältnisse vorsätzlich oder grob fahrlässig nicht nachgekommen ist,

3. nach Antragstellung oder Erlass des Verwaltungsaktes Einkommen oder Vermögen erzielt worden ist, das zum Wegfall oder zur Minderung des Anspruchs geführt haben würde, oder

4. der Betroffene wusste oder nicht wusste, weil er die erforderliche Sorgfalt in besonders schwerem Maße verletzt hat, dass der sich aus dem

Verwaltungsakt ergebende Anspruch kraft Gesetzes zum Ruhen gekommen oder ganz oder teilweise weggefallen ist.

Als Zeitpunkt der Änderung der Verhältnisse gilt in Fällen, in denen Einkommen oder Vermögen auf einen zurückliegenden Zeitraum auf Grund der besonderen Teile dieses Gesetzbuches anzurechnen ist, der Beginn des Anrechnungszeitraumes.

(2) Der Verwaltungsakt ist im Einzelfall mit Wirkung für die Zukunft auch dann aufzuheben, wenn der zuständige oberste Gerichtshof des Bundes in ständiger Rechtsprechung nachträglich das Recht anders auslegt als die Behörde bei Erlass des Verwaltungsaktes und sich dieses zugunsten des Berechtigten auswirkt; § 44 bleibt unberührt.

(3) Kann ein rechtswidriger begünstigender Verwaltungsakt nach § 45 nicht zurückgenommen werden und ist eine Änderung nach Absatz 1 oder 2 zugunsten des Betroffenen eingetreten, darf die neu festzustellende Leistung nicht über den Betrag hinausgehen, wie er sich der Höhe nach ohne Berücksichtigung der Bestandskraft ergibt. Satz 1 gilt entsprechend, soweit einem rechtmäßigen begünstigenden Verwaltungsakt ein rechtswidriger begünstigender Verwaltungsakt zugrunde liegt, der nach § 45 nicht zurückgenommen werden kann.

(4) § 44 Abs. 3 und 4, § 45 Abs. 3 Satz 3 bis 5 und Abs. 4 Satz 2 gelten entsprechend. § 45 Abs. 4 Satz 2 gilt nicht im Fall des Absatzes 1 Satz 2 Nr. 1.

Es ist zu unterscheiden:

- Der Schwerbehindertenbescheid war von Anfang an rechtswidrig. Seine Rücknahme kann nur unter den Voraussetzungen des § 45 SGB X erfolgen.

Beispiel:
Die Schwerbehinderteneigenschaft wird aufgrund einer Fehldiagnose des behandelnden Arztes festgestellt, der ein schweres chronisches Leiden bescheinigt. Tatsächlich handelt es sich um eine harmlose Erkrankung, die nach wenigen Wochen bereits abgeklungen ist und damit keine Behinderung i. S. des SGB IX darstellt.

- Nach Erlass des Bescheides haben sich die Verhältnisse so geändert, dass die Voraussetzungen des § 2 Abs. 2 nicht mehr vorliegen. Die Aufhebung des Schwerbehindertenbescheides erfolgt nach § 48 SGB X.

Beispiel:
Der Gesundheitszustand des behinderten Menschen bessert sich, so dass der GdB von 60 auf 40 sinkt.

2. Rücknahme nach § 45 SGB X

War die **Feststellung der Schwerbehinderteneigenschaft** durch   **3**
bindenden Bescheid **von Anfang an zu Unrecht** erfolgt, so kann dieser Bescheid nur unter den Voraussetzungen des § 45 SGB X vom Versorgungsamt zurückgenommen werden. Eine solche Rücknahme setzt voraus, dass die Rechtswidrigkeit des zurückgenommenen Bescheids im Zeitpunkt seines Erlasses **bewiesen** sein muss, also unter keinem rechtlichen Gesichtspunkt haltbar erscheint.[3] Dabei ist zu beachten, dass ein begünstigender Bescheid, der in Übereinstimmung mit den Anhaltspunkten oder ab 1.1.2009 mit den Versorgungsmedizinischen Grundsätzen ergangen ist, regelmäßig nicht nachträglich als inhaltlich falsch oder rechtswidrig angesehen werden kann.[4] Die Beweislast für die Rechtswidrigkeit trägt die Versorgungsverwaltung. Nach § 45 Abs. 2 SGB X müssen das Interesse des behinderten Menschen, der vielfach auf die Richtigkeit der Zuerkennung des Schwerbehindertenschutzes vertraut hat, und das öffentliche Interesse an der Rücknahme der fehlerhaften Feststellung gegeneinander abgewogen werden. Entgegen dem Wortlaut des § 45

---

3 *BSG* v. 5.5.1993 – 9/9a RVs 1/92, br 1993, 95
4 *BSG* v. 29.8.1990 – 9/9a RVs 7/89, br 1991, 45, 47

SGB X vertritt das *BSG* die Auffassung, dass das Versorgungsamt dann, wenn diese Interessenabwägung für die Rücknahme des Zuerkennungsbescheides spricht, im Regelfall keine Ermessensentscheidung zu treffen hat.[5]

4 Nach Ablauf von zwei Jahren nach Bekanntgabe des Feststellungsbescheides kann dieser nur noch zurückgenommen werden,

- wenn er auf Angaben beruht, die der behinderte Mensch vorsätzlich oder grob fahrlässig unrichtig oder unvollständig gemacht hat,

oder

- wenn der behinderte Mensch die Rechtswidrigkeit der Feststellung kannte oder infolge grober Fahrlässigkeit nicht kannte.

Zehn Jahre nach seiner Bekanntgabe kann ein fehlerhafter Feststellungsbescheid nur noch in den äußerst seltenen Fällen zurückgenommen werden, in denen Wiederaufnahmegründe entsprechend § 580 ZPO vorliegen (z. B. wenn der Schwerbehindertenschutz durch eine strafbare Handlung erschlichen wurde).

5 Kann die Feststellung eines zu hohen GdB nicht mehr zurückgenommen werden, kommt eine Abschmelzung des überhöhten GdB entsprechend § 48 Abs. 3 SGB X in Betracht. Eine solche Abschmelzung setzt voraus, dass durch Verwaltungsakt die Rechtswidrigkeit des Ausgangsbescheides festgestellt wird.[6]

> **Beispiel:**
> Mit Bescheid vom 1.4.2002 ist ein Gdb von 50 festgestellt. Tatsächlich wäre aber nur ein GdB von 30 gerechtfertigt. Der Feststellungsbescheid kann aber wegen Fristablaufs nicht mehr korrigiert werden. Später tritt eine weitere Behinderung mit einem Einzel-GdB von 40 hinzu. Der Gesamt-GdB aus beiden Behinderungen beträgt 50. Das Versorgungsamt stellt fest, dass der Bescheid vom 1.4.2002 rechtswidrig ist und lehnt trotz der zwischenzeitlich eingetretenen Verschlimmerung einen höheren GdB als 50 ab.

6 Wird die Feststellung der Schwerbehinderteneigenschaft zurückgenommen, so ist ebenfalls der **Rechtsweg zu den Sozialgerichten** gegeben. Maßgebender Zeitpunkt für die Überprüfung des Rücknahmebescheides ist der Erlass der letzten Verwaltungsentscheidung, d. h. des Widerspruchsbescheids der Versorgungsverwaltung. Eine erst während des gerichtlichen Verfahrens eingetretene Änderung der Sach- und Rechtslage beeinflusst die Rechtmäßigkeit oder Rechtswidrigkeit des Rücknahmebescheides nicht, es kommt viel-

---

5 *BSG* v. 23.6.1993 – 9/9a RVs 1/92, br 93/95

6 *BSG* v. 17.4.2013 – B 9 SB 6/12 R, SozR 4–1300 § 48 Nr. 26

mehr auf die Verhältnisse zum Zeitpunkt der letzten Verwaltungsentscheidung (Widerspruchsbescheid) an.[7]

3. Rücknahme nach § 48 SGB X

Die **Aufhebung eines Bescheides nach § 48 SGB X** setzt voraus, dass   **7**
eine wesentliche Änderung in den tatsächlichen oder rechtlichen
Verhältnissen eingetreten ist, die bei seinem Erlass vorgelegen haben. Ist dies der Fall, so ist der Verwaltungsakt mit Wirkung für die
Zukunft aufzuheben, ohne dass – anders als bei § 45 SGB X – Gesichtspunkte des Vertrauensschutzes zu berücksichtigen sind. Eine
Änderung in den tatsächlichen Verhältnissen liegt dann vor, wenn
eine **wesentliche Besserung** der Behinderungen eingetreten ist. Es
reicht aber nicht aus, wenn bei unverändertem Gesundheitszustand
lediglich der GdB später niedriger eingeschätzt wird.[8] In einem solchen Fall kann die ursprüngliche Entscheidung nur unter den erschwerten Voraussetzungen des § 45 SGB X korrigiert werden.
Die Besserung kann auch in einer sog. **Heilungsbewährung** liegen
(s. dazu § 2 Rn. 26 ff.). Wesentlich ist eine Veränderung nur, wenn
dadurch auch der GdB um wenigstens 10 herabsinkt.

Eine Änderung der rechtlichen Verhältnisse ist dann gegeben, wenn
für die Feststellung der Behinderungen und des GdB maßgebende
Rechtsnormen – also vor allem das SGB IX selbst – geändert werden.
Auch eine Änderung der Versorgungsärztlichen Grundsätze stellt
nach der Rechtsprechung des BSG eine Änderung der rechtlichen
Verhältnisse i. S. v. § 48 SGB X dar.[9]

Besteht die Änderung in den Verhältnissen darin, dass der behin   **8**
derte Mensch dauerhaft seinen Wohnsitz, Aufenthalt und Beschäftigungsort in der Bundesrepublik aufgegeben hat, so ist diese Änderung nur dann wesentlich, wenn dem behinderten Menschen keine
konkreten Vorteile in Deutschland aus der Feststellungen des GdB
mehr erwachsen können.[10]

Solche konkreten Vorteile, die der Entziehung des Behindertenschutze nach § 116 wegen Umzugs ins Ausland entgegenstehen, sind
z. B.

---

7 *BSG* v. 23. 6. 1993 – 9/9a RVs 1/92, br 93, 95

8 *LSG Schleswig-Holstein* v. 27. 4. 2006 – L 2 SB 39/05

9 So zu den Anhaltspunkten *BSG* v. 11. 10. 1994 – 9 RVs 1/93, SozR 3–3870 § 3
Nr. 5

10 *BSG* v. 5. 7. 2007 – B 9/9a SB 2/06 R, SozR 4–3250 § 69 Nr. 5

- Anwartschaft auf die Altersrente für schwerbehinderte Menschen
- Inanspruchnahme des Schwerbehindertenpauschbetrages, wenn auch nach dem Umzug noch Steuerpflicht in Deutschland besteht (z. B. wegen Ansprüchen aus Vermietung, Verpachtung).

9 Ist eine wesentliche Änderung in den Verhältnissen eingetreten, so hat das Versorgungsamt für die Zukunft eine **Neufeststellung** der Behinderungen und des GdB zu treffen. Diese erfolgt durch Verwaltungsakt, gegen den der Rechtsweg zu den Sozialgerichten gegeben ist.

4. Anhörung

10 Bevor das Versorgungsamt – sei es nach § 45 SGB X, sei es nach § 48 SGB X – in die Rechte des behinderten Menschen eingreift, hat es dem behinderten Menschen Gelegenheit zu geben, sich zu den für die Entscheidung erheblichen Tatsachen zu äußern (§ 24 SGB X). Im Rahmen dieser **Anhörung** reicht es nicht aus, nur den Inhalt der beabsichtigten Entscheidung mitzuteilen, es muss auch das Ergebnis der jeweiligen ärztlichen Befundberichte oder Gutachten genannt werden, auf die die Herabsetzung der GdB gestützt werden soll.[11] Diese Regelung hat aber keine wesentliche praktische Bedeutung, denn eine unterlassene Anhörung kann im Widerspruchsverfahren nachgeholt werden mit der Folge, dass der Verfahrensfehler geheilt ist.

5. Nachwirkender Schutz

11 Endet der Schwerbehindertenschutz deshalb, weil sich der GdB auf weniger als 50 verringert, so bleibt er für eine **Schonfrist von drei Kalendermonaten** erhalten. Er erstreckt sich auch auf die abschlagsfreie Inanspruchnahme der vorgezogenen Altersrente für schwerbehinderte Menschen nach § 236a Abs. 4 SGB VI,[12] nicht hingegen auf die steuerrechtlichen Vorteile.[13] Die Frist beginnt nach Eintritt der Unanfechtbarkeit des die Verringerung feststellenden Bescheides. **Werden** gegen den Bescheid, der die Verringerung des GdB feststellt, **Rechtsmittel eingelegt, bleibt der Schwerbehindertenschutz** zunächst **erhalten**, die Schonfrist beginnt erst zu laufen, wenn das letzte Rechtsmittel rechtskräftig abgewiesen ist. D. h., auch das Kla-

---

11 *BSG* v. 28. 4. 1999 – B95B 5/98 R, SozR 3–1300 § 24 Nr. 15
12 *BSG* v. 11. 5. 2011 – B 5 R 56/10 R, SGb 2011, 391
13 *BFH* v. 11. 3. 2014 – VI B 95/13, BFHE 244, 436

geverfahren vor dem Sozialgericht, das Berufungsverfahren vor dem Landessozialgericht und das Revisionsverfahren vor dem BSG hemmen den Beginn der Schonfrist.

Das Ende des Schutzes Gleichgestellter setzt die Rücknahme oder den Widerruf der Gleichstellung durch die BA voraus. Die **Rücknahme** ist nur dann und unter den erschwerenden Voraussetzungen des § 45 SGB X (s. dazu Rn. 3f.) möglich, wenn die Gleichstellung von Anfang an nicht hätte ausgesprochen werden dürfen. 12

Sind die Voraussetzungen für die Gleichstellung nach §§ 2 Abs. 3, 68 nachträglich weggefallen, so kann die Gleichstellung von der BA **widerrufen** werden. Es kommen vor allem zwei Fallgestaltungen in Betracht:

- Der Grad der Behinderung sinkt infolge einer Besserung des Gesundheitszustandes unter 30.
- Der Gleichgestellte bedarf der Hilfe des Gesetzes nicht mehr, um einen Arbeitsplatz zu erlangen oder zu behalten, z. B. wegen der Ernennung zum Beamten auf Lebenszeit.

Die Rücknahme und der **Widerruf** der Gleichstellung durch die BA stellen Verwaltungsakte dar, die mit dem Widerspruch angefochten werden können und gegen die der **Rechtsweg** zu den Sozialgerichten gegeben ist. Die **Schonfrist** nach Widerruf der Gleichstellung beträgt drei Monate nach Unanfechtbarkeit des Widerrufs. Zur Fristberechnung s. o. Rn. 4. 13

§ 117 Entziehung der besonderen Hilfen für schwerbehinderte Menschen

(1) Einem schwerbehinderten Menschen, der einen zumutbaren Arbeitsplatz ohne berechtigten Grund zurückweist oder aufgibt oder sich ohne berechtigten Grund weigert, an einer Maßnahme zur Teilhabe am Arbeitsleben teilzunehmen, oder sonst durch sein Verhalten seine Teilhabe am Arbeitsleben schuldhaft vereitelt, kann das Integrationsamt im Benehmen mit der Bundesagentur für Arbeit die besonderen Hilfen für schwerbehinderte Menschen zeitweilig entziehen. Dies gilt auch für gleichgestellte behinderte Menschen.

(2) Vor der Entscheidung über die Entziehung wird der schwerbehinderte Mensch gehört. In der Entscheidung wird die Frist bestimmt, für die sie gilt. Die Frist läuft vom Tage der Entscheidung an und beträgt nicht mehr als sechs Monate. Die Entscheidung wird dem schwerbehinderten Menschen bekannt gegeben.

1 Für diese in der Praxis weithin bedeutungslose Vorschrift gibt es **kein sachliches Bedürfnis**, da das zur Entziehung des Schwerbehindertenschutzes führende Verhalten auch noch anderweitig mit Sanktionen belegt ist. Die Aufgabe oder Zurückweisung eines zumutbaren Arbeitsplatzes kann nach § 144 SGB III eine Sperrzeit nach sich ziehen, die grundlose Verweigerung der Teilnahme an Rehabilitationsmaßnahmen kann zur Versagung von Sozialleistungen wegen mangelnder Mitwirkung führen.

2 Die Vorschrift gilt für schwerbehinderte und ihnen gleichgestellte Menschen. Die Entziehung des Schwerbehindertenschutzes setzt **schuldhaftes Verhalten** voraus, also Vorsatz oder Fahrlässigkeit.

3 Ein **berechtigter Grund** für die Zurückweisung oder Aufgabe eines Arbeitsplatzes ist immer dann gegeben, wenn auch ein wichtiger Grund i. S. v. § 144 SGB III vorliegt. Das ist z. B. dann der Fall, wenn

- nicht das tarifliche Arbeitsentgelt gezahlt wird,
- Arbeitsschutzbestimmungen nicht eingehalten werden,
- die Arbeit das körperliche oder geistige Leistungsvermögen des behinderten Menschen überfordert,
- die Arbeit durch Streik oder Aussperrung frei geworden ist,
- der behinderte Mensch arbeitsrechtlich berechtigt wäre, das Arbeitsverhältnis nach § 626 BGB fristlos zu kündigen.

4 **Nur die Verweigerung der Teilnahme an Maßnahmen zur Teilhabe am Arbeitsleben, d. h. der beruflichen Rehabilitation**, z. B. der beruflichen Ausbildung, Fortbildung oder Umschulung, nicht aber an medizinischen Rehabilitationsmaßnahmen kann eine Entziehung des Schwerbehindertenschutzes rechtfertigen.

5 **Zuständig** für die Entziehung ist **das Integrationsamt**, in dessen Ermessen die Entscheidung gestellt ist. Der Schwerbehindertenschutz darf nur zeitweilig mit einer **Höchstgrenze von sechs Monaten** entzogen werden. Das Integrationsamt kann im Rahmen des ihm eingeräumten Ermessens die Entziehung auf einzelne Rechte des schwerbehinderten Menschen beschränken, z. B. nur den Kündigungsschutz oder den Zusatzurlaub entziehen.

6 Das Integrationsamt kann den Schwerbehindertenschutz nur **im Benehmen mit der BA** entziehen, d. h., es muss dieser Gelegenheit zur Stellungnahme mit dem Ziel der Verständigung geben. Es ist aber nicht erforderlich, dass die BA zustimmt.

7 Vor der Entziehung des Schwerbehindertenschutzes muss das Integrationsamt den Betroffenen **anhören**, d. h. ihm alle für die beabsichtigte Entscheidung maßgeblichen Tatsachen mitteilen und eine angemessene Frist zur Stellungnahme einräumen. Gegen die Entscheidung des Integrationsamts ist der **Rechtsweg zu den Verwaltungsgerichten** gegeben.

Kapitel 9
Widerspruchsverfahren

§ 118 Widerspruch

(1) Den Widerspruchsbescheid nach § 73 der Verwaltungsgerichtsordnung erlässt bei Verwaltungsakten der Integrationsämter und bei Verwaltungsakten der örtlichen Fürsorgestellen (§ 107 Abs. 2) der Widerspruchsausschuss bei dem Integrationsamt (§ 119). Des Vorverfahrens bedarf es auch, wenn den Verwaltungsakt ein Integrationsamt erlassen hat, das bei einer obersten Landesbehörde besteht.

(2) Den Widerspruchsbescheid nach § 85 des Sozialgerichtsgesetzes erlässt bei Verwaltungsakten, welche die Bundesagentur für Arbeit auf Grund des Teils 2 erlässt, der Widerspruchsausschuss der Bundesagentur für Arbeit.

1. Normzweck

Die Vorschrift enthält Regelungen über den Erlass von **Wider-**   1
spruchsbescheiden und bezieht durch ihren Verweis auf die Vorschriften der Verwaltungsgerichtsordnung und des Sozialgerichtsgesetzes die Regelungen des Widerspruchsverfahrens ein.

2. Zuständigkeit

Für Entscheidungen über Widersprüche bei Verwaltungsakten der   2
Integrationsämter und bei Verwaltungsakten der örtlichen Fürsorgestellen ist der Widerspruchsausschuss beim **Integrationsamt** (s. § 119) zuständig. Über den Erlass eines Widerspruchsbescheides

bei Verwaltungsakten der BA aufgrund des SGB IX (Teil 2) entscheidet der Widerspruchsausschuss der BA (s. § 120).

3. Widerspruchsverfahren

3   **Widerspruch kann nur eingelegt werden gegenüber Verwaltungsakten** der im Gesetz genannten Behörden. Den im Gesetz vorausgesetzten Begriff des Verwaltungsaktes definiert § 31 SGB X als »jede Verfügung, Entscheidung oder andere hoheitliche Maßnahme, die eine Behörde zur Regelung eines Einzelfalles auf dem Gebiet des öffentlichen Rechts trifft und die auf unmittelbare Rechtswirkung nach außen gerichtet ist«. Beispiele für Verwaltungsakte der Integrationsämter oder der örtlichen Fürsorgestelle sind die Festsetzung und Einziehung der Ausgleichsabgabe nach § 77 Abs. 4, die Zustimmung oder Ablehnung der Zustimmung zur Kündigung des Arbeitsverhältnisses eines schwerbehinderten Menschen nach § 85 oder Maßnahmen zur begleitenden Hilfe im Arbeits- und Berufsleben nach § 102 Abs. 1 Nr. 3. Beispiele für Verwaltungsakte der BA sind Entscheidungen über Gleichstellung nach § 2 Abs. 2, Feststellungsbescheide im Rahmen der jährlichen Meldepflicht über die Zahl der in den Betrieben und Dienststellen beschäftigten schwerbehinderten Menschen nach § 80 Abs. 3 oder Maßnahmen im Rahmen der Einrichtung der Arbeitsräume nach § 81 Abs. 4.

4   Das Widerspruchsverfahren gegenüber solchen Verwaltungsakten der Integrationsämter oder der örtlichen Fürsorgestellen ist in der VwGO (§§ 68 ff.), das Widerspruchsverfahren gegenüber Verwaltungsakten der BA im SGG (§§ 77 ff.) geregelt. Identisch daran ist, dass der Widerspruch innerhalb **einer Frist von einem Monat** nach Bekanntgabe (Zustellung) der Entscheidung (Verwaltungsakt) **schriftlich** einzulegen ist (§ 70 Abs. 1 VwGO, § 84 SGG). Der Widerspruch ist bei der Behörde schriftlich oder zur Niederschrift einzulegen, die die Entscheidung (Verwaltungsakt) erlassen hat. Der schwerbehinderte Mensch muss also beispielsweise bei einer zustimmenden Entscheidung des Integrationsamtes gegenüber einem Kündigungsantrag des Arbeitgebers Widerspruch schriftlich oder zur Niederschrift beim Integrationsamt innerhalb einer Frist von einem Monat nach Zustellung des Zustimmungsbescheides einlegen.

Die Frist von einem Monat, die mit der Zustellung in Lauf gesetzt wird, berechnet sich nach den Verweisvorschriften in der VwGO bzw. dem SGG entsprechend den zivilprozessualen Bestimmungen.

Erfolgt die Zustellung also beispielsweise am dritten Tag eines Monats, so läuft die Monatsfrist am dritten Tag des folgenden Monats ab. Ist dieser (dritte) Tag allerdings ein Samstag, Sonntag oder staatlich anerkannter Feiertag, so läuft die Frist erst am nachfolgenden Werktag ab (vgl. § 193 BGB).

Der form- und fristgerechte Widerspruch hat die Wirkung, dass die **5** in Abs. 1 und Abs. 2 genannten Behörden verpflichtet sind, die getroffene Entscheidung zu überprüfen und ggf. aufgrund des Widerspruchs eine andere Entscheidung zu treffen. Grundsätzlich hat der Widerspruch gegen Entscheidungen der Integrationsämter **aufschiebende Wirkung**, so dass der Bescheid nicht vollzogen werden kann. Eine bedeutende Ausnahme macht allerdings § 88 Abs. 4, wonach bei Zustimmung des Integrationsamtes zur Kündigung der Widerspruch keine aufschiebende Wirkung hat (s. § 88 Rn. 4). Bei Entscheidungen über die Rücknahme des Schwerbehindertenschutzes und die Rücknahme oder den Widerruf der Gleichstellung gelten im Übrigen die Sonderregelungen des § 116. Der Widerspruch gegen Bescheide der BA und Versorgungsämter hat nach § 86 Abs. 2 und 3 SGG grundsätzlich **keine aufschiebende Wirkung**. Lediglich dann, wenn eine laufende Leistung entzogen wird, kann der Vollzug des mit dem Widerspruch angefochtenen Verwaltungsaktes auf Antrag des Beschwerten einstweilen ganz oder teilweise ausgesetzt werden (§ 86 Abs. 3 SGG). Darüber entscheiden die Landesversorgungsämter bzw. die Widerspruchsausschüsse der BA nach ihrem pflichtgemäßen Ermessen.

Über den Widerspruch bei Entscheidungen der Integrationsämter **6** oder der örtlichen Fürsorgestellen entscheidet nach § 118 Abs. 1 Satz 1 der Widerspruchsausschuss beim Integrationsamt. Über Widersprüche gegenüber Entscheidungen der BA entscheidet nach § 118 Abs. 2 der Widerspruchsausschuss der BA. Die Widerspruchsausschüsse befinden über die **Rechtmäßigkeit** der mit dem Widerspruch angegriffenen Entscheidung. Bei Ermessensentscheidungen überprüfen sie auch deren **Zweckmäßigkeit** (s. § 85 Rn. 6). Zum Widerspruchsverfahren im Einzelnen s. § 121 Rn. 2, 3.

Das Widerspruchsverfahren wird, sofern eine einvernehmliche Regelung nicht erfolgt (s. § 121 Rn. 4), durch den Erlass des **Widerspruchsbescheids** abgeschlossen. Der Widerspruchsbescheid ist nach § 73 Abs. 3 VwGO bzw. § 85 Abs. 3 SGG schriftlich zu erlassen und mit Gründen zu versehen. Der Widerspruchsbescheid muss außerdem den Beteiligten zugestellt werden und eine Rechtsmittelbelehrung enthalten.

Nach Abs. 1 Satz 2 muss das Widerspruchsverfahren auch durchgeführt werden, wenn der Verwaltungsakt von einem Integrationsamt erlassen wurde, das – wie z.B. im Bundesland Bremen – bei einer obersten Landesbehörde besteht; diese Regelung ist notwendig, da nach § 68 Abs. 1 Satz 2 VwGO in diesem Falle ein Vorverfahren nicht notwendig wäre.

8 Dabei ist bei Widerspruchsbescheiden des Widerspruchsausschusses des Integrationsamtes in der Rechtsmittelbelehrung darauf hinzuweisen, dass gegen den Widerspruchsbescheid binnen eines Monats nach Zustellung Klage beim örtlich zuständigen Verwaltungsgericht eingelegt werden kann (§§ 73 Abs. 3, 74 VwGO). Bei Widerspruchsbescheiden des Widerspruchsausschusses bei der BA muss die Rechtsmittelbelehrung den Hinweis enthalten, dass eine Klage binnen eines Monats nach Zustellung des Widerspruchsbescheides beim zuständigen Sozialgericht eingelegt werden muss (§§ 85 Abs. 3, 87, 90 SGG).

4. Rechtsbehelfe gegen Widerspruchsbescheide

9 Die Klage gegen einen Widerspruchsbescheid des Widerspruchsausschusses der BA ist beim örtlich zuständigen Sozialgericht schriftlich oder zur Niederschrift des Urkundsbeamten der Geschäftsstelle zu erheben. Die Klagefrist wird aber auch dadurch gewahrt, dass die Klageschrift innerhalb der Monatsfrist statt beim zuständigen Sozialgericht bei einer anderen inländischen Behörde oder bei einem Versicherungsträger eingegangen ist (§ 91 Abs. 1 SGG). Die Klage kann also beispielsweise fristwahrend auch beim örtlichen Finanzamt eingelegt werden, was nach § 91 Abs. 2 SGG verpflichtet ist, die Klageschrift unverzüglich an das zuständige Sozialgericht abzugeben. Um Verzögerungen und Unstimmigkeiten zu vermeiden, empfiehlt sich aber, die Klage innerhalb der Monatsfrist grundsätzlich beim örtlich zuständigen Sozialgericht einzulegen.

10 Die Klage gegen den Widerspruchsbescheid des Integrationsamtes ist innerhalb der einmonatigen Klagefrist beim örtlich zuständigen Verwaltungsgericht (§§ 40, 42, 45 VwGO) schriftlich zu erheben, wobei auch hier die Möglichkeit der Klageerhebung zur Niederschrift des Urkundsbeamten der Geschäftsstelle besteht (§ 81 Abs. 1 VwGO). Die Klagefrist wird aber hier nur durch die fristgerechte Einreichung beim **Verwaltungsgericht** gewahrt.

§ 119 Widerspruchsausschuss bei dem Integrationsamt

(1) Bei jedem Integrationsamt besteht ein Widerspruchsausschuss aus sieben Mitgliedern, und zwar aus
- zwei Mitgliedern, die schwerbehinderte Arbeitnehmer oder Arbeitnehmerinnen sind,
- zwei Mitgliedern, die Arbeitgeber sind,
- einem Mitglied, das das Integrationsamt vertritt,
- einem Mitglied, das die Bundesagentur für Arbeit vertritt,
- einer Vertrauensperson schwerbehinderter Menschen.

(2) Für jedes Mitglied wird ein Stellvertreter oder eine Stellvertreterin berufen.

(3) Das Integrationsamt beruft
- auf Vorschlag der Organisationen behinderter Menschen des jeweiligen Landes die Mitglieder, die Arbeitnehmer sind,
- auf Vorschlag der jeweils für das Land zuständigen Arbeitgeberverbände die Mitglieder, die Arbeitgeber sind, sowie
- die Vertrauensperson.

Die zuständige oberste Landesbehörde oder die von ihr bestimmte Behörde beruft das Mitglied, das das Integrationsamt vertritt. Die Bundesagentur für Arbeit beruft das Mitglied, das sie vertritt. Entsprechendes gilt für die Berufung des Stellvertreters oder der Stellvertreterin des jeweiligen Mitglieds.

(4) In Kündigungsangelegenheiten schwerbehinderter Menschen, die bei einer Dienststelle oder in einem Betrieb beschäftigt sind, der zum Geschäftsbereich des Bundesministeriums der Verteidigung gehört, treten an die Stelle der Mitglieder, die Arbeitgeber sind, Angehörige des öffentlichen Dienstes. Dem Integrationsamt werden ein Mitglied und sein Stellvertreter oder seine Stellvertreterin von den von der Bundesregierung bestimmten Bundesbehörden benannt. Eines der Mitglieder, die schwerbehinderte Arbeitnehmer oder Arbeitnehmerinnen sind, muss dem öffentlichen Dienst angehören.

(5) Die Amtszeit der Mitglieder der Widerspruchsausschüsse beträgt vier Jahre. Die Mitglieder der Ausschüsse üben ihre Tätigkeit unentgeltlich aus.

1. Bildung, Größe und Zusammensetzung des Widerspruchsausschusses

1 Nach Abs. 1 Satz 1 ist bei jedem Integrationsamt ein Widerspruchs-ausschuss zu bilden, der aus sieben Mitgliedern besteht.

2 Der Widerspruchsausschuss **besteht aus sieben ordentlichen Mitgliedern**, und zwar zwei schwerbehinderten Arbeitnehmern, zwei Arbeitgebern, einem Vertreter des Integrationsamtes, einem Vertreter des BA sowie einer Vertrauensperson schwerbehinderter Menschen. Für jedes Mitglied des Widerspruchsausschusses ist ein Stellvertreter zu berufen, der im Falle der Verhinderung das ordentliche Mitglied bei der Beratung und Entscheidung vertritt.

2. Berufung der Ausschussmitglieder

3 Nach Abs. 3 Satz 1 beruft das Integrationsamt die **Arbeitnehmer-vertreter** und deren Stellvertreter auf Vorschlag der Behindertenver-bände des jeweiligen Landes. Das Vorschlagsrecht haben also aus-schließlich die Behindertenverbände, und zwar nur solche, deren Zuständigkeit sich auf das jeweilige Bundesland insgesamt bezieht. Die Arbeitnehmervertreter müssen nach dem Gesetzeswortlaut selbst schwerbehindert oder gleichgestellt (§ 68 Abs. 3) sein.

Des Weiteren beruft das Integrationsamt die zwei Arbeitgeber und deren Stellvertreter auf Vorschlag der jeweils für das Bundesland zu-ständigen Arbeitgeberverbände sowie die Vertrauensperson und de-ren stellvertretendes Mitglied.

Für die Berufung der Vertrauensperson besteht kein Vorschlags-recht. Hier entscheidet das Integrationsamt nach eigenem Ermes-sen; eine Abstimmung mit Gewerkschaften und Arbeitgeberverbän-den ist zulässig und sinnvoll.[1]

3. Besonderheiten für den öffentlichen Dienst

4 Abs. 4 enthält eine Sonderregelung über die **Zusammensetzung des Widerspruchsausschusses** in Kündigungsangelegenheiten schwer-behinderter Menschen, die in Dienststellen oder Betrieben beschäf-

---

1 *Neumann/Pahlen/Majerski-Pahlen*, § 119 SGB IX Rn. 19

tigt sind, die zum Geschäftsbereich des Bundesministers für Verteidigung gehören. Der Widerspruchsausschuss setzt sich hier insofern anders zusammen, als an die Stelle der privaten Arbeitgeber Angehörige des öffentlichen Dienstes treten (Abs. 4 Satz 1). Auch muss einer der schwerbehinderten Arbeitnehmervertreter dem öffentlichen Dienst angehören (Abs. 4 Satz 3). In allen anderen Bereichen des öffentlichen Dienstes bleibt es auch bei Kündigungsangelegenheiten bei der normalen Zusammensetzung des Widerspruchsausschusses nach Absatz 1.

Die gesetzlich vorgeschriebene personelle Zusammensetzung des **5** Widerspruchsausschusses nach Abs. 1 wie auch nach der Sonderregelung nach Abs. 4 lässt gleichwohl zu, dass der Widerspruchsausschuss zu seiner Beratung **Sachverständige** heranzieht.[2]

4. Amtszeit

Nach Abs. 5 Satz 1 beträgt die **Amtszeit** der Mitglieder und Stell- **6** vertreter des Widerspruchsausschusses vier Jahre. Abs. 5 Satz 2 stellt durch den Hinweis auf die Unentgeltlichkeit der Tätigkeit der Ausschussmitglieder klar, dass es sich um eine ehrenamtliche Tätigkeit handelt. Auch wenn die Ausschussmitglieder damit keine Vergütung für die Teilnahme an den Sitzungen erhalten können, haben sie Anspruch auf Erstattung ihres Aufwands (Fahrtkosten, Übernachtungskosten) sowie Erstattung von ausgefallenem Verdienst oder Einkommen. Die Einzelheiten sind landesrechtlich geregelt.[3]

5. Zuständigkeit

Die **sachliche Zuständigkeit des Widerspruchsausschusses** beim **7** Integrationsamt ergibt sich aus den einzelnen gesetzlichen Regelungen, bei denen gegen Entscheidungen des Integrationsamtes oder der örtlichen Fürsorgestellen nach § 118 Abs. 1 Satz 1 Widerspruch zulässig ist. Beispiele für die Zuständigkeit des Widerspruchsausschusses: Das Integrationsamt erteilt die Zustimmung zur Kündigung eines schwerbehinderten Menschen nach § 88, wogegen der schwerbehinderte Mensch Widerspruch einlegt (§ 88 Abs. 4 i. V. m. § 118 Abs. 1 Satz 1).

---

2 *Neumann/Pahlen/Majerski-Pahlen*, § 119, SGB IX Rn. 1
3 *Neumann/Pahlen/Majerski-Pahlen*, § 119 SGB IX Rn. 26 mit entsprechenden Hinweisen

§ 120 Widerspruchsausschüsse der Bundesagentur für Arbeit

(1) Die Bundesagentur für Arbeit richtet Widerspruchsausschüsse ein, die aus sieben Mitgliedern bestehen, und zwar aus
- zwei Mitgliedern, die schwerbehinderte Arbeitnehmer oder Arbeitnehmerinnen sind,
- zwei Mitgliedern, die Arbeitgeber sind,
- einem Mitglied, das das Integrationsamt vertritt,
- einem Mitglied, das die Bundesagentur für Arbeit vertritt,
- einer Vertrauensperson schwerbehinderter Menschen.

(2) Für jedes Mitglied wird ein Stellvertreter oder eine Stellvertreterin berufen.

(3) Die Bundesagentur für Arbeit beruft
- die Mitglieder, die Arbeitnehmer oder Arbeitnehmerinnen sind, auf Vorschlag der jeweils zuständigen Organisationen behinderter Menschen, der im Benehmen mit den jeweils zuständigen Gewerkschaften, die für die Vertretung der Arbeitnehmerinteressen wesentliche Bedeutung haben, gemacht wird,
- die Mitglieder, die Arbeitgeber sind, auf Vorschlag der jeweils zuständigen Arbeitgeberverbände, soweit sie für die Vertretung von Arbeitgeberinteressen wesentliche Bedeutung haben, sowie
- das Mitglied, das die Bundesagentur für Arbeit vertritt und
- die Vertrauensperson.

Die zuständige oberste Landesbehörde oder die von ihr bestimmte Behörde beruft das Mitglied, das das Integrationsamt vertritt. Entsprechendes gilt für die Berufung des Stellvertreters oder der Stellvertreterin des jeweiligen Mitglieds.

(4) § 119 Abs. 5 gilt entsprechend.

1. Größe und Zusammensetzung

1 Die BA richtet Widerspruchsausschüsse ein, die aus sieben ordentlichen Mitgliedern und einer entsprechenden Zahl von Stellvertretern bestehen. Die **personelle Zusammensetzung des Widerspruchs-**

ausschusses bei der BA entspricht der des Widerspruchsausschusses beim Integrationsamt (dazu § 119 Rn. 2).

2. Berufung

Die **Berufung** der schwerbehinderten (vgl. § 119 Rn. 3) Arbeitneh- **2** mervertreter und deren Stellvertreter erfolgt nach Abs. 2 durch die BA auf Vorschlag der Behindertenverbände. Die Behindertenverbände müssen ihren Vorschlag im Benehmen mit den jeweils zuständigen Gewerkschaften machen. Dies bedeutet, dass die Behindertenverbände sich dazu mit den Gewerkschaften, die für die Vertretung der Arbeitnehmerinteressen wesentliche Bedeutung haben, mit dem Willen zur Einigung in Verbindung setzen müssen.[1] Den Behindertenverbänden verbleibt aber der Letztentscheid, sie sind also an die gewerkschaftlichen Vorschläge nicht gebunden. Auch die weiteren Mitglieder und Stellvertreter des Widerspruchsausschusses – ausgenommen Vertreter und Stellvertreter der Integrationsämter – werden von der BA berufen.

3. Amtszeit, Rechtsstellung, Zuständigkeit

Für die **Amtszeit** und die Rechtsstellung des Widerspruchsaus- **3** schusses der BA sieht Abs. 4 eine entsprechende Regelung wie für die Mitglieder des Widerspruchsausschusses bei den Integrationsämtern vor (dazu § 119 Rn. 6).

Die **sachliche Zuständigkeit** des Widerspruchsausschusses der BA **4** ergibt sich aus den gesetzlich normierten Fällen, in denen eine widerspruchsfähige Entscheidung der BA (§ 118 Abs. 2) ergeht. So kann z. B. der schwerbehinderte Mensch gegen einen ablehnenden Bescheid der BA, der auf einen Antrag auf Gleichstellung gem. § 2 Abs. 1 Satz 1 hin ergangen ist, Widerspruch beim Widerspruchsausschuss der BA einlegen (§ 2 Abs. 1 Satz 1 i. V. m. § 118 Abs. 2).

§ 121 Verfahrensvorschriften

(1) Für den Widerspruchsausschuss bei dem Integrationsamt (§ 119) und die Widerspruchsausschüsse bei der Bundesagentur für Arbeit (§ 120) gilt § 106 Abs. 1 und 2 entsprechend.

---

1 *Neumann/Pahlen/Majerski-Pahlen*, § 120 SGB IX Rn. 5

(2) **Im Widerspruchsverfahren nach Teil 2 Kapitel 4 werden der Arbeitgeber und der schwerbehinderte Mensch vor der Entscheidung gehört; in den übrigen Fällen verbleibt es bei der Anhörung des Widerspruchsführers.**
(3) **Die Mitglieder der Ausschüsse können wegen Besorgnis der Befangenheit abgelehnt werden. Über die Ablehnung entscheidet der Ausschuss, dem das Mitglied angehört.**

1. Anwendbarkeit von § 106 Abs. 1 und 2

1   In Abs. 1 wird die **innere Organisation der Widerspruchsausschüsse** durch den Verweis auf § 106 entsprechend den Regelungen für die Beratenden Ausschüsse für behinderte Menschen geregelt. Die entsprechende Anwendung des § 106 Abs. 1 bedeutet danach, dass für den Widerspruchsausschuss beim Integrationsamt wie auch für den Widerspruchsausschuss bei der BA jeweils für die Dauer eines Jahres ein Vorsitzender und ein Stellvertreter zu wählen sind; Vorsitzender und Stellvertreter werden im Wechsel der Gruppen der Arbeitnehmer und Arbeitgeber gewählt. Die entsprechende Anwendung von § 106 Abs. 2 regelt die Beschlussfähigkeit und die Beschlussfassung der Widerspruchsausschüsse. Sie sind danach beschlussfähig, wenn wenigstens die Hälfte der Mitglieder anwesend ist. Die Beschlüsse und Entscheidungen werden mit einfacher Stimmenmehrheit getroffen.

2. Anhörung im Widerspruchsverfahren

2   Nach Abs. 2 sind **Arbeitgeber und schwerbehinderte Menschen vor einer Entscheidung** des Widerspruchsausschusses im Widerspruchsverfahren zu hören. Dies entspricht allgemeinen rechtsstaatlichen Grundsätzen (vgl. Art. 103 GG). Dabei reicht es nicht aus, schriftlich Stellung nehmen zu können. Vielmehr müssen der schwerbehinderte Mensch wie auch der Arbeitgeber die Möglichkeit haben, ihre Auffassung mündlich vorzutragen. Zwar kann eine unterbliebene Anhörung nachgeholt werden; geschieht dies aber nicht, so ist die Widerspruchsentscheidung anfechtbar (vgl. § 41 Abs. 3 SGB X). Eine Vertretung durch Bevollmächtigte (Gewerkschaftssekretäre, Rechtsanwälte) ist im Widerspruchsverfahren möglich und sinnvoll.

3. Besorgnis der Befangenheit

Abs. 3 ermöglicht dem Widerspruchsführer oder anderen Betroffenen die **Ablehnung von Ausschussmitgliedern** wegen Besorgnis der Befangenheit. Befangenheit ist z. B. zu befürchten, wenn der Arbeitgeber des Betriebes, in dem der schwerbehinderte Arbeitnehmer beschäftigt ist, in einer diesen betreffenden Kündigungsangelegenheit Ausschussmitglied ist. Über einen Ablehnungsantrag entscheidet der Widerspruchsausschuss, wobei das abgelehnte Mitglied bei der Entscheidung über die Ablehnung nicht mitwirkt (§ 16 Abs. 2 SGB X). **3**

4. Vergleiche

Aus der Kompetenz der Widerspruchsausschüsse, die Sach- und Rechtslage vollinhaltlich zu überprüfen und ggf. abweichend zu entscheiden, ergibt sich, dass im Widerspruchsverfahren auch vergleichsweise Regelungen getroffen werden können. Dies dürfte insbesondere in Kündigungsangelegenheiten praktisch werden. **4**

Kapitel 10
Sonstige Vorschriften

§ 122 Vorrang der schwerbehinderten Menschen

Verpflichtungen zur bevorzugten Einstellung und Beschäftigung bestimmter Personenkreise nach anderen Gesetzen entbinden den Arbeitgeber nicht von der Verpflichtung zur Beschäftigung schwerbehinderter Menschen nach den besonderen Regelungen für schwerbehinderte Menschen.

Die Überschrift ist teilweise irreführend. § 122 besagt: Auch wenn der Arbeitgeber aufgrund anderer Bestimmungen besonders geschützte Personen pflichtgemäß beschäftigt, hat dies keine Auswirkungen auf **1** die **Beschäftigungspflicht** von schwerbehinderten Menschen. Das Gleiche gilt auch im umgekehrten Fall. Die **Beschäftigungspflicht aufgrund der Gesetze gilt** also **unabhängig voneinander**.

2 Einstellungs- und Beschäftigungspflichten enthalten u. a. die Gesetze über den Bergmannversorgungsschein (Niedersachsen, NRW, Saarland – diese werden allerdings gem. § 75 Abs. 4 auf einen Schwerbehinderten-Pflichtplatz angerechnet).[1]

3 Ein individueller **Anspruch auf Beschäftigung** wird durch diese Vorschriften nicht begründet. Zur bevorzugten **Besetzung freier Arbeitsplätze** mit behinderten Menschen vgl. § 81 Rn. 2 ff.

§ 123 Arbeitsentgelt und Dienstbezüge

(1) **Bei der Bemessung des Arbeitsentgelts und der Dienstbezüge aus einem bestehenden Beschäftigungsverhältnis werden Renten und vergleichbare Leistungen, die wegen der Behinderung bezogen werden, nicht berücksichtigt. Die völlige oder teilweise Anrechnung dieser Leistungen auf das Arbeitsentgelt oder die Dienstbezüge ist unzulässig.**

(2) **Absatz 1 gilt nicht für Zeiträume, in denen die Beschäftigung tatsächlich nicht ausgeübt wird und die Vorschriften über die Zahlung der Rente oder der vergleichbaren Leistung eine Anrechnung oder ein Ruhen vorsehen, wenn Arbeitsentgelt oder Dienstbezüge gezahlt werden.**

1 Es ist verboten, bei der Festlegung der Entgelthöhe, z. B. der Eingruppierung, Renten zu berücksichtigen oder sie auf das Arbeitsentgelt/die Dienstbezüge anzurechnen. Schwerbehinderte Menschen sollen **vor Lohndrückerei geschützt** werden. Dies scheint insofern selbstverständlich, als das Arbeitseinkommen auch sonst nicht nach der Höhe anderer Einkünfte festgelegt wird, sondern sich nach den tariflichen Merkmalen zu richten hat.

2 Das **Anrechnungsverbot** gilt für **Renten, die wegen der Behinderung** bezogen werden, z. B. solche nach dem Bundesversorgungsgesetz, Unfallrenten, Erwerbsminderungs-, Erwerbsunfähigkeits- und Berufsunfähigkeitsrenten, Invaliditätsrenten, vorgezogene Altersruhegelder von schwerbehinderten Menschen. Sonstige Leistungen können z. B. Hilfen nach der Kriegsopferfürsorge-Verordnung sein.

---

1 Weitere Nachweise bei *Faber* in FKS-SGB IX, § 122 Rn. 5 ff.

Nicht als Arbeitsentgelt gelten **Abfindungen**, da sie nicht für ein be- **3** stehendes, sondern für ein beendetes Beschäftigungsverhältnis gezahlt werden.[1]

Nach *BAG* können die Tarifparteien die **Verdienstsicherung** wegen **4** gesundheitsbedingter Einschränkung der Leistungsfähigkeit auf den Ausgleich des Nachteils beschränken, der dem schwerbehinderten Menschen nicht von anderer Seite ausgeglichen wird, z. B. auch durch Berufsunfähigkeitsrente.[2]

Davon zu unterscheiden ist die Frage des **Hinzuverdienstes**, also ob **5** und wie viel Arbeitseinkommen bezogen werden kann, ohne dass die Rente berührt wird. Diese Frage beantwortet sich nach den Vorschriften über die jeweilige Rente. Bei bestimmten Renten gibt es keine Grenzen für den Hinzuverdienst (Unfallrenten), bei anderen Renten eine Grenze in Höhe von 1/7 des Bemessungsentgelts.

§ 124 Mehrarbeit

Schwerbehinderte Menschen werden auf ihr Verlangen von Mehrarbeit freigestellt.

Schwerbehinderte Menschen können **Mehrarbeit ablehnen**. Sie **1** brauchen dies nicht zusätzlich zu begründen, die Leistung von Mehrarbeit oder Überstunden ist freiwillig. Aus der Ablehnung darf ihnen kein Nachteil entstehen. Diese Möglichkeit ist deshalb auch bei Vereinbarungen zwischen Betriebsrat/Personalrat und dem Arbeitgeber über Arbeitszeit und Mehrarbeit zu berücksichtigen.

Mehrarbeit – auch als Überstunden, Überarbeit, Überzeit bezeich- **2** net – ist, zumindest auf Dauer gesehen, **gesundheitsschädlich**. Die Anordnung von Mehrarbeit entzieht dem Arbeitnehmer ein Stück Verfügung über seine eigene Zeit, seine Freizeit. In vielen Fällen sind Neueinstellungen statt Überstunden möglich; das Nebeneinander von Millionen Arbeitslosen und Milliarden Überstunden ist schwer verständlich. Deshalb kann Mehrarbeit vom Arbeitgeber nicht einseitig, sondern nur mit **Zustimmung des Betriebsrats/Personalrats**

---

1 *BAG* v. 28. 10. 1999 – 6 AZR 288/98, DB 2000, 1417
2 *BAG* v. 8. 12. 1982 – 4 AZR 122/80, DB 1983, 891; betr. § 13 MTV Metall NRW
  1980

eingeführt werden (§ 87 Abs. 1 Nr. 3 BetrVG, § 75 Abs. 3 Nr. 1 BPersVG[1]).

3 Mehrarbeit i. S. v. § 124 ist jede **über acht Stunden täglich (vgl. § 3 ArbZG)** hinausgehende Arbeitszeit. Nach Auffassung des BAG gilt das auch bei abweichenden tariflichen Arbeitszeiten, weil deren Flexibilisierung oft eine längere Arbeitszeit als acht Stunden und damit einen geringeren Schutz der schwerbehinderten Beschäftigten ermögliche.[2]
Die Acht-Stunden-Grenze pro Tag ist auch bei Arbeitsleistung während der **Rufbereitschaft** oder bei Bereitschaftsdienst einzuhalten.[3]

4 Manche **Tarifverträge** enthalten **Grenzen** für die Zahl der Überstunden sowie die Möglichkeit, Überstunden in Freizeit »abzufeiern«.

§ 125 Zusatzurlaub

(1) Schwerbehinderte Menschen haben Anspruch auf einen bezahlten zusätzlichen Urlaub von fünf Arbeitstagen im Urlaubsjahr; verteilt sich die regelmäßige Arbeitszeit des schwerbehinderten Menschen auf mehr oder weniger als fünf Arbeitstage in der Kalenderwoche, erhöht oder vermindert sich der Zusatzurlaub entsprechend. Soweit tarifliche, betriebliche oder sonstige Urlaubsregelungen für schwerbehinderte Menschen einen längeren Zusatzurlaub vorsehen, bleiben sie unberührt.

(2) Besteht die Schwerbehinderteneigenschaft nicht während des gesamten Kalenderjahres, so hat der schwerbehinderte Mensch für jeden vollen Monat der im Beschäftigungsverhältnis vorliegenden Schwerbehinderteneigenschaft einen Anspruch auf ein Zwölftel des Zusatzurlaubs nach Absatz 1 Satz 1. Bruchteile von Urlaubstagen, die mindestens einen halben Tag ergeben, sind auf volle Urlaubstage aufzurunden. Der so ermittelte Zusatzurlaub ist dem Erholungsurlaub hinzuzurechnen und kann bei einem nicht im ganzen Kalenderjahr bestehenden Beschäftigungsverhältnis nicht erneut gemindert werden.

---

1 Wegen Einzelheiten vgl. *Pieper*, PersR 1987, 4; *Hinrichs*, AiB 1995, 98
2 *BAG* v. 3.12.2002 – 9 AZR 462/01, AuR 2003, 318; *BAG* v. 21.11.2006 – 9 AZR 176/06, AuR 2006, 447. Nähere Ausführungen hierzu *Faber* in FKS-SGB IX, Rn. 10ff. zu § 124.
3 *LAG Hamm* v. 30.3.2006 – 8 Sa 1992/04, AuR 2006, 293 und EuGH v. 5.10.2004 – Rs C-397/01

(3) Wird die Eigenschaft als schwerbehinderter Mensch nach § 69 Abs. 1 und 2 rückwirkend festgestellt, finden auch für die Übertragbarkeit des Zusatzurlaubs in das nächste Kalenderjahr die dem Beschäftigungsverhältnis zugrunde liegenden urlaubsrechtlichen Regelungen Anwendung.

1. Anspruch auf Zusatzurlaub (Abs. 1)

Der **Zusatzurlaub** wurde schon unter dem SchwbG von sechs auf **1** fünf Tage **reduziert.** Die Begründung dafür – Beseitigung von Einstellungshemmnissen – überzeugt nicht. Es geht schlicht um Kostenentlastung für Unternehmer. Allein die Einsparung dieses einen Urlaubstages übersteigt die Mehrbelastung durch die damals erhöhte Ausgleichsabgabe um ein Vielfaches.

Jeder Arbeitnehmer hat Anspruch auf **Erholungsurlaub.** Der ge- **2** setzliche Mindesturlaub beträgt 24 Werktage (§ 3 BUrlG), das entspricht bei einer Fünftagewoche 20 Arbeitstagen. Nach den meisten Tarifverträgen ist der Urlaub länger und beträgt überwiegend 30 Arbeitstage.

Der Zusatzurlaub wird **zu dem Urlaubsanspruch hinzuaddiert**, auf den der schwerbehinderte Mensch aufgrund Tarifvertrag, Betriebsvereinbarung oder Arbeitsvertrag Anspruch hat – also nicht nur zum gesetzlichen Urlaubsanspruch.[1]

Anspruch auf den Zusatzurlaub haben schwerbehinderte Menschen **3** mit einem **GdB von 50** und mehr, nicht dagegen Gleichgestellte. Eine **Ausnahme** gibt es z.B. im **Saarland:** Dort stehen Zusatz-Urlaubstage auch Behinderten mit einem GdB zwischen 25 und 49 zu. Das Gesetz Nr. 186 gilt insoweit weiter für die Privatwirtschaft, soweit die Voraussetzungen am 1. 1. 2000 bereits vorlagen.[2]

Der Zusatzurlaub beträgt grundsätzlich **fünf Arbeitstage.** Sonn- **4** und Feiertage und arbeitsfreie Tage (z.B. Samstage) zählen also nicht als Urlaubstage. Davon gibt es mehrere **Abweichungen:**

---

1 *BAG* v. 24. 10. 2006 – 9 AZR 669/05, DB 2007, 351
2 *BAG* v. 5. 9. 2002 – 9 AZR 355/01, DB 2003, 888

- Beträgt die persönliche regelmäßige **Arbeitszeit** des schwerbehinderten Beschäftigten (nicht die Arbeitszeit des Betriebes/der Dienststelle) sechs Tage, hat er auch sechs Arbeitstage Zusatzurlaub. Das kann z. B. Beschäftigte im Einzelhandel oder in vollkontinuierlichen Betrieben betreffen.

- Beträgt die persönliche regelmäßige **Arbeitszeit vier Tage oder weniger** in der Woche, beträgt auch der Zusatzurlaub nur vier Tage oder entsprechend weniger. Das betrifft z. B. Teilzeitbeschäftigte, wenn sie nur an einzelnen Tagen in der Woche arbeiten, oder ggf. Schichtarbeiter.[3] Unklar ist, was bei unregelmäßiger Arbeitszeit, z. B. entsprechend dem wechselnden Arbeitsanfall, an Zusatzurlaub beansprucht werden kann.

- **Günstigere Arbeitsverträge, Tarifverträge oder Gesetze** können dazu führen, dass weiterhin sechs Zusatz-Urlaubstage zu gewähren sind. Das ist z. B. der Fall, wenn ein Tarifvertrag – ohne Bezugnahme auf die gesetzliche Regelung – für schwerbehinderte Arbeitnehmer sechs Arbeitstage Zusatzurlaub vorschreibt; anders können Tarifnormen zu beurteilen sein, die das SchwbG (nunmehr: SGB IX) nur abschreiben oder übernehmen.[4]

5   Der Anspruch entsteht mit der **Schwerbehinderteneigenschaft**. Er ist also unabhängig davon, ob der Arbeitgeber die Schwerbehinderteneigenschaft kennt oder nicht. Der schwerbehinderte Arbeitnehmer muss allerdings den Zusatzurlaub beantragen und verlangen.

6   Weiter besteht der Anspruch auch für das Jahr, in dem der **Antrag auf Feststellung** gestellt wird, und zwar auch dann, wenn der Antrag mit rückwirkender Kraft erst im nächsten Jahr positiv beschieden wird, jeweils nur anteilig (vgl. Rn. 9).

> **Beispiel:**
> A beantragt am 16.9.2007 die Feststellung der Schwerbehinderteneigenschaft. Der Antrag wird am 14.3.2008 positiv beschieden mit Rückwirkung zum 16.9.2007. Dann besteht Anspruch auf den anteiligen Zusatzurlaub für 2007 – vorausgesetzt, der schwerbehinderte A hat den Urlaub damals rechtzeitig vom Arbeitgeber verlangt.

7   Der Anspruch auf Zusatzurlaub bei laufendem Antrag kann Schwierigkeiten machen. Nach *BAG* reicht die Information des Arbeitge-

---

3 Vgl. zur Berechnung *BAG* v. 14.2.1991 – 8 AZR 97/90, AiB 1991, 168; *BAG* v. 18.2.1997 – 9 AZR 738/95, DB 1997, 2027
4 Vgl. *LAG Rheinland-Pfalz* v. 8.7.1988 – 6 Sa 305/88, NZA 1989, 482; *BAG* v. 9.6.1988 – 8 AZN 39/89, DB 1988, 1556

bers über den Antrag und die vorsorgliche Geltendmachung von Zusatzurlaub nicht aus. Vielmehr sei notwendig, den Arbeitgeber vom Antrag zu informieren und den Zusatzurlaub – bestimmt und ohne Vorbehalt – für das laufende Urlaubsjahr für einen bestimmten Zeitraum zu verlangen; eine Geltendmachung nach Ende des Übertragungszeitraums (im obigen Beispiel nach dem 31.3.2008) genüge nicht.[5]

Angesichts dieser Formalisierung empfiehlt es sich, gegenüber dem Arbeitgeber folgende schriftliche Erklärung abzugeben:

»Ich bin schwerbehindert. Ich habe am ... einen Antrag auf Feststellung der Schwerbehinderteneigenschaft gestellt. Ich fordere Sie auf, mir den Zusatzurlaub für schwerbehinderte Menschen für das Jahr 20.. vom ... bis ... zu gewähren.«

Der Zusatzurlaub folgt den **Grundsätzen über Entstehen und Erlö-** **8** **schen des Erholungsurlaubs.** Die dafür maßgebenden Gesetze und Tarifverträge sind – mit einigen Besonderheiten (vgl. bes. Rn. 6 und 7) – auch auf den Zusatzurlaub anzuwenden:[6]

- **Abgeltung** (§ 7 Abs. 4 BUrlG): Der (Zusatz-)Urlaub ist abzugelten, wenn er wegen Beendigung des Arbeitsverhältnisses nicht mehr genommen werden kann. Das gilt auch, wenn der Arbeitnehmer erst im Urlaubsjahr als schwerbehinderter Mensch anerkannt wird und den Arbeitgeber erstmals nach seinem Ausscheiden darauf hinweist. Das gilt unabhängig davon, ob der Arbeitnehmer vor oder nach dem Ausscheiden verstirbt.[7]
  Achtung: Gelten tarifliche oder vertragliche **Ausschlussfristen,** ist der Abgeltungsanspruch rechtzeitig beim Arbeitgeber geltend zu machen.
- **Feststellung der Schwerbehinderteneigenschaft im Urlaubsjahr:** Vgl. Rn. 9.
- **Krankheit:** Anspruch auf vollen (Zusatz-)Urlaub entsteht auch bei langer, selbst bei ganzjähriger Krankheit und selbst bei Bezug

---

5 *BAG* v. 21.2.1995 – 9 AZR 675/93, AiB 1995, 474
6 *BAG* v. 8.3.1994 – 9 AZR 49/93, AiB 1996, 60; *BAG* v. 21.2.1995 – 9 AZR 166/94, AiB 1996, 744; *BAG* v. 21.2.1995 – 9 AZR 675/93, AiB 1995, 474; *BAG* v. 5.12.1995 – 9 AZR 871/94, DB 1996, 1087; *BAG* v. 25.6.1996 – 9 AZR 182/95, AiB 1996, 490
7 *EuGH* v. 12.6.2014 – C-118/13

einer befristeten Erwerbsminderungsrente.[8] Der (Zusatz-)Urlaub ist auch dann abzugelten, wenn der schwerbehinderte Mensch im Zeitpunkt des Ausscheidens arbeitsunfähig ist.[9]

- **Übertragung des Urlaubs** (Abs. 3 und § 7 Abs. 3 BUrlG): Vgl. Rn. 6. Besteht am 31. 3. des Folgejahres noch Anspruch auf gesetzlichen Rest- und Zusatzurlaub, ist dieser bei Arbeitsunfähigkeit im bestehenden Arbeitsverhältnis zu übertragen.[10] Dies gilt auch für den vertraglichen oder tariflichen Mehrurlaub, falls die maßgebende Regelung keine ausdrückliche Differenzierung und den Verfall des Mehrurlaubs vorsieht.[11] Eine Begrenzung des Übertragungszeitraums auf 15 Monate wäre zulässig, bedarf jedoch einer ausdrücklichen Regelung im Gesetz oder Tarifvertrag.[12] Inzwischen hat das BAG trotz starker Kritik diese »ausdrückliche Regelung« in § 7 Abs. 3 S. 3 BUrlG gesehen.[13] D.h. z. B. der gesetzliche Urlaub aus dem Jahre 2014 verfällt bei fortdauernder Arbeitsunfähigkeit am 31. 3. 2016, es sei denn, es gelten günstigere tarifliche Regelungen. Für den tariflichen oder vertraglichen **Mehrurlaub** ist die dort vorgesehene Regelung maßgebend.

  Anders ist die **Lage bei Beamten**, da für sie § 7 Abs. 3 BUrlG nicht gilt: Hier hat das BVerwG entschieden, dass der Urlaub bei Arbeitsunfähigkeit bis max. 18 Monate zu übertragen sei[14] und bei Ausscheiden der Abgeltungsanspruch der Verjährungsfrist gem. § 195 BGB (drei Jahre nach Ende des Entstehungsjahres des Anspruchs) unterliege.

- **Wartezeit** (§ 4 BUrlG): Der volle (Zusatz-)Urlaub entsteht nach sechs Monaten Beschäftigung. D.h. nach Ablauf der Wartezeit ist im Folgejahr bereits am 1. 1. der volle Urlaubsanspruch entstanden.

  Bei **Ausscheiden in der 2. Jahreshälfte** ist vorbehaltlich eines weiteren Arbeitsverhältnisses im selben Jahr der volle Urlaubsanspruch entstanden (§ 5 Abs. 3 und § 6 BUrlG) und ggf. abzugelten.

---

8 So *BAG* v. 7. 8. 2012 – 9 AZR 353/10

9 *BAG* v. 24. 3. 2009 – 9 AZR 983/07; zum Zusatzurlaub *BAG* v. 23. 3. 2010 – Az. 9 AZR 128/09

10 *BAG* v. 24. 3. 2009 – 9 AZR 983/07; zum Zusatzurlaub *BAG* v. 23. 3. 2010 – Az. 9 AZR 128/09

11 *BAG* v. 12. 4. 2011 – Az. 9 AZR 80/10

12 *EuGH* v. 22. 11. 2011 – Az. C-241/10, NZA 2011,1333

13 *BAG* v. 7. 8. 2012 – 9 AZR 353/10 und *BAG* v. 12. 11. 2013 – 9 AZR 727/12

14 *BVerwG* v. 9. 4. 2014 – 2 B 95/13

- **Wechsel von Voll- in Teilzeit:**
  Entgegen der bisherigen Rechtsprechung des BAG hat der EuGH entschieden, dass bei einem unterjährigen Wechsel von Voll- in Teilzeitarbeit der in Vollzeit erworbene Urlaubsteil auch dann wie Vollzeit zu vergüten ist, wenn er in der Teilzeitphase genommen wird.[15] Umgekehrt dürfte allerdings dasselbe gelten.

- **Zwölftelung** des (Zusatz-)Urlaubs beim Eintritt und Ausscheiden aus dem Arbeitsverhältnis (§ 5 BUrlG): Beim Ausscheiden in der zweiten Jahreshälfte besteht auch dann Anspruch auf den vollen gesetzlichen Urlaub (vier Wochen) und den Zusatzurlaub, wenn der Urlaub nach einem anwendbaren Tarifvertrag gezwölftelt wird. Die Zwölftelung kann sich dann nur auf den tariflichen Mehrurlaub erstrecken.

2. Gekürzter Zusatzurlaub (Abs. 2)

Besteht die **Schwerbehinderung nur für einen Teil des Jahres,** 9
führte der neue Abs. 2 – abweichend von der Rechtslage vor 2004 (vgl. 7. Aufl., § 125 Rn. 6) – das »Zwölftelungsprinzip« ein. Anspruch besteht nun nicht mehr auf den vollen, sondern nur noch auf anteiligen Zusatzurlaub. Und zwar entsprechend der Zahl der Monate mit Schwerbehinderung.

> **Beispiel:**
> Arbeitsverhältnis seit 1997; Schwerbehinderteneigenschaft festgestellt ab 7.5.2007, also sieben volle Monate in 2007.
> 7/12 von fünf Tagen Zusatzurlaub = 2,9, aufgerundet = 3 Tage.
> Ergebnis: Anspruch auf drei Tage Zusatzurlaub; diese kommen zu den 30 Tagen Tarifurlaub dazu, insgesamt also 33 Tage Urlaub.

3. Übertragung des Zusatzurlaubs in das Jahr nach der Anerkennung (Abs. 3)

Für die **Übertragung von (Zusatz-)Urlaub** schafft Abs. 3 neue 10
Spielregeln – auf Drängen der Arbeitgeber, die bei rückwirkender Feststellung der Schwerbehinderteneigenschaft eine »Kumulation« von Ansprüchen ausschließen wollten.
Urlaubsjahr ist grundsätzlich das Kalenderjahr. Bei dringenden betrieblichen oder persönlichen Gründen muss der Urlaub bis zum

---

15 *EuGH* v. 13.6.2013 – C-415/12 und jetzt auch *BAG* v. 10.2.2015 – 9 AZR 53/14

31.3. des Folgejahres übertragen werden (§ 7 Abs. 3 BUrlG), nach einigen Tarifverträgen auch darüber hinaus. Der Urlaub muss dann bis zum 31.3. des Folgejahres verlangt und abgewickelt werden. Das gilt auch für den Zusatzurlaub. Und zwar auch dann, wenn die **Schwerbehinderung rückwirkend festgestellt** wird. Im obigen Beispiel (Rn. 6) liegt ein persönlicher Grund für die Urlaubsübertragung vor. Der Zusatzurlaub muss aber vor dem 31.3. verlangt werden. Bei einer rückwirkenden Feststellung z.B. am 2.4. ist eine Übertragung i.d.R. ausgeschlossen – vorbehaltlich weitergehender (tarif-)vertraglicher Bestimmungen. Besteht jedoch am 31.3. noch Arbeitsunfähigkeit, sind evtl. Resturlaubsansprüche mit dem Zusatzurlaub bis zum 31.3. des Folgejahres – also insgesamt maximal 15 Monate – zu übertragen (vgl. Rn. 8).

11 Für die zusätzlichen Urlaubstage ist **Urlaubsentgelt** gem. § 11 BUrlG oder entsprechend den Tarifverträgen zu zahlen, falls solche Anwendung finden.

12 Zusätzliches Urlaubsgeld wird grundsätzlich auch für den Zusatzurlaub gezahlt: z.B., wenn dies im Tarifvertrag für alle Urlaubstage vorgesehen ist, aber auch, wenn im Tarifvertrag kein Bezug zum SGB IX hergestellt wird.[16] Eine Ausnahme wird nur gemacht, wenn das Urlaubsgeld ausdrücklich auf den Tarifurlaub beschränkt wird.[17]

§ 126 Nachteilsausgleich

(1) **Die Vorschriften über Hilfen für behinderte Menschen zum Ausgleich behinderungsbedingter Nachteile oder Mehraufwendungen (Nachteilsausgleich) werden so gestaltet, dass sie unabhängig von der Ursache der Behinderung der Art oder Schwere der Behinderung Rechnung tragen.**
(2) **Nachteilsausgleiche, die auf Grund bisher geltender Rechtsvorschriften erfolgen, bleiben unberührt.**

Seit der am 1.8.1986 in Kraft getretenen Novelle zum SchwbG ist das nach Privilegien klingende Wort »Vergünstigungswesen« im früheren § 45 SchwbG durch den Begriff »Nachteilsausgleich« ersetzt worden. Hier kommentierte Nachteilsausgleiche sind:

---

16 *BAG* v. 23.11.1996 – 9 AZR 891/94, AiB 1996, 745; *BAG* v. 20.10.1983 – 6 AZR 142/82, DB 1984, 935
17 *BAG* v. 30.7.1986 – 8 AZR 241/83, DB 1986, 2684; *BAG* v. 9.1.1979 – 6 AZR 512/77, DB 1979, 992

- erhebliche Gehbehinderung – G –: § 145 Rn. 2 ff.,
- Gehörlos – Gl –: § 145 Rn. 5,
- Hilflosigkeit – H –: § 145 Rn. 6 ff.,
- Blind – Bl –: § 145 Rn. 11,
- außergewöhnliche Gehbehinderung – aG –: § 146 Rn. 2 f.,
- ständige Begleitung – B –: § 146 Rn. 5 f.

§ 127 Beschäftigung schwerbehinderter Menschen in Heimarbeit

(1) Schwerbehinderte Menschen, die in Heimarbeit beschäftigt oder diesen gleichgestellt sind (§ 1 Abs. 1 und 2 des Heimarbeitsgesetzes) und in der Hauptsache für den gleichen Auftraggeber arbeiten, werden auf die Arbeitsplätze für schwerbehinderte Menschen dieses Auftraggebers angerechnet.

(2) Für in Heimarbeit beschäftigte und diesen gleichgestellte schwerbehinderte Menschen wird die in § 29 Abs. 2 des Heimarbeitsgesetzes festgelegte Kündigungsfrist von zwei Wochen auf vier Wochen erhöht; die Vorschrift des § 29 Abs. 7 des Heimarbeitsgesetzes ist sinngemäß anzuwenden. Der besondere Kündigungsschutz schwerbehinderter Menschen im Sinne des Kapitels 4 gilt auch für die in Satz 1 genannten Personen.

(3) Die Bezahlung des zusätzlichen Urlaubs der in Heimarbeit beschäftigten oder diesen gleichgestellten schwerbehinderten Menschen erfolgt nach den für die Bezahlung ihres sonstigen Urlaubs geltenden Berechnungsgrundsätzen. Sofern eine besondere Regelung nicht besteht, erhalten die schwerbehinderten Menschen als zusätzliches Urlaubsgeld 2 Prozent des in der Zeit vom 1. Mai des vergangenen bis zum 30. April des laufenden Jahres verdienten Arbeitsentgelts ausschließlich der Unkostenzuschläge.

(4) Schwerbehinderte Menschen, die als fremde Hilfskräfte eines Hausgewerbetreibenden oder eines Gleichgestellten beschäftigt werden (§ 2 Abs. 6 des Heimarbeitsgesetzes) können auf Antrag eines Auftraggebers auch auf dessen Pflichtarbeitsplätze für schwerbehinderte Menschen angerechnet werden, wenn der Arbeitgeber in der Hauptsache für diesen Auftraggeber arbeitet. Wird einem schwerbehinderten Menschen im Sinne des Satzes 1, dessen Anrechnung die Bundesagentur für Arbeit zugelassen hat, durch seinen Arbeitgeber gekündigt, weil der Auftraggeber die Zuteilung von Arbeit eingestellt oder die regelmäßige Arbeits-

menge erheblich herabgesetzt hat, erstattet der Auftraggeber dem Arbeitgeber die Aufwendungen für die Zahlung des regelmäßigen Arbeitsverdienstes an den schwerbehinderten Menschen bis zur rechtmäßigen Beendigung seines Arbeitsverhältnisses.

(5) Werden fremde Hilfskräfte eines Hausgewerbetreibenden oder eines Gleichgestellten (§ 2 Abs. 6 des Heimarbeitsgesetzes) einem Auftraggeber gemäß Absatz 4 auf seine Arbeitsplätze für schwerbehinderte Menschen angerechnet, erstattet der Auftraggeber die dem Arbeitgeber nach Absatz 3 entstehenden Aufwendungen.

(6) Die den Arbeitgeber nach § 80 Abs. 1 und 5 treffenden Verpflichtungen gelten auch für Personen, die Heimarbeit ausgeben.

1　Bestimmte Regelungen des SGB IX gelten auch für **Heimarbeiter**. Sie arbeiten nicht im Betrieb, sondern meist in der Wohnung. Das Heimarbeitsgesetz definiert sie so: »Heimarbeiter ... ist, wer in selbstgewählter Arbeitsstätte (eigener Wohnung oder selbstgewählter Betriebsstätte) allein oder mit seinen Familienangehörigen ... im Auftrag von Gewerbetreibenden oder Zwischenmeistern erwerbsmäßig arbeitet, jedoch die Verwertung der Arbeitsergebnisse dem unmittelbar oder mittelbar auftraggebenden Gewerbetreibenden überlässt« (§ 2 Abs. 1 HAG).

2　(Abs. 1) Heimarbeitsstellen werden grundsätzlich bei der Festlegung der Quote für die **Beschäftigungspflicht** nicht berücksichtigt (vgl. § 73). Sind Heimarbeiter aber in der Hauptsache für einen Auftraggeber/Arbeitgeber tätig, können sie bei diesem auf einen Pflichtarbeitsplatz angerechnet werden. Sie sind dann auch bei der Betriebsratswahl wahlberechtigt (§ 6 BetrVG).

3　Das **Arbeitsentgelt** ist oft in sog. »**bindenden Festsetzungen**« geregelt. Diese werden von dem für die Branche zuständigen Heimarbeitsausschuss festgelegt und sind für alle Auftraggeber und Heimarbeiter der Branche verbindlich (§ 19 HAG). Es ist aber auch möglich, dass Arbeitsentgelt und sonstige Arbeitsbedingungen der Heimarbeiter in **Tarifverträgen** vereinbart werden.

4　(Abs. 2) Der **besondere Kündigungsschutz** gem. §§ 85 ff. gilt auch für schwerbehinderte Heimarbeiter. Die Mindestkündigungsfrist beträgt vier Wochen.

5　(Abs. 3) Die **Urlaubsdauer** und das Urlaubsentgelt richten sich nach dem Bundesurlaubsgesetz, den Tarifverträgen und/oder bindenden Festsetzungen der Heimarbeitsausschüsse. Auch schwerbehinderte

Heimarbeiter haben Anspruch auf Zusatzurlaub. Als zusätzliches Urlaubsgeld erhalten sie 2 % des Jahresarbeitsentgelts, sofern günstigere Regelungen nicht bestehen.

§ 128 Schwerbehinderte Beamte und Beamtinnen, Richter und Richterinnen, Soldaten und Soldatinnen

(1) Die besonderen Vorschriften und Grundsätze für die Besetzung der Beamtenstellen sind unbeschadet der Geltung des Teils 2 auch für schwerbehinderte Beamte und Beamtinnen so zu gestalten, dass die Einstellung und Beschäftigung schwerbehinderter Menschen gefördert und ein angemessener Anteil schwerbehinderter Menschen unter den Beamten und Beamtinnen erreicht wird.

(2) (aufgehoben)

(3) Die Vorschriften des Absatzes 1 finden auf Richter und Richterinnen entsprechende Anwendung.

(4) Für die persönliche Rechtsstellung schwerbehinderter Soldaten und Soldatinnen gelten § 2 Abs. 1 und 2, §§ 69, 93 bis 99, 116 Abs. 1 sowie §§ 123, 125, 126 und 145 bis 147. Im Übrigen gelten für Soldaten und Soldatinnen die Vorschriften über die persönliche Rechtsstellung der schwerbehinderten Menschen, soweit sie mit den Besonderheiten des Dienstverhältnisses vereinbar sind.

(Abs. 1) Abs. 1 stellt klar, dass die Vorschriften des SGB IX (Teil 2) 1
auch für **schwerbehinderte Beamte in Bund und Ländern** unmittelbar Geltung haben. Ferner bildet Abs. 1 eine Ergänzung zu den Vorschriften über die Pflichten zur Beschäftigung, Fürsorge und Förderung von schwerbehinderten Menschen (§§ 71, 72 und 81). Die **öffentlichen Arbeitgeber** müssen auf wenigstens 5 % (vgl. § 71 Abs. 1) bzw. 6 % (vgl. § 159 Abs. 1 i. V. m. § 71 Abs. 1) der Arbeitsplätze schwerbehinderte Menschen beschäftigen. Sie haben besondere Verpflichtungen nach § 82.

Nach Abs. 1 **soll eine möglichst große Anzahl von schwerbehin- 2
derten Beamten beschäftigt werden.** Dazu sollen u. a. die beamtenrechtlichen Vorschriften angepasst werden, insbesondere die Einstellungs- und Beförderungsgrundsätze bezüglich Eignung und Befähigung. Bund und Länder haben dazu »**Fürsorgeerlasse**« verabschiedet. Teilweise wird – bei gleicher Qualifikation – eine bevorzugte Einstellung oder Beförderung vorgesehen. Trotzdem ist der seit Jahrzehnten bestehende Auftrag noch nicht erfüllt. Der Perso-

nalrat kann aufgrund seiner Rechte nach § 76 Abs. 2 Nr. 8 BPersVG Einfluss nehmen. Entsprechende Vorschriften finden sich auch in den Länderpersonalvertretungsgesetzen.

3 (Abs. 2) Die Pflicht zur Anhörung von Integrationsamt und Schwerbehindertenvertretung vor **Entlassungen und Zurruhesetzungen** wurde im April 2004 gestrichen.

4 (Abs. 3) Die Grundsätze des Abs. 1 gelten entsprechend für Richter.

5 (Abs. 4) Für **Soldaten** werden bestimmte Vorschriften des SGB IX (Teil 2) für anwendbar erklärt – u.a. sind dies die Vorschriften über die Schwerbehinderteneigenschaft, die Vorschriften über die Schwerbehindertenvertretung bzw. Stufenvertretungen sowie über den Zusatzurlaub.

§ 129 Unabhängige Tätigkeit

Soweit zur Ausübung einer unabhängigen Tätigkeit eine Zulassung erforderlich ist, soll schwerbehinderten Menschen, die eine Zulassung beantragen, bei fachlicher Eignung und Erfüllung der sonstigen gesetzlichen Voraussetzungen die Zulassung bevorzugt erteilt werden.

Die Regelung erweitert den Schutz auf unabhängige Tätigkeiten. Schwerbehinderte Menschen sollen bevorzugt zugelassen werden (z.B. als Notar). Die Behörden haben darüber nach pflichtgemäßem Ermessen zu entscheiden.

§ 130 Geheimhaltungspflicht

(1) Die Beschäftigten der Integrationsämter, der Bundesagentur für Arbeit, der Rehabilitationsträger einschließlich ihrer Beschäftigten in gemeinsamen Servicestellen sowie der von diesen Stellen beauftragten Integrationsfachdienste und die Mitglieder der Ausschüsse und des Beirates für die Teilhabe behinderter Menschen (§ 64) und ihre Stellvertreter oder Stellvertreterinnen sowie zur Durchführung ihrer Aufgaben hinzugezogene Sachverständige sind verpflichtet,

1. über ihnen wegen ihres Amtes oder Auftrages bekannt gewordene persönliche Verhältnisse und Angelegenheiten von Beschäftigten auf Arbeitsplätzen für schwerbehinderte Menschen, die ihrer Bedeutung oder ihrem Inhalt nach einer vertraulichen Behandlung bedürfen, Stillschweigen zu bewahren, und

2. ihnen wegen ihres Amtes oder Auftrages bekannt gewordene und vom Arbeitgeber ausdrücklich als geheimhaltungsbedürftig bezeichnete Betriebs- oder Geschäftsgeheimnisse nicht zu offenbaren und nicht zu verwerten.

(2) Diese Pflichten gelten auch nach dem Ausscheiden aus dem Amt oder nach Beendigung des Auftrages. Sie gelten nicht gegenüber der Bundesagentur für Arbeit, den Integrationsämtern und den Rehabilitationsträgern, soweit deren Aufgaben gegenüber schwerbehinderten Menschen es erfordern, gegenüber der Schwerbehindertenvertretung sowie gegenüber den in § 79 Abs. 1 des Betriebsverfassungsgesetzes und den in den entsprechenden Vorschriften des Personalvertretungsrechts genannten Vertretungen, Personen und Stellen.

Bei der Erfüllung ihrer Aufgabe, die schwerbehinderten Menschen zu schützen und zu fördern, wird den Behörden und Interessenvertretungen eine große Anzahl von **sensiblen persönlichen Angaben** und Daten von schwerbehinderten Menschen und ggf. weiteren Personen bekannt. Weiter kann es vorkommen, dass etwa bei Einstellungen, Fördermaßnahmen oder Kündigungsverhandlungen den Behörden betriebliche Daten bekannt werden. § 131 will sicherstellen, dass die Behörden diese Angaben vertraulich behandeln. **1**

§ 130 betrifft die **Geheimhaltungspflicht von Behörden**, insbesondere die Beschäftigten der Integrationsämter, der Agenturen für Arbeit, der Rehabilitationsträger, der Integrationsfachleute, die Mitglieder des Ausschusses und des Beirats für die Teilhabe behinderter Menschen gem. § 64 und der Widerspruchsausschüsse sowie die von hinzugezogenen Sachverständigen. Für Versorgungsämter gilt Entsprechendes (zur Verschwiegenheitspflicht der Schwerbehindertenvertretung vgl. § 96 Abs. 7). **2**

Geheimzuhalten sind persönliche Verhältnisse der schwerbehinderten Menschen sowie Geschäfts- und Betriebsgeheimnisse (vgl. § 96 Rn. 21).

Gegenüber Betriebsrat, Gesamtbetriebsrat und den anderen in § 79 BetrVG genannten Gremien sowie gegenüber Personalrat, Gesamtpersonalrat und den in § 10 BPersVG bzw. den Landespersonalvertretungsgesetzen genannten Stellen **können sich** die o. g. Behörden **nicht auf ihre Geheimhaltungspflicht berufen** – und auch nicht gegenüber der Schwerbehindertenvertretung. **3**

Das **Datengeheimnis** für personenbezogene Daten ist zu beachten (§ 5 BDSG). Es dürfen demnach Daten nur erhoben und verarbei- **4** tet werden, soweit es für die Erfüllung der gesetzlichen Aufgaben notwendig ist. Hierbei können Interessenkonflikte entstehen, wie etwa bei Anträgen auf Gleichstellung, vgl. dazu § 2 Rn. 25 ff., § 68 Rn. 3.

§ 131 Statistik

(1) Über schwerbehinderte Menschen wird alle zwei Jahre eine Bundesstatistik durchgeführt. Sie umfasst folgende Tatbestände:
1. die Zahl der schwerbehinderten Menschen mit gültigem Ausweis,
2. persönliche Merkmale schwerbehinderter Menschen wie Alter, Geschlecht, Staatsangehörigkeit, Wohnort,
3. Art, Ursache und Grad der Behinderung.
(2) Für die Erhebung besteht Auskunftspflicht. Auskunftspflichtig sind die nach § 69 Abs. 1 und 5 zuständigen Behörden.

1   Alle **zwei Jahre** muss zum Stichtag 31. Dezember eine **Bundesstatistik** über die schwerbehinderten Menschen erstellt werden. Sie soll Angaben über wichtige persönliche Merkmale der schwerbehinderten Menschen sowie über Art, Ursache und Grad ihrer Behinderung liefern. Einbezogen werden nur schwerbehinderte Menschen mit gültigem Ausweis. Damit werden zwar wesentliche Informationen aufbereitet, wichtige Angaben aber werden von der Statistik nicht erfasst, so z. B. die Umsetzung des SGB IX (Teil 2) im Arbeitsleben, die Erfüllung der Beschäftigungspflicht, die Eingliederung in das Arbeitsleben, Qualifikationsmaßnahmen. Diese Angaben werden durch das Statistische Bundesamt *(www.destatis.de)* zum Teil auch von der Bundesagentur für Arbeit erhoben und veröffentlicht.

2   Wichtige Angaben aus der letzten Statistik mit Stichtag 15. 10. 2013 (Jahresbericht der BIH 2012/2013, unter *www.integrationsaemter. de*) sind:
*   Anfang 2012 (in Klammer Daten von 2003) gab es in der Bundesrepublik Deutschland 7,3 (6,6) Mio. schwerbehinderte Menschen. Jede/r 12. Einwohner/in, also 8,9 % der Gesamtbevölkerung, davon rd. 3,3 Mio. im erwerbsfähigen Alter, war schwerbehindert.
*   Der Anteil steigt mit dem **Alter**. Drei Viertel (74 %) der schwerbehinderten Menschen waren 55 Jahre und älter. Rund 52 % davon sind Männer.
*   25 % der schwerbehinderten Menschen hatten einen **GdB** von

100, 57,7 % einen GdB von 50 bis unter 80 und 17,4 % einen GdB von 80 bis unter 100.

- Der größte Teil der Behinderungen war **krankheitsbedingt**: 83 %. In den meisten Fällen lag eine Beeinträchtigung der Funktion von inneren Organen vor: ca. 25 % der schwerbehinderten Menschen waren hiervon betroffen. Am zweithäufigsten waren Funktionseinschränkungen der Gliedmaßen (13 %) und der Wirbelsäule (12 %). Bei 11 % lag eine geistige oder seelische Behinderung vor. Bei 1,1 % wurde die Behinderung durch eine Wehr- oder Zivildienstbeschädigung, bei 2 % durch einen Arbeitsunfall oder durch eine Berufskrankheit verursacht. Bei 4 % war sie angeboren oder trat im 1. Lebensjahr auf.
- 176 040 schwerbehinderte Menschen waren im Jahresschnitt 2012 (gegenüber 2008: 151 450) arbeitslos gemeldet, also ein gegenläufiger Trend gegenüber der allgemeinen Arbeitslosigkeit, die nach der Krise 2008/2009 wieder zurückgegangen war (vgl. Jahresbericht der BIH für 2010/2011, S. 13), was auf das Auslaufen vorruhestandsähnlicher Regelungen zurückführt wird
- ListenabsatzDie Beschäftigungsquote lag 2011 insgesamt bei ca. 4,6 %, im öffentlichen Dienst bei 6,5 % und in der Privatwirtschaft bei 4 %, also weit unter der gesetzlich vorgesehenen Quote von 5 %.

Kapitel 11
Integrationsprojekte

§ 132 Begriff und Personenkreis

(1) Integrationsprojekte sind rechtlich und wirtschaftlich selbständige Unternehmen (Integrationsunternehmen) oder unternehmensinterne oder von öffentlichen Arbeitgebern im Sinne des § 71 Abs. 3 geführte Betriebe (Integrationsbetriebe) oder Abteilungen (Integrationsabteilungen) zur Beschäftigung schwerbehinderter Menschen auf dem allgemeinen Arbeitsmarkt, deren Teilhabe an einer sonstigen Beschäftigung auf dem allgemeinen Arbeitsmarkt auf Grund von Art oder Schwere der Behinderung oder wegen sonstiger Umstände voraussichtlich trotz Ausschöpfens aller Fördermöglichkeiten und des Einsatzes von Integrationsfachdiensten auf besondere Schwierigkeiten stößt.

Feldes

(2) Schwerbehinderte Menschen nach Absatz 1 sind insbesondere

1. schwerbehinderte Menschen mit geistiger oder seelischer Behinderung oder mit einer schweren Körper-, Sinnes- oder Mehrfachbehinderung, die sich im Arbeitsleben besonders nachteilig auswirkt und allein oder zusammen mit weiteren vermittlungshemmenden Umständen die Teilhabe am allgemeinen Arbeitsmarkt außerhalb eines Integrationsprojekts erschwert oder verhindert,

2. schwerbehinderte Menschen, die nach zielgerichteter Vorbereitung in einer Werkstatt für behinderte Menschen oder in einer psychiatrischen Einrichtung für den Übergang in einen Betrieb oder eine Dienststelle auf dem allgemeinen Arbeitsmarkt in Betracht kommen und auf diesen Übergang vorbereitet werden sollen, sowie

3. schwerbehinderte Menschen nach Beendigung einer schulischen Bildung, die nur dann Aussicht auf eine Beschäftigung auf dem allgemeinen Arbeitsmarkt haben, wenn sie zuvor in einem Integrationsprojekt an berufsvorbereitenden Bildungsmaßnahmen teilnehmen und dort beschäftigt und weiterqualifiziert werden.

(3) Integrationsunternehmen beschäftigen mindestens 25 Prozent schwerbehinderte Menschen im Sinne von Absatz 1. Der Anteil der schwerbehinderten Menschen soll in der Regel 50 Prozent nicht übersteigen.

1. Normzweck

1   Die Abschottung des allgemeinen Arbeitsmarktes gegen die Beschäftigung behinderter Menschen, die besonders an der überproportional hohen Arbeitslosenquote schwerbehinderter Menschen (14 %) deutlich wird, hat dazu geführt, dass für einen Teil der schwerbehinderten Arbeitslosen als Alternative zur Arbeitslosigkeit nicht mehr die Vermittlung auf den allgemeinen Arbeitsmarkt in

Frage kommt. Aufgrund ihres Alters, ihrer Gesundheit und ihrer Qualifikation sind sie dauerhaft auf Transferleistungen (Arbeitslosengeld, Rente etc.) bzw. auf eine Beschäftigung in der Werkstatt für behinderte Menschen angewiesen, obwohl bei entsprechender Förderung eine Eingliederung auf dem allgemeinen Arbeitsmarkt grundsätzlich möglich wäre.

Die Norm beschreibt Integrationsunternehmen, Integrationsbetriebe, Integrationsabteilungen und definiert den Personenkreis schwerbehinderter Menschen, deren Teilhabechancen auf dem allgemeinen Arbeitsmarkt durch Förderung ihrer Beschäftigung in Integrationsbetrieben verbessert werden sollen.

2. Entstehungsgeschichte

Diese Regelung entspricht inhaltsgleich der früheren Vorschrift des § 53a SchwbG. Begriff und Aufgaben der Integrationsprojekte sind mit dem SGB IX seit dem 1.7.2001 erstmals rechtlich geregelt worden. **2**

3. Allgemeiner Inhalt

Integrationsprojekte stellen durch ihre rechtliche und wirtschaftliche Position am allgemeinen Arbeitsmarkt für Menschen mit Behinderungen gegenüber Werkstätten oder anderen therapeutischen Formen der Beschäftigung eine vollwertige Möglichkeit der Teilhabe am Arbeitsleben dar. **3**

Aufgrund positiver Erfahrungen mit der Integration behinderter Menschen in Selbsthilfe- oder Integrationsfirmen sollten seit 1998 im Rahmen eines Modellversuches des ehemaligen BMA solche Integrationsprojekte für schwerbehinderte Arbeitslose eine Brücke zur Eingliederung in eine reguläre Beschäftigung auf dem allgemeinen Arbeitsmarkt herstellen. Die Übergangsfunktion konnten sie nicht erfüllen. Diese Integrationsprojekte sollen darüber hinaus auch den Übergang schwerbehinderter Menschen aus Werkstätten auf den allgemeinen Arbeitsmarkt ermöglichen. Die Anforderungen an Integrationsfirmen im Modellprojekt waren jedoch zu hoch gesteckt. Sie sollen gleichzeitig Beschäftigung, Qualifikation und Rehabilitation bieten, dazu Arbeitsplätze akquirieren, Arbeitsvermittlung und Arbeitnehmerüberlassung betreiben sowie für vermittelte schwerbehinderte Klienten arbeitsbegleitende Betreuung leisten.

Derzeit bestehen etwa 700 Integrationsfirmen mit ca. 20 000 Arbeitsplätzen. Sie bieten einer nennenswerten Zahl überwiegend psychisch behinderter Menschen über viele Jahre eine dauerhafte Beschäftigungsperspektive. Integrationsunternehmen rechnen sich selbst zum allgemeinen Arbeitsmarkt und sind damit wettbewerbs- und marktorientiert tätig, verfolgen zum Teil sehr unterschiedliche Ziele:

- Integrationsfirmen sind Klein- und Mittelbetriebe, die markt- und wettbewerbsorientiert arbeiten und meist 40 bis 80 % der Arbeitsplätze behinderten Menschen zur Verfügung stellen, die unter den üblichen Bedingungen des allgemeinen Arbeitsmarktes beschäftigt werden.
- Zuverdienstfirmen bieten behinderten Menschen mit eingeschränktem Leistungsvermögen bezahlte, niedrigschwellige und flexible Arbeitsmöglichkeiten (meist geringfügige oder Teilzeitbeschäftigung) in Form eines Zuverdienstes zu einer materiellen Grundsicherung.
- Geschützte Abteilungen sind organisatorische Einheiten in Unternehmen, Betrieben, Dienststellen etc., in denen behinderte Menschen unter besonderer Anleitung im Rahmen regulärer Arbeitsverhältnisse beschäftigt werden.
- Soziale Betriebe sind ein Arbeitsmarktinstrument mit regional einheitlichem Förderkonzept zur Reintegration von Langzeitarbeitslosen in das Beschäftigungssystem.
- Arbeitnehmerüberlassungen/Leiharbeitsfirmen zur Vermittlung von Leiharbeitnehmern aus besonderen Zielgruppen haben zum Ziel, die Übernahme in ein unbefristetes Beschäftigungsverhältnis beim Entleiher zu erreichen.
- Technische Sozialbetriebe sind besondere Abteilungen innerhalb eines Unternehmens (vor allem in der Montan- und Bergbauindustrie), die innerbetrieblich Alternativen für behinderte Menschen bieten, die auf ihrem bisherigen Arbeitsplatz nicht mehr tätig sein können.

Wegen ihres hohen Beschäftigtenanteils schwerbehinderter Menschen haben Integrationsfirmen allerdings andere Wettbewerbsbedingungen als andere Firmen. Tatsächlich sind sie eher einem öffentlich geförderten bzw. subventionierten Beschäftigungssektor zwischen der Werkstatt für behinderte Menschen und dem ersten Arbeitsmarkt zuzurechnen. Integrationsfirmen spielen dennoch bezüglich der Zahl der Arbeitsplätze, die sie anbieten, im Vergleich zur Gesamtzahl schwerbehinderter Menschen am ersten Arbeitsmarkt und im Vergleich zum Integrationsbedarf arbeitsloser und in Werkstätten beschäftigter schwerbehinderter Personen eine untergeordnete Rolle.

4. Begriff der Integrationsprojekte (Abs. 1)

In Abs. 1 werden Integrationsprojekte definiert. Es handelt sich dabei sowohl um rechtlich und wirtschaftlich selbständige Betriebe oder unternehmensinterne Abteilungen. In den Integrationsprojekten sollen schwerbehinderte Menschen tätig werden, deren Eingliederung in den allgemeinen Arbeitsmarkt soweit erkennbar trotz Ausschöpfens aller Möglichkeiten auf besondere Schwierigkeiten stößt. **4**

Es ist kein förmliches Verfahren zur Anerkennung als Integrationsunternehmen vorgeschrieben. Die De-facto-Anerkennung ergibt sich mit dem Bewilligungsbescheid auf finanzielle Förderleistungen gem. § 134. Zulässig sind Integrationsprojekte als rechtlich selbstständige oder unselbstständige Integrationsunternehmen. Sie können steuerrechtlich der Gemeinnützigkeit unterliegen, wenn mindestens 40 v. H. der Beschäftigten besonders betroffene schwerbehinderte Menschen sind.

Integrationsprojekte bieten Arbeitsplätze des allgemeinen Arbeitsmarktes, die im Wesentlichen über die am Markt erzielten Erlöse für erbrachte Dienstleistungen oder produzierte Waren finanziert werden. Zum deutlich geringeren Teil finanzieren sie sich aus Förderungen der Integrationsämter. Öffentliche Förderung kommt hauptsächlich in Betracht für Investitionskosten, Ausgleichszahlungen bei verminderter Leistungsfähigkeit der behinderten Menschen und für den Betreuungsaufwand.

Angesichts der Entscheidung von Unternehmen, im Zuge des Umbaus von Betrieben und Konzernen Belegschaften drastisch zu verkleinern, kommt die Erlaubnis für Unternehmen zur Ausgründung von Integrationsunternehmen bzw. -abteilungen einer Aufforderung zur Ausgliederung gesundheitlich beeinträchtigter und behinderter Beschäftigter in solche Bereiche gleich. Die Einrichtung spezieller Integrationsabteilungen ist beschäftigungs- und integrationspolitisch kontraproduktiv und birgt immer die Gefahr der Ausgrenzung aus einer normalisierenden Beschäftigung in sich. Statt der sozialen Ausgrenzung schwerbehinderter Menschen ist es viel sinnvoller, in stärkerem Maße persönliche und individuelle Hilfen bis hin zur Arbeitsassistenz zu installieren und zu fördern. **5**

5. Personenkreis (Abs. 2)

6 Bei dem Personenkreis, der in Integrationsprojekten Beschäftigung finden soll, handelt es sich um Menschen mit geistiger oder psychischer Behinderung oder mit einer schweren Körper-, Sinnes- oder Mehrfachbehinderung, um schwerbehinderte Menschen aus Werkstätten für behinderte Menschen und psychiatrischen Einrichtungen sowie um schwerbehinderte Schulabgänger, die vor dem Übergang auf den allgemeinen Arbeitsmarkt vorbereitende Fördermaßnahmen durchlaufen müssen. Wesentliche Voraussetzung für die Aufnahme einer Beschäftigung in einem Integrationsprojekt ist die Fähigkeit des Betroffenen, durch seine Arbeit einen gewissen Beitrag zum wirtschaftlichen Erfolg des Unternehmens zu leisten. Die Bezahlung orientiert sich an den in der jeweiligen Branche üblichen Tariflöhnen. Insgesamt hat sich ein breites Spektrum von Firmen mit vielfältigen Arbeitsangeboten entwickelt. Die Beschäftigten in Integrationsprojekten sind Arbeitnehmer. Im Unterschied zu Werkstattmitarbeitern haben sie nicht bloß arbeitnehmerähnlichen Status.

6. Fördervoraussetzungen (Abs. 3)

7 Damit die Wirtschaftlichkeit und Wettbewerbsfähigkeit von Integrationsprojekten gewahrt bleiben, soll der Anteil schwerbehinderter Beschäftigter an der Belegschaft 50 % nicht überschreiten. Diese Vorschrift gilt nur für Integrationsunternehmen, nicht für Betriebe und Abteilungen. Im Regelfall sollen 25 % der Beschäftigten selbst schwerbehindert sein. Die Förderung erfolgt durch das örtliche Integrationsamt. Das Förderverfahren ist im Einzelnen in den Richtlinien der Bundesarbeitsgemeinschaft der Integrationsämter und Hauptfürsorgestellen zur Förderung von Integrationsprojekten nach §§ 132 ff. SGB IX geregelt.

Aktuelle Fassung der BIH-Richtlinien unter: *www.bag-if.de/2010/06 /neue-richtlinien-der-bih-zur-forderung-von-integrationsprojekten.*

§ 133 Aufgaben

Die Integrationsprojekte bieten den schwerbehinderten Menschen Beschäftigung und arbeitsbegleitende Betreuung an, soweit erforderlich auch Maßnahmen der beruflichen Weiterbildung oder Gelegenheit zur Teilnahme an entsprechenden außerbetrieblichen Maßnahmen und Unterstützung bei der Vermittlung

in eine sonstige Beschäftigung in einem Betrieb oder einer Dienststelle auf dem allgemeinen Arbeitsmarkt sowie geeignete Maßnahmen zur Vorbereitung auf eine Beschäftigung in einem Integrationsprojekt.

1. Normzweck

§ 133 legt die Aufgaben der Integrationsprojekte fest und definiert **1** die besonderen Aufgabenstellungen der Integrationsprojekte.

2. Regelungsinhalt

Danach bieten die Integrationsprojekte schwerbehinderten Men- **2** schen Beschäftigung und arbeitsbegleitende Betreuung an. Ein großer Teil der Integrationsprojekte bietet aber nicht nur sozialversicherungspflichtige Voll- und Teilzeitarbeitsplätze an, sondern auch Arbeitsverhältnisse im Rahmen der geringfügigen Beschäftigung. Darüber hinaus haben sie im erforderlichen Umfang auch berufliche Weiterbildungsmaßnahmen selbst anzubieten bzw. die Teilnahme an außerbetrieblichen Weiterbildungsmaßnahmen zu ermöglichen, um die Beschäftigungsfähigkeit in einem anderen Unternehmen vorzubereiten. Der dritte Aufgabenbereich besteht in der Förderung der Vermittlung in eine Beschäftigung am allgemeinen Arbeitsmarkt. Ferner soll auch im erforderlichen Umfang die Vorbereitung auf eine Beschäftigung in einem Integrationsprojekt zum Leistungsangebot des Integrationsprojektes gehören. Daneben bieten sie teilweise auch die Möglichkeit zur Belastungserprobung (z. B. im Rahmen der ausgelagerten Arbeitstherapie) und führen berufliche Rehabilitations- und Qualifizierungsmaßnahmen bis hin zur Ausbildung durch.

Die Arbeitsbedingungen sind hinsichtlich der Gestaltung der Arbeitszeit, des Arbeitsklimas und der Arbeitsorganisation so gestaltet, dass sie den spezifischen Bedürfnissen des Personenkreises entsprechen.

§ 134 Finanzielle Leistungen

Integrationsprojekte können aus Mitteln der Ausgleichsabgabe Leistungen für Aufbau, Erweiterung, Modernisierung und Ausstattung einschließlich einer betriebswirtschaftlichen Beratung und für besonderen Aufwand erhalten.

1. Normzweck

1 § 134 bildet die Rechtsgrundlage für die Finanzierung von Integrationsprojekten aus den Mitteln der Ausgleichsabgabe. Integrationsprojekte verfügen damit über eine eigene Finanzierungsgrundlage, womit eine ausreichende Zahl von Integrationsprojekten gefördert werden kann.

2. Regelungsinhalt

2 Die Vorschrift nennt abschließend die förderfähigen Leistungsbereiche. Integrationsprojekte können danach aus Mitteln der Ausgleichsabgabe Leistungen zum Aufbau, zur Erweiterung, zur Modernisierung und zur Ausstattung einschließlich einer qualifizierten betriebswirtschaftlichen Beratung erhalten. Die alleinige Förderzuständigkeit liegt seit dem 1.1.2004 gem. § 102 Abs. 3 Nr. 3 i.V.m. § 28a SchwbAV beim örtlich zuständigen Integrationsamt.

§ 135 Verordnungsermächtigung

Das Bundesministerium für Arbeit und Soziales wird ermächtigt, durch Rechtsverordnung mit Zustimmung des Bundesrates das Nähere über den Begriff und die Aufgaben der Integrationsprojekte, die für sie geltenden fachlichen Anforderungen, die Aufnahmevoraussetzungen und die finanziellen Leistungen zu regeln.

1. Normzweck

Durch § 135 wird das Bundesministerium für Arbeit und Sozia-   **1**
les ermächtigt, durch Rechtsverordnung und mit Zustimmung des
Bundesrates das Nähere über den Begriff, die Aufgaben der Integrationsprojekte, ihre fachlichen Anforderungen, die Aufnahmevoraussetzungen sowie die finanziellen Leistungen zu regeln.

2. Regelungsinhalt

Das Bundesarbeitsministerium kann per Erlass Regelungen zur För-   **2**
derung von Integrationsprojekten herausgeben. Zurzeit wird die
Förderpraxis durch Empfehlungen zur Förderung der Integrationsprojekte der Bundesarbeitsgemeinschaft der Integrationsämter
(BIH) geregelt, die mit dem Bundesarbeitsministerium abgestimmt
sind.

Kapitel 12
Werkstätten für behinderte Menschen

§ 136 Begriff und Aufgaben der Werkstatt
für behinderte Menschen

**(1) Die Werkstatt für behinderte Menschen ist eine Einrichtung
zur Teilhabe behinderter Menschen am Arbeitsleben im Sinne
des Kapitels 5 des Teils 1 und zur Eingliederung in das Arbeitsleben. Sie hat denjenigen behinderten Menschen, die wegen Art
oder Schwere der Behinderung nicht, noch nicht oder noch nicht
wieder auf dem allgemeinen Arbeitsmarkt beschäftigt werden
können,**

**1. eine angemessene berufliche Bildung und eine Beschäftigung
zu einem ihrer Leistung angemessenen Arbeitsentgelt aus dem
Arbeitsergebnis anzubieten und**

**2. zu ermöglichen, ihre Leistungs- oder Erwerbsfähigkeit zu er-
halten, zu entwickeln, zu erhöhen oder wiederzugewinnen und
dabei ihre Persönlichkeit weiterzuentwickeln.**

**Sie fördert den Übergang geeigneter Personen auf den allgemei-
nen Arbeitsmarkt durch geeignete Maßnahmen. Sie verfügt über
ein möglichst breites Angebot an Berufsbildungs- und Arbeits-**

plätzen sowie über qualifiziertes Personal und einen begleitenden Dienst. Zum Angebot an Berufsbildungs- und Arbeitsplätzen gehören ausgelagerte Plätze auf dem allgemeinen Arbeitsmarkt. Die ausgelagerten Arbeitsplätze werden zum Zwecke des Übergangs und als dauerhaft ausgelagerte Plätze angeboten.

(2) Die Werkstatt steht allen behinderten Menschen im Sinne des Absatzes 1 unabhängig von Art oder Schwere der Behinderung offen, sofern erwartet werden kann, dass sie spätestens nach Teilnahme an Maßnahmen im Berufsbildungsbereich wenigstens ein Mindestmaß wirtschaftlich verwertbarer Arbeitsleistung erbringen werden. Dies ist nicht der Fall bei behinderten Menschen, bei denen trotz einer der Behinderung angemessenen Betreuung eine erhebliche Selbst- oder Fremdgefährdung zu erwarten ist oder das Ausmaß der erforderlichen Betreuung und Pflege die Teilnahme an Maßnahmen im Berufsbildungsbereich oder sonstige Umstände ein Mindestmaß wirtschaftlich verwertbarer Arbeitsleistung im Arbeitsbereich dauerhaft nicht zulassen.

(3) Behinderte Menschen, die die Voraussetzungen für eine Beschäftigung in einer Werkstatt nicht erfüllen, sollen in Einrichtungen oder Gruppen betreut und gefördert werden, die der Werkstatt angegliedert sind.

1. Normzweck

1   Die Vorschrift definiert Aufgabe, Auftrag und Zielsetzung sowie den Personenkreis, der in der WfbM Beschäftigung finden soll. Daneben werden in der Norm die Voraussetzungen festgelegt, die für die Anerkennung als WfbM erforderlich sind. Zugleich werden auch Regelungen für das Rechtsverhältnis zwischen den behinderten Menschen und der WfbM getroffen. Damit wird auch das Dreiecksverhältnis zwischen den behinderten Beschäftigten, der WfbM und dem Rehabilitationsträger reguliert.

2. Entstehungsgeschichte

Diese Regelung entspricht dem früheren § 54 SchwbG. Abs. 1 Satz 1 **2**
stellt darüber hinaus fest, dass die Werkstatt für behinderte Menschen (WfbM) eine Einrichtung zur Teilhabe behinderter Menschen am Arbeitsleben ist und deshalb auch für die WfbM die für Rehabilitationseinrichtungen geltenden Regelungen über Leistungen zur Teilhabe am Arbeitsleben aus dem Kapitel 5 des Teils 1 des SGB IX bestimmend sind.

Dem Werkstättenrecht sind in den §§ 39–43 die entsprechenden leistungsrechtlichen Vorschriften zugeordnet. Die Rehabilitationsleistungsträger sind nach § 42 zuständig für die Erbringung von Leistungen im Eingangs- und Berufsbildungsbereich (§ 40) und im Arbeitsbereich der WfbM. Werden Leistungen nach dem SGB XII erbracht, dann handelt es sich um Leistungen der Eingliederungshilfe für behinderte Menschen, die sich auf den Arbeitsbereich der Werkstatt beschränken. Ist kein Leistungsträger vorrangig zuständig, dann tritt für Leistungen im Eingangsverfahren und im Berufsbildungsbereich die Bundesagentur für Arbeit und für Leistungen im Arbeitsbereich der Träger der Sozialhilfe ein.

Durch das Gesetz zur Reform des Sozialhilferechts vom 23.7.1996 waren zum 1.8.1996 Änderungen im Bundessozialhilfegesetz für die Eingliederung in Werkstätten sowie Änderungen des Schwerbehindertengesetzes und der Werkstättenverordnung in Kraft getreten. Durch Art. 5 Nr. 4 des Gesetzes zur Reform des Sozialhilferechts hatte § 54 SchwbG eine neue Fassung erhalten. Die Vorschrift befasst sich mit der **Aufgabenstellung** und der **Zielsetzung** der WfbM und mit dem **Personenkreis**, der in der WfbM Aufnahme finden soll.

Die Werkstätten werden darin verpflichtet, ein möglichst breites Angebot an Berufsbildungs- und Arbeitsplätzen sowie an qualifiziertem Personal und einem begleitenden Dienst bereitzuhalten. Neu formuliert wurde auch die bis dahin in § 1 Abs. 1 der Werkstättenverordnung enthaltenen Aufnahmekriterien »fehlende Gemeinschaftsfähigkeit« (dieser Begriff wurde als diskriminierend empfunden) und »außerordentliches Pflegebedürfnis«. Auf diese Bezeichnungen wurde verzichtet, ohne dass damit bei der so genannten Untergrenze (der Leistungs- und Beschäftigungsfähigkeit), die für die Aufnahme in eine Werkstatt für behinderte Menschen gilt, eine sachliche Änderung eintritt (vgl. dazu BT-Drucks. 13/2440, S. 31f.).

Mit Art. 5 des **Gesetzes zur Einführung Unterstützter Beschäfti-**

gung vom 22.12.2008 (**BGBl. I 2008, 2959**) wird das Angebot der WfbM an Berufsbildungs- und Arbeitsplätzen auf dauerhaft ausgelagerte Außenarbeitsplätze auf dem allgemeinen Arbeitsmarkt erweitert und die WfbM verpflichtet, dort dauerhafte Tätigkeiten zuzulassen.

3. Begriff und Aufgabe der Werkstatt für behinderte Menschen (Abs. 1)

3   Der Begriff »WfbM« wird inzwischen im gesamten Sozialrecht einheitlich verwendet und ist deshalb maßgeblich für die Inanspruchnahme von Rechten und Förderleistungen nach allen Vorschriften, die für die Werkstatt und ihre dort beschäftigten Menschen mit Behinderungen gelten, insbesondere das SGB III, die Anordnung Reha und das BSHG (vgl. z.B. § 9 Anordnung Reha und § 40 Abs. 1 BSHG). Der in diesen Vorschriften definierte Begriff der WfbM ist ebenfalls maßgeblich für die Anerkennung einer Einrichtung als WfbM gemäß § 142 SGB IX i.V.m. der hierzu von der Bundesregierung erlassenen **Werkstättenverordnung**.

4   Nach dem Wortlaut des Abs. 1 Satz 1 ist die WfbM eine »Einrichtung zur Teilhabe behinderter Menschen am Arbeitsleben«. Die WfbM ist eine **berufliche Rehabilitationseinrichtung** auf der Grundlage eines Produktionsbetriebes. Als Einrichtung beruflicher Rehabilitation stellt sie in Abgrenzung zu Berufsbildungswerken und Berufsförderungswerken das letzte Glied in der Kette der Einrichtung beruflicher Rehabilitation dar. Deshalb finden behinderte Menschen keine Aufnahme, die ausschließlich auf Leistungen der medizinischen Rehabilitation angewiesen sind, und sie steht auch jenen behinderten Menschen nicht offen, die mit ihrer Behinderung noch eine berufliche Rehabilitation in Berufsbildungswerken und Berufsförderungswerken oder anderen Einrichtungen der beruflichen Bildung absolvieren können.

5   Die WfbM stellen ein beachtliches Arbeitsplatzangebot zur Verfügung. Zu Beginn des Jahres 2013 waren in den 700 WfbM an ca. 2500 Standorten mehr als 300000 Menschen beschäftigt.[1] Davon waren 80 % im so genannten Arbeitsbereich (dem eigentlichen Produktionsbereich), die übrigen in der Eingangsstufe und im Arbeitstrainingsbereich der WfbM beschäftigt.

---

1 Quelle: *www.bagwfbm.de*

Die Aufgabenstellung der WfbM liegt in der Eingliederung rehabili- **6**
tationsfähiger behinderter Menschen in das Arbeitsleben, die jedoch
auf dem allgemeinen Arbeitsmarkt wegen der Art oder der Schwere
ihrer Behinderung nicht, noch nicht oder noch nicht wieder beschäftigt werden können. Die WfbM kommt diesem Auftrag nach,
indem sie den auf sie angewiesenen behinderten Menschen berufliche Bildung und eine Beschäftigung anbietet und ihnen ferner Möglichkeiten zur Fortentwicklung ihrer Leistungsfähigkeit und ihrer
Persönlichkeit gibt.

Bereits mit dem Gesetz zur Bekämpfung der Arbeitslosigkeit **7**
Schwerbehinderter (SchwbBAG) vom 29.9.2000 ist in Abs. 1 Satz 3
eine bereits bestehende Verpflichtung der WfbM auch im mit dem
SGB IX aufgehobenen SchwbG verankert worden. Die WfbM sind
schon bisher nach § 5 Abs. 4 WVO verpflichtet, den Übergang geeigneter behinderter Menschen auf den allgemeinen Arbeitsmarkt
durch geeignete Maßnahmen zu fördern. Diese Verpflichtung wird
nun wegen der integrationspolitischen Bedeutung (§ 132 Rn. 3)
durch die Erweiterung der Vorschrift deutlicher unterstrichen. Die
näheren Einzelheiten werden in § 5 Abs. 4 WVO geregelt (Art. 4 Nr. 2
Buchstabe c). Der seit 2008 in § 38a SGB IX geregelte Rehabilita-
tionsstatus »Unterstützte Beschäftigung« verstärkt den WfbM-Auf-
trag, für geeignete Bewerber eine Beschäftigung auf dem ersten Arbeitsmarkt zu erschließen.

Die Aufgabenstellung der WfbM ist eine Verpflichtung gegenüber **8**
behinderten Menschen, die zum Zweck der beruflichen Eingliederung auf sie angewiesen sind. Dieser Personenkreis hat seit dem
1.8.1996 gem. § 54a Abs. 1 SchwbG – jetzt § 137 SGB IX – einen individuellen **Rechtsanspruch** auf die Erfüllung dieser Verpflichtung.
So bezieht sich dieser Anspruch auch auf die Teilnahme am Eingangsverfahren in eine für ihn und seinen Gesundheitszustand geeignete WfbM.[2]

Zur Erfüllung dieser Aufgaben führen die WfbM in ihrem Berufs- **9**
bildungsbereich berufsfördernde Maßnahmen zur Rehabilitation
durch und ergänzen mit dem in jeder WfbM einzurichtenden **Arbeitsbereich** das Arbeitsplatzangebot des allgemeinen Arbeitsmark-

---

2 *LSG Niedersachsen-Bremen* v. 23.9.2014 – L 7 AL 56/12: Das LSG verneint die
  Werkstattfähigkeit, wenn der behinderte Mensch mit dem Betreuungsschlüssel
  der Einrichtung nicht integriert werden kann; *SG Reutlingen* v. 22.9.2009 – S 14
  AL 402/09

tes durch Arbeitsplätze für besonders benachteiligte Arbeitnehmer. Dieses zusätzliche Arbeitsplatzangebot ist erforderlich, soweit und solange die Arbeitgeber ihren gesetzlichen Verpflichtungen gegenüber behinderten Menschen nicht nachkommen bzw. sie nicht erfüllen. Dazu wäre notwendig, Arbeitsplätze behinderungsgerecht zu gestalten, Maßnahmen beruflicher Rehabilitation in Betrieben und Dienststellen durchzuführen und gezielt begleitende Dienste für behinderte Menschen zur Verfügung zu stellen. Solange die Verwirklichung des Rechts auf Eingliederung in Arbeit und Beruf für viele behinderte Menschen an betrieblichen Barrieren scheitert, wird dies weiter zum Abdrängen in WfbM führen.

10 Organisatorisch muss die WfbM in drei Bereiche, **das Eingangsverfahren**, den **Berufsbildungsbereich** und den **Arbeitsbereich**, gegliedert sein, um ihre Rehabilitations- und Eingliederungsaufgaben erfüllen zu können (Abs. 1; §§ 3–5 VWO). Sie ist mit der Neufassung zwingend verpflichtet, für ein möglichst breites Angebot im Berufsbildungs- und Arbeitsbereich sowie für die Ausstattung mit begleitenden Diensten zu sorgen. Im Eingangsverfahren (§ 3 VWO), das bis zu drei Monate dauert, wird festgestellt, ob die WfbM die geeignete Einrichtung für die behinderte Person darstellt. Nach Durchlaufen des Eingangsverfahrens soll der Beschäftigte jedoch im Regelfall noch nicht sofort in den Produktionsprozess im Arbeitsbereich eingegliedert werden. Finanziert wird das Eingangsverfahren durch den zuständigen Rehabilitationsträger. In der Regel ist das die Bundesagentur für Arbeit oder der Träger der gesetzlichen Rentenversicherungen (Deutsche Rentenversicherung), Bundesknappschaft oder eine Berufsgenossenschaft. Leistungen im Eingangsbereich einer WfbM stehen unter dem Vorbehalt, dass dadurch ein Mindestmaß wirtschaftlich verwertbarer Arbeitsleistung erbracht werden kann. Die Teilhabefähigkeit kann auch durch andere in Betracht kommende Rehabilitationsleistungen festgestellt werden.[3] Im anschließenden Berufsbildungsbereich (§ 4 WVO) werden berufsfördernde Einzelmaßnahmen und Lehrgänge zur Verbesserung der Eingliederungsmöglichkeiten in das Arbeitsleben durchgeführt. In einer zweijährigen Rehabilitationsphase wird geklärt, ob die WfbM der richtige Beschäftigungsort für die behinderten Menschen ist oder ob eine Empfehlung für einen Beschäftigungsort auf dem ersten Arbeitsmarkt gegeben werden kann. Der Berufsbildungsbereich

---

3 *LSG Niedersachsen-Bremen* v. 1. 7. 2011 – L 12 AL 20/11 B ER

Feldes

gliedert sich in einen Grund- und einen Aufbaukurs von jeweils 12-monatiger Dauer, in denen verschiedene Fertigkeiten (im Aufbaukurs mit höherem Schwierigkeitsgrad) vermittelt werden. Die zeitlichen Rahmenbedingungen für den Arbeitsbereich wurden in der Neufassung nicht verändert. Es bleibt bei einem maximalen Anspruch auf Berufsbildungsmaßnahmen nach dem SGB III bzw. dem SGB VI von zwei Jahren. Die WfbM hat die Beschäftigten mit dem Ziel zu fördern, dass sie nach Abschluss solcher Maßnahmen im Berufsbildungsbereich in der Lage sind, wenigstens ein Mindestmaß an wirtschaftlich verwertbarer Arbeitsleistung zu erbringen. Nach Durchlaufen des Berufsbildungsbereichs wird entschieden, ob die behinderte Person

- an einer anderen berufsfördernden Bildungsmaßnahme teilnimmt,
- die abgelaufene Maßnahme wiederholt,
- eine (unterstützte) Beschäftigung auf dem allgemeinen Arbeitsmarkt anstrebt,
- für eine Beschäftigung in einer »**Übergangs-**« oder »**Integrationsfirma**« in Frage kommt oder
- in den Arbeitsbereich der WfbM übernommen wird.

Die Plätze des Arbeitsbereichs (§ 5 WVO) sollen in ihrer Ausgestaltung soweit wie möglich denjenigen auf dem allgemeinen Arbeitsmarkt entsprechen, wobei auf die Bedürfnisse der behinderten Menschen soweit wie möglich Rücksicht zu nehmen ist. Korrespondierend dazu wird seit 1. 8. 1996 in der Werkstättenverordnung hervorgehoben, dass der Übergang auf den allgemeinen Arbeitsmarkt zu ermöglichen und zu fördern ist (§ 5 Abs. 4 WVO). Damit verpflichtet der Gesetzgeber die WfbM, den Übergang behinderter Menschen auf den allgemeinen Arbeitsmarkt insbesondere durch Beschäftigung an ausgelagerten Arbeitsplätzen zu fördern. Die Bundesregierung hat dazu das arbeitsmarktpolitische Instrument der »Übergangs-« bzw. »Integrationsfirmen« geschaffen. Die WfbM hat die notwendige arbeitsbegleitende Betreuung in der Übergangsphase sicherzustellen. **11**

Neben dem Werkstattleiter müssen nach der Werkstättenverordnung im Arbeits- und Trainingsbereich Fachkräfte zur Arbeits- und Berufsförderung in einem Zahlenverhältnis von Fachkräften zu behinderten Beschäftigten von 1 : 6 bzw. 1 : 12 zur Verfügung stehen. Die Fachkräfte sollen sich aus Facharbeitern, Gesellen oder Meistern mit einer mindestens zweijährigen Berufserfahrung, die darüber hinaus **12** über pädagogische Fähigkeiten sowie über eine sonderpädagogische Zusatzqualifikation verfügen müssen, zusammensetzen. Die WfbM muss nach betriebswirtschaftlichen Grundsätzen organisiert sein und eine Betriebsabrechnung in Form einer Kostenstellenrechnung erstellen. Sie muss wirtschaftliche Arbeitsergebnisse anstreben, um an die im Arbeitsbereich beschäftigten behinderten Menschen aus dem Arbeitsergebnis der WfbM ein ihrer Leistung angemessenes Arbeitsentgelt zahlen zu können (Abs. 1 Satz 1 Nr. 1). Neben den Fachkräften zur Arbeits- und Berufsförderung ist die WfbM auch verpflichtet, den behinderten Beschäftigten im Berufsbildungs- und im Arbeitsbereich einen begleitenden Dienst anzubieten. Der begleitende Dienst hat dabei pädagogische, soziale, medizinische und psychologische Betreuungsleistungen sicherzustellen.

4. Zugang zur WfbM (Abs. 2)

13   Nach Abs. 2 steht die WfbM allen behinderten Menschen unabhängig von Ursache, Art und Schwere ihrer Behinderung offen. Die WfbM hat nach dieser Vorschrift die Voraussetzung dafür zu schaffen, dass sie die behinderten Menschen, die aus ihrem Einzugsgebiet kommen (§ 1 Abs. 1 WVO), aufnehmen kann. Der Kreis behinderter Menschen, der einen einklagbaren Rechtsanspruch auf Aufnahme und nach §§ 39 ff. auf Leistungen der zuständigen Rehabilitationsträger hat, ist absichtlich nicht eng, sondern weit gezogen worden. Damit soll vermieden werden, dass es zwei oder mehrere Typen von WfbM gibt – für leistungsfähigere und weniger leistungsfähige behinderte Menschen. Es gehört zur Kernaufgabe der WfbM, alle behinderten Menschen aufzunehmen und durch die Organisation ihrer Maßnahmen den speziellen Belangen behinderter Menschen, die sich aus der Spezifik oder der Schwere ihrer Behinderung ergeben, nachzukommen. Die WfbM muss auch behinderte Menschen aufnehmen, die in bestimmtem Umfang und Ausmaß der Pflege, Therapie oder medizinischer Betreuung bedürfen. Sie ist zur Einrichtung begleitender Dienste verpflichtet, die eben jene, auf die Bedürfnisse der behinderten Menschen zugeschnittenen pädagogischen, sozialen, medizinischen und psychologischen Betreuungsbedarfe erfüllen.

14   Die Werkstatt steht behinderten Menschen jedoch nur insofern offen, als von ihnen erwartet werden kann, dass sie »wenigstens ein **Mindestmaß an wirtschaftlich verwertbarer Arbeitsleistung** erbringen werden«. Ein Mindestmaß an verwertbarer Arbeitsleistung

dürfte immer dann gegeben sein, wenn mit der Arbeitsleistung der behinderten Person gleichzeitig ein Beitrag zur allgemeinen Wertschöpfung des Betriebes geleistet wird. Dazu reicht ein Minimum an Arbeitsleistung aus. Diese Arbeits- und Leistungsfähigkeit muss nicht schon bei der Aufnahme in die WfbM im Eingangsverfahren oder Berufsbildungsbereich gegeben sein. Es genügt, wenn zu erwarten ist, dass nach Abschluss der Maßnahme im Berufsbildungsbereich das Erreichen des Mindestmaßes einer wirtschaftlich verwertbaren Arbeitsleistung erwartet werden kann.

Zu den behinderten Menschen, die diese »Aufnahmevoraussetzungen« nach der derzeitigen WfbM-Konzeption nicht erfüllen, gehören Menschen mit Behinderungen,

- bei denen aufgrund der Behinderung und trotz Betreuung eine erhebliche Selbst- oder Fremdgefährdung gegeben ist,
- die ausschließlich der Pflege, der Beschäftigungs- und Arbeitstherapie im Rahmen der medizinischen Rehabilitation oder sonstiger medizinischer Versorgung bedürfen.

Das als diskriminierend empfundene Mindestkriterium »Gemeinschaftsfähigkeit« für den Zugang zur WfbM wurde geändert und durch die Formulierung »Selbst- oder Fremdgefährdung« ersetzt. Trotz dieser begrifflichen Präzisierung ist in der Praxis mit Auslegungs- und Abgrenzungsproblemen zu rechnen.

Auf der anderen Seite finden solche behinderten Personen keine Aufnahme, die für eine Ausbildung oder für die Aufnahme von Arbeit am allgemeinen Arbeitsmarkt geeignet sind bzw. die in anderen beruflichen Rehabilitationseinrichtungen (BFW, BBW) oder anderen außerbetrieblichen Stätten der beruflichen Bildung qualifiziert und gefördert werden können.

Dringend erforderlich ist die **Weiterentwicklung der WfbM-Kon-** **15** **zeption**. Auch behinderte Menschen in WfbM haben einen Anspruch darauf, vorrangig auf einem Arbeitsplatz in einem »normalen« betrieblichen Arbeitsprozess eingegliedert zu werden. Jährlich wechseln höchstens 2 % der behinderten Menschen aus der WfbM an den allgemeinen Arbeitsmarkt. Viele Beschäftigte in WfbM, die zu den so genannten »Leistungsträgern« gerechnet werden, scheuen den Leistungsdruck in Betrieben der Privatwirtschaft. Die geringe Übergangsquote an den allgemeinen Arbeitsmarkt ist auch darauf zurückzuführen, dass die WfbM zur Aufrechterhaltung ihres Betriebsergebnisses versuchen, ihre »Leistungsträger« in der Werkstatt zu halten. Als Folge der verschärften betrieblichen Rationalisierung und des fortschreitenden Personalabbaus werden künftig noch weitere qualifizierte Arbeitsplätze für behinderte Menschen auch in den WfbM benötigt. Dazu muss die Finanzierung sämtlicher benötigter WfbM-Plätze durch staatliche, steuerfinanzierte Mittel sichergestellt werden. Indem ein wachsender Teil der Mittel der Ausgleichsabgabe zur Finanzierung und Ausstattung von WfbM aufgewendet wird, wird die Regelung des § 77 Abs. 5 verletzt, dass Mittel aus der Ausgleichsabgabe nur für Zwecke der Arbeits- und Berufsförderung schwerbehinderter Menschen sowie für Leistungen zur begleitenden Hilfe im Arbeits- und Berufsleben verwendet werden dürfen. Erforderlich sind auch zusätzliche Anstrengungen, um mehr Rehabilitations- und Arbeitsstätten für die größer werdende Zahl schwerstbehinderter Menschen sowie für die immer größer werdende Zahl psychisch Behinderter zu schaffen. Besonders wichtig ist die Entwicklung von Kontakten zwischen den Beschäftigten und Leitungen der WfbM und den in den Betrieben und Dienststellen beschäftigten Arbeitnehmern, ihren Schwerbehindertenvertretungen und ihren Betriebs- bzw. Personalräten. Die im WfbM beschäftigten Menschen mit Behinderungen sollten ebenso wie die nichtbehinderten WfbM-Beschäftigten verstärkt in die örtliche und überörtliche Gewerkschaftsarbeit einbezogen werden.

5. Angegliederte Einrichtungen (Abs. 3)

16 Die Vorschrift regelt die Betreuung und Förderung jener behinderten Menschen, die nicht gem. § 136 Abs. 1 und 2 die Voraussetzungen für die Aufnahme in die Werkstatt erfüllen. Diese behinderten Menschen, die in anderen Einrichtungen betreut und gefördert werden, gehören nicht zu den Beschäftigten der WfbM. Gleichwohl können solche Tagesförderstätten oder Fördergruppen der WfbM räumlich und organisatorisch angegliedert sein.

§ 137 Aufnahme in die Werkstätten für behinderte Menschen

(1) Anerkannte Werkstätten nehmen diejenigen behinderten Menschen aus ihrem Einzugsgebiet auf, die die Aufnahmevoraussetzungen gemäß § 136 Abs. 2 erfüllen, wenn Leistungen durch die Rehabilitationsträger gewährleistet sind; die Möglichkeit zur Aufnahme in eine andere anerkannte Werkstatt nach Maßgabe des § 9 des Zwölften Buches oder entsprechender Regelungen bleibt unberührt. Die Aufnahme erfolgt unabhängig von

1. der Ursache der Behinderung,
2. der Art der Behinderung, wenn in dem Einzugsgebiet keine besondere Werkstatt für behinderte Menschen für diese Behinderungsart vorhanden ist, und
3. der Schwere der Behinderung, der Minderung der Leistungsfähigkeit und einem besonderen Bedarf an Förderung, begleitender Betreuung oder Pflege.

(2) Behinderte Menschen werden in der Werkstatt beschäftigt, solange die Aufnahmevoraussetzungen nach Absatz 1 vorliegen.

1. Normzweck

Die Vorschrift regelt die **Verpflichtung der WfbM zur Aufnahme** **1**
(**Kontrahierungszwang**) und Beschäftigung behinderter Menschen. Während § 136 Abs. 1 Satz 2 und Abs. 2 die Beschäftigung behinderter Menschen als die Aufgabenstellung der WfbM bezogen auf einen spezifischen Personenkreis definiert, verpflichtet diese Vorschrift die WfbM, behinderte Menschen so lange wie die Aufnahmevoraussetzungen gem. § 136 Abs. 2 gegeben sind (vgl. § 136 Rn. 11), zu beschäftigen und zu fördern. Damit besteht eine Verpflichtung der WfbM gegenüber der einzelnen behinderten Person. Entsprechend besitzt der einzelne behinderte Mensch einen **Rechtsanspruch auf Aufnahme** gegenüber der WfbM.

2. Entstehungsgeschichte

Diese Regelung entspricht inhaltsgleich dem früheren § 54a **2**
SchwbG. Durch § 5 Nr. 5 des Gesetzes zur Reform des Sozialhilferechts vom 23.7.1996 wurde diese Vorschrift mit Wirkung zum 1.8.1996 in das aufgehobene SchwbG eingebracht.

3. Aufnahmepflicht (Abs. 1)

Die WfbM ist unter folgenden **Voraussetzungen zur Aufnahme** der **3**
behinderten Person verpflichtet:

- der behinderte Mensch muss in dem Einzugsgebiet der WfbM wohnen,
- der behinderte Mensch muss die Aufnahmevoraussetzungen gem. § 136 Abs. 2 erfüllen,
- der behinderte Mensch muss einen Leistungsanspruch gegenüber einem Rehabilitationsträger haben oder die Kosten für die Leistungen der WfbM selbst übernehmen.

Die Verpflichtung der WfbM zur Aufnahme der einzelnen behinderten Person gilt dann schließlich unabhängig von

- der Ursache der Behinderung,
- der Art der Behinderung, ausgenommen im Einzugsgebiet existiert eine besondere WfbM für diese Behinderungsart, sowie
- der Schwere der Behinderung, der Minderung der Leistungsfähigkeit und einem etwaigen besonderen Förder-, Betreuungs- oder Pflegebedarf beim einzelnen behinderten Menschen.

Der Fachausschuss (§ 2 Werkstättenverordnung), der aus Vertretern der Werkstatt, Vertretern der Bundesagentur für Arbeit und des überörtlichen Trägers der Sozialhilfe besteht, gibt zum Abschluss des Eingangsverfahrens und vor der Aufnahme des behinderten Menschen in die Werkstatt gegenüber dem im Falle einer Aufnahme zuständigen Rehabilitationsträger eine Stellungnahme ab, ob die Werkstatt die geeignete Einrichtung ist und welche Bereiche der Werkstatt in Betracht kommen oder ob andere Leistungen zur Teilhabe am Arbeitsleben in Betracht kommen, insbesondere Leistungen der Unterstützten Beschäftigung nach § 38a SGB IX.

Bei Ablehnung der Aufnahme in die WfbM oder bei Streitigkeit über die Beendigung des Werkstattverhältnisses ist Klage gegen die WfbM zulässig. Zuständig sind die Arbeitsgerichte (§ 2 Abs. 1 Nr. 10 AGG).

4. Weiterbeschäftigungspflicht (Abs. 2)

4 Die Verpflichtung der WfbM zur Beschäftigung des einzelnen behinderten Menschen bleibt so lange bestehen wie die Aufnahmevoraussetzungen gem. § 136 Abs. 2 vorliegen. Nach dieser Vorschrift hat der einzelne behinderte Mensch damit auch einen Rechtsanspruch gegenüber der WfbM, dort beschäftigt zu bleiben. Die Werkstatt hat gegenüber dem Beschäftigten kein Recht auf Kündigung des im Werkstattvertrag vereinbarten Beschäftigungsverhältnisses. Nur der Wegfall der Werkstattfähigkeit oder die Aufhebung des Leistungsbescheides des SV-Trägers kann zu einer Kündigung des Werkstattverhältnisses führen.[1]

§ 138 Rechtsstellung und Arbeitsentgelt behinderter Menschen

(1) Behinderte Menschen im Arbeitsbereich anerkannter Werkstätten stehen, wenn sie nicht Arbeitnehmer sind, zu den Werkstätten in einem arbeitnehmerähnlichen Rechtsverhältnis, soweit sich aus dem zugrunde liegenden Sozialleistungsverhältnis nichts anderes ergibt.

(2) Die Werkstätten zahlen aus ihrem Arbeitsergebnis an die im Arbeitsbereich beschäftigten behinderten Menschen ein Arbeitsentgelt, das sich aus einem Grundbetrag in Höhe des Ausbildungsgeldes, das die Bundesagentur für Arbeit nach den für sie geltenden Vorschriften behinderten Menschen im Berufsbildungsbereich zuletzt leistet, und einem leistungsangemessenen Steigerungsbetrag zusammensetzt. Der Steigerungsbetrag bemisst sich nach der individuellen Arbeitsleistung der behinderten Menschen, insbesondere unter Berücksichtigung von Arbeitsmenge und Arbeitsgüte.

(3) Der Inhalt des arbeitnehmerähnlichen Rechtsverhältnisses wird unter Berücksichtigung des zwischen den behinderten Menschen und dem Rehabilitationsträger bestehenden Sozialleistungsverhältnisses durch Werkstattverträge zwischen den behinderten Menschen und dem Träger der Werkstatt näher geregelt.

(4) Hinsichtlich der Rechtsstellung der Teilnehmer an Maßnahmen im Eingangsverfahren und im Berufsbildungsbereich gilt § 36 entsprechend.

(5) Ist ein volljähriger behinderter Mensch gemäß Absatz 1 in den Arbeitsbereich einer anerkannten Werkstatt für behinderte Menschen im Sinne des § 136 aufgenommen worden und war er zu diesem Zeitpunkt geschäftsunfähig, so gilt der von ihm geschlossene Werkstattvertrag in Ansehung einer bereits bewirkten Leistung und deren Gegenleistung, soweit diese in einem angemessenen Verhältnis zueinander stehen, als wirksam.

(6) War der volljährige behinderte Mensch bei Abschluss eines Werkstattvertrages geschäftsunfähig, so kann der Träger einer Werkstatt das Werkstattverhältnis nur unter den Voraussetzun-

---

1 *LAG Rheinland-Pfalz* v. 16. 1. 2008 – 8 SA 506/07

gen für gelöst erklären, unter denen ein wirksamer Vertrag seitens des Trägers einer Werkstatt gekündigt werden kann.

(7) Die Lösungserklärung durch den Träger einer Werkstatt bedarf der schriftlichen Form und ist zu begründen.

1. Normzweck

1　Die Vorschrift befasst sich mit der **Rechtsstellung behinderter Menschen** in WfbM zur WfbM, ihren Anspruch auf ein **leistungsangemessenes Arbeitsentgelt** und dem Anspruch auf Abschluss eines **Werkstattvertrages.**

Es ist Zweck der Regelungen sicherzustellen, dass der zwischen dem Träger einer Werkstatt und einem behinderten Menschen abgeschlossene Werkstattvertrag rechtswirksam ist, auch wenn eine Geschäftsunfähigkeit gegeben ist bzw. eine Geschäftsunfähigkeit erst später erkannt wird. Damit soll verhindert werden, dass der Träger einer Werkstatt für behinderte Menschen den Werkstattvertrag für unwirksam erklärt. Sowohl der Werkstattträger als auch der Geschäftsunfähige sollen durch die neuen Vorschriften vor Rückforderungen bei einer möglichen Vertragsabwicklung und der Geschäftsunfähige insbesondere vor sofortiger Beendigung des Vertragsverhältnisses geschützt werden.

2　Die Regelungen betreffen den Schnittpunkt zwischen allgemeinem Schuldrecht und Betreuungsrecht. Sie sollen die Stellung behinderter Menschen in der Werkstatt verbessern. Nach früherer Rechtslage gab es sowohl den Einwilligungsvorbehalt im Betreuungsrecht als auch die Geschäftsunfähigkeit des volljährigen behinderter Menschen nach §§ 104, 105 BGB. Diese bezog sich auf das jeweilige Einzelgeschäft. Eine Willenserklärung eines geschäftsunfähigen Menschen führte zu dessen Nichtigkeit. Die Regelungen beider Rechtsgebiete widersprachen sich teilweise: Das Betreuungsrecht wollte dem Betreuten, der von einem Betreuer u. a. gegenüber der

Werkstatt vertreten wurde, in angemessenem Umfang die Möglichkeit eröffnen, für sich selbst zu handeln. Das allgemeine Schuldrecht sah die Unwirksamkeit des Vertrages vor.

2. Entstehungsgeschichte

Die Absätze 1–4 entsprechen inhaltsgleich der Vorgängerschrift **3** § 54b SchwbG. Für die Beschäftigten im Eingangsverfahren und im Berufsbildungsbereich wird ergänzend in Abs. 4 ihre Rechtsstellung i. S. v. § 36 SGB IX geregelt. Danach stehen sie in keinem Beschäftigungsverhältnis zur WfbM und sie können zu ihrer Mitwirkung besondere Vertreter wählen, weil sie nicht als Arbeitnehmer i. S. des Betriebsverfassungsgesetzes gelten.

Die Vorschrift wurde durch § 5 Nr. 5 des Gesetzes zur Reform des Sozialhilferechts vom 23. 7. 1996 mit Wirkung zum 1. 8. 1996 neu in das – mit dem SGB IX aufgehobene – SchwbG eingefügt. Neu angefügt durch das Gesetz zur Änderung des Rechts der Vertretung durch Rechtsanwälte vor den Oberlandesgerichten (OLG-Vertretungsänderungsgesetz – OLGVertrÄndG) vom 23. Juli 2002 wurden die Abs. 5 bis 7. Die Neuregelungen sind am 1. 8. 2002 in Kraft getreten.

Die seit 1. 8. 1996 gültige nähere Regelung des arbeitnehmerähnlichen Rechtsverhältnisses ist eine Verschlechterung gegenüber dem Referentenentwurf vom Mai 1995. Danach sollten bestimmte Arbeitnehmerschutzgesetze noch unmittelbar gesetzliche Gültigkeit haben und nicht erst durch Verweis auf den Werkstattvertrag garantiert sein. Positiv für die einzelnen Werkstattbeschäftigten ist die ausdrückliche Verpflichtung der WfbM-Träger zum Vertragsabschluss, weil Werkstattverträge nur in etwa der Hälfte der WfbM den behinderten Beschäftigten angeboten wurden.

3. Arbeitnehmerähnliches Rechtsverhältnis (Abs. 1)

Behinderte Menschen stehen, soweit sie im Arbeitsbereich der **4** WfbM (vgl. § 136 Rn. 7 f.) beschäftigt sind, zum Träger in einem **arbeitnehmerähnlichen Rechtsverhältnis**, wenn sie nicht Arbeitnehmer sind und soweit sich aus dem zugrunde liegenden Sozialleistungsverhältnis nichts anderes ergibt.

Aus diesem arbeitnehmerähnlichen Rechtsverhältnis leiten sich für **5** die im Arbeitsbereich der WfbM beschäftigten behinderten Menschen verschiedene Ansprüche ab:
• Anspruch auf Aufnahme und Beschäftigung in der WfbM, wenn

sie im Einzugsgebiet der WfbM wohnen und die Aufnahmevoraussetzungen nach § 136 Abs. 2 gegeben sind,

- Anspruch auf Verbleib in der WfbM, solange die Aufnahmevoraussetzungen gem. § 136 Abs. 2 bestehen,
- Anspruch auf leistungsangemessenes Arbeitsentgelt,
- Anspruch auf die nähere Regelung ihres arbeitnehmerähnlichen Rechtsverhältnisses durch einen »Werkstattvertrag«,
- Anspruch auf Mitwirkung in den Angelegenheiten der WfbM,
- Anspruch auf die Wahl von Werkstatträten.

6 Mit der Schaffung eines arbeitnehmerähnlichen Rechtsverhältnisses zwischen der behinderten Person und der WfbM und der entsprechenden Änderung des § 2 Abs. 1 Nr. 10 des Arbeitsgerichtsgesetzes sind seit 1. 8. 1996 für Streitigkeiten zwischen der behinderten Person und dem Träger der Werkstatt die **Arbeitsgerichte** (§ 2 Abs. 1 Nr. 10 ArbGG). zuständig. Für Streitigkeiten zwischen dem behinderten Menschen und dem Sozialleistungsträger gilt der Rechtsweg zu den Sozial- bzw. den Verwaltungsgerichten.

7 Zum ersten Mal wird durch eine gesetzliche Vorschrift die Rechtsstellung behinderter Beschäftigter in WfbM Verhältnis der behinderten Person und der WfbM geregelt. Dabei bezieht sich die Regelung der Rechtsstellung auf diejenigen behinderten Menschen, die im Arbeitsbereich der WfbM beschäftigt sind. Damit erhalten die im Arbeitsbereich der WfbM Beschäftigten keinen Arbeitnehmerstatus i. S. des allgemeinen Arbeitsrechts, sondern stehen in einem besonderen arbeitnehmerähnlichen Rechtsverhältnis eigener Art zur WfbM, das sie nicht mit Arbeitnehmern gleichstellt.

Diese Herabsetzung ihres arbeitsrechtlichen Statuts ist nicht gerechtfertigt, zumal sie durch ihre Tätigkeit ins Arbeitsleben eingegliedert werden sollen und die betroffenen behinderten Menschen die Eingliederung ins Arbeitsleben anstreben. Der in § 138 Abs. 1 festgelegte arbeitnehmerähnliche Status steht auch nicht im Einklang mit den Forderungen der UN-Behindertenkonvention. Behinderte Beschäftigte im Arbeitsbereich sind als vollwertige Arbeitnehmer bzw. Arbeitnehmerinnen mit regulären Arbeitsverhältnissen anzuerkennen.

Würden behinderte Beschäftigte im Arbeitsbereich der WfbM Arbeitnehmern nach dem BetrVG gleichgestellt, wären beim Abschluss eines Arbeitsvertrages bezogen auf die jeweilige Tätigkeit in der Werkstatt alle Fragen vertraglich zwischen behinderter Person und Träger zu regeln, die üblicherweise auch Gegenstand eines Werkstattvertrages sind.

Feldes

Mit der Regelung der Rechtsstellung behinderter Menschen in WfbM **8** sind auch **arbeitsrechtliche Vorschriften und Grundsätze** unmittelbar auf das arbeitnehmerähnliche Rechtsverhältnis anwendbar: Dazu zählen z. B. Vorschriften und Grundsätze über Arbeitszeit, Urlaub, Lohnfortzahlung im Krankheitsfall, Entgeltzahlung an Feiertagen, Persönlichkeitsschutz und die Haftungsbeschränkung, Elternzeit, Erziehungsurlaub und Mutterschutz, Arbeitsschutz, Gleichstellung von Männern und Frauen (vgl. BT-Drucks. 13/390, S. 48).

4. Arbeitsentgelt (Abs. 2)

Abs. 2 verpflichtet die WfbM zur Zahlung eines **Arbeitsentgeltes** **9** an die im Arbeitsbereich beschäftigten behinderten Menschen. Entsprechend besitzen die behinderten Beschäftigten gegenüber dem Träger der WfbM einen Rechtsanspruch auf Entlohnung.

Im **Berufsbildungsbereich** besitzen die behinderten Menschen Re- **10** habilitandenstatus und erhalten kein Entgelt durch die WfbM, sondern entweder ein Ausbildungsgeld oder ein Übergangsgeld vom zuständigen Rehabilitationsträger. Das Ausbildungsgeld ist gesetzlich festgelegt (§ 107 SGB III). Zurzeit werden für die ersten 12 Monate (ab Eingliederung in die Werkstatt) 62 Euro gezahlt. Anschließend steigt das Ausbildungsgeld auf 73 Euro monatlich.

Im **Arbeitsbereich** ist dagegen eine Entlohnung durch die Werkstatt verpflichtend vorgeschrieben, wobei in der Regel mindestens 70 % des Arbeitsergebnisses für die Entgelte der Beschäftigten eingesetzt werden müssen (WVO § 12 Abs. 5 Satz 1).

Geregelt werden auch die Zusammensetzung des Arbeitsentgeltes, die Entgelthöhe und die Entgeltbemessung. Das Entgelt soll sich zusammensetzen aus einem **Grundbetrag** und einem leistungsbezogenen **Steigerungsbetrag**. Die Höhe des Grundbetrages soll dem so genannten Ausbildungsgeld entsprechen, also dem Betrag, den die behinderten Beschäftigten im Berufsbildungsbereich i. d. R. von der BA erhalten. Der Grundbetrag ist also ein fester leistungsunabhängiger Grundlohn und beträgt der zurzeit 75 Euro. Hinzu kommt ein Arbeitsförderungsgeld in Höhe von 26 Euro monatlich. Der Steigerungsbetrag ist ein leistungsabhängiger Entgeltanteil und kommt zum Grundbetrag hinzu. Die jeweilige Höhe des Steigerungsbetrages wird nach der tatsächlichen Arbeitsleistung des einzelnen behinderten Beschäftigten bemessen. Ermittelt wird die Arbeitsleistung, indem die Arbeitsmenge und Arbeitsgüte berücksichtigt werden.

Der Zusatzbetrag kann in der Höhe schwanken, weil das gesamte Arbeitsentgelt (Grund- und Steigerungsbetrag) aus dem erwirtschafteten Gesamtergebnis der WfbM zu zahlen ist (Abs. 2 Satz 1). Dieses Arbeitsergebnis kann der Höhe nach schwanken, weil es beeinflusst wird bzw. abhängig ist von der Auftrags- und Absatzlage, von der Qualifikation und dem Technisierungsgrad der WfbM-Produktion, vom Umfang des Belegschaftsanteils der »Leistungsträger« etc. Die Höhe des Zusatzbetrages wird zudem auch durch den Anteil des Grundbetrages am Gesamtergebnis begrenzt. Je mehr behinderte Menschen eine Leistung nur in der Nähe des Grundbetrages erbringen können – je größer also der Gesamtsockelbetrag, umso geringer ist der Gesamtsteigerungsbetrag. Damit ist das Arbeitsentgelt in der WfbM kein wirklich leistungsabhängiges bzw. leistungsgerechtes Entgelt.

11   Mit der veränderten Rechtsstellung behinderter Menschen in WfbM waren auch der Anspruch und das Ziel verbunden, dass an die in WfbM beschäftigten behinderten Menschen höhere Löhne aus dem von ihnen erbrachten Arbeitsergebnis gezahlt werden sollen und können. Um dieses Ziel zu erreichen, wurden durch das Gesetz zur Reform des Sozialhilferechts vom 23. 7. 1996 neue Regelungen in das BSHG aufgenommen:

- Die behinderten Beschäftigten haben seit dem 1. 8. 1996 einen Rechtsanspruch auf Hilfe zur Beschäftigung in WfbM (§ 41 Abs. 1 und Abs. 2 BSHG) und die Sozialhilfeträger haben eine Verpflichtung zur erweiterten Übernahme der Personal- und Sachkosten der WfbM. Mit der Entlastung des Arbeitsergebnisses von so genannten werkstattspezifischen Personal- und Sachkosten, die bisher aus dem Arbeitsergebnis bestritten werden mussten, soll die Einnahmesituation der WfbM verbessert werden.

- Es ist den Sozialhilfeträgern verboten, Anteile des Arbeitsergebnisses zur Minderung ihrer Pflegesätze zu verwenden (§ 93 Abs. 2 und § 93a Abs. 2 BSHG). Durch die so genannte »Nettoerlösrückführung« konnten die Sozialhilfeträger einen Teil des WfbM-Arbeitsergebnisses dazu in Anspruch nehmen, ihre Pflegesätze zu mindern. Der Gesetzgeber hat aber gleichzeitig die Steigerung der Pflegesätze bis 1998 auf 1 % bzw. 2 % (alte/neue Bundesländer) »gedeckelt«, so dass das Ziel der höheren, leistungsangemessenen Entlohnung behinderter WfbM-Beschäftigter vor 1999 nicht erreicht werden kann.

- Das Arbeitsergebnis darf nur für Zwecke der WfbM verwendet werden (§ 12 Abs. 4 WVO). Das Arbeitsergebnis selbst wird definiert als die Differenz aus den Erträgen und den notwendigen laufenden Betriebskosten der Werkstatt. Im Rahmen dieser Zweckbindung des Arbeitsergebnisses ist eine Mittelverwendung für folgende Aufgaben vorgesehen:

- mindestens 70 % des Arbeitsergebnisses für die Arbeitsentgelte,
- Bildung von Rückstellungen zum Ausgleich von Ertragsschwankungen,
- Ersatz- und Modernisierungsinvestitionen.

5. Werkstattvertrag (Abs. 3, 4)

Behinderte Menschen im Arbeitsbereich der WfbM stehen in einem **12** **arbeitnehmerähnlichen Arbeitsverhältnis.** Dieses arbeitnehmerähnliche Arbeitsverhältnis ist unter Berücksichtigung des zwischen der behinderten Person und dem Rehabilitationsträger bestehenden Sozialleistungsverhältnisses im Einzelnen zu regeln. Auf der Grundlage dieser Grundsätze ist der Inhalt dieses Rechtsverhältnisses zwischen Beschäftigten und WfbM-Träger im Rahmen eines Werkstattvertrages näher zu bestimmen. Der Werkstattvertrag ist verpflichtend geregelt, entsprechend entsteht ein Rechtsanspruch des behinderten Beschäftigten auf den Abschluss eines Werkstattvertrages. Die WfbM ist verpflichtet, den Werkstattvertrag in schriftlicher Form den Werkstattbeschäftigten anzubieten (§ 13 Abs. 1 WVO). Die Kündigung des Werkstattvertrages ist gerechtfertigt, wenn die Werkstattfähigkeit nicht mehr vorhanden ist.[1]

Im Werkstattvertrag sind wie in einem Arbeitsvertrag alle Fragen zu **13** regeln, die für das Rechtsverhältnis zwischen Arbeitgeber und Arbeitnehmer wichtig sind. Gemäß den Vorschriften des Nachweisgesetzes vom 20. 7. 1995 ist der Arbeitgeber verpflichtet, innerhalb eines Monats nach dem vereinbarten Beginn des Arbeitsverhältnisses die wesentlichen Vertragsbedingungen schriftlich niederzulegen. Im Einzelnen sind nach § 2 Nachweisgesetz folgende Angaben aufzunehmen:

1. der Name und die Anschrift der Vertragsparteien;
2. der Zeitpunkt des Beginns des Arbeitsverhältnisses;
3. bei befristeten Arbeitsverhältnissen: die vorgesehene Dauer des Arbeitsverhältnisses;

---

1 *LAG Düsseldorf* v. 11. 11. 2013 – 9 Sa 469/13

4. der Arbeitsort oder, falls der Arbeitnehmer nicht nur an einem bestimmten Arbeitsort tätig sein soll, ein Hinweis darauf, dass der Arbeitnehmer an verschiedenen Orten beschäftigt werden kann;

5. die Bezeichnung oder allgemeine Beschreibung der vom Arbeitnehmer zu leistenden Tätigkeit;

6. die Zusammensetzung und die Höhe des Arbeitsentgeltes einschließlich der Zuschläge, der Zulagen, Prämien und Sonderzahlungen sowie andere Bestandteile des Arbeitsentgeltes und deren Fälligkeit;

7. die vereinbarte Arbeitszeit;

8. die Dauer des jährlichen Erholungsurlaubs;

9. die Fristen für die Kündigung des Arbeitsverhältnisses;

10. ein in allgemeiner Form gehaltener Hinweis auf die Tarifverträge und Betriebsvereinbarungen, die auf das Arbeitsverhältnis anzuwenden sind.

14 Auch **Arbeitsbedingungen,** auf die aufgrund von Tarifverträgen im Arbeitsvertrag Bezug genommen wird, müssen im Werkstattvertrag geregelt werden. Die einzelnen Regelungsinhalte können in verschiedenen Tarifverträgen festgelegt sein. Es sind zu unterscheiden:

- Lohn- bzw. Gehaltstarifverträge: Regelung der Höhe des Arbeitsentgelts bzw. der Ausbildungsvergütung;
- Lohn- bzw. Gehaltsrahmentarifverträge: v. a. Regelung der unterschiedlichen Lohn- und Gehaltsgruppen, aber auch von Qualifizierungsfragen;
- Manteltarifverträge: Regelungen über die sonstigen Arbeitsbedingungen wie z. B. Arbeitszeit, Urlaub, Verdienstsicherung;
- Tarifverträge mit besonderem Regelungsgegenstand: z. B. Rationalisierungsschutz, Beschäftigungssicherung, Jahressonderzahlungen, vermögenswirksame Leistungen.

6. Rechtsfolgen bei Geschäftsunfähigkeit (Abs. 5, 6)

15 Abs. 5 entspricht § 105a Satz 1 BGB (BT-Drucks. 14/9266) und stellt klar, dass die von geschäftsunfähigen volljährigen behinderten Menschen abgeschlossenen Werkstattverträge rechtswirksam sind, wenn ein Beschäftigungsverhältnis im Arbeitsbereich der Werkstatt besteht, aufgrund dessen der behinderte Werkstattbeschäftigte Lohn erzielt und erhält und wenn Arbeitsleistung und Arbeitsentgelt in einem angemessenen Verhältnis zueinander stehen.

Die Vorschrift realisiert für den Bereich der in Werkstätten für behinderte Menschen Beschäftigten eine differenzierte Behandlung der Geschäftsunfähigkeit behinderter Menschen und führt zu einer Verbesserung der rechtlichen Stellung der Geschäftsunfähigen. Die Vorschrift stellt ebenso wie § 105a BGB nicht auf die Abgabe einer Willenserklärung des Geschäftsunfähigen ab, sondern fingiert lediglich einen wirksamen, erfüllten Vertrag im Hinblick auf bewirkte Leistung und Gegenleistung.

Nach Abs. 6 soll die Auflösung eines Werkstattvertrages mit einem **16** geschäftsunfähigen Werkstattbeschäftigten den gleichen Voraussetzungen unterliegen, die auch für die Kündigung eines wirksamen Vertrages mit einem geschäftsfähigen Beschäftigten einer Werkstatt für behinderte Menschen erforderlich wären. Damit ist sichergestellt, dass der Werkstatträger bei Abschluss eines Werkstattvertrages mit einem Geschäftsunfähigen sich nicht besser stellt als beim Vertragsabschluss mit einem geschäftsfähigen Vertragspartner. Der Träger der Werkstatt kann sich nicht ohne Berücksichtigung arbeitsrechtlicher Grundsätze und nicht ohne Einhaltung der Kündigungsfristen von dem Vertrag lösen.

7. Schriftformnotwendigkeit der Lösung des Werkstattvertrages (Abs. 7)

Die Erklärung zur Auflösung des Werkstattvertrages bedarf der **17** Schriftform und der Begründung und soll zur Rechtssicherheit beitragen.

§ 139 Mitwirkung

(1) **Die in § 138 Abs. 1 genannten behinderten Menschen wirken unabhängig von ihrer Geschäftsfähigkeit durch Werkstatträte in den ihre Interessen berührenden Angelegenheiten der Werkstatt mit. Die Werkstatträte berücksichtigen die Interessen der im Eingangsverfahren und im Berufsbildungsbereich der Werkstätten tätigen behinderten Menschen in angemessener und geeigneter Weise, solange für diese eine Vertretung nach § 36 nicht besteht.**

(2) **Ein Werkstattrat wird in Werkstätten gewählt; er setzt sich aus mindestens drei Mitgliedern zusammen.**

(3) **Wahlberechtigt zum Werkstattrat sind alle in § 138 Abs. 1 genannten behinderten Menschen; von ihnen sind die behinderten Menschen wählbar, die am Wahltag seit mindestens sechs Monaten in der Werkstatt beschäftigt sind.**

(4) Die Werkstätten für behinderte Menschen unterrichten die Personen, die behinderte Menschen gesetzlich vertreten oder mit ihrer Betreuung beauftragt sind, einmal im Kalenderjahr in einer Eltern- und Betreuerversammlung in angemessener Weise über die Angelegenheiten der Werkstatt, auf die sich die Mitwirkung erstreckt, und hören sie dazu an. In den Werkstätten kann im Einvernehmen mit dem Träger der Werkstatt ein Eltern- und Betreuerbeirat errichtet werden, der die Werkstatt und den Werkstattrat bei ihrer Arbeit berät und durch Vorschläge und Stellungnahmen unterstützt.

1. Normzweck

1　Der Zweck der Norm ist die **Mitwirkung** behinderter Menschen, die **im Arbeitsbereich** beschäftigt sind, am Werkstattgeschehen. Die Vorschrift regelt die kollektive Interessenvertretung behinderter Beschäftigter durch den **Werkstattrat, die Voraussetzungen zur Bildung des Werkstattrates, das Wahlrecht, die Rechtsverordnung zur Mitwirkung und die Eltern- und Betreuerversammlung.** Darüber hinaus stärkt die Norm die Informationsrechte der Betroffenen und deren Vertreter.

2. Entstehungsgeschichte

2　Diese Regelung entspricht inhaltsgleich dem bisherigen § 54c SchwbG. Ergänzend wird in Abs. 1 geregelt, dass solange für die Beschäftigten im Eingangsverfahren oder im Berufsbildungsbereich der WfbM keine eigene Vertretung besteht, deren Interessen von den Werkstatträten mit berücksichtigt werden. Die Verordnungsermächtigung des bisherigen § 54c Abs. 4 SchwbG wird auf § 144 Abs. 2 übertragen. Diese Vorschrift wurde durch Art. 5 Nr. 5 des Gesetzes zur Reform des Sozialhilferechts seit 1. 8. 1996 neu integriert.

3. Mitwirkung durch Werkstatträte (Abs. 1)

Die Mitwirkung der behinderten Beschäftigten wird durch Werk- **3**
statträte hergestellt, die sich aus behinderten Beschäftigten der
WfbM zusammensetzen, und zwar unabhängig von ihrer Geschäftsfähigkeit. Der Werkstattrat vertritt nur die Interessen derjenigen
behinderten Beschäftigten, die in einem arbeitnehmerähnlichen
Rechtsverhältnis zum Träger der WfbM stehen. Die Aufgabe des
Werkstattrates besteht in der Mitwirkung bei allen Angelegenheiten
der Werkstatt, die die Interessen der behinderten Beschäftigten betreffen.

Eine Regelung, wonach eine gemeinsame Interessenvertretung für **4**
alle Arbeitnehmer/-innen in der Werkstatt gewählt werden kann,
wurde nicht getroffen. Damit gibt es in der WfbM nach wie vor
zweierlei Recht: Zum einen gelten das Betriebsverfassungsgesetz, das
SGB IX und andere Schutzgesetze für die Arbeitnehmer/-innen i. S.
des allgemeinen Arbeitsrechts, die gleichzeitig einen eigenen Betriebsrat wählen können. Zum anderen gilt für die überwiegende
Gruppe der in der WfbM Beschäftigten und ihren Werkstattrat aufgrund ihres »nur« arbeitnehmerähnlichen Rechtsverhältnisses keine
umfassende Mitbestimmung, sondern die Mitwirkungsregelung des
§ 139.

Die Aufgaben, Mitwirkungspflichten und Unterrichtungsrechte des **5**
Werkstattrates sind im Einzelnen in den §§ 4–9 Werkstätten-Mitwirkungsverordnung vom 25. Juni 2001 (BGBl. I S. 1297) geregelt.
Die **Mitwirkung** bezieht sich auf **Angelegenheiten**, die die Interessen der beschäftigten Behinderten betreffen, insbesondere die Aufnahme in die WfbM, das Ausscheiden aus der WfbM sowie die Beschäftigung im Arbeits- und Arbeitstrainingsbereich. Soweit also
Beginn, Ende und Inhalt des Beschäftigungsverhältnisses der Mitwirkung des Werkstattrates unterliegen, bezieht sich seine Mitwirkung mindestens auf folgende Fragen: Arbeitszeitgestaltung,
betriebliche Urlaubsregelung, Arbeits- und Gesundheitsschutz,
Entgeltzahlung, Verpflegung, Gestaltung von Sanitär- und Aufent-
haltsräumen, Fort- und Weiterbildung, Arbeitsablauf, Um- und
Versetzung, Arbeitsplatzgestaltung, Unterrichtung über die wirtschaftliche Lage und das Arbeitsergebnis.

Für Streitigkeiten in Mitwirkungsangelegenheiten der WfbM sind
seit 1. 8. 1996 durch Änderung des Arbeitsgerichtsgesetzes (§ 2a
Abs. 1 Nr. 3a) die **Arbeitsgerichte** zuständig. Die Arbeitsgerichte
entscheiden im Beschlussverfahren (§ 2 Abs. 1 ArbGG). Die beteilig-

ten Stellen – Arbeitgeber, Arbeitnehmer und Werkstattrat – sind im Verfahren anzuhören.

4. Größe des Werkstattrates (Abs. 2)

6 In allen anerkannten WfbM wird ein **Werkstattrat** gebildet, der sich aus mindestens drei Mitgliedern zusammensetzt. Durch das Inkrafttreten der Werkstätten-Mitwirkungsverordnung zum 1. 7. 2001 konnten damit in der Zeit vom 1. 10.–30. 11. 2001 in allen anerkannten Werkstätten bundeseinheitlich die ersten Wahlen der Werkstatträte nach dem neuen Recht durchgeführt werden. Durch den in der Verordnung vorgesehenen Wegfall der Wahl von Werkstatträten in Zweigwerkstätten und der Bildung eines Gesamtwerkstattrats wird die Zahl der Werkstatträte drastisch reduziert. In Zukunft ist nicht sichergestellt, dass oft weit entfernt liegende Zweigwerkstätten überhaupt durch einen Vertreter im Werkstattrat repräsentiert sind.

5. Wahl des Werkstattrates (Abs. 3)

7 Wahlberechtigt sind alle behinderten Beschäftigten, die gem. § 138 Abs. 1 in einem arbeitnehmerähnlichen Rechtsverhältnis zum WfbM-Träger stehen und die im Arbeitsbereich der Werkstatt beschäftigt sind. Gem. Abs. 1 der Vorschrift sind die behinderten Beschäftigten unabhängig von ihrer Geschäftsfähigkeit wahlberechtigt und auch wählbar. Behinderte im Berufsbildungsbereich und behinderte Arbeitnehmer im Fachpersonal der WfbM sind nicht wahlberechtigt. Wer das **aktive Wahlrecht** zum Werkstattrat oder zum Sprecher hat, besitzt auch das **passive Wahlrecht** (Wählbarkeit). Allerdings muss eine zweite Voraussetzung für das passive Wahlrecht erfüllt sein. Zum Sprecher oder in den Werkstattrat wählbar sind nur diejenigen Behinderten, die am Wahltag seit mindestens sechs Monaten in der WfbM beschäftigt sind. Zeiten im Eingangsverfahren und im Berufsbildungsbereich werden dabei als Beschäftigungszeiten gerechnet.

6. Unterrichtungspflicht der Werkstatt gegenüber den gesetzlichen Vertretern (Abs. 4)

8 Die Vorschrift verpflichtet die WfbM einmal jährlich zur Unterrichtung gesetzlicher Vertreter und Betreuer der behinderten WfbM-Beschäftigten über die mitbestimmungspflichtigen Angelegenheiten der Werkstatt. Damit erhalten die gesetzlichen Vertreter bzw. Betreuer ein Recht auf Mitwirkung i. S. v. Unterrichtungs- und Anhörungsrechten. Dem soll in einer so genannten **Eltern- und Betreuerversammlung** Rechnung getragen werden. Bei dieser Form der Mitwirkung handelt es sich um kein eigenes Mitwirkungs- oder Interessenvertretungsorgan der Eltern und Betreuer.

Darüber hinaus ist geregelt, dass im Einvernehmen mit dem Träger der Werkstatt ein Eltern- und Betreuerbeirat eingerichtet werden kann, der die Werkstatt und den Werkstattrat bei der Arbeit berät und durch Vorschläge und Stellungnahmen unterstützt. Dadurch wurden die seit Jahrzehnten bestehenden Elternbeiräte aufgewertet.

§ 140 Anrechnung von Aufträgen auf die Ausgleichsabgabe

(1) **Arbeitgeber, die durch Aufträge an anerkannte Werkstätten für behinderte Menschen zur Beschäftigung behinderter Menschen beitragen, können 50 vom Hundert des auf die Arbeitsleistung der Werkstatt entfallenden Rechnungsbetrages solcher Aufträge (Gesamtrechnungsbetrag abzüglich Materialkosten) auf die Ausgleichsabgabe anrechnen. Dabei wird die Arbeitsleistung des Fachpersonals zur Arbeits- und Berufsförderung berücksichtigt, nicht hingegen die Arbeitsleistung sonstiger nichtbehinderter Arbeitnehmerinnen und Arbeitnehmer. Bei Weiterveräußerung von Erzeugnissen anderer anerkannter Werkstätten für behinderte Menschen wird die von diesen erbrachte Arbeitsleistung berücksichtigt. Die Werkstätten bestätigen das Vorliegen der Anrechnungsvoraussetzungen in der Rechnung.**

(2) **Voraussetzung für die Anrechnung ist, dass**

1. **die Aufträge innerhalb des Jahres, in dem die Verpflichtung zur Zahlung der Ausgleichsabgabe entsteht, von der Werkstatt für behinderte Menschen ausgeführt und vom Auftraggeber bis spätestens 31. März des Folgejahres vergütet werden und**

2. **es sich nicht um Aufträge handelt, die Träger einer Gesamteinrichtung an Werkstätten für behinderte Menschen vergeben, die rechtlich unselbständige Teile dieser Einrichtung sind.**

(3) **Bei der Vergabe von Aufträgen an Zusammenschlüsse anerkannter Werkstätten für behinderte Menschen gilt Absatz 2 entsprechend.**

1. Normzweck

1   Die Vorschrift regelt eine der Vergünstigungen, die nach § 136 den **laufenden Betrieb** und damit die Beschäftigung behinderter Menschen sicherstellen sollen. Für beschäftigungs- und ausgleichsabgabepflichtige Arbeitgeber ergibt sich durch die Anrechenbarkeit abgerechneter Aufträge an WfbM ein Anreiz, die Auftragslage der WfbM und somit die Beschäftigung behinderter Menschen zu fördern. In Betracht kommen sowohl Aufträge über die Lieferung von in der WfbM hergestellten oder verarbeiteten Waren als auch Aufträge über die Erbringung von Dienstleistungen durch die WfbM. Für die Anrechnung auf die Ausgleichsabgabe sind nur solche Aufträge begünstigt, die direkt zur Beschäftigung behinderter Menschen beitragen.

2. Entstehungsgeschichte

2   Durch Art. 5 des Gesetzes zur Reform des Sozialhilferechts vom 23. 7. 1996 wurde auch § 55 SchwbG geändert. Nach dieser Neufassung dürfen Werkstätten ab dem 1. 8. 1996 nicht mehr den Gesamtbetrag einer Rechnung den Auftraggebern in Rechnung stellen. Die Werkstätten müssen seitdem den Rechnungsbetrag in Arbeitsleistung und Materialkosten aufschlüsseln, denn es kann nur der auf den Arbeitsleistungsanteil entfallende Rechnungsbetrag in Höhe von 50 v. H. auf die Ausgleichsabgabeschuld angerechnet werden.

3. Anrechnungsgrundsätze (Abs. 1)

3   Diese Vorschrift bestimmt, dass bei der Anrechnung von Aufträgen an Werkstätten die Arbeitsleistung der Werkstattbeschäftigten und die Arbeitsleistung des Fachpersonals berücksichtigt wird, soweit es im Rahmen seiner Fachaufgaben bei der Ausführung und Erledigung der Aufträge beteiligt ist. Die Arbeitsleistung sonstiger nichtbehinderter Beschäftigter wird nicht berücksichtigt.

4   Durch diese Regelung sollte erreicht werden, dass auch Aufträge an

Werkstätten, bei denen der Wert der erbrachten Arbeitsleistung unter 30 v. H. liegt, angerechnet werden können. Dass die Werkstatt eine Mindestarbeitsleistung erbringt, wie nach bisherigem Recht, ist nicht mehr erforderlich. Die Werkstätten sind damit gehalten, ihre Materialkosten zu senken und die Leistungsreserven ihrer Beschäftigten auszuschöpfen. Die Möglichkeit ist weggefallen, dass durch eine Gesamtkalkulation günstige Erlöse erzielt werden können. Ob durch diese Regelung das Ziel der Erhöhung der Werkstattentgelte erreicht werden kann, erscheint zweifelhaft.

Anwendungsprobleme der Vorschrift ergeben sich insbesondere aus **5** dem Klammerzusatz in Abs. 1 (»Gesamtrechnungsbetrag abzüglich Materialkosten«) und bezüglich des Inhalts der Nachweispflicht der WfbM in Abs. 1 Satz 4. Zur Klärung hat das BMW dazu festgestellt:

»1. *Materialkosten sind Kosten, die der Werkstatt durch externen Kauf von Fertigungs- und Verpackungsmaterial entstehen. Maßgeblich ist dabei in der Regel der Einkaufspreis. Keine Materialkosten entstehen daher dann, wenn Produkte der Werkstatt aus nicht extern beschafften Materialien hergestellt werden, z. B. bei der Fertigung von Nahrungsmitteln aus landwirtschaftlich gezogenen Eigenprodukten. Hilfs- und Betriebsstoffe können unberücksichtigt bleiben.*
2. Maßgeblicher Zeitpunkt für die Anwendung des neuen Rechts ist das Datum der Auftragsvergabe an die Werkstatt.
3. Die Rechnungen der Werkstatt müssen für neue Aufträge ab 1. 8. 1996 getrennte Angaben über Arbeitsleistung und Materialkosten enthalten. Es ist dabei nicht erforderlich, das Material im Einzelnen aufzuführen, die Rechnung muss aber zumindest die ›Kostenblöcke‹ Arbeitsleistung und Material enthalten: Die Darstellung muss für die Hauptfürsorgestelle nachvollziehbar sein (…)«.[1]

4. Weitere Voraussetzungen (Abs. 2)

Die **Voraussetzungen für die Anrechenbarkeit** von Aufträgen auf **6** die Ausgleichsabgabe sind von den Integrationsämtern zu prüfen und festzustellen. Die Werkstätten und nicht die Arbeitgeber haben dabei die entsprechenden Anrechnungsvoraussetzungen nachzuweisen. Die Werkstätten haben das Vorliegen der Anrechnungsvoraussetzungen gem. Abs. 2 in der Rechnung an den Auftraggeber zu

---

1 Mitteilung der ARGE der Deutschen Hauptfürsorgestellen vom 1. 8. 1996

Feldes

bestätigen (Abs. 1 Satz 4). Aus den Angaben des Arbeitgebers und der schriftlichen Bestätigung der Werkstatt muss das Vorliegen der Voraussetzungen für die Anrechenbarkeit für die Integrationsämter zweifelsfrei hervorgehen. Für die Frage der Anrechnung kommt es allein auf die Frage an, ob es sich objektiv um eine anerkannte Werkstatt im Sinne von §§ 142 oder 143 SGB IX handelt.[2] Das Integrationsamt nimmt die Prüfung auf Grundlage dieser Angaben vor. Entstehen bei der Prüfung Zweifel über die Richtigkeit der Angaben, hat das Integrationsamt von Amts wegen in geeigneter Weise zu ermitteln. Neben weiteren Angaben des Arbeitgebers können auch Stellungnahmen der Schwerbehindertenvertretung und des Betriebsbzw. Personalrates erforderlich sein.

5. Zusammenschluss von Werkstätten (Abs. 3)

7   Die Anrechnungsregelung greift auch für Arbeitsleistungen, die aus Aufträgen an Zusammenschlüsse anerkannter Werkstätten entstehen.

§ 141   Vergabe von Aufträgen durch die öffentliche Hand

Aufträge der öffentlichen Hand, die von anerkannten Werkstätten für behinderte Menschen ausgeführt werden können, werden bevorzugt diesen Werkstätten angeboten. Die Bundesregierung erlässt mit Zustimmung des Bundesrates hierzu allgemeine Verwaltungsvorschriften.

1. Normzweck

1   Diese Vorschrift regelt (neben der Vergünstigung aus § 140 SGB IX) die andere Vergünstigung für Werkstätten für behinderte Menschen und soll zur Sicherstellung des laufenden Betriebes und der Wettbewerbsfähigkeit der Werkstätten beitragen. Die Aufträge, die die öffentliche Hand an WfbM vergibt, sollen die Konkurrenzfähigkeit ge-

---

2 VG Köln v. 14.2.2008 – 26 K 1650/07

genüber privatwirtschaftlichen Betrieben gewährleisten. Deshalb soll die öffentliche Hand solche Aufträge, die von WfbM ausgeführt werden können, diesen Einrichtungen bevorzugt anbieten.

Unter dem verstärkten Einfluss der Vorgaben des Wettbewerbsrechts der Europäischen Gemeinschaft (EU-Richtlinie 2004/18/EG Art. 19 und 26) und seiner Vergabegrundsätze auf das Sozial-, Rehabilitations- und Behindertenrecht verändern sich die privilegierte Marktposition der WfbM und die wirtschaftlichen Vorteile für die Zielgruppe der WfbM. Die europäischen Vergabekriterien schließen dennoch bestimmte benachteiligte Gruppen auf dem Arbeitsmarkt, z. B. Frauen, Menschen mit Behinderungen, Langzeitarbeitslose etc. sowie die Förderung von Betrieben, die Angehörige dieser Problemgruppen beschäftigen, von Förderung nicht aus. Es ist für öffentliche Auftraggeber möglich, dass Werkstätten als »bevorzugte Bieter« berücksichtigt werden bzw. dass nur Werkstätten an den Verfahren zur Vergabe öffentlicher Aufträge teilnehmen.

2. Entstehungsgeschichte

Diese Regelung entspricht im Wesentlichen inhaltsgleich dem ehe- **2** maligen § 56 SchwbG. Die Ergänzung bezüglich der Zustimmungspflicht des Bundesrates zum Erlass von allgemeinen Verwaltungsvorschriften ist erforderlich, weil auch Aufträge an WfbM von Landesverwaltungen mit erfasst werden sollen.

3. Regelungsinhalt

Aufgrund der §§ 141 und 143 SGB IX sind Aufträge der öffentlichen **3** Hand, die von Werkstätten für behinderte Menschen und von Blindenwerkstätten ausgeführt werden können, diesen Werkstätten bevorzugt anzubieten. Der Gesetzgeber verlangt zwingender als zuvor, dass Aufträge der öffentlichen Hand an Werkstätten vergeben werden. Mit den Verwaltungsrichtlinien für die Berücksichtigung von Werkstätten und Blindenwerkstätten bei der Vergabe öffentlicher Aufträge vom 10. 5. 2001 hat die Bundesregierung die Richtlinien für die Vergabe öffentlicher Aufträge an Werkstätten neu gefasst. Die bisher geltenden Richtlinien für die Berücksichtigung von Werkstätten und Blindenwerkstätten bei der Vergabe öffentlicher Aufträge vom 11. 8. 1975 (BAnz. Nr. 152), zuletzt geändert am 26. 3. 1990 (BAnz. S. 1857), sind entsprechend § 5 der neuen Verwaltungsrichtlinien außer Kraft getreten.

Feldes

Die **Verwaltungsrichtlinien enthalten u. a. Einzelheiten über**

- die Einbeziehung der WfbM in die Aufforderung zur Angebotsabgabe bei Ausschreibungen (§ 3 Nr. 1),
- die Landesauftragsstellen (§ 3 Nr. 2),
- die zulässige Überschreitung eines wirtschaftlichen Angebots durch das der WfbM (§ 3 Nr. 3 und 4).

Neu ist in den Verwaltungsrichtlinien **u. a. die Höhe,** um die ein Werkstattangebot das des wirtschaftlichsten Bewerbers übersteigen darf:

- Ist das Angebot eines nach § 1 bevorzugten Bewerbers ebenso wirtschaftlich (VOL) oder annehmbar (VOB) wie das eines Bewerbers, der nicht nach § 1 bevorzugt ist, so ist ersteren der Zuschlag zu erteilen.
- Bewerbern nach § 1 ist immer dann der Zuschlag zu erteilen, wenn ihr Angebotspreis den des wirtschaftlichsten Bieters um nicht mehr als 15 v. H. übersteigt.

Die Richtlinien gelten unmittelbar für die Aufträge des Bundes und wurden von den Ländern (soweit sie keine eigenen Richtlinien anwenden) weitgehend ohne Abweichung übernommen.

Welche Arbeiten die einzelnen WfbM ausführen können, ist dem von der Bundesagentur für Arbeit laufend auf den neuesten Stand gebrachten **Verzeichnis aller gem. § 142 anerkannten WfbM** zu entnehmen. Außerdem erteilen die in der Anlage zu den Richtlinien für die Berücksichtigung bevorzugter Bewerber bei der Vergabe öffentlicher Aufträge (vgl. Rn. 3) aufgeführten Landesauftragsstellen (Auftragsberatungsstellen) Auskünfte über geeignete Werkstätten.

4   Aus den Verwaltungsvorschriften leitet sich kein klagbarer Anspruch auf Erteilung von Aufträgen ab. Jedoch **binden** die Verwaltungsvorschriften **das Ermessen der Vergabestellen.** Die WfbM haben den im Verwaltungsrechtsweg einklagbaren Anspruch auf fehlerfreie Ausübung des behördlichen Ermessens bei der Vergabe. Außerdem kann die WfbM im Wege der Dienstaufsichtsbeschwerde auf Einhaltung der Pflicht zur bevorzugten Vergabe hinwirken.

§ 142 Anerkennungsverfahren

Werkstätten für behinderte Menschen, die eine Vergünstigung im Sinne dieses Kapitels in Anspruch nehmen wollen, bedürfen der Anerkennung. Die Entscheidung über die Anerkennung trifft auf Antrag die Bundesagentur für Arbeit im Einvernehmen mit dem überörtlichen Träger der Sozialhilfe. Die Bundesagentur für Arbeit führt ein Verzeichnis der anerkannten Werkstätten für be-

hinderte Menschen. In dieses Verzeichnis werden auch Zusammenschlüsse anerkannter Werkstätten für behinderte Menschen aufgenommen.

Inhaltsübersicht

1. Normzweck

Die Vorschrift regelt, dass Werkstätten für behinderte Menschen **1** anerkannt werden müssen, um die Vergünstigungen insbesondere im Zusammenhang der §§ 140, 141 zu erhalten. Durch die federführende Zuständigkeit der BA für die Anerkennung als WfbM soll die einheitliche Ausrichtung aller WfbM an dem in § 136 dieses Gesetzes und an dem in der Werkstättenverordnung (WVO) enthaltenen WfbM-Konzept (vgl. § 136 Rn. 10f.) gewährleistet werden.

2. Entstehungsgeschichte

Diese Regelung entspricht im Wesentlichen inhaltsgleich dem ehe- **2** maligen § 57 Abs. 1 SchwbG.

3. Regelungsinhalt

Die **Anerkennung** einer Einrichtung für behinderte Menschen als **3** WfbM i. S. des § 136 SGB IX ist Voraussetzung für die Inanspruchnahme von Vergünstigungen und Rechten nach §§ 137 und 138 dieses Gesetzes. Die Anerkennung als WfbM ist ebenfalls die Grundlage für die Inanspruchnahme von Rechten und Förderleistungen nach all jenen Vorschriften des Sozialrechtes, die für die Werkstatt und für die dort beschäftigten Menschen mit Behinderungen gelten (vgl. dazu auch § 136 Rn. 2).

Das **Verfahren** zur Anerkennung als WfbM wird durch einen An- **4** trag des Trägers der Einrichtung eingeleitet. Die fachlichen und rechtlichen Voraussetzungen einer Anerkennung als WfbM sind im zweiten Abschnitt (§§ 17, 18) der Werkstättenverordnung (WVO) geregelt. Nach der WVO wird die Anerkennung der Einrichtung mit der Auflage ausgesprochen, im Geschäftsverkehr den Hinweis *»Anerkannte Werkstatt für Behinderte«* zu verwenden.

5 Die Bundesagentur für Arbeit hat ein Verzeichnis aller anerkannten Werkstätten für behinderte Menschen zu führen. Das Verzeichnis der anerkannten WfbM wird laufend auf der Homepage der BA *(www.arbeitsagentur.de)* aktualisiert und gibt insbesondere wegen der Vergabe von Aufträgen an Werkstätten interessierten Arbeitgebern einen Überblick über die anerkannten WfbM sowie deren Tätigkeits- und Leistungsbereiche. Das Verzeichnis ist bei der zuständigen Agentur für Arbeit erhältlich.

§ 143 Blindenwerkstätten

Die §§ 140 und 141 sind auch zugunsten von auf Grund des Blindenwarenvertriebsgesetzes anerkannten Blindenwerkstätten anzuwenden.

1. Normzweck

1 Diese Vorschrift bezieht die Blindenwerkstätten i. S. des Blindenwarenvertriebsgesetzes, die vor dem SchwbG 1974 nach dem Schwerbeschädigtengesetz ohne besondere Anerkennung als Schwerbeschädigten-Betriebe galten, ausdrücklich in die Vergünstigungen der §§ 137 und 138 ein. Gem. § 5 des Blindenwarenvertriebsgesetzes (BliwaG) konnten Betriebe, in denen ausschließlich Blindenware hergestellt und andere Personen als Blinde nur mit Hilfs- oder Nebenarbeiten beschäftigt werden, **als Blindenwerkstätten anerkannt** werden. Für diese Werkstätten galten bezüglich der Blindenwaren eine Reihe von Vergünstigungen nach dem Blindenwarenvertriebsgesetz. Da das BliwaG allerdings mit Wirkung vom 14.9.2007 aufgehoben wurde, soll mit der Regelung der wirtschaftliche Fortbestand der bestehenden Blindenwerkstätten gesichert werden.

2. Entstehungsgeschichte

2 Die Vorschrift entspricht dem früheren § 58 SchwbG und wurde unverändert in das SGB IX übernommen. Mit Artikel 28 Abs. 1 des Zweiten Gesetzes zum Abbau bürokratischer Hemmnisse insbeson-

dere in der mittelständischen Wirtschaft vom 7. September 2007
(BGBl. I S. 2246 Nr. 47/2007) wurde der Wortlaut der Norm verändert und mit Art. 30 des gleichen Gesetzes wurde das Blindenwarenvertriebsgesetz zum 14. 9. 2007 aufgehoben.

3. Regelungsinhalt

Die Regelung sorgt für die Gleichstellung von Blindenwerkstätten **3**
im Sinne des ehemaligen Blindenwarenvertriebsgesetzes mit den
Werkstätten für behinderte Menschen. Somit erfüllen sie die Voraussetzungen, damit sie auch die Vergünstigungen für WfbM nach
§§ 140 und 141 analog beanspruchen können. Somit können Arbeitgeber mit den entsprechenden Nachweisen die Aufträge an Blindenwerkstätten gem. § 140 mit der Ausgleichsabgabe verrechnen.

Für die **individuelle Förderung von blinden Menschen in Blinden-** **4**
werkstätten gelten die für die WfbM-Beschäftigten geltenden Vorschriften des SGB III und der Anordnung Reha (§ 9 Abs. 3f.) nur
dann, wenn die Blindenwerkstätte zugleich gem. § 139 als WfbM
anerkannt worden ist. Ist dies nicht der Fall, so gelten die für die Eingliederung in Betriebe des allgemeinen Arbeitsmarktes geltenden
Vorschriften, z. B. über die Förderung zur beruflichen Eingliederung
Behinderter (§§ 248 ff. SGB III).

Ein Verzeichnis der Blindenwerkstätten ist im Anhang des Verzeichnisses der anerkannten Werkstätten für behinderte Menschen gem.
§ 139 von der BA veröffentlicht.

§ 144 Verordnungsermächtigungen

(1) **Die Bundesregierung bestimmt durch Rechtsverordnung mit**
Zustimmung des Bundesrates das Nähere über den Begriff und
die Aufgaben der Werkstatt für behinderte Menschen, die Aufnah-
mevoraussetzungen, die fachlichen Anforderungen, insbesondere
hinsichtlich der Wirtschaftsführung sowie des Begriffs und der
Verwendung des Arbeitsergebnisses sowie das Verfahren zur An-
erkennung als Werkstatt für behinderte Menschen.

(2) **Das Bundesministerium für Arbeit und Soziales bestimmt**
durch Rechtsverordnung mit Zustimmung des Bundesrates im
Einzelnen die Errichtung, Zusammensetzung und Aufgaben des
Werkstattrats, die Fragen, auf die sich die Mitwirkung erstreckt,
einschließlich Art und Umfang der Mitwirkung, die Vorbereitung
und Durchführung der Wahl, einschließlich der Wahlberechti-

gung und der Wählbarkeit, die Amtszeit sowie die Geschäftsführung des Werkstattrats einschließlich des Erlasses einer Geschäftsordnung und der persönlichen Rechte und Pflichten der Mitglieder des Werkstattrats und der Kostentragung. Die Rechtsverordnung kann darüber hinaus bestimmen, dass die in ihr getroffenen Regelungen keine Anwendung auf Religionsgemeinschaften und ihre Einrichtungen finden, soweit sie eigene gleichwertige Regelungen getroffen haben.

1. Normzweck

1   Mit der Vorschrift werden für das zuständige Bundesministerium die Ermächtigungen für die Erstellung der Werkstättenverordnung (WVO) und der Werkstättenmitwirkungsverordnung (WMVO) geschaffen.

2. Entstehungsgeschichte

2   Der Regelung des Abs. 1 ging § 55 Abs. 3 SchwbG voraus. Die Regelung des Abs. 2 übernimmt im Wesentlichen inhaltsgleich den ehemaligen § 54c Abs. 4 SchwbG. Die bis Inkrafttreten des SGB IX in § 57 Abs. 2 SchwbG geregelte Ermächtigung der Bundesregierung wird erweitert, damit die Anerkennungsbehörden (BA im Einvernehmen mit den überörtlichen Trägern der Sozialhilfe) die WfbM dazu verpflichten können, die Ermittlung und Verwendung des Arbeitsergebnisses offen zu legen.

3. Verordnungsermächtigung Werkstattverordnung (Abs. 1)

3   Das Regelungsinstrument Werkstattverordnung ist wesentlich für die Gestaltung eines einheitlichen Verfahrens-, Organisations- und Leistungsgeschehens der WfbM. Die Bundesregierung kann durch Rechtsverordnung und mit Zustimmung des Bundesrates Näheres über den Begriff, die Aufgaben der WfbM, die an sie gestellten Anforderungen, die Aufnahmevoraussetzungen sowie den Begriff und

die Verwendung des Arbeitsergebnisses und über das Anerkennungsverfahren als WfbM regeln. Zu den genannten fachlichen Voraussetzungen vgl. § 136.

4. Verordnungsermächtigung Werkstättenmitwirkungsverordnung (Abs. 2)

Die Bundesregierung bestimmt gem. Abs. 2 durch **Rechtsverord-**   **4**
nung die Tätigkeit des Werkstattrates. Die Mitwirkungsverordnung bedarf der Zustimmung des Bundesrates und hat die folgenden Fragen zu regeln:
1. die mitwirkungspflichtigen Angelegenheiten,
2. die Zusammensetzung und die Amtszeit des Werkstattrates bzw. des Sprechers,
3. die Durchführung der Wahl,
4. die Feststellung der Wahlberechtigten und der Wählbarkeit,
5. Art und Umfang der Mitwirkung (Unterrichts-, Anhörungs-, Initiativrechte).

Aus Sicht der Gewerkschaften müssen in der Rechtsverordnung fol-   **5**
gende **Eckpunkte** berücksichtigt werden:
- die Werkstättenverordnung (WVO) muss sich inhaltlich an den Standard des Betriebsverfassungsgesetzes anlehnen, damit auch die kirchlichen Einrichtungen einbezogen werden können;
- das arbeitnehmerähnliche Rechtsverhältnis ist genauer festzulegen;
- die Gewerkschaften müssen in der Rechtsverordnung unterstützende Funktion bei der Bestellung des Wahlausschusses, bei der Einreichung von Wahlvorschlägen und bei der laufenden Tätigkeit des Werkstattrates bekommen;
- es sollen regelmäßige Kooperationsgespräche zwischen Betriebsrat/Mitarbeitervertretung und Werkstattrat und eine regelmäßige gegenseitige Information der Vertretungsorgane stattfinden;
- gruppenspezifische Versammlungen der Arbeitnehmer und der Werkstattbeschäftigten sollen Vorrang vor gemeinsamen Versammlungen haben;
- im Verhältnis des Werkstattrates zur Eltern- und Betreuerversammlung ist der Werkstattrat autonom: Eine Teilnahme des Werkstattrates an der Versammlung gem. § 139 Abs. 4 ist nicht sinnvoll. Die Geschäftsleitung hat den Werkstattrat schriftlich über Elternversammlungen zu unterrichten;
- die Übernahme von Regelungen der Betriebsverfassung zu den

Unterrichtungs- und Erörterungspflichten des Arbeitgebers, zu den Anhörungs- und Erörterungsrechten des Arbeitnehmers sowie das Recht auf Einsichtnahme in die Personalakte sind wichtig und sinnvoll;

- die Zuständigkeiten des Werkstattrates müssen allumfassend, einfach und klar beschrieben sein;
- bei Meinungsverschiedenheiten zwischen Werkstattrat und Arbeitgeber muss es i. d. R. innerhalb von 14 Tagen einen Einigungsversuch geben;
- der Werkstattrat muss sofort das zuständige Arbeitsgericht zum Zweck der eigenen Handlungsorientierung einschalten können;
- zum Zweck der Einigung sollen Gutachter eingeschaltet werden können und ein Schlichtungsverfahren stattfinden;
- die behinderungsgerechte Ausstattung des Werkstattratsbüros und sonstige Hilfen zur Wahrnehmung der Aufgaben müssen vorhanden sein;
- Fragen der Freistellung, des Lohnausfalls, der Anpassungsqualifizierung und des Schulungsanspruchs aufgrund der Interessenvertretungstätigkeit des Werkstattrates müssen geregelt sein;
- personelle Einzelmaßnahmen (Um- und Versetzung) unterliegen der Zustimmungspflicht des Werkstattrates.

Kapitel 13
Unentgeltliche Beförderung schwerbehinderter Menschen im öffentlichen Personenverkehr

§ 145 Unentgeltliche Beförderung, Anspruch auf Erstattung der Fahrgeldausfälle

(1) **Schwerbehinderte Menschen, die infolge ihrer Behinderung in ihrer Bewegungsfähigkeit im Straßenverkehr erheblich beeinträchtigt oder hilflos oder gehörlos sind, werden von Unternehmern, die öffentlichen Personenverkehr betreiben, gegen Vorzeigen eines entsprechend gekennzeichneten Ausweises nach § 69 Abs. 5 im Nahverkehr im Sinne des § 147 Abs. 1 unentgeltlich befördert; die unentgeltliche Beförderung verpflichtet zur Zahlung eines tarifmäßigen Zuschlages bei der Benutzung zuschlagpflichtiger Züge des Nahverkehrs. Voraussetzung ist, dass der Ausweis mit einer gültigen Wertmarke versehen ist. Sie wird gegen Ent-**

richtung eines Betrages von 72 Euro für ein Jahr oder 36 Euro für ein halbes Jahr ausgegeben. Der Betrag erhöht sich in entsprechender Anwendung des § 77 Absatz 3 erstmals zu dem Zeitpunkt, zu dem die nächste Neubestimmung der Beträge der Ausgleichsabgabe erfolgt. Liegt dieser Zeitpunkt innerhalb der Gültigkeitsdauer einer bereits ausgegebenen Wertmarke, ist der höhere Betrag erst im Zusammenhang mit der Ausgabe der darauffolgenden Wertmarke zu entrichten. Abweichend von § 77 Absatz 3 Satz 4 sind die sich ergebenden Beträge auf den nächsten vollen Eurobetrag aufzurunden. Das Bundesministerium für Arbeit und Soziales gibt den Erhöhungsbetrag und die sich nach entsprechender Anwendung des § 77 Absatz 3 Satz 3 ergebenden Beträge im Bundesanzeiger bekannt. Wird die für ein Jahr ausgegebene Wertmarke vor Ablauf eines halben Jahres ihrer Gültigkeitsdauer zurückgegeben, wird auf Antrag die Hälfte der Gebühr erstattet. Entsprechendes gilt für den Fall, dass der schwerbehinderte Mensch vor Ablauf eines halben Jahres der Gültigkeitsdauer der für ein Jahr ausgegebenen Wertmarke verstirbt. Auf Antrag wird eine für ein Jahr gültige Wertmarke, ohne dass der Betrag nach Satz 3 in seiner jeweiligen Höhe zu entrichten ist, an schwerbehinderte Menschen ausgegeben,

1. die blind im Sinne des § 72 Abs. 5 des Zwölften Buches oder entsprechender Vorschriften oder hilflos im Sinne des § 33b des Einkommensteuergesetzes oder entsprechender Vorschriften sind oder

2. die Leistungen zur Sicherung des Lebensunterhalts nach dem Zweiten Buch oder für den Lebensunterhalt laufende Leistungen nach dem Dritten und Vierten Kapitel des Zwölften Buches, dem Achten Buch oder den §§ 27a und 27d des Bundesversorgungsgesetzes erhalten oder

3. die am 1. Oktober 1979 die Voraussetzungen nach § 2 Abs. 1 Nr. 1 bis 4 und Abs. 3 des Gesetzes über die unentgeltliche Beförderung von Kriegs- und Wehrdienstbeschädigten sowie von anderen Behinderten im Nahverkehr vom 27. August 1965 (BGBl. I S. 978), das zuletzt durch Artikel 41 des Zuständigkeitsanpassungs-Gesetzes vom 18. März 1975 (BGBl. I S. 705) geändert worden ist, erfüllten, solange ein Grad der Schädigungsfolgen von mindestens 70 festgestellt ist oder von mindestens 50 festgestellt ist und sie infolge der Schädigung erheblich gehbehindert sind; das Gleiche gilt für schwerbehinderte Menschen, die diese Voraussetzungen am 1. Oktober 1979 nur

deshalb nicht erfüllt haben, weil sie ihren Wohnsitz oder ihren gewöhnlichen Aufenthalt zu diesem Zeitpunkt in dem in Artikel 3 des Einigungsvertrages genannten Gebiet hatten.

Die Wertmarke wird nicht ausgegeben, solange der Ausweis einen gültigen Vermerk über die Inanspruchnahme von Kraftfahrzeugsteuerermäßigung trägt. Die Ausgabe der Wertmarken erfolgt auf Antrag durch die nach § 69 Abs. 5 zuständigen Behörden. Die Landesregierung oder die von ihr bestimmte Stelle kann die Aufgaben nach Absatz 1 Satz 3 bis 5 ganz oder teilweise auf andere Behörden übertragen. Für Streitigkeiten in Zusammenhang mit der Ausgabe der Wertmarke gilt § 51 Abs. 1 Nr. 7 des Sozialgerichtsgesetzes entsprechend.

(2) Das Gleiche gilt im Nah- und Fernverkehr im Sinne des § 147, ohne dass die Voraussetzung des Absatzes 1 Satz 2 erfüllt sein muss, für die Beförderung

1. einer Begleitperson eines schwerbehinderten Menschen im Sinne des Absatzes 1, wenn die Berechtigung zur Mitnahme einer Begleitperson nachgewiesen und dies im Ausweis des schwerbehinderten Menschen eingetragen ist, und

2. des Handgepäcks, eines mitgeführten Krankenfahrstuhles, soweit die Beschaffenheit des Verkehrsmittels dies zulässt, sonstiger orthopädischer Hilfsmittel und eines Führhundes; das Gleiche gilt für einen Hund, den ein schwerbehinderter Mensch mitführt, in dessen Ausweis die Berechtigung zur Mitnahme einer Begleitperson nachgewiesen ist.

(3) Die durch die unentgeltliche Beförderung nach den Absätzen 1 und 2 entstehenden Fahrgeldausfälle werden nach Maßgabe der §§ 148 bis 150 erstattet. Die Erstattungen sind aus dem Anwendungsbereich der Verordnung (EG) Nr. 1370/2007 des Europäischen Parlaments und des Rates vom 23. Oktober 2007 über öffentliche Personenverkehrsdienste auf Schiene und Straße und zur Aufhebung der Verordnungen (EWG) Nr. 1191/69 und (EWG) Nr. 1107/70 des Rates (ABl. L 315 vom 3. 12. 2007, S. 1) ausgenommen.

1. Geltungsbereich

Abs. 1 Satz 1 nennt **drei Gruppen von schwerbehinderten Men-**   1
schen, die im öffentlichen Personennahverkehr unentgeltlich zu befördern sind:

- **diejenigen, die infolge ihrer Behinderung in ihrer Bewegungs-**
  fähigkeit im Straßenverkehr erheblich beeinträchtigt sind
  (Rn. 2–4),
- **die Gehörlosen (Rn. 5) sowie**
- **die infolge ihrer Behinderung Hilflosen (Rn. 6–9).**

Es wird aber nur derjenige behinderte Mensch unentgeltlich befördert, der einen entsprechenden Ausweis mit gültiger Wertmarke
vorweisen kann (zu dem Personenkreis, der die Wertmarke unentgeltlich erhält s. Rn. 10–13).

2. Beeinträchtigung der Bewegungsfähigkeit

Nach der Definition in § 146 Abs. 1 Satz 1 ist in seiner Bewegungs-   2
fähigkeit im Straßenverkehr erheblich beeinträchtigt, wer infolge
einer Einschränkung des Gehvermögens, auch durch innere Leiden,
oder infolge von Anfällen oder Störungen der Orientierungsfähigkeit nicht ohne erhebliche Schwierigkeiten oder nicht ohne Gefahren für sich oder andere Wegstrecken im Ortsverkehr zurückzulegen
vermag, die üblicherweise noch zu Fuß zurückgelegt werden.

Üblicherweise werden im Ortsverkehr von nicht gehbehinderten   3
Personen noch **Wege von bis zu 2000 m Länge** bei einer Gehdauer
von etwa einer halben Stunde zurückgelegt. Dieser in der Praxis
schon lange angewandte Maßstab ist auch durch die Rechtsprechung
des *BSG*[1] bestätigt worden. Weil dieser Maßstab für den gesamten
Geltungsbereich des SGB IX einheitlich sein muss, ist stets das Gehvermögen auf ebenen Wegen oder auf Wegen mit nur wenigen leichten Steigungen oder Gefällstrecken zugrunde zu legen. Auf die konkreten landschaftlichen Verhältnisse am Wohnort kommt es deshalb
nicht an, auch nicht darauf, ob Versorgungseinrichtungen (Läden
u. a.) von der Wohnung eines behinderten Menschen aus nur durch
mehr als zwei Kilometer lange Fußwege zu erreichen sind.

Die Fußwege von bis zu zwei Kilometern Länge oder einer halben
Stunde Dauer müssen sich aber auch ohne erhebliche Schwierigkeiten

---

1 *BSG* v. 10.12.1987 – 9a RVs 11/87, SozR 3870 § 60 Nr. 2

und ohne Gefahren für den behinderten Menschen oder für andere bewältigen lassen. Solche Schwierigkeiten sind z. B. das Auftreten von starken Schmerzen beim Gehen, die im konkreten Fall als nicht mehr zumutbar zu beurteilen sind, oder die Notwendigkeit, Pausen einzulegen oder so langsam zu gehen, dass der Fußweg von 2000 m deutlich mehr als eine halbe Stunde dauert. Gefahren, die übliche Fußwege verbieten, können z. B. bei hirnorganischen Anfallsleiden (erst ab einer mittleren Anfallshäufigkeit[2]) oder bei einer Zuckerkrankheit mit Neigung zu Stoffwechselentgleisungen oder Unterzuckerungsschocks auftreten, eventuell auch bei Herzrhythmusstörungen.

Das Gehvermögen wird sich meist nur i. S. eines Annäherungswertes schätzen lassen. Im Regelfall wird dafür im Sozialgerichtsprozess die Einholung eines ärztlichen Gutachtens erforderlich sein. Die Versorgungsmedizinischen Grundsätze führen aber auch eine Reihe von Behinderungen auf (Teil D, Ziff. 1 d)), bei denen stets oder ab einem bestimmten Schweregrad angenommen wird, dass die im Ortsverkehr üblichen Fußwege nicht mehr bewältigt werden können. Nach dem Urteil des BSG[3], kann die Bewegungsfähigkeit im Straßenverkehr auch durch ein Zusammenwirken von Gesundheitsstörungen und großem Übergewicht erheblich beeinträchtigt sein.

4　**Die Störungen der Orientierungsfähigkeit**, die i. S. des § 146 Abs. 1 Satz 1 eine erhebliche Beeinträchtigung der Bewegungsfähigkeit im Straßenverkehr annehmen lassen, müssen recht gravierend sein. Die Versorgungsmedizinischen Grundsätze (Teil D, Ziff. 1 f)) nennen als Beispiel Sehbehinderungen mit einem GdB von wenigstens 70 oder bei einem GdB von 50 oder 60 in Kombination mit Störungen so genannter Ausgleichsfunktionen (insbesondere hochgradige Schwerhörigkeit beiderseits oder geistige Behinderung), weiter Taubheit oder an Taubheit grenzende Schwerhörigkeit bis zur Beendigung der Gehörlosenschule oder im Erwachsenenalter solche Hörstörungen bei erheblichen Störungen der entsprechenden Ausgleichsfunktionen, also Sehbehinderung oder geistige Behinderung. Geistige Behinderungen sind für sich schwerwiegend genug, wenn sich behinderte Menschen auf Wegen, die sie nicht täglich benutzen, nur schwer zurechtfinden können.

---

2 *LSG Sachsen-Anhalt* v. 29. 6. 2010 – L 7 SB 15/07
3 *BSG* v. 24. 4. 2008 – B 9/9a SB 7/06 R

3. Gehörlosigkeit

Gehörlose sind nach Abs. 1 Satz 1 unabhängig von der konkreten 5 Feststellung einer Beeinträchtigung ihrer Bewegungsfähigkeit im Straßenverkehr unentgeltlich zu befördern. Dies soll ihnen die Kommunikation mit gleichartig behinderten Menschen erleichtern; die Freifahrtberechtigung für Gehörlose schließt aber nicht automatisch einen Anspruch auf Erteilung des Nachteilsausgleichs G mit ein.[4] Das Merkzeichen Gl ist durch die Änderung der SchwbAwV mit Inkrafttreten des SGB IX eingeführt worden; selbstständige Rechtsfolgen, auch z. B. steuerrechtlicher Art, sind damit aber nicht verknüpft. Als gehörlos anzusehen sind nicht nur diejenigen, die auf beiden Ohren taub sind, sondern auch Hörbehinderte mit an Taubheit grenzender Schwerhörigkeit (nach Tabelle D in Teil B, Ziff. 5.2.4 der Versorgungsmedizinischen Grundsätze: Hörverlust 80–95 %) auf beiden Ohren, wenn daneben schwere Sprachstörungen bestehen, z. B. eine schwer verständliche Lautsprache oder ein nur geringer Wortschatz.[5] Streitig ist, ob diese Definition nicht zu eng ist, wenn man davon ausgeht, dass die Freifahrtberechtigung über die Ermöglichung von Kontakten der sozialen Isolation von Hörbehinderten entgegenwirken und helfen soll, erworbene Fähigkeiten zu fördern und zu erhalten. Insbesondere ist es erwägenswert, deshalb auch auf beiden Ohren hochgradig Schwerhörige (Hörverlust 60–80 %), erst recht Hörbehinderte mit an Taubheit grenzender Schwerhörigkeit auf dem einen und hochgradiger Schwerhörigkeit auf dem anderen Ohr mit einzubeziehen.[6]

4. Hilflosigkeit aufgrund Behinderung

Hilflos i. S. des Abs. 1 Satz 1 ist, wer auf Dauer die gewöhnlichen und 6 regelmäßig wiederkehrenden Verrichtungen, wie sie im Ablauf des täglichen Lebens selbstverständlich sind, ohne erhebliche fremde Hilfe und Pflege nicht bewältigen kann. Dies gilt insbesondere für Personen, die beim An- und Auskleiden, bei der Nahrungsaufnahme, der Körperpflege, beim Verrichten der Notdurft, bei der Mobilität sowie bei geistigen Anregungen und bei der Kommunikation dauernd fremde Hilfe benötigen. Der Auffassung, dass auch die so genannten

---

4 *BSG* v. 12. 11. 1996 – 9 RVs 5/95, SozR 3–1300 § 48 Nr. 57
5 Rundschreiben d. BMA v. 10. 9. 1985
6 So *Spiolek*, in: GK-SGB IX § 145 Rn. 33 f.

hauswirtschaftlichen Verrichtungen (Instandhaltung und Reinigung der Wohnung, Einkaufen von Lebensmitteln, Nahrungszubereitung, Wäschewaschen) zu berücksichtigen seien, ist das *BSG*[7] nicht gefolgt. Damit ist der Begriff der Hilflosigkeit deutlich unterschieden von dem der Pflegebedürftigkeit nach § 14 SGB XI. Diese Hilfe muss nicht unbedingt für alle Verrichtungen erforderlich sein, wenn sie trotzdem als erheblich zu beurteilen ist. Es reicht aber nicht aus, dass bei einer einzelnen Verrichtung Hilfe geleistet werden muss, selbst wenn diese lebensnotwendig sein sollte.[8]

Die ständig notwendige Bereitschaft einer Pflegeperson kann dagegen Hilflosigkeit begründen.

7 **Hörsprachgeschädigte** gelten nur bis zum Abschluss der beruflichen Erstausbildung als hilflos.[9] Ein erwachsener behinderter Mensch, der geistig-psychischer Hilfe bedarf, ist erst dann hilflos, wenn er die Hilfsperson dadurch ebenso beansprucht wie bei körperlicher Hilfestellung. Wenn die zu gebende Hilfe in einer Überwachung und Anleitung des behinderten Menschen besteht, wäre dies erst dann ausreichend, wenn die Hilfsperson bei den Verrichtungen anwesend sein müsste, um jeweils zu Einzelschritten aufzufordern und um den Vorgang und dessen Ergebnis zu kontrollieren.[10] Bei Kindern ist für die Beurteilung der Hilflosigkeit nur diejenige Hilfeleistung heranzuziehen, die auch ein ebenso kranker Erwachsener benötigen würde, nicht aber die für das Kindesalter üblich vermehrte Hilfeleistung.

8 Entsprechende Vorschriften zur Hilflosigkeit i. S. des Abs. 1 Satz 5 Nr. 1 sind § 35 Abs. 1 BVG (für Kriegs-, Wehr- und Zivildienstbeschädigte und ihnen durch andere Gesetze Gleichgestellte), § 44 Abs. 1 SGB VII (für Berufsunfallverletzte), § 34 Abs. 1 BeamtVG und §§ 61 ff. SGB XII.

9 Die Hilflosigkeit wird nachgewiesen durch das Ausweis-Merkzeichen H, mit dem sonst die Voraussetzungen für die Inanspruchnahme des für hilflose Personen gewährten Steuerfreibetrages (§ 33b Abs. 3 EStG) belegt werden.

---

7 *BSG* v. 2. 7. 1997 – 9 RVs 9/96, nicht veröffentlicht

8 Ständige Rechtsprechung des *BSG*, z. B. *BSG* v. 6. 11. 1985 – 9a RVs 10/84, SozR 3875 § 3 Nr. 2

9 Wiederholte Rechtsprechung des *BSG*, z. B. *BSG* v. 23. 6. 1993 – 9/9a RVs 1/91, SozR 3–3870 § 4 Nr. 6; BSG v. 12. 11. 1996 – 9 RVs 9/95, SozR 3–3870 § 4 Nr. 15 sowie zuletzt BSG v. 10. 12. 2003 – B 9 SB 4/02 R

10 *BSG* v. 8. 3. 1995 – 9 RVs 5/94, SozR 3–3870 § 4 Nr. 12

5. Wertmarke

Schwerbehinderte Menschen, die die Voraussetzungen erfüllen und **10** das Recht auf unentgeltliche Beförderung (statt der Kraftfahrzeugsteuer-Ermäßigung) in Anspruch nehmen wollen, erhalten zu ihrem Ausweis ein Beiblatt mit Wertmarke. Diese Wertmarke ist gegen eine Gebühr zu erwerben. **Kostenlos** wird sie nur an die Personengruppen des Abs. 1 Satz 5 ausgegeben, und zwar an

- Blinde i. S. des § 72 Abs. 1 SGB XII und ihnen Gleichgestellte i. S. des § 72 Abs. 5 SGB XII,
- Hilflose i. S. des § 33b EStG oder entsprechender Vorschriften (s. o. Rn. 6 und 7),
- Empfänger der in Abs. 1 Satz 5 Nr. 2 genannten Sozialleistungen und
- Personen, die bereits am 1. 10. 1979 das Recht auf kostenlose Beförderung hatten oder die ihnen nun als Einwohner der neuen Bundesländer gleichgestellt werden (s. Rn. 12 f.).

Blind ist nicht nur derjenige, dem das Augenlicht vollständig fehlt, **11** sondern auch der stark Sehbehinderte, der auf dem besseren Auge eine Sehschärfe von höchstens 0,02 (1/50) hat oder dessen Gesichtsfeld so stark eingeschränkt ist, dass er ähnlich schlecht sehen kann (Aufzählung der verschiedenen Gesichtsfeldeinschränkungen s. Versorgungsmedizinische Grundsätze, Teil A, Ziff. 6b)). Diese Voraussetzungen sind identisch mit denen des Merkmals Bl im Ausweis. Eine ähnliche Definition enthält der neue § 72 Abs. 5 SGB XII: beidäugige Gesamtschärfe nicht mehr als 1/50.

6. Kriegs- und Wehrdienstgeschädigte

Die Regelung des Abs. 1 Satz 5 Nr. 3 dient der Wahrung des Besitz- **12** standes der bereits am 1. 10. 1979 anerkannten Kriegs- und Wehrdienstbeschädigten und Verfolgten. Die Ergänzung dieser Vorschrift durch den Einigungsvertrag (letzter Satzteil hinter dem Semikolon) stellt insofern Beschädigte und Verfolgte aus den neuen Bundesländern denen aus den alten Bundesländern gleich. Allerdings hatte es das *BSG*[11] auch schon in einem vor der Vereinigung am 15. 9. 1988 ergangenen Urteil für unschädlich gehalten, wenn der Anspruch auf

---

11 *BSG* v. 15. 9. 1988 – 9/9a RVs 9/86, SozR 3870 § 59 Nr. 2

Versorgung nach dem BVG am Stichtag 1. 10. 1979 nur deshalb nicht gegeben war, weil der Betroffene seinen Wohnsitz damals in der DDR hatte. Im Übrigen ist eine analoge Anwendung der Vorschriften auf weitere Gruppen aber nicht möglich.

13 § 2 Abs. 1 Nr. 14 und Abs. 3 des Gesetzes über die unentgeltliche Beförderung von Kriegs- und Wehrdienstbeschädigten sowie von anderen Behinderten im Nahverkehr lauten:

»*1. Beschädigte, die auf Grund einer Minderung der Erwerbsfähigkeit um wenigstens 70 vom Hundert Versorgung nach § 1 oder § 82 des Bundesversorgungsgesetzes oder nach anderen Bundesgesetzen in entsprechender Anwendung der Vorschriften des Bundesversorgungsgesetzes erhalten;*

2. Beschädigte, die auf Grund einer Minderung der Erwerbsfähigkeit um weniger als 70 vom Hundert, aber um wenigstens 50 vom Hundert Versorgung nach § 1 oder § 82 des Bundesversorgungsgesetzes oder nach anderen Bundesgesetzen in entsprechender Anwendung der Vorschriften des Bundesversorgungsgesetzes erhalten und infolge der Schädigung erheblich gehbehindert sind;

3. Verfolgte im Sinne des § 1 des Bundesentschädigungsgesetzes, die auf Grund einer Minderung der Erwerbsfähigkeit um wenigstens 70 vom Hundert Entschädigung nach § 28 des Bundesentschädigungsgesetzes erhalten;

4. Verfolgte im Sinne des § 1 des Bundesentschädigungsgesetzes, die auf Grund einer Minderung der Erwerbsfähigkeit um weniger als 70 vom Hundert, aber um wenigstens 50 vom Hundert Entschädigung nach § 28 des Bundesentschädigungsgesetzes erhalten und infolge der Schädigung erheblich gehbehindert sind.

(3) Unentgeltlich zu befördern sind Beschädigte im Sinne des Absatzes 1 Nr. 1 und 2 auch, wenn ihr Anspruch auf Versorgung ruht oder ihr Anspruch auf Grundrente infolge Kapitalabfindung erloschen ist.«

14 Die in Abs. 1 Satz 9 genannte Rechtsverordnung ist die bereits erwähnte **Ausweisverordnung** (SchwbAwV, s. auch § 70 Rn. 19).

7. Begleitperson

15 Zur kostenlosen **Beförderung der Begleitperson** (Abs. 2 Nr. 1) s. § 146 Rn. 6.

§ 146 Persönliche Voraussetzungen

(1) In seiner Bewegungsfähigkeit im Straßenverkehr erheblich beeinträchtigt ist, wer infolge einer Einschränkung des Gehvermögens (auch durch innere Leiden oder infolge von Anfällen oder von Störungen der Orientierungsfähigkeit) nicht ohne erhebliche Schwierigkeiten oder nicht ohne Gefahren für sich oder andere Wegstrecken im Ortsverkehr zurückzulegen vermag, die üblicherweise noch zu Fuß zurückgelegt werden. Der Nachweis der erheblichen Beeinträchtigung in der Bewegungsfähigkeit im Straßenverkehr kann bei schwerbehinderten Menschen mit einem Grad der Behinderung von wenigstens 80 nur mit einem Ausweis mit halbseitigem orangefarbenem Flächenaufdruck und eingetragenem Merkzeichen G geführt werden, dessen Gültigkeit frühestens mit dem 1. April 1984 beginnt, oder auf dem ein entsprechender Änderungsvermerk eingetragen ist.

(2) Zur Mitnahme einer Begleitperson sind schwerbehinderte Menschen berechtigt, die bei der Benutzung von öffentlichen Verkehrsmitteln infolge ihrer Behinderung regelmäßig auf Hilfe angewiesen sind. Die Feststellung bedeutet nicht, dass die schwerbehinderte Person, wenn sie nicht in Begleitung ist, eine Gefahr für sich oder für andere darstellt.

Die erhebliche Beeinträchtigung der Bewegungsfähigkeit im Straßenverkehr (Merkmal G) ist unter § 145 Rn. 24 erläutert worden. Sie ist nach allgemeiner Meinung inhaltsgleich mit der in § 9 Abs. 1 Nr. 2 EStG und in § 2 des Gesetzes über die unentgeltliche Beförderung von Kriegs- und Wehrdienstbeschädigten sowie von anderen Behinderten im Nahverkehr (s. § 145 Rn. 13) so genannten erheblichen Gehbehinderung, nicht aber mit der außergewöhnlichen Gehbehinderung (Merkzeichen aG). **1**

Das **Merkzeichen aG** berechtigt zum Parken auf besonders gekennzeichneten Behindertenparkplätzen. Es ist nicht im Schwerbehindertenrecht geregelt (mit Ausnahme der Schwerbehindertenausweisverordnung), Rechtsquelle ist vielmehr § 6 Abs. 1 Nr. 14 StVG i. V. m. § 46 Abs. 1 Nr. 11 der Allgemeinen Verwaltungsvorschrift zur Straßenverkehrs-Ordnung vom 22. 7. 1976 – VwV-StVO. **Außergewöhnlich gehbehindert** sind solche Personen, die sich wegen der Schwere ihres Leidens dauernd nur mit fremder Hilfe oder nur mit großer Anstrengung außerhalb ihres Kraftfahrzeuges bewegen können. Hierzu zählen: Querschnittsgelähmte, Doppeloberschenkel- **2**

amputierte, Doppelunterschenkelamputierte, Hüftexartikulierte und
einseitig Oberschenkelamputierte, die dauernd außerstande sind,
ein Kunstbein zu tragen, oder nur eine Beckenkorbprothese tragen
können oder zugleich unterschenkel- oder armamputiert sind, sowie andere schwerbehinderte Menschen, die auf Grund von Erkrankungen in ihrer Gehfähigkeit ebenso stark betroffen sind wie der be-
schriebene Personenkreis.

3 In der Praxis hat die Bedeutung des Merkzeichens aG zugenommen,
darin mag sich die weiter verstärkte Motorisierung unserer Gesellschaft widerspiegeln. Um wirklich außergewöhnlich Gehbehinderten die Chance auf einen gekennzeichneten freien Parkplatz zu erhalten, betont das BSG wiederholt, dass eine enge Auslegung der
Vorschrift geboten sei. Die in der erwähnten Verwaltungsvorschrift
ausdrücklich erwähnten Behindertengruppen gelten auch dann als
außergewöhnlich gehbehindert, wenn sie prothetisch optimal ver-
sorgt werden konnten und im Einzelfall auch mittlere Strecken gehen können; für alle anderen nicht genannten Behinderungen ist
Vergleichsmaßstab der Schweregrad der Beeinträchtigung des Gehvermögens ohne prothetische Versorgung.[1] Den Versuchen, mit
einer in Metern ausgedrückten Wegstrecke (300, 200 oder gar 100 m)
»eine Grenze für aG zu markieren« hat das BSG[2] eine ausdrückliche
Absage erteilt. Danach stellen die maßgebenden straßenverkehrs-
rechtlichen Vorschriften nicht darauf ab, über welche Wegstrecke
ein schwerbehinderter Mensch sich außerhalb seines Kraftfahrzeuges zumutbar noch bewegen kann, sondern darauf, unter welchen
Bedingungen ihm dies noch möglich ist: nämlich nur mit fremder
Hilfe und mit großer Anstrengung. Wer diese Voraussetzung – praktisch von den ersten Schritten außerhalb seines Kraftfahrzeuges an –
erfüllt, qualifiziert sich für den entsprechenden Nachteilsausgleich
auch dann, wenn er gezwungenermaßen auf diese Weise auch längere Wegstrecken zurücklegt. Außergewöhnlich gehbehindert ist
auch, wem der Einsatz seines Rest-Gehvermögens unzumutbar ist,
weil er in der Regel einen Rollstuhl benutzen sollte, um eine Verschlimmerung seines Gesundheitszustandes zu vermeiden.[3] Andere Behinderte, die in ihrer Gehfähigkeit nicht vergleichbar eingeschränkt sind, können nicht als außergewöhnlich gehbehindert

---

1 *BSG* v. 17.12.1997 – 9 RVs 16/96, SozR 3–3870 § 4 Nr. 22 S. 87 und BSG
v. 27.2.2002 – B 9 SB 9/01 R, nicht veröffentlicht
2 *BSG* v. 10.12.2002 – B 9 SB 7/01 R, SozR 3–3250 § 69 Nr. 1
3 *BSG* v. 11.3.1998 – B 9 SB 1/97 R, SozR 3–3870 § 4 Nr. 23

angesehen werden, auch wenn ihre Behinderung sonst allgemein betrachtet ähnlich schwer wiegen mag, so z. B. behinderte Menschen, die wegen eines Anfallsleidens oder wegen Störungen der Orientierungsfähigkeit nur mit Aufsicht gehen können, aber nicht auf einen Rollstuhl angewiesen sind.[4]

Es gibt darüber hinaus eine Vielzahl von Verwaltungsvorschriften **3a** der Bundesländer, durch die Parkerleichterungen für solche schwerbehinderten Menschen gewährt werden, die nicht als außergewöhnlich gehbehindert angesehen werden. Die verlangten gesundheitlichen Voraussetzungen können von Bundesland zu Bundesland unterschiedlich sein, auch ist in einigen Bundesländern die Benutzung von Schwerbehindertenparkplätzen nicht mit eingeschlossenen. Auskunft geben die Straßenverkehrsämter.

Abs. 1 Satz 2 stellt klar, dass – anders als vor dem 1. 4. 1984 – bei **4** einem GdB von mindestens 80 nicht automatisch eine erhebliche Beeinträchtigung der Bewegungsfähigkeit im Straßenverkehr unterstellt werden darf. Deshalb brauchen behinderte Menschen mit einem GdB, der mindestens 80 beträgt, Ausweise, die entsprechend der ab 1. 4. 1984 geltenden Gesetzeslage ausgestellt sind.

Ständige Begleitung (Merkmal B) brauchen schwerbehinderte **5** Menschen (§ 2 Abs. 2), die ohne Hilfe in öffentliche Verkehrsmittel nicht ein- und aussteigen oder nicht sicher fahren können, etwa weil sie sich nicht sicher festhalten können, oder bei denen eine plötzliche Veränderung des Gesundheitszustandes auftreten kann (z. B. behinderte Menschen mit schweren Hüft-, Kniegelenks- oder Wirbelsäulenbeschwerden, mit starken Behinderungen der Arme und Hände, Anfallskranke, schwer Herzkranke, schwer Zuckerkranke). Die Notwendigkeit ständiger Begleitung ist nach den Anhaltspunkten (S. 140) stets anzurechnen bei Querschnittsgelähmten, Behinderten ohne Hände, Blinden, erheblich Sehbehinderten, hochgradig Hörbehinderten, geistig Behinderten und Anfallskranken, die auch in ihrer Bewegungsfähigkeit im Straßenverkehr erheblich beeinträchtigt sind.

§ 145 Abs. 2 Nr. 1 erlaubt dem Wortlaut nach nur die kostenlose **6** Beförderung der Begleitperson eines schwerbehinderten Menschen i. S. des § 145 Abs. 1, also eines in seiner Bewegungsfähigkeit im Straßenverkehr erheblich Beeinträchtigten (Merkzeichen G) oder eines Gehörlosen. Es muss offen bleiben, ob Fälle möglich sind, in denen

---

4 *BSG* v. 13. 12. 1994 – 9 RVs 3/94, SozR 3–3870 § 4 Nr. 11

zwar ständige Begleitung erforderlich ist, in denen aber trotzdem im Ortsverkehr übliche Fußwege gefahrlos bewältigt werden können. Das *BSG* scheint dies für möglich zu halten im Fall eines Behinderten, der praktisch seine Arme nicht mehr bewegen konnte.[5]

§ 147 Nah- und Fernverkehr

(1) Nahverkehr im Sinne dieses Gesetzes ist der öffentliche Personenverkehr mit

1. Straßenbahnen und Obussen im Sinne des Personenbeförderungsgesetzes,
2. Kraftfahrzeugen im Linienverkehr nach den §§ 42 und 43 des Personenbeförderungsgesetzes auf Linien, bei denen die Mehrzahl der Beförderungen eine Strecke von 50 Kilometer nicht übersteigt, es sei denn, dass bei den Verkehrsformen nach § 43 des Personenbeförderungsgesetzes die Genehmigungsbehörde auf die Einhaltung der Vorschriften über die Beförderungsentgelte gemäß § 45 Abs. 3 des Personenbeförderungsgesetzes ganz oder teilweise verzichtet hat,
3. S-Bahnen in der 2. Wagenklasse,
4. Eisenbahnen in der 2. Wagenklasse in Zügen und auf Strecken und Streckenabschnitten, die in ein von mehreren Unternehmern gebildetes, mit den unter Nummer 1, 2 oder 7 genannten Verkehrsmitteln zusammenhängendes Liniennetz mit einheitlichen oder verbundenen Beförderungsentgelten einbezogen sind,
5. Eisenbahnen des Bundes in der 2. Wagenklasse in Zügen, die überwiegend dazu bestimmt sind, die Verkehrsnachfrage im Nahverkehr zu befriedigen (Züge des Nahverkehrs),
6. sonstigen Eisenbahnen des öffentlichen Verkehrs im Sinne des § 2 Abs. 1 und § 3 Abs. 1 des Allgemeinen Eisenbahngesetzes in der 2. Wagenklasse auf Strecken, bei denen die Mehrzahl der Beförderungen eine Strecke von 50 Kilometer nicht überschreiten,
7. Wasserfahrzeugen im Linien-, Fähr- und Übersetzverkehr, wenn dieser der Beförderung von Personen im Orts- und Nachbarschaftsbereich dient und Ausgangs- und Endpunkt innerhalb dieses Bereiches liegen; Nachbarschaftsbereich ist der

---

5 *Breith* 1989, 522

Raum zwischen benachbarten Gemeinden, die, ohne unmittelbar aneinander grenzen zu müssen, durch einen stetigen, mehr als einmal am Tag durchgeführten Verkehr wirtschaftlich und verkehrsmäßig verbunden sind.

(2) Fernverkehr im Sinne dieses Gesetzes ist der öffentliche Personenverkehr mit

1. Kraftfahrzeugen im Linienverkehr nach § 42 des Personenbeförderungsgesetzes,
2. Eisenbahnen, ausgenommen den Sonderzugverkehr,
3. Wasserfahrzeugen im Fähr- und Übersetzverkehr, sofern keine Häfen außerhalb des Geltungsbereiches dieses Gesetzbuchs angelaufen werden, soweit der Verkehr nicht Nahverkehr im Sinne des Absatzes 1 ist.

(3) Die Unternehmer, die öffentlichen Personenverkehr betreiben, weisen im öffentlichen Personenverkehr nach Absatz 1 Nr. 2, 5, 6 und 7 im Fahrplan besonders darauf hin, inwieweit eine Pflicht zur unentgeltlichen Beförderung nach § 145 Abs. 1 nicht besteht.

Für die Benutzung von Eisenbahnen des Bundes (Abs. 1 Nr. 5) wird mit dem Ausweis ein für den Wohnort oder gewöhnlichen Aufenthaltsort (i. S. der selbständigen Gemeinde) geltendes Streckenverzeichnis übersandt.

§§ 148–153b betreffen die Erstattung der Fahrgeldausfälle der Verkehrsunternehmen, die Übernahme der Kosten und die Verwendung der Einnahmen aus der Ausgabe von Wertmarken sowie die statistische Erfassung der Ausweise.

Auf eine Kommentierung dieser präzisen technischen Regelungen kann hier verzichtet werden.

§ 148 Erstattung der Fahrgeldausfälle im Nahverkehr

(1) Die Fahrgeldausfälle im Nahverkehr werden nach einem Prozentsatz der von den Unternehmern oder den Nahverkehrsorganisationen im Sinne des § 150 Absatz 2 nachgewiesenen Fahrgeldeinnahmen im Nahverkehr erstattet.

(2) Fahrgeldeinnahmen im Sinne dieses Kapitels sind alle Erträge aus dem Fahrkartenverkauf zum genehmigten Beförderungsentgelt; sie umfassen auch Erträge aus der Beförderung von Handgepäck, Krankenfahrstühlen, sonstigen orthopädischen Hilfsmitteln, Tieren sowie aus erhöhten Beförderungsentgelten.

(3) Werden in einem von mehreren Unternehmern gebildeten zusammenhängenden Liniennetz mit einheitlichen oder verbundenen Beförderungsentgelten die Erträge aus dem Fahrkartenverkauf zusammengefasst und dem einzelnen Unternehmer anteilmäßig nach einem vereinbarten Verteilungsschlüssel zugewiesen, so ist der zugewiesene Anteil Ertrag im Sinne des Absatzes 2.

(4) Der Prozentsatz im Sinne des Absatzes 1 wird für jedes Land von der Landesregierung oder der von ihr bestimmten Behörde für jeweils ein Jahr bekannt gemacht. Bei der Berechnung des Prozentsatzes ist von folgenden Zahlen auszugehen:

1. der Zahl der in dem Land in dem betreffenden Kalenderjahr ausgegebenen Wertmarken und der Hälfte der in dem Land am Jahresende in Umlauf befindlichen gültigen Ausweise im Sinne des § 145 Abs. 1 Satz 1 von schwerbehinderten Menschen, die das sechste Lebensjahr vollendet haben und bei denen die Berechtigung zur Mitnahme einer Begleitperson im Ausweis eingetragen ist; Wertmarken mit einer Gültigkeitsdauer von einem halben Jahr werden zur Hälfte, zurückgegebene Wertmarken für jeden vollen Kalendermonat vor Rückgabe zu einem Zwölftel gezählt,

2. der in den jährlichen Veröffentlichungen des Statistischen Bundesamtes zum Ende des Vorjahres nachgewiesenen Zahl der Wohnbevölkerung in dem Land abzüglich der Zahl der Kinder, die das sechste Lebensjahr noch nicht vollendet haben, und der Zahlen nach Nummer 1.

Der Prozentsatz ist nach folgender Formel zu berechnen:

$$\frac{\text{Nach Nummer 1 errechnete Zahl}}{\text{Nach Nummer 2 errechnete Zahl}} \times 100.$$

Bei der Festsetzung des Prozentsatzes sich ergebende Bruchteile von 0,005 und mehr werden auf ganze Hundertstel aufgerundet, im Übrigen abgerundet.

(5) Weist ein Unternehmen durch Verkehrszählung nach, dass das Verhältnis zwischen den nach diesem Kapitel unentgeltlich beförderten Fahrgästen und den sonstigen Fahrgästen den nach Absatz 4 festgesetzten Prozentsatz um mindestens ein Drittel übersteigt, wird neben dem sich aus der Berechnung nach Absatz 4 ergebenden Erstattungsbetrag auf Antrag der nachgewiesene, über dem Drittel liegende Anteil erstattet. Die Länder können durch Rechtsverordnung bestimmen, dass die Verkehrszählung durch Dritte auf Kosten des Unternehmens zu erfolgen hat.

(6) Absatz 5 gilt nicht in Fällen des § 150 Absatz 1a.

§ 149 Erstattung der Fahrgeldausfälle im Fernverkehr

(1) Die Fahrgeldausfälle im Fernverkehr werden nach einem Prozentsatz der von den Unternehmern nachgewiesenen Fahrgeldeinnahmen im Fernverkehr erstattet.

(2) Der maßgebende Prozentsatz wird vom Bundesministerium für Arbeit und Soziales im Einvernehmen mit dem Bundesministerium der Finanzen und dem Bundesministerium für Verkehr, Bau und Stadtentwicklung für jeweils zwei Jahre bekannt gemacht. Bei der Berechnung des Prozentsatzes ist von folgenden, für das letzte Jahr vor Beginn des Zweijahreszeitraumes vorliegenden Zahlen auszugehen:

1. der Zahl der im Geltungsbereich dieses Gesetzes am Jahresende in Umlauf befindlichen gültigen Ausweise nach § 145 Abs. 1 Satz 1, auf denen die Berechtigung zur Mitnahme einer Begleitperson eingetragen ist, abzüglich 25 Prozent,

2. der in den jährlichen Veröffentlichungen des Statistischen Bundesamtes zum Jahresende nachgewiesenen Zahl der Wohnbevölkerung im Geltungsbereich dieses Gesetzes abzüglich der Zahl der Kinder, die das vierte Lebensjahr noch nicht vollendet haben, und der nach Nummer 1 ermittelten Zahl.

Der Prozentsatz ist nach folgender Formel zu errechnen:

$$\frac{\text{Nach Nummer 1 errechnete Zahl}}{\text{Nach Nummer 2 errechnete Zahl}} \times 100.$$

§ 148 Abs. 4 letzter Satz gilt entsprechend.

§ 150 Erstattungsverfahren

(1) Die Fahrgeldausfälle werden auf Antrag des Unternehmers erstattet. Bei einem von mehreren Unternehmern gebildeten zusammenhängenden Liniennetz mit einheitlichen oder verbundenen Beförderungsentgelten können die Anträge auch von einer Gemeinschaftseinrichtung dieser Unternehmer für ihre Mitglieder gestellt werden. Der Antrag ist bis zum 31. Dezember für das vorangegangene Kalenderjahr zu stellen, und zwar für den Nahverkehr nach § 151 Abs. 1 Satz 1 Nr. 1 und für den Fernverkehr an das Bundesverwaltungsamt, für den übrigen Nahverkehr bei den in Absatz 3 bestimmten Behörden.

(1a) Haben sich in einem Bundesland mehrere Aufgabenträger des öffentlichen Personennahverkehrs auf lokaler oder regionaler Ebene zu Verkehrsverbünden zusammengeschlossen und erhalten die im Zuständigkeitsbereich dieser Aufgabenträger öffentlichen Personennahverkehr betreibenden Verkehrsunternehmen für ihre Leistungen ein mit diesen Aufgabenträgern vereinbartes Entgelt (Bruttoprinzip), können anstelle der antrags- und erstattungsberechtigten Verkehrsunternehmen auch die Nahverkehrsorganisationen Antrag auf Erstattung der in ihrem jeweiligen Gebiet entstandenen Fahrgeldausfälle stellen, sofern die Verkehrsunternehmen hierzu ihr Einvernehmen erteilt haben.

(2) Die Unternehmer oder die Nahverkehrsorganisationen im Sinne des Absatzes 1a erhalten auf Antrag Vorauszahlungen für das laufende Kalenderjahr in Höhe von insgesamt 80 Prozent des zuletzt für ein Jahr festgesetzten Erstattungsbetrages. Die Vorauszahlungen werden je zur Hälfte am 15. Juli und am 15. November gezahlt. Der Antrag auf Vorauszahlungen gilt zugleich als Antrag im Sinne des Absatzes 1. Die Vorauszahlungen sind zurückzuzahlen, wenn Unterlagen, die für die Berechnung der Erstattung erforderlich sind, nicht bis zum 31. Dezember des auf die Vorauszahlung folgenden Kalenderjahres vorgelegt sind.

(3) Die Landesregierung oder die von ihr bestimmte Stelle legt die Behörden fest, die über die Anträge auf Erstattung und Vorauszahlung entscheiden und die auf den Bund und das Land entfallenden Beträge auszahlen. § 11 Abs. 2 bis 4 des Personenbeförderungsgesetzes gilt entsprechend.

(4) Erstreckt sich der Nahverkehr auf das Gebiet mehrerer Länder, entscheiden die nach Landesrecht zuständigen Landesbehörden dieser Länder darüber, welcher Teil der Fahrgeldeinnahmen jeweils auf den Bereich ihres Landes entfällt.

(5) Die Unternehmen im Sinne des § 151 Abs. 1 Satz 1 Nr. 1 legen ihren Anträgen an das Bundesverwaltungsamt den Anteil der nachgewiesenen Fahrgeldeinnahmen im Nahverkehr zugrunde, der auf den Bereich des jeweiligen Landes entfällt; für den Nahverkehr von Eisenbahnen des Bundes im Sinne des § 147 Abs. 1 Satz 1 Nr. 5 bestimmt sich dieser Teil nach dem Anteil der Zugkilometer, die von einer Eisenbahn des Bundes mit Zügen des Nahverkehrs im jeweiligen Land erbracht werden.

(6) Hinsichtlich der Erstattungen gemäß § 148 für den Nahverkehr nach § 151 Abs. 1 Satz 1 Nr. 1 und gemäß § 149 sowie der entsprechenden Vorauszahlungen nach Absatz 2 wird dieses Kapitel in bundeseigener Verwaltung ausgeführt. Die Verwaltungsaufgaben des Bundes erledigt das Bundesverwaltungsamt nach fachli-

chen Weisungen des Bundesministeriums für Arbeit und Soziales in eigener Zuständigkeit.

(7) Für das Erstattungsverfahren gelten das Verwaltungsverfahrensgesetz und die entsprechenden Gesetze der Länder. Bei Streitigkeiten über die Erstattungen und die Vorauszahlungen ist der Verwaltungsrechtsweg gegeben.

§ 151 Kostentragung

Der Bund trägt die Aufwendungen für die unentgeltliche Beförderung

1. im Nahverkehr, soweit Unternehmen, die sich überwiegend in der Hand des Bundes oder eines mehrheitlich dem Bund gehörenden Unternehmens befinden (auch in Verkehrsverbünden), erstattungsberechtigte Unternehmer sind sowie
2. im Fernverkehr für die Begleitperson und die mitgeführten Gegenstände im Sinne des § 145 Abs. 2.

Die Länder tragen die Aufwendungen für die unentgeltliche Beförderung im übrigen Nahverkehr.

§ 152 Einnahmen aus Wertmarken

Von den durch die Ausgabe der Wertmarke erzielten jährlichen Einnahmen erhält der Bund einen Anteil von 27 Prozent. Dieser ist unter Berücksichtigung der in der Zeit vom 1. Januar bis 30. Juni eines Kalenderjahres eingegangenen Einnahmen zum 15. Juli und unter Berücksichtigung der vom 1. Juli bis 31. Dezember eines Kalenderjahres eingegangenen Einnahmen zum 15. Januar des darauffolgenden Kalenderjahres an den Bund abzuführen.

§ 153 Erfassung der Ausweise

Die für die Ausstellung der Ausweise nach § 69 Absatz 5 zuständigen Behörden erfassen

1. die am Jahresende im Umlauf befindlichen gültigen Ausweise, getrennt nach Art und besonderen Eintragungen,
2. die im Kalenderjahr ausgegebenen Wertmarken, unterteilt nach der jeweiligen Gültigkeitsdauer und die daraus erzielten Einnahmen,

als Grundlage für die nach § 148 Absatz 4 Nummer 1 und § 149 Absatz 2 Nummer 1 zu ermittelnde Zahl der Ausweise und Wertmarken. Die zuständigen obersten Landesbehörden teilen dem Bundesministerium für Arbeit und Soziales das Ergebnis der Erfassung nach Satz 1 spätestens bis zum 31. März des Jahres mit, in dem die Prozentsätze festzusetzen sind.

§ 154 Verordnungsermächtigungen

(1) Die Bundesregierung wird ermächtigt, in der Rechtsverordnung auf Grund des § 70 nähere Vorschriften über die Gestaltung der Wertmarken, ihre Verbindung mit dem Ausweis und Vermerke über ihre Gültigkeitsdauer zu erlassen.

(2) Das Bundesministerium für Arbeit und Soziales und das Bundesministerium für Verkehr, Bau und Stadtentwicklung werden ermächtigt, durch Rechtsverordnung festzulegen, welche Zuggattungen von Eisenbahnen des Bundes zu den Zügen des Nahverkehrs im Sinne des § 147 Abs. 1 Nr. 5 und zu den zuschlagpflichtigen Zügen des Nahverkehrs im Sinne des § 145 Abs. 1 Satz 1 zweiter Halbsatz zählen.

Auf eine Kommentierung wird verzichtet.

Kapitel 14
Straf-, Bußgeld- und Schlussvorschriften

§ 155 Strafvorschriften

(1) Wer unbefugt ein fremdes Geheimnis, namentlich ein zum persönlichen Lebensbereich gehörendes Geheimnis oder ein Betriebs- oder Geschäftsgeheimnis, offenbart, das ihm als Vertrauensperson schwerbehinderter Menschen anvertraut worden oder sonst bekannt geworden ist, wird mit Freiheitsstrafe bis zu einem Jahr oder mit Geldstrafe bestraft.

(2) Handelt der Täter gegen Entgelt oder in der Absicht, sich oder einen anderen zu bereichern oder einen anderen zu schädigen, so ist die Strafe Freiheitsstrafe bis zu zwei Jahren oder Geldstrafe. Ebenso wird bestraft, wer unbefugt ein fremdes Geheimnis, namentlich ein Betriebs- oder Geschäftsgeheimnis, zu dessen Geheimhaltung er nach Absatz 1 verpflichtet ist, verwertet.

(3) Die Tat wird nur auf Antrag verfolgt.

Die Vorschrift betrifft Vertrauenspersonen der schwerbehinderten Menschen. Wegen des **Geheimnisbegriffes** vgl. die Ausführungen zu § 96 Rn. 21. Nur unter den in Abs. 1 näher beschriebenen Voraussetzungen ist die Geheimhaltung strafbewehrt. Bisher sind keine Verurteilungen bekannt geworden.

Erforderlich für eine Verfolgung ist ein **Strafantrag**, der innerhalb von drei Monaten ab Kenntnis der Tat von jedermann gestellt werden kann.

§ 156 Bußgeldvorschriften

(1) Ordnungswidrig handelt, wer vorsätzlich oder fahrlässig

1. entgegen § 71 Abs. 1 Satz 1, auch in Verbindung mit einer Rechtsverordnung nach § 79 Nr. 1, oder § 71 Abs. 1 Satz 3 schwerbehinderte Menschen nicht beschäftigt,

2. entgegen § 80 Abs. 1 ein Verzeichnis nicht, nicht richtig, nicht vollständig oder nicht in der vorgeschriebenen Weise führt oder nicht oder nicht rechtzeitig vorlegt,

3. entgegen § 80 Abs. 2 Satz 1 oder Abs. 4 eine Anzeige nicht, nicht richtig, nicht vollständig, nicht in der vorgeschriebenen Weise oder nicht rechtzeitig erstattet,

4. entgegen § 80 Abs. 5 eine Auskunft nicht, nicht richtig, nicht vollständig oder nicht rechtzeitig erteilt,

5. entgegen § 80 Abs. 7 Einblick in den Betrieb oder die Dienststelle nicht oder nicht rechtzeitig gibt,

6. entgegen § 80 Abs. 8 eine dort bezeichnete Person nicht oder nicht rechtzeitig benennt,

7. entgegen § 81 Abs. 1 Satz 4 oder 9 eine dort bezeichnete Vertretung oder einen Beteiligten nicht, nicht richtig, nicht vollständig oder nicht rechtzeitig unterrichtet,

8. entgegen § 81 Abs. 1 Satz 7 eine Entscheidung nicht erörtert, oder

9. entgegen § 95 Abs. 2 Satz 1 die Schwerbehindertenvertretung nicht, nicht richtig, nicht vollständig oder nicht rechtzeitig unterrichtet oder nicht oder nicht rechtzeitig hört.

(2) Die Ordnungswidrigkeit kann mit einer Geldbuße bis zu 10 000 Euro geahndet werden.

(3) Verwaltungsbehörde im Sinne des § 36 Abs. 1 Nr. 1 des Gesetzes über Ordnungswidrigkeiten ist die Bundesagentur für Arbeit.

(4) § 66 des Zehnten Buches gilt entsprechend.

(5) Die Geldbuße ist an das Integrationsamt abzuführen. Für ihre Verwendung gilt § 77 Abs. 5.

1   Die Vorschrift wendet sich an **private und öffentliche Arbeitgeber**. Die Verletzung bestimmter Pflichten aus dem SGB IX (Teil 2) (insbesondere Beschäftigungs-, Anzeige- und Nachweispflichten des Arbeitgebers sowie die ordnungsgemäße Beteiligung der Schwerbehindertenvertretung) wird nicht als Straftat, sondern als **Ordnungswidrigkeit** angesehen. Der Höchstbetrag der Geldbuße beträgt 10 000 Euro.

2   Ob diese Qualifizierung von Verstößen gegen wichtige gesellschaftliche Aufgaben der Zielsetzung des Gesetzes gerecht wird, muss bezweifelt werden. Die **Erfahrungen mit vergleichbaren Vorschriften**, z. B. des Jugendarbeitsschutz- bzw. Betriebsverfassungsgesetzes, berechtigen nicht zu der begründeten Hoffnung, dass damit böswilligen oder unbedachten Arbeitgebern beizukommen ist.

3   **Bußgelder** werden sehr **selten** verhängt. Das entspricht der Praxis mit dem vergleichbaren Tatbestand des § 121 BetrVG. Allerdings ist der innerbetriebliche Wert eines Ordnungswidrigkeitenverfahrens nicht zu unterschätzen (vgl. *Growe*, Ordnungswidrigkeitsverfahren nach dem BetrVG, 1990; *Roos*, AiB 1999, 490).

4   **Adressat** von Ordnungswidrigkeiten sind der Arbeitgeber und die für den Arbeitgeber handelnden Personen wie z. B. Vorstandsmitglieder oder Geschäftsführer (§ 9 OWiG).

5   Die **Verletzung der Beschäftigungspflicht** des § 71 Abs. 1 Sätze 1 und 3 ist eine Ordnungswidrigkeit. Der Arbeitgeber kann sich durch die Ausgleichsabgabe nicht »freikaufen«. Hier dürfte sich ein weites Betätigungsfeld für die Behörden auftun, nachdem feststeht, dass nur ca. ein Fünftel der Arbeitgeber ihrer Beschäftigungspflicht ordnungsgemäß nachkommt (vgl. § 89 Rn. 3). Die Unterlassung der durch § 81 Abs. 1 Satz 1 vorgeschriebenen Prüfung, ob schwerbehinderte Menschen auf freien Arbeitsplätzen beschäftigt werden können, wird nicht als Ordnungswidrigkeit eingestuft; allerdings kann der Betriebsrat dies im Einstellungsverfahren geltend machen (vgl. § 81 Rn. 18 f.).

6   Die **nicht ordnungsgemäße Zusammenarbeit** mit der Schwerbehindertenvertretung ist eine Ordnungswidrigkeit. Darunter fallen vor allem Verstöße gegen die sehr weit gefassten Anhörungs- und Erörterungspflichten vor personellen und anderen Maßnahmen (vgl. § 81 Abs. 1 und dort Rn. 18 sowie § 95 Abs. 2 und dort Rn. 13). Nach vorliegenden Erkenntnissen werden diese Pflichten sehr häufig verletzt. Anzeigen werden aber nur sehr selten erstattet und offenbar erst dann, wenn der Betriebsrat/Personalrat und möglicherweise die Gewerkschaft schon mit dem Arbeitgeber verhandelt oder

auch schon informelle Gespräche mit dem Integrationsamt stattgefunden haben.

Das Versprechen, sich in Zukunft an das Gesetz zu halten, ist ebenso wenig ein Rechtfertigungs- oder Entschuldigungsgrund wie die Meinung, dass man das Gesetz doch erfülle oder sich auf den Rechtsrat z. B. des Arbeitgeberverbandes verlassen habe.

Voraussetzung für die Einleitung eines entsprechenden Verfahrens ist eine **Anzeige**. Sie kann jeder erstatten, u. a. Betriebsrat/Personalrat/Schwerbehindertenvertretung, Gewerkschaft oder Integrationsamt. Berücksichtigt werden nur Vorfälle, die nicht länger als zwei Jahre zurückliegen (Verjährungsfrist von Ordnungswidrigkeiten). **7**

Zuständige Behörde ist die **BA**. Sie ermittelt und entscheidet. Sie kann in der Sache auch das Integrationsamt um Unterstützung bitten. Der Arbeitgeber muss gehört werden. Im Hinblick auf andere Zuständigkeiten der Arbeitsverwaltung muss anhand der Erfahrungen beurteilt werden, ob die Verfolgung von Verstößen hier richtig angesiedelt ist. **8**

Die Einstellungsgründe oder der **Bußgeldbescheid** werden dem betroffenen Arbeitgeber mitgeteilt, nicht dagegen der Schwerbehindertenvertretung oder dem Anzeigeerstatter. Diese Regelung, die bei allgemeinen Bußgeldverfahren ihre Berechtigung haben mag, führt zu unerfreulichen Ergebnissen. Denn diejenigen, gegen deren Rechte der Arbeitgeber verstößt, erfahren nur zufällig oder gar nicht, ob die Vorwürfe von der BA anerkannt wurden, ob der Arbeitgeber mit Bußgeld belegt wurde und ob der Arbeitgeber in Zukunft sich anders zu verhalten hat. **9**

Wenn der Arbeitgeber Einspruch gegen den Bußgeldbescheid einlegt, kommt die Sache vor die Strafgerichte, die dann in öffentlicher Verhandlung entscheiden.

Jede einzelne Ordnungswidrigkeit kann mit einer Geldbuße von höchstens 10 000 Euro geahndet werden. **10**

§ 157 Stadtstaatenklausel

(1) Der Senat der Freien und Hansestadt Hamburg wird ermächtigt, die Schwerbehindertenvertretung für Angelegenheiten, die mehrere oder alle Dienststellen betreffen, in der Weise zu regeln, dass die Schwerbehindertenvertretungen aller Dienststellen eine Gesamtschwerbehindertenvertretung wählen. Für die Wahl gilt § 94 Abs. 2, 3, 6 und 7 entsprechend.

(2) § 97 Abs. 6 Satz 1 gilt entsprechend.

Betroffen ist der **öffentliche Dienst in Hamburg**, und zwar aufgrund des einstufigen Verwaltungsaufbaus. Die in den öffentlichen Dienststellen gewählten Schwerbehinderten-Vertrauensleute wählen eine Gesamtvertrauensperson und stellvertretende Mitglieder.

§ 158   Sonderregelung für den Bundesnachrichtendienst

Für den Bundesnachrichtendienst gilt dieses Gesetz mit folgenden Abweichungen:

1. **Der Bundesnachrichtendienst gilt vorbehaltlich der Nummer 3 als einheitliche Dienststelle.**

2. **Für den Bundesnachrichtendienst gelten die Pflichten zur Vorlage des nach § 80 Abs. 1 zu führenden Verzeichnisses, zur Anzeige nach § 80 Abs. 2 und zur Gewährung von Einblick nach § 80 Abs. 7 nicht. Die Anzeigepflicht nach § 90 Abs. 3 gilt nur für die Beendigung von Probearbeitsverhältnissen.**

3. **Als Dienststelle im Sinne des Kapitels 5 gelten auch Teile und Stellen des Bundesnachrichtendienstes, die nicht zu seiner Zentrale gehören. § 94 Abs. 1 Satz 4 und 5 sowie § 97 sind nicht anzuwenden. In den Fällen des § 97 Abs. 6 ist die Schwerbehindertenvertretung der Zentrale des Bundesnachrichtendienstes zuständig. Im Falle des § 94 Abs. 6 Satz 4 lädt der Leiter oder die Leiterin der Dienststelle ein. Die Schwerbehindertenvertretung ist in den Fällen nicht zu beteiligen, in denen die Beteiligung der Personalvertretung nach dem Bundespersonalvertretungsgesetz ausgeschlossen ist. Der Leiter oder die Leiterin des Bundesnachrichtendienstes kann anordnen, dass die Schwerbehindertenvertretung nicht zu beteiligen ist, Unterlagen nicht vorgelegt oder Auskünfte nicht erteilt werden dürfen, wenn und soweit dies aus besonderen nachrichtendienstlichen Gründen geboten ist. Die Rechte und Pflichten der Schwerbehindertenvertretung ruhen, wenn die Rechte und Pflichten der Personalvertretung ruhen. § 96 Abs. 7 Satz 3 ist nach Maßgabe der Sicherheitsbestimmungen des Bundesnachrichtendienstes anzuwenden. § 99 Abs. 2 gilt nur für die in § 99 Abs. 1 genannten Personen und Vertretungen der Zentrale des Bundesnachrichtendienstes.**

4. **Im Widerspruchsausschuss bei dem Integrationsamt (§ 119) und die Widerspruchsausschüsse bei der Bundesagentur für Arbeit (§ 120) treten in Angelegenheiten schwerbehinderter Menschen, die beim Bundesnachrichtendienst beschäftigt sind, an die Stelle der Mitglieder, die Arbeitnehmer oder Ar-**

beitnehmerinnen und Arbeitgeber sind (§ 119 Abs. 1 und § 120 Abs. 1), Angehörige des Bundesnachrichtendienstes, an die Stelle der Schwerbehindertenvertretung die Schwerbehindertenvertretung der Zentrale des Bundesnachrichtendienstes. Sie werden dem Integrationsamt und der Bundesagentur für Arbeit vom Leiter oder der Leiterin des Bundesnachrichtendienstes benannt. Die Mitglieder der Ausschüsse müssen nach den dafür geltenden Bestimmungen ermächtigt sein, Kenntnis von Verschlusssachen des in Betracht kommenden Geheimhaltungsgrades zu erhalten.

5. Über Rechtsstreitigkeiten, die auf Grund dieses Buches im Geschäftsbereich des Bundesnachrichtendienstes entstehen, entscheidet im ersten und letzten Rechtszug der oberste Gerichtshof des zuständigen Gerichtszweiges.

Von einer Kommentierung wird abgesehen.

§ 159 Übergangsregelung

(1) Abweichend von § 71 Abs. 1 beträgt die Pflichtquote für die in § 71 Abs. 3 Nr. 1 und 4 genannten öffentlichen Arbeitgeber des Bundes weiterhin 6 Prozent, wenn sie am 31. Oktober 1999 auf mindestens 6 Prozent der Arbeitsplätze schwerbehinderte Menschen beschäftigt hatten.

(2) Auf Leistungen nach § 33 Abs. 2 des Schwerbehindertengesetzes in Verbindung mit dem Ersten Abschnitt der Schwerbehinderten-Ausgleichsabgabenverordnung jeweils in der bis zum 30. September 2000 geltenden Fassung sind die zu diesem Zeitpunkt geltenden Rechtsvorschriften weiter anzuwenden, wenn die Entscheidung über die beantragten Leistungen vor dem 1. Oktober 2000 getroffen worden ist.

(3) Eine auf Grund des Schwerbehindertengesetzes getroffene bindende Feststellung über das Vorliegen einer Behinderung, eines Grades der Behinderung und das Vorliegen weiterer gesundheitlicher Merkmale gelten als Feststellungen nach diesem Buch.

(4) Die nach § 56 Abs. 2 des Schwerbehindertengesetzes erlassenen allgemeinen Richtlinien sind bis zum Erlass von allgemeinen Verwaltungsvorschriften nach § 141 weiter anzuwenden.

(5) § 17 Abs. 2 Satz 1 ist vom 1. Januar 2008 an mit der Maßgabe anzuwenden, dass auf Antrag Leistungen durch ein Persönliches Budget ausgeführt werden.

(6) Auf Erstattungen nach Teil 2 Kapitel 13 ist § 148 für bis zum 31. Dezember 2004 entstandene Fahrgeldausfälle in der bis zu diesem Zeitpunkt geltenden Fassung anzuwenden.

(7) Soweit noch keine Verordnung nach § 70 Absatz 2 erlassen ist, gelten die Maßstäbe des § 30 Absatz 1 des Bundesversorgungsgesetzes und der auf Grund des § 30 Absatz 16 des Bundesversorgungsgesetzes erlassenen Rechtsverordnungen entsprechend.

1   Die Übergangsvorschrift ist einerseits eine Reaktion auf die Absenkung der Pflichtquote von 6 % auf jetzt 5 % (vgl. § 71 Abs. 1) im Jahr 2000 und andererseits Ausdruck des Bemühens, eine höhere Beschäftigungsquote beizubehalten, wie sie bei vielen Dienststellen des Bundes jahrelange Praxis war.

Im Jahre 2012 waren in Dienststellen des Bundes 9,8 % und im öffentlichen Dienst insgesamt 6,6 % schwerbehinderte Menschen beschäftigt (vgl. *www.statistik.arbeitsagentur.de*). Im Gegensatz dazu waren es in der Privatwirtschaft nur 4,1 %.

2   **(1) Für die öffentlichen Arbeitgeber des Bundes** gem. § 71 Abs. 3 Nr. 1 und Nr. 4, die vor Inkrafttreten des Gesetzes mehr als 6 % schwerbehinderte Menschen beschäftigten, bleibt es bei dem **Pflichtsatz von 6 %.** Sie behalten eine gewisse Vorbildfunktion, die auch im Hinblick auf die Diskussion um die Höhe der Pflichtquote von Bedeutung ist. Für die Dienststellen, die die bisherige Pflichtquote am Stichtag nicht erfüllt haben, wird diese – wie bei allen anderen Arbeitgebern – auf 5 % abgesenkt.

Stichtag für die Überschreitung der Beschäftigungsquote von 6 % ist **Oktober 1999.** Dies wird festgestellt durch den Bericht der Bundesregierung über die Beschäftigung schwerbehinderter Menschen im öffentlichen Dienst. Dort werden nicht nur Durchschnittszahlen für den Geschäftsbereich der Ministerien, sondern detaillierte Zahlen für die einzelnen Dienststellen mitgeteilt; vgl. dazu den Bericht per Oktober 1998, BT-Drucks. 14/2415 und AuR 2000, 133.

3   Beträgt die Beschäftigungsquote öffentlicher Arbeitgeber des Bundes zwischen 5 % und 6 %, so beträgt die **Ausgleichsabgabe** für jeden unbesetzten Pflichtplatz 115 Euro (also den Betrag, den gem. § 77 Abs. 2 im Regelfall Arbeitgeber mit einer Quote zwischen 3 % und dem gesetzlichen Pflichtsatz zu zahlen haben, Anpassungen erfolgen gem. § 77 Abs. 3). Bei niedrigerer Beschäftigungsquote sind die in § 77 Abs. 2 genannten Beträge (vgl. § 77 Rn. 8) zu zahlen.

4   **(2)** Abs. 2 bezieht sich auf **Förderleistungen** gem. § 104 SGB IX i. V. m. der SchwbAV (vgl. § 104 Rn. 8 ff.). Er stellt sicher, dass auf

diese Leistungen weiterhin die **alten Rechtsvorschriften** anzuwenden sind, wenn sie vor Inkrafttreten der Gesetzesänderung bewilligt worden sind.

(3) Die Übergangsvorschrift hat zur Folge, dass bindende Feststel- 5 lungen nach § 4 SchwbG als Feststellung nach § 69 Abs. 1 gelten, obwohl der Begriff der Behinderung in § 2 Abs. 1 neu definiert worden ist. Bindend wird der die Feststellung treffende Verwaltungsakt dann, wenn gegen ihn entweder kein Rechtsmittel (Widerspruch) eingelegt worden ist oder das Rechtsmittel erfolglos geblieben ist (§ 77 SGG). Ist dies nicht der Fall, so findet im Widerspruchsverfahren bzw. im anschließenden gerichtlichen Verfahren das SGB IX Anwendung.

(4) Aufgrund der §§ 56 und 58 SchwbG sind Aufträge der öffentli- 6 chen Hand, die von Werkstätten für behinderte Menschen und von Blindenwerkstätten ausgeführt werden können, diesen Werkstätten bevorzugt anzubieten. Das Bundesministerium für Wirtschaft und Technologie hat am 10. 5. 2001 neue Vergaberichtlinien zu Gunsten der Werkstätten erlassen (vgl. § 141 Rn. 3). Diese sind weiter anzuwenden.

(5) Abs. 5 bezieht sich auf Leistungen zur Teilhabe, die auf Antrag 7 auch durch ein monatliches Persönliches Budget ausgeführt werden können, um den Leistungsberechtigten in eigener Verantwortung ein möglichst selbstbestimmtes Leben zu ermöglichen. § 17 Abs. 2 Satz 1 ist vom 1. 1. 2008 an mit der Maßgabe anzuwenden, dass auf Antrag Leistungen durch ein Persönliches Budget ausgeführt werden.

Abs. 6 ist durch Zeitablauf gegenstandslos geworden. 8

(§ 159a aufgehobene Übergangsvorschrift)

§ 160 Überprüfungsregelung

(1) Die Bundesregierung berichtet den gesetzgebenden Körperschaften des Bundes bis zum 30. Juni 2005 über die Situation behinderter und schwerbehinderter Frauen und Männer auf dem Ausbildungsstellenmarkt und schlägt die danach zu treffenden Maßnahmen vor.

(2) Sie berichtet den gesetzgebenden Körperschaften des Bundes bis zum 30. Juni 2007 über die Wirkungen der Instrumente zur Sicherung von Beschäftigung und zur betrieblichen Prävention. Dabei wird auch die Höhe der Beschäftigungspflichtquote überprüft.

1   Die Vorschrift verpflichtet die Bundesregierung, **dem Bundestag** bis zum 30. Juni 2005 bzw. 30. Juni 2007 über die Auswirkungen der Gesetzesänderungen zu **berichten**. Im Vordergrund müssen dabei die **Beschäftigungswirkungen** stehen. Nach Abs. 1 ist auf die Situation behinderter und schwerbehinderter Frauen und Männer auf dem Ausbildungsstellenmarkt einzugehen, nach Abs. 2 auf die Wirkungen der Instrumente zur Sicherung von Beschäftigung und zur betrieblichen Prävention, wobei auch die Höhe der Beschäftigungspflichtquote zu überprüfen ist.

2   Den Bericht nach Abs. 1 hat die Bundesregierung am 14. 7. 2005 vorgelegt (BT-Drucks. 15/5922).

3   Den Bericht nach Abs. 2 hat die Bundesregierung am 2. 7. 2007 vorgelegt (BT-Drucks. 16/6044).[1]

Auf Grund dessen ist diese Bestimmung gegenstandslos geworden.

---

[1] Näheres zum Inhalt vgl. FKS-*Ritz* § 160 Rn. 15 ff.

Anhang
Wahlordnung Schwerbehindertenvertretungen (SchwbVWO)

in der Fassung vom 23. April 1990 (BGBl. I S. 811), zuletzt geändert durch Gesetz vom 19. Juni 2001 (BGBl. I S. 1046).

Erster Teil
Wahl der Schwerbehindertenvertretung in Betrieben und Dienststellen

Erster Abschnitt
Vorbereitung der Wahl

§ 1 Bestellung des Wahlvorstandes

(1) Spätestens acht Wochen vor Ablauf ihrer Amtszeit bestellt die Schwerbehindertenvertretung einen Wahlvorstand aus drei volljährigen in dem Betrieb oder der Dienststelle Beschäftigten und einen oder eine von ihnen als Vorsitzenden oder Vorsitzende.

(2) Ist in dem Betrieb oder der Dienststelle eine Schwerbehindertenvertretung nicht vorhanden, werden der Wahlvorstand und dessen Vorsitzender oder Vorsitzende in einer Versammlung der schwerbehinderten und diesen gleichgestellten behinderten Menschen (Wahlberechtigte) gewählt. Zu dieser Versammlung können drei Wahlberechtigte oder der Betriebs- oder Personalrat einladen. Das Recht des Integrationsamtes, zu einer solchen Versammlung einzuladen (§ 94 Abs. 6 Satz 4 des Neunten Buches Sozialgesetzbuch), bleibt unberührt.

§ 2 Aufgaben des Wahlvorstandes

(1) Der Wahlvorstand bereitet die Wahl vor und führt sie durch. Er kann volljährige in dem Betrieb oder der Dienststelle Beschäftigte als Wahlhelfer oder Wahlhelferin zu seiner Unterstützung bei der Durchführung der Stimmabgabe und bei der Stimmenzählung bestellen.

(2) Die Beschlüsse des Wahlvorstandes werden mit einfacher Stimmenmehrheit seiner Mitglieder gefasst. Über jede Sitzung des Wahl-

vorstandes ist eine Niederschrift aufzunehmen, die mindestens den Wortlaut der gefassten Beschlüsse enthält. Die Niederschrift ist von dem Vorsitzenden oder der Vorsitzenden und einem weiteren Mitglied des Wahlvorstandes zu unterzeichnen.

(3) Der Wahlvorstand hat die Wahl unverzüglich einzuleiten; sie soll innerhalb von sechs Wochen, spätestens jedoch eine Woche vor dem Tage stattfinden, an dem die Amtszeit der Schwerbehindertenvertretung abläuft.

(4) Der Wahlvorstand beschließt nach Erörterung mit der Schwerbehindertenvertretung, dem Betriebs- oder Personalrat und dem Arbeitgeber, wie viele stellvertretende Mitglieder der Schwerbehindertenvertretung in dem Betrieb oder der Dienststelle zu wählen sind.

(5) Der Wahlvorstand soll dafür sorgen, dass ausländische Wahlberechtigte rechtzeitig über das Wahlverfahren, die Aufstellung der Liste der Wahlberechtigten, die Wahlvorschläge, den Wahlvorgang und die Stimmabgabe in geeigneter Weise unterrichtet werden.

(6) Der Arbeitgeber unterstützt den Wahlvorstand bei der Erfüllung seiner Aufgaben. Er gibt ihm insbesondere alle für die Anfertigung der Liste der Wahlberechtigten erforderlichen Auskünfte und stellt die notwendigen Unterlagen zur Verfügung.

§ 3 Liste der Wahlberechtigten

(1) Der Wahlvorstand stellt eine Liste der Wahlberechtigten auf. Die Wahlberechtigten sollen mit Familienname, Vorname, erforderlichenfalls Geburtsdatum sowie Betrieb oder Dienststelle in alphabetischer Reihenfolge aufgeführt werden.

(2) Die Liste der Wahlberechtigten oder eine Abschrift ist unverzüglich nach Einleitung der Wahl bis zum Abschluss der Stimmabgabe an geeigneter Stelle zur Einsicht auszulegen.

§ 4 Einspruch gegen die Liste der Wahlberechtigten

(1) Wer wahlberechtigt oder in dem Betrieb oder der Dienststelle beschäftigt ist und ein berechtigtes Interesse an einer ordnungsgemäßen Wahl glaubhaft macht, kann innerhalb von zwei Wochen nach Erlass des Wahlausschreibens beim Wahlvorstand schriftlich Einspruch gegen die Richtigkeit der Liste der Wahlberechtigten einlegen.

(2) Über Einsprüche nach Absatz 1 entscheidet der Wahlvorstand unverzüglich. Hält er den Einspruch für begründet, berichtigt er die

Liste der Wahlberechtigten. Der Person, die den Einspruch eingelegt hat, wird die Entscheidung des Wahlvorstandes unverzüglich mitgeteilt, die Entscheidung muss ihr spätestens am Tag vor dem Beginn der Stimmabgabe zugehen.

(3) Nach Ablauf der Einspruchsfrist soll der Wahlvorstand die Liste der Wahlberechtigten nochmals auf ihre Vollständigkeit hin überprüfen. Im Übrigen kann nach Ablauf der Einspruchsfrist die Liste der Wahlberechtigten nur bei Schreibfehlern, offenbaren Unrichtigkeiten, in Erledigung rechtzeitig eingelegter Einsprüche oder bei Eintritt oder Ausscheiden eines Wahlberechtigten bis zum Tage vor dem Beginn der Stimmabgabe berichtigt oder ergänzt werden.

§ 5 Wahlausschreiben

(1) Spätestens sechs Wochen vor dem Wahltage erlässt der Wahlvorstand ein Wahlausschreiben, das von dem oder der Vorsitzenden und mindestens einem weiteren Mitglied des Wahlvorstandes zu unterschreiben ist. Es muss enthalten:

1. das Datum seines Erlasses,
2. die Namen der Mitglieder des Wahlvorstandes,
3. die Voraussetzungen der Wählbarkeit zur Schwerbehindertenvertretung,
4. den Hinweis, wo und wann die Liste der Wahlberechtigten und diese Verordnung zur Einsicht ausliegen,
5. den Hinweis, dass nur wählen kann, wer in die Liste der Wahlberechtigten eingetragen ist, und dass Einsprüche gegen die Richtigkeit der Liste der Wahlberechtigten nur vor Ablauf von zwei Wochen seit dem Erlass des Wahlausschreibens beim Wahlvorstand schriftlich eingelegt werden können; der letzte Tag der Frist ist anzugeben,
6. die Zahl der zu wählenden stellvertretenden Mitglieder,
7. den Hinweis, dass Schwerbehindertenvertretung und stellvertretende Mitglieder in zwei getrennten Wahlgängen gewählt werden und dass sich aus den Wahlvorschlägen ergeben muss, wer als Schwerbehindertenvertretung und wer als stellvertretende Mitglieder vorgeschlagen wird,
8. den Hinweis, dass Wahlberechtigte sowohl einen Wahlvorschlag für die Wahl der Schwerbehindertenvertretung als auch für die Wahl des stellvertretenden Mitglieds unterzeichnen können und dass ein Bewerber oder eine Bewerberin sowohl als Schwerbe-

hindertenvertretung als auch als stellvertretendes Mitglied vorgeschlagen werden kann.

9. die Aufforderung, Wahlvorschläge innerhalb von zwei Wochen nach Erlass des Wahlausschreibens beim Wahlvorstand einzureichen, der letzte Tag der Frist ist anzugeben,

10. die Mindestzahl von Wahlberechtigten, von denen ein Wahlvorschlag unterzeichnet sein muss (§ 6 Abs. 2 Satz 1),

11. den Hinweis, dass die Stimmabgabe an die Wahlvorschläge gebunden ist und dass nur solche Wahlvorschläge berücksichtigt werden dürfen, die fristgerecht (Nummer 9) eingereicht sind,

12. die Bestimmung des Ortes, an dem die Wahlvorschläge bis zum Abschluss der Stimmabgabe durch Aushang oder in sonst geeigneter Weise bekannt gegeben werden,

13. Ort, Tag und Zeit der Stimmabgabe,

14. den Hinweis auf die Möglichkeit der schriftlichen Stimmabgabe (§ 11 Abs. 1), falls der Wahlvorstand nicht die schriftliche Stimmabgabe beschlossen hat (§ 11 Abs. 2),

15. den Ort und die Zeit der Stimmauszählung und der Sitzung des Wahlvorstandes, in der das Wahlergebnis abschließend festgestellt wird,

16. den Ort, an dem Einsprüche, Wahlvorschläge und sonstige Erklärungen gegenüber dem Wahlvorstand abzugeben sind (Anschrift des Wahlvorstandes).

(2) Eine Abschrift oder ein Abdruck des Wahlausschreibens ist vom Tage seines Erlasses bis zum Wahltag an einer oder mehreren geeigneten, den Wahlberechtigten zugänglichen Stellen vom Wahlvorstand auszuhängen und in gut lesbarem Zustand zu erhalten.

§ 6 Wahlvorschläge

(1) Die Wahlberechtigten können innerhalb von zwei Wochen seit Erlass des Wahlausschreibens schriftliche Vorschläge beim Wahlvorstand einreichen. Es können ein Bewerber oder eine Bewerberin als Schwerbehindertenvertretung und ein Bewerber oder eine Bewerberin als stellvertretendes Mitglied vorgeschlagen werden. Hat der Wahlvorstand die Wahl mehrerer stellvertretender Mitglieder beschlossen, können entsprechend viele Bewerber oder Bewerberinnen dafür benannt werden. Ein Bewerber oder eine Bewerberin kann sowohl als Vertrauensmann als auch als stellvertretendes Mitglied vorgeschlagen werden.

(2) Jeder Wahlvorschlag muss von einem Zwanzigstel der Wahlberechtigten, mindestens jedoch von drei Wahlberechtigten unterzeichnet sein. Familienname, Vorname, Geburtsdatum, Art der Beschäftigung sowie erforderlichenfalls Betrieb oder Dienststelle der Bewerber oder Bewerberinnen sind anzugeben. Dem Wahlvorschlag ist die schriftliche Zustimmung der Bewerber oder Bewerberinnen beizufügen.

(3) Eine Person, die sich bewirbt, kann nur auf einem Wahlvorschlag benannt werden, es sei denn, sie ist in einem Wahlvorschlag als Schwerbehindertenvertretung und in einem anderen Wahlvorschlag als stellvertretendes Mitglied benannt. Der Wahlvorstand fordert eine Person, die mit ihrer schriftlichen Zustimmung auf mehreren Wahlvorschlägen für dasselbe Amt benannt ist, auf, innerhalb von drei Arbeitstagen zu erklären, auf welchem der Wahlvorschläge sie benannt bleiben will. Wird diese Erklärung nicht fristgerecht abgegeben, wird der Bewerber oder die Bewerberin von sämtlichen Wahlvorschlägen gestrichen.

(4) Die Unterschrift eines Wahlberechtigten zählt nur auf einem Wahlvorschlag. Der Wahlvorstand hat einen Wahlberechtigten, der mehrere Wahlvorschläge unterzeichnet hat, schriftlich gegen Empfangsbestätigung aufzufordern, binnen drei Arbeitstagen seit dem Zugang der Aufforderung zu erklären, welche Unterschrift er aufrechterhält. Gibt der Wahlberechtigte diese Erklärung nicht fristgerecht ab, zählt seine Unterschrift auf keinem Wahlvorschlag.

§ 7 Nachfrist für Wahlvorschläge

(1) Ist nach Ablauf der in § 6 Abs. 1 genannten Frist kein gültiger Wahlvorschlag für die Wahl der Schwerbehindertenvertretung eingegangen, hat dies der Wahlvorstand sofort in der gleichen Weise bekannt zu machen wie das Wahlausschreiben und eine Nachfrist von einer Woche für die Einreichung von Wahlvorschlägen zu setzen. In der Bekanntmachung ist darauf hinzuweisen, dass die Wahl nur stattfinden kann, wenn innerhalb der Nachfrist mindestens ein gültiger Wahlvorschlag eingereicht wird.

(2) Gehen innerhalb der Nachfrist gültige Wahlvorschläge für die Wahl der Schwerbehindertenvertretung nicht ein, hat der Wahlvorstand sofort bekannt zu machen, dass die Wahl nicht stattfindet.

(3) Absatz 1 Satz 1 gilt entsprechend, wenn für die Wahl der stellvertretenden Mitglieder kein gültiger Wahlvorschlag eingeht oder wenn die Zahl der für dieses Amt gültig vorgeschlagenen Bewer-

ber oder Bewerberinnen nicht der vom Wahlvorstand beschlossenen Zahl der stellvertretenden Mitglieder entspricht.

§ 8 Bekanntmachung der Bewerber und Bewerberinnen

Der Wahlvorstand macht spätestens eine Woche vor Beginn der Stimmabgabe die Namen der Bewerber und Bewerberinnen aus gültigen Wahlvorschlägen in alphabetischer Reihenfolge, getrennt nach Bewerbungen für die Schwerbehindertenvertretung und als stellvertretendes Mitglied, bis zum Abschluss der Stimmabgabe in gleicher Weise bekannt wie das Wahlausschreiben.

Zweiter Abschnitt
Durchführung der Wahl

§ 9 Stimmabgabe

(1) Wer wahlberechtigt ist, kann seine Stimme nur für eine Person abgeben, die rechtwirksam als Bewerber oder Bewerberin vorgeschlagen ist.

(2) Das Wahlrecht wird durch Abgabe eines Stimmzettels in einem Wahlumschlag ausgeübt. Auf dem Stimmzettel sind die Personen, die sich für das Amt der Schwerbehindertenvertretung und als stellvertretendes Mitglied bewerben, getrennt in alphabetischer Reihenfolge unter Angabe von Familienname, Vorname, Geburtsdatum und Art der Beschäftigung aufgeführt. Die Stimmzettel müssen sämtlich die gleiche Größe, Farbe, Beschaffenheit und Beschriftung haben. Das Gleiche gilt für die Wahlumschläge.

(3) Werden mehrere stellvertretende Mitglieder gewählt, soll der Stimmzettel einen Hinweis darauf enthalten, wie viele Bewerber oder Bewerberinnen im Höchstfall angekreuzt werden dürfen.

(4) Bei der Stimmabgabe wird durch Ankreuzen an der im Stimmzettel jeweils vorgesehenen Stelle die von dem Wählenden gewählte Person für das Amt der Schwerbehindertenvertretung und der Stellvertretung gekennzeichnet. Werden mehrere stellvertretende Mitglieder gewählt, können Bewerber oder Bewerberinnen in entsprechender Anzahl angekreuzt werden.

(5) Stimmzettel, auf denen mehr als die zulässige Anzahl der Bewerber und Bewerberinnen angekreuzt oder die mit einem besonderen Merkmal versehen sind oder aus denen sich der Wille des Wählers oder der Wählerin nicht zweifelsfrei ergibt, sind ungültig.

§ 10 Wahlvorgang

(1) Der Wahlvorstand hat geeignete Vorkehrungen für die unbeobachtete Kennzeichnung der Stimmzettel im Wahlraum zu treffen und für die Bereitstellung einer Wahlurne oder mehrerer Wahlurnen zu sorgen. Die Wahlurne muss vom Wahlvorstand verschlossen und so eingerichtet sein, dass die eingeworfenen Wahlumschläge nicht herausgenommen werden können, ohne dass die Urne geöffnet wird.

(2) Während der Wahl müssen immer mindestens zwei Mitglieder des Wahlvorstandes im Wahlraum anwesend sein; sind Wahlhelfer oder Wahlhelferinnen bestellt (§ 2 Abs. 1 Satz 2), genügt die Anwesenheit eines Mitgliedes des Wahlvorstandes und eines Wahlhelfers oder einer Wahlhelferin.

(3) Der Wähler oder die Wählerin händigt den Wahlumschlag, in den der Stimmzettel eingelegt ist, dem mit der Entgegennahme der Wahlumschläge betrauten Mitglied des Wahlvorstandes aus, wobei der Name des Wählers oder der Wählerin angegeben wird. Der Wahlumschlag ist in Gegenwart des Wählers oder der Wählerin in die Wahlurne einzuwerfen, nachdem die Stimmabgabe in der Liste der Wahlberechtigten vermerkt worden ist.

(4) Wer infolge seiner Behinderung bei der Stimmabgabe beeinträchtigt ist, bestimmt eine Person, die ihm bei der Stimmabgabe behilflich sein soll, und teilt dies dem Wahlvorstand mit. Personen, die sich bei der Wahl bewerben, Mitglieder des Wahlvorstandes sowie Wahlhelfer und Wahlhelferinnen dürfen nicht als Person nach Satz 1 bestimmt werden. Die Hilfeleistung beschränkt sich auf die Erfüllung der Wünsche des Wählers oder der Wählerin zur Stimmabgabe; die nach Satz 1 bestimmte Person darf gemeinsam mit dem Wähler oder der Wählerin die Wahlzelle aufsuchen. Die nach Satz bestimmte Person ist zur Geheimhaltung der Kenntnisse verpflichtet, die sie bei der Hilfeleistung von der Wahl einer anderen Person erlangt hat. Die Sätze 1 bis 4 gelten entsprechend für des Lesens unkundige Wähler und Wählerinnen.

(5) Nach Abschluss der Wahl ist die Wahlurne zu versiegeln, wenn die Stimmenzählung nicht unmittelbar nach Beendigung der Wahl durchgeführt wird.

§ 11 Schriftliche Stimmabgabe

(1) Der Wahlvorstand übergibt oder übersendet den Wahlberechtigten, die an seiner persönlichen Stimmabgabe verhindert sind, auf deren Verlangen

1. das Wahlausschreiben,
2. den Stimmzettel und den Wahlumschlag,
3. eine vorgedruckte Erklärung, die der Wähler oder die Wählerin abgibt,
4. einen größeren Freiumschlag, der die Anschrift des Wahlvorstandes und als Absender Namen und Anschrift der wahlberechtigten Person sowie den Vermerk »Schriftliche Stimmabgabe« trägt.

In der Erklärung nach Nummer 3 versichert der Wähler oder die Wählerin gegenüber dem Wahlvorstand, dass er oder sie den Stimmzettel persönlich gekennzeichnet hat oder unter den Voraussetzungen des § 10 Abs. 4 durch eine andere Person hat kennzeichnen lassen. Der Wahlvorstand soll zusätzlich zu den Unterlagen nach den Nummern 1 bis 4 ein Merkblatt über die schriftliche Stimmabgabe übersenden oder übergeben. Er vermerkt die Übergabe oder Übersendung der Unterlagen in der Liste der Wahlberechtigten.

(2) Der Wahlvorstand kann die schriftliche Stimmabgabe beschließen. Für diesen Fall sind die in Absatz 1 bezeichneten Unterlagen den Wahlberechtigten unaufgefordert zu übersenden.

(3) Die Stimmabgabe erfolgt in der Weise, dass der Wähler oder die Wählerin

1. den Stimmzettel unbeobachtet persönlich kennzeichnet und in den Wahlumschlag einlegt,
2. die vorgedruckte Erklärung unter Angabe des Ortes und des Datums unterschreibt und
3. den Wahlumschlag und die unterschriebene, vorgedruckte Erklärung in dem Freiumschlag verschließt und diesen so rechtzeitig an den Wahlvorstand absendet oder übergibt, dass er vor Abschluss der Wahl vorliegt.

Der Wähler oder die Wählerin kann unter den Voraussetzungen des § 10 Abs. 4 die in den Nummern 1 bis 3 bezeichneten Tätigkeiten durch eine andere Person verrichten lassen.

§ 12 Behandlung der schriftlich abgegebenen Stimmen

(1) Unmittelbar vor Abschluss der Wahl öffnet der Wahlvorstand in öffentlicher Sitzung die bis zu diesem Zeitpunkt eingegangenen

Freiumschläge und entnimmt ihnen die Wahlumschläge sowie die vorgedruckten Erklärungen. Ist die schriftliche Stimmabgabe ordnungsgemäß erfolgt (§ 11), legt der Wahlvorstand die Wahlumschläge nach Vermerk der Stimmabgabe in der Liste der Wahlberechtigten ungeöffnet in die Wahlurne.

(2) Verspätet eingehende Freiumschläge hat der Wahlvorstand mit einem Vermerk über den Zeitpunkt des Einganges ungeöffnet zu den Wahlunterlagen zu nehmen. Sie sind einen Monat nach Bekanntgabe des Wahlergebnisses ungeöffnet zu vernichten, wenn die Wahl nicht angefochten ist.

§ 13 Feststellung des Wahlergebnisses

(1) Unverzüglich nach Abschluss der Wahl nimmt der Wahlvorstand öffentlich die Auszählung der Stimmen vor und stellt das Ergebnis fest.

(2) Gewählt für das Amt der Schwerbehindertenvertretung oder als stellvertretendes Mitglied ist der Bewerber oder die Bewerberin, der oder die jeweils die meisten Stimmen erhalten hat. Bei Stimmengleichheit entscheidet das Los.

(3) Werden mehrere stellvertretende Mitglieder gewählt, ist als zweites stellvertretendes Mitglied der Bewerber oder die Bewerberin mit der zweithöchsten Stimmenzahl gewählt. Entsprechendes gilt für die Wahl weiterer stellvertretender Mitglieder. Für die Wahl und die Reihenfolge stellvertretender Mitglieder gilt Absatz 2 Satz 2 entsprechend.

(4) Der Wahlvorstand fertigt eine Niederschrift des Wahlergebnisses, die von dem oder der Vorsitzenden sowie mindestens einem weiteren Mitglied des Wahlvorstandes unterschrieben wird. Die Niederschrift muss die Zahl der abgegebenen gültigen und ungültigen Stimmzettel, die auf jeden Bewerber und jede Bewerberin entfallenen Stimmenzahlen sowie die Namen der gewählten Bewerber und Bewerberinnen enthalten.

§ 14 Benachrichtigung der Gewählten und Annahme der Wahl

(1) Der Wahlvorstand benachrichtigt die für das Amt der Schwerbehindertenvertretung oder als stellvertretendes Mitglied Gewählten unverzüglich schriftlich gegen Empfangsbestätigung von ihrer Wahl. Erklärt eine gewählte Person nicht innerhalb von drei Arbeits-

tagen nach Zugang der Benachrichtigung dem Wahlvorstand ihre Ablehnung der Wahl, ist diese angenommen.

(2) Wird eine Wahl abgelehnt, tritt an die Stelle der Person, die abgelehnt hat, der Bewerber oder die Bewerberin für das Amt der Schwerbehindertenvertretung oder als stellvertretendes Mitglied mit der nächsthöheren Stimmenzahl. Satz 1 gilt für die Wahl mehrerer stellvertretender Mitglieder mit der Maßgabe, dass jeweils der Bewerber oder die Bewerberin mit der nächsthöheren Stimmenzahl nachrückt.

§ 15 Bekanntmachung der Gewählten

Sobald die Namen der Personen, die das Amt der Schwerbehindertenvertretung oder des stellvertretenden Mitglieds innehaben, endgültig feststehen, hat der Wahlvorstand sie durch zweiwöchigen Aushang in gleicher Weise wie das Wahlausschreiben bekannt zu machen (§ 5 Abs. 2) sowie unverzüglich dem Arbeitgeber und dem Betriebs- oder Personalrat mitzuteilen.

§ 16 Aufbewahrung der Wahlunterlagen

Die Wahlunterlagen, insbesondere die Niederschriften, Bekanntmachungen und Stimmzettel, werden von der Schwerbehindertenvertretung mindestens bis zur Beendigung der Wahlperiode aufbewahrt.

§ 17 Nachwahl des stellvertretenden Mitglieds

Scheidet das einzige stellvertretende Mitglied aus oder ist ein stellvertretendes Mitglied noch nicht gewählt, bestellt die Schwerbehindertenvertretung unverzüglich einen Wahlvorstand. Der Wahlvorstand hat die Wahl eines oder mehrerer Stellvertreter für den Rest der Amtszeit der Schwerbehindertenvertretung unverzüglich einzuleiten. Im Übrigen gelten die §§ 1 bis 16 entsprechend.

Dritter Abschnitt
Vereinfachtes Wahlverfahren

§ 18 Voraussetzungen

Besteht der Betrieb oder die Dienststelle nicht aus räumlich weiter auseinanderliegenden Teilen und sind dort weniger als fünfzig Wahlberechtigte beschäftigt, ist die Schwerbehindertenvertretung in einem vereinfachten Wahlverfahren nach Maßgabe der folgenden Vorschriften zu wählen.

§ 19 Vorbereitung der Wahl

(1) Spätestens drei Wochen vor Ablauf ihrer Amtszeit lädt die Schwerbehindertenvertretung die Wahlberechtigten durch Aushang oder sonst in geeigneter Weise zur Wahlversammlung ein.

(2) Ist in dem Betrieb oder der Dienststelle eine Schwerbehindertenvertretung nicht vorhanden, können drei Wahlberechtigte, der Betriebs- oder Personalrat oder die Hauptfürsorgestelle zur Wahlversammlung einladen.

§ 20 Durchführung der Wahl

(1) Die Wahlversammlung wird von einer Person geleitet, die mit einfacher Stimmenmehrheit gewählt wird (Wahlleitung). Die Wahlversammlung kann zur Unterstützung der Wahlleitung Wahlhelfer oder Wahlhelferinnen bestimmen.

(2) Die Wahlversammlung beschließt mit einfacher Stimmenmehrheit, wie viele stellvertretende Mitglieder zu wählen sind. Die Schwerbehindertenvertretung und ein oder mehrere stellvertretende Mitglieder werden in getrennten Wahlgängen gewählt; mehrere Stellvertreter werden in einem gemeinsamen Wahlgang gewählt. Jede Person, die wahlberechtigt ist, kann Personen zur Wahl der Schwerbehindertenvertretung und ihrer stellvertretenden Mitglieder vorschlagen.

(3) Das Wahlrecht wird durch Abgabe eines Stimmzettels in einem Wahlumschlag ausgeübt. Auf dem Stimmzettel sind von der Wahlleitung die vorgeschlagenen Personen in alphabetischer Reihenfolge unter Angabe von Familienname und Vorname aufzuführen; die Stimmzettel und Wahlumschläge müssen sämtlich die gleiche Größe, Farbe, Beschaffenheit und Beschriftung haben. Die Wahllei-

tung verteilt die Stimmzettel und trifft Vorkehrungen, dass die Wähler und Wählerinnen ihre Stimme unbeobachtet abgeben können; § 9 Abs. 4 gilt entsprechend. Der Wähler oder die Wählerin übergibt den Wahlumschlag, in den der Stimmzettel eingelegt ist, der Wahlleitung. Diese legt den Wahlumschlag in Gegenwart des Wählers oder der Wählerin ungeöffnet in einen dafür bestimmten Behälter und hält den Namen des Wählers in einer Liste fest. Unverzüglich nach Beendigung der Wahlhandhabung zählt er öffentlich die Stimmen aus und stellt das Ergebnis fest.

(4) § 13 Abs. 2 und 3 sowie die §§ 14 bis 16 gelten entsprechend.

§ 21 Nachwahl des stellvertretenden Mitglieds

Scheidet das einzige stellvertretende Mitglied aus oder ist ein stellvertretendes Mitglied noch nicht gewählt, lädt die Schwerbehindertenvertretung die Wahlberechtigten unverzüglich zur Wahlversammlung zur Wahl eines oder mehrerer stellvertretender Mitglieder für den Rest ihrer Amtszeit ein. Im Übrigen gelten die §§ 18 bis 20 entsprechend.

Zweiter Teil
Wahl der Konzern-, Gesamt-, Bezirks- und Hauptschwerbehindertenvertretung in Betrieben und Dienststellen

§ 22 Wahlverfahren

(1) Konzern-, Gesamt-, Bezirks- und Hauptschwerbehindertenvertretung werden durch schriftliche Stimmabgabe gewählt (§§ 11, 12). Im Übrigen sind § 1 Abs. 1, §§ 2 bis 5, 7 bis 10 und 13 bis 17 sinngemäß anzuwenden. § 1 Abs. 2 findet sinngemäß mit der Maßgabe Anwendung, dass sich die Wahlberechtigten auch in sonst geeigneter Weise über die Bestellung eines Wahlvorstandes einigen können. § 6 findet sinngemäß mit der Maßgabe Anwendung, dass bei weniger als fünf Wahlberechtigten die Unterzeichnung eines Wahlvorschlages durch einen Wahlberechtigten ausreicht.

(2) Bei nur zwei Wahlberechtigten bestimmen diese im beiderseitigen Einvernehmen abweichend von Absatz 1 die Konzern-, Ge-

samt-, Bezirks- oder Hauptschwerbehindertenvertretung. Kommt eine Einigung nicht zustande, entscheidet das Los.

(3) Sofern rechtzeitig vor Ablauf der Amtszeit der Konzern-, Gesamt-, Bezirks- oder Hauptschwerbehindertenvertretung eine Versammlung nach § 97 Abs. 7 des Neunten Buches Sozialgesetzbuch stattfindet, kann die Wahl abweichend von Absatz 1 im Rahmen dieser Versammlung durchgeführt werden. § 20 findet entsprechende Anwendung.

Dritter Teil
Wahl der Schwerbehindertenvertretung, Bezirks- und Hauptschwerbehindertenvertretung der schwerbehinderten Staatsanwälte und Staatsanwältinnen

§ 23 Wahlverfahren

Für die Wahl der Schwerbehindertenvertretung, der Bezirks- und Hauptschwerbehindertenvertretung der schwerbehinderten Staatsanwälte und Staatsanwältinnen in den Fällen des § 94 Abs. 1 Satz 3 des Neunten Buches Sozialgesetzbuch gelten die Vorschriften des Ersten und Zweiten Teils entsprechend.

Vierter Teil
Wahl der Schwerbehindertenvertretung, Bezirks- und Hauptschwerbehindertenvertretung der schwerbehinderten Richter und Richterinnen

§ 24 Vorbereitung der Wahl der Schwerbehindertenvertretung der Richter und Richterinnen

(1) Spätestens acht Wochen vor Ablauf ihrer Amtszeit lädt die Schwerbehindertenvertretung der schwerbehinderten Richter und Richterinnen die Wahlberechtigten schriftlich oder durch Aushang

zu einer Wahlversammlung ein. Die Einladung muss folgende Angaben enthalten:

1. die Voraussetzungen der Wählbarkeit zur Schwerbehindertenvertretung,
2. den Hinweis über eine für Zwecke der Wahl erfolgte Zusammenfassung von Gerichten,
3. den Hinweis, wo und wann die Liste der Wahlberechtigten und diese Verordnung zur Einsicht ausliegen,
4. Ort, Tag und Zeit der Wahlversammlung.

(2) Ist in dem Gericht eine Schwerbehindertenvertretung der schwerbehinderten Richter und Richterinnen nicht vorhanden, laden drei wahlberechtigte Richter und Richterinnen, der Richterrat oder der Präsidialrat zu der Wahlversammlung ein. Das Recht der Hauptfürsorgestelle, zu einer solchen Versammlung einzuladen (§ 94 Abs. 6 Satz 4 des Neunten Buches Sozialgesetzbuch), bleibt unberührt.

§ 25 Durchführung der Wahl

(1) Die Wahlversammlung beschließt unter dem Vorsitz des oder der lebensältesten Wahlberechtigten das Wahlverfahren und die Anzahl der stellvertretenden Mitglieder der Schwerbehindertenvertretung.

(2) Die Leitung der Wahlversammlung hat die Gewählten unverzüglich von ihrer Wahl zu benachrichtigen. § 14 Abs. 1 Satz 2 und Abs. 2 sowie die §§ 15 und 16 gelten entsprechend.

§ 26 Nachwahl des stellvertretenden Mitglieds

Scheidet das einzige stellvertretende Mitglied vorzeitig aus dem Amt aus oder ist ein stellvertretendes Mitglied noch nicht gewählt, lädt die Schwerbehindertenvertretung der schwerbehinderten Richter und Richterinnen unverzüglich zur Wahlversammlung zur Wahl eines oder mehrerer stellvertretender Mitglieder für den Rest ihrer Amtszeit ein. Im Übrigen gelten die §§ 24 und 25 entsprechend.

§ 27 Wahl der Bezirks- und Hauptschwerbehindertenvertretung der schwerbehinderten Richter und Richterinnen

Für die Wahl der Bezirks- und Hauptschwerbehindertenvertretung der schwerbehinderten Richter und Richterinnen gelten die §§ 24 bis 26 entsprechend.

Fünfter Teil
Schlussvorschriften

§ 28 Berlin-Klausel

Diese Verordnung gilt nach § 14 des Dritten Überleitungsgesetzes in Verbindung mit § 72 des Schwerbehindertengesetzes auch im Land Berlin.

§ 29 (Inkrafttreten)

Stichwortverzeichnis

Die **fett** gedruckten Zahlen beziehen sich auf die Paragrafen des SGB IX, die mager gedruckten Zahlen auf die Randnummern.

Kompetenz verbindet

Beate Eberhardt / Werner Feldes
Bernhard Grunewald / Hans-Günther Ritz

Tipps für die betriebliche Vertretung behinderter Menschen

Aufgaben – Rechte – Kompetenzen
2., überarbeitete Auflage
2015. 363 Seiten, kartoniert
€ 19,90
ISBN 978-3-7663-6296-4

Betriebsrat und Schwerbehindertenvertretung sind für die Belange der behinderten und schwerbehinderten Beschäftigten zuständig. Sie geben in den Betrieben die Richtung für Barrierefreiheit und Gute Arbeit vor.

Den »Neulingen« im Amt, aber auch den wieder gewählten Mitgliedern der Gremien stellen sich in ihrer Tätigkeit viele Fragen. Dabei geht es vor allem um die Rahmenbedingungen ihrer Arbeit, um die Rolle, die sie auszufüllen haben und wie sie ihr Amt mit Erfolg ausüben können.

Antworten gibt dieser Ratgeber, der das rechtliche und organisatorische Grundlagenwissen vermittelt, Themen der sozialen Kompetenz aufgreift und Anregungen für die praktische Arbeit enthält.

Bund-Verlag

Kompetenz verbindet

Norbert Minninger / Werner Hinterholz
Bernd Westermann

Rechte behinderter Menschen

Der Ratgeber für Betroffene, Angehörige
und Interessenvertretungen
3., überarbeitete Auflage
2013. 379 Seiten, kartoniert
€ 29,90
ISBN 978-3-7663-6163-9

Fast zehn Prozent der deutschen Bevölkerung sind
behindert oder hilfe- und pflegebedürftig. Für sie gibt
es vielfältige Nachteilsausgleiche und Hilfen – auch
finanzieller Art. Leicht verständlich gibt der Ratgeber
einen Überblick über die Rechte, die behinderten
Menschen nach dem SGB IX, dem AGG und weiteren
Gesetzen zustehen.

Die dritte Auflage informiert umfassend über die
aktuellen Entwicklungen des Rechts schwerbehinderter
Menschen und spiegelt die neueste Rechtsprechung.
Aus dem Inhalt:
- Berechtigter Personenkreis
- Der behinderte Mensch auf dem Arbeitsmarkt
- Der behinderte Mensch im Steuerrecht
- Nachteilsausgleiche für behinderte Menschen
- Rechtsschutz

Zu beziehen über den gut sortierten Fachbuchhandel oder
direkt beim Verlag unter E-Mail: kontakt@bund-verlag.de

Bund-Verlag